Springer-Lehrbuch

Weitere Informationen zu dieser Reihe finden Sie unter
http://www.springer.com/series/1183

Nina Nestler

Bank- und Kapitalmarktstrafrecht

 Springer

Prof. Dr. Nina Nestler
Lehrstuhl für Strafrecht III
Universität Bayreuth
Bayreuth
Deutschland

ISSN: 0937-7433
Springer-Lehrbuch
ISBN 978-3-662-53958-3   ISBN 978-3-662-53959-0 (eBook)
DOI 10.1007/978-3-662-53959-0

Die Deutsche Nationalbibliothek verzeichnet diese Publikation in der Deutschen Nationalbibliografie;
detaillierte bibliografische Daten sind im Internet über http://dnb.d-nb.de abrufbar.

Gedruckt auf säurefreiem und chlorfrei gebleichtem Papier

Springer ist Teil von Springer Nature
Die eingetragene Gesellschaft ist Springer-Verlag GmbH Deutschland
Die Anschrift der Gesellschaft ist: Heidelberger Platz 3, 14197 Berlin, Germany

Vorwort

Dieses Lehrbuch befasst sich mit der hochdynamischen Materie des Bank- und Kapitalmarktstrafrechts – hochdynamisch deshalb, weil diese Rechtsgebiete durch ihre enge Verknüpfung zum Bankrecht, zum Kapitalmarktrecht, aber auch zum Unionsrecht einem steten Wandel unterworfen sind und zugleich in Bezug auf Vielschichtigkeit und Komplexität ihresgleichen suchen. Bewältigen lassen sich die Felder des Bank- und Kapitalmarktstrafrechts daher nur mit dem nötigen Kontextwissen und einem rechtsgebietsübergreifenden Ansatz. Ein Instrument hierzu gibt dieses Buch dem Leser an die Hand.

Das Werk ist konzipiert für Studierende der Rechtswissenschaft, die sich innerhalb ihres Schwerpunktbereichs mit dem Wirtschaftsstrafrecht, insbesondere dem Bank- und Kapitalmarktstrafrecht, beschäftigen. Darüber hinaus spricht das Buch all diejenigen an, die als Richter und Staatsanwälte, Verteidiger oder Rechtspfleger, aber auch als Fachleute aus dem Bankenwesen in ihrer beruflichen Praxis mit der Materie zu tun haben. Seinen Schwerpunkt legt das Werk – dem Titel entsprechend – auf Strafnormen, die eine direkte Verbindung zu Bankrecht und Kapitalmarktrecht aufweisen. Hierzu gehören neben Betrug und Untreue in erster Linie die Sondertatbestände des Kernstrafrechts (etwa §§ 264a, 265b StGB) sowie des spezifischen Nebenstrafrechts (BörsG, DepotG, KWG, WpHG). Auf diese Regelungen legt das Lehrbuch seinen klaren Fokus.

Mein herzlicher Dank für die engagierte Hilfe beim Zustandekommen dieses neuen Lehrbuchs gilt meinen wissenschaftlichen Mitarbeitern Herrn Philipp Irmscher, Herrn Stefan Lehner, Frau Isabel Metzner, Frau Maren Richter und Herrn Enrico Stenzel, meinen studentischen Mitarbeitern Frau Theresa Bächer, Frau Jaqueline Beilmann, Frau Kristin Kleber, Herrn Albert Kochs, Herrn Philipp Prochota, Herrn Adrian Schiffner und Herrn Gregor Vechtel sowie meiner Sekretärin Frau Kerstin Müller. Sie alle finden sich mit ihren Anmerkungen und Anregungen in diesem Werk wieder.

Bayreuth, im Oktober 2016 Nina Nestler

Inhaltsübersicht

Inhaltsverzeichnis

Abkürzungen

a.A.	andere/r Ansicht
a.a.O.	am angegebenen Ort
ABl.	Amtsblatt
ABl. EG	Amtsblatt der Europäischen Gemeinschaften
ABl. EU	Amtsblatt der Europäischen Union
Abs.	Absatz
Abschn.	Abschnitt
AEUV	Vertrag über die Arbeitsweise der Europäischen Union
a.F.	alte Fassung
AG	Aktiengesellschaft
AG	Amtsgericht
AGB-Banken	Allgemeine Geschäftsbedingungen der privaten Banken
AIF	alternativer Investmentfonds
AktG	Aktiengesetz
Alt.	Alternative
a.M.	andere/r Meinung
Anm.	Anmeldung
AnSVG	Gesetz zur Verbesserung des Anlegerschutzes (Anlegerschutzverbesserungsgesetz)
AnwK	AnwaltKommentar
AO	Abgabenordnung
Art.	Artikel
AT	Allgemeiner Teil
Aufl.	Auflage
AWG	Außenwirtschaftsgesetz
Az.	Aktenzeichen
BaFin	Bundesanstalt für Finanzdienstleistungsaufsicht
BAKred	Bundesaufsichtsamts für das Kreditwesen
BankG	Bundesgesetz über die Banken und Sparkassen
BaWe	Bundesaufsichtsamt für den Wertpapierhandel
BBankG	Gesetz über die Deutsche Bundesbank
BB	Betriebsberater
BBVI	Bayerischen Beamtenversicherung Immobilienfondsgesellschaft

Bd.	Band
BeckOK	Beck´scher Online-Kommentar
BGB	Bürgerliches Gesetzbuch
BGBl.	Bundesgesetzblatt
BGH	Bundesgerichtshof
BGHSt	Entscheidungen des Bundesgerichtshofs in Strafsachen
BGHZ	Entscheidungen des Bundesgerichtshofs in Zivilsachen
BKA	Bundeskriminalamt
BKR	Zeitschrift für Bank-und Kapitalmarktecht
BörsG	Börsengesetz (BörsenG)
BörsO	Börsenordnung
BR	Bundesrat
BR-Drs.	Drucksache des Bundesrats
bspw.	beispielsweise
BT	Besonderer Teil
BT-Drs.	Drucksache des Deutschen Bundestags
BtmG	Betäubungsmittelgesetz
BVerfG	Bundesverfassungsgericht
BVerfGE	Entscheidungen des Bundesverfassungsgerichts
bzw.	beziehungsweise
ca.	circa
CCP	central counterparty
CCZ	Corporate Compliance Zeitschrift
CFD	Contract for Difference (Differenzkontrakt)
CISG	Übereinkommen der Vereinten Nationen über Verträge über den internationalen Warenkauf
CRIM-MAD	Richtlinie über strafrechtliche Sanktionen für Insiderhandel und Marktmanipulation (Marktmissbrauchsrichtlinie)
CRR	Capital Requirements Regulation (Kapitaladäquanzverordnung)
DB	Der Betrieb
DepotG	Gesetz über die Verwahrung und Anschaffung von Wertpapieren (Depotgesetz)
DGAP	Deutsche Gesellschaft für Ad-hoc-Publizität
d.h.	das heißt
diesbezgl.	diesbezüglich
Drs.	Drucksache(n)
DStR	Deutsches Steuerrecht
DStZ	Deutsche Steuer-Zeitung
EAGV	Vertrag zur Gründung der europäischen Atomgemeinschaft
EBA	Europäische Bankenaufsicht
EEX	European Energy Exchange
e.G.	eingetragene Gesellschaft
EG	Europäische Gemeinschaft
Ed.	Edition

EDG	european derivates group
Einl.	Einleitung
endg.	endgültig
EGBGB	Einführungsgesetz zum Bürgerlichen Gesetzbuch
EGMR	Europäischer Gerichtshof für Menschenrechte
ESMA	European Securities and Markets Authority (Europäische Wertpapier- und Marktaufsichtsbehörde)
ESZB	Europäisches System der Zentralbanken
et al.	und andere
etc.	et cetera
EU	Europäische Union
EuR	Europarecht
EuGH	Europäischer Gerichtshof
EUV	Vertrag der Europäischen Union
EuZW	Europäische Zeitschrift für Wirtschaftsrecht
EWG	Europäische Wirtschaftsgemeinschaft
EWiR	Entscheidungen zum Wirtschaftsrecht
EWIV	Europäische wirtschaftliche Interessensvereinigung
EZB	Europäische Zentralbank
f.	folgende/r
ff.	folgende/r
FiMaNoG	Finanzmarktnovellierungsgesetz
FinDAG	Gesetz über die Bundesanstalt für Finanzdienstleistungsaufsicht
Fn.	Fußnote
FRUG	Gesetz zur Umsetzung der Richtlinie über Märkte für Finanzinstrumente und der Durchführungsrichtlinie der Kommission (Finanzmarktrichtlinie-Umsetzungsgesetz)
FS	Festschrift
GA	Goltdammer's Archiv für Strafrecht
GbR	Gesellschaft des bürgerlichen Rechts
gem.	gemäß
GenG	Gesetze betreffend die Erwerbs- und Wirtschaftsgenossenschaften (Genossenschaftsgesetz)
GG	Grundgesetz
ggf.	gegebenenfalls
ggü.	gegenüber
GmbH	Gesellschaft mit beschränkter Haftung
GmbH & Co KG	Gesellschaft mit beschränkter Haftung & Compagnie Kommanditgesellschaft
GmbH & Co KGaA	Gesellschaft mit beschränkter Haftung & Compagnie Kommanditgesellschaft auf Aktien
GmbHG	Gesetz betreffend die Gesellschaften mit beschränkter Haftung
grds.	grundsätzlich

GroMiKV	Großkredit- und Millionenkreditverordnung
GS	Gedächtnisschrift
GwG	Gesetz über das Aufspüren von Gewinnen aus Straftaten (Geldwäschegesetz)
GWR	Zeitschrift für Gesellschafts- und Unternehmensrecht
HGB	Handelsgesetzbuch
HinterlO	Hinterlegungsordnung
h.Lit.	herrschende Literatur
h.M.	herrschende Meinung
HO	Handelsorganisation
HRRS	Höchstrichterliche Rechtsprechung zum Strafrecht (CHB)
Hrsg.	Herausgeber
Hs.	Halbsatz
HTF	High Frequency Trading
i.d.F.	in der Fassung
i.d.R	in der Regel
i.d.S.	in diesem Sinne
i.E.	im Ergebnis
i.e.S.	im engeren Sinne
IGH	Internationaler Gerichtshof
InsO	Insolvenzordnung
InvG	Investmentgesetz
IOSCO	International Organization of Securities Commissions (Internationale Organisation der Wertpapieraufsichtsbehörden)
i.S.d.	im Sinne des/r
i.S.e.	im Sinne eines/r
i.Ü.	im Übrigen
i.V.m.	in Verbindung mit
i.w.S.	im weiteren Sinne
IZA	Institut für ZertifikateAnalyse
JA	Juristische Arbeitsblätter
jew.	jeweils, jeweilig
JR	Juristische Rundschau
Jura	Juristische Ausbildung
JuS	Juristische Schulung
JZ	JuristenZeitung
KAGB	Kapitalanlagegesetzbuch
Kap.	Kapitel
KG	Kommanditgesellschaft
KK	Karlsruher Kommentar
KOM	Mitteilungen der Europäischen Kommission
KöKomm	Kölner Kommentar
K&R	Kommunikation und Recht
Kriminalistik	Unabhängige Zeitschrift für die kriminalistische Wissenschaft und Praxis

krit.	kritisch
KVG	Kapitalverwaltungsgesellschaft
KWG	Gesetz über das Kreditwesen (Kreditwesengesetz)
LG	Landgericht
Lit.	Literatur
lit.	littera
LK	Leipziger Kommentar
MaKonV	Marktmanipulations-Konkretisierungsverordnung
MAR	Marktmissbrauchsverordnung
MaRisk	Mindestanforderungen an das Risikomanagement (BA)
MDR	Monatsschrift für Deutsches Recht
MiFID	Finanzmarktrichtlinie
m.M.	Mindermeinung
MTF	Multilateral Trading Facilitys
MüKo	Münchener Kommentar
NJW	Neue Juristische Wochenschrift
NJW-RR	NJW-Rechtsprechungs-Report Zivilrecht
NK	Nomos Kommenar
Nr.	Nummer
Nrn.	Nummern
NStZ	Neue Zeitschrift für Strafrecht
NStZ-RR	Neue Zeitschrift für Strafrecht Rechtsprechungsreport
NZG	Neue Zeitschrift für Gesellschaftsrecht
NZWiSt	Neue Zeitschrift für Wirtschafts-, Steuer-und Unternehmensstrafrecht
NZZ	Neue Zürcher Zeitung
o.ä.	oder ähnliche/r/s
o.g.	oben genannte/r/n
OGAW	Organismus für die gemeinsame Anlage in Wertpapieren
oHG	offene Handelsgesellschaft
OLG	Oberlandesgericht
OTC	Over the Counter
OTF	Organized Trading Facilitys
OrgKG	Gesetz zur Bekämpfung des illegalen Rauschgifthandels und anderer Erscheinungsformen der Organisierten Kriminalität
OWiG	Gesetz über Ordnungswidrigkeiten
PartGG	Gesetz über Partnerschaftsgesellschaften Angehöriger Freier Berufe
P.C.I.J.	Permanent Court of International Justice
PfandBG	Pfandbriefgesetz
PKS	Polizeiliche Kriminalstatistik
PStR	Praxis Steuerstrafrecht
RG	Reichsgericht
RGSt	Entscheidungen des Reichsgerichts in Strafsachen

RiL.	Richtlinie
RIW	Recht der internationalen Wirtschaft
Rn.	Randnummer/n
Rspr.	Rechtsprechung
S.	Seite/n
ScheckG	Scheckgesetz (SchG)
SK	Systematischer Kommentar
Slg.	Sammlung
s.o.	siehe oben
SolvV	Verordnung zur angemessenen Eigenmittelausstattung von Instituten, Institutsgruppen, Finanzholding-Gruppen und gemischten Finanzholding-Gruppen
SpkO	Sparkassenordnung
sog.	so genannte/r/n
SSW	Satzger/Schluckebier/Widmaier Strafrechtskommentar
StabilitätsG	Gesetz zur Förderung der Stabilität und des Wachstums der Wirtschaft (Stabilitätsgesetz)
StGB	Strafgesetzbuch
StPO	Strafprozeßordnung
StraFo	Strafverteidigerforum
Strft. Schl.	Straftatenschlüssel
StV	Strafverteidiger
u.a.	unter anderem
umstr.	umstritten
UN	Vereinte Nationen
usw.	und so weiter
u.U.	unter Umständen
UWG	Gesetz gegen den unlauteren Wettbewerb
VAG	Versicherungsaufsichtsgesetz
vgl.	vergleiche
VO	Verordnung
VuR	Verbraucher und Recht
VwVfG	Verwaltungsverfahrensgesetz
WechselG	Wechselgesetz (WG)
WiJ	Journal der wirtschaftsstrafrechtlichen Vereinigung
WikG	Gesetz zur Bekämpfung der Wirtschaftskriminalität
wistra	Zeitschrift für Wirtschafts- und Steuerstrafrecht
WM	Wertpapiermitteilungen
WpDVerOV	Wertpapierdienstleistungs-Verhaltens- und Organisationsverordnung
WpHG	Gesetz über den Wertpapierhandel (Wertpapierhandelsgesetz)
WpPG	Wertpapierprospektgesetz
WpÜG	Wertpapiererwerbs- und Übernahmegesetz
WTO	World Trade Organisation

ZAG	Gesetz über die Beaufsichtigung von Zahlungsdiensten (Zahlungsdiensteaufsichtsgesetz)
z.B.	zum Beispiel
ZBB	Zeitschrift für Bankrecht und Bankenwirtschaft
ZGR	Zeitschrift für Unternehmens- und Gesellschaftsrecht
ZHR	Zeitschrift für das gesamte Handelsrecht und Wirtschaftsrecht
ZInsO	Zeitschrift für das gesamte Insolvenzrecht
ZIS	Zeitschrift für Internationale Strafrechtsdogmatik
ZIP	Zeitschrift für Wirtschaftsrecht
ZJS	Zeitschrift für das Juristische Studium
ZPO	Zivilprozessordnung
ZRP	Zeitschrift für Rechtspolitik
ZStW	Zeitschrift für die gesamte Strafrechtswissenschaft
z.T.	zum Teil
ZVglRWiss	Zeitschrift für Vergleichende Rechtswissenschaft
ZWH	Zeitung für Wirtschaftsstrafrecht und Haftung im Unternehmen

Kapitel 1: Einführung und Grundlagen

A. Bankenwesen, Kapitalmarkt und Strafrecht – allgemeine Zusammenhänge

Bankstrafrecht und Kapitalmarktstrafrecht sind zwei der spannendsten Bereiche, die das **1** Strafrecht zu bieten hat. Sie stellen eine Reaktion auf abweichendes Verhalten innerhalb des Bankenwesens bzw. am Kapitalmarkt als spezielle Form der Wirtschaftskriminalität dar. Man könnte also formulieren, dass Bank- und Kapitalmarktstrafrecht besondere Teilbereiche des Wirtschaftsstrafrechts bilden.[1] Die Materie ist nicht leicht zu fassen: Sie erschließt sich nur, wenn zumindest die Grundzüge von Bankrecht und Kapitalmarktrecht bekannt sind. Der Interessierte muss sich daher mit dem Bankenwesen ebenso vertraut machen, wie mit den Mechanismen und der Funktionsweise des Kapitalmarkts. Dies erschwert einerseits zwar den Zugang zu den Feldern des Bank- und Kapitalmarktstrafrechts, eröffnet andererseits aber die Option, mannigfaltige Querverbindungen und Wechselwirkungen zwischen Bankrecht und Strafrecht sowie Kapitalmarktrecht und Strafrecht nachzuvollziehen, neu zu entdecken und mit ihnen zu arbeiten.

I. Praktische Bedeutung

Aufsehenerregende Fälle und deren öffentlichkeitswirksame mediale Inszenierung **2** gaben und geben der juristischen Praxis, insbesondere der Justiz, der Gesetzgebung sowie der Anwaltschaft, aber auch der (Strafrechts-)Wissenschaft fortwährend und zunehmend Anlass, sich mit diesen Phänomenen zu befassen. Das Rechtsgebiet prägen vor allem Sachverhalte, wie der im Jahr 2014 ans Licht gelangte Skandal um mögliche Manipulationen von Benchmark-Devisensätzen, in den u.a. auch deutsche Banken verwickelt gewesen sein sollen.[2] Das Geschehen schlug bekanntermaßen

---

[1] *Park/Sorgenfrei* in: Park, Kapitalmarktstrafrecht, 2013, Teil 1 Rn. 1.

[2] Vgl. den Bericht im Handelsblatt, 21.10.2014 (http://www.handelsblatt.com/unternehmen/banken-versicherungen/devisen-manipulationen-deutsche-bank-soll-5-1-milliarden-euro-zahlen/10868982.html%29).

© Springer-Verlag GmbH Deutschland 2017
N. Nestler, *Bank- und Kapitalmarktstrafrecht*, Springer-Lehrbuch,
DOI 10.1007/978-3-662-53959-0_1

weltweite Wellen.[3] Ähnlich brisant erscheinen Fälle, in denen Finanzinstitute Auslandstransaktionen entgegen bestehender Finanzsanktionen durchführen.[4] Die Zielländer standen (bzw. stehen zum Teil immer noch) auf Sanktionslisten der Vereinten Nationen sowie der Europäischen Union und die Transaktionen erreichten einen Umfang von mutmaßlich mehreren Milliarden Euro. Selbst wenn in anderen Fällen der Fokus zunächst auf zivilrechtlichen Aspekten des Geschehens liegt, gelangen die einschlägigen Sachverhalte später nicht selten gleichwohl unter strafrechtlichen Gesichtspunkten zu medialer Prominenz, so bspw. in dem Verfahren Leo Kirch/ Deutsche Bank.[5]

3   Abseits der Medienöffentlichkeit bestätigen die Fallzahlen in den Statistiken eine hohe praktische Relevanz der Materie nur teilweise. Die Tatverdächtigenzahlen der polizeilichen Kriminalstatistik (PKS) des Jahres 2015 weisen von 1.170.121 Vermögens- und Fälschungsdelikten immerhin 7895 Fälle eines Beteiligungs- und Kapitalanlagebetrugs aus.[6] Nach § 263 StGB strafbarer „Anlagebetrug" soll in 7699 Fällen vorgelegen haben.[7] Auch sog. Geldkreditbetrug mit 5211 Fällen und sonstiger nach § 263 StGB strafbarer „Kreditbetrug" mit 4456 Fällen erscheinen als nicht selten.[8] Die Geld- und Wertzeichenfälschung, die Fälschung von Zahlungskarten (mit oder ohne Garantiefunktion) sowie von Schecks und Wechseln waren mit 4779 Fällen vertreten.[9] Den Hauptanteil daran machen jedoch die Kreditkartenfälschungen aus, denn für die eigentliche Geld- und Wertzeichenfälschung einschließlich von Vorbereitungshandlungen führt die PKS 2015 dann lediglich 511 Fälle an.[10] Nicht besonders hoch scheinen die Fallzahlen für „Prospektbetrug" i.S.d. § 264a StGB (35 Fälle), Betrug bei Börsenspekulationen (15 Fälle), Kreditbetrug nach § 265b StGB (263 Fälle) oder Wertpapierbetrug (30 Fälle).[11] Die praktische Relevanz dieser Delikte ergibt sich damit eher aus deren Bedeutung als Schutzgesetz im Rahmen des § 823 Abs. 2 BGB.[12] Untreue im Zusammenhang mit Kapitalanlagen wird mit nur 240 Fällen (von insgesamt 23.571 Veruntreuungen nach §§ 266, 266a, 266b StGB) gelistet.[13]

---

[3] NZZ Wirtschaftspolitik, 14.02.2014 (http://www.nzz.ch/wirtschaft/wirtschaftspolitik/devisen-benchmarks-unter-der-lupe-1.18243814).

[4] Manager-Magazin, 5.11.2015 (http://www.manager-magazin.de/unternehmen/banken/deutsche-bank-muss-258-millionen-dollar-strafe-in-usa-zahlen-a-1061181.html).

[5] Zum Zivilverfahren BGH NZG 2009, 342 ff.; zum anschließenden Strafverfahren vgl. den Bericht im Spiegel, 5.6.2015 (http://www.spiegel.de/wirtschaft/unternehmen/deutsche-bank-juergen-fitschen-nach-ruecktritt-vor-gericht-a-1037995.html).

[6] PKS 2015, S. 92, Strft. Schl. 500 000 und 513 000.

[7] PKS 2015, S. 92, Strft. Schl. 500 000 und 513 200.

[8] PKS 2015, S. 92, Strft. Schl. 514 000 und 514 300.

[9] PKS 2015, S. 94, Strft. Schl. 550 000 (§§ 146-149, 151, 152, 152a, 152b StGB).

[10] PKS 2015, S. 95, Strft. Schl. 551 100 (§§ 146 außer Abs. 1 Nr. 3, 148, 149 StGB).

[11] PKS 2015, S. 92, Strft. Schl. 513 100, 513 300, 514 100 sowie 514 500.

[12] Siehe Rn. 452 f.

[13] PKS 2015, S. 93, Strft. Schl. 521 100.

In den bank- und kapitalmarktstrafrechtlich relevanten Bereichen des Neben-   **4** strafrechts sind die absoluten Fallzahlen ebenfalls nicht besonders hoch: Im Jahr 2015 verzeichnet die PKS insgesamt 24.009 Straftaten gegen strafrechtliche Nebengesetze auf dem Wirtschaftssektor.[14] Daraus wurden nur 248 Straftaten i.V.m. dem Bankgewerbe sowie dem Wertpapierhandel begangen.[15] Immerhin 80 Fälle nach dem BörsG und 158 Fälle nach dem WpHG wurden in der PKS verzeichnet.[16] Wendet man den Blick weiter auf die **Verurteiltenzahlen**, so bleiben davon bspw. für § 264a StGB nur 13 Verurteilte,[17] 8 für § 265b StPO,[18] ferner 30 Verurteilte nach dem WpHG,[19] immerhin noch 23 Verurteilte nach dem KWG[20] und keine Verurteilung nach dem DepotG.[21]

Dies darf jedoch keineswegs zu dem Rückschluss verleiten, praktisch seien   **5** Bank- und Kapitalmarktstrafrecht ohne Relevanz – denn diese Zahlen stehen ganz im Gegensatz zur **Höhe der Schäden**. So verzeichnet das Bundeslagebild Wirtschaftskriminalität für die Fälle von Betrug und Untreue im Zusammenhang mit Kapitalanlagen für das Jahr 2014 einen Gesamtschaden von 525 Millionen Euro. Dies bedeutet eine doch erhebliche Steigerung gegenüber dem Vorjahr, in dem die Schadensgesamthöhe „nur" bei 332 Millionen Euro lag (entspricht einem Zuwachs von 58 Prozent).[22] Im Jahr 2015 „normalisierte" sich die Schadenshöhe wieder bei 328 Millionen Euro, während die Anzahl der einschlägigen Delikte sogar leicht um 5,6 Prozent anstieg.[23] Durch Anlage- und Finanzierungsdelikte entstand im Jahr 2015 ein Gesamtschaden von 392 Millionen Euro. Mit zusammen 720 Millionen Euro machen allein diese beiden Teilbereiche der Kriminalität aus dem Feld des Bank- und Kapitalmarktstrafrechts schon beinahe 25 Prozent aller durch Wirtschaftskriminalität insgesamt verursachten Schäden (2887 Millionen Euro) aus. Die praktische Bedeutung ergibt sich damit nicht aus der großen Fallzahl, sondern der enormen Schadenshöhen und den damit verbundenen Folgeschäden.

II. Wichtige Einflussfaktoren

Bank- und Kapitalmarktstrafrecht bleiben bereits ihrem Namen nach als Rechtsge-   **6** biete nicht autark, sondern greifen insbesondere auf Bankrecht und Kapitalmarktrecht

---

[14] PKS 2015, S. 92, Strft. Schl. 710 000.

[15] PKS 2015, S. 104, Strft. Schl. 714 000 (KWG, BörsenG, DepotG, PfandBG, § 35 BBankG, ZAG).

[16] PKS 2015, S. 92, Strft. Schl. 714 020 und 714 060.

[17] *Statistisches Bundesamt* Fachserie 10 Reihe 3, 2014, (Rechtspflege, Strafverfolgung), S. 36 f.

[18] *Statistisches Bundesamt* Fachserie 10 Reihe 3, 2014, (Rechtspflege, Strafverfolgung), S. 36 f.

[19] *Statistisches Bundesamt* Fachserie 10 Reihe 3, 2014, (Rechtspflege, Strafverfolgung), S. 52 f.

[20] *Statistisches Bundesamt* Fachserie 10 Reihe 3, 2014, (Rechtspflege, Strafverfolgung), S. 54 f.

[21] *Statistisches Bundesamt* Fachserie 10 Reihe 3, 2014, (Rechtspflege, Strafverfolgung), S. 52 f.

[22] *Bundeslagebild Wirtschaftskriminalität* 2014, S. 4.

[23] *Bundeslagebild Wirtschaftskriminalität* 2015, S. 4, 8.

zurück. Zwar wäre man von Seiten des Bank- und Kapitalmarktrechts vermutlich eher geneigt, zu konstatieren, dass diesbezügliches Strafrecht jene Bereiche „als Annex" bloß ergänzt.[24] Aus der Perspektive des Strafrechts stellen indes die zivil- und öffentlich-rechtlichen Grundlagen nur zwei von vielen Einflussfaktoren dar, welche die Materie mitgestalten bzw. -prägen, und die zur Ausfüllung der einschlägigen Strafnormen herangezogen werden. Das Fundament dieser Normen ist indes ein (rein) strafrechtliches; ihre **Auslegung und Anwendung folgt strafrechtsdogmatischen Regeln** einschließlich der spezifischen verfassungsrechtlichen Vorgaben (bspw. des Art. 103 Abs. 2 GG).

7   Abgesehen von diesem rechtlichen Ausgangspunkt sind in tatsächlicher Hinsicht die internationalen Bezüge, in denen das maßgebliche Verhalten der Akteure oftmals steht, wichtiger Impulsgeber für das wachsende Interesse und die damit verbundene, notwendige Fortentwicklung des Bank- und Kapitalmarktstrafrechts: Fast keine Straftat in diesem Feld wird ohne Auslandsbezug begangen.[25] Nach der Beobachtung Vieler ist kaum ein anderes Teilgebiet des Strafrechts den Einflüssen von „**Europäisierung und Globalisierung**" so sehr ausgesetzt, wie das Wirtschaftsstrafrecht.[26] Das betrifft selbstverständlich auch (oder: vor allem) Bank- und Kapitalmarktstrafrecht.[27]

8   Ein weiterer Einflussfaktor, der mit Sicherheit dieselbe Bedeutsamkeit erlangt wie die zunehmende internationale Verflechtung, ist die sog. **Digitalisierung**. Die schnelle Kommunikation u.a. über das Internet drängt (physische) Staatsgrenzen in ihrer Bedeutung zurück. Moderne Kommunikationsmedien ermöglichen, unabhängig von staatlichen Grenzen, tatsächlichen Hürden oder rechtlichen Beschränkungen zu agieren und binnen Sekunden unzählige Informationen z.B. mit Geschäftspartnern oder Kunden auszutauschen.[28] Geht es – wie hier – um Straftaten, die i.d.R. ohne physisches Zutun und meist in Gestalt rechtsgeschäftlichen Handelns begangen werden, gilt dies noch in gesteigertem Maß.

III. Gegenstand des Lehrbuchs

9   Dieses Lehrbuch will einen Überblick über die umfangreichen und komplexen Materien von Bankstrafrecht und Kapitalmarktstrafrecht geben. Dem

---

[24] In diese Richtung wohl *Schlitt* in: Grunewald/Schlitt, Einführung in das Kapitalmarktrecht, 2014, § 1 I. 2 („Materiell stellt das Kapitalmarktrecht eine Mischung aus privatrechtlichen, öffentlich-rechtlichen und strafrechtlichen Bestimmungen dar").

[25] Vgl. bspw. Fn. 2 und 4.

[26] *Dannecker/Bülte* in: Wabnitz/Janovsky, Handbuch Wirtschafts- und Steuerstrafrecht, 2014, Kap. 2 Rn. 1; *Müller-Gugenberger* in: Müller-Gugenberger, Wirtschaftsstrafrecht, 2015, § 1 Rn. 68 f.; *Wittig* Wirtschaftsstrafrecht, 2014, § 1 Rn. 4.

[27] Siehe dazu Rn. 106.

[28] *Hilgendorf/Wolf* K&R 2006, 541; zum Ganzen *Hilgendorf/Valerius* Computer- und Internetstrafrecht, 2012, S. 5 ff., 79 ff.; *Lippert/Sürmann* Kriminalistik 2007, 231; *Marberth-Kubicki* Computer- und Internetstrafrecht, 2010, S. 27 ff., 95 ff.; *Wiedemann* Kriminalistik 2000, 229 ff.

entsprechend werden vorab, als Grundlage der nachfolgenden Kapitel, die Felder des Bankrechts und des Kapitalmarktrechts kurz umrissen. Zudem gilt es zu klären, wodurch sich in strafrechtsdogmatischer Hinsicht Bank- und Kapitalmarktstrafrecht von anderen Bereichen des Strafrechts unterscheiden. Hierbei wird es in erster Linie um Regelungen des Allgemeinen Teils des StGB gehen. Danach wendet sich dieses Lehrbuch den einschlägigen Tatbeständen zu, die dem StGB (siehe Kap. 2) aber auch spezialgesetzlichen Regelwerken (Kap. 3 bis 6) entstammen können.

Der Arbeit mit diesem Lehrbuch ist Folgendes unbedingt vorwegzuschicken: **10** Es werden hier zwar Bankrecht und Kapitalmarktrecht kursorisch dargestellt; dieses Werk will aber selbstverständlich kein Lehrbuch zum Bankrecht und auch kein Lehrbuch zum Kapitalmarktrecht ersetzen. Ebenso folgt in späteren Kapiteln eine Behandlung der einzelnen relevanten Delikte des StGB – dies aber nur insoweit es innerhalb der speziellen Materie des Bank- und Kapitalmarktstrafrechts zu Besonderheiten oder Abweichungen kommt. Wem also das Grundlagenwissen über die einschlägigen Tatbestände – §§ 263, 266 StGB – fehlt, der tut gut daran, vor der Arbeit mit diesem Buch einen Blick in die (allgemeine) Literatur zu den Vermögensdelikten des StGB zu werfen.[29] Soweit hier aber spezialgesetzliche Tatbestände, etwa § 264a StGB, § 265b StGB oder solche des Kreditwesengesetzes (KWG) bzw. des Wertpapierhandelsgesetzes (WpHG), erörtert werden, strebt dieses Lehrbuch deren möglichst umfassende Darstellung an.

B. Grundlagen von Bankrecht und Finanzaufsicht

I. Deutsches Bankenwesen

1. Struktur des deutschen Bankenwesens

Das deutsche Bankenwesen prägt eine **drei-Säulen-Struktur**. Dem entsprechend **11** teilt es sich in Genossenschaftsbanken, öffentlich-rechtliche Geldinstitute und private Geschäftsbanken ein. Dabei ist für die Bundesrepublik Deutschland der im internationalen Vergleich niedrige Anteil an Privatbanken bemerkenswert. Der Sektor der Sparkassen wiederum weist in sich einen zweistufigen Aufbau auf. Er besteht aus den örtlichen Sparkassen sowie den regionalen Landesbanken. Den Kopf dieses Sektors bildet die Deka-Bank Deutsche Girozentrale.[30] Was das einschlägige Recht angeht, existieren für die Genossenschaftsbanken ebenso wie für die öffentlich-rechtlichen Banken spezialgesetzliche Regelungen, etwa das Genossenschaftsgesetz oder die Sparkassengesetze der Länder.[31]

---

[29] Dem entsprechend materiebezogen-fragmentarisch sind auch die (nur) den Abschnitten über die Strafnormen des StGB angefügten Problemübersichten zu verstehen.

[30] *Rümker/Winterfeld* in: Schimansky/Bunte/Lwowski, Bankrechts-Handbuch, 2011, § 124 Rn. 107.

[31] *Groß/Schork* in: Schork/Groß, Bankstrafrecht, 2013, § 1 Rn. 9.

12   Die **Deutsche Bundesbank** hat im deutschen Bankenwesen eine Sonderstellung inne. Diese beruht auf ihrer Funktion als deutsche Zentralbank und den damit verbundenen öffentlichen Aufgaben, die sie wahrzunehmen hat.[32] Ihre Zuständigkeitsbereiche sind nicht mehr nur national definiert, sondern reichen darüber hinaus. Die Bundesbank ist institutionell-integraler Bestandteil des Europäischen Systems der Zentralbanken (ESZB) und dadurch in die supranationalen Strukturen der Europäischen Union eingebunden.[33] Dies ergibt sich aus § 3 des Gesetzes über die Deutsche Bundesbank (BBankG), der ausdrücklich bestimmt, dass sie „als Zentralbank der Bundesrepublik Deutschland integraler Bestandteil des Europäischen Systems der Zentralbanken" ist. Die deutsche Bundesbank wirkt an der Erfüllung der Aufgaben dieses Zentralbankensystems mit dem vorrangigen Ziel mit, die Preisstabilität zu gewährleisten, §§ 1, 18 StabilitätsG.[34] Sie hält und verwaltet die Währungsreserven der Bundesrepublik Deutschland, sorgt für die bankmäßige Abwicklung des Zahlungsverkehrs im Inland sowie mit dem Ausland und trägt zur Stabilität der Zahlungs- sowie Verrechnungssysteme bei. Die Bundesbank nimmt darüber hinaus die ihr nach dem BBankG oder anderen Rechtsvorschriften übertragenen Aufgaben wahr.[35] Die wesentlichsten Funktionen und Aufgaben erstrecken sich damit auf:

- Währungs- und Geldpolitik;
- Ausgabe von Banknoten und Münzen;
- Verwaltung der Währungsreserven;
- Einbindung in die öffentliche Finanzwirtschaft des Bundes und der Länder;
- Sorge für den Zahlungsverkehr im Inland und mit dem Ausland;
- Mitwirkung bei der Bankenaufsicht;
- Analyse und Überwachung der Finanzstabilität;
- sonstige Funktionen und Aufgaben.

13   Im deutschen Bankenwesen lässt sich ferner differenzieren zwischen **Universal- und Spezialbanken**. Universalbanken betreuen sowohl Einlagen- als auch Kreditgeschäfte, ebenso Wertpapier-, Depot und Emissionsgeschäfte. Demgegenüber beschränken sich Spezialbanken auf einige bestimmte Bankgeschäfte. Beispiele für solche Spezialbanken bilden Investmentbanken oder Bausparkassen. Zusätzlich existieren Banken, die lediglich mit Sonderaufgaben betraut sind, bspw. Investitionsbanken der Bundesländer.[36]

2. Institutsarten nach dem KWG
14   Die Unternehmen der Finanzbranche lassen sich nach den Legaldefinitionen des Kreditwesengesetzes (KWG) einteilen. So kann zwischen Kreditinstituten,

---

[32] *Haug* in: Schimansky/Bunte/Lwowski, Bankrechts-Handbuch, 2011, § 123 Rn. 1.
[33] *Berger/Rübsamen* BBankG, 2014, § 3 Rn. 2.
[34] Vgl. *Berger/Rübsamen* BBankG, 2014, § 3 Rn. 41.
[35] Vgl. *Haug* in: Schimansky/Bunte/Lwowski, Bankrechts-Handbuch, 2011, § 123 Rn. 4.
[36] *Groß/Schork* in: Schork/Groß, Bankstrafrecht, 2013, § 1 Rn. 10.

Finanzdienstleistungsinstituten und Finanzunternehmen differenziert werden. § 1 Abs. 1 S. 1 KWG bestimmt, dass **Kreditinstitute** solche Unternehmen sind, die Bankgeschäfte gewerbsmäßig oder in einem Umfang betreiben, der einen in kaufmännischer Weise eingerichteten Geschäftsbetrieb erfordert. Als solche Bankgeschäfte nennt § 1 Abs. 1 S. 2 KWG in seinen Nrn. 1-12 u.a. Einlagengeschäfte, die Gewährung von Darlehen, Depotgeschäfte, Emissionsgeschäfte usw.

Demgegenüber definiert § 1 Abs. 1a S. 1 KWG **Finanzdienstleistungsinsti**   15
tute als Unternehmen, die Finanzdienstleistungen für andere gewerbsmäßig oder in einem Umfang erbringen, der einen in kaufmännischer Weise eingerichteten Geschäftsbetrieb erfordert. Dies gilt allerdings nur, soweit sie keine Kreditinstitute sind. Die möglichen Finanzdienstleistungen finden sich sodann in § 1 Abs. 1a S. 2 Nrn. 1-12, S. 3 und 4 KWG aufgezählt. Hierzu gehören bspw. Anlagevermittlung und -beratung, Anlageverwaltung, Platzierungsgeschäfte, Factoring, Finanzierungsleasing etc.

Finanzunternehmen schließlich sind Unternehmen, die keine Institute und   16
keine Kapitalverwaltungsgesellschaften oder extern verwaltete Investmentgesellschaften sind und bestimmte Haupttätigkeiten aufweisen, § 1 Abs. 3 S. 1 KWG. Diese Haupttätigkeiten werden in Nrn. 1-8 der Vorschrift gelistet, z.B. Beteiligungen zu erwerben und zu halten oder Darlehen zwischen Kreditinstituten zu vermitteln.

II. Rechtsquellen des Bankrechts und Bankstrafrechts

Bankrecht ist das **Sonderrecht** der involvierten Institute, regelt also als Teil des   17
objektiven Rechts deren Rechtsverhältnisse. Spätestens seit Gründung der ersten Notenbank im Jahr 1694[37] kann das Bankrecht als eigenständiges Rechtsgebiet verstanden werden. Sein Zweck liegt in der **Verwirklichung der Idee des Geldes**, vermittels der Funktionen, die diesem eigen sind.[38]

Dem Geld als solchem werden i.d.R. fünf **Funktionen** zugeschrieben.

- Freiheitsfunktion: Eröffnung der Lösung autarker Lebenssicherung, so dass Handel und Dienstleistungen möglich werden;
- Antriebsfunktion: Abkopplung vom autarken Lebensmodell, Zwang Geld zu verdienen;
- Verteilungsfunktion: maßgeblich sind die Bedingungen, unter denen es gelingt, Geld anzuhäufen;
- Arbeitsteilungsfunktion: Geld ist Folge und Ursache von Arbeitsteilung zugleich;
- Vertrauensfunktion: Vertrauen in die dauerhafte Werthaltigkeit des Geldes, so dass Lebensplanung möglich wird.

---

[37] *Gerner-Beuerle* Die Haftung von Emissionskonsortien, 2009, S. 36.
[38] *Schwintowski* in: Schwintowski, Bankrecht, 2014, § 1 Rn. 8 ff.

Im Gegensatz zum Kapitalmarkt (siehe unten) zielt der Geldmarkt damit auf den Handel mit kurzfristigen Geldanlagen ab, z.B. Krediten.

18   **Bundesrechtliche Rechtsquellen** des Bankrechts finden sich verteilt über verschiedene Regelwerke und entstammen dem **Zivilrecht** sowie dem **öffentlichen Recht**. Zivilrechtliche Normen enthält bereits das BGB, bspw. in §§ 765 ff. BGB, den Vorschriften über die Bürgschaft, oder §§ 793 ff. BGB, den Vorschriften über die Schuldverschreibung. Darüber hinaus existieren spezialgesetzliche Regelungen, etwa in Scheckgesetz (ScheckG), Wechselgesetz (WechselG) oder Depotgesetz (DepotG). Aus dem öffentlichen Recht gehören in den Kanon der bankrechtlichen Rechtsquellen Bundesbankgesetz (BBankG), Wertpapierhandelsgesetz (WpHG) und Kreditwesengesetz (KWG), ebenso Kapitalanlagegesetzbuch (KAGB), Hypothekenbankengesetz und Bausparkassengesetz.[39]

19   Was nun den Begriff des **Bankstrafrecht**s angeht, so handelt es sich um eine Wortschöpfung, die im Zusammenhang mit den zahlreicheren und von den Medien mit großer Aufmerksamkeit begleiteten Strafverfahren u.a. gegen Bankenmanager entstanden ist.[40] Strafwürdige Sachverhalte in diesem Kontext zeichnen sich – wie der Name bereits vermuten lässt – durch ihren engen Bezug zum Bankensektor aus.

20   Das Bankenwesen bildet dabei allerdings nicht selbst den Schutzgegenstand der einschlägigen Straftatbestände. Vielmehr geht es um eine Vielzahl von Strafnormen, deren **Schutzzwecke** über die Belange des Bankenwesens hinausreichen. Die Regelungen intendieren – je nachdem, wessen Auffassung man jeweils folgen möchte – Vermögens-, Gläubiger-, Funktions- oder Geheimnisschutz usw.[41] Diese Vielgestaltigkeit schließt es aus, die Schutzzwecke als für die Begriffsbestimmung entscheidend einzuordnen.

21   Der Terminus des Bankstrafrechts ist also der **Oberbegriff** für einen Teilbereich des Strafrechts, den sein unmittelbarer oder zumindest mittelbarer Zusammenhang mit dem Bankenwesen kennzeichnet. Dies können die strafrechtlichen Regelungen des WpHG oder des KWG sein, es mag aber auch eine einfache Untreue sein, die diese Bezüge aufweist. Findet letztgenanntes Delikt bspw. im Rahmen einer Kreditvergabe statt, so lässt sich der Tatbestand des § 266 StGB dem Bankstrafrecht zuordnen. Ereignet sich die Untreue jedoch bei anderer Gelegenheit, so bleibt § 266 StGB ein schlichtes Vermögensdelikt. Damit ergibt sich folgende **Definition**:

> **Das Bankstrafrecht ist die Summe der strafrechtlichen Normen, die (bezogen auf einen konkreten Sachverhalt) unmittelbaren oder mittelbaren Bezug zum Bankenwesen aufweisen.**[42]

22   Bereits an dieser Stelle sei darauf hingewiesen, dass die Begriffe des Bankstrafrechts und des Kapitalmarktstrafrechts sich zum Teil überschneiden. Da aber Geldmarkt und Kapitalmarkt – dazu sogleich – grds. von einander verschieden und daher

---

[39] *Schwintowski* in: Schwintowski, Bankrecht, 2014, § 1 Rn. 22.

[40] *Groß/Schork* in: Schork/Groß, Bankstrafrecht, 2013, § 1 Rn. 1.

[41] Siehe dazu jeweils die Ausführungen in den speziellen Kapiteln zu den einzelnen Strafvorschriften.

[42] Ähnlich zum Kapitalmarktstrafrecht *Park* NStZ 2007, 369, 369; *Park/Sorgenfrei* in: Park, Kapitalmarktstrafrecht, 2013, Teil 1 Rn. 1; *Schröder* Kapitalmarktstrafrecht, 2015, Rn. 1.

zu trennen sind, existieren naturgemäß auch nichtidentische Bereiche bzw. besteht zwischen beiden keine vollständige Kongruenz. Kontextabhängig sind bei Anwendung der einschlägigen Strafnorm dann die Besonderheiten der jeweiligen Materie zu berücksichtigen.

III. Bankgeheimnis

1. Begriff

Die geschäftliche Beziehung zwischen Kunden und Bank prägt ein **gegenseitiges** **23** **Vertrauensverhältnis**. Aus dem damit verbundenen gesetzlichen Schuldverhältnis[43] leitet sich die Pflicht des Kreditinstituts zur Verschwiegenheit über Informationen ab, die es im Rahmen der Geschäftsbeziehung über den Kunden erlangt.[44] Diese **Verschwiegenheitspflicht** bezeichnet man als Bankgeheimnis.

Das Bankgeheimnis einschließlich seines Umfangs und seiner Reichweite ist **24** gesetzlich nicht direkt kodifiziert,[45] sondern ergibt sich allenfalls mittelbar aus im Einzelfall einschlägigen Vorschriften. Es umfasst jedenfalls auch den **Schutz des** **allgemeinen Persönlichkeitsrechts** des Kunden sowie den **Schutz seiner persönlichen Geheimsphäre**.[46]

In den Allgemeinen Geschäftsbedingungen der privaten Banken (AGB-Banken) **25** findet sich in Nr. 2 Abs. 1 folgende Regelung: „Die Bank ist zur Verschwiegenheit über alle kundenbezogenen Tatsachen und Wertungen verpflichtet, von denen sie Kenntnis erlangt (Bankgeheimnis). Informationen über den Kunden darf die Bank nur weitergeben, wenn gesetzliche Bestimmungen dies gebieten oder der Kunde eingewilligt hat oder die Bank zur Erteilung einer Bankauskunft befugt ist." Die allgemeinen Geschäftsbedingungen der Sparkassen definieren demgegenüber nicht selbst, führen aber immerhin in Nr. 1 (1) an: „Geschäftsbeziehung als Vertrauensverhältnis: Die Geschäftsbeziehung zwischen dem Kunden und der Sparkasse ist durch die Besonderheiten des Bankgeschäfts und ein besonderes Vertrauensverhältnis geprägt. Der Kunde kann sich darauf verlassen, dass die Sparkasse seine Aufträge mit der Sorgfalt eines ordentlichen Kaufmanns ausführt und das Bankgeheimnis wahrt."

Das Bankgeheimnis schließt auch das „Berufs- und Geschäftsgeheimnis" im Kreditgewerbe ein.[47] Es umfasst zugleich das Recht der Bank, eine Geheimsphäre aufzubauen und Auskünfte gegenüber jedermann zu verweigern, sofern nicht ausnahmsweise eine ausdrückliche gesetzliche Offenbarungspflicht besteht. Inbegriffen im Schutz des

---

[43] *Einsele* Bank- und Kapitalmarktrecht, 2014, § 1 Rn. 4.

[44] *Krepold* in: Schimansky/Bunte/Lwowski, Bankrechts-Handbuch, 2011, § 39 Rn. 1; siehe ferner BGH NJW 2006, 830, 833.

[45] *Krepold* in: Schimansky/Bunte/Lwowski, Bankrechts-Handbuch, 2011, § 39 Rn. 1.

[46] *Horn* Die AGB-Banken, 1993, S. 88.

[47] Vgl. *Claussen* Bank- und Börsenrecht, 2014, § 3 Rn. 1; *Gößmann/Wagner-Wieduwilt/Weber* Die AGB der Banken, 1993, Rn. 1/35; *Kümpel* Bank- und Kapitalmarktrecht, 2011, Rn. 2137; *Sichtermann/Feuerborn* Bankgeheimnis und Bankauskunft in der Bundesrepublik Deutschland, 1998, S. 38.

Geschäftsgeheimnisses ist dabei alles, was den wirtschaftlichen Wert des Bankbetriebs ausmacht, also Bestand, Erscheinungsform, Organisationsstruktur, Tätigkeitskreis und Kundenstamm.[48]

26   In verfassungsrechtlicher Hinsicht unterfällt das Bankgeheimnis nach verbreiteter Auffassung dem Schutz des **Art. 2 Abs. 1 GG.**[49] Dieses Grundrecht gewährt sowohl das Recht zur freien Entfaltung der Persönlichkeit als auch das Recht auf informationelle Selbstbestimmung.[50] Die Zulässigkeit von Eingriffen in das Bankgeheimnis richtet sich dann nach der Schrankenregelung des Art. 2 Abs. 1 GG.

Beispiel 1[51]

Die zuständige Staatsanwaltschaft wird auf eine Internetseite aufmerksam, die den Zugang zu kinderpornographischen Inhalten vermittelt. Für den Zugang zu der Internetseite müssen die Kunden 79,99 $ per Kreditkarte bezahlen. Die Staatsanwaltschaft leitet daraufhin Ermittlungsverfahren gegen unbekannte Personen ein. Um herauszufinden, wer den fraglichen Betrag an die Betreiber der Seite bezahlt hat, schreibt die Staatsanwaltschaft die Kreditkarten-Institute an und forderte sie auf, alle Kreditkartenkonten anzugeben, die eine Überweisung von 79,99 $ an diejenige philippinische Bank aufweisen, über die der Geldtransfer für den Betreiber der Internetseite abgewickelt wurde. Die Kreditkarten-Institute übermitteln der Staatsanwaltschaft daraufhin die erbetenen Informationen. Insgesamt werden so 322 Karteninhaber ausfindig gemacht.

Nach Ansicht des BVerfG liegt hierin keine Verletzung des Grundrechts auf informationelle Selbstbestimmung, da nur ganz konkrete Kreditkartendaten abgefragt und ausschließlich diese entsprechenden Treffer an die Ermittlungsbehörden weitergegeben wurden. Die Staatsanwaltschaft hatte die Ermittlungsmaßnahme auf § 161 Abs. 1 StPO gestützt. Zwar werden die Karteninhaber dadurch in ihrem Recht auf informationelle Selbstbestimmung berührt; § 161 Abs. 1 StPO genügt jedoch den Anforderungen, die Art. 2 Abs. 1 GG an seine Schranken stellt. Der den Datenzugriff begrenzende Verwendungszweck war hinreichend präzise vorgegeben. Insbesondere erstreckte sich der Eingriff nicht auf die Ermittlung anderer Lebenssachverhalte und Verhältnisse, etwa persönliche oder sonstige Informationen über die Täter. Die strafprozessualen Ermächtigungen erlauben also einen Eingriff in das Recht auf informationelle Selbstbestimmung, finden ihre Grenze aber in der Zweckbestimmung für das jeweilige konkrete Strafverfahren.[52]

---

[48] *Krepold* in: Schimansky/Bunte/Lwowski, Bankrechts-Handbuch, 2011, § 39 Rn. 4.

[49] Vgl. *Canaris* Bankvertragsrecht, 2005, Rn. 37 ff.; *Einsele* Bank- und Kapitalmarktrecht, 2014, § 1 Rn. 5; *Horn* Die AGB-Banken, S. 88; *Lerche* ZHR 1985, 174 f.

[50] Vgl. *Canaris* Bankvertragsrecht, 2005, Rn. 37.

[51] BVerfG WM 2009, 843.

[52] BVerfG WM 2009, 844 ff.

Über Art. 2 GG hinaus verweist ein Teil der Lit. für das Bankgeheimnis zudem   **27**
auf **Art. 12 Abs. 1 S. 2 GG**.[53] Aus der Beeinträchtigung des Vertrauensverhältnisses zwischen Bank und Kunden folge zwangsläufig eine Beeinträchtigung der
ungestörten Tätigkeit der Banken ebenso wie der Geschäftskunden. Es liegt –
freilich abhängig vom Einzelfall – also ein Eingriff in die Berufsausübungsfrei-
heit der Banken (bzw. deren Träger) sowie der Kunden vor. Insoweit müssen die
Schranken des Art. 12 Abs. 1 S. 2 GG Beachtung finden, wobei es insbesondere das
Übermaßverbot zu beachten gilt.[54]

2. Gegenstand und Umfang der Verschwiegenheitspflicht

Grundsätzlich unterfallen all diejenigen Informationen der Verschwiegenheits-   **28**
pflicht, die „der **Kunde geheimzuhalten wünscht**".[55] Entscheidend für Gegenstand
und Umfang des Bankgeheimnisses ist also in erster Linie der tatsächliche Wille
des Kunden, selbst dann, wenn kein vernünftiges Interesse an der Geheimhaltung
besteht.[56] Sofern dieser Wille nicht klar scheint, hat ihn die Bank zu erforschen; ist
dies nicht möglich, so wird auf den mutmaßlichen Willen abgestellt. Erst subsidiär
kommt es auf das objektive Interesse an.[57]

Im Grundsatz unterliegt dabei das Kreditinstitut einer umfassenden Schwei-   **29**
gepflicht in Bezug auf die Geschäftsbeziehung zu dem Kunden. Der Begriff der
Geschäftsbeziehung wiederum ist ebenfalls weit zu verstehen und schließt sämtlichen rechtsgeschäftlichen Kontakt mit dem Kunden ein.[58]

Inhaltlich bezieht sich die Verschwiegenheitspflicht auf alle Informationen mit   **30**
Kundenbezug. Sie erstreckt sich damit grds. auf sämtliche Tatsachen (i.w.S.), die
das Kreditinstitut auf Grund der Geschäftsbeziehung oder im Zusammenhang mit
dem rechtsgeschäftlichen Kontakt mit dem Kunden erlangt. Dies schließt persönliche Tatsachen aus dem Privatbereich des Kunden ein. Das Bankgeheimnis ist dabei
gegenüber jedem Dritten zu wahren, gleichgültig, welches ggf. auch berechtigte
Interesse er anführt.

---

[53] Vgl. *Canaris* Bankvertragsrecht, 2005, Rn. 38; *Einsele* Bank- und Kapitalmarktrecht, 2014, § 1
Rn. 6; *Lerche* ZHR 1985, 165; *Rehbein* ZHR 1985, 145; *Selmer* Steuerrecht und Bankgeheim-
nis, 1981, S. 9; *Sichtermann/Feuerborn* Bankgeheimnis und Bankauskunft in der Bundesrepublik
Deutschland, 1998, S. 45.

[54] Vgl. BVerfGE 18, 361 f.

[55] *Canaris* Bankvertragsrecht, 2005, Rn. 48; *Einsele* Bank- und Kapitalmarktrecht, 2014, § 1 Rn. 7;
Krepold in: Schimansky/Bunte/Lwowski, Bankrechts-Handbuch, 2011, § 39 Rn. 10.

[56] *Einsele* Bank- und Kapitalmarktrecht, 2014, § 1 Rn. 7; *Krepold* in: Schimansky/Bunte/Lwowski,
Bankrechts-Handbuch, 2011, § 39 Rn. 10 unter Verweis auf *Sichtermann/Feuerborn* Bankgeheimnis und Bankauskunft in der Bundesrepublik Deutschland, 1998, S. 135; ferner *Canaris* Bankvertragsrecht, 2005, Rn. 48.

[57] *Canaris* Bankvertragsrecht, 2005, Rn. 49, 54; *Krepold* in: Schimansky/Bunte/Lwowski, Bankrechts-Handbuch, 2011, § 39 Rn. 10.

[58] Vgl. *Bruchner/Stützle* Leitfaden zu Bankgeheimnis und Bankauskunft, 1990, S. 5; *Canaris*
Bankvertragsrecht, 2005, Rn. 53; *Einsele* Bank- und Kapitalmarktrecht, 2014, § 1 Rn. 8 ff.

3. Durchbrechungen im Strafverfahren

31   Im Strafverfahren stellt das Bankgeheimnis die Ermittlungsbehörden vor beachtliche Probleme. Liegt ein Anfangsverdacht vor, so ist fraglich, ob die Bank auf Verlangen der Strafverfolgungsbehörden kundenbezogene Informationen herausgeben oder Durchsuchung und Beschlagnahme hinnehmen muss.

32   Grds. ist ein (selbstständiges) allgemeines Bankgeheimnis im Strafverfahren nicht anerkannt.[59] Nach wohl h.M. soll das privatrechtliche Bankgeheimnis nicht einmal eine Schutzwirkung im Strafverfahren entfalten.[60] Diese rigorose Haltung erscheint nicht ganz unproblematisch. Immerhin besteht aus der Sicht des Kunden zu seiner Bank ein Vertrauensverhältnis, aus dem ja letztlich das Bankgeheimnis[61] überhaupt erst entsteht.[62] Dieses Verhältnis genießt jedoch keinen etwa mit der Vertrauensbeziehung zwischen Rechtsanwalt und Mandant komparablen Schutz.[63] Der Bankmitarbeiter hat somit insbesondere kein Zeugnisverweigerungsrecht aus § 53 StPO.[64] Dies gilt sowohl für den Privatbankensektor, als auch für die Sparkassen und Landesbanken als öffentlich-rechtliche Kreditinstitute. Für letztgenannte greift § 54 StPO ebenfalls nicht ein.

IV. Allfinanzaufsicht

33   Die **Bundesanstalt für Finanzdienstleistungsaufsicht (BaFin)** übt die Finanzaufsicht in Deutschland aus, § 6 Abs. 1 KWG. Sie will im öffentlichen Interesse (§ 4 Abs. 4 FinDAG)[65] ein funktionsfähiges, stabiles und für Bankkunden, Anleger sowie Versicherte vertrauenswürdiges deutsches Finanzsystem gewährleisten.[66] Der Sitz der Anstalt befindet sich in Bonn und Frankfurt am Main. Die BaFin handelt dabei als weisungsabhängige Behörde unter der Rechts- und Fachaufsicht des Bundesfinanzministeriums.

---

[59] *Knierim* in: Wabnitz/Janovsky, Handbuch des Wirtschafts- und Steuerstrafrechts, 2014, Kap. 3 Rn. 384.

[60] *Achenbach* in: Achenbach/Ransiek/Rönnau, Wirtschaftsstrafrecht, 2015, Kap. XV 4 Rn. 100.

[61] Eingehend zur Herleitung des Bankgeheimnisses BGHZ 171, 188 f.; umfassend dazu auch *Spoerr* in: BeckOK-Datenschutzrecht, 2014, Abschnitt B. Für eine Abschaffung des Bankgeheimnisses *Weber-Grellet* ZRP 2014, 82. Zu Informationsfreiheit und Verschwiegenheitspflichten mit Blick auf die BaFin und das Bankgeheimnis *Gurlit* NZG 2014, 1161.

[62] *Häberle* in: Erbs/Kohlhaas, Strafrechtliche Nebengesetze, 2016, § 11 GwG Rn. 10 ff.; *Herzog/ Achtelik* in: Herzog/Achtelik, GwG, 2014, § 11 Rn. 16.

[63] Vgl. nur § 53 StPO, der weder den zuständigen Bankmitarbeiter, noch den nach dem GwG Verpflichteten benennt. Dazu auch *Nestler* wistra 2015, 336.

[64] Anders nur, wenn die Bank als Gehilfe der dort genannten Berufsgruppen anzusehen ist; vgl. *Einsele* Bank- und Kapitalmarktrecht, 2014, § 1 Rn. 15.

[65] § 4 Abs. 4 FinDAG: „Die Bundesanstalt nimmt ihre Aufgaben und Befugnisse nur im öffentlichen Interesse wahr." So auch *Laars* FinDAG, 2013, § 4 Rn. 6.

[66] So ausdrücklich die Selbstdarstellung der BaFin, http://www.bafin.de/DE/DieBaFin/AufgabenGeschichte/aufgabengeschichtenode.html.

Der BaFin unterstehen neben Kreditinstituten auch Finanzdienstleistungsinsti- **34** tute, also Wertpapier- und Devisenhändler, Vermögensverwalter, Anlageberater usw., vgl. die Institute und Unternehmen des § 1 KWG. Zu ihren **Aufsichtsinstrumenten** zählen u.a.

- Erlaubnisvorbehalte (bspw. gem. § 32 KWG),
- Melde-, Berichts- und Auskunftspflichten (etwa §§ 13 ff., 24 f., 44 f. KWG) sowie
- Eingriffsbefugnisse (§ 45 ff. KWG).

Der Zuständigkeitsbereich der BaFin reicht allerdings über die im KWG normier- **35** ten Befugnisse und Pflichten hinaus. Zu ihren Aufgaben gehört es, einen Missbrauch des Finanzsystems durch kriminelle Aktivitäten zu verhindern.[67] In diesem Kontext obliegt der BaFin z.B. auch die Zuständigkeit für die Aufsicht über die Umsetzung der geldwäscherechtlichen Pflichten durch Institute i.S.d. § 16 Abs. 2 Nrn. 2 und 3 GwG.[68]

Die BaFin nimmt nicht nur Aufgaben im präventiven Bereich wahr, sondern hat **36** auch **repressive Tätigkeitsbereiche**. Bspw. obliegt ihr die Ahndung von Ordnungswidrigkeiten im Zusammenhang mit dem Finanzmarkt. Die erlangten Kenntnisse werden an die zuständige Staatsanwaltschaft weitergegeben.[69]

C. Grundlagen des Kapitalmarktrechts

I. Begriffsbestimmungen

1. Kapitalmarkt

Kapitalmarktrecht ist – aufgrund des Namens wenig überraschend – das Recht **37** des Kapitalmarkts. Was aber unter dem Kapitalmarkt zu verstehen ist, war bislang einer (einheitlichen) juristischen wie wirtschaftswissenschaftlichen Begriffsbildung nicht zugänglich.[70] Aus diesem Grund zählt der Terminus „Kapitalmarkt" wahrscheinlich zu den „unpräzisesten und erklärungsbedürftigsten Begriffen

---

[67] Vgl. § 4 Abs. 1 FinDAG; ferner http://www.bafin.de/DE/Aufsicht/Geldwaeschebekaempfung/geldwaeschebekaempfungnode.html; *Schäfer* in: Boos/Fischer/Schulte-Mattler, KWG, 2016, § 6 Rn. 20; siehe aber *Warius* in: Herzog/Achtelik, GwG, 2014, § 9 Rn. 13 zur partiellen Ersetzung durch einen Geldwäschebeauftragten.

[68] Eingehend dazu Kap. 5. Ferner *Herzog/Achtelik* in: Herzog/Achtelik, GwG, 2014, § 16 Rn. 10 f.; *Mülhausen* in: Herzog/Mülhausen, Geldwäschebekämpfung und Gewinnabschöpfung, 2006, § 44 Rn. 1 ff. Hierzu gehören Kreditinstitute, Finanzdienstleistungsinstitute sowie sonstige Unternehmen und Personen im Zahlungsdienste- und Kapitalverwaltungsbereich, § 16 Abs. 2 Nr. 2 GwG, darüber hinaus ein Teil der Versicherungswirtschaft, § 16 Abs. 2 Nr. 3 GwG i.V.m. §§ 146 ff. VAG.

[69] *Groß/Schork* in: Schork/Groß, Bankstrafrecht, 2013, § 1 Rn. 19.

[70] *Schlitt* in: Grunewald/Schlitt, Einführung in das Kapitalmarktrecht, 2009, § 1 I. 1.

der Fach- und Alltagssprache".[71] Kapitalmärkte gelten zusammen mit Derivate-, Geld- und Devisenmärkten als **Teil der Finanzmärkte**, an denen sich **Angebot und Nachfrage** nach Geld und geldwerten Titeln treffen.[72] Dabei impliziert der Terminus Kapitalmarkt, dass es um langfristiges Beteiligungskapital geht, das für Unternehmen einen wesentlichen Teil der Mittel dauerhafter Finanzierung ihrer Investitionen ausmacht.[73] Der Kapitalmarkt bietet somit die Möglichkeit zur **Vermögensbildung**, indem Geldvermögen in Investitionen für die Wirtschaft umgewandelt wird.[74] Nach einer „funktionellen" Auffassung soll daher als Kapitalmarkt die Gesamtheit der Transaktionen gelten, durch die längerfristige Finanzierungsmittel der Bildung von Sachkapital zugeführt werden.[75] Die Abgrenzung des Kapitalmarkts vom Geldmarkt erfolgt also (nach verbreiteter Ansicht) anhand der **Anlagedauer**.[76]

38   Teilweise wird als **Kapitalmarkt i.e.S.** nur der von der BaFin zu überwachende Wertpapiermarkt eingeordnet.[77] Andere versuchen anknüpfend an die Begriffsbestimmungen des § 2 Abs. 2 Nr. 2, Abs. 2b WpHG lediglich denjenigen Markt als Kapitalmarkt zu definieren, auf dem Termingeschäfte vorgenommen und Finanzinstrumente gehandelt werden können.[78]

> Der Begriff des **Finanzinstruments** umfasst im Allgemeinen Wertpapiere (§ 2 Abs. 1, Abs. 2b WpHG), also z.B. Aktien, vergleichbare Anlageobjekte oder Zertifikate, die Aktien vertreten, Schuldtitel, insbesondere Inhaberschuldverschreibungen und Orderschuldverschreibungen einschließlich Genussscheine, Optionsscheine und Zertifikate, die Schuldtitel vertreten. Darüber hinaus sind Geldmarktinstrumente (§ 2 Abs. 1a WpHG) gemeint, ferner Derivate (§ 2 Abs. 2 WpHG), d.h. Termingeschäfte als Festpreisgeschäfte oder Optionsgeschäfte, deren Preis unmittelbar oder mittelbar bspw. vom Börsen- bzw. Marktpreis abhängt. Außerdem gehören zu den Finanzinstrumenten Rechte auf Zeichnung von Wertpapieren (Bezugsrechte) und Vermögensanlagen (vgl. § 1 Abs. 2 VAG).

39   Während der **organisierte Kapitalmarkt** unter Beteiligung von Banken und Börsen abgewickelt wird, sind am **nicht organisierten Kapitalmarkt** private Akteure (z.B. Vermittler) am Werk. In diesem Rahmen bildet der Börsenhandel einen wichtigen Teil des Kapitalmarkts. Insbesondere Aktien, verzinsliche Wertpapiere (Anleihen) und Mischformen dieser Kapitalmarktprodukte lassen sich an der Börse

---

[71] *Merkt/Rossbach* JuS 2003, 217 ff.; *Park/Sorgenfrei* in: Park, Kapitalmarktstrafrecht, 2013, Teil 1 Rn. 3.

[72] *Park/Sorgenfrei* in: Park, Kapitalmarktstrafrecht, 2013, Teil 1 Rn. 3.

[73] Vgl. *Büschgen* Das kleine Börsenlexikon, 2012, „Kapitalmarkt"; *Merkt/Rossbach* JuS 2003, 218; *Schmitz* ZStW 2003, 501, 503.

[74] *Lenenbach* Kapitalmarktrecht, 2010, Rn. 1.12.

[75] Vgl. *Schlitt* in: Grunewald/Schlitt, Einführung in das Kapitalmarktrecht, § 1 I. 1.

[76] Krit. *Buck-Heeb* Kapitalmarktrecht, 2016, § 2 Rn. 81.; *Lenenbach* Kapitalmarktrecht, 2010, Rn. 1.45; dazu auch *Schlitt* in: Grunewald/Schlitt, Einführung in das Kapitalmarktrecht, 2014, § 1 I. 1; siehe auch *Merkt/Rossbach* JuS 2003, 217, 218.

[77] *Oulds* in: Kümpel/Wittig, Bank- und Kapitalmarktrecht, 2011, Rn. 14.26.

[78] *Langenbucher* Aktien- und Kapitalmarktrecht, 2015, § 1 Rn. 15b; *Lenenbach* Kapitalmarktrecht, 2010, Rn. 1.79.

handeln.[79] Unterschieden werden muss ferner zwischen dem **Primärmarkt**, an dem die Erstplatzierung von Aktien und Schuldverschreibungen stattfindet, und dem **Sekundärmarkt**, an dem der Handel bereits emittierter Wertpapiere erfolgt.[80]

Nicht zu den regulierten, organisierten Märkten gehört der **Freiverkehr**.[81] Der **40** Name täuscht allerdings, denn dieser Markt unterliegt ähnlich wie der regulierte Markt der amtlichen Überwachung (§ 48 BörsG). Er bietet mangels eines Zulassungsverfahrens jedoch Raum für den Handel von nicht an der Börse zugelassenen Positionen. Dort werden daher neben einigen deutschen Aktien überwiegend ausländische Aktien und Optionsscheine gehandelt.[82] Außerbörsliche Märkte existieren im Bereich des „Telefonhandels", im Rahmen computergestützter Handelssysteme und als sog. grauer Kapitalmarkt.[83]

2. Kapitalmarktrecht

Wie das Bankrecht soll nach mittlerweile herrschender Auffassung auch das Kapi- **41** talmarktrecht ein **eigenständiges Rechtsgebiet** darstellen.[84] Ausgehend vom Verständnis des Kapitalmarktbegriffs bildet es eine **Querschnittsmaterie** aus privatrechtlichen und öffentlich-rechtlichen Elementen, denen dann – was aus privat- und öffentlich-rechtlicher Perspektive sicherlich zutreffen mag[85] – das einschlägige Strafrecht hinzuaddiert wird.[86]

Der **Zweck** des Kapitalmarktrechts besteht einer verbreiteten Meinung zufolge **42** darin, die „Funktionsfähigkeit der Kapitalmärkte" zu gewährleisten.[87] Orientiert an diesem Regelungsziel bilden Rechtsquellen des Kapitalmarktrechts all diejenigen Vorschriften, die sich mit dem Tätigwerden der Akteure am Kapitalmarkt befassen, ihrem Handeln einen rechtlichen Rahmen geben und die ggf. die Behebung und Verhinderung von diesbezüglichen Missständen intendieren. Dies umfasst jedoch nicht nur die Belange des Kapitalmarkts selbst (bspw. Effizienzerhaltung und -steigerung), sondern auch die Interessen der einzelnen Investoren, deren individuellen Schutz und deren Vertrauen in die Funktionsfähigkeit des Kapitalmarkts.[88]

Dem Regelungsziel entsprechend finden sich die einschlägigen Rechtsquellen **43** im internationalen und europäischen ebenso wie im deutschen Recht. Dabei wird

---

[79] *Schlitt* in: Grunewald/Schlitt, Einführung in das Kapitalmarktrecht, 2014, § 1 I. 1.

[80] *Hild* Grenzen der Regulierung, 2004, S. 55; *Park/Sorgenfrei* in: Park, Kapitalmarktstrafrecht, 2013, Teil 1 Rn. 3.

[81] *Assmann* in: Assmann/Schneider, WpHG, 2012, § 2 Rn. 96; *Hild* Grenzen der Regulierung, 2004, S. 63.

[82] *Park/Sorgenfrei* in: Park, Kapitalmarktstrafrecht, 2013, Teil 1 Rn. 3.

[83] *Schlitt* in: Grunewald/Schlitt, Einführung in das Kapitalmarktrecht, 2014, § 1 I. 1.

[84] *Hopt* ZHR 1977, 430; *Schröder* in: Handbuch des Kapitalmarktstrafrecht, Rn. 1; indirekt auch *Merkt* JuS 2003, 224.

[85] Siehe oben Rn. 18 ff.

[86] *Schlitt* in: Grunewald/Schlitt, Einführung in das Kapitalmarktrecht, 2014, § 1 I. 2.

[87] Eingehend dazu *Assmann* in: Assmann/Schütze, Handbuch des Kapitalanlagerechts, 2015, § 1 Rn. 23; *Lenenbach* Kapitalmarktrecht, 2010, Rn. 1.67 ff.

[88] *Assmann* in: Assmann/Schütze, Handbuch des Kapitalanlagerechts, 2015 § 1 Rn. 4, 22.

zuweilen das Wertpapierhandelsgesetz (**WpHG**) als „Grundgesetz des Kapitalmarktrechts" bezeichnet.[89] Daneben enthalten insbesondere Depotgesetz (DepotG),
Kapitalanlagegesetzbuch (KAGB), Versicherungsaufsichtsgesetz (VAG) und Wertpapiererwerbs- und Übernahmegesetz (WpÜG) relevante Vorschriften. Aus dem
Unionsrecht existieren sowohl Verordnungen als auch Richtlinien, die in kapitalmarktrechtlicher Hinsicht von Relevanz sind.

In diesen Kontext gehören die Prospektverordnung[90] und die Prospektrichtlinie,[91] die Finanzmarktrichtlinie,[92] die zugehörige Verordnung[93] sowie die Marktmissbrauchsrichtlinie a.F.[94]
Diese frühere Marktmissbrauchsrichtlinie wurde zum 2. Juli 2014 durch eine Marktmissbrauchsverordnung (MAR)[95] abgelöst. Damit sollte eine unionsweit einheitliche materielle und aufsichtsrechtliche Regelung geschaffen werden, die den Differenzen zwischen
den nationalen Rechtsordnungen abhilft. Für den Gegenstand des vorliegenden Lehrbuchs
bedeutsam ist in diesem Zusammenhang die **Marktmissbrauchsrichtlinie (CRIM-MAD)**,[96]
die – für Unionsrecht erstmalig und daher im Lichte des Art. 83 Abs. 2 AEUV durchaus spektakulär – zur MAR strafrechtliche Sanktionen verlangt.[97]

---

[89] *Oulds* in: Kümpel/Wittig, Bank- und Kapitalmarktrecht, 2011, Rn. 14.27 (dort Fn. 3); *Hopt* ZHR
1995, 135; *Buck-Heeb* Kapitalmarktrecht, 2016, § 1 Rn. 23; zust. *Schlitt* in: Grunewald/Schlitt,
Einführung in das Kapitalmarktrecht, 2014, § 1 I. 2.

[90] VO (EG) 809/2004 vom 29.4.2004 zur Umsetzung der RiL 2003/71/EG betreffend die in Prospekten enthaltenen Angaben sowie die Aufmachung, die Aufnahme von Angaben in Form eines
Verweises und die Veröffentlichung solcher Prospekte sowie die Verbreitung von Werbung, ABl.
Nr. L 149 S. 1, ber. ABl. Nr. L 215 S. 1; geändert durch VO (EG) 486/2012 vom 30.3.2012 sowie
VO (EG) 862/2012 vom 4.6.2012.

[91] RiL 2003/71/EG vom 4.11.2003 betreffend den Prospekt, der beim öffentlichen Angebot von
Wertpapieren oder bei deren Zulassung zum Handel zu veröffentlichen ist, und zur Änderung der
RiL 2001/34/EG, ABl. EU L 345 S. 64; geändert durch 2010/73/EU vom 24.11.2010.

[92] RiL 2004/39/EG vom 21.4.2004 über Märkte für Finanzinstrumente, zur Änderung der RiL
85/611/EWG und 93/6/EWG und der RiL 2000/12/EG zur Aufhebung der RiL 93/22/EWG, ABl.
EU L 145 S. 1; die Europäische Kommission hat einen VO- sowie RiL-Vorschlag zur Änderung/
Ersetzung der MiFID vorgelegt, siehe KOM (2011) 652 und 656 endg.

[93] VO (EG) Nr. 1287/2006 vom 10.8.2006 zur Durchführung der RiL 2004/39/EG betreffend die Aufzeichnungspflichten für Wertpapierfirmen, die Meldung von Geschäften, die Markttransparenz, die
Zulassung von Finanzinstrumenten zum Handel und bestimmte Begriffe i.S.d. RiL, ABl. EU L 241 S. 1.

[94] RiL 2004/72/EG vom 29.4.2004 zur Durchführung der RiL 2003/6/EG des Europäischen Parlaments und des Rates – Zulässige Marktpraktiken, Definition von Insider-Informationen in Bezug auf
Warenderivate, Erstellung von Insider-Verzeichnissen, Meldung von Eigengeschäften und Meldung
verdächtiger Transaktionen, ABl. EU L 161 S. 70; die Marktmissbrauchrichtlinie wird derzeit überarbeitet; die Europäische Kommission hat einen VO- sowie RiL-Vorschlag zur Änderung der Marktmissbrauchrichtlinie vorgelegt, siehe KOM (2011) 651 und 654 endg.; KOM (2012) 420 und 421
endg., einschließlich ihrer Durchführungs RiL: 2003/124/EG, 2003/125/EG vom 22.12.2003.

[95] VO (EU) 596/2014 vom 16.4.2014 über Marktmissbrauch (Marktmissbrauchsverordnung) und
zur Aufhebung der RiL 2003/6/EG und der RiL 2003/124/EG, 2003/125/EG und 2004/72/EG,
ABl. EU L 173 S. 1 ff.

[96] RiL 2014/57/EU vom 16.4.2014 über strafrechtliche Sanktionen bei Marktmanipulation (Marktmissbrauchsrichtlinie), ABl. EU L 173 S. 179 ff.; zuvor Vorschlag für RiL des Europäischen Parlaments und des Rates über strafrechtliche Sanktionen für Insider-Geschäfte und Marktmanipulation
vom 20.10.2011, KOM (2011) 654 endgültig.

[97] Eingehend Rn. 131.

Weitere übernationale kapitalmarktrechtliche Regelungen finden sich im Vorschrif- **44**
tenbestand der Welthandelsorganisation (WTO) sowie der International Organiza-
tion of Securities Commissions (IOSCO). Nennenswert erscheinen ferner die Vorgaben der European Banking Authoriy (EBA) sowie der European Securities and
Markets Authority (ESMA).[98]

3. Kapitalmarktstrafrecht

Ähnlich wie für das Kapitalmarktrecht existiert auch für das Kapitalmarktstrafrecht **45**
keine einheitliche und verbindliche Definition.[99] Die kapitalmarktstrafrechtlichen
Vorschriften sind über etliche Regelungswerke verstreut, was die Eingrenzung des
Begriffs erschwert.

Anders als der Name vermuten lässt, bildet der Kapitalmarkt zudem nicht selbst **46**
das eigentliche Schutzgut der erfassten strafrechtlichen Vorschriften[100] und eignet
sich daher nicht als Anknüpfungspunkt, um eine von diesem Begriff ausgehende,
rechtsgutsbezogene Definition herauszubilden.[101]

Unter dem Terminus zusammengefasst wird eine Vielzahl von Strafnormen, **47**
deren Schutzzwecke über die Belange des Kapitalmarkts als solchem hinausreichen. Die Regelungen intendieren – abhängig von der jeweils zugrunde gelegten
Auffassung – Vermögens-, Gläubiger-, Funktions- oder Geheimnisschutz usw.
Diese Vielgestaltigkeit schließt es aus, die Begriffsbestimmung an den Schutzzwe-
cken auszurichten.[102]

Der Terminus des Kapitalmarktstrafrechts ist demnach der **Oberbegriff** für **48**
einen Teilbereich des Strafrechts, den sein unmittelbarer oder zumindest mittelbarer Zusammenhang mit dem Kapitalmarkt kennzeichnet.[103] Genau wie im Bankstrafrecht können dies auch für das Kapitalmarktstrafrecht die spezialgesetzlichen
Strafvorschriften bspw. des WpHG oder des BörsG sein, es mag aber auch ein einfacher Betrug sein, der diese Bezüge aufweist. Findet das Betrugsdelikt also bspw.
im Rahmen der Vornahme von Anlagegeschäften statt, so lässt sich der Tatbestand
dem Kapitalmarktstrafrecht zuordnen. Ereignet sich der Betrug jedoch bei anderer
Gelegenheit, so bleibt § 263 StGB ein schlichtes Vermögensdelikt. Damit ergibt
sich folgende **Definition**:

> **Das Kapitalmarktstrafrecht ist die Summe der strafrechtlichen Normen, die (bezogen
> auf einen konkreten Sachverhalt) unmittelbaren oder mittelbaren Bezug zum Kapi-
> talmarkt haben.**[104]

---

[98] Vgl. dazu Rn. 605 ff.

[99] *Park* FS zu Ehren des Strafrechtsausschusses der Bundesrechtsanwaltskammer, 2006, S. 229.

[100] *Park/Sorgenfrei* in: Park, Kapitalmarktstrafrecht, 2013, Teil 1 Rn. 1.

[101] *Park* NStZ 2007, 369 f.

[102] *Park* NStZ 2007, 370; *Park/Sorgenfrei* in: Park, Kapitalmarktstrafrecht, 2013, Teil 1 Rn. 1.

[103] *Park/Sorgenfrei* in: Park, Kapitalmarktstrafrecht, 2013, Teil 1 Rn. 1.

[104] *Park* NStZ 2007, 369; *Park/Sorgenfrei* in: Park, Kapitalmarktstrafrecht, 2013, Teil 1 Rn. 1; vgl.
auch *Schröder* Kapitalmarktstrafrecht, 2015, Rn. 1.

49   Rechtsquellen des Kapitalmarktstrafrechts bilden, neben dem StGB selbst, somit
all diejenigen strafrechtlichen Regelungen, die zugleich Rechtsquellen des Kapitalmarktrechts sind, also Strafnormen u.a. aus Börsengesetz (BörsG), Depotgesetz
(DepotG), Versicherungsaufsichtsgesetz (VAG), Wertpapierhandelsgesetz (WpHG),
ggf. aber gleichermaßen aus Aktiengesetz (AktG) oder Handelsgesetzbuch (HGB).[105]

50   Auch im internationalen und europäischen Recht finden sich Rechtsquellen des
Kapitalmarktstrafrechts. Allerdings liegt die Strafrechtsetzungskompetenz zunächst
nur beim deutschen Gesetzgeber und Straftatbestände können ausschließlich in for-
mellen Parlamentsgesetzen kodifiziert werden. Rechtsquelle ist das internationale
und europäische Recht aber dann, wenn es zur Auslegung unbestimmter Rechtsbegriffe der deutschen Straftatbestände herangezogen werden muss oder sich darin
unmittelbar geltende Bezugsnormen (z.B. Verordnungen i.S.d. Art. 288 AEUV)
finden, auf die nationale Strafnormen verweisen und die diese als Blankette aus-
gestalteten Vorschriften ausfüllen.[106]

51   Galt bislang, dass strafrechtliche Regelungen (abgesehen von den Bezugsnormen) ausschließlich den nationalen Gesetzen entstammen können, so hat sich dies
mit Inkrafttreten der Marktmissbrauchsrichtlinie (CRIM-MAD)[107] grundlegend
geändert. Zwar entfalten Richtlinien gem. Art. 288 UAbs. 2 AEUV nicht aus sich
heraus innerstaatliche Geltung; die Mitgliedstaaten sind jedoch zu ihrer Umsetzung verpflichtet. Und so sieht jene Richtlinie neben etlichen begrifflichen Modifikationen und Erweiterungen eine Vereinheitlichung strafrechtlicher Sanktionen
(Geldstrafen sowie Haftstrafen mit einer Höchstdauer von mindestens vier Jahren
für Insiderhandel und Marktmanipulation und zwei Jahren für die unrechtmäßige
Offenlegung von Insiderinformationen) vor.[108]

> Dabei bleibt selbst nach Inkrafttreten der CRIM-MAD durchaus umstritten, ob überhaupt
> die Voraussetzungen des Art. 82 Abs. 2 S. 1 AEUV vorlagen, die Angleichung der straf-
> rechtlichen Rechtsvorschriften der Mitgliedstaaten also **unerlässlich** für die wirksame
> Durchführung der Unionspolitik war. Obendrein verlangt die Umsetzung der Richtlinie
> zumindest partiell die Schaffung eines Unternehmensstrafrechts,[109] was von Vielen als
> Bruch etwa mit dem Schuldprinzip angesehen wird.[110]

---

[105] Delikte nach HGB und AktG stehen nicht typischerweise in bank- oder kapitalmarktrechtlichen
Kontexten (i.e.S.) und werden daher in diesem Lehrbuch nicht behandelt.

[106] *Schröder* Europäische Richtlinen und deutsches Strafrecht, 2002, S. 321; vgl. zum Insiderstrafrecht *Schröder* Kapitalmarktstrafrecht, 2015, Rn. 107 f.

[107] VO (EU) Nr. 596/2014 vom 16.4.2014 über Marktmissbrauch (Marktmissbrauchsverordnung)
und zur Aufhebung der RiL 2003/6/EG und der RiL 2003/124/EG, 2003/125/EG und 2004/72/
EG, ABl. EU L 173 S. 1 ff. und RiL 2014/57/EU vom 16.4.2014 über strafrechtliche Sanktionen bei Marktmanipulation (Marktmissbrauchsrichtlinie), ABl. EU L 173 S. 179 ff.; zuvor Vorschlag für RiL über strafrechtliche Sanktionen für Insider-Geschäfte und Marktmanipulation vom
20.10.2011, KOM (2011) 654 endg.

[108] Siehe eingehend dazu Rn. 131.

[109] Art. 7 und 8 CRIM-MAD; krit. *Schäfer* in: Marsch-Barner/Schäfer, Handbuch börsennotierte
AG, 2014, § 14 Rn. 4.

[110] Krit. *Grützner/Jakob* in: Grützner/Jakob, Compliance von A-Z, 2015, „Unternehmensstrafrecht".

II. Teilnehmer am Kapitalmarkt, Akteure des Kapitalmarktrechts

Am Kapitalmarkt treten, abhängig von dem betroffenen Anlageprodukt und der **52** Transaktionsstruktur,[111] verschiedene Personen und Institutionen als Akteure auf:

- **Emittent** ist derjenige, der Wertpapiere zum Erwerb am Kapitalmarkt ausgibt. Dies kann eine (ggf. börsennotierte) Aktiengesellschaft sein, aber auch eine andere Kapital- oder Personengesellschaft, eine Gebietskörperschaft oder sogar eine Privatperson.[112]
- Als **Anleger** gilt, wer die emittierten Wertpapiere erwirbt, also in Anlagepositionen investiert. Dies mag ein Einzelner, aber auch eine Personenmehrheit oder eine juristische Person sein; denkbar ist zudem, dass bspw. Banken als institutionelle Anleger auftreten.[113]

Das Funktionieren des Kapitalmarkts hängt vom Vertrauen der Anleger in dessen ordnungsgemäßen Ablauf ab.[114] Aus diesem Grund schützt das Gesetz dieses Vertrauen (u.U. sogar mit Mitteln des Strafrechts[115]), um eine Täuschung oder Benachteiligung der Anleger zu verhindern und Informationsasymetrien auszugleichen. Daher sorgt z.B. § 31 Abs. 2 WpHG für Transparenz bei der Veröffentlichung von Prospekten, §§ 37b, 37c WpHG regeln die (zivilrechtliche) Haftung für unvollständige oder unrichtige Prospekte und § 264a StGB schließlich enthält den Straftatbestand des Kapitalanlagebetrugs. Letztgenannte Norm erfasst bestimmte Fälle, in denen ein Emittent im Prospekt unrichtige vorteilhafte Angaben macht oder nachteilige Tatsachen verschweigt.[116]

- Die **Bundesanstalt für Finanzdienstleistungsaufsicht (BaFin)** übt die (Kapitalmarkt-)Aufsicht über Banken-, Versicherungs- und Wertpapierwesen aus. Sie untersteht dem Bundesfinanzministerium und prüft bzw. bewilligt z.B. Prospekte, die publiziert sein müssen, bevor ein Wertpapier öffentlich angeboten oder zum Börsenhandel zugelassen werden kann. Zu den Aufgaben der BaFin gehören außerdem: Überwachung von Meldepflichten bei Wertpapiertransaktionen (§ 9 WpHG), Durchführung von Kontrollverfahren zur Verhinderung von Insidergeschäften (§ 16a WpHG), Erlass von Regelungen zur Verhinderung von Kurs- und Marktmanipulation (Art. 13 Abs. 2 MAR, entspricht § 20a Abs. 5 S. 2 WpHG a.F.), Überwachung der Einhaltung der Mitteilungspflichten bei Veränderungen von Stimmrechtsanteilen (§§ 21 ff. WpHG), Überwachung der Einhaltung von Compliance-Pflichten (§§ 31 ff. WpHG, insbesondere Verhaltens-, Organisations- und Transparenzpflichten).

---

[111] *Schlitt* in: Grunewald/Schlitt, Einführung in das Kapitalmarktrecht, 2014, § 1 IV.

[112] *Schlitt* in: Grunewald/Schlitt, Einführung in das Kapitalmarktrecht, 2014, § 1 IV. 1.

[113] *Seiler/Kniehase* in: Schimansky/Bunte/Lwowski, Bankrechts-Handbuch, 2011, Vor §§ 104 ff. Rn. 92.

[114] *Schlitt* in: Grunewald/Schlitt, Einführung in das Kapitalmarktrecht, 2014, § 1 IV. 5.

[115] *Park* NStZ 2007, 370.

[116] Siehe Rn. 451.

- Als weitere Akteure sind i.d.R. ein oder mehrere **Kreditinstitut**e in einen Emis-
  sionsvorgang als sog. Konsortialbanken mit beratender Funktion eingebunden.
  Daneben übernehmen sie üblicherweise den Vertrieb der Wertpapiere.[117]
- Die **Börse** ist in § 2 BörsG definiert. Es handelt sich um teilrechtsfähige Anstalten
  des öffentlichen Rechts. Sie stellen für den Handel mit börsennotierten Anlageobjekten eine Plattform, auf der sie – in den Worten des Gesetzes – die Interessen
  einer Vielzahl von Personen an Kauf und Verkauf von dort zum Handel zugelassenen Wirtschaftsgütern und Rechten innerhalb des Systems nach festgelegten
  Bestimmungen in einer Weise zusammenbringen oder das Zusammenbringen
  fördern, die zu einem Vertrag über den Kauf dieser Handelsobjekte führt. Die
  Börsen schaffen also die äußeren und organisatorischen Rahmenbedingungen
  für den Handel der dort zugelassenen Wertpapiere. Ihr Betrieb bedarf der Erlaubnis, § 4 Abs. 1 BörsG. Differenziert wird dabei zwischen der Börse als Veran-
  staltung (z.B. Frankfurter Wertpapierbörse) und dem Träger der Börse (bspw.
  Deutsche Börse AG).

An der deutschen Börse werden Geschäfte über die Clearstream Banking AG[118] abgewickelt, die auf elektronischem Weg durch entsprechende Umbuchungen den Eigentumsüber-
gang bewirkt (sog. Settlement).[119]

- Daneben kommen als Akteure etwaig in Transaktionen eingebundene **Vermittler, Börsenmakler** oder **Skontroführer** in Betracht, aber auch **Wertpapierana-
  lysten** und **Rating-Agenturen**.

III. Börsenzulassung und Emission von Wertpapieren

53   Die Börsenzulassung transportiert den Handel auf eine **organisierte Handelsplatt-
form** und macht dadurch die **Wertpapiere fungibel**.[120] Zwar kann eine Emission
auch ohne Zulassung des Emittenten an der Börse stattfinden. In diesem Fall bleiben
allerdings nur der nicht organisierte Freiverkehr oder gar der sog. graue Kapitalmarkt – was für Anleger aufgrund der fehlenden Gewähr für einen funktionierenden
Sekundärmarkt abschreckend sein kann.

54   Die Emission von Wertpapieren geschieht dann entweder im Rahmen öffentli-
cher Angebote (**public offering**) oder durch eine **Platzierung**.[121] Als öffentliches
Angebot genügt dabei jede an das Publikum gerichtete Mitteilung, die ausreichende
Informationen über die Angebotsbedingungen und die anzubietenden Wertpapiere

---

[117] *Schüking* in: Gummert/Weipert, Münchener Handbuch des Gesellschaftsrechts, Band 1, 2014,
§ 32 Rn. 63.

[118] Siehe dazu *Rögner* in: Scherer, DepotG, 2012, Anhang zu § 5.

[119] *Schlitt* in: Grunewald/Schlitt, Einführung in das Kapitalmarktrecht, 2014 § 1 IV. 4.

[120] *Schlitt* in: Grunewald/Schlitt, Einführung in das Kapitalmarktrecht, 2014, § 1 VI. 2.

[121] *Groß* Finanz Betrieb 1999, 32; *Grunewald/Schlitt* Einführung in das Kapitalmarktrecht, 2014,
§ 1 VI. 1.

enthält, um einen Anleger in die Lage zu versetzen, über den Kauf oder die Zeichnung dieser Wertpapiere zu entscheiden, § 2 Nr. 4 WpPG. Sofern die Wertpapiere öffentlich angeboten werden sollen, muss dem Angebot die Publikation eines entsprechenden Prospekts vorausgehen, § 3 Abs. 1 WpHG.

Gibt es kein öffentliches Angebot, sondern ergeht ein Angebot nur an einen **55** Kreis qualifizierter Anleger (§ 2 Nr. 6 WpHG: Kreditinstitute, private und öffentliche Versicherungen, Kapitalanlagegesellschaften, Investmentfonds, nationale und regionale Regierungen, andere Großanleger usw.), so handelt es sich um eine sog. Privatplatzierung (**private placement**) und ein Prospekt ist aufgrund der vom Gesetzgeber vermuteten geringeren Schutzwürdigkeit dieser potentiellen Anleger nicht erforderlich.

D. Grundlagen aus dem StGB AT

Für das Wirtschaftsstrafrecht wird eine Reihe dogmatischer Besonderheiten im **56** Zusammenhang mit dem Allgemeinen Teil des StGB diskutiert. Einige dieser Besonderheiten erlangen auch für das Bank- und Kapitalmarktstrafrecht Bedeutung.[122]

I. Kausalitätsprobleme

1. Kausalität im Bank- und Kapitalmarktstrafrecht

Probleme im Zusammenhang mit dem Kausalitätserfordernis können sich ergeben, **57** weil im Wirtschaftsstrafrecht strafrechtlich relevante Entscheidungen häufig von einer Personenmehrheit getroffen werden. So sind es bspw. die Geschäftsführer einer Gesellschaft mit beschränkter Haftung (GmbH) oder die Mitglieder des Vorstands einer Aktiengesellschaft (AG), die entscheiden, ein Produkt trotz der bekannten Risiken weiter zu vertreiben oder nicht vom Markt zu nehmen.[123]

Da Banken oftmals in der Rechtsform einer AG organisiert sind, verfügen auch **58** sie über einen Vorstand, der als letztverantwortliches Gremium im Einzelfall die relevanten Entscheidungen trifft, §§ 76, 78 AktG. Aktiengesellschaft sind z.B. Deutsche Bank, Commerzbank, Unicredit Bank, Postbank, ING-DiBa, HSH Nordbank oder Hypothekenbank Frankfurt.

Kausalitätsprobleme bei Gremienentscheidungen können im Kontext **59** des Bank- und Kapitalmarktstrafrechts etwa dann auftreten, wenn es um

---

[122] Erläutert werden an dieser Stelle lediglich die Spezifika dieser speziellen strafrechtlichen Materie. Eingehend zu weiteren Besonderheiten des Allgemeinen Teil des Wirtschaftsstrafrechts sowie zu den hier verknappt dargestellten Bereichen u.a. *Kudlich/Oğlakcıoğlu* Wirtschaftsstrafrecht, 2014, §§ 4, 5 und 6; *Tiedemann* Wirtschaftsstrafrecht AT, 2014, passim; *Wittig* Wirtschaftsstrafrecht, 2014, §§ 5-7.

[123] Ähnlich bspw. im bekannten „Holzschutzmittel-Fall" (BGHSt 41, 206) oder der sog. Lederspray-Entscheidung (BGHSt 37, 106); siehe dazu sogleich.

Geschäftsleiterpflichten nach dem KWG geht. Bspw. enthält § 25c KWG[124] einen Katalog strafrechtlich relevanter Pflichten, die der Geschäftsleiter zu beachten hat. Geschäftsleiter sind gem. § 1 Abs. 2 S. 1 KWG diejenigen natürlichen Personen, die nach Gesetz, Satzung oder Gesellschaftsvertrag zur Führung der Geschäfte und zur Vertretung eines Instituts in der Rechtsform einer juristischen Person oder einer Personenhandelsgesellschaft berufen sind. Dazu gehören dann ggf. auch die Mitglieder des Vorstands einer Aktiengesellschaft.

60   Aber nicht nur für die Banken, sondern bspw. auch im Namen bzw. auf Seiten emittierender Unternehmen können Personenmehrheiten agieren. So kann der erwerbende Insider i.S.d. §§ 38 Abs. 1 Nr. 1WpHG i.V.m. Art. 14, 8 MAR[125] eine juristische Person sein, die wiederum durch ein Leitungsgremium vertreten wird. § 38 Abs. 1 Nr. 2 WpHG adressiert die Mitglieder der Geschäftsführungs- oder Aufsichtsorgane sogar direkt.

2. Grundsätze des allgemeinen Wirtschaftsstrafrechts im Überblick

61   Im Rahmen strafrechtlich relevanter Gremienentscheidungen gilt die starre Anwendung der Conditio-sine-qua-non-Formel als nicht zielführend.[126] Es fehlt vielmehr an der Kausalität, wenn die Mehrheitsverhältnisse bei der Beschlussfassung derart eindeutig waren, dass es auf die Stimme eines Einzelnen nicht angekommen ist.

62   In der sog. **Lederspray-Entscheidung**[127] sah der BGH jedes Mitglied des Gremiums als verpflichtet an, das ihm Mögliche und Zumutbare zu tun, um den gebotenen Beschluss zu erwirken. Unterbleibt dabei der Rückruf des Produkts durch einen entsprechenden Beschluss, so sind die Abstimmenden als Mittäter verantwortlich. Ein einzelnes Gremienmitglied kann sich nach Auffassung des BGH auch nicht darauf berufen, es sei sinnlos gewesen zu versuchen, den erforderlichen Rückruf-Beschluss herbeizuführen, weil ihn die anderen überstimmt hätten.

63   Vorgeschlagen wird überwiegend[128] eine Differenzierung zwischen folgenden Konstellationen:

- Eine Beschlussfassung ist nur einstimmig möglich; der strafrechtlich relevante Beschluss kommt zustande. In diesem Fall soll das Verhalten aller Abstimmenden kumulativ kausal für den Beschluss sein.
- Der Beschluss kommt mit nur einer Stimme Mehrheit zustande. Auch in dieser Konstellation soll das Verhalten der Mitstimmenden kumulativ kausal für das Zustandekommen des Beschlusses sein.

---

[124] Dazu Rn. 766.

[125] Siehe Rn. 675 ff.

[126] *Kudlich/Oğlakcıoğlu* Wirtschaftsstrafrecht, 2014, § 5 Rn. 136; *Wittig* Wirtschaftsstrafrecht, 2014, § 6 Rn. 46.

[127] BGHSt 37, 106.

[128] *Wessels/Beulke/Satzger* Strafrecht AT, 2015, Rn. 158a; *Wittig* Wirtschaftsstrafrecht, 2014, § 6 Rn. 47; ähnlich bei *Kudlich/Oğlakcıoğlu* Wirtschaftsstrafrecht, 2014, § 5 Rn. 136 ff.; *Niemeyer* in: Müller-Gugenberger, Wirtschaftsstrafrecht, 2015, § 17 Rn. 13 ff.; siehe auch *Heinrich* Strafrecht AT, 2014, Rn. 237 f.

• Der Beschluss wird mit einer Mehrheit von zwei oder mehr Stimmen gefasst. Hier wird ebenfalls Kausalität bejaht, allerdings mit im Einzelnen streitiger Begründung.[129]

Teilweise hält man eine Zurechnung nach § 25 Abs. 2 StGB für möglich.[130] Mit Blick auf die Erfordernisse eines gemeinsamen Tatplans und einer gemeinsamen Tatausführung erscheint diese Lösung für die meisten Konstellationen aber schwer vertretbar. Nach a.A. soll hier ein Fall alternativer Kausalität vorliegen, weil sich zwar alternativ die eine oder die andere Stimme hinwegdenken lasse. Bei kumulativem Hinwegdenken der Stimmen scheitere jedoch der Beschluss.[131] Zum Teil wird auch kumulative Kausalität bejaht.[132]

Enthält sich ein Gremienmitglied der Stimmabgabe, so stellt sich die Kausalitäts- **64** frage ebenfalls. Teilweise wird hierbei vertreten, Ursächlichkeit für den gefassten Beschluss folge bereits aus der Teilnahme an der Abstimmung. Dadurch schaffe der Einzelne nämlich erst die Voraussetzungen für die Beschlussfähigkeit. Diese Auffassung geht allerdings zu weit.[133] Überwiegend wird vielmehr davon ausgegangen, dass im Fall einer **Stimmenthaltung** Kausalität vorliegt, wenn der Beschluss durch eine Nein-Stimme des Enthaltenden hätte verhindert werden können.[134]

II. Täterschaft und Teilnahme

Die Anwendung der §§ 25 ff. StGB wirft für das Bank- und Kapitalmarktstrafrecht **65** nahezu dieselben Probleme auf, wie sie für das Wirtschaftsstrafrecht im Allgemeinen diskutiert werden. Für eingetretene Schäden oder – im Bank- und Kapitalmarktstrafrecht häufiger – für Fehlverhalten am Markt (i.w.S.) strafrechtlich einstehen muss nach deutschem Strafrecht stets eine natürliche Person[135]; ein Unternehmensstrafrecht gibt es in Deutschland (noch) nicht.

Die damit für das Wirtschaftsstrafrecht üblicherweise verbundenen Schwierig- **66** keiten treffen das Bank- und Kapitalmarktstrafrecht besonders massiv. Denn viele der hier einschlägigen (Sonder-)Delikte können nur von bestimmten Personen begangen werden. Stichworthaft seien an dieser Stelle nur Geschäftsleiter (§§ 54a, 25c KWG), Insider (§ 38 Abs. 1 WpHG) oder Vermögensbetreuungspflichtiger (§ 266 StGB) genannt, bei § 34 DepotG der Verwahrer i.S.d. § 1 Abs. 2 DepotG, der

---

[129] Überblick bei *Kudlich/Oğlakcıoğlu* Wirtschaftsstrafrecht, 2014, § 5 Rn. 146.

[130] So z.B. in BGHSt 37, 107, 129; *Beulke/Bachmann* JuS 1992, 737; *Knauer* Die Kollegialentscheidung im Strafrecht, 2001, S. 133 ff.; krit. *Wittig* Wirtschaftsstrafrecht, 2014, § 6 Rn. 47 f. bei Fahrlässigkeit.

[131] *Kindhäuser* Strafrecht AT, 2015, § 10 Rn. 41.

[132] *Roxin* Strafrecht AT/I, 2006, § 11 Rn. 19.

[133] *Vogel/Hocke* JZ 2006, 568.

[134] *Hanft* Jura 2007, 58, 61; *Wittig* Wirtschaftsstrafrecht, 2014, § 6 Rn. 48.

[135] *Achenbach* in: Achenbach/Ransiek/Rönnau, Wirtschaftsstrafrecht, 2015, Kap. I 3 Rn. 1; *Wittig* Wirtschaftsstrafrecht, 2014, § 6 Rn. 64.

Pfandgläubiger, der Kommissionär oder der Eigenhändler gem. § 31 DepotG und bei §§ 49, 26 BörsG jede natürliche Person, sofern sie gewerbsmäßig agiert. Bei § 49 DepotG sind dies i.d.R. Personen, die beruflich im Bereich von Finanzdienstleistungen, Anlageberatung bzw. Bankgeschäften tätig sind oder sonst gewerbsmäßig Börsentermingeschäfte bzw. andere Spekulationsgeschäfte vermitteln.[136] Dargestellt werden hier aus Gründen des Sachzusammenhangs lediglich die für das Bank- und Kapitalmarktstrafrecht besonders relevanten Problembereiche aus dem Umfeld von Täterschaft und Teilnahme.

1. Strafrechtliche Verantwortlichkeit nach § 14 StGB, § 9 OWiG

a) Organe, Vertreter und Beauftragte im Bank- und Kapitalmarktstrafrecht

67 Der Anwendungsbereich der § 14 StGB, § 9 OWiG ist nur für Tatbestände eröffnet, die ein **besonderes persönliches Merkmal** in der Person des Vertretenen verlangen.

> Nach wohl h.M. hat der Begriff des besonderen persönlichen Merkmals allerdings nicht dieselbe Bedeutung wie im Rahmen des § 28 Abs. 1 StGB.[137] Nicht zu den besonderen persönlichen Merkmalen i.S.d. § 14 StGB gehören subjektiv-täterschaftliche Merkmale[138] sowie sämtliche höchstpersönlichen, objektiv-täterschaftlichen Merkmale.[139]

68 § 14 StGB betrifft in erster Linie sog. **Statusmerkmale** zur Beschreibung der im Einzelfall relevanten Sonderrolle des wirtschaftlichen Akteurs.[140] Für das Bank- und Kapitalmarktstrafrecht relevante Statusmerkmale weisen hierbei neben den oben bereits genannten Geschäftsleitern, Insidern und Vermögensbetreuungspflichtigen bspw. der Kreditnehmer i.S.d. § 265b Abs. 1 Nr. 2 StGB[141] oder der Emittent i.S.d. § 264a StGB[142] auf.

b) Grundsätze des allgemeinen Wirtschaftsstrafrechts im Überblick

69 § 14 Abs. 1 StGB (§ 9 Abs. 1 OWiG) greift für **gesetzliche Vertreter** ein. Für deren Handeln als Vertreter werden auf sie die besonderen persönlichen Merkmale des Vertretenen übertragen. Die Vorschrift betrifft in ihrem **Abs. 1 Nr. 1** (ebenso § 9 Abs. 1 Nr. 1 OWiG) die vertretungsberechtigten Organe juristischer Personen nach deutschem sowie ausländischem Recht.

---

[136] *Park* in: Park, Kapitalmarktstrafrecht, 2013, Teil 3, Rn. 358; *Schröder* Kapitalmarktstrafrecht, 2015, Rn. 855. *Tiedemann* Wirtschaftsstrafrecht AT, 2014, Rn. 55 ff. nennt als Beispiele für Sonderdelikte § 266a StGB („Arbeitgeber"), § 266 StGB („Treuepflichtiger"), §§ 283 ff. StGB („Schuldner").

[137] *Böse* in: NK-StGB, 2014, § 14 Rn. 12; krit. *Schünemann* in: LK-StGB, 2007, § 14 Rn. 32 ff.

[138] Vgl. BGHSt 40, 8, 19 (Merkmale mit „egoistisch beschränkter Innentendenz").

[139] *Kühl/Heger* StGB, 2014, § 14 Rn. 12.

[140] *Achenbach* in: Achenbach/Ransiek/Rönnau, Wirtschaftsstrafrecht, 2015, Kap. I 3 Rn. 7.

[141] Siehe Rn. 243.

[142] Dazu Rn. 451.

Juristische Personen sind Organisationen mit eigener Rechtspersönlichkeit   **70**
nach bürgerlichem Recht, bspw. AG (etwa eine private Bank), GmbH, rechtsfähiger
Verein, Stiftung und Genossenschaft, oder öffentlichem Recht, z.B. Körperschaft,
Anstalt (ggf. eine Sparkasse) und Stiftung.

Nach überwiegender Meinung muss die juristische Person rechtswirksam zur Entstehung
gelangt sein. Problematisch ist daher die Einordnung von Vorgesellschaften, z.B. der sog.
Vor-GmbH. Die wohl h.M. will diese aus dem Anwendungsbereich des § 14 Abs. 1 Nr. 1
StGB (§ 9 Abs. 1 Nr. 1 OWiG) ausschließen.[143]

Rechtsfähige Personengesellschaft i.S.d. **§ 14 Abs. 1 Nr. 2** StGB (§ 9 Abs. 1 Nr. 2   **71**
OWiG) sind bspw. oHG, KG (einschließlich der GmbH & Co KG), Partnerschafts-
gesellschaft nach dem PartGG, GbR (sofern sie am Rechtsverkehr teilnimmt) sowie
EWIV. Deren vertretungsberechtigten Gesellschaftern, d.h.

- den Gesellschaftern einer oHG (§ 125 HGB, so bspw. Sutorbank Hamburg oder
  Bankhaus J. Faisst),
- dem Komplementär einer KG (§§ 161 Abs. 2, 125 HGB, z.B. von Essen Privat-
  bank, Fürst Fugger Bank),
- den vertretungsberechtigten Gesellschaftern einer BGB-Außengesellschaft
  (§ 714 BGB),
- den Partnern einer Partnerschaftsgesellschaft (§ 7 Abs. 3 PartGG i.V.m. § 125
  HGB),
- den Geschäftsführern der EWIV (Art. 19 EWIV-VO), sofern sie selbst Gesellschafter sind[144] sowie
- den GmbH-Geschäftsführern einer GmbH & Co. KG (Nr. 3 i.V.m. Nr. 1, so die
  Organisationsform der Hanseatic Bank)

werden die besonderen Merkmale der von ihnen vertretenen Personenmehrheiten
zugerechnet.

§ 14 **Abs. 1 Nr. 3** StGB (§ 9 Abs. 1 Nr. 3 OWiG) schließlich erfasst gesetzliche   **72**
Vertreter wie bspw. den Insolvenzverwalter, §§ 56 ff., 80 InsO.

§ 14 **Abs. 2** StGB (§ 9 Abs. 2 OWiG) betrifft **gewillkürte Vertreter**. Unter Abs. 2   **73**
Nr. 1 der Vorschrift fallen Personen, die von einem Betriebsinhaber oder einem
sonst dazu Befugten beauftragt wurden, den Betrieb (bzw. das Unternehmen) oder
eine Stelle der öffentlichen Verwaltung (vgl. § 14 Abs. 2 S. 2, S. 3 StGB) zu leiten.
Dies kann ausdrücklich oder konkludent geschehen.[145]

---

[143] *Perron* in: Schönke/Schröder, StGB, 2014, § 14 Rn. 15; *Radtke* in: MüKo-StGB, 2011, § 14
Rn. 76; a.A. *Bittmann/Pikarski* wistra 1995, 91, 93; *Schünemann* in: LK-StGB, 2007, § 14 Rn. 44.
[144] *Achenbach* in: Achenbach/Ransiek/Rönnau, Wirtschaftsstrafrecht, 2015, Kap. I 3 Rn. 9.
[145] BGH MDR 1990, 41; *Fischer* StGB, 2016, § 14 Rn. 10.

Als **Betrieb** gilt i.w.S. jede nicht nur vorübergehend angelegte organisatorische Zusammenfassung von Personen und Sachmitteln unter einheitlicher Leitung zur Erreichung des Zwecks, Güter oder Leistungen zu erzeugen oder zur Verfügung zu stellen.[146] Wie der Begriff des **Unternehmens** bestimmt und von demjenigen des Betriebs abgegrenzt wird, ist zwar umstritten; diese Frage gilt für die Reichweite des § 14 Abs. 2 StGB jedoch als weitestgehend irrelevant.[147] Die Begrifflichkeiten erfassen jedenfalls auch Banken, Maklerbüros sowie Vermögensverwaltungsgesellschaften.

74 Erforderlich ist ferner, dass der gewillkürte Vertreter diese ihm übertragen Aufgaben auch **tatsächlich ausübt**.[148]

75 Die Beauftragung nach § 14 **Abs. 2 Nr. 2** StGB (§ 9 Abs. 2 Nr. 2 OWiG) setzt voraus, dass die **eigenverantwortliche Wahrnehmung betriebsbezogener Aufgaben** erfolgt, die dem Betriebsinhaber in seiner Eigenschaft als solcher obliegen und von diesem ausdrücklich[149] übertragen wurden.[150] Ob der Beauftragte zum Betrieb gehört oder als Dritter hinzukommt, spielt dabei keine Rolle. Es kann sich demnach auch um einen Rechtsanwalt, Wirtschaftsprüfer oder Steuerberater handeln.[151] Maßgeblich bleibt allein, ob der Betreffende selbstständig und weisungsfrei entscheiden kann.[152] Kontrolle und Überwachung des Beauftragten sollen seiner Eigenverantwortung jedoch nicht entgegenstehen.[153]

76 In den Anwendungsbereich des § 14 **Abs. 3** StGB (§ 9 Abs. 3 OWiG) fallen diejenigen Personen, deren Bestellung als Organ, Vertreter oder Beauftragter aus irgendeinem Grund unwirksam ist. § 14 Abs. 3 StGB lässt für die Zurechnung die bloß **faktische Tätigkeit** genügen, sofern nur ein „intentionaler",[154] aber unwirksamer Bestellungsakt vorliegt.[155]

77 Für sämtliche Varianten der § 14 StGB und § 9 OWiG muss der Täter gerade in der Funktion als Vertreter handeln (**Vertreterbezug**). Das ergibt sich unmittelbar aus dem Wortlaut des § 14 StGB, der in Abs. 1 ein Handeln „als" Organ usw., in Abs. 2 ein Tätigwerden „auf Grund" des Auftrags verlangt. Straftaten, die die betreffenden Personen nur bei Gelegenheit ihrer Tätigkeit begehen, sollen nicht zu einer Zurechnung nach § 14 StGB, § 9 OWiG führen.[156]

---

[146] *Kühl/Heger* StGB, 2014, § 11 Rn. 15.

[147] Vgl. zur Problematik *Radtke* in: MüKo-StGB, 2011, § 14 Rn. 90 ff.; *Schünemann* in: LK-StGB, 2007, § 14 Rn. 55.

[148] *Perron* in: Schönke/Schröder, StGB, 2014, § 14 Rn. 30; *Rogall* in: KK-OWiG, 2014, § 9 Rn. 75.

[149] Eine stillschweigende Beauftragung soll, anders als bei Nr. 1, nicht genügen; so *Perron* in: Schönke/Schröder, 2014, § 14 Rn. 34; *Wittig* Wirtschaftsstrafrecht, 2014, § 6 Rn. 98.

[150] *Perron* in: Schönke/Schröder, StGB, 2014, § 14 Rn. 33.

[151] *Wittig* Wirtschaftsstrafrecht, 2014, § 6 Rn. 98.

[152] *Achenbach* in: Achenbach/Ransiek/Rönnau, Wirtschaftsstrafrecht, 2015, Kap. I 3 Rn. 15.

[153] *Köhler* in: Wabnitz/Janovsky, Handbuch des Wirtschafts- und Steuerstrafrechts, 2014, Kap. 7 Rn. 108.

[154] *Wittig* Wirtschaftsstrafrecht, 2014, § 6 Rn. 99.

[155] *Achenbach* in: Achenbach/Ransiek/Rönnau, Wirtschaftsstrafrecht, 2015, Kap. I 3 Rn. 17; *Perron* in: Schönke/Schröder, StGB, 2014, § 14 Rn. 43; weitergehend zum faktischen Geschäftsführer *Schünemann* in: LK-StGB, 2007, § 14 Rn. 69.

[156] *Radtke* JR 2010, 233, 235.

Die Kriterien dieses Vertreterbezugs waren lange Zeit (und sind teilweise immer noch) umstritten. Früher folgte der BGH der sog. **Interessentheorie**. Diese Formel diente bis zum 10. Februar 2009 insbesondere zur Abgrenzung des Bankrotts von der Untreue, da sich mit ihrer Hilfe ermitteln ließ, wann jemand als vertretungsberechtigtes Organ einer juristischen Person bzw. als Mitglied eines solchen Organs oder als gesetzlicher Vertreter eines anderen i.S.d. § 14 StGB handelt.[157] Eine Haftung nach § 14 StGB setzte nach damaliger Rspr. voraus, dass das Organ, der Vertreter oder Beauftragte die Tathandlung zumindest auch „im Interesse" des Schuldners begangen und nicht nur im Eigeninteresse gehandelt hat.[158] Bei Handeln im Interesse des Schuldners lag Vertreterbezug und somit eine Strafbarkeit nach § 283 StGB vor, ein Agieren ausschließlich im Eigeninteresse bedeutete den Ausschluss der Zurechnung gem. § 14 StGB und folglich nur eine mögliche Strafbarkeit wegen Untreue. Maßgeblich für die Festlegung des Interesses sollte dabei eine wirtschaftliche Betrachtung sein.

§ 14 StGB fordert eine solche Einschränkung seinem Wortlaut nach nicht. Auch darüber hinaus sprachen mehrere Gründe für eine **Aufgabe der Interessenformel:**

(1) Trotz gleichartiger Verhaltensweisen würden Einzelkaufleute und GmbH-Geschäftsführer unterschiedlich behandelt. Insbesondere in Fällen einer Ein-Mann-GmbH bspw. führte die Interessentheorie nicht zu sachgerechten Ergebnissen.[159] Der geschäftsführende Gesellschafter handelt dann zwar mit dem (durch ihn selbst gebildeten) Willen der Gesellschaft, so dass eine Strafbarkeit nach § 266 StGB ausscheidet.[160] Gleichzeitig macht er sich aber keiner Insolvenzstraftat schuldig, da er auch nicht im (wirtschaftlich bestimmten) Interesse der Gesellschaft agiert; und dies obwohl sein Handeln eigentlich klassisches Insolvenzunrecht darstellt – selbst wenn er die Insolvenz durch gezielten Entzug der Gelder eigenhändig herbeiführt. Die Interessentheorie führt deshalb zu einer Benachteiligung von Einzelkaufleuten. Sie müssten sich in einem solchen Fall wegen § 283 Abs. 1 StGB strafrechtlich verantworten, da ihre Strafbarkeit nicht von § 14 StGB abhängt.[161] Gerade bei den besonders insolvenzanfälligen, in Rechtsform einer GmbH betriebenen Unternehmen konterkarierte das den Schutzzweck der §§ 283 ff. StGB.[162]

(2) Die Interessenformel führte zu Strafbarkeitslücken, insbesondere bei Verstoß gegen Buchführungs- und Bilanzierungspflichten (§ 283 Abs. 1 Nrn. 5-7 StGB).[163] Manipulative Handlungen in diesem Bereich liegen nie im Interesse der Gesellschaft, weshalb eine Strafbarkeit nach § 283 StGB ausscheidet. Hier wäre dann für § 266 StGB ein kausal auf die Tathandlung zurückzuführender Schaden mindestens in Gestalt einer konkreten schadensgleichen Vermögensgefährdung notwendig.[164]

---

[157] *Wittig* Wirtschaftsstrafrecht, 2014, § 6 Rn. 100b.

[158] *Wittig* Wirtschaftsstrafrecht, 2014, § 6 Rn. 100a.

[159] So BGH NStZ 2009, 349; a.A. noch BGHSt 30, 127, 128 f.

[160] Dazu *Radtke* JR 2010, 233, 236 f.; *Nestler* in: Popp/Steinberg/Valerius, Das Wirtschaftsstrafrecht des StGB, 2011, S. 146.

[161] *Nestler* in: Popp/Steinberg/Valerius Das Wirtschaftsstrafrecht des StGB, 2011, S. 146; *Radtke* JR 2010, 233, 237; *Winkler* Anmerkung zu BGH vom 10.2.2009, Az.: 3 StR 372/08, jurisPR-StrafR 16/2009 Anm. 1.

[162] *Hoyer* in: SK-StGB, 2015, § 283 Rn. 103; *Labsch* wistra 1985, 1, 6 ff.; *Nestler* in: Popp/Steinberg/Valerius, Das Wirtschaftsstrafrecht des StGB, 2011, S. 146; *Radtke* JR 2010, 233, 237; *Radtke* in: MüKo-StGB, 2014, vor § 283 Rn. 55; *Tiedemann* in: LK-StGB, 2012, vor § 283 Rn. 80.

[163] *Nestler* in: Popp/Steinberg/Valerius, Das Wirtschaftsstrafrecht des StGB, 2011, S. 147; *Radtke* JR 2010, 233, 237.

[164] BGH NStZ 2009, 349; *Arloth* NStZ 1990, 570, 572; *Nestler* in: Popp/Steinberg/Valerius, Das Wirtschaftsstrafrecht des StGB, 2011, S. 147; *Radtke* JR 2010, 233, 236; *Tiedemann* in: LK-StGB, 2012, vor § 283 Rn. 84.

(3) Die Interessenformel versagt bei Fahrlässigkeit. Fahrlässige Verstöße sind nur im Rahmen von § 283 Abs. 4 und Abs. 5 StGB strafbar; eine fahrlässige Untreue gibt es jedoch nicht.[165]

(4) Eine Vielzahl von Bankrotthandlungen läuft nicht nur den Interessen der Gläubiger, sondern auch denen des Schuldners zuwider. Deswegen verblieb mit der Interessenformel für das Insolvenzstrafrecht strukturell ein zu schmaler Anwendungsbereich.[166]

(5) Schließlich wurde die Interessentheorie auch von BGH nicht konsequent durchgehalten.[167] Abgewichen wurde von der Formel etwa bei Vertretern von Personengesellschaften für die praktisch relevanten Fälle, dass die Gesellschafter der Bankrotthandlung zustimmen. Ein Handeln, das aus wirtschaftlicher Sicht im vollständigen Widerstreit zu den Interessen der vertretenen Gesellschaft steht, soll etwa bei der Kommanditgesellschaft gleichwohl von dem durch das Einverständnis erweiterten Auftrag des Schuldners – also der Gesellschaft – gedeckt sein, wenn der Komplementär zustimmt.[168]

Als alternative Abgrenzungsmethode bleibt zunächst das Modell einer **objektiv-funktionalen Bestimmung** der Tätereigenschaft, demgemäß es darauf ankommt, ob der Vertreter bei der maßgeblichen Tathandlung gerade die spezifischen rechtlichen oder tatsächlichen Möglichkeiten eingesetzt hat, die ihm seine Stellung als Organ bzw. Vertreter einräumt.[169] Im Detail unterscheiden die Vertreter dieses Modells dann bei den Anforderungen danach, ob es um rechtsgeschäftliches oder bloß tatsächliches Handel geht. Jedenfalls reicht es aber nicht schon aus, dass die Vertreterstellung zu der fraglichen Handlung Gelegenheit bietet oder deren rechtliche oder tatsächliche Folgen den Vertretenen treffen. Weist das Handeln des Vertreters objektiv einen eindeutigen Bezug zu dem übertragenen Aufgabenkreis auf, so ist es nicht mehr von Bedeutung, ob der Vertreter (wenigstens auch) im Interesse des Vertretenen handelt. Auf ein Handeln im Interesse des Vertretenen kann es somit nur noch bei Tatbeständen ankommen, die bei diesem eine eigennützige Tendenz voraussetzen, ferner bei solchen Handlungen, die in ihrer objektiven Bedeutung ambivalent sind. Bei Rechtsgeschäften ist dies immer anzunehmen, wenn der Vertreter im Namen des Vertretenen handelt, bei einem tatsächlichen Handeln, sofern dieses seiner Art nach als Wahrnehmung der Angelegenheiten des Vertretenen erscheint. So ist z.B. der gesetzliche Vertreter des Schuldners nach § 283 Abs. 1 Nr. 5 StGB auch dann strafbar, wenn er (ausschließlich im eigenen Interesse) Handelsbücher zur Verdeckung begangener Unregelmäßigkeiten verfälscht.[170]

Eine andere Strömung schlägt ein so genanntes **Zurechnungsmodell**[171] vor, das die Anwendbarkeit von § 14 StGB daran ausrichtet, ob auf der Grundlage einer rechtlich wertenden Betrachtung das Organ- oder Vertreterhandeln dem Vertretenen zugerechnet werden

---

[165] Zu den Konsequenzen vgl. *Helmrich* ZInsO 2009, 1477 f.; *Nestler* in: Popp/Steinberg/Valerius, Das Wirtschaftsstrafrecht des StGB, 2011, S. 147.

[166] BGH NStZ 2009, 349; *Hoyer* in: SK-StGB, 2015, § 283 Rn. 103; *Labsch* wistra 1985, 1, 6 ff.; *Nestler* in: Popp/Steinberg/Valerius, Das Wirtschaftsstrafrecht des StGB, 2011, S. 148; *Radtke* in: MüKo-StGB, 2014, vor § 283 Rn. 55; *Tiedemann* in: LK-StGB, 2012, vor § 283 Rn. 80.

[167] BGH NStZ 2009, 349; *Radtke* JR 2010, 233, 236; BGHSt 34, 221, 224; BGH wistra 1989, 264, 267; siehe aber auch BGH JR 1985, 254, 255 f.; BGH NJW 1992, 250, 252.

[168] Vgl. BGHSt 34, 221, 224.

[169] *Perron* in: Schönke/Schröder, StGB, 2014, § 14 Rn. 26; *Wittig* Wirtschaftsstrafrecht, 2014, § 6 Rn. 100b.

[170] Zudem existiert eine vermittelnde Lösung nach *Bittmann* Insolvenzstrafrecht, 2004, § 12 Rn. 44 ff.

[171] *Radtke* in: MüKo-StGB, 2011, § 14 Rn. 65 ff.; vgl. auch *Heine/Schuster* in: Schönke/Schröder, StGB, 2014, § 283 Rn. 4b; *Wittig* Wirtschaftsstrafrecht, 2014, § 6 Rn. 100b.

kann.[172] Man sagt, „die Handlung muss als Geschäft des Vertretenen erscheinen", wobei die Kriterien der Zurechnung im Einzelnen divergieren.

In jedem Fall ergeben sich Schwierigkeiten beim sog. **faktischen Vertreter**. Hier gilt: Bei Zustimmung des Vertretenen handelt er stets mit Vertretungsbezug. § 14 Abs. 3 StGB enthält dazu eine abschließende (und deshalb nicht erweiterungsfähige) Regelung der faktischen Organ- und Vertreterhaftung. Hier wird, abweichend von einer rein „faktischen Betrachtungsweise", zum Normadressaten nur, wer zwar nicht rechtlich, wohl aber tatsächlich die Stellung eines Vertreters i.S.v. § 14 Abs. 1, Abs. 2 StGB haben soll. Erweitert wird hier der Anwendungsbereich der Abs. 1 und 2 lediglich auf einen Teil der faktischen Organe und Vertreter, nämlich auf solche Fälle, in denen die Rechtshandlung unwirksam ist.

2. Mittelbare Täterschaft, § 25 Abs. 1 2. Alt. StGB: Grundsätze des allgemeinen Wirtschaftsstrafrechts im Überblick

Eine Zurechnung „nach oben" im Wege der mittelbaren Täterschaft wird allgemein   **78** diskutiert im Kontext der **Geschäftsherrenhaftung**. Eine solche soll aus der Garantenstellung des Betriebsinhabers und seines Leitungspersonals im Hinblick auf die Verhinderung von betriebsbezogenen Straftaten ihrer Untergebenen folgen.[173] Die Zurechnung geschieht dann nach den Regeln der mittelbaren Täterschaft gem. § 25 Abs. 1 2. Alt. StGB.

I.d.R. verwirklicht jedoch der als Mitarbeiter bzw. Untergebener agierende Vor-   **79** dermann sämtliche Merkmale eines Straftatbestands voll verantwortlich, so dass es an dem üblicherweise geforderten Defekt des Werkzeugs fehlt. In diesen Fällen käme für die Personen der Leitungsebene lediglich noch eine Anstiftung oder Beihilfe gem. §§ 26, 27 StGB in Betracht. Dies erscheint Vielen jedoch als unbefriedigend. Diskutiert wird daher eine Einschränkung des Grundsatzes, dass im Rahmen des § 25 Abs. 1, 2. Alt. StGB das Werkzeug einen entsprechenden Defekt aufweisen muss. Eine Zurechnung nach den Prinzipien der mittelbaren Täterschaft soll damit in denjenigen Fällen möglich sein, in denen der Täter kraft seiner sog. **Organisationsherrschaft** das Geschehen beherrscht und damit trotz strafrechtlicher Verantwortlichkeit des Tatmittlers Tatherrschaft besitzt.[174]

Diese eigenständige Form der mittelbaren Täterschaft wurde seit dem Jahr 1963 im Wesentlichen von *Roxin*[175] entwickelt und ist mittlerweile – trotz durchaus heftiger Kritik in der Lit.[176] – auch in der hiesigen Rspr.[177] sowie teilweise im Ausland[178] anerkannt. Die Rspr. bejaht diese besondere Figur der mittelbaren Täterschaft, wenn „der Hintermann durch Organisationsstrukturen bestimmte Rahmenbedingungen ausnutzt, innerhalb derer sein

---

[172] *Radtke* JR 2010, 237.

[173] *Wittig* Wirtschaftsstrafrecht, 2014, § 6 Rn. 56 ff. und 102.

[174] *Wittig* Wirtschaftsstrafrecht, 2014, § 6 Rn. 107.

[175] *Roxin* GA 1963, 193; *Roxin* Täterschaft und Tatherrschaft, 2015, S. 242; *Roxin* GA 2012, 395.

[176] Vgl. *Rotsch* ZStW 2000, 518.

[177] Siehe BGHSt 40, 218, 236; BGHSt 45, 270, 296; BGHSt 48, 331; BGHSt 49, 147, 163.

[178] Vgl. das Urteil des Obersten Gerichtshofs von Peru gegen den früheren peruanischen Präsidenten Fujimori, ZIS 2009, 622 mit Anmerkungen von *Roxin* ZIS 2009, 565.

Tatbeitrag regelhafte Abläufe auslöst".[179] Dadurch führt der Beitrag des Hintermanns trotz eines uneingeschränkt verantwortlich handelnden Tatmittlers nahezu automatisch zu der vom Hintermann erstrebten Tatbestandsverwirklichung.[180] *Roxin* verlangt demgegenüber, dass der Vordermann dann nur als ein „Rädchen im Getriebe des Machtapparats" des Hintermannes erscheint und als solcher beliebig austauschbar ist („Fungibilität").[181]

Andere fordern, dass sich die fragliche Organisation im Ganzen vom Recht gelöst hat[182] und schließen damit Unternehmen aus dieser Rechtsfigur aus. Die Frage einer **Übertragung des Modells der Organisationsherrschaft auf wirtschaftlich tätige Unternehmen** wird besonders kontrovers diskutiert und unterschiedlich beurteilt.

Der BGH stand dieser Idee schon seit jeher, beginnend mit der sog. Mauerschützenentscheidung, aufgeschlossen gegenüber.[183] In mittlerweile ständiger Rspr. scheint er die Rechtsfigur ohne weiteres auch auf Wirtschaftsunternehmen anzuwenden.[184] Von Seiten der Lit. wird nun kritisiert, dass eine hinreichende Eingrenzung des Anwendungsbereichs dieses Modells bisher noch nicht gelungen ist. Die Rspr. begnügt sich hier mit der Feststellung, dies bleibe eben ein „offenes Wertungsproblem".[185] Der Hintermann habe jedenfalls dann Tatherrschaft, wenn er die „durch Organisationsstrukturen bestimmten Rahmenbedingungen ausnutzt, die regelhafte Abläufe auslösen, die ihrerseits zu der vom Hintermann erstrebten Tatbestandsverwirklichung führen".[186] Als weiterer Kritikpunkt wird von der Lit. vorgebracht, die Lösung der Rspr. stelle eigentlich einen Rückgriff auf die subjektive Theorie und damit eine Abkehr von der Tatherrschaftslehre dar.[187] Auch herrsche in Unternehmen bei weitem nicht dieselbe Zwangssituation, wie in kriminellen Apparaten, die sich im Ganzen vom Recht gelöst haben.[188]

3. Die (horizontale) Zurechnung auf der Leitungsebene

80 Nicht von herausstechender Bedeutung für das Bank- und Kapitalmarktstrafrecht (und daher hier entsprechend verknappt dargestellt) sind die Grundsätze der horizontalen Zurechnung auf der Leitungsebene.

81 Dabei gilt grds. das sog. **Ressortprinzip**, wonach die Leitungspersonen innerhalb ihrer Aufgabenverteilung den ihnen zugewiesenen Geschäftsbereich eigenverantwortlich betreuen. Damit verbunden ist im Rahmen des **Vertrauensgrundsatzes**, dass sich die Leitungspersonen auf die ordnungsgemäße Aufgabenerfüllung durch die jeweils anderen Leitungspersonen verlassen dürfen.[189] Die strafrechtliche Verantwortlichkeit knüpft also an die interne Geschäftsverteilung an, so dass jeder Ressortchef nur für seinen jeweiligen Geschäftsbereich einzustehen hat.

---

[179] BGHSt 40, 218, 236; BGHSt 45, 270, 296.

[180] BGHSt 40, 218, 236.

[181] *Roxin* Strafrecht AT/II, 2002, § 25 Rn. 107.

[182] *Roxin* FS Grünwald, 1999, S. 556; dagegen z.B. *Ambos* GA 1998, 243.

[183] BGHSt 40, 218, 236.

[184] Bspw. BGHSt 43, 219, 231 f.; BGHSt 48, 331, 342; BGHSt 49, 147, 163; BGH NStZ 2004, 457, 458; BGH NStZ 2008, 89.

[185] BGHSt 43, 219, 231 f.

[186] BGHSt 45, 270, 296; BGHSt 48, 331, 342.

[187] *Rotsch* ZStW 2000, 561; *Roxin* Strafrecht AT/II, 2002, § 25 Rn. 135.

[188] *Joecks* in: MüKo-StGB, 2011, § 25 Rn. 150 f.

[189] *Roxin* Strafrecht AT/II, 2002, § 25 Rn. 25.

Oftmals orientiert sich die Geschäftsverteilung an Aspekten wie Produktion, Personal, Forschung und Entwicklung, Vertrieb, Marketing, Finanzen oder Rechnungswesen.[190]

Ausnahmsweise kann das Ressortprinzip in **Generalverantwortung und Allzu-**   **82**
ständigkeit umschlagen. In diesem Fall bestehen neben den Handlungspflichten für den eigenen Geschäftsbereich zusätzlich Überwachungspflichten für die anderen Geschäftsbereiche. Dies wird angenommen bspw.:

* wenn konkrete Anhaltspunkte dafür bestehen, dass der zuständige Ressortchef die ihm obliegenden Aufgaben nicht mehr zuverlässig erfüllt[191];
* in Krisen- und Ausnahmesituationen;
* soweit es um Entscheidungen geht, die das Unternehmen als Ganzes betreffen.

Nach Auffassung der Rspr. sowie eines Teils der Lit. gilt der Grundsatz von All-   **83**
zuständigkeit und Generalverantwortung außerdem für Steuerfragen,[192] Insolvenzantragspflicht[193] sowie im Umweltstrafrecht.[194]

4. Die betriebliche Aufsichtspflichtverletzung (§ 130 OWiG)

a) Bedeutung im Bank- und Kapitalmarktstrafrecht

§ 130 OWiG normiert einen Bußgeldtatbestand, der Aufsichtspflichtverletzun-   **84**
gen von Betriebs- oder Unternehmensinhabern mit Geldbuße bedroht. Durch die Vorschrift sollen **Sanktionslücken** geschlossen werden, die durch die Delegation betrieblicher Aufgaben auf untergeordnete und von dieser Pflicht selbst eigentlich nicht betroffene Mitarbeiter entstehen können. § 130 OWiG erfüllt damit als selbstständiger Tatbestand eine Zurechnungsfunktion.[195] Die Vorschrift soll dann anwendbar sein, wenn eine Beteiligung des Betriebsinhabers an der Straftat oder Ordnungswidrigkeit des Mitarbeiters nicht nachgewiesen werden kann.[196]

Für das Bank- und Kapitalmarktstrafrecht stellt sich insbesondere die Frage nach   **85**
dem Zusammenspiel mit den Regelungen der §§ 54, 25c KWG. Hier ist u.a. zu klären, ob und inwieweit der durch § 130 OWiG in Bezug genommene Pflichtenkreis mit denjenigen Pflichten identisch ist, die §§ 54, 25c KWG dem Geschäftsleiter auferlegen. Das Verhältnis beider Normen zu einander ist bislang für die Praxis noch ungeklärt.

---

[190] *Wittig* Wirtschaftsstrafrecht, 2014, § 6 Rn. 119.
[191] BGH NJW 1997, 130, 132.
[192] BGH wistra 1990, 97.
[193] BGH NJW 1994, 2149.
[194] *Steindorf* in: LK-StGB, 2015, vor § 324 Rn. 61; krit. *Heine/Hecker* in: Schönke/Schröder, StGB, 2014, vor § 324 Rn. 28a.
[195] Umfassend dazu *Bosch* Organisationsverschulden in Unternehmen, 2002, S. 311 ff.; ferner *Wittig* Wirtschaftsstrafrecht, 2014, § 6 Rn. 128.
[196] *Wittig* Wirtschaftsstrafrecht, 2014, § 6 Rn. 128.

b) Voraussetzungen des § 130 OWiG

(1) Täterkreis

86   § 130 OWiG enthält ein **Sonderdelikt**, denn Täter kann nur der Inhaber des
Betriebs oder Unternehmens sein. Als Inhaber gilt diejenige Person, der die für
§ 130 OWiG relevanten Pflichten tatsächlich, d.h. ohne vertragliche Delegation,
obliegen. Dies sei kein Zirkelschluss, sondern konkretisiere das Merkmal nach
dem Gesetzeszweck, die Pflichterfüllung sicherzustellen.[197] Die Betriebsinha-
berschaft ist ein besonderes persönliches Merkmal i.S.d. § 9 OWiG, der damit
auch Organe, Vertreter und Beauftragte zu den nach § 130 OWiG Pflichtigen
macht.

> Während zwischen einem Betrieb und einem Unternehmen sachlich kein Unterschied
> besteht, ist umstr., ob in einem **Konzern,** die Muttergesellschaft eine Aufsichtspflicht über
> die Tochtergesellschaften trifft. Vorstandsmitglieder der Muttergesellschaft könnten dann
> bei Pflichtverletzungen von Vorständen der Tochtergesellschaft wegen Verletzung der Auf-
> sichtspflicht zur Verantwortung gezogen werden.[198]

(2) Tathandlung

87   § 130 OWiG normiert ein **echtes Unterlassungsdelikt**.[199] Die Tathandlung besteht
demnach im Unterlassen der erforderlichen Aufsichtsmaßnahmen. Nicht abschließend geklärt war bislang der **Pflichtenkreis**. Nach der aktuellen Fassung der Vorschrift kommen sämtliche Pflichten als Gegenstand der Aufsicht i.S.d. § 130 OWiG
in Betracht, die in einem engen Zusammenhang mit der Führung des Betriebs oder
Unternehmens stehen.[200] Die unterlassenen Maßnahmen müssen zudem objektiv
erforderlich und zumutbar sein.[201] Die Anforderungen sollen dabei nicht überspannt
werden.[202]

> Welche Aufsichtsmaßnahmen nötig gewesen wären, muss für den jeweiligen Einzelfall
> geprüft werden. § 130 OWiG schließt dabei nur diejenigen Gefahren von Zuwiderhand-
> lungen durch Mitarbeiter u.a. ein, die **betriebstypisch** sind. Dabei kommt es auf Größe,
> Organisation und das Betätigungsfeld des Betriebs an. Relevant für § 130 OWiG ist nur
> das Unterlassen derjenigen Aufsichtsmaßnahmen, die nötig gewesen wären, um gerade der
> betriebstypischen Gefahr von Zuwiderhandlungen entgegenzuwirken. Gem. § 130 Abs. 1

---

[197] *Beck* in: BeckOK-OWiG, 2016, § 130 OWiG Rn. 34.

[198] So die wohl h.M.: *Bohnert* OWiG, 2016, § 130 Rn. 7; *Niesler* in: Graf/Jäger/Wittig, Wirtschafts-
und Steuerstrafrecht, 2011, § 130 OWiG Rn. 52, 53; *Rogall* in: KK-OWiG, 2014, § 130 Rn. 25.
Siehe bereits *Thiemann* Aufsichtspflichtverletzung in Betrieben und Unternehmen, 1976, S. 152
bis 161. Eher a.A. *Gürtler* in: Göhler, OWiG, 2012, § 130 Rn. 5a; differenzierend *Lemke/Mosba-
cher* OWiG, 2005, § 130 Rn. 7; *Tiedemann* NJW 1979, 1852; Überblick über den Meinungsstand
bei *Wittig* Wirtschaftsstrafrecht, 2014, § 6 Rn. 132.

[199] *Gürtler* in: Göhler, OWiG, 2012, § 130 Rn. 9; *Rogall* in: KK-OWiG, 2014, § 130 Rn. 36.

[200] So schon früher die h.M.: *Hellmann/Beckemper* Wirtschaftsstrafrecht, 2013, Rn. 961; *Többens*
NStZ 1999, 1, 5.

[201] *Wittig* Wirtschaftsstrafrecht, 2014, § 6 Rn. 138.

[202] OLG Düsseldorf NStZ-RR 1999, 151.

S. 2 OWiG gehören zu den erforderlichen Aufsichtsmaßnahmen u.a. die Bestellung, sorgfältige Auswahl und Überwachung von Aufsichtspersonen. Dies erlegt dem Betriebsinhaber die Pflicht auf, unter seiner „Oberaufsicht"[203] eine transparente und lückenlose Zustän-
digkeitsverteilung einzurichten, die der Gefahr betriebstypischer Zuwiderhandlungen
entgegenwirkt.[204] Die Kontrollpflicht verringert sich dabei mit dem Qualifikationsgrad des
zu kontrollierenden Mitarbeiters.[205]

Denkbare **Aufsichtsmaßnahmen** sind bspw.: sorgfältige Auswahl geeigneter und
zuverlässiger Mitarbeiter, Anleitung der Mitarbeiter durch umfassende und ausdrückliche Unterrichtung über ihre Pflichten, Überwachung u.a. durch stichprobenartige, überra-
schende Kontrollen, Bestellung von Aufsichtspersonen, Androhung arbeitsrechtlich zulässiger Sanktionen.

(3) Objektive Ahndungsbedingung

§ 130 OWiG setzt als objektive Bedingung der Ahnung voraus, dass in dem Betrieb   **88**
oder Unternehmen eine **Anknüpfungstat** begangen wurde. Eine solche bildet jede
mit Strafe oder Geldbuße bedrohte Zuwiderhandlung durch einen Mitarbeiter,
durch welche dieser gegen betriebsbezogene Pflichten verstoßen hat. Zwischen dem
Unterlassen der Aufsichtsmaßnahmen und der Anknüpfungstat muss ein Zurech-
nungszusammenhang bestehen. Dies ist der Fall, sofern die Anknüpfungstat durch
eine gehörige Aufsicht mit an Sicherheit grenzender Wahrscheinlichkeit verhindert
(hypothetische Kausalität) oder wesentlich erschwert (Risikoerhöhung) worden
wäre.

Es genügt, wenn die Anknüpfungstat vorsätzlich oder fahrlässig und rechtswid-   **89**
rig begangen wurde; schuldhaftes Verhalten des betreffenden Mitarbeiters ist nicht
erforderlich. Auch ist es nicht notwendig, dass der Mitarbeiter tatbestandsmäßig
i.S.e. Strafgesetzes handelt. Anderenfalls müssten die den Betriebsinhaber treffen-
den Sonderdelikte aus dem Kreis der für § 130 OWiG relevanten Pflichtverletzungen ausscheiden.

(4) Vorsatz und Fahrlässigkeit

Die Aufsichtsmaßnahmen müssen vorsätzlich oder fahrlässig unterlassen worden   **90**
sein. **Bezugspunkt** der subjektiven Komponente ist dabei nur die **Verletzung der
Aufsichtspflicht**, nicht die konkrete Zuwiderhandlung des Mitarbeiters als objektive Ahndungsbedingung.[206]

Weiß der Betriebsinhaber um die Anknüpfungstat kommt u.U. sogar eine Strafbarkeit
wegen einer Beteiligung daran in Betracht. In diesem Fall wird die Anwendung des Auf-
fangtatbestands des § 130 OWiG überflüssig, da keine Strafbarkeitslücke besteht.[207]

---

[203] *Wittig* Wirtschaftsstrafrecht, 2014, § 6 Rn. 140.

[204] *Hellmann/Beckemper* Wirtschaftsstrafrecht, 2013, Rn. 963; *Wittig* Wirtschaftsstrafrecht, 2014,
§ 6 Rn. 140.

[205] *Gürtler* in: Göhler, OWiG, 2012, § 130 Rn. 12.

[206] *Achenbach* in: Achenbach/Ransiek/Rönnau, Wirtschaftsstrafrecht, 2015, Kap. I 3 Rn. 55.

[207] *Wittig* Wirtschaftsstrafrecht, 2014, § 6 Rn. 144.

5. Teilnahme, insbesondere Beihilfe durch berufstypisches Verhalten
a) Bedeutung für das Bank- und Kapitalmarktstrafrecht

91   Aus dem Bereich der Teilnahme kann im Kontext des Bank- und Kapitalmarktstrafrechts vor allem die Figur der sog. Beihilfe durch berufstypisches Verhalten Probleme bereiten. Hierbei geht es um Sachverhalte, in denen neutrale oder berufstypische Verhaltensweisen in einen deliktischen Kontext geraten und dort als **Förderungs- oder Unterstützungshandlung** erscheinen.

92   Im Bereich des Bank- und Kapitalmarktstrafrechts kommen hier vor allem Konstellationen in Betracht, in denen Mitarbeiter bspw. illegale Transaktionen ausführen oder Zahlungen vornehmen.

b) Allgemeine Grundsätze im Überblick

93   Die rechtliche Beurteilung berufstypischer Verhaltensweisen in deliktischem Kontext gilt als umstr., obwohl sie als Gegenstand zahlreicher Untersuchungen bereits mit dem notwendigen Tiefgang durchleuchtet ist.[208] Einigkeit besteht jedenfalls darin, dass eine Beihilfehandlung durch berufstypisches oder neutrales Verhalten nicht grds. strafbar sein darf.[209]

94   Die Rspr. differenziert danach, ob der Hilfeleistende den Tatentschluss des Haupttäters kennt oder nicht. Weiß er um den deliktischen Sinnbezug des Verhaltens, so verliert sein Handeln die Neutralität und ist als **Solidarisierung mit dem Haupttäter** zu verstehen. Eine Strafbarkeit wegen Beihilfe ist dann möglich. Ist der Deliktsentschluss aber nicht bekannt und weist der Tatbeitrag dem entsprechend auch keinen deliktischen Sinnbezug auf, so scheidet eine Beihilfestrafbarkeit aus.[210]

Beispiel 2[211]

B ist alleiniger Gesellschafter und Geschäftsführer der X-GmbH, die in unlauterer Art und Weise Kapitalanlagen vermittelt, indem Anleger gezielt über Geschäftscharakter und Gewinnchancen wertloser Anlageobjekte in die Irre geführt werden. Rechtsanwalt R berät die X-GmbH in allen Rechtsfragen. In diesem Zusammenhang ist er in die Erstellung der den Kunden ausgehändigten,

---

[208] Vgl. dazu auch *Heine/Weißer* in: Schönke/Schröder, StGB, 2014, § 27, Rn. 9 ff.; auch *Joecks* in: MüKo-StGB, 2011, § 27 Rn. 48 ff.; *Lesch* JA 2001, 986, 988 ff.; *Otto* JZ 2001, 436 f., 441 ff.; siehe allgemein dazu *Baunack* Grenzfragen der strafrechtlichen Beihilfe, 1999; *Frisch* Tatbestandsmäßiges Verhalten und Zurechnung des Erfolgs, 1988; *Kudlich* Die Unterstützung fremder Straftaten durch berufsbedingtes Verhalten, 2004; *Rackow* Neutrale Handlungen als Problem des Strafrechts, 2007 jew. passim.

[209] Vgl. die Zusammenstellung des Meinungsspektrums bei *Joecks* in: MüKo-StGB, 2011, § 27 Rn. 62 ff. (mit Verweisen auf die eine Strafbarkeit „ohne Besonderheiten" bejahende m.M., darunter bspw. *Dörn* DStZ 1992, 331; *Niedermair* ZStW 1995, 507 ff.).

[210] Vgl. bspw. BGHSt 46, 107 („Wuppertaler Bankenverfahren"); BGH NStZ 2000, 34; BGH NZWiSt 2014, 139.

[211] Nach BGH NStZ 2000, 34.

täuschenden Broschüre sowie der Vermittlungsverträge involviert. B wird erwischt und wegen Betrugs verurteilt.

Der BGH war der Auffassung, dass das Verhalten des R den Rahmen einer „neutralen" anwaltlichen Rechtsberatung überschritten hatte. Die Beratung bei der Erstellung der Broschüre könne nämlich nicht losgelöst vom Verhalten des Haupttäters betrachtet werden. Für die Täuschung durch B war die verzerrte Darstellung der wirtschaftlichen Zusammenhänge und Risiken der vermittelten Anlagen elementar. R habe sich gerade nicht darauf beschränkt, die Rechtslage abstrakt zu beschreiben und ein diesbzgl. Gutachten zu fertigen.

Für den Gehilfenvorsatz sei sodann zu beachten: Zielt das Handeln des Haupt-täters ausschließlich darauf ab, eine strafbare Handlung zu begehen, und weiß (Dolus directus 2. Grades) dies der Hilfeleistende, so sei Vorsatz gegeben. Das Verhalten sei in diesem Fall nicht mehr als sozialadäquat einzustufen. Falls der Hilfeleistende jedoch die Pläne des Haupttäters nicht kennt, sondern eine Straf-tat lediglich für möglich hält, stelle sein Verhalten nur dann eine strafbare Bei-hilfehandlung dar, wenn das von ihm erkannte Risiko strafbaren Verhaltens des von ihm Unterstützten derart hoch ist, dass er sich mit seiner Hilfeleistung „die Förderung eines erkennbar tatgeneigten Täters angelegen sein" lässt.

Problematisch erscheint diese Lösung, sofern der Beitragende lediglich mit Dolus **95** eventualis im Hinblick auf die Haupttat handelt. Auch für eine starke Ansicht in der Lit. stellt sein Verhalten in dieser Konstellation ebenfalls noch keine strafbare Beihilfe dar. Die Begründung folgt im Wesentlichen der Rspr. und führt an, jeder dürfe darauf vertrauen, dass andere keine vorsätzlichen Straftaten begehen. Etwas anderes gilt für den Fall des Handelns mit Dolus eventualis im Hinblick auf die Haupttat nur dann, wenn der Hilfeleistende das Risiko strafbaren Verhaltens des von ihm Unterstützten als hoch einschätzt, er sich mit seiner Hilfeleistung aber – mit der Formulierung des BGH – die Förderung eines erkennbar tatgeneigten Täters angelegen sein lässt.[212]

Auf welcher Prüfungsstufe die Strafbarkeit scheitert, wird ebenfalls uneinheitlich **96** beurteilt. Teilweise wird dazu vertreten, bereits der objektive Tatbestand sei nicht verwirklicht. Berufstypisches Verhalten soll dabei unter dem Gesichtspunkt **profes-sioneller Adäquanz** den Tatbestand nicht erfüllen, wenn es den Regeln des jewei-ligen Berufsstands entspricht.[213] Nach a.A. soll es an der objektiven Zurechnung fehlen, wenn sich der Täter im Rahmen des **erlaubten Risikos** bewegt.[214] Wieder andere stellen darauf ab, ob es sich um ein in § 138 StGB genanntes Delikt oder eine

---

[212] *Roxin* FS Stree/Wessels, 1993, S. 378 ff.; *Roxin* Was ist Beihilfe, in: Kühne, FS Miyazawa 1995, S. 512 ff., 516 f.; *Schünemann* in: LK-StGB, 2007, § 27 Rn. 17 ff., 19 f.; *Zieschang* Strafrecht AT, 2014, Kap. 6 Rn. 764.

[213] *Hassemer* wistra 1995, 41 ff.

[214] *Freund* Strafrecht AT, 2008, § 10 Rn. 138; *Frisch* Tatbestandsmäßiges Verhalten und Zurech-nung des Erfolgs, 1988, S. 280 ff., 301 f.; *Jakobs* GA 1996, 260, 260 f.; *Ransiek* wistra 1997, 41, 43 ff.; *Wohlers* NStZ 2000, 169, 173.

Hilfeleistungspflicht nach § 323c StGB handelt bzw. ob durch das Verhalten des Haupttäters eine Garantenstellung gem. § 13 StGB für den Gehilfen entstünde.[215]

III. Vorsatz, Irrtum und Fahrlässigkeit

1. Bedeutung für das Bank- und Kapitalmarktstrafrecht

97   Auch die Delikte des Bank- und Kapitalmarktstrafrechts erfordern vorsätzliches Handeln des Täters, § 15 StGB. Etwas anderes gilt nur dann, wenn das Gesetz ausdrücklich ein Fahrlässigkeitsdelikt kodifiziert. Für das Bank- und Kapitalmarktstrafrecht ist dies nicht selten der Fall, bspw. in § 55 Abs. 2 KWG für die Verletzung der Pflicht zur Anzeige der Zahlungsunfähigkeit bzw. der Überschuldung oder in § 38 Abs. 4 WpHG bei der Verletzung von Insiderhandelsverboten.

98   Vorsatz und Irrtum verdienen gleichwohl für die Bereiche des Bank- und Kapitalmarktstrafrechts eine gesonderte Betrachtung. Insbesondere die Abgrenzung zwischen Tatumstandsirrtum i.S.d. § 16 Abs. 1 S. 1 StGB und Verbotsirrtum gem. § 17 S. 1 StGB wirft oft erhebliche Probleme auf. Dies liegt nicht zuletzt daran, dass die einschlägigen Straftatbestände fast immer normative Tatbestandsmerkmale enthalten[216] oder als Blankette[217] ausgestaltet sind. Für Irrtümer stellen sich dann die hiermit typischerweise verbundenen Abgrenzungsfragen.

2. Allgemeine Grundsätze im Überblick

99   Von einem normativen Tatbestandsmerkmal spricht man, wenn sein Vorliegen nur durch eine Wertung rechtlicher oder tatsächlicher („vorrechtlicher") Art festgestellt werden kann. Für den Vorsatz genügt es dann, wenn der Täter die tatsächlichen Umstände kennt und daraus die Bedeutung des Merkmals versteht (sog. **Bedeutungskenntnis**). Dabei reicht jedoch eine entsprechende Parallelwertung in der Laiensphäre aus.[218] Begreift der Täter diese rechtliche Wertung nicht, so soll nach wohl h.M. ein Tatumstandsirrtum i.S.d. § 16 Abs. 1 S. 1 StGB gegeben sein.[219]

100   Ein **Blankett-Tatbestand** liegt demgegenüber vor, wenn die Strafvorschrift selbst nicht vollständig ist, sondern auf eine Bezugsnorm verweist, die diese vervollständigt. In diesem Fall wird nach ganz h.M. der Inhalt der Ausfüllungsnorm in das strafrechtliche Blankett hineingelesen.[220] Ein Irrtum über die

---

[215] *Hefendehl* Jura 1992, 376; *Tag* JR 1997, 54 f. Eine Einschränkung anhand quantitativer Kriterien favorisiert *Weigend* FS Nishihara, 1998, S. 199. Ablehnend zur Beihilfestrafbarkeit bei neutralen Handlungen *Beckemper* Jura 2001, 163, 169. Vgl. zu dem Problemkreis auch *Heinrich* Strafrecht AT, 2014, Rn. 1330 ff.

[216] Bspw. § 264 StGB: „erhebliche" Umstände.

[217] z.B. § 38 WpHG, § 49 BörsG, §§ 55a Abs. 1, 55b Abs. 1 KWG, § 31 Abs. 1 ZAG.

[218] *Hilgendorf/Valerius* Strafrecht AT, 2015, § 4 Rn. 74; *Wittig* Wirtschaftsstrafrecht, 2014, § 6 Rn. 168.

[219] *Kudlich* in: BeckOK-StGB, 2016, § 16 Rn. 15.

[220] *Kudlich/Oğlakcıoğlu* Wirtschaftsstrafrecht, 2014, § 5 Rn. 58; *Tiedemann* Wirtschaftsstrafrecht AT, 2014, § 7 Rn. 339; *Wittig* Wirtschaftsstrafrecht, 2014, § 6 Rn. 171.

Existenz oder Wirksamkeit der Ausfüllungsnorm stellt daher stets einen Verbotsirrtum dar.[221]

Die Materie ist in der Rspr. geprägt von Kasuistik. Folgt man dabei der Auffassung der h.M. so ist die entscheidende Frage, was ein normatives Tatbestandsmerkmal von einem Blankett unterscheidet. **101**

Teilweise wird schon die Relevanz der Differenzierung für die Einordnung des Irrtums bestritten.[222] Nach überwiegender und zutreffender Auffassung besteht jedoch zwischen Blankett und normativem Tatbestandsmerkmal ein **qualitativer Unterschied**.[223] Bei Blanketten muss der Täter den fraglichen Lebenssachverhalt unter die zusammengesetzte Norm subsumieren. Demgegenüber muss er im Fall eines normativen Tatbestandsmerkmals den Regelungszweck bewusst missachten.[224] Hierbei genügt die bereits erwähnte Parallelwertung in der Laiensphäre.

Insgesamt gilt die Abgrenzung normativer Tatbestandsmerkmale von Blanketten mit als das „am wenigsten gelöste Problem der gesamten Irrtumslehre".[225] Zu allem Überfluss existieren – vor allem im Bank- und Kapitalmarktstrafrecht – auch Tatbestände, die sowohl Blankettverweisungen als auch normative Tatbestandsmerkmale enthalten[226] und damit beide Problematiken vereinen. **102**

Zu kurz greift jedenfalls die Auffassung, die für die Abgrenzung lediglich formal danach fragt, ob der Gesetzeswortlaut ausdrücklich oder nur konkludent auf andere Normen verweist.[227] Plausibler erscheint eine inhaltsbezogene Abgrenzung danach, ob der Tatbestand aus sich heraus verständlich ist oder nicht. Der Tatbestand ist deshalb dahingehend zu untersuchen, ob er „offen" oder „geschlossen" formuliert ist. Allerdings stellt dies oft eine Wertungsfrage dar, was der Grenzfall des § 370 AO deutlich macht.[228] Unterschieden wird zum Teil auch danach, ob sich ein Merkmal bzw. ein Tatbestand nur auf die Rechtsfolgen oder auch auf den Tatbestand einer anderen Rechtsnorm bezieht. Bildet lediglich die Rechtsfolge den Bezugspunkt, so soll es sich um ein normatives Tatbestandsmerkmal handeln; ist Bezugspunkt dagegen der gesamte andere Tatbestand, so liege ein Blankett vor.[229] **103**

---

[221] *Kudlich/Oğlakcıoğlu* Wirtschaftsstrafrecht, 2014, § 5 Rn. 58; *Tiedemann* Wirtschaftsstrafrecht AT, 2014, § 7 Rn. 339; *Wittig* Wirtschaftsstrafrecht, 2014, § 6 Rn. 171.

[222] *Tiedemann* Tatbestandsfunktionen im Nebenstrafrecht, 1969, S. 388 ff.; i.E. so auch *Herzberg* FS Otto, 2007, S. 283. Siehe dazu auch *Puppe* in: NK-StGB, 2013, § 16 Rn. 63 ff.; *Puppe* GA 1990, 168 ff.

[223] Vgl. *Schuster* Das Verhältnis von Strafnormen und Bezugsnormen aus anderen Rechtsgebieten, 2012, S. 115 ff., 231 ff., 258 ff., 323 ff., 348 ff.; *Sternberg-Lieben/Schuster* in: Schönke/Schröder, StGB, 2014, § 15 Rn. 103; *Tiedemann* Wirtschaftsstrafrecht AT, 2014, § 5 Rn. 198.

[224] *Sternberg-Lieben/Schuster* in: Schönke/Schröder, StGB, 2014, § 15 Rn. 103.

[225] *Maurach//Zipf* Strafrecht AT I, 1992, § 37 Rn. 48, so zitiert von *Sternberg-Lieben/Schuster* in: Schönke/Schröder, StGB, 2014, § 15 Rn. 103.

[226] *Schuster* Das Verhältnis von Strafnormen und Bezugsnormen aus anderen Rechtsgebieten, 2012, S. 116 f.; *Sternberg-Lieben/Schuster* in: Schönke/Schröder, StGB, 2014, § 15 Rn. 103.

[227] So noch BVerfGE 37, 201, 208 f.; krit. dazu auch *Tiedemann* Wirtschaftsstrafrecht AT, 2014, § 5 Rn. 198.

[228] *Tiedemann* Wirtschaftsstrafrecht AT, 2014, § 5 Rn. 198.

[229] *Puppe* in: NK-StGB, 2013, § 16 Rn. 21.

IV. Unterlassungsdelikte

104   Im Bank- und Kapitalmarktstrafrecht begegnen dem Rechtsanwender nicht selten
Unterlassungsdelikte. Beispielhaft für die einschlägigen echten Unterlassungsdelikte seien hier etwa § 265b Abs. 1 Nr. 2 StGB (Kreditbetrug durch Nichtmitteilen von Verschlechterungen), § 55 KWG (Verletzung der Pflicht zur Anzeige
der Zahlungsunfähigkeit oder der Überschuldung) sowie § 31 Abs. 1 Nr. 3 i.V.m.
§ 16 Abs. 4 S. 1 Hs. 1 ZAG (fehlende Anzeige bei Zahlungsunfähigkeit) genannt.
Auch § 264a Abs. 1, 2. Alt. StGB, das Verschweigen nachteiliger Angaben, muss
in diesem Kontext Erwähnung finden, wobei hier die Einordnung als echtes oder
unechtes Unterlassungsdelikt umstritten ist.[230]

105   Für das Bank- und Kapitalmarktstrafrecht stellt sich in erster Linie bei den unechten Unterlassungsdelikten die Frage einer **Abgrenzung von Täterschaft und Teilnahme**. Die wohl h.M. in der Lit. will hier ebenso verfahren, wie bei den Begehungsdelikten. Täter ist somit nur derjenige, der die potentielle Tatherrschaft innehat.
Faktisch kommt es also darauf an, wie „leicht es dem Unterlassenden möglich
gewesen wäre, die Tat zu verhindern".[231] Der subjektive Ansatz der Rspr. führt
demgegenüber dazu, dass im Rahmen einer wertenden Gesamtbetrachtung danach
gefragt werden muss, ob der Unterlassende mit animus auctoris oder animus socii
untätig bleibt. Nur subsidiär soll es auf die potentielle Tatherrschaft ankommen.[232]

> Daneben existieren noch etliche weitere Abgrenzungsideen: Nach der sog. Gehilfentheorie
> soll der Unterlassende stets nur Gehilfe sein, da er trotz einer etwaigen Garantenstellung
> immer nur Randfigur des Geschehens bleibe.[233] Eine andere Auffassung hält den Unterlas-
> senden mit Verweis auf die täterschaftsbegründende Garantenpflicht nach § 13 StGB stets
> für einen Täter.[234] Eine differenzierende Ansicht unterscheidet nach der Art der Garanten-
> stellung und will Beschützergaranten immer als Täter, Überwachungsgaranten immer als
> Gehilfen einordnen.[235]

E. Einfluss der Europäischen Union

I. Primärrechtliche Grundlagen

106   Bereits in den primärrechtlichen Grundlagen der Europäischen Union, d.h. im EU-
Vertrag, im AEUV sowie gleichermaßen in der EU-Grundrechtecharta, finden sich
etliche Vorschriften, die für das deutsche Bank- und Kapitalmarktstrafrecht von

---

[230] Siehe Rn. 468 ff.

[231] *Wittig* Wirtschaftsstrafrecht, 2014, § 6 Rn. 52a mit Verweis auf *Wessels/Beulke/Satzger* Strafrecht AT, 2015, Rn. 734.

[232] BGHSt 54, 44, 51; BGH NStZ 2009, 321; BGH NStZ 2012, 379.

[233] *Kudlich* in: SSW, StGB, 2014, § 13 Rn. 43; *Kühl/Heger* StGB, 2014, § 13 Rn. 5.

[234] *Roxin* Strafrecht AT/II, 2003, § 31 Rn. 140 ff.

[235] *Heine/Weißer* in: Schönke/Schröder, StGB, 2014, vor § 25 Rn. 104 ff.; *Schünemann* in:
LK-StGB, 2007, § 25 Rn. 211 f.; umgekehrt *Krüger* ZIS 2011, 2.

Relevanz sind. Zwar liegt die Kompetenz zur Setzung von Strafrechtsnormen als Kernelement staatlicher Souveränität grds. bei den Mitgliedstaaten. Gleichwohl existieren vielgestaltige Einfallstore für unionsrechtliche Einflussnahmen auf das nationale Strafrecht, die teilweise gezielt die Bereiche des Bank- und Kapitalmarktstrafrechts affektieren.

Das **BVerfG** betont in seiner vielzitierten Entscheidung[236] betreffend das Zustimmungsgesetz zum Vertrag von Lissabon, dass die Normsetzung im Bereich des Straf- und Strafverfahrensrechts Kernkompetenz der Mitgliedsstaaten ist und bleibt. Nur „bestimmte grenzüberschreitende Sachverhalte unter restriktiven Voraussetzungen" sollen einer strafrechtlichen Regelung durch die EU zugänglich sein, während aber gleichwohl die Gesetzgebungshoheit der Mitgliedsstaaten durch die Gewährung substanzieller Handlungsspielräume zu beachten sei.[237] Das Strafrecht stehe für die „sensible demokratische Entscheidung über das rechtsethische Minimum" und dürfe nicht „als rechtstechnisches Instrument zur Effektuierung einer internationalen Zusammenarbeit" eingesetzt werden.

1. Grundfreiheiten, insbesondere Art. 63 AEUV

Die im AEUV normierten Grundfreiheiten sind für das Bank- und Kapitalmarktstrafrecht von größter Relevanz, zuvorderst die in Art. 63 AEUV niedergelegte Freiheit des Kapital- und Zahlungsverkehrs.   **107**

Die Kapitalverkehrsfreiheit gilt als wirtschaftlich und integrationspolitisch höchst bedeutsam. Diese Einschätzung rührt vor allem daher, dass wirtschaftliche Globalisierung stets eine **Globalisierung der Kapitalströme** bedeutet.[238] Es heißt, im Zuge des technischen Fortschrittes – gemeint ist damit insbesondere auch die sog. Digitalisierung – gewinne der Produktionsfaktor Kapital immer mehr an Bedeutung.[239]   **108**

Art. 63 Abs. 1 AEUV regelt die **Freiheit des Kapitalverkehrs**. Es existiert jedoch keine autonome Begriffsbestimmung des Kapitalverkehrs im Unionsrecht; nicht einmal der EuGH hat den Terminus bislang definiert.[240] Die überwiegende Lit. zieht aus der „Zusammenschau kapitalverkehrsrelevanter primär- und sekundärrechtlicher Regelungen, der Rechtsprechung des EuGH und aus dem ökonomischen Verständnis des Begriffs"[241] folgende Formel: Kapitalverkehr ist jede über die Grenzen eines Mitgliedstaats der Europäischen Union hinweg stattfindende **Übertragung von Geld- oder Sachkapital**, die **primär zu Anlagezwecken** erfolgt.[242]   **109**

---

[236] BVerfGE 123, 267; dazu *Meyer* NStZ 2009, 657 statt Vieler.

[237] *Wittig* Wirtschaftsstrafrecht, 2014, § 3 Rn. 30a unter Verweis auf BVerfGE 123, 267, 360; ebenso BVerfGE 113, 273, 298 f.

[238] *Bröhmer* in: Calliess/Ruffert, EUV/AEUV, 2016, Art. 63 AEUV Rn. 4.

[239] *Bröhmer* in: Calliess/Ruffert, EUV/AEUV, 2016, Art. 63 AEUV Rn. 4.

[240] *Bröhmer* in: Calliess/Ruffert, EUV/AEUV, 2016, Art. 63 AEUV Rn. 8; *Sedlaczek/Züger* in: Streinz, EUV/AEUV, 2012, Art. 63 AEUV Rn. 18.

[241] *Bröhmer* in: Calliess/Ruffert, EUV/AEUV, 2016, Art. 63 AEUV Rn. 8.

[242] *Schürmann* in: Lenz/Borchardt, EUV/AEUV/GRCh, 2012, Art. 63, Rn. 3; vgl. dazu auch *Honrath* Umfang und Grenzen der Freiheit des Kapitalverkehrs, 1998, S. 23 ff.; *Schön* in: GS Knobbe-Keuk, 1997, S. 743, 747.

110   Systematisch ist der Zahlungsverkehr zwar dem Kapitalverkehr zugeordnet. Das bedeutet aber nicht, dass er keinen eigenständigen Begriffsbereich hätte. Er formiert vielmehr eine selbstständige Grundfreiheit.[243] Der **Freiheit des Zahlungsverkehrs** unterfallen sämtliche Zahlungen die unmittelbar oder mittelbar mit der Wahrnehmung einer anderen Grundfreiheit verbunden sind.[244]

> Die Zahlungsverkehrsfreiheit wird teilweise als „**Annexfreiheit**" zu den anderen Marktfreiheiten missverstanden. Sie gewährleistet nach Deutung des EuGH nämlich, „daß der Schuldner, der eine Geldleistung für eine Warenlieferung oder eine Dienstleistung schuldet, seine vertraglichen Pflichten freiwillig und ohne unzulässige Beschränkung erfüllen und der Gläubiger eine solche Zahlung frei empfangen kann".[245] Damit schließt sie freilich auch Gegenleistungen für der Kapitalverkehrsfreiheit unterfallende Transaktionen oder für Arbeitsleistungen ein. Der EuGH gelangte zu dieser Definition allerdings aus der Not heraus, die weiter liberalisierten Grundfreiheiten nicht dadurch leer laufen zu lassen, dass die Abwicklung der Gegenleistung dem damals weniger liberalisierten Kapitalverkehr unterstellt wurde.[246]

111   Art. 63 AEUV erlangt größte Bedeutung für sämtliche Straftaten, die im Zusammenhang mit dem Geld- und Zahlungsverkehr begangen werden. Hierzu gehören in erster Linie alle Taten, bei denen der Kapital- oder Zahlungsverkehr unmittelbar einen Teil des Straftatbestands bildet oder aber der Tatbestandsverwirklichung nachfolgt. Dem Schutz des Geld- und Zahlungsverkehrs dient bspw. § 146 StGB, der die Geldfälschung regelt; daneben stehen § 147 StGB (Inverkehrbringen von Falschgeld), § 149 StGB (Vorbereitung der Fälschung von Geld) sowie § 35 Abs. 1, Abs. 3 BankG (unbefugte Ausgaben und Verwendung von Geldzeichen).[247]

2. Strafrechtsetzungskompetenz

112   Im Bank- und Kapitalmarktsektor nimmt die Europäische Union durch ihre eigene Normsetzungstätigkeit maßgeblichen Einfluss auf das mitgliedstaatliche Strafrecht. Dabei steht einerseits die Harmonisierung des mitgliedstaatlichen Strafrechts im Raum, andererseits geht es aber auch um die Setzung von unmittelbar geltendem, unionsrechtlichem Strafrecht. An dieser Stelle sollen daher zunächst die Grundlagen der Rechtsetzungskompetenz der Europäischen Union für den Bereich des (Bank- und Kapitalmarkt-)Strafrechts erörtert werden.

a) Kompetenzen nach Art. 83 AEUV

(1) Richtlinienkompetenz, Art. 83 Abs. 1 AEUV
113   Gem. Art. 83 Abs. 1 AEUV können das Europäische Parlament und der Rat im ordentlichen Gesetzgebungsverfahren durch Richtlinien **Mindestvorschriften** zur Festlegung von Straftaten und Strafen in Bereichen besonders schwerer Kriminalität erlassen.[248]

---

[243] *Ress/Ukrow* in: Grabitz/Hilf/Nettesheim, EUV/AEUV, 2016, Art. 63, Rn. 237.

[244] *Bröhmer* in: Calliess/Ruffert, EUV/AEUV, 2016, Art. 63 AEUV Rn. 3.

[245] EuGH Rs. C-412/97, Slg. 1999, I-3845, Rn. 17.

[246] So die Einschätzung von *Bröhmer* in: Calliess/Ruffert, EUV/AEUV, 2016, Art. 63 Rn. 66.

[247] Siehe Rn. 552.

[248] Zu diesen Mindestvorgaben vgl. *Zieschang* EuZW 1997, 79 ff.

Dies gilt allerdings nur dann, wenn die betreffenden Straftaten u.a. aufgrund ihrer Art oder ihrer Auswirkungen eine **grenzüberschreitende Dimension** haben. Art. 83 Abs. 1, UAbs. 2 AEUV nennt als derartige Kriminalitätsbereiche neben anderen Feldern auch die u.a. zum Bank- und Kapitalmarktstrafrechts gehörenden Bereiche der Geldwäsche und der Fälschung von Zahlungsmitteln. Auch Computerkriminalität, die oftmals im hiesigen Kontext bedeutsame Deliktsgruppen einschließt, findet sich gelistet.

Bei solchen Straftaten bestehe ein unionsrechtlich anzuerkennendes rechts- und kriminalpolitisches Bedürfnis[249] für eine **Angleichung des Strafrechts**. Nur dadurch lasse sich verhindern, dass die Täter in sog. **safe harbours** anderer Mitgliedstaaten flüchten und von dort aus weitere (grenzüberschreitende) Straftaten begehen. Es heißt, der Wegfall der Binnengrenzen, aber auch die fortschreitende Digitalisierung leisten solchen Tendenzen Vorschub.[250] Andere Staaten seien versucht, Vorteile aus der Straflosigkeit bestimmter Verhaltensweisen zu ziehen. So mag etwa die Straflosigkeit der Bestechung im internationalen geschäftlichen Verkehr die eigene Exportwirtschaft begünstigen.[251] In diesem Zusammenhang diene die Strafrechtsangleichung dazu, Wettbewerbsgleichheit herzustellen („levelling the playing-field"). **114**

Wird aber die Strafrechtsangleichung als Mittel zur Herstellung von Wettbewerbsgleichheit zwischen den Mitgliedstaaten gebraucht, so erscheint die Frage nicht ganz unberechtigt, ob dies das Strafrecht nicht gerade zu einem rechtstechnischen Instrument zur Effektuierung der internationalen Zusammenarbeit degradiert. Gerade so wollte das BVerfG in seiner Lissabon-Entscheidung[252] die Regelung des Art. 83 AEUV aber nicht verstanden wissen. Die sog. **Notbremseregelung** in Art. 83 Abs. 3 AEUV stelle dies sicher.[253] Mit dem in dieser Vorschrift normierten **Vetorecht** kann der parlamentarisch verantwortliche Vertreter eines Mitgliedstaats gestützt auf „grundlegende Aspekte seiner Strafrechtsordnung" verhindern, dass „strafrechtsbedeutsame Richtlinien" für sein Land gelten.

Von Vielen wird der **Grundsatz der gegenseitigen Anerkennung**[254] als nicht ausreichend erachtet. Sei nämlich das betreffende Verhalten in einem Mitgliedstaat straflos, so ergeben sich in diesem Staat erfahrungsgemäß faktische Probleme mit der Anerkennung.[255] Die Regelung des Art. 83 Abs. 1 AEUV kann gleichwohl – wie **115**

---

[249] *Vogel/Eisele* in: Grabitz/Hilf/Nettesheim, EUV/AEUV, 2016, Art. 83 Rn. 10; weitergehend noch *Zieschang* ZStW 2001, 270.

[250] *Vogel/Eisele* in: Grabitz/Hilf/Nettesheim, EUV/AEUV, 2016, Art. 83 Rn. 10; vgl. auch die Mitteilung der Kommission, Auf dem Weg zu einer europäischen Strafrechtspolitik: Gewährleistung der wirksamen Durchführung der EU-Politik durch das Strafrecht, KOM (2011) 573 endg., S. 5; ferner *Böse* in: Schwarze/Becker/Hatje/Schoo, EU-Kommentar, 2012, Art. 83 Rn. 2; *Meyer* in: von der Groeben/Schwarze/Hatje, EU-Recht, 2015, Art. 83 AEUV Rn. 3.

[251] So das Bsp. bei *Vogel/Eisele* in: Grabitz/Hilf/Nettesheim, EUV/AEUV, 2016, Art. 83 Rn. 10.

[252] BVerfGE 123, 267 ff.

[253] BVerfGE 123, 267, 410.

[254] Vgl. *Deutscher Bundestag* Ausarbeitung PE 6 – 3000 – 21/15, Der Grundsatz der gegenseitigen Anerkennung in Freihandelsabkommen, 2016, S. 5; *Bergmann* in: Bergmann, Handlexikon der Europäischen Union, 2015, „Prinzip der gegenseitigen Anerkennung".

[255] *Vogel/Eisele* in: Grabitz/Hilf/Nettesheim, EUV/AEUV, 2016, Art. 83 Rn. 10.

schon angedeutet – nicht nur Beifall für sich verbuchen. Das Strafrecht, so heißt es, weise einen engen Bezug zur nationalen Kultur auf, es spiegele die in einer Gemeinschaft herrschenden Wertüberzeugungen wider. Da es eine vergleichbare Kultur auf Unionsebene nicht gibt, wäre das von der Europäischen Union gesetzte Strafrecht auch nur instrumentell-bürokratisch verstandenes Mittel zur Rechtsangleichung.[256]

116   Dieser Ausgangspunkt führt dann zu Kritik an verschiedenen Punkten. Zweifelhaft ist die Kompetenzregel etwa im Hinblick auf typische Phänomene insbesondere des Wirtschaftsstrafrechts (und somit auch des Bank- und Kapitalmarktstrafrechts) zu sehen. Sie fördert die zunehmende **Komplexität der Normstrukturen**, treibt die Schöpfung neuer **unbestimmter Schutzgüter** voran und bewirkt eine oftmals deutlich zu weit gehende **Vorverlagerung** des Eingreifens von Strafrecht.

117   Daran an schließt sich der Vorwurf, das auf Unionsrecht basierende Strafrecht füge sich materiell-inhaltlich nicht widerspruchsfrei in das nationale Strafrecht ein. Es gibt bislang eben kein „in sich stimmiges kriminalpolitisches Konzept" für die Europäische Union.[257] Das von der Union „gesetzte" Strafrecht genügt nicht den Anforderungen, die bspw. das ultima-ratio-Prinzip, der Schuldgrundsatz, der Bestimmtheitsgrundsatz aber vor allem auch das **Subsidiaritätsprinzip** stellen.[258]

> Dieser Kritik wird teilweise entgegengehalten, dass sie ohne Weiteres auch gegen die meisten nationalen Kriminalpolitiken vorgebracht werden könnte.[259] Das mag insbesondere im Bereich des Bank- und Kapitalmarktstrafrechts sogar zutreffen – es beseitigt Vorwurf und Problem aber keineswegs.

118   Einen weiteren Angriffspunkt liefert die **fehlende demokratische Legitimation** der zur Angleichung des Strafrechts von der EU gesetzten Normen.[260] Strafrecht dürfe nur von einem unmittelbar durch das Staatsvolk in allgemeiner, unmittelbarer, freier, gleicher und geheimer Wahl gewählten Parlament gesetzt werden. Für die Europäische Union besteht jedoch ein gravierendes Demokratiedefizit, weil sich der Rat als Unionsgesetzgeber aus den Vertretern der Regierungen der Mitgliedstaaten zusammensetzt. Das (zu schwache) europäische Parlament kann dieses Defizit nicht ausgleichen, da seine Zusammensetzung nicht mit dem Prinzip der Wahlrechtsgleichheit vereinbar ist.[261]

(2) Annexkompetenz, Art. 83 Abs. 2 AEUV

119   Art. 83 Abs. 2 AEUV sieht vor, dass die EU durch Richtlinien Mindestvorschriften für die Festlegung von Straftaten und Strafen erlassen kann, falls sich die

---

[256] *Bergmann* in: Bergmann, Handlexikon der Europäischen Union, 2015, „Prinzip der gegenseitigen Anerkennung".

[257] Siehe nur die European Criminal Policy Initiative, Manifest zur Europäischen Kriminalpolitik, ZIS 2009, 697 ff. mit Einführung *Satzger* ZIS 2009, 691 ff.

[258] *Vogel/Eisele* in: Grabitz/Hilf/Nettesheim, EUV/AEUV, 2016, Art. 83 Rn. 17.

[259] Dazu *Vogel/Eisele* in: Grabitz/Hilf/Nettesheim, EUV/AEUV, 2016, Art. 83 Rn. 17.

[260] *Braum* ZIS 2009, 418 ff.

[261] *Vogel/Eisele* in: Grabitz/Hilf/Nettesheim, EUV/AEUV, 2016, Art. 83 Rn. 18.

Angleichung der strafrechtlichen Rechtsvorschriften der Mitgliedstaaten als unerlässlich erweist für die wirksame Durchführung der Unionspolitik auf einem Gebiet, auf dem Harmonisierungsmaßnahmen erfolgt sind. Man spricht hierbei von einer **Annexzuständigkeit**, weil es diese Regelung der EU ermöglicht, Strafrecht als „Anhängsel" zu ihrer Zuständigkeit für einen bestimmten Politikbereich an sich zu ziehen. Dies gilt natürlich auch für die im Kontext des Bank- und Kapitalmarktstrafrechts relevanten Politiken, etwa Währungs- (Art. 127–133 AEUV) und Zollpolitik (Art. 30–32 AEUV), aber auch den Binnenmarkt (Art. 26–27 AEUV) einschließlich des freien Kapital- und Zahlungsverkehrs (Art. 63–66 AEUV), ferner die Bereiche Wettbewerb (Art. 101–109 AEUV), Steuern (Art. 110–113 AEUV) und Subventionen (Art. 107–109 AEUV) etc.

Die Vorschrift setzt voraus: **120**

- Harmonisierungsmaßnahmen auf einem bestimmten Politikgebiet
- Unerlässlichkeit der Angleichung

Möglich ist dann:

- Erlass von Richtlinien, die
- Mindestvorschriften für die Festlegung von
  - Straftaten (d.h. Schaffung von Straftatbeständen) und
  - Strafen (Art und Strafmaß) enthalten, jedoch mit
- inhaltlicher Beschränkung der Mindestvorschriften auf die Reichweite der Harmonisierungsmaßnahmen.

Harmonisierungsmaßnahmen i.d.S. sind Richtlinien, die Vorgaben zur Rechts- **121** angleichung enthalten, oder Verordnungen, die unmittelbar in den Mitgliedstaaten gelten und damit ebenso zu einer Rechtsvereinheitlichung führen. Art. 83 Abs. 2 AEUV macht keine Angaben zu Umfang und Dichte dieser Harmonisierung.[262] Allerdings darf eine Strafrechtsangleichung nur in eben demjenigen Umfang stattfinden, in dem auch die außerstrafrechtliche Harmonisierung erfolgt ist.[263] Dies ergibt sich zwar nicht unmittelbar aus dem Wortlaut des Art. 83 Abs. 2 AEUV, folgt aber nahezu zwingend aus dem Charakter einer Annexkompetenz, die der Harmonisierung im Übrigen eben erst nachfolgen kann.

Einzige Schranke und damit nicht zuletzt das wichtigste Tatbestandsmerkmal der **122** Norm bildet die **Unerlässlichkeit**. Was dies aber genau bedeutet, ist nicht ganz

---

[262] Die Norm schließt „damit ungeachtet ihrer Bedeutung und Gewichtigkeit die Tür für die Strafrechtsharmonisierung" auf, so *Kretschmer* in: Vedder/Heintschel von Heinegg, Europäischer Verfassungsvertrag, 2007, Art. III-271 Rn. 19.

[263] In diese Richtung auch *T. Walter* ZStW 2005, 912, 929 sowie *Meyer* in: von der Groeben/Schwarze/Hatje, EU-Recht, 2015, Art. 83 AEUV Rn. 44; a.A. *Vogel/Eisele* in: Grabitz/Hilf/Nettesheim, EUV/AEUV, 2016, Art. 83 Rn. 79; ähnlich wie hier wohl *Böse* in: Schwarze/Becker/Hatje/Schoo, EU-Kommentar, 2012, Art. 83 Rn. 26; *Satzger* in: Streinz, EUV/AEUV, 2012, Art. 83 AEUV Rn. 26.

klar. Gemeint ist damit jedenfalls mehr als die bloße Erforderlichkeit. Orientiert an der zurückliegenden Unionspraxis sei es nach teilweise vertretener Auffassung ein „normatives Kriterium", das erfüllt sein soll, wenn Zuwiderhandlungen gegen unionsrechtlich harmonisierte Vorschriften „zweifelsohne strafwürdiges und strafbedürftiges Unrecht beinhalten, das straflos zu lassen nicht mehr vertretbar wäre".[264] Diese Deutung stellte die Reichweite der Erweiterungskompetenz letztlich allerdings in das Belieben der Europäischen Union bzw. ihrer Organe – was aber nicht dem Sinn eines einschränkenden Merkmals entsprechen kann.

123   Das **BVerfG** versteht die Unerlässlichkeit demgegenüber als empirisches Kriterium. Nach dieser vorzugswürdigen Auffassung muss „nachweisbar feststehen, dass ein gravierendes Vollzugsdefizit tatsächlich besteht und nur durch Strafdrohung beseitigt werden kann".[265] Dem entsprechend ist es prinzipiell auch ausgeschlossen, eine unionsrechtliche harmonisierende Verhaltensvorschrift sogleich bei ihrem Erlass mit einer entsprechenden Vorgabe zur Strafrechtsharmonisierung zu verbinden. Bei erstmaligem Erlass einer bestimmten Verhaltensvorschrift dürften nämlich Nachweise über Vollzugsdefizite noch gänzlich fehlen.[266]

> Nicht ganz zu Unrecht sehen Viele in Art. 83 Abs. 2 AEUV einen „generalklauselartig"[267] gefassten und damit zu weit geratenen Durchsetzungsmechanismus für unionsrechtliche Verhaltensvorgaben.[268] Dass die Unionspraxis das Merkmal der Unerlässlichkeit nämlich mit derselben Bedeutung versehen wird, wie sie für das deutsche Strafrecht dem ultima-ratio-Prinzip zukommt, ist mehr als zweifelhaft.

b) Strafrechtsetzungskompetenz gem. Art. 325 Abs. 4 AEUV

124   Art. 325 AEUV verfolgt das Ziel, die finanziellen Interessen der Europäischen Union zu schützen. Abs. 4 dieser Vorschrift sieht deshalb vor, dass zur Gewährleistung eines effektiven und gleichwertigen Schutzes die Mitgliedstaaten im ordentlichen Gesetzgebungsverfahren die erforderlichen Maßnahmen treffen können, zur Verhütung und Bekämpfung von Betrügereien, die sich gegen die finanziellen Interessen der Europäischen Union richten. Mittelbar wird dadurch sichergestellt, dass die vertraglich festgelegten Ziele und Aufgaben erfüllt werden können.[269]

125   Bereits die Definition der **finanziellen Interessen der Europäischen Union** macht augenscheinlich, dass Art. 325 Abs. 4 AEUV für den Gegenstand dieses

---

[264] *Vogel/Eisele* in: Grabitz/Hilf/Nettesheim, EUV/AEUV, 2016, Art. 83 Rn. 93.

[265] BVerfGE 123, 267, 412; ebenso *Ambos/Rackow* ZIS 2009, 397, 403; *Suhr* in: Calliess/Ruffert, EUV/AEUV, 2016, Art. 83 Rn. 24; *Zimmermann* Jura 2009, 844, 847.

[266] So der Einwand von *Vogel/Eisele* in: Grabitz/Hilf/Nettesheim, EUV/AEUV, 2016, Art. 83 Rn. 93.

[267] *Satzger* in: Streinz, EUV/AEUV, 2012, Art. 83 AEUV Rn. 23.

[268] So i.E. auch *Hecker* Europäisches Strafrecht, 2015, § 8 Rn. 39. Zu Recht krit. zu einer europarechtlichen Reduktion des Strafrechts auf einen bereichsspezifischen „Durchsetzungsmechanismus" *Satzger* ZIS 2009, 691, 692; ferner *Kaiafa-Gbandi* ZIS 2006, 521, 524; ähnlich krit. *Ambos/Rackow*, ZIS 2009, 397, 401.

[269] *Magiera* in: Grabitz/Hilf/Nettesheim, EUV/AEUV, 2016, Art. 325 Rn. 11.

Lehrbuchs enorme Bedeutung erlangt: Diese Interessen bestehen nämlich in der ordnungsgemäßen Verwaltung der Finanzierungsmittel und sonstigen Vermögenswerte. Dem entsprechend gehören zum Schutzumfang sowohl der gesamte Haushaltsplan der Europäischen Union und die darauf entfallenden Einnahmen und Ausgaben (Art. 310 AEUV, Art. 171 EAGV, Art. 1 und 4 HO), als auch die zu erhebenden Unionsabgaben und -zölle oder die zu vergebenden Unionsbeihilfen (vgl. Art. 310 f. AEUV). Erfasst sind außerdem alle anderen Finanzmittel, die von den Unionsorganen oder sonstigen unionsvertraglich geschaffenen Einrichtungen verwaltet werden, bspw. dem Europäischen Entwicklungsfonds, der Europäischen Zentralbank oder der Europäischen Investitionsbank.[270]

> Der Gesamthaushaltsplan, d.h. die Gesamtheit der Finanzmittel der Europäischen Union, umfasst nahezu sämtliche ihrer Einnahmen und Ausgaben. Ausnahmen bestehen nur für EAG-Finanztätigkeiten, den Europäischen Entwicklungsfonds, die Anleihe- und Darlehensoperationen sowie verschiedene Unionseinrichtungen mit spezifischen Aufgaben. Diese Positionen gehören jedoch ebenfalls in den Schutzbereich des Art. 325 AEUV.[271]
>
> Das Gesamthaushaltsvolumen der Union erhöhte sich – bezogen auf die Ausgaben – zwischen 1958 mit sechs Mitgliedstaaten und 2015 mit 28 Mitgliedstaaten von 81,3 Millionen auf 145,2 Milliarden Euro. Die Einnahmen für 2015 in Höhe von 146 Milliarden Euro ergeben sich u.a. zu 12,3 Prozent aus dem Mehrwertsteuer-Anteil, zu 68,9 Prozent aus BNE-Mitteln und zu 5 Prozent aus sonstigen Einnahmen. Die Ausgaben für 2015 verteilen sich u.a. zu 43,4 Prozent auf natürliche Ressourcen (z.B. Landwirtschaft und ländlicher Raum), zu 49,1 Prozent auf nachhaltiges Wachstum (Strukturförderung und Wissenschaft), zu 0,1 Prozent auf den Außenbereich (Europäische Union als „globaler Partner"), zu 1,5 Prozent den Innenbereich (Unionsbürgerschaft, Freiheit, Sicherheit und Recht) und zu 5,7 Prozent auf die Verwaltung.[272]

Als **Betrügerei** i.S.d. Art. 325 Abs. 1 AEUV gilt jedes Verhalten (Tun oder Unterlassen), das die finanziellen Interessen der Europäischen Union schädigt oder schädigen kann.[273] Art. 325 Abs. 1 AEUV verpflichtet die Europäische Union ebenso wie die Mitgliedstaaten dazu, derartige Verhaltensweisen zu bekämpfen. Diesem Zweck dient auch Abs. 4 der Vorschrift. Damit scheint Art. 325 Abs. 4 AEUV geradezu prädestiniert als Grundlage für eine Einflussnahme der Europäischen Union auf das mitgliedstaatliche Bank- und Kapitalmarktstrafrecht. **126**

Soweit es um ebensolche Betrügereien geht, gestattet Art. 325 Abs. 4 AEUV den Erlass von **Maßnahmen**. Die sich daraus ergebende Normsetzungsbefugnis schließt nach (zumindest für die aktuelle Fassung) wohl vorherrschendem Verständnis strafrechtliche Vorschriften ein.[274] Denn das (Kriminal-)Strafrecht wird vom Wortlaut der Vorschrift nicht generell von der Supranationalisierung ausgenommen. Die Normsetzungsbefugnis bleibt indes beschränkt auf den Schutz vor Betrügereien **127**

---

[270] *Magiera* in: Grabitz/Hilf/Nettesheim, EUV/AEUV, 2016, Art. 325 Rn. 10.

[271] *Magiera* in: Grabitz/Hilf/Nettesheim, EUV/AEUV, 2016, Art. 325 Rn. 12; vgl. zum weiten Verständnis auch *Satzger* in: Streinz, EUV/AEUV, 2012, Art. 325 AEUV Rn. 5.

[272] Vgl. http://ec.europa.eu/budget/figures/interactive/index_de.cfm.

[273] *Waldhoff* in: Calliess/Ruffert, EUV/AEUV, 2016, Rn. 4.

[274] *Spitzer/Stiegel* in: von der Groeben/Schwarze/Hatje, EU-Recht, 2015, Art. 325 AEUV Rn. 8.

zum Nachteil der finanziellen Interessen der EU. Damit ist es grds. möglich, sowohl Vorgaben in Richtlinien zu machen, als auch neue Straftatbestände oder Sanktionen in unmittelbar anwendbaren Verordnungen zu erlassen.

> Unter Geltung des früheren Art. 280 EGV war umstritten, ob die Europäische Union, gestützt auf dessen Abs. 4, Rechtsakte erlassen durfte, die Straftatbestände oder strafrechtliche Sanktionen betreffen.[275] Damals enthielt Art. 280 Abs. 4 EGV aber einen Satz 2, der vorsah: „Die Anwendung des Strafrechts der Mitgliedstaaten und ihrer Strafrechtspflege bleiben von diesen Maßnahmen unberührt". Ein Teil der Lit. störte sich hieran nicht und sah aufgrund des systematischen Zusammenhangs zu Abs. 2 der Norm strafrechtsbezogene Maßnahmen als von der Normsetzungskompetenz umfasst an.[276] Andere hielten dem entgegen, dass ein entsprechender Wille der Mitgliedstaaten zur Übertragung einer Strafrechtssetzungskompetenz auf die Europäische Union nicht existierte.[277] Auch Wortlaut und Zweck des Art. 280 Abs. 4 S. 2 EGV liefen dem zuwider.[278] Für Art. 325 Abs. 4 AEUV, der einen solchen Satz 2 nicht enthält, stellt sich diese Frage nach ganz h.M. nicht mehr.[279]

128   Der Wortlaut des Art. 325 Abs. 4 AEUV verlangt, dass die Maßnahmen **erforderlich** sind zur Verhütung und Bekämpfung von Betrügereien, die sich gegen die finanziellen Interessen der Union richten. Darin zum Ausdruck kommt der **Subsidiaritätsgrundsatz**, den die Europäische Union bei ihrer Rechtsetzungstätigkeit zu beachten hat. Es darf also ein milderes Mittel als das Strafrecht gerade nicht ausreichen.

II. Relevante Rechtsakte der Europäischen Union

1. Unmittelbare Beeinflussung des deutschen Strafrechts

129   Der Einfluss des Unionsrechts auf das nationale Bank- und Kapitalmarktstrafrecht hat heute einen beachtlichen Umfang angenommen. Eine unmittelbare Beeinflussung geschieht dabei, wenn Tatbestände des deutschen Strafrechts in Reaktion auf Vorgaben der Europäischen Union modifiziert oder gar neu geschaffen werden. Im

---

[275] *Satzger* in: Streinz, EUV/AEUV, 2012, Art. 325 Rn. 19; *Spitzer/Stiegel* in: von der Groeben/Schwarze/Hatje, EU-Recht, 2015, Art. 325 AEUV Rn. 8; *Waldhoff* in: Calliess/Ruffert, EUV/AEUV, 2016, Rn. 18; ausführlich dazu *Fromm* Der strafrechtliche Schutz der Finanzinteressen der EG, 2004, S. 844 ff.

[276] Siehe *Hedtmann* EuR 2002, 122, 133 f.; *Moll* Europäisches Strafrecht durch nationale Blankettstrafgesetzgebung, 1998, S. 7; *Spitzer/Stiegel* in: von der Groeben/Schwarze/Hatje, Europäisches Unionsrecht, 2015, Art. 325 AEUV Rn. 64 ff.; *Zieschang* ZStW 2001, 255, 260 ff.

[277] Vgl. die Denkschrift der Bundesregierung zum Vertrag von Amsterdam („Ausgenommen ist lediglich das Straf- und Prozessrecht"), BR-Drs. 784/97, 159 sowie die Stellungnahme der Bundesregierung in BT-Drs. 14/4991, 9.

[278] Ausführlich dazu *Hecker* Strafbare Produktwerbung im Lichte des Gemeinschaftsrechts, 2001, S. 2; *Musil* NStZ 2000, 68; *Schröder* Europäische Richtlinien und deutsches Strafrecht, 2002, S. 143 ff.; *Waldhoff* in: Calliess/Ruffert, EUV/AEUV, 2016, Art. 325 AEUV Rn. 3, 19; siehe dazu auch *Esser* Auf dem Weg zu einem europäischen Strafverfahrensrecht, 2002, S. 36; *Satzger* ZRP 2001, 549, 552.

[279] Dazu *Heger* ZIS 2009, 409, 416; *Krey/Esser* Deutsches Strafrecht AT, 2016, § 4 Rn. 122; *Krüger*, HRRS 2012, 311; *Mansdörfer* HRRS 2010, 11, 17 f.

Bereich des Bank- Kapitalmarktstrafrechts gilt dies für nahezu sämtliche Strafvorschriften (oder zumindest deren Bezugsnormen), von denen hier nur die wichtigsten
beispielhaft dargestellt werden[280]:

- **§§ 49, 26 BörsG** erhielten ihre aktuelle Fassung durch das Finanzmarktrichtlinie-   **130**
  Umsetzungsgesetz (FRUG),[281] das – wie der Name schon vermuten lässt – die
  Finanzmarktrichtlinie[282] der Europäischen Union in deutsches Recht umsetzte.

  § 38 WpHG hat eine bewegte Vergangenheit. Straf- und Bußgeldvorschrif-   **131**
  ten enthält das WpHG bereits seit seinem Inkrafttreten am 1. August 1994.[283]
  Mit der Verabschiedung des WpHG kam der deutsche Gesetzgeber seiner
  Pflicht zur Umsetzung der EG-Insiderrichtlinie vom 13. November 1989[284]
  nach. Erste (noch geringfügige) Änderungen der Strafvorschrift des § 38 WpHG
  folgten bereits durch Art. 2 des auf dem Entwurf einer neuen EG-Richtlinie
  über Insider-Geschäfte und Marktmanipulation[285] beruhenden Vierten Finanzmarktförderungsgesetzes.[286] Daran schlossen sich Modifikationen durch das
  Anlegerschutzverbesserungsgesetz[287] an, das seinerseits der Umsetzung der
  Marktmissbrauchsrichtlinie[288] und ihren Durchführungsrichtlinien[289] diente.

  Weitere Änderungen brachte Art. 5 des Gesetzes zur Änderung des Einlagensi-   **132**
  cherungs- und Anlegerentschädigungsgesetzes und anderer Gesetze,[290] mit dem

---

[280] Genaueres dazu in den jeweiligen Kapiteln.

[281] Art. 2 des Finanzmarktrichtlinie-Umsetzungsgesetzes vom 16.7.2007, BGBl. 2007/I, S. 1330, in
Kraft getreten am 1.11.2007. Siehe bis zum 31.10.2007 das BörsenG 2002.

[282] RiL 2004/39/EG vom 21.4.2004 über die Märkte für Finanzinstrumente, ABl. Nr. L 145, S. 1.

[283] BGBl. 1994/I, S. 1749.

[284] RiL 89/592/EWG vom 13.11.1989 zur Koordinierung der Vorschriften betreffend Insider-
Geschäfte, ABl. EG Nr. L 334, S. 30 ff.

[285] KOM (2001) 281 endg., ABl. Nr. C 240, S. 265 ff. Die RiL trat nach geringfügigen Änderungen
als Marktmissbrauchsrichtlinie in Kraft.

[286] BGBl. 2002/I, S. 2028 ff.

[287] BGBl 2004/I, S. 2630.

[288] RiL 2003/6/EG vom 28.1.2003 über Insidergeschäfte und Marktmanipulation (Marktmissbrauch), ABl. EU Nr. L 96, S. 16 ff.

[289] RiL 2003/124/EG vom 22.12 2003 zur Durchführung der RiL 2003/6/EG betreffend die
Begriffsbestimmung und die Veröffentlichung von Insider- Informationen und die Begriffsbestimmung der Marktmanipulation, ABl. EG Nr. L 339, S. 70; RiL 2003/125/EG vom 22.12.2003 zur
Durchführung der RiL 2003/6/EG in Bezug auf die sachgerechte Darbietung von Anlageempfehlungen und die Offenlegung von Interessenkonflikten, ABl. EG Nr. L 339, S. 73; RiL 2004/72/EG
vom 29.4.2004 zur Durchführung der RiL 2003/6/EG – Zulässige Marktpraktiken, Definition von
Insider-Informationen in Bezug auf Warenderivate, Erstellung von Insiderverzeichnissen, Meldungen von Eigengeschäften und Meldung verdächtiger Transaktionen [...], Abl. EG Nr. L 162, S. 70.
Siehe auch VO (EG) Nr. 2273/2003 vom 22.12.2003 über Ausnahmeregelungen für Rückkaufpro-
gramme von Wertpapieren und Kursstabilisierungsmaßnahmen vom 22.12.2003 zur Durchführung
der RiL 2003/6/EG, ABl. EG Nr. L 336, S. 33. Vgl. dazu *Assmann* in Assmann/Schneider, WpHG,
2012, Einl. Rn. 29.

[290] Gesetz zur Änderung des Einlagensicherungs- und Anlegerentschädigungsgesetzes und anderer
Gesetze vom 25.6.2009, BGBl. 2009/I, S. 1528.

wiederum die Richtlinie über Einlagensicherungssysteme[291] umgesetzt wurde –
wobei dieser Zweck die Modifikationen am WpHG nur mittelbar tangierte. Es
folgten Änderungen durch das Finanzanlagenvermittler- und Vermögensanla-
genrecht-Novellierungsgesetz,[292] das zumindest partiell und insbesondere im
Hinblick auf die Regelung des sog. grauen Kapitalmarkts letztlich eine Reaktion auf die Finanzmarktrichtlinie[293] darstellte. Zum 2. Juli 2014 wurde dann die
frühere Marktmissbrauchsrichtlinie durch eine Marktmissbrauchsverordnung
(MAR)[294] abgelöst. Damit sollte eine unionsweit einheitliche materielle und aufsichtsrechtliche Regelung geschaffen werden, die den bis dato bestehenden Differenzen zwischen den nationalen Rechten abhilft. Die zugehörige Marktmissbrauchsrichtlinie (CRIM-MAD)[295] enthält nun insbesondere in ihren Art. 7 und
8 Vorgaben für die Mitgliedstaaten, strafrechtliche Regelungen zur Erfassung
und Sanktionierung der in der Richtlinie genannten Straftaten zu erlassen. Dies
schafft eine Verzahnung von bundesrechtlichem Strafrecht und Unionsrecht in
einer Dimension, die es bislang und in dieser Form noch nicht gab.[296]

133 • **§§ 54, 54a KWG** basieren in ihrer aktuellen Fassung im Wesentlichen auf
dem Gesetz zur Abschirmung von Risiken und zur Planung der Sanierung und
Abwicklung von Kreditinstituten und Finanzgruppen.[297] Insbesondere § 54a
Abs. 1 KWG, der auf § 25c KWG Bezug nimmt, hat damit auch unionsrecht-
liche Wurzeln. Denn mit § 25c KWG wurde letztlich der damals bereits im
Entwurf vorhandenen Sanierungs- und Abwicklungsrichtlinie[298] vorgegriffen.[299]
Schon zuvor war § 54 KWG Gegenstand von durch Unionsrecht veranlassten
Änderungen, bspw. durch das Gesetz zur Umsetzung von EG-Richtlinien zur

---

[291] Art. 1 und 2 dieses Gesetzes dienen der Umsetzung der RiL 2009/14/EG zur Änderung der RiL
94/19/EG vom 30.5.1994 über Einlagensicherungssysteme im Hinblick auf Deckungssumme und
Auszahlungsfrist, ABl. L 68, S. 3.

[292] Gesetz zur Novellierung des Finanzanlagenvermittler- und Vermögensanlagenrechts vom
6.12.2011, BGBl. 2011/I, S. 2481.

[293] RiL 2004/39/EG vom 21.4.2004 über Märkte für Finanzinstrumente, ABl. Nr. L 145, S. 1, ber.
ABl. 2005 Nr. L 45, S. 18.

[294] VO (EU) Nr. 596/2014 vom 16.4.2014 über Marktmissbrauch (Marktmissbrauchsverordnung)
und zur Aufhebung der RiL 2003/6/EG und der RiL 2003/124/EG, 2003/125/EG und 2004/72/EG,
ABl. EU L 173 S. 1 ff.

[295] Vorschlag für die RiL über strafrechtliche Sanktionen für Insider-Geschäfte und Marktmanipulation vom 20.10.2011, KOM (2011) 654 endg. sowie RiL 2014/57/EU vom 16.4.2014 über strafrechtliche Sanktionen bei Marktmanipulation (Marktmissbrauchsrichtlinie), ABl. EU L 173/179,
S. 12 ff.

[296] Eingehend dazu Rn. 605.

[297] Gesetz zur Abschirmung von Risiken und zur Planung der Sanierung und Abwicklung von Kreditinstituten und Finanzgruppen vom 7.8.2013, BGBl. 2013/I, S. 3090, 3102.

[298] RiL 2014/59/EU vom 15.5.2014 zur Festlegung eines Rahmens für die Sanierung und Abwicklung von Kreditinstituten und Wertpapierfirmen und zur Änderung der RiL 82/891/EWG, der RiL
2001/24/EG, 2002/47/EG, 2004/25/EG, 2005/56/EG, 2007/36/EG, 2011/35/EU, 2012/30/EU und
2013/36/EU sowie der VOen (EU) Nr. 1093/2010 und (EU) Nr. 648/2012.

[299] Vgl. BT-Drs. 17/12601, S. 30.

Harmonisierung bank- und wertpapieraufsichtsrechtlicher Vorschriften.[300] Auch mit der Umsetzung der Zweiten Bankrechtskoordinierungsrichtlinie der EG[301] in dem Gesetz zur Änderung des KWG und anderer Vorschriften über Bankinstitute hatte der Gesetzgeber eine Ausweitung des Anwendungsbereichs auf Zweigstellen i.S.d. § 53b Abs. 1 oder Abs. 7 KWG für international tätige Institute erreicht[302] und dadurch den Anwendungsbereich des § 54 KWG verbreitert. Durch das Vierte Finanzmarktförderungsgesetz[303] ist die Rechtsentwicklung hinsichtlich § 54 KWG weiter im Fluss, obwohl damit keine Modifikation unmittelbar an § 54 KWG erfolgte. Die in Bezug genommenen Normen und letztlich das gesamte Erlaubnisverfahren werden jedoch weiter angepasst und verschärft, so dass jene Vorschrift als (teilweises) Blankett trotz des unveränderten Wortlauts einen erweiterten Anwendungsbereich erhält.

- **§§ 55a, 55b KWG** weisen ebenfalls einen unionsrechtlichen Hintergrund auf. **134** Die Vorschriften beruhen auf dem Gesetz zur Umsetzung der neu gefassten Bankenrichtlinie und der ebenfalls neu gefassten Kapitaladäquanzrichtlinie,[304] mit dem die Richtlinien über die Aufnahme und Ausübung der Tätigkeit der Kreditinstitute und über die angemessene Eigenkapitalausstattung von Wertpapierfirmen und Kreditinstituten[305] in deutsches Recht überführt wurden.[306] Es wurden neue Eigenkapitalvorschriften für Kreditinstitute und Wertpapierhäuser zur Erfassung von Risiken bei der Kreditvergabe und sonstigen Geschäften geschaffen. Demnach sind erforderlich: eine nach Risiken differenzierte Erfassung der Geschäfte, eine individuelle Risikoeinstufung der Kreditnehmer und Vertragspartner, eine Entwicklung von Risikomesssystemen zur Bestimmung der erforderlichen Unterlegung mit Eigenkapital, eine kontinuierliche Weiterentwicklung der Risikomanagementsysteme sowie erhöhte Offenlegungspflichten für mehr Transparenz und Marktinformationen.

- **§ 261 StGB** wurde im Jahr 1992 eingeführt durch das Gesetz zur Bekämpfung des **135** illegalen Rauschgifthandels und anderer Erscheinungsformen der Organisierten

---

[300] Gesetz vom 22.10.1997 zur Umsetzung von EG-Richtlinien zur Harmonisierung bank- und wertpapieraufsichtsrechtlicher Vorschriften, BGBl. 1997/I, S. 2518.

[301] Zweite RiL 89/646/EWG vom 15.12.1989 zur Koordinierung der Rechts- und Verwaltungsvorschriften über die Aufnahme und Ausübung der Tätigkeit der Kreditinstitute, Abl. L 386, S. 1.

[302] BR-Drs. 504/92, S. 45.

[303] BGBl. 2002/I, S. 2010 ff.

[304] BGBl. 2010/I, S. 1592 ff.

[305] RiL 2006/48/EG und 2006/49/EG vom 14.6.2006, ABl. EU Nr. L 177, S. 1 und vom 14.6.2006, ABl. EU Nr. L 177, S. 201 über die Aufnahme und Ausübung der Tätigkeit der Kreditinstitute und über die angemessene Eigenkapitalausstattung von Wertpapierfirmen und Kreditinstituten.

[306] Für § 55a KWG brachte schon zuvor der Finanzdienstleistungsaktionsplan der EU-Kommission aus dem Jahr 1999 entscheidende Impulse. Vgl. ferner die neu gefasste RiL 2000/12/EG vom 20.3.2000 über die Aufnahme und Ausübung der Tätigkeit der Kreditinstitute (Bankenrichtlinie), ABl. EG Nr. L 126, S. 1, die neu gefasste RiL 93/6/EWG vom 15.3.1993 über die angemessene Eigenkapitalausstattung von Wertpapierfirmen und Kreditinstituten (Kapitaladäquanzrichtlinie), ABl. Nr. L 141, S. 1.

Kriminalität.[307] Dieses Gesetz sollte die internationalen Verpflichtungen zur Schaffung eines Straftatbestands gegen die Geldwäsche aus dem UN-Suchtstoffübereinkommen vom 20. Dezember 1988,[308] dem Geldwäscheübereinkommen des Europarats vom 8. November 1990[309] sowie insbesondere die gemeinschaftsrechtlichen Vorgaben der Ersten Geldwäscherichtlinie[310] erfüllen.[311] Der unionsrechtliche Mindeststandard der Geldwäschestrafbarkeit wird heute maßgeblich durch die Dritte Geldwäscherichtlinie[312] vorgezeichnet. Denn eine wichtige Ergänzung des § 261 StGB brachte das Gesetz über das Aufspüren von schweren Straftaten,[313] das der Umsetzung dieser Dritten Geldwäscherichtlinie sowie der dazu ergangenen sog. Durchsetzungsrichtlinie[314] diente. Mit der Vierten Geldwäscherichtlinie[315] wurden der unionsrechtliche Rechtsrahmen den internationalen Standards zur Bekämpfung der Geldwäsche und der Terrorismusfinanzierung angepasst. Die diesbezügliche Umsetzungsfrist für die Mitgliedstaaten endet(e) am 26. Juni 2017.

136   •   **§ 31 ZAG** erhielt seine aktuelle Fassung durch Art. 1 des Gesetzes zur Umsetzung der zweiten E-Geld Richtlinie,[316] mit dem den Vorgaben aus Art. 13 dieser Richtlinie über die Aufnahme, Ausübung und Beaufsichtigung der Tätigkeit von E-Geld-Instituten entsprochen werden sollte.[317] Der Anwendungsbereich des

---

[307] Gesetz zur Bekämpfung des illegalen Rauschgifthandels und anderer Erscheinungsformen der Organisierten Kriminalität (OrgKG) vom 15.7.1992, BGBl. 1992/I, S. 1302.

[308] Ratifiziert durch Gesetz vom 22.7.1993 zu dem Übereinkommen der Vereinten Nationen vom 20.12.1988 gegen den unerlaubten Verkehr mit Suchtstoffen und psychotropen Stoffen, BGBl. 1993/II, S. 1136.

[309] Ratifiziert durch Gesetz vom 8.4.1998 zu dem Übereinkommen vom 8.11.1990 über Geldwäsche sowie Ermittlung, Beschlagnahme und Einziehung von Erträgen aus Straftaten, BGBl. 1998/II, S. 519.

[310] RiL 91/308/EWG vom 10.6.1991 zur Verhinderung der Nutzung des Finanzsystems zum Zwecke der Geldwäsche, ABl. Nr. L 166, S. 67.

[311] Näher zu den internationalen Grundlagen *Ambos* ZStW 2002, 236; *Ambos* JZ 2002, 73; *Beulke* FS Rudolphi, 2004, S. 392 ff.; *Vogel* ZStW 1997, 335.

[312] RiL 2005/60/EG vom 26.10.2005 zur Verhinderung der Nutzung des Finanzsystems zum Zwecke der Geldwäsche und der Terrorismusfinanzierung (GwRL), ABl. 2005 Nr. L 309, S. 15.

[313] Geldwäschegesetz (GwG) vom 13.8.2008, BGBl 2008/I, S. 1690.

[314] RiL 2006/70/EG vom 1.8.2006 mit Durchführungsbestimmungen für die RiL 2005/60/EG hinsichtlich der Begriffsbestimmung von „politisch exponierte Personen" und der Festlegung der technischen Kriterien für vereinfachte Sorgfaltspflichten sowie für die Befreiung in Fällen, in denen nur gelegentlich oder in sehr eingeschränktem Umfang Finanzgeschäfte getätigt werden, ABl. 2005 Nr. L 214, S. 29.

[315] RiL (EU) 2015/849 vom 20.5.2015 zur Verhinderung der Nutzung des Finanzsystems zum Zwecke der Geldwäsche und der Terrorismusfinanzierung, zur Änderung der VO (EU) Nr. 648/2012 und zur Aufhebung der RiL 2005/60/EG und der RiL 2006/70/EG (Vierte EG-Geldwäscherichtlinie), ABl. 2015 L 141, S. 73.

[316] Gesetz vom 1.3.2011, BGBl. 2011/I, S. 288, zur Umsetzung der RiL2009/110/EG vom 16.9.2009 über die Aufnahme, Ausübung und Beaufsichtigung der Tätigkeit von E-Geld-Instituten, zur Änderung der RiL 2005/60/EG und 2006/48/EG sowie zur Aufhebung der RiL 2000/46/EG, ABl. Nr. L 267, S. 7.

[317] BT-Drs. 17/2023, S. 54 f.

§ 31 ZAG wurde dadurch auf E-Geld-Institute ausgeweitet; es wurde ein einheit-licher Rechtsrahmen für die Ausgabe von elektronischem Geld im europäischen Binnenmarkt geschaffen (Vollharmonisierung). Darüber hinaus sollten innerhalb der Europäischen Union gleiche Wettbewerbsbedingungen durch die Anpassung an die Zahlungsdiensterichtlinie etabliert werden.

Viele der Änderungen sind letztlich das Resultat des sog. **Finanzdienstleistungsak-** **137** **tionsplans** der EU-Kommission aus dem Jahr 1999.[318] Darin nennt die Kommission eine Reihe von Maßnahmen, die zur Vollendung des Binnenmarkts für Finanz-dienstleistungen für erforderlich gehalten werden.

2. Mittelbarer Einfluss auf das deutsche Strafrecht

Subtiler erscheint die Einflussnahme – vom Geldwäschetatbestand einmal **138** abgesehen – im Bereich des Kernstrafrechts. Hier hält das Unionsrecht häufig nicht dadurch in das deutsche Strafrecht Einzug, dass Straftatbestände als Reaktion auf in Richtlinien enthaltene Vorgaben angepasst und geändert werden. Das Unionsrecht findet sich vielmehr bei der Auslegung und Anwendung der (unveränderten) deut-schen Strafnormen wieder.

Das beste Beispiel für eine solche mittelbare Einflussnahe bildet § 264a StGB. **139** Diese Vorschrift eröffnet das größte Einfallstor für das Unionsrecht, soweit es für die Tatbestandsverwirklichung darauf ankommt, welche Angaben ein Prospekt i.d.S. beinhalten muss. So enthalten bspw. das Vermögensanlagengesetz[319] und die zugehörige Vermögensanlagen-Verkaufsprospektverordnung[320] oder das Wert-papierprospektgesetz (WpPG)[321] sowie die EG-Wertpapierprospekt-Umsetzungs-Verordnung[322] entsprechende Vorgaben für die Prospekterstellung. Eine Spezifizie-rung derjenigen Angaben, die ein solcher Prospekt mindestens beinhalten muss, findet sich z.B. in § 7 des Wertpapierprospektgesetzes. Diese Vorschrift verweist auf die EG-Wertpapierprospekt-Umsetzungs-Verordnung „in der jeweils geltenden

---

[318] Abrufbar auf den Webseiten der EU (http://ec.europa.eu/internal_market/finances/docs/actionplan/index/action_de.pdf).

[319] Das Gesetz über Vermögensanlagen (Vermögensanlagegesetz) ersetzte das Wertpapier-Verkaufsprospektgesetz (Verkaufsprospektgesetz) vom 13.12.1990, BGBl. 1990/I, S. 2749, hier relevant in der Fassung des Gesetzes zur Verbesserung des Anlegerschutzes (Anlegerschutzverbes-serungsgesetz – AnSVG) vom 28.10.2004, BGBl. 2004/I, S. 2630, zuletzt geändert durch Gesetz vom 16.7.2007, BGBl. 2007/I, S. 1330.

[320] VO über Vermögensanlagen-Verkaufsprospekte (Vermögensanlagen-Verkaufsprospektverord-nung) vom 16.12.2004, BGBl. 2004/I, S. 3464.

[321] Gesetz zur Umsetzung der RiL 2010/73/EU und zur Änderung des Börsengesetzes vom 26.6.2012, BGBl. 2012/I, S. 1375.

[322] VO (EG) Nr. 809/2004 vom 29.4.2004 zur Umsetzung der RiL 2003/71/EG betreffend die in Prospekten enthaltenen Informationen sowie das Format, die Aufnahme von Informationen mittels Verweis und die Veröffentlichung solcher Prospekte und die Verbreitung von Werbung, ABl. Nr. L 149, S. 1.

Fassung".[323] § 7 WpPG setzt Art. 7 der EG-Prospektrichtlinie[324] um, hat jedoch lediglich deklaratorischen Charakter, da die EG-Wertpapierprospekt-Umsetzungs-Verordnung in ihrer zwischenzeitlich geänderten Fassung in Deutschland unmittelbar geltendes Recht darstellt.[325] Ohne dass die Vorschrift des § 264a StGB also diesbezüglich explizit eine Änderung erfahren hätte, ist das Unionsrecht hier entscheidend für die Reichweite der Strafbarkeit.

Literatur

Achenbach, Hans/Ransiek, Andreas/Rönnau, Thomas: Handbuch Wirtschaftsstrafrecht, 4. Aufl., Heidelberg u.a. 2015.

Ambos, Kai: Annahme bemakelten Verteidigerhonorars als Geldwäsche?, JZ 2002, S. 70-82.

Ambos, Kai/Rackow, Peter: Erste Überlegungen zu den Konsequenzen des Lissabon-Urteils des Bundesverfassungsgerichts für das Europäische Strafrecht, ZIS 2009, S. 397-405.

Ambos, Kai: Internationalisierung des Strafrechts am Beispiel der Geldwäsche, ZStW 2002, S. 236-256.

Ambos, Kai: Täterschaft durch Willensherrschaft kraft organisatorischer Machtapparate, GA 1998, S. 226-245.

Arloth, Frank: Zur Abgrenzung von Untreue und Bankrott bei der GmbH, NStZ 1990, S. 570-575.

Assmann, Heinz-Dieter/Schütze, Rolf A.: Handbuch des Kapitalanlagerechts, 4. Aufl., München 2015.

Assmann, Heinz-Dieter/Schneider Uwe H.: Wertpapierhandelsgesetz: WpHG, 6. Aufl., Köln 2012.

Baunack, Martina: Grenzfragen der strafrechtlichen Beihilfe, Berlin 1999.

Beckemper, Katharina: Strafbare Beihilfe durch alltägliche Geschäftsvorgänge, Jura 2001, S. 163-169.

Berger, Henning/Rübsamen, Katrin: Bundesbankgesetz, 2. Aufl., Baden-Baden 2014.

Bergmann, Jan: Handlexikon der Europäischen Union, 5. Aufl., Baden-Baden 2015.

Berrar, Carsten/Meyer, Andreas/Müller, Cordula/et al.: Frankfurter Kommentar zum WpPG und zur EU-ProspektVO, Frankfurt a.M. 2011.

Beulke, Werner: Gedanken zur Diskussion über die Strafbarkeit des Verteidigers wegen Geldwäsche, in: Rogall, Klaus/Puppe, Ingeborg/Stein, Ulrich/Wolter, Jürgen, Festschrift für Hans-Joachim Rudolphi zum 70. Geburtstag, Neuwied 2004, S. 391–404.

Beulke, Werner/Bachmann, Gregor: Die „Lederspray-Entscheidung" – BGHSt 37, 106, JuS 1992, S. 737-744.

Bittmann, Folker: Insolvenzstrafrecht, Berlin, 2004.

Bittmann, Folker/Pikarski, Stefan: Strafbarkeit der Verantwortlichen der Vor-GmbH, wistra 1995, S. 91-93.

---

[323] Es handelt sich dabei um eine dynamische Verweisung, so *Groß* in: Groß, Kapitalmarktrecht, 2016, § 7 WpPG Rn. 1 (dort Fn. 1) mit Verweis auf *Meyer* in: Berrar/Meyer/Müller/Schnorbus/Singhof/Wolf, Frankfurter Kommentar zum WpPG und zur EU-ProspektVO, 2011, § 7 WpPG Rn. 4. Eine dynamische Verweisung lag nach h.M. bereits vor der entsprechenden Klarstellung durch das das Gesetz zur Umsetzung der RiL 2010/73/EU und zur Änderung des Börsengesetzes durch Einfügung des Passus „in der jeweils geltenden Fassung" (BGBl. 2012/I, S. 1375) vor.

[324] RiL 2003/71/EG vom 4.11.2003 betreffend den Prospekt, der beim öffentlichen Angebot von Wertpapieren oder bei deren Zulassung zum Handel zu veröffentlichen ist, und zur Änderung der Richtlinie 2001/34/EG, ABl. Nr. L 345, S. 64.

[325] *Groß* in: Joost/Strohn/Boujong/Ebenroth, HGB, 2009, Rn. IX 669; *Wehowsky* in: Erbs/Kohlhaas, Strafrechtliche Nebengesetze, 2016, § 7 WpPG Rn. 1.

Bohnert, Joachim/Krenberger, Benjamin/Krumm, Carsten: Ordnungswidrigkeitengesetz, 4. Aufl., München 2016.

Boos, Karl-Heinz/Fischer, Reinfried/Schulte-Mattler, Hermann: Kreditwesengesetz, Kommentar zu KWG und Ausführungsvorschriften, 5. Aufl., München 2016.

Bosch, Nikolaus: Organisationsverschulden in Unternehmen, Baden-Baden 2002.

Braum, Stefan: Europäisches Strafrecht im Fokus konfligierender Verfassungsmodelle, ZIS 2009, S. 418-426.

Bruchner, Helmut/Stützke, Rudolf: Leitfaden zu Bankgeheimnis und Bankauskunft in WM-Skript 106, Frankfurt a.M. 1986.

Buck-Heeb, Petra: Kapitalmarktrecht, 8. Aufl., München 2016.

Büschgen, Hans Egon: Das kleine Bösen-Lexikon, 23. Aufl., Stuttgart 2012.

Calliess, Christian/Ruffert, Matthias, EUV/AEUV, 5. Aufl., München 2016.

Canaris, Claus-Wilhelm/Schilling, Wolfgang/Ulmer, Peter: Bankvertragsrecht. Teil 1, München 2005.

Claussen, Carsten Peter: Bank- und Börsenrecht, 5. Aufl., München 2014.

Deutscher Bundestag: Ausarbeitung PE 6 – 3000 – 21/15, Der Grundsatz der gegenseitigen Anerkennung in Freihandelsabkommen, 2016.

Dörn, Harald: Straf- oder bußgeldrechtliche Verantwortlichkeit des steuerlichen Beraters, DStZ 1992, S. 331-336.

Ebenroth, Carsten Thomas/Boujong, Karlheinz/Joost, Detlev/Strohn, Lutz: Handelsgesetzbuch Band 1, 3. Aufl., München 2014.

Einsele, Dorothee: Bank- und Kapitalmarktrecht, 3. Aufl., Kiel 2014.

Erbs, Georg/Kohlhaas, Max: Strafrechtliche Nebengesetze, 208. El., München 2016.

Esser, Robert: Auf dem Weg zu einem europäischen Strafverfahrensrecht, die Grundlagen im Spiegel der Rechtsprechung des Europäischen Gerichtshofs für Menschenrechte (EGMR) in Straßburg, Berlin 2002.

Fischer, Thomas: Strafgesetzbuch mit Nebengesetzen, 63. Aufl., Baden-Baden 2016.

Freund, Georg: Strafrecht Allgemeiner Teil, 2. Aufl., Berlin u.a. 2008.

Frisch, Wolfgang: Tatbestandsmäßiges Verhalten und Zurechnung des Erfolgs, Heidelberg 1988.

Fromm, Ingo Erasmus: Der strafrechtliche Schutz der Finanzinteressen der EG, die Frage der Einführung einer supranationalen Strafrechtskompetenz durch Artikel 280 IV EGV, Berlin u.a. 2004.

Gerner-Beuerle, Carsten: Die Haftung von Emissionskonsortien: eine rechtsvergleichende Untersuchung des deutschen und des US-amerikanischen Rechts, Berlin 2009.

Göhler, Erich/Gürtler, Franz/Seitz, Helmut: Gesetz über Ordnungswidrigkeiten: OWiG, 16. Aufl., München 2012.

Gößmann, Wolfgang/Wagner-Wieduwilt, Klaus/Weber, Ahrend: Allgemeine Geschäftsbedingungen der Banken, Köln 1993.

Grabitz, Eberhard/Hilf, Meinhard/Nettesheim, Martin: Das Recht der europäischen Union, EUV/AEUV, Band I, 58. El, München 2016.

Grabitz, Eberhard/Hilf, Meinhard/Nettesheim, Martin: Das Recht der europäischen Union, EUV/AEUV, Band, II, 58. El, München 2016.

Graf, Jürgen Peter: Beck'scher Online Kommentar OWiG, 11. Ed., München 2016.

Graf, Jürgen Peter/Jäger, Markus/Wittig, Petra: Wirtschafts- und Steuerstrafrecht, München 2011.

Groß, Wolfgang: Kapitalmarktrecht, 6. Aufl., München 2016.

Groß, Wolfgang: Zulassung von Wertpapieren zum Börsenhandel mit amtlicher Notierung, Finanz Betrieb 1999, S. 24-29.

Grunewald, Barbara/Schlitt, Michael: Einführung in das Kapitalmarktrecht, 3. Aufl., München 2014.

Grützner, Thomas/Jakob, Alexander: Compliance von A-Z, 2. Aufl., München 2015.

Gummert, Hans/ Weipert, Lutz: Münchener Handbuch des Gesellschaftsrechts Band 1: BGB-Gesellschaft, Offene Handelsgesellschaft, Partnerschaftsgesellschaft, Partenreederei, EWIV, 4. Aufl., München 2014.

Gurlit, Elke: Informationsfreiheit und Verschwiegenheitspflichten der BaFin, NZG 2014, S. 1161-1168.

Hanft, Christian: Bewilligung kompensationsloser Anerkennungsprämien durch den Aufsichtsrat einer Aktiengesellschaft als Untreue – Fall Mannesmann, Jura 2007, S. 58-61.

Hassemer, Winfried: Professionelle Adäquanz, wistra 1995, S. 41-46.

Hecker, Bernd: Europäisches Strafrecht, 5. Aufl., Berlin 2015.

Hecker, Bernd: Strafbare Produktentwicklung im Lichte des Gemeinschaftsrechts, Europäisierung des deutschen Täuschungsschutzstrafrechts am Beispiel des Lebensmittel-, Wettbewerbs- und Betrugsstrafrechts, Tübingen 2001.

Hedtmann, Oliver: Unregelmäßigkeiten und Betrug im europäischen Agrarsektor, EuR 2002, S. 122-135.

Hefendehl, Roland: Examensklausur Strafrecht, Jura 1992, S. 374-384.

Heger, Martin: Perspektiven des Europäischen Strafrechts nach dem Vertrag von Lissabon, ZIS 2009, S. 406-417.

Heinrich, Bernd: Strafrecht Allgemeiner Teil, 4. Aufl., Stuttgart 2014.

Heintschel-Heinegg, Bernd: Beck'scher Online Kommentar StGB, 31. Ed., München 01.06.2016.

Hellmann, Uwe/Beckemper, Katharina: Wirtschaftsstrafrecht, 4. Aufl., Stuttgart 2013.

Helmrich, Jan: Zur Abkehr von der Interessentheorie bei Insolvenzstraftaten (§§ 283-283c StGB), ZInsO 2009, S. 1475-1478.

Herzberg, Rolf Dietrich: Fahrlässigkeit, Unrechtseinsicht und Verbotsirrtum in: Festschrift für Harro Otto, Berlin 2007, S. 265-285.

Herzog, Felix/Achtelik, Olaf: Geldwäschegesetz (GWG), 2. Aufl., München 2014.

Herzog, Felix/Mülhausen, Dieter: Geldwäschebekämpfung und Gewinnabschöpfung, Handbuch der straf- und wirtschaftsrechtlichen Regelungen, München 2006.

Hild, Thilo Lars: Grenzen einer strafrechtlichen Regulierung des Kapitalmarktes, Frankfurt a.M. u.a. 2004.

Hilgendorf, Eric/Valerius, Brian: Strafrecht Allgemeiner Teil, 2. Aufl., München 2015.

Hilgendorf, Eric/Valerius, Brian: Computer- und Internetstrafrecht, 2. Aufl., Berlin 2012.

Hilgendorf, Eric/Wolf, Christian: Internetstrafrecht – Grundlagen und aktuelle Fragestellungen, K&R 2006, S. 541-547.

Honrath, Alexander: Umfang und Grenzen der Freiheit des Kapitalverkehrs, Die Möglichkeiten zur Einführung einer Devisenzwangsbewirtschaftung in der Europäischen Union, Baden-Baden 1998.

Hopt, Klaus: Grundsatz- und Praxisprobleme nach dem Wertpapierhandelsgesetz, ZHR 1995, S. 135-163.

Hopt, Klaus: Vom Aktien- und Börsenrecht zum Kapitalmarktrecht?, ZHR 1977, S. 389-441.

Horn, Norbert: Die AGB-Banken 1993 in Schriftenreihe der Bankrechtlichen Vereinigung Band 4, Berlin u.a. 1994.

Jakobs, Günther: Akzessorietät, GA 1996, S. 253-268.

Joecks, Wolfgang/Miebach, Klaus: Münchener Kommentar zum Strafgesetzbuch: StGB Band 1: §§ 1-37 StGB, 2. Aufl., München 2011.

Joecks, Wolfgang/Miebach, Klaus: Münchener Kommentar zum Strafgesetzbuch: StGB Band 5: §§ 263-358 StGB, 2. Aufl., München 2014.

Jokisch, Jens: Gemeinschaftsrecht und Strafverfahren, die Überlagerung des deutschen Strafprozeßrechts durch das europäische Gemeinschaftsrecht, dargestellt anhand ausgewählter Problemfälle, Berlin 2000.

Kaiafa-Gbandi, Maria: Aktuelle Strafrechtsentwicklung in der EU und rechtsstaatliche Defizite, ZIS 2006, S. 521-536.

Kindhäuser, Urs/Neumann, Ulfrid/Paeffgen, Hans-Ulrich: Strafgesetzbuch (StGB) Band 1 (§§ 1-79b), 4. Aufl., Baden-Baden 2013.

Kindhäuser, Urs: Strafrecht, Allgemeiner Teil, 7. Aufl., Baden-Baden 2015.

Knauer, Christoph: Die Kollegialentscheidung im Strafrecht, München 2001.

Krey, Volker/Esser, Robert: Deutsches Strafrecht, Allgemeiner Teil, 6. Aufl., Stuttgart 2016.

Krüger, Matthias: Beteiligung durch Unterlassen an fremden Straftaten, ZIS 2011, S. 1-8.

Krüger, Matthias: Unmittelbare EU-Strafkompetenzen aus Sicht des deutschen Strafrechts, HRRS 2012, S. 311-317.

Kudlich, Hans: Die Unterstützung fremder Straftaten durch berufsbedingtes Verhalten, Berlin, 2004.

Kudlich, Hans/Oğlakcıoğlu, Mustafa Temmuz: Wirtschaftsstrafrecht, 2. Aufl., München 2014.

Kühl, Kristian/Heger, Martin: Strafgesetzbuch Kommentar, 28. Aufl., München 2014.

Kümpel, Siegfried: Bank- und Kapitalmarktrecht, Köln 1995.

Kümpel, Siegfried/Wittig, Arne: Bank- und Kapitalmarktrecht, 4. Aufl, Köln 2011.

Laars, Reinhard: Finanzdienstleistungsaufsichtsgesetz, 2. Aufl., Baden-Baden 2013.

Labsch, Karl Heinz: Die Strafbarkeit des GmbH-Geschäftsführers im Konkurs der GmbH, wistra 1985, S. 1-9.

Langenbucher, Katja: Aktien- und Kapitalmarktrecht, 3. Aufl., München 2015.

Laufhütte, Wilhelm/Rissing-van Saan, Ruth/Tiedemann, Klaus: Leipziger Kommentar Strafgesetzbuch: StGB Band 1: Einleitung; §§ 1-31, 12. Aufl., Berlin 2007.

Laufhütte, Wilhelm/Rissing-van Saan, Ruth/Tiedemann, Klaus: Leipziger Kommentar Strafgesetzbuch: StGB Band 9/2: §§ 267-283d, 12. Aufl., Berlin 2009.

Laufhütte, Wilhelm/Rissing-van Saan, Ruth/Tiedemann, Klaus: Leipziger Kommentar Strafgesetzbuch: StGB Band 12: §§ 323a-330d, 12. Aufl., Berlin 2015.

Lemke, Michael/Mosbacher, Andreas: Ordnungswidrigkeitengesetz: OWiG, 2. Aufl., München 2005.

Lenenbach, Markus: Kapitalmarktrecht und kapitalmarktrelevantes Gesellschaftsrecht, 2. Aufl., Köln 2010.

Lenz, Carl-Otto/Borchardt, Klaus Dieter: EU-Verträge Kommentar, EUV/AEUV/GRCh, 6. Aufl., Köln 2012.

Lerche, Peter: Bankgeheimnis – verfassungsrechtliche Rechtsgrundlagen, ZHR 1985, S. 165-176.

Lesch, Heiko: Beteiligung durch „berufstypisches" Verhalten?, JA 2001, S. 986-991.

Lippert, Frank/Sürmann, Heike: Wirtschaftskriminalität und Internet. Lage und Entwicklungstendenzen der Nutzung eines neuen Tatmittels in alten Kriminalitätsfeldern, Kriminalistik 2007, S. 231-235.

Mansdörfer, Marco: Das europäische Strafrecht nach dem Vertrag von Lissabon – oder: Europäisierung des Strafrechts unter nationalstaatlicher Mitverantwortung, HRRS 2010, S. 11-23.

Marberth-Kubicki, Anette: Computer- und Internetstrafrecht, 2. Aufl., München 2010.

Marsch-Barner, Reinhard/Schäfer, Frank: Handbuch börsennotierte AG, 3. Aufl., Köln 2014.

Maurach, Reinhardt/Zipf, Heinz: Strafrecht, Allgemeiner Teil, Teilband 1, Grundlehren des Strafrechts und Aufbau der Straftat, 8. Aufl., Heidelberg 1992.

Merkt, Hanno/Rossbach, Oliver: Zur Einführung: Kapitalmarktrecht, JuS 2003, S. 217-224.

Meyer, Frank: Die Lissabon-Entscheidung des BVerfG und das Strafrecht, NStZ 2009, S. 657-663.

Moll, Dietmar: Europäisches Strafrecht durch nationale Blankettstrafgesetzgebung?, eine Untersuchung zur strafrechtskonstituierenden Wirkung des EG-Rechts unter besonderer Berücksichtigung der allgemeinen verfassungsrechtlichen Anforderungen an Blankettverweisungen, Göttingen 1998.

Müller-Gugenberger, Christian: Wirtschaftsstrafrecht, Handbuch des Wirtschaftsstraf- und -ordnungswidrigkeitenrechts, 6. Aufl., Köln 2015.

Musil, Andreas: Umfang und Grenzen europäischer Rechtssetzungsbefugnisse im Bereich des Strafrechts nach dem Vertrag von Amsterdam, NStZ 2000, S. 68-71.

Nestler, Nina: Abschied von der Interessentheorie: Vom Regen in die Traufe?, in: Popp, Andreas/Steinberg, Georg/Valerius, Brian: Das Wirtschaftsstrafrecht des StGB, Baden-Baden 2011, S. 139-161.

Nestler, Nina: Widerrechtliche Einschränkung der strafbefreienden Selbstanzeige gem. § 371 AO durch die BaFin?, wistra 2015, S. 329-337.

Niedermair, Harald: Straflose Beihilfe durch neutrale Handlungen?, ZStW 1995, S. 507-544.

Otto, Harro: Das Strafbarkeitsrisiko berufstypischen, geschäftsmäßigen Verhaltens, JZ 2001, S. 436-444.

Park, Tido: Die Entwicklung des Kapitalmarktstrafrecht, in: Beulke/Müller, Festschrift zu Ehren des Strafrechtsausschusses der Bundesrechtsanwaltskammer, München 2006, S. 229-242.

Park, Tido: Kapitalmarktstrafrecht, 3. Aufl., Baden-Baden 2013.

Park, Tido: Kapitalmarktstrafrecht und Anlegerschutz, NStZ 2007, S. 369-377.

Puppe, Ingeborg: Tatirrtum, Rechtsirrtum, Subsumtionsirrtum, GA 1990, S. 145-182.

Rackow, Peter: Neutrale Handlungen als Problem des Strafrechts, Frankfurt a.M. 2007.

Radtke, Henning: Die strafrechtliche Organ- und Vertreterhaftung (§ 14 StGB) vor der Neuaus-richtung?, JR 2010, S. 233-238.

Ransiek, Andreas: Pflichtwidrigkeit und Beihilfeunrecht, wistra 1997, S. 41-47.

Rehbein, Dieter: Rechtsfragen zum Bankgeheimnis, ZHR 1985, S. 139-150.

Rotsch, Thomas: Tatherrschaft kraft Organisationsherrschaft?, ZStW 2000, S. 518-562.

Roxin, Claus: Bemerkungen zu Fujimori-Urteil des Obersten Gerichtshofs in Peru, ZIS 2009, S. 565-568.

Roxin, Claus: Probleme von Täterschaft und Teilnahme in der organisierten Kriminalität in: Samson, Erich/Dencker, Friedrich/Frisch, Peter/Frister, Helmut/Reiß, Wolfram, Festschrift für Gerald Grünwald, Baden-Baden 1999, S. 549-561.

Roxin, Claus: Strafrecht, Allgemeiner Teil I. Grundlagen. Der Aufbau der Verbrechenslehre, 4. Aufl., München 2006.

Roxin, Claus: Strafrecht, Allgemeiner Teil II. Besondere Erscheinungsformen der Straftat, München, 2002.

Roxin, Claus: Straftaten im Rahmen organisatorischer Machtapparate, GA 1963, S. 193-207.

Roxin, Claus: Täterschaft und Tatherrschaft, 9. Aufl., Berlin u.a. 2015.

Roxin, Claus: Was ist Beihilfe? in: Kühne, Hans-Heiner, Festschrift für Kiochi Miyazawa, Baden-Baden 1995, S. 501-517.

Roxin, Claus: Zum Strafgrund der Teilnahme in: Küper, Wilfried/Welp, Jürgen, Festschrift für Walter Stree und Johannes Wessels zum 70. Geburtstag, Heidelberg 1993, S. 367-382.

Roxin, Claus: Zur neuesten Diskussion über die Organisationsherrschaft, GA 2012, S. 395-415.

Satzger, Helmut: Auf dem Weg zu einem europäischen Strafrecht, ZRP 2001, S. 549-554.

Satzger, Helmut: Der Mangel an Europäischer Kriminalpolitik, Anlass für das Manifest der inter-nationalen Wissenschaftlergruppe „European Criminal Policy", ZIS 2009, S. 691-694.

Satzger, Helmut/Schluckebier, Wilhelm/Widmaier, Gunter: StGB Kommentar zum Strafgesetz-buch, 2. Aufl., Köln 2014.

Scherer, Peter: Depotgesetz (DepotG), Gesetz über die Verwahrung und Anschaffung von Wert-papieren – Depotgesetz, München 2012.

Schimansky, Herbert/Bunte, Hermann-Josef/Lwowski, Hans-Jürgen: Bankrechts-Handbuch Band 1, 4. Aufl., München 2011.

Schimansky, Herbert/Bunte, Hermann-Josef/Lwowski, Hans-Jürgen: Bankrechts-Handbuch Band 2, 4. Aufl., München 2011.

Schmitz, Roland: Der strafrechtliche Schutz des Kapitalmarkts in Europa, ZStW 2003, S. 501-538.

Schork, Alexander/Groß, Bernd: Bankstrafrecht, NJW Praxis Band 94, München 2013.

Schön, Wolfgang: Europäische Kapitalverkehrsfreiheit und nationales Steuerrecht in: Gedächtnis-schrift für Brigitte Knobbe-Keuk, Köln 1997, S. 743-777.

Schönke, Adolf/Schröder, Horst: Strafgesetzbuch, 29. Aufl., München 2014.

Schröder, Christian: Europäische Richtlinien und deutsches Strafrecht, Berlin 2002.

Schröder, Christian: Handbuch Kapitalmarktstrafrecht, 3. Aufl., Köln 2015.

Schuster, Frank Peter: Das Verhältnis von Strafnormen und Bezugsnormen aus anderen Rechts-gebieten, Berlin 2012.

Schwarz, Jürgen/Becker, Ulrich/Hatje, Armin/Schoo, Johann: EU-Kommentar, 3. Aufl., Baden-Baden 2012.

Schwintowski, Hans-Peter: Bankrecht, 4. Aufl., Köln 2014.

Selmer, Peter: Steuerrecht und Bankgeheimnis, Hamburg, 1981.

Senge, Lothar: Karlsruher Kommentar zum Gesetz über Ordnungswidrigkeiten: OWiG, 4. Aufl., München 2014.

Sichtermann, Siegfried/Feuerborn, Sabine: Bankgeheimnis und Bankauskunft in der Bundesrepublik Deutschland sowie in wichtigen ausländischen Staaten, Frankfurt a.M. 1998.

Streinz, Rudolf: EUV/AEUV, 2. Aufl., München 2012.

Tag, Brigitte: Beihilfe durch neutrales Verhalten, JR 1997, S. 49-57.

Thiemann, Werner: Aufsichtspflichtverletzung in Betrieben und Unternehmen, Bochum 1976.

Tiedemann, Klaus: Der Allgemeine Teil des Strafrechts im Lichte der europäischen Rechtsvergleichung. in: Eser, Albin/Schittenhelm, Ulrike/Schumann, Heribert, Festschrift für Theodor Lenckner zum 70. Geburtstag, München 1998, S. 41-434.

Tiedemann, Klaus: Strafrechtliche Grundprobleme im Kartellrecht, NJW 1979, S. 1849-1856.

Tiedemann, Klaus: Tatbestandsfunktionen im Nebenstrafrecht, Tübingen, 1969.

Tiedemann, Klaus: Wirtschaftsstrafrecht Einführung und Allgemeiner Teil, 4. Aufl., München 2014.

Többens, Hans W.: Die Bekämpfung der Wirtschaftskriminalität durch die Troika der §§ 9, 130 und 30 des Gesetzes über Ordnungswidrigkeiten, NStZ 1999, S. 1-8.

Vedder, Christoph/Heintschel von Heinegg, Wolff: Europäischer Verfassungsvertrag, Handkommentar, Baden-Baden 2007.

Vogel, Joachim: Geldwäsche – Ein europaweit harminisierter Straftatbestand?, ZStW 1997, S. 335-356.

Vogel, Joachim/Hocke, Peter: Wirtschaftsstrafrechtliche Anmerkungen zur Mannesmann-Entscheidung des Bundesgerichtshofs vom 21.12.2005, JZ 2006, S. 568-571.

Von der Groeben, Hans/Schwarze, Jürgen/Hatje, Armin: EU-Recht Band 2, 7. Aufl., Baden-Baden 2015.

Von der Groeben, Hans/Schwarze, Jürgen/Hatje, Armin: EU-Recht Band 4, 7. Aufl., Baden-Baden 2015.

Wabnitz, Heinz-Bernd/Janovsky, Thomas: Handbuch des Wirtschafts- und Steuerstrafrecht, 4. Aufl., München 2014.

Walter, Tonio: Inwieweit erlaubt die Europäische Verfassung ein europäisches Strafgesetz?, ZStW 2005, S. 912-933.

Weber-Grellet, Heinrich: Steuerrecht und Demokratie, ZRP 2014, S. 82-83.

Weigend, Thomas: Grenzen strafbarer Beihilfe in: Eser, Albin, Festschrift für Haruo Nishihara zum 70. Geburtstag, Baden-Baden 1998, S. 197-212.

Wessels, Johannes/Beulke, Werner/Satzger, Helmut: Strafrecht Allgemeiner Teil, 45. Aufl., Heidelberg 2015.

Wiedemann, Peter: Tatwerkzeug INTERNET. Ein Überblick über das System und seine kriminelle Nutzung, Kriminalistik 2000, S. 229-239.

Winkler; Walter: Interessentheorie beim eigennützigen Beiseiteschaffen durch einen GmbH-Geschäftsführer, 2008, jurisPR-StrafR 16/2009 Anm 1.

Wittig, Petra: Wirtschaftsstrafrecht, 3. Aufl., München 2014.

Wohlers, Wolfgang: Hilfeleistung und erlaubtes Risiko – zur Einschränkung der Strafbarkeit gem. § 27 StGB, NStZ 2000, S. 169-174.

Wolff, Heinrich Amadeus/Brink, Stefan: Beck'scher Online Kommentar Datenschutzrecht, 6. Ed., München 2013.

Wolter, Jürgen: Systematischer Kommentar zum Strafgesetzbuch, Köln 2015.

Zieschang, Frank: Strafrecht Allgemeiner Teil, 4. Aufl., Stuttgart 2014.

Zieschang, Frank: Chancen und Risiken der Europäisierung des Strafrechts, ZStW 2001, S. 255-270.

Zieschang, Frank: Das Übereinkommen zum Schutz der finanziellen Interessen der EG und seine Auswirkungen auf das deutsche Strafrecht, EuZW 1997, S. 78-83.

Zimmermann, Frank: Die Auslegung künftiger EU-Strafrechtskompetenzen nach dem Lissabon-Urteil des Bundesverfassungsgerichts, Jura 2009, S. 844-851.

Kapitel 2: Tatbestände des StGB

A. Vermögensdelikte im Zusammenhang mit Kreditgeschäften

I. Problembereiche und Grundlagen

1. Allgemeine Grundlagen des Kreditgeschäfts
a) Allgemeines

Kreditvergaben sind riskant: Für den Kreditgeber besteht ein Ausfallrisiko; für **140** den Kreditnehmer das Risiko, seine Sicherheitsleistungen trotz ordnungsgemäßer Bedienung des Kredits nicht zurückzuerhalten. Dieses allgemeine wirtschaftliche Risiko sollte in strafrechtlicher Hinsicht jedoch grds. ohne Relevanz bleiben.[1] Es ist nicht Aufgabe des Strafrechts, unternehmerische Risiken abzusichern. Als ultima ratio darf es vielmehr erst dann eingreifen, wenn alle anderen denkbaren Mittel versagen. Das Strafrecht ist damit insbesondere kein Mittel allgemeiner Verhaltenssteuerung.[2] Straftat kann demnach nur ein besonders verwerfliches und hochgradig sozialschädliches Verhalten sein, nicht aber lediglich das, was von staatlich angesteuerten Verhaltensstandards abweicht.

Strafrecht darf daher auch im Zusammenhang mit Kreditgeschäften erst dann **141** zum Einsatz gelangen, wenn es nicht mehr nur um die allgemeinen vertraglichen Risiken der Parteien bei Kreditvergaben geht, sondern es muss ein Verhalten vorliegen, das darüber hinaus schutzwürdige Interessen in einer besonders sozialschädlichen Art und Weise verletzt oder jedenfalls tangiert. Will man jene Reichweite der vertraglichen Risiken ermitteln, kommt man nicht umhin, sich die zivil- und öffentlich-rechtlichen Grundlagen des Kreditgeschäfts zu vergegenwärtigen.

§ 1 Abs. 1 Nr. 2 KWG definiert als Kreditgeschäft die **Gewährung von Gelddar-** **142** **lehen und Akzeptkrediten.** Für den zivilrechtlichen Vertrag über ein Gelddarlehen

---

[1] *Rettenmaier/Reichling* in: Schork/Groß, Bankstrafrecht, 2013, § 3 Rn. 123.

[2] *Frisch* NStZ 2016, 16, 20.

© Springer-Verlag GmbH Deutschland 2017

N. Nestler, *Bank- und Kapitalmarktstrafrecht*, Springer-Lehrbuch,
DOI 10.1007/978-3-662-53959-0_2

gilt § 488 BGB. Sowohl § 488 BGB als auch § 1 Abs. 1 Nr. 2 KWG beschränken den Geschäftsgegenstand des Kredit- bzw. Darlehensgeschäfts damit auf Geld.
Daher stellen bspw. Darlehen über Wertpapiere keine Bankgeschäfte i.d.S. dar;
zivilrechtlich handelt es sich hierbei um eine Wertpapierleihe, § 607 BGB. Die als
Darlehen hingegebenen Gelder müssen zudem **rückzahlbar** sein. Das wiederum
schließt sog. verlorene Zuschüsse oder Unterstützungsleistungen als Gegenstand
eines Darlehens aus.[3] Der Begriff des Kredits ist dabei im Grundsatz weiter als derjenige des Darlehens i.S.d. § 488 BGB. Dies ergibt sich u.a. aus § 21 Abs. 1 KWG,
der als Unterfall des Kredits neben anderen Geschäften in seinem Abs. 1 S. 1 Nr. 1
auch das Gelddarlehen nennt.

b) Öffentlich-rechtliche Grundlagen

143   Die Gewährung des Kredits besteht in einer erstmaligen Hingabe eines Geldbetrags. Die Abwicklung bereits existierender Darlehen unterfällt nicht § 1 Abs. 1 S. 2
Nr. 2 KWG (vgl. den Wortlaut: „Gewährung"[4]). Der Gesetzgeber differenziert in § 1
Abs. 1 S. 2 Nr. 2 KWG zwischen Gelddarlehen und Akzeptkrediten. Gelddarlehen
sind Darlehen i.S.d. §§ 488 ff. BGB.[5] Akzeptkredite sind die Grundform eines sog.
Haftungskredits.[6] Solche Kredite unterfallen nicht den §§ 488 ff. BGB, sondern
es handelt sich um Wechselkredite, die (zivilrechtlich) im Wechselgesetz geregelt
sind.[7]

(1) Großkredite und Organkredite

144   Für bestimmte Kreditvergaben bestehen **öffentlich-rechtliche Sonderregelungen** in §§ 13 ff. KWG. Die Vorschriften betreffen Großkredite, Millionenkredite
und Organkredite, für die gegenüber dem allgemeinen Kreditgeschäft Besonderheiten gelten. So ermächtigt bspw. § 13 KWG für **Großkredite** das Bun-
desministerium der Finanzen, durch Rechtsverordnung im Interesse des angemessenen Schutzes der Institute, Institutsgruppen, Finanzholding-Gruppen und
gemischten Finanzholding-Gruppen vor sog. **Klumpenrisiken**, nähere Regelungen zu erlassen. Auf der Grundlage dieser Vorschrift wurde die Großkredit- und
Millionenkreditverordnung (GroMiKV) vom 6. Dezember 2013 geschaffen.[8]
Nach § 13 Abs. 2 KWG darf ein Institut einen Großkredit nur aufgrund eines

---

[3] Vgl. *Berger* in: MüKo-BGB, 2016, § 488 Rn. 8.

[4] *Schäfer* in: Boos/Fischer/Schulte-Mattler, KWG, 2016, § 1 Rn. 57. Siehe zum Ganzen *Reschke* in:
Beck/Samm/Kokemoor, KWG, 2016, § 1 KWG Rn. 101; *Brogl* in: Reischauer/Kleinhans, KWG,
2015, § 1 KWG Rn. 61.

[5] Siehe sogleich Rn. 156.

[6] *Tonner/Krüger* Bankrecht, 2016, § 17 Rn. 4.

[7] Aufgrund der verbliebenen geringen praktischen Relevanz des Wechsels wird hier auf diese
Erscheinungsform nicht näher eingegangen. Vgl. dazu aber *Kreysel* JuS 1998, 811 ff.; *Hövelberndt*
JuS 2003, 1105 ff.; eingehende Erläuterungen auch bei *Bülow*, Wechselgesetz, Scheckgesetz,
2013, Einleitung, Rn. 1 ff.

[8] BGBl. 2013/I, S. 4183.

einstimmigen, vor der Gewährung gefassten Beschlusses sämtlicher Geschäftsleiter gewähren.

Für **Millionenkredite**, d.h. ab einem Kreditvolumen 1 Million Euro oder mehr 145
(sog. Millionenkreditmeldegrenze) gilt, dass diese durch die sie vergebenden Institute bei der durch die Deutsche Bundesbank geführten Evidenzzentrale vierteljährlich anzuzeigen sind, § 14 Abs. 1 S. 1 KWG. Kreditgewährungen ab einer bestimmten Größenordnung bedeuten auch für größere Institute ein beträchtliches Risiko.[9] Die Anzeigen ermöglichen der Aufsicht insbesondere auch bei den Instituten einen Einblick in die Kreditstruktur. § 14 KWG dient damit einerseits aufsichtlichen Zwecken, andererseits aber auch der Information der in das Meldeverfahren einbezogenen Kreditgeber über eine etwaige Verschuldung ihrer Großkunden.[10]

§ 15 KWG trifft Bestimmungen für **Kredite an Organe** und sonstige Vertreter des 146
kreditgebenden Instituts. In ihrem Abs. 1 S. 1 nennt die Vorschrift u.a. Geschäftsleiter des Instituts (Nr. 1), andere Gesellschafter des Instituts (Nr. 2), daneben aber auch Mitglieder von Aufsichtsorganen (Nr. 3), Prokuristen und andere Handlungsbevollmächtigte (Nr. 4). Darüber hinaus werden stille Gesellschafter (Nr. 6), Gesellschafter mit besonders hohen Beteiligungen von mehr als 10 Prozent (Nr. 9) und persönlich haftende Gesellschafter (Nr. 12) einbezogen. Bei der Gewährung solcher Kredite besteht das Risiko, dass die Kreditentscheidung durch unsachliche Einflussnahme, Kollisionen der Institutsinteressen mit den Eigeninteressen der Organe oder sachfremde Erwägungen beeinflusst wird.[11] Missbräuchlichen Kreditvergaben wird dadurch vorgebeugt, dass die Gewährung eines Organkredits nur mit einstimmiger Beschlussfassung sämtlicher Geschäftsleiter sowie mit ausdrücklicher Zustimmung des Aufsichtsorgans des Instituts zulässig ist.[12]

Zu der Regelung des § 15 KWG findet sich in § 17 KWG eine **Haftungsbestim-** 147
mung. Die Vorschrift normiert in ihrem Abs. 1 Hs. 1 eine Haftung der Geschäftsleiter, die durch die Kreditvergabe ihre Pflichten nach § 15 KWG verletzt haben, sowie Mitglieder des Aufsichtsorgans, die trotz Kenntnis gegen eine beabsichtigte Kreditgewährung pflichtwidrig nicht eingeschritten sind. In diesem Fall bilden Geschäftsleiter, Mitglieder des Aufsichtsorgans und das Institut Gesamtschuldner für einen etwaig eintretenden Schaden. § 17 Abs. 1 Hs. 2 KWG erlaubt den Geschäftsleitern und Mitgliedern des Aufsichtsorgans jedoch eine Exkulpation.

(2) Informations- und Prüfpflichten
Der Umfang der durch § 18 KWG vorgeschriebenen Informations- und Prüfpflich- 148
ten hängt von der Art des in Rede stehenden Kredits ab: Für **Verbraucher** gelten

---

[9] *Auerbach/Adelt* in: Schwennicke/Auerbach, KWG, 2016, § 14 Rn. 1; *Groß* in: Boos/Fischer/Schulte-Mattler, KWG, 2016, § 14 Rn. 1.

[10] *Auerbach/Adelt* in: Schwennicke/Auerbach, KWG, 2016, § 14 Rn. 2; *Groß* in: Boos/Fischer/Schulte-Mattler, KWG, 2016, § 14 Rn. 1.

[11] *Auerbach/Adelt* in: Schwennicke/Auerbach, KWG, 2016, § 15 Rn. 1; *Groß* in: Boos/Fischer/Schulte-Mattler, KWG, 2016, § 15 Rn. 1.

[12] *Häberle* in: Erbs/Kohlhaas, Strafrechtliche Nebengesetze, 2016, § 15 KWG Rn. 4.

§ 18 Abs. 2 KWG, § 509 BGB. Grundlage der Kreditwürdigkeitsbeurteilung bilden nach § 18 Abs. 2 KWG Auskünfte des Verbrauchers sowie ggf. erforderliche Auskünfte von Stellen, die geschäftsmäßig personenbezogene Daten, die zur Bewertung der Kreditwürdigkeit von Verbrauchern genutzt werden dürfen, zum Zweck der Übermittlung erheben, speichern oder verändern. Dieselben Parameter nennt auch § 509 S. 2 BGB. Das kreditgewährende Institut kann also zum einen eine **Selbstauskunft** des Verbrauchers über seine Vermögensverhältnisse einholen, zum anderen **Auskünfte durch Dritte**. Da der Verbraucher keine Bilanz erstellt, sind dafür seine Einkommens- und Vermögensverhältnisse maßgeblich. **Faktoren der Kreditwürdigkeitsbeurteilung** können demnach sein:

- Aktuelle Vermögensaufstellungen,
- Lohn- und Gehaltsabrechnungen,
- Einkommenssteuererklärungen und/oder Einkommenssteuerbescheide,
- dem Institut vorliegende Informationen bspw. über bereits zurückbezahlte Kredite.

149   Für Kredite, die bestimmte **Grenzwerte überschreiten**, greift § 18 Abs. 1 KWG ein. Ab einem Betrag von 750.000 Euro oder einer Höhe von 10 Prozent des anrechenbaren Eigenkapitals eines Unternehmens (vgl. Art. 4 Abs. 1 Nr. 71 der EU-VO Nr. 575/2013) muss der Kreditnehmer seine wirtschaftlichen Verhältnisse offenlegen. Es müssen dazu insbesondere die Jahresabschlüsse dargetan werden. Lediglich dann, wenn dies aufgrund der gestellten Sicherheiten oder etwaiger Bürgen als offensichtlich nicht erforderlich erscheint, darf das Kreditinstitut davon absehen, § 18 Abs. 1 S. 2 KWG.

(3) Risikomanagement

150   Bei der Gewährung von Krediten unterliegen Institute mit ihrem Risikomanagement den Anforderungen des § 25a KWG. Die Norm sieht vor, dass ein Institut über eine **ordnungsgemäße Geschäftsorganisation** verfügen muss, welche die Einhaltung der zu beachtenden gesetzlichen Bestimmungen und der betriebswirtschaftlichen Notwendigkeiten gewährleistet.

151   Welche Pflichten sich aus dieser Vorschrift in concreto ergeben sollen, hat die BaFin in einem entsprechenden Rundschreiben (10/2012[13]) näher konkretisiert.[14] Dem Rundschreiben zufolge umfasst ein angemessenes und wirksames Risikomanagement unter Berücksichtigung der Risikotragfähigkeit insbesondere die Festlegung von Strategien sowie die **Einrichtung interner Kontrollverfahren**. Diese internen Kontrollverfahren bestehen aus dem internen Kontrollsystem und der internen Revision, vgl. AT 1.1 des Rundschreibens 10/2012.

152   Im vorliegenden Kontext relevant sind dabei vor allem die Vorgaben aus BTO 1 des Rundschreibens 10/2012, die das Kreditgeschäft betreffen. Sie stellen Anforderungen an die Ausgestaltung der Aufbau- und Ablauforganisation, die Verfahren

---

[13] Rundschreiben 10/2012 (BA) zu Mindestanforderungen an das Risikomanagement (MaRisk).
[14] Zum fraglichen Charakter der Rundschreiben siehe *Nestler* wistra 2015, 329, 331 f.

zur Früherkennung von Risiken und die Verfahren zur Klassifizierung der Risiken im Kreditgeschäft. Unter BTO 1.2 finden sich bspw. folgende (besonders untreuerelevante) Vorgaben:

- Das Institut hat spezielle **Prozesse für die Kreditbearbeitung** (Kreditgewährung und Kreditweiterbearbeitung), die Kreditbearbeitungskontrolle, die Intensivbetreuung, die Problemkreditbearbeitung sowie die Risikovorsorge einzurichten (Nr. 1) und Bearbeitungsgrundsätze dafür vorzusehen (Nr. 2).
- Das Institut muss sich ein Urteil über das **Adressenausfallrisiko** selbst bilden und dabei eigene Erkenntnisse und Informationen in die Kreditentscheidung einfließen lassen, selbst wenn externe Bonitätseinschätzungen eingeholt werden (Nr. 4).
- Es erfolgt eine **Risikoklassifizierung** abhängig vom Risikogehalt der Kreditgeschäfte sowohl im Rahmen der Kreditentscheidung als auch bei turnusmäßigen oder anlassbezogenen Beurteilungen (Nr. 6).
- Zwischen der Einstufung im Risikoklassifizierungsverfahren und der Konditionengestaltung sollte ein **sachlich nachvollziehbarer Zusammenhang** bestehen (Nr. 7).

Auch im Kontext des § 25a KWG sowie des Rundschreibens 10/2012 der BaFin **153** gilt jedoch, dass ein Verstoß gegen eine Verletzung dieser (zum Teil nicht einmal gesetzlich) geregelten Pflichten noch nicht zwangsläufig eine Pflichtverletzung i.S.d. § 266 Abs. 1 StGB darstellt. Dies bedarf einer gesonderten und am Einzelfall orientierten Bewertung.[15]

Aus § 25a KWG ergibt sich das Erfordernis, vergebene Kredite verschiede- **154** nen Risikokategorien zuzuordnen. Die grundsätzlichen Anforderungen entspringen den sog. **Basel II**-Vorgaben. Hierbei handelt es sich um die Gesamtheit der Eigenkapitalvorschriften, die vom Basler Ausschuss für Bankenaufsicht vorgeschlagen wurden. Diese Vorschläge werden für internationale Keditinstitute veröffentlicht und haben keinen bindenden Charakter. Dennoch werden sie i.d.R. in die unionsrechtlichen Richtlinien übernommen und haben so einen erheblichen Einfluss auf die Gesetzgebung der Europäischen Union.[16] Die ursprüngliche Fassung der Rahmenvereinbarung wurde im Juni 2004 veröffentlicht und über die EU-Richtlinien 2006/48/EG[17] und 2006/49/EG[18] in die deutsche Rechtsordnung transportiert.

Die **Risikoeinstufung** geschieht dabei so, dass die risikogewichteten Aktiva (und **155** deren Unterlegung mit Eigenmitteln) den Mindesteigenkapitalanforderungen für

---

[15] Siehe Rn. 307 f.

[16] *Schulte-Mattler* in: Boos/Fischer/Schulte-Mattler, KWG, 2016, § 1 Rn. 9.

[17] RiL 2006/48/EG vom 14.6.2006 über die Aufnahme und Ausübung der Tätigkeit der Kreditinstitute (Neufassung), Abl. L 177, S. 1 ff.

[18] RiL 2006/49/EG vom 14.6.2006 über die angemessene Eigenkapitalausstattung von Wertpapierfirmen und Kreditinstituten (Neufassung), Abl. L 177, S. 201 ff.

Kreditrisiken gegenübergestellt werden. Das Kreditrisiko wird dann anhand eines internen oder externen Ratings bestimmt. Das externe Rating (sog. Standardansatz) wird von einer Rating-Agentur vorgenommen. Bei einem internen Rating bewertet die Bank das Risiko selbst.

c) Zivilrechtliche Grundlagen

156   Für das Gelddarlehen gelten §§ 488 ff. BGB. Gem. § 488 Abs. 1 S. 1 BGB ist der Darlehensgeber zur Hingabe von Geld verpflichtet, der Darlehensnehmer gem. § 488 Abs. 1 S. 2 BGB zu dessen Rückzahlung nebst Zinsen.[19] Der Rückzahlungsanspruch entsteht mit Erhalt des Geldbetrags auf der Grundlage eines wirksamen Darlehensvertrags.[20] Zu den typischen – für sich genommen strafrechtlich aber noch nicht relevanten – Risiken eines Kreditgeschäfts gehört daher die Nichterfüllung der Hauptpflicht, also das **Ausfallrisiko** des Kreditgebers, dass der Kreditnehmer den Geldbetrag sowie die Zinsen nicht ordnungsgemäß (zurück)zahlt.

157   In strafrechtlicher Hinsicht von größerer Bedeutung sind im Zusammenhang mit dem Kreditgeschäft (insbesondere **vor-)vertragliche Nebenpflichten**. Sofern es sich bei dem Kreditnehmer um einen Verbraucher handelt, gehören hierzu für den Kreditgeber die besonderen Informationspflichten gem. § 491a BGB i.V.m. Art. 247 § 1 EGBGB. Der Darlehensgeber hat den Darlehensnehmer rechtzeitig vor Abschluss des Vertrags über zahlreiche Einzelheiten in Textform zu unterrichten, bspw. den Verzugszinssatz, sonstige Verzugskosten, Warnhinweise für den Fall ausbleibender Zahlungen, Widerrufsrechte usw.[21]

> Für diese Unterrichtung muss der Darlehensgeber gem. Art. 247 § 2 Abs. 1 EGBGB das Muster „Europäische Standardinformationen für Verbraucherkredite" (Anlage 4 zu Art. 247 EGBGB) verwenden.

158   Ferner normiert § 491a Abs. 3 BGB für Verbraucherdarlehensverträge die Pflicht des Darlehensgebers, dem Darlehensnehmer vor Vertragsschluss die einzelnen Vertragsbestimmungen angemessen zu erläutern. Der Darlehensnehmer soll anhand seiner Vermögensverhältnisse und des mit dem Vertrag verfolgten Zwecks einschätzen können, ob der Vertrag für ihn nützlich ist oder nicht. Diese **Erläuterungspflicht** ist Bestandteil einer verantwortungsvollen Darlehensvergabe und hat sich in der Praxis zu einer faktischen Beratungspflicht weiterentwickelt.[22]

159   Vor- und nebenvertragliche Pflichten des Darlehensnehmers liegen in der wahrheitsgemäßen und vollständigen **Mitteilung** der eigenen Vermögensverhältnisse. Umgekehrt ist – aus §§ 488 ff., 241, 242 BGB heraus – der Darlehensgeber aber grds. nicht verpflichtet, die finanzielle Situation des Darlehensnehmers oder die Rentabilität des Darlehensgeschäfts für diesen zu prüfen. Die Bank darf i.d.R. sogar

---

[19] *Schäfer* in: Boos/Fischer/Schulte-Mattler, KWG, 2016, § 1 Rn. 44; *Schneider* in: Bähre/Schneider KWG, 1986, § 1 Rn. 8.

[20] *Rohe* in: BeckOK-BGB, 2016, § 488 Rn. 34.

[21] *Walker* in: Brox/Walker, Besonderes Schuldrecht, 2015, § 17 Rn. 45a.

[22] *Derleder* NJW 2009, 3195, 3199.

davon ausgehen, dass der Kreditnehmer über die zur Einschätzung des Risikoprofils des finanzierten Geschäfts, z.B. im Zusammenhang mit steuerlichen Risiken, Werthaltigkeit bzw. Rentabilität der Anlage oder Projektentwicklungskosten, erforderlichen Kenntnisse selbst verfügt oder sich dieses Knowhow zumindest durch Einschaltung dritter Fachleute beschafft.[23] Weitergehende Verpflichtungen treffen die Bank nur, sofern ein sog. **qualifizierter Wissensvorsprung** hinsichtlich der mit dem finanzierten Geschäft verbundenen Risiken besteht, für Interessenkonflikte sowie für Konstellationen, in denen die Bank sonst einen Gefährdungstatbestand für das Vermögen des Darlehensnehmers mitgeschaffen oder begünstigt hat.[24] Hinzu kommen Fälle, in denen die Bank über die typischerweise einem Kreditgeber zufallende Rolle hinausgeht.[25]

2. Kreditgeschäft und StGB

Es bleibt die Frage, ob die Nichterfüllung dieser öffentlich-rechtlichen und zivil- **160** rechtlichen Melde-, Informations- und Beratungspflichten bzw. gar der aus dem Vertragsschluss folgenden Hauptpflichten strafrechtlich von Bedeutung sein kann. Maßgeblich sind dabei allein die Tatbestandsvoraussetzungen der relevanten Straftatbestände. Im vorliegenden Abschnitt werden dabei zunächst die **Straftatbestände des StGB** erörtert. Erläuterungen zu den spezialgesetzlichen Straftatbeständen insbesondere des KWG folgen in einem separaten Kapitel.[26]

Als im Zusammenhang mit dem Kreditgeschäft zentrale Tatbestände des StGB **161** kommen in erster Linie Betrug (§ 263 StGB), Kreditbetrug (§ 265b StGB) und Untreue (§ 266 StGB) in Betracht. Die besondere Herausforderung besteht nun darin, die im Zusammenhang mit dem Abschluss und der Durchführung von Kreditgeschäften auftretenden Schwierigkeiten mit den Tatbestandsvoraussetzungen dieser Delikte zusammenzubringen.

Damit stellt sich zuerst die Frage, ob es einen strafrechtlichen Begriff des Kre- **162** ditgeschäfts gibt. Für das deutsche Recht existiert (wie gesehen) kein einheitlicher Kreditbegriff. Im Zivilrecht bildet das Darlehen den zentralen Terminus, während von einem Kredit nur noch selten die Rede ist (bspw. § 509 BGB: Kreditwürdigkeit). Die öffentlich-rechtlichen Grundlagen im KWG setzen den Begriff des Kredits demgegenüber in den Mittelpunkt. Gleichwohl messen auch diese Vorschriften dem Ausdruck nicht unbedingt dieselbe Bedeutung zu, wie die strafrechtlichen Kontexte, in denen er steht.

Einen **eigenständigen Kreditbegriff** kennt das Strafrecht bspw. in § 265b StGB. **163** Die Vorschrift definiert in ihrem Abs. 3 Nr. 2 Kredite als Gelddarlehen, Akzeptkredite, entgeltlichen Erwerb und Stundung von Geldforderungen, Diskontierung von

---

[23] *Binder* in: beck-online.GK, 2015, § 488 BGB Rn. 167; vgl. auch *Sutschet* in: BeckOK-BGB, 2016, § 241 Rn. 84.

[24] *Berger* in: Jauernig, BGB, 2015, § 488 Rn. 12; *Binder* in: beck-online.GK, 2015, § 488 BGB Rn. 169.

[25] *Binder* in: beck-online.GK, 2015, § 488 BGB Rn. 169; *Singer* ZBB 1998, 141, 150.

[26] Rn. 758 ff.

Wechseln und Schecks und Übernahme von Bürgschaften, Garantien und sonstigen Gewährleistungen. Der strafrechtliche Kreditbegriff (des § 265b StGB) weicht somit sowohl von dem des § 1 Abs. 1 Nr. 2 KWG als auch des § 19 Abs. 1 KWG ab. Der Begriff des § 265b StGB ist vielmehr weiter und erfasst schlechthin jede Form von Rechtsgeschäft, durch das der Kreditgeber dem Kreditnehmer Geld oder auch geldwerte Mittel zeitweise zur Verfügung stellt.[27] Im Kontext des § 265b StGB hat der Kreditbegriff eine den Anwendungsbereich begrenzende Funktion. Geschäfte außerhalb der Legaldefinition unterfallen (schon aufgrund des Analogieverbots, Art. 103 Abs. 2 GG) nicht dieser Norm. Unsicherheiten über die Reichweite des Begriffs müssen deshalb stets entschieden bzw. beseitigt werden.[28]

164　§§ 263, 266 StGB definieren den Kreditbegriff demgegenüber nicht eigenständig. Für diese Vorschriften hat der Terminus daher auch keine deren Anwendungsbereich begrenzende Wirkung. Es handelt sich vielmehr um bestimmte Fallkonstellationen, die im Kontext von Betrug und Untreue relevant erscheinen, und für die sich eine gewisse Rechtsprechungspraxis herausgebildet hat. Hier stellt sich nicht die Frage, ob es sich um ein Kreditgeschäft handelt oder nicht; das Kreditgeschäft als solches gehört nicht zum gesetzlichen Tatbestand. Es geht vielmehr um die Frage, ob im Zusammenhang mit dem Abschluss oder der Abwicklung des Kreditgeschäfts die Tatbestandsmerkmale der jeweiligen Norm verwirklicht wurden. So ist bspw. zu prüfen, ob die für § 266 StGB erforderliche Pflichtverletzung vorliegt, wenn der vertretungs- oder verfügungsberechtigte Bankmitarbeiter den Kredit gewährt bzw. den Kreditvertrag für die Bank wirksam abschließt und/oder die Auszahlung der Kreditsumme veranlasst, obwohl er dies aufgrund konkreter Weisungen, interner Richtlinien oder gesetzlicher, arbeitsvertraglicher und sonstiger Regelungen eigentlich so nicht dürfte.[29]

II. Betrug, § 263 StGB

1. Allgemeine Grundlagen
a) Systematik und Struktur der Vorschrift
165　§ 263 StGB enthält ein **Erfolgs- sowie Verletzungsdelikt** und schützt nach ganz h.M. das **Vermögen** in seinem wirtschaftlichen Wert.[30] Nicht vom Schutzbereich umfasst ist demgegenüber die Dispositionsfreiheit des Getäuschten bzw.

---

[27] *Perron* in: Schönke/Schröder, StGB, 2014, § 265b Rn. 11; ausführlich zur Aufzählung in § 265b Abs. 3 Nr. 2 StGB *Saliger* in: SSW, StGB, § 265b Rn. 5; *Tiedemann* in: LK-StGB, 2010, § 265b Rn. 37 ff.

[28] Siehe dazu Rn. 238 ff.

[29] Vgl. *Perron* in: Schönke/Schröder, StGB, 2014, § 266 Rn. 20a.

[30] *Perron* in: Schönke/Schröder, StGB, 2014, § 263 Rn. 1 ff.; siehe auch BGH NStZ-RR 2000, 331; BGH NJW 1961, 1876; ferner *Fischer* StGB, 2016, § 263 Rn. 3; *Hefendehl* in: MüKo-StGB, 2014, § 263 Rn. 1 ff.; *Hoyer* in: SK-StGB, 2015, § 263 Rn. 90 ff; *Jäger* Strafrecht BT, 2015, Rn. 310; *Satzger* in: SSW, StGB, 2014, § 263 Rn. 143; *Tiedemann* in: LK-StGB, 2010, Vor § 263 Rn. 33.

Verfügenden.[31] Es gehört auch nicht zu dem vom Betrugstatbestand geschützten Rechtsgut, sorglose oder gar leichtfertige Menschen gegen die Folgen ihrer eigenen Sorglosigkeit zu schützen.[32] Vielmehr ist es dem Geschäftsverkehr eigen, dass jeder die ihm zur Verfügung stehenden Informationen zu seinen Gunsten nutzt. § 263 StGB greift erst bei gezielten Fehlinformationen ein, die zu einem Vermögensschaden führen.

Die **Tatbestandsvoraussetzungen** ergeben sich aus dem Wortlaut nur unvollständig. Erforderlich sind in objektiver Hinsicht Täuschung über Tatsachen, Irrtum, Vermögensverfügung (als ungeschriebenes Tatbestandsmerkmal) sowie Vermögensschaden. Zwischen diesen Merkmalen muss ein durchgehender ursächlicher Zusammenhang bestehen. Der subjektive Tatbestand verlangt neben dem Vorsatz auch die Absicht rechtswidriger stoffgleicher Bereicherung. **166**

b) Zusammenhang von Betrugstatbestand und Kreditgeschäft
Der Tatbestand des § 263 StGB hat seine größere Bedeutung im Zusammenhang mit Kapitalanlagen.[33] Was die Kreditvergaben angeht, so kommt dem Betrugstatbestand eher untergeordnete praktische Relevanz zu, da § 265b StGB durch seine insbesondere in Bezug auf einen Vermögensschaden geringeren Anforderungen bereits die meisten relevanten Fälle erfasst. Im Unterschied zu § 265b StGB, der nur Kredite betrifft, bei denen sowohl Kreditgeber als auch Kreditnehmer ein Betrieb oder ein Unternehmen sind, greift § 263 StGB auch für Kredite ein, die von und/ oder an natürliche/n Personen gewährt werden. **167**

Während eine Untreue im Rahmen eines Kreditgeschäfts zumindest theoretisch von beiden Seiten begangen werden kann, kommt als Täter eines Betrugs in erster Linie der Kreditnehmer in Betracht. Im Folgenden wird der Fokus daher auch auf ihn zu legen sein. Es geht demnach um Sachverhalte, in denen sich der Kreditnehmer die erstmalige Auszahlung des Kredits oder die Verlängerung der Vertragslaufzeit durch Täuschung z.B. über seine Kreditwürdigkeit erschleicht. **168**

Die **praktische Bedeutung** des § 263 StGB für das Kreditgeschäft ergibt sich nicht unbedingt aus der Anzahl der Taten. Für das Jahr 2015 weist die PKS lediglich 4456 solcher Fälle aus.[34] Die Schadenssumme allerdings gibt Anlass zu Besorgnis. Trotz der geringen Fallzahl lag sie in demselben Jahr bei 88.677.864 Euro. **169**

2. Objektiver Tatbestand
a) Täuschung über Tatsachen
Gegenstand der Täuschung sind ausschließlich Tatsachen. Als solche gelten alle **gegenwärtigen oder vergangenen Ereignisse** oder Zustände (einschließlich der **170**

---

[31] BGH NJW 1991, 2573; LG Frankfurt a.M. NStZ-RR 2003, 140; *Beukelmann* in: BeckOK-StGB, 2016, § 263 Rn. 1; einschr. *Hefendehl* in: MüKo-StGB, 2014, § 263 Rn. 4 f.; a.A. wohl *Bergmann/ Freund* JR 1988, 189, 192; *Wittig* Das tatbestandsmäßige Verhalten des Betrugs, 2005, S. 193.

[32] BGHSt 3, 99; BGH NJW 2001, 2187.

[33] Siehe Rn. 330, 361.

[34] PKS 2015, S. 92.

menschlichen Psyche als sog. innere Tatsache), die **dem Beweis zugänglich** sind.[35]
Soweit ein Betrug zur Krediterlangung im Raum steht, kommen als Gegenstand der
Täuschung sowohl Äußerungen über die Kreditwürdigkeit als auch über die Rück-
zahlungsbereitschaft in Betracht.

(1) Gegenstand der Täuschung
(a) Kreditwürdigkeit

171   Die Kreditwürdigkeit des Kreditnehmers ergibt sich aus verschiedenen Faktoren.
Anhaltspunkte dazu finden sich in den zivil- und öffentlich-rechtlichen Vorschriften
zur Regelung des Kreditgeschäfts. § 509 BGB a.F. verlangte zwar die Prüfung der
Kreditwürdigkeit, definierte jedoch nicht, was darunter zu verstehen sein soll. Aus-
führlicher bezeichnet § 18 KWG für Kredite ab einer bestimmten Mindestsumme
diejenigen Unterlagen, anhand derer das den Kredit gewährende Institut die Kreditwürdigkeit des Kreditnehmers zu überprüfen hat.[36]

172   Unter den Begriff der Kreditwürdigkeit wird ganz allgemein die Wahrschein-
lichkeit gefasst, mit der der Kreditnehmer seine Zahlungsverpflichtungen aus dem
Vertrag über die entgeltliche Finanzierungshilfe erfüllen kann und wird.[37] Für § 18
KWG hat sich in der Praxis die Auffassung etabliert, dass Kreditwürdigkeit nur
vorliegt, wenn der Kreditgeber zu einem **eindeutig positiven Urteil über die wirtschaftlichen Verhältnisse des Kreditnehmers** gelangt, der Kreditgeber also im
Rahmen einer **Prognose** davon ausgehen darf, dass der Kunde seinen künftigen
Zins- und Tilgungspflichten auf jeden Fall nachkommt.[38] Dafür bedarf es zwar
keiner subjektiven Gewissheit, sehr wohl notwendig ist aber ein deutlich überwie-
gendes, **sachlich begründetes Wahrscheinlichkeitsurteil**.[39]

173   Im Kontext des § 263 StGB stellt dieses Begriffsverständnis den Rechtsanwender vor das Problem, dass Äußerungen über Zukünftiges dem Tatsachenbegriff
grds. nicht unterfallen. Bei einem solchen Aussagegegenstand handelt es sich vielmehr nur dann um eine Tatsache, wenn sich die Behauptung auf die schon jetzt
gegenwärtigen Bedingungen bezieht.[40] Ebenso gelten Prognosen nur dann als Tatsachenaussage, wenn sie sich auf eine zum gegenwärtigen Zeitpunkt gesicherte
Prognosegrundlage stützen lassen. Ist die eigene Kreditwürdigkeit Gegenstand der
Täuschung, so handelt es sich um eine Tatsache, wenn sich diese Bewertung auf
Faktoren stützt, die sich auf die Gegenwart oder Vergangenheit beziehen und damit
empirisch nachweisbar sind.

---

[35] *Tiedemann* in: LK-StGB, 2010, § 263 Rn. 9.

[36] Dazu sogleich Rn. 174.

[37] *Schürnbrand* in: MüKo-BGB, 2012, § 509 Rn. 4.

[38] *Bock* in: Boos/Fischer/Schulte-Mattler, 2016, § 18 KWG Rn. 63; *Döser* in: Schwennicke/Auer-
bach, KWG, 2016, § 18 Rn. 39; *Herresthal* WM 2009, 1174, 1178; *Kessal-Wulf* in: Staudinger,
2012, § 509 BGB Rn. 3; *Nobbe* in: Prütting/Wegen/Weinreich, 2015, § 509 BGB Rn. 4; *Schürnbrand* in: MüKo-BGB, 2012, § 509 Rn. 4.

[39] *Schürnbrand* in: MüKo-BGB, 2012, § 509 Rn. 4.

[40] *Beukelmann* in: BeckOK-StGB, 2016, § 263 StGB Rn. 3.

Grundlagen der Kreditwürdigkeitsbeurteilung

Die Grundlagen der Kreditwürdigkeitsbeurteilung ergeben sich insbesondere **174** aus § 18 KWG sowie zum Teil aus § 509 BGB a.F. Etwaige Unterschiede in den Anwendungsbereichen beider Normen kommen bei der strafrechtlichen Bewertung im Rahmen des § 263 StGB (jedenfalls an dieser Stelle) nicht unmittelbar zum Tragen. Die strafrechtliche Beurteilung richtet sich allein nach der Erfüllung der Tatbestandsmerkmale des § 263 StGB. Anders als etwa im Kontext des § 265b Abs. 1 StGB, der bspw. mit dem Begriff „vorteilhaft" unmittelbar an die für die Entscheidung des Kreditgebers über die Zusage relevanten Kriterien anknüpft,[41] geht es dem Tatsachenbegriff des § 263 StGB lediglich darum, über eine hinreichend gesicherte Grundlage gegenwärtiger Bedingungen zu verfügen. Deren Relevanz für die Entscheidung über die Kreditvergabe klärt sich allein über das Kausalitätsmerkmal.

Nach **§ 18 Abs. 2 KWG** trifft sämtliche Institute (§ 1 Abs. 1, Abs. 1a, Abs. 1b KWG) unabhängig von ihrer Rechtsform sowie der Größe und der Art der betriebenen Bankgeschäfte eine **Prüfpflicht** im Hinblick auf die Kreditwürdigkeit.[42] Der Kreis der erfassten Geschäfte ergibt sich aus § 21 KWG. Eine Kreditgewährung liegt vor, wenn der Kredit schriftlich oder mündlich seitens des Kreditinstituts dem Kreditnehmer rechtlich bindend zugesagt oder von dem Kreditnehmer in Anspruch genommen ist bzw. vor der Zusage/Bewilligung bereits als Überziehung zugelassen wurde.[43] Im KWG nicht definiert ist demgegenüber der Begriff des Kreditnehmers, der nach Auffassung des Gesetzgebers von der jeweiligen Geschäftsart abhängen soll. Anhaltspunkte dazu finden sich in § 19 KWG, der allerdings ebenfalls keine Legaldefinition beinhaltet, sondern in seinen Abs. 3 bis 5 nur die Kreditnehmereigenschaft für ausgewählte Geschäfte festgelegt.[44]

§ 18 KWG betrifft in seinem Abs. 1 nur Kredite ab einem bestimmten Volumen. Abs. 2 der Vorschrift erfasst demgegenüber ausschließlich sog. Verbraucherdarlehen, d.h. solche Kreditvergaben, bei denen – vorbehaltlich der Anwendungsbereichsbeschränkung des § 491 Abs. 2 BGB der Kreditnehmer als Verbraucher auftritt.

§ 509 BGB a.F. blieb nach wohl h.M. gegenüber § 18 KWG (ebenso wie gegenüber § 2 **175** Abs. 3 ZAG) **subsidiär**, griff also insbesondere dann ein, wenn die Kreditgeber nicht der öffentlichen Aufsicht unterliegen, sondern bspw. nur gelegentlich einer sonstigen unternehmerischen Tätigkeit ein entgeltliches Darlehen vergeben oder einen Finanzierungsleasingvertrag abschließen und dabei die vorgesehenen Bagatellgrenzen nicht überschreiten.[45] Für § 263 StGB maßgeblich war jedoch nie die Abgrenzung der Anwendungsbereiche beider Vorschriften, sondern dass die Normen solche Anhaltspunkte für die Kreditwürdigkeitsbeurteilung liefern, die nach strafrechtlichen Maßstäben als eine aus gegenwärtigen

---

[41] Siehe Rn. 259.

[42] *Bock* in: Boos/Fischer/Schulte-Mattler, KWG, 2016, § 18 KWG Rn. 7.

[43] *BaFin* Rundschreibenentwurf vom 16.2.2005, Rn. 4, abgedruckt in: Bundesverband Öffentlicher Banken Deutschlands, Leitfaden zur Erstellung eines Beurteilungssystems nach § 18 KWG

[44] *Bock* in: Boos/Fischer/Schulte-Mattler, KWG, 2016, § 18 KWG Rn. 8.

[45] Vgl. BT-Drs. 16/11643 S. 96. *Rühl* DStR 2009, 2256, 2261; *Saenger* in: Erman, BGB, 2011, § 509 Rn. 1; *Zahn* Überschuldungsprävention durch verantwortliche Kreditvergabe, 2011, S. 225. Für eine parallele Anwendung demgegenüber *Roth* in: Langenbucher/Bliesener/Spindler, Bankrechts-Kommentar, 2016, § 509 BGB Rn. 2; *Weidenkaff* in: Palandt, BGB, 2016, § 509 Rn. 1; vgl. zum Anwendungsbereich auch *Schürnbrand* in: MüKo-BGB, 2012, § 509 Rn. 3.

Bedingungen bestehende gesicherte Prognosegrundlage gelten können. Selbst soweit sich die im Einzelfall zu beurteilende Kreditvergabe also bspw. im Anwendungsbereich des § 509 BGB a.F. bewegt hat, konnten die in § 18 Abs. 2 KWG genannten Umstände Orientierungshilfe bieten.

Einzelne Faktoren der Kreditwürdigkeitsbeurteilung

176   § 18 Abs. 2 KWG nennt als Grundlage der Kreditwürdigkeitsbeurteilung **Auskünfte des Verbrauchers** sowie ggf. erforderliche **Auskünfte von Stellen**, die geschäftsmäßig personenbezogene Daten, die zur Bewertung der Kreditwürdigkeit von Verbrauchern genutzt werden dürfen, zum Zweck der Übermittlung erheben, speichern oder verändern. Dieselbe Wendung fand sich in § 509 S. 2 BGB a.F.

177   Das Institut kann also insbesondere eine Selbstauskunft des Verbrauchers über seine Vermögensverhältnisse einholen. Da der Verbraucher keine Bilanz erstellt, sind dafür seine Einkommens- und Vermögensverhältnisse maßgeblich. Faktoren der Kreditwürdigkeitsbeurteilung können also sein (siehe Rn. 148):

- Aktuelle Vermögensaufstellung,
- Lohn- und Gehaltsabrechnungen,
- Einkommenssteuererklärungen und/oder Einkommenssteuerbescheide,
- konkrete Projektplanungen,
- dem Institut vorliegende Informationen bspw. über bereits zurückbezahlte Kredite.[46]

178   Macht der Kreditnehmer unzutreffende Angaben über diese Umstände, so verfälscht er die der gegenwärtigen Prognosebasis zugrunde liegenden Bedingungen und es liegt eine Täuschung über Tatsachen i.S.d. § 263 Abs. 1 StGB vor.

179   Auskünfte von Stellen können bspw. bei Schufa oder Creditreform eingeholt werden, falls die Selbstauskünfte nicht aussagekräftig genug sind. Da die entsprechenden Informationen i.d.R. aber direkt von der betreffenden Stelle abgefragt werden, ist eine Täuschung darüber im Rahmen des § 263 StGB eher schwer vorstellbar.

Abgrenzung vom Werturteil

180   Zu klären bleibt für die Kreditwürdigkeitsbeurteilung die Abgrenzung der Tatsachenaussage vom Werturteil. Dabei ist das subjektive Element des Werturteils – die wertende Komponente – betrugsirrelevant, wenn sie bloß die innere Einschätzung des Äußernden ausdrückt.[47] Werturteile und sonstige Meinungsäußerungen können damit zwar nicht hinsichtlich der wertenden Stellungnahme, wohl aber hinsichtlich des Gegenstands der Wertung grds. Tatsachenbehauptungen darstellen. Überwiegend wird also versucht, täuschungsrelevante Behauptungen von

---

[46] Siehe oben Rn. 148.

[47] *Kindhäuser* in: NK-StGB, 2014, § 263 Rn. 85; *Perron* in: Schönke/Schröder, StGB, 2014, § 263 Rn. 9.

täuschungsirrelevanten Werturteilen mithilfe des **beweisbaren Tatsachenkern**s zu unterscheiden.[48] Während ein solcher beweisbarer Kern bei Tatsachenaussagen vorhanden sein soll, fehlt er bei reinen Werturteilen. So können Teile einer Aussage eine bloße Meinungsäußerung beinhalten, während andere Elemente derselben Aussage einen Tatsachenkern beinhalten.

Geht es um die Kreditwürdigkeit einer Person, so schildert der potentielle Kreditnehmer seine wirtschaftliche Situation oder aktuelle Projekte möglicherweise optimistischer, als sie es tatsächlich verdienen. Soweit es um das darin enthaltene Werturteil über die eigene wirtschaftliche Situation geht, ist dies für § 263 Abs. 1 StGB ohne Belang. Wird jedoch der dieser Bewertung zugrunde liegende Tatsachenkern unzutreffend wiedergegeben, so liegt eine Täuschung über Tatsachen vor. **181**

(b) Rückzahlungsbereitschaft

Auch die Bereitschaft, einen gewährten Kredit fristgerecht zu bedienen, kann als sog. **innere Tatsache** den Gegenstand einer Täuschung bilden. Tatsachen können sowohl solche des Außen- als auch des Innenlebens sein. Innere Tatsachen sind dabei Überzeugungen, Kenntnisse und Absichten, z.B. die (Rück-)Zahlungs- und Erfüllungswilligkeit[49] oder auch die Absicht, in der Zukunft bestimme Handlungen vorzunehmen oder zu unterlassen, die sich auf die (objektive) Zahlungsfähigkeit auswirken.[50] **182**

Anders verhält es sich mit Konstellationen, in denen der Kreditnehmer davon ausgeht, aufgrund seiner wirtschaftlichen Situation den Kredit nicht bedienen zu können, obwohl dies objektiv gesehen durchaus möglich wäre. Hier liegt eine Fehleinschätzung seitens des Täters über die eigene Rückzahlungsfähigkeit (nicht Rückzahlungsbereitschaft!) vor, die er zum Gegenstand der Täuschung zu machen glaubt. In diesen Fällen kommt nur ein untauglicher Betrugsversuch in Betracht.

(2) Täuschungshandlung

Als Täuschung beschreibt das Gesetz das Vortäuschen von Tatsachen, das Entstellen oder Unterdrücken wahrer Tatsachen. Dies kann nach einhelliger Auffassung geschehen durch eine **ausdrückliche**, bspw. verbale, gestische oder schriftliche Erklärung, **konkludent** durch schlüssiges Verhalten oder auch **durch Unterlassen**, wenn ausnahmsweise eine Offenbarungs- oder Hinweispflicht besteht.[51] **183**

Die Abgrenzung zwischen ausdrücklicher und konkludenter Täuschung verläuft allerdings fließend.[52] Ausdrücklich täuscht, wer bezogen auf die Tatsache, über die **184**

---

[48] Vgl. dazu OLG Karlsruhe JR 1997, 299, 300; *Fischer* StGB, 2016, § 263 Rn. 8; *Kühl/Heger* StGB, 2014, § 263 Rn. 5; *Perron* in: Schönke/Schröder, StGB, 2014, § 263 Rn. 9; *Wessels/Hillenkamp* Strafrecht BT II, 2015, Rn. 496; krit. *Hoyer* in: SK-StGB, 2015, § 263 Rn. 14, 20.

[49] *Beukelmann* in: BeckOK-StGB, 2016, § 263 Rn. 4; *Hefendehl* in: MüKo-StGB, 2014, § 263 Rn. 77; *Perron* in: Schönke/Schröder, StGB 2014, § 263 Rn. 27.

[50] *Beukelmann* in: BeckOK-StGB, 2016, § 263 Rn. 4; *Fischer* StGB, 2016, § 263 Rn. 8.

[51] *Perron* in: Schönke/Schröder, StGB 2014, § 263 Rn. 11; siehe auch *Beukelmann* in: BeckOK-StGB, 2016, § 263 Rn. 11, 13, 18.

[52] *Hefendehl* in: MüKo-StGB, 2014, § 263 Rn. 92 a.E.

getäuscht wird, eine **relativ eindeutige und relativ vollständige unwahre Erklä-rung** abgibt, ohne dass die Verkehrsauffassung mehrere Deutungen zulässt. Je weniger eindeutig und je unvollständiger die Erklärung ist, desto eher wird sie (bei Vorliegen der übrigen Voraussetzungen) als konkludente Täuschung einzuordnen sein.[53] Ergänzend kann man sich fragen, inwieweit für die Beurteilung der Unwahr-heit der Tatsache ein Rekurs auf die Verkehrsanschauung notwendig ist (dann kon-kludente Täuschung) oder nicht (dann ausdrückliche Täuschung).[54]

(a) Konkludente Täuschung

185 Als (konkludente) Täuschung gilt jedes Verhalten, dem **nach der Verkehrsauf-fassung ein bestimmter Erklärwert zukommt, und das objektiv irreführt** oder einen Irrtum unterhält und damit auf die Vorstellung eines anderen einwirkt.[55]

186 Beantragt ein Kunde bei seiner Bank einen Kredit, so liegt allein darin aber noch nicht die konkludente Erklärung, diesen auch bedienen zu können. Hier gilt vielmehr dasselbe, wie bei der Einreichung eines Überweisungsauftrags. Auch darin kann nach ganz h.M.[56] noch nicht zwingend die Erklärung gesehen werden, dass dem Überweisenden ein entsprechendes Guthaben auch mate-riell zusteht. Der Bankkunde weiß vielmehr, dass auf bloßes Anfordern hin die Bank noch nicht die Überweisung ausführt, so dass er zum Schutz der Bank seinen Kontostand auch nicht dahingehend überprüfen muss, ob dieser noch die erforderliche Deckung aufweist. Der Erklärungswert eines Überweisungsauf-trags erschöpft sich also grundsätzlich in dem Begehren auf Durchführung der gewollten Transaktion.[57] Ebenso verhält es sich mit dem Antrag, einen Kredit zu gewähren.

> In diesem Kontext sind i.d.R. auch Fälle einer Fehlüberweisung oder -buchung zu dis-kutieren.[58] Diese Konstellationen ordnet die neuere Rspr. ebenfalls nicht als konkludente Täuschung ein. Vielmehr handle es sich um das **bloße Ausnutzen eines vorhandenen Irrtums** ohne täuschendes Zutun, das mangels konkludenter Täuschung eben nicht straf-bewehrt ist. Unabhängig davon, ob dem Abhebenden irrtümlich ein Betrag von einem

---

[53] *Tiedemann* in: LK-StGB, 2012, § 263 Rn. 26; siehe auch *Jäger* Strafrecht BT, 2015, Rn. 317.

[54] *Hefendehl* in: MüKo-StGB, 2014, § 263 StGB Rn. 93; ebenso *Saliger* in: Matt/Renzikowski, StGB, 2013, § 263 Rn. 31; *Satzger* in: SSW, StGB, 2014, § 263 Rn. 35.

[55] *Fischer* StGB, 2016, § 263 Rn. 14; *Kühl/Heger* StGB, 2014, § 263 Rn. 6. Vor allem die Rspr. geht davon aus, dass die Täuschung auch ein subjektives Element beinhaltet und setzt daher für die Täuschung eine Einwirkung auf die Vorstellungen des Getäuschten voraus, die „objektiv geeignet und subjektiv [d.h. aus Sicht des Täters] bestimmt ist, beim Adressaten eine Fehlvorstellung über tatsächliche Umstände hervorzurufen", so BGHSt 47, 1; krit. *Rengier* StR BT I, 2016, § 13 Rn. 5; *Wessels/Hillenkamp* StR BT II, 2015, Rn. 493.

[56] *Fischer* StGB, 2016, § 263 Rn. 24; *Hamm* wistra 2012, 161; *Hefendehl* in: MüKo-StGB, 2014, § 263 Rn. 126; *Hefendehl* NStZ 2001, 281, 282; *Perron* in: Schönke/Schröder, StGB 2014, § 263 Rn. 16c.

[57] BGH NJW 2001, 453.

[58] Auf jene Problematik wird an dieser Stelle wegen des fehlenden Bezugs zum Kreditgeschäft nur kursorisch eingegangen.

Dritten überwiesen wurde[59] oder die Gutschrift aufgrund einer bankinternen Fehlbuchung[60] erfolgte, steht diesem im Moment der Tathandlung eine entsprechende Forderung zu, so dass eine konkludente Täuschung nicht in Betracht kommt.[61] Ebenfalls relevant wird dieses Problem bei der Frage nach einer Täuschung durch Unterlassen.[62]

Problematisch ist, dass **Austauschverhältnisse** (wie z.b. das Kreditgeschäft) **187** regelmäßig nur dann eingegangen werden, wenn sich die Vertragspartner von dem jeweiligen Austausch einen Vorteil versprechen. Ein solcher Vorteil kann sich in keinem Fall realisieren, sofern die eigene Leistung überhaupt nicht erbracht werden soll. Immer dann also, wenn eine fremde Leistung eingefordert wird, ohne dass die eigene Leistung beabsichtigt ist, liegt eine konkludente Täuschung bei fehlender Leistungsfähigkeit oder -willigkeit vor.[63]

Im Fall des Kreditgeschäfts ist der Schuldner (Kreditnehmer) zwar häufig bereit, **188** den Vertrag zu erfüllen, er ist sich aber nicht sicher, ob er hierzu tatsächlich in der Lage sein wird. Resultiert diese Unsicherheit aus dem regulären Charakter des Rechtsgeschäfts, wie dies bspw. bei einer Kreditgewährung der Fall ist, so kann sie als solche keine konkludente Täuschung begründen.[64] Da für den Kreditgeber erstens die Möglichkeit besteht, sich beim Kreditnehmer durch Fragen abzusichern, und er sich zweitens persönliche oder dingliche Sicherheiten einräumen lassen kann, lässt es schon der Vertragstypus nicht zu, das Risiko einseitig auf den Kreditnehmer abzuwälzen. Dies gilt auch, falls der Kreditnehmer über die Vertragserfüllung gefährdende Umstände schweigt.[65] Falls das Darlehen nicht zurückerstattet werden kann, verwirklicht sich nicht mehr als eben das typische Vertragsrisiko. Der Kreditgeber hat es selbst in seiner Hand, durch konkrete Fragen einem Beweis zugängliche Antworten einzufordern und damit bei deren Unwahrheit das potenzielle Anwendungsfeld des Betrugs zu eröffnen.[66] Anders sieht der Fall natürlich aus, wenn der Darlehensnehmer über die Zahlungsfähigkeit täuscht, indem er falsche Namensangaben macht, um eine Bonitätsprüfung ins Leere gehen zu lassen.[67]

Der Darlehensgeber, der die Darlehensvaluta auszahlt, erwartet lediglich, dass **189** die vom Darlehensnehmer prognostizierte Liquiditätsentwicklung die Rückzahlung grundsätzlich zulässt.[68] Nur bei ernstlichen Zweifeln, die eingegangene

---

[59] Zur Fehlüberweisung BGHSt 39, 392, 396; *Perron* in: Schönke/Schröder, 2014, § 263 Rn. 16c; *Fischer* StGB, 2016, § 263 Rn. 24; *Kindhäuser* in: NK-StGB, 2014, § 263 Rn. 140; *Tiedemann* in: LK-StGB, 2012, § 263 Rn. 41.

[60] Den Betrug noch bejahend: OLG Köln JR 1961, 433; OLG Köln NJW 1980, 2366.

[61] BGHSt 46, 196, 199 f.; *Hefendehl* in: MüKo-StGB, 2014, § 263 Rn. 126; *Hefendehl* NStZ 2001, 281, 282; *Kindhäuser* in: NK-StGB, 2014, § 263 Rn. 140; *Ranft* JuS 2001, 854.

[62] Siehe Rn. 190 ff.

[63] BGH BB 1992, 523; BGH wistra 1982, 66, 67.

[64] *Hefendehl* in: MüKo-StGB, 2014, § 263 Rn. 144.

[65] *Bosch* wistra 1999, 410, 412.

[66] OLG Frankfurt a.M. NStZ-RR 2011, 13.

[67] BGH NStZ-RR 2012, 42, 43.

[68] *Kindhäuser* StGB, 2015, § 263 Rn. 73; ferner *Hefendehl* in: MüKo-StGB, 2014, § 263 Rn. 144.

Verpflichtung zum vereinbarten Zeitpunkt erfüllen zu können, soll eine konkludente Täuschung gegeben sein.[69] Jedoch müssen auch in einem solchen Fall die konkreten Anforderungen beachtet werden, die sich aus dem Vertragstypus des Kreditgeschäfts ergeben. Eine konkludente Täuschung kommt nur dann in Betracht, wenn Informationen **gezielt zurückgehalten** werden, auf deren Grundlage die Kreditentscheidung erkennbar beruht.[70]

Beispiel 3[71]

X erhält von Y ein Darlehen. Dabei gibt X vor, das Geld für Kautions- und Mietzahlungen in Höhe von insgesamt 5100 Euro zu benötigen. Zusätzlich hat X jedoch weitere Verbindlichkeiten in einer Höhe von ca. 25.000 Euro bei verschiedenen Stellen, zu deren teilweiser Rückzahlung X den Kredit einsetzen möchte. Wäre dies dem Y bekannt gewesen, hätte er das Darlehen nicht gewährt.

Die zuständige Staatsanwaltschaft stellte das Verfahren nach § 170 StPO ein, da sie in dem Verhalten des X keinen Betrug erkennen konnte; es fehlte vorliegend bereits an einer Täuschung durch X. Der Darlehensnehmer ist nämlich grds. nicht verpflichtet, den Darlehensgeber von sich aus über seine finanziellen Verhältnisse aufzuklären.[72] Eine betrugsrelevante Täuschung könnte vorliegen, wenn die Angabe, der Kredit werde für die Begleichung von Miet- und Kautionsschulden verwendet, zugleich die konkludente Erklärung beinhaltete, dass andere Verbindlichkeiten nicht bestehen. Dies ist jedoch gerade nicht der Fall. Zwar hat die Rspr. in Fällen des sog. Spenden-, Bettel- oder Schenkungsbetrugs anerkannt, dass die Annahme einer täuschungs- und irrtumsbedingten Verfügung nicht schon deshalb entfällt, weil sich der Getäuschte der nachteiligen Wirkung seiner Verfügung auf das Vermögen bewusst ist.[73] Für diese Fälle ist es kennzeichnend, dass nach den Vorstellungen des Gebenden durch Erreichen eines nicht vermögensrechtlichen Zwecks die Vermögenseinbuße ausgeglichen werden soll. Wenn in solchen Fällen dieser Zweck verfehlt wird, so wird auch das Vermögensopfer wirtschaftlich zu einer auf der Täuschung beruhenden unvernünftigen Ausgabe.[74] Diesen Konstellationen ist es damit aber eigen, dass die Annahme eines Betrugs darauf beruht, dass die Vermögensverschiebung in ihrem sozialen Sinn entwertet wird,[75] wobei dieser soziale Sinn gerade über einen rein vermögensrechtlichen Zweck hinausgehen muss. Bei wirtschaftlichen Austauschverträgen ist derartiges nur ausnahmsweise denkbar, wenn der Abschluss des Geschäfts entscheidend durch den sozialen Zweck bestimmt war,

---

[69] BGH wistra 1984, 223, 224.

[70] *Hefendehl* in: MüKo-StGB, 2014, § 263 Rn. 144.

[71] Der Sachverhalt ist angelehnt an OLG Frankfurt a.M. NStZ-RR 2011, 13 ff.

[72] Siehe zur Täuschung durch Unterlassen sogleich Rn. 190 ff.

[73] Vgl. BGH NJW 1995, 539.

[74] BGH NJW 1992, 2167.

[75] *Perron* in: Schönke/Schröder, StGB, 2014, § 263 Rn. 101.

dieser jedoch verfehlt wurde.[76] Hieran fehlt es in dem vorliegenden Fall einer Darlehensgewährung. Die angestrebte Begleichung von Schulden ist nämlich gerade kein sozialer Zweck.[77]

Auch eine konkludente Täuschung über die Rückzahlungsbereitschaft liegt nicht vor. Hiervon kann nur dann gesprochen werden, falls der Darlehensnehmer bereits bei Abschluss des Vertrags nicht vorhatte, das Darlehen zurückzuzahlen oder aber hierzu von vorneherein nicht in der Lage war. Für beides finden sich in dem Sachverhalt keine Anhaltspunkte.

(b) Täuschung durch Unterlassen

Eine Täuschung durch Unterlassen setzt bei einem sog. unechten Unterlassungs-   **190**
delikt eine Garantenpflicht zur Aufklärung und eine Gleichstellung des Unterlassens mit dem Tun voraus. Die **Garantenstellung** soll nach ganz h.M.[78] durch Gesetz, Vertrag einschließlich vorvertraglicher oder nebenvertraglicher Pflichten sowie sonstigem Treu und Glauben nach § 242 BGB,[79] Ingerenz oder enger persönlicher Beziehung folgen. Es ist jedoch zweifelhaft, ob der einer Kreditgewährung zugrunde liegende Vertrag ausreicht, um eine solche Aufklärungspflicht – hier: des Kreditnehmers gegenüber dem Kreditgeber im Hinblick auf die der Kredit(un)würdigkeit zugrunde liegenden Umstände – zu begründen.

Eine Garantenstellung durch Vertrag (einschließlich vorvertraglicher oder neben-   **191**
vertraglicher Pflichten sowie sonstigem Treu und Glauben nach § 242 BGB) besteht:

- bei Verträgen, die ausdrücklich **Informations- oder Beratungspflichten** beinhalten[80] oder
- im Rahmen von Vertragsbeziehungen, die durch ein **besonderes Vertrauensverhältnis** geprägt sind.[81]

Dies trifft i.d.R. zu auf Beratungsverträge, z.B. mit Rechtsanwälten und Strafverteidigern, Steuerberatern. Auch zwischen Syndikus und Arbeitgeber besteht ein Beratungsvertrag i.d.S.[82]

Anders ist dies aber bei „einfachen" Austauschverträgen. Hier begründet der   **192**
Geschäftstypus selbst keine Informations- oder Beratungspflichten und es bestehen daher i.d.R. aufgrund der entgegengesetzten Interessen der Vertragspartner keine Aufklärungspflichten.[83] Deshalb bringt auch der (gewöhnliche) Kreditvertrag i.d.R.

---

[76] BGH vom 11.9.2003 – Az.: 5 StR 524/02; *Fischer* StGB, 2016, § 263 Rn. 138.

[77] Zum Vermögensschaden siehe unten Rn. 210 ff.

[78] *Kühl/Heger* StGB, 2014, § 13 Rn. 7 ff.

[79] Vgl. dazu *Hefendehl* in: MüKo-StGB, 2014, § 263 Rn. 163.

[80] *Kindhäuser* in: NK-StGB, 2013, § 263 Rn. 160.

[81] *Tiedemann* in: LK-StGB, 2012, § 263 Rn. 62.

[82] *Hefendehl* in: MüKo-StGB, 2014, § 263 Rn. 190.

[83] *Perron* in: Schönke/Schröder, StGB, 2014, § 263 Rn. 22; *Hefendehl* in: MüKo-StGB, 2014, § 263 Rn. 173.

keine Aufklärungspflicht des Kreditnehmers hinsichtlich der für die Kreditwürdigkeit entscheidenden Eigenschaften und Umstände zum Entstehen.[84] Eine Offenbarungspflicht des Kreditsuchenden würde ihm jede Möglichkeit nehmen, sich aus
eigener Kraft aus den finanziellen Schwierigkeiten zu befreien. Dies gilt grds. auch
bei Verschlechterung der Vermögenslage[85] nach Darlehensauszahlung.[86]

> Geht es um ein **Verbraucherdarlehen**, so bestehen für den Darlehensgeber durchaus Auf-
> klärungs- sowie ggf. Beratungspflichten gegenüber dem Darlehensnehmer. Als Verbraucher
> unterliegt der Darlehensnehmer solchen Pflichten allerdings nicht.

193   Ein **Gefälligkeitsdarlehen**, bei dem keine Zinsen das Gläubigerrisiko ausgleichen, begründet keine Offenbarungspflicht, da hier hinsichtlich des Schutzes des
Vermögensbestands keine über das verzinste Darlehen hinausgehende Vertrauensbeziehung besteht. Eine solche soll sich nur bei enger verwandtschaftlicher oder
freundschaftlicher Verbundenheit zwischen den Vertragspartnern einstellen. Selbst
die von vornherein geplante zweckwidrige Verwendung eines Darlehens reicht für
eine Offenbarungspflicht nicht aus.[87]

Beispiel 4[88]

X benötigt ein Darlehen, das Y ihm gegen Stellung von Sicherheiten zinslos zu
gewähren bereit ist. X verspricht daher dem Y als Sicherheit künftige Gehalts-
forderungen, verschweigt dabei aber, dass diese bereits auf mehrere Jahre hinaus
der Zwangsvollstreckung unterliegen.

Das RG konnte in diesem Fall keinen Betrug erkennen. Eine konkludente Täuschung habe weder hinsichtlich der eigenen Kreditwürdigkeit noch in Bezug auf
den Wert der Sicherheiten vorgelegen, da bloßes Verschweigen einer Tatsache
hierfür gerade nicht ausreiche. In Betracht kam daher nur eine Täuschung durch
Unterlassen. An einer entsprechenden Aufklärungspflicht fehlte es jedoch nach
Auffassung des RG; diese ergab sich auch nicht aus dem Umstand, dass X den
Irrtum des Y gezielt ausgenutzt hatte.

---

194   Beim Kreditgeschäft handelt es sich zwar nicht zwingend um einen vertrauens-
begründenden Vertragstypus.[89] Ein besonderes Vertrauensverhältnis kann jedoch
im Rahmen **laufender langjähriger Geschäftsbeziehungen** entstehen und
um eine solche längerfristige Vertragsbeziehung geht es auch bei den meisten

---

[84] *Hefendehl* in: MüKo-StGB, 2014, § 263 Rn. 200.

[85] *Krey/Hellmann/Heinrich* Strafrecht BT II, 2015, § 11 Rn. 536.

[86] *Hefendehl* in: MüKo-StGB, 2014, § 263 Rn. 200.

[87] *Tiedemann* in: LK-StGB, 2012, § 263 Rn. 65; ferner *Hefendehl* in: MüKo-StGB, 2014, § 263
Rn. 201.

[88] Angelehnt an RGSt 31, 208 ff.

[89] *Hefendehl* in: MüKo-StGB, 2014, § 263 Rn. 210; *Perron* in: Schönke/Schröder, StGB, 2014,
§ 263 Rn. 22.

Kreditgewährungen. Denn diese sind entweder iterativ angelegt oder aber auf eine Rückzahlung der Darlehensvaluta sowie Zinszahlungen über einen längeren Zeitraum hinweg ausgerichtet. Daraus folgt grds. aber gleichwohl noch nicht ohne weiteres eine Aufklärungspflicht des den Kredit beantragenden Bankkunden.

> Das gilt bspw. auch für das Einrichten eines Girokontos bei einer Bank. Dieses begründet zwar ebenfalls eine meist längere Geschäftsbeziehung; bei Fehlen weiterer Umstände entsteht dadurch allein indes noch kein hinreichendes Vertrauensverhältnis.[90] Aus diesem Grund besteht auch keine Aufklärungspflicht des Kunden in Bezug auf Fehlüberweisungen oder Fehlbuchungen, sofern vertraglich nichts anderes ausdrücklich vereinbart ist. Das Ausnutzen eines bestehenden Irrtums durch das Abheben des Betrags ist hier nach h.M. straflos.[91]

Auch die Rspr. des **BGH**[92] setzt für eine strafrechtlich relevante Aufklärungspflicht **195** in allgemeinen Vertragsverhältnissen mit gegenseitigen Leistungspflichten voraus, dass besondere Umstände, etwa ein besonderes Vertrauensverhältnis oder auf gegenseitigem Vertrauen beruhende Verbindungen, vorliegen. Dass der Vertragspartner schweigt, sei es auch anstößig, reicht nicht.[93] Hinzutreten müssen vielmehr spezifische Faktoren, die i.d.R. nur bei besonders engen, laufenden Geschäftsbeziehungen vorliegen können. Maßgeblich ist dabei die Qualität des im Rahmen dieser Vertragsbeziehung zustande gekommenen Vertrauensverhältnisses.[94]

Indiz für ein besonderes Vertrauensverhältnis kann u.a. die **Dauer einer** **196** **Geschäftsbeziehung** sein (s.o.); dieses Kriterium allein ist als vertrauensbegründendes Vertragselement jedoch nicht ausreichend.[95] Es muss sich vielmehr um eine besonders „enge Geschäftsverbindung" handeln.[96] Daher reicht der einfache Kreditvertrag zwar nicht aus. Geht es aber um eine längjährige und von gegenseitigem Vertrauen extrem geprägte Geschäftsbeziehung, in deren Rahmen regelmäßig Kreditverträge abgeschlossen werden, so kann dies ausnahmsweise der Fall sein.

Beispiel 5[97]

A ist Komplementär der E-KG. Diese unterhält seit 15 Jahren Geschäftsbeziehungen mit der X-GmbH, die als Zulieferer der E-KG regelmäßig Waren zur Verfügung stellt und dabei sog. Lieferantenkredite gewährt, so dass die E-KG

---

[90] *Hefendehl* in: MüKo-StGB, 2014, § 263 Rn. 168.

[91] Näher dazu Rn. 186.

[92] BGHSt 46, 196; BGH NStZ 2010, 502; BGH NJW 2000, 3013; BGHSt 39, 392.

[93] BGH NJW 2001, 453; vgl. auch OLG Bamberg NStZ-RR 2012, 248; OLG Celle NStZ-RR 2010, 207.

[94] Vgl. auch *Wessels/Hillenkamp* Strafrecht BT II, 2015, Rn. 505, die auf vertraglich oder außervertraglich begründete Vertrauensverhältnisse abstellen; vgl. auch *Hefendehl* in: MüKo-StGB, 2014, § 263 Rn. 163.

[95] *Beukelmann* in: BeckOK-StGB, 2016, § 263 Rn. 18; *Hefendehl* in: MüKo-StGB, 2014, § 263 Rn. 210.

[96] Vgl. BGH wistra 1992, 298.

[97] Angelehnt an BGH vom 4.9.1979 – 3 StR 242/79.

den Kaufpreis für diese Waren erst später entrichten muss. Im Jahr 2016 ist die
E-KG überschuldet und steht kurz vor der Zahlungsunfähigkeit. In Kenntnis
der Krise bezieht A für die Gesellschaft weiter Waren bei der X-GmbH, ohne
diese über die prekäre Situation zu informieren. Er ist der Meinung, dass ihm
eine Sanierung der Gesellschaft nur gelingen kann, wenn „nach außen hin jedes
Zeichen von Schwäche" vermieden wird. Über das Firmenvermögen der E-KG
sowie das persönliche Vermögen des A wird schließlich das Insolvenzverfahren
eröffnet und die X-GmbH fällt mit ihren Forderungen aus.

Hier bestand eine Aufklärungspflicht des A gegenüber (den Vertretern) der
X-GmbH. Vorliegend ging es um eine langdauernde Geschäftsbeziehung, in
deren Rahmen regelmäßig Sukzessivlieferungsverträge mit Vorleistung des
Lieferanten abgeschlossen wurden. Seitens der X-GmbH durfte dabei auf die
ordnungsgemäße Fortsetzung dieser Vertragsbeziehung vertraut werden. Tritt
dann eine nicht nur vorübergehende Vermögensverschlechterung des Abneh-
mers ein, so trifft diesen gegenüber dem Lieferanten eine diesbezügliche
Aufklärungspflicht.

197 Einige[98] stützen diese Pflicht auf die **schwierigere Überprüfbarkeit der Kreditwürdigkeit** des Vertragspartners bei bestimmten Kreditarten wie eben bspw. dem
sog. Lieferantenkredit. Legt man diesen Ansatz zugrunde, so müssen aber Kreditverträge mit Banken, denen eine Kreditwürdigkeitsprüfung durchaus möglich ist,
außen vor bleiben.

Beispiel 6[99]

Z ist seit 10 Jahren Inhaber von Kreditkarten der Firmen Panama-Express und
Breakfast-Club. Obwohl er gerade einen schwereren finanziellen Engpass durch-
lebt, nimmt er mit diesen Karten bargeldlos Einkäufe vor. Er ist sich darüber im
Klaren, dass er „zur Ausgleichung der aufgelaufenen Schuldsalden nicht in der
Lage" sein wird.

Der BGH diskutierte in diesem Fall u.a., ob Z den Tatbestand des § 263 Abs. 1
StGB dadurch erfüllen konnte, dass er es unterlassen hat, den Kreditkartenfir-
men die Verschlechterung seiner wirtschaftlichen Verhältnisse mitzuteilen. Eine
solche Offenbarungspflicht könne sich hier, soweit sie nicht ohnehin ausdrücklicher Bestandteil des i.d.R. auf längere Dauer angelegten Kreditkartenvertrags ist,
jedenfalls nach Treu und Glauben aus der Funktion der Kreditkarte als Zahlungs-
und Kreditmittel ergeben.[100] Diese Einschätzung ist jedoch problematisch. Denn
anders als der Sukzessivlieferungsvertrag wird ein solcher Kreditkartenvertrag

---

[98] *Tiedemann* in: LK-StGB, 2012, § 263 Rn. 65.

[99] Angelehnt an BGHSt 33, 244.

[100] BGHSt 33, 244. Zust. *Perron* in: Schönke/Schröder, StGB, 2014, § 263 Rn. 22; a.A. *Tiedemann*
in: LK-StGB, 2012, § 263 Rn. 65. Im vorliegenden Kontext wird diese Frage aufgrund des fehlenden spezifischen Zusammenhangs mit dem Kreditgeschäft nicht weiter diskutiert.

üblicherweise routinemäßig – und gerade nicht aufgrund des bisher entgegengebrachten Vertrauens – verlängert. Allein die wirtschaftliche Bedrängnis des Kreditkartenhalters oder das Interesse des die Karte ausgebenden Unternehmens begründen daher noch keine Offenbarungspflicht.[101]

b) Irrtumserregung

Durch die Täuschung muss ein Irrtum erregt oder unterhalten werden. Als Irrtum **198** gilt jede **Fehlvorstellung des Getäuschten**, d.h. jedes Auseinanderfallen von Vorstellung und Realität, in Bezug auf diejenigen Umstände, die Gegenstand der Täuschung waren.

(1) Zweifel des Getäuschten – im Allgemeinen

Im Kontext des Kreditgeschäfts bedarf genauer Beleuchtung die Frage, ob auch **199** dann ein tatbestandsrelevanter Irrtum vorliegt, wenn der Getäuschte Zweifel an der Wahrheit der vorgetäuschten Tatsache hat. Die **h.Lit.** geht davon aus, dass auch der Zweifelnde i.S.d. § 263 StGB irrt und Zweifel solange irrelevant sind, wie er die **Wahrheit der Tatsache noch für möglich hält**.[102] Zweifel stehen dem Irrtum also solange nicht entgegen, wie das Opfer trotzdem noch von der Möglichkeit ausgeht, dass die behauptete Tatsache wahr ist (und deswegen die Vermögensverfügung trifft). Bezieht aber der Getäuschte zur Frage der Wahrheit innerlich keine Stellung mehr, ist ihm der Wahrheitsgehalt gleichgültig oder trifft er die Vermögensverfügung unabhängig von ihrer Wahrheit, so liegt kein relevanter Irrtum mehr vor.[103]

Dieser Linie folgen wohl auch große Teile der **Rspr.**[104] Selbst die Leichtgläubig- **200** keit des Getäuschten oder die Erkennbarkeit der Täuschung bei hinreichend sorgfältiger Prüfung sollen die Schutzbedürftigkeit des potentiellen Opfers und damit gegebenenfalls eine Täuschung nicht ausschließen.[105]

Hierbei gilt es im Kontext des Kreditgeschäfts, die Bezugspunkte des Zweifels **201** auseinander zu halten. Hat der potentielle Kreditgeber Zweifel an den ihm dargelegten die Kreditwürdigkeit begründenden Umständen selbst oder zweifelt er daran, dass bei Zutreffen der dargelegten Umstände der Kreditnehmer den Kredit ordnungsgemäß wird bedienen können? Beziehen sich die Zweifel schon auf die die Kreditwürdigkeit nachweisenden Faktoren, so lassen sich diese Fälle mit der o.g. Formel (s.o.: Verfügender hält Wahrheit für möglich) vertretbar lösen. Ist aber

---

[101] *Hefendehl* in: MüKo-StGB, 2014, § 263 Rn. 210; siehe auch *Tiedemann* in: LK-StGB, 2012, § 263 Rn. 63; *Fischer* StGB, 2016, § 263 Rn. 47; vgl. auch *Bringewat* NStZ 1985, 535, 537, der aber einen Betrug im Ergebnis verneint, da je nach Konstellation keine Vermögensverfügung bzw. kein funktionaler Zusammenhang vorliege; krit. *Otto* JZ 1985, 1008.

[102] *Perron* in: Schönke/Schröder, StGB, 2014, § 263 Rn. 40; *Rengier* Strafrecht BT I, 2015, § 13 Rn. 50 ff; siehe auch BGH NStZ, 2003, 313.

[103] Vgl. *Perron* in: Schönke/Schröder, StGB, 2014, § 263 Rn. 40; *Rengier* Strafrecht BT I, 2015, § 13 Rn. 21; *Tiedemann* in: LK-StGB, 2012, § 263 Rn. 84 ff.

[104] BGH NJW 2003, 1198; dazu *Beckemper/Wegner* NStZ 2003, 315; ferner BGH wistra 1990, 305; BGH wistra 1992, 95, 97.

[105] Vgl. BGH NStZ 2003, 313, 314.

die daraus gezogene Schlussfolgerung bzgl. Kreditwürdigkeit bzw. ordnungsgemäßer Bedienung des Kredits Gegenstand des Zweifels, so bedarf dies genauerer
Betrachtung:

(2) Bewusste Risikoentscheidung

202　In diesen Konstellationen stellt die Verfügung eine bewusste Risikoentscheidung[106]
dar, der Verfügende kalkuliert das Verlustrisiko sowie dessen Realisierung also ein.
Die ganz h.M. sieht in solchen Fällen keinen täuschungsbedingten und die Verfügung veranlassenden Irrtum.

203　　Dies beruht auf der Erkenntnis, dass der Zweifel als solcher ein **Charakteristi-
kum unserer Marktwirtschaft** ist.[107] Unsicherheiten gelten als logische Konsequenz aus der Wettbewerbssituation, die wiederum das Anwendungsfeld für einen
möglicherweise betrugsrelevanten Zweifel reduzieren soll.[108] Zweifel, die auf einer
geschäftstypimmanenten Ungewissheit beruhen, genügen nicht als Irrtum i.S.d.
§ 263 Abs. 1 StGB.[109]

204　　Der Annahme eines Irrtums stehen nur solche Zweifel nicht entgegen, die sich
aufgrund (Kausalität) einer betrugsrelevanten Täuschung einstellen. Zweifelt der
Verfügende an der Wahrheit der Aussage des Täuschenden, so verfügt er, weil er
nach Abwägung des Risikos auf die Wahrheit der behaupteten Tatsache vertraut
oder zumindest die Möglichkeit ihrer Wahrheit als so groß ansieht, dass er sich
zu der schädigenden Verfügung motivieren lässt. Erkennt der Kreditgeber aber die
Möglichkeit, dass der Täuschende den gewährten Kredit nicht bedienen kann, und
gewährt den Kredit gleichwohl, so beruht dies in aller Regel gerade nicht auf der
vorangegangenen Täuschung über Tatsachen.

> Diese Problematik spielt außerhalb des Kreditgeschäfts eine größere Rolle. Es geht hier
> um Fälle, in denen der Getäuschte die Möglichkeit einkalkuliert, dass die Versprechung
> des Täuschenden nicht der Wahrheit entspricht, dieses Risiko jedoch bewusst eingeht. Im
> Ergebnis ist man sich dabei weitgehend einig, dass der Betrugstatbestand nicht erfüllt sein
> soll. Überwiegend wird dazu allerdings nicht bereits das vorliegen eines Irrtums verneint,[110]
> sondern lediglich der Vermögensschaden abgelehnt.[111]

c) Vermögensverfügung

205　Als Vermögensverfügung gilt jedes rechtliche oder tatsächliche Handeln, Dulden
oder Unterlassen, das unmittelbar zu einer Vermögensminderung im wirtschaftlichen

---

[106] *Hefendehl* in: MüKo-StGB, 2014, § 263 Rn. 258.

[107] *Hefendehl* in: MüKo-StGB, 2014, § 263 Rn. 255.

[108] *Hefendehl* in: MüKo-StGB, 2014, § 263 Rn. 250; vgl. dazu auch *Zieschang* in: Park, Kapitalmarktstrafrecht, 2013, § 263 StGB Rn. 45 ff.

[109] In diese Richtung wohl *Gaede* in: FS Roxin, 2011, S. 982; *Heghmanns* Strafrecht BT, 2009,
Rn. 1210.

[110] Vgl. *Heghmanns* Strafrecht BT, 2009, Rn. 1210.

[111] So auch *Hefendehl* in: MüKo-StGB, 2014, § 263 Rn. 258; *Saliger* in: Matt/Renzikowski, StGB,
2013, § 263 Rn. 96, 105.

Sinn führt.[112] Zwischen Täuschung, Irrtum und Verfügung muss dabei ein **kausaler Zusammenhang** bestehen. Dieser ursächliche Konnex ist nur dann gegeben, wenn Täuschung und darauf beruhender Irrtum zumindest **mitbestimmend** für die Kreditentscheidung waren.

In den vorliegend relevanten Konstellationen kann die Verfügung sowohl in der **206** **Auszahlung des Kredits** liegen, als auch in dem **Verzicht auf (weitere) Sicherheiten**; im letztgenannten Fall besteht die Verfügung in einem Unterlassen. Wer auf die Kreditwürdigkeit (bzw. die zugrunde liegenden Tatsachen) vertraut und deshalb auf weitere Sicherheiten verzichtet, der mindert sein Vermögen (bzw. das Vermögen der Bank) um den Wert eben dieser Sicherheit. Auch eine **Prolongation**, d.h. eine Verlängerung der Kreditlaufzeit, sowie eine **Erhöhung der Kreditsumme**, stellen das Vermögen des Instituts unmittelbar mindernde Verfügungen dar.

Getäuschter, Irrender und Verfügender müssen personenidentisch sein. Die **207** Person des Geschädigten darf davon jedoch abweichen. Ist dies der Fall, spricht man von einem **Dreiecksbetrug**. Der für den Betrug erforderliche ursächliche Zusammenhang zwischen der Verfügung des Getäuschten und der Vermögensbeeinträchtigung des Geschädigten kann dann nur vorliegen, wenn schon im Augenblick der Verfügung des Getäuschten durch sie unmittelbar das Vermögen des Geschädigten eine Einbuße erleidet.[113] Dies wiederum hängt davon ab, ob der Verfügende über das Vermögen des Geschädigten (rechtlich oder faktisch) disponieren konnte.

Überwiegend wird dafür ein Näheverhältnis zwischen Verfügendem und Geschä- **208** digtem gefordert, bei dem der Verfügende innerhalb der Machtsphäre des Geschädigten steht und er nicht von außen kommend eigenmächtig in dessen Gewahrsamssphäre eindringt („**Lagertheorie**").[114]

Andere vertreten eine „**Ermächtigungstheorie**", wonach der Verfügende ausdrücklich, stillschweigend oder dem Anschein nach rechtlich zu der Verfügung ermächtigt gewesen sein muss.[115] Andernfalls liege jeweils ein Diebstahl in mittelbarer Täterschaft mit dem Getäuschten als Werkzeug vor. Dass der Geschädigte Kenntnis von der wahren Sachlage hat, schließt einen Dreiecksbetrug nicht aus, da es auf den Irrtum des Verfügenden ankommt.[116] Nach der als Ergänzung zur Ermächtigungstheorie zu sehenden „Befugnistheorie" kann die Befugnis, für den Vermögensinhaber zu handeln, auch kraft Gesetzes entstehen.[117]

---

[112] *Beukelmann* in: BeckOK-StGB, 2016, § 263 Rn. 31.

[113] BGH NJW 2005, 2789; *Beukelmann* in: BeckOK-StGB, 2016, § 263 Rn. 34

[114] BGHSt 18, 221; *Rengier* Strafrecht BT I, 2015, § 13 Rn. 47, 103; *Tiedemann* in: LK-StGB, 2012, § 263 Rn. 116. Grundlegend dazu *Schröder* ZStW 1941, 33, 65 ff. Siehe auch *Geppert* JuS 1977, 69, 72; *Jäger* JuS 2010, 761, 766; *Rengier* in: FS Roxin, 2001, S. 811, 824 f.; *Saliger* in: Matt/Renzikowski, StGB, 2013, § 263 Rn. 134; *Wessels/Hillenkamp* Strafrecht BT II, 2015, Rn. 644 f.

[115] *Hoyer* in: SK-StGB, 2015, § 263 Rn. 144 ff.; *Schünemann* GA 1969, 53 ff.

[116] BGH NStZ 2008, 339.

[117] Nachweise hierzu bei *Hefendehl* in: MüKo-StGB, 2014, § 263 Rn. 329.

209 Der den Kredit gewährende Mitarbeiter der Bank steht recht zweifelsfrei in deren Lager. Ihm kommt eine Position innerhalb der Vermögenssphäre des Instituts zu, die mit der die Aufgabe verbunden ist, dessen Vermögensinteressen zu wahren.

d) Vermögensschaden
(1) Vermögensbegriff
210 Schließlich muss es infolge der Verfügung zu einem Vermögensschaden gekommen sein. Die h.Lit. folgt dabei einem **juristisch-ökonomischen Vermögensbegriff**, während die Rspr. wohl eine **wirtschaftliche Betrachtung** zugrunde legt. Zum Vermögen gehören demnach Geld, Forderungen, Eigentum, aber auch Erwerbs- und Gewinnaussichten in Form von Anwartschaftsrechten und tatsächlichen Anwartschaften, wenn sie bereits so verdichtet sind, dass ihnen der Geschäftsverkehr bereits wirtschaftlichen Wert beimisst, weil sie mit hoher Wahrscheinlichkeit einen Vermögenszuwachs erwarten lassen (**vermögenswerte Exspektanzen**).[118] Teil des Institutsvermögens ist demnach auch der Kreditbetrag, der entweder erstmalig ausgezahlt oder später verlängert wird.

(2) Zeitpunkt des Schadens und Schadensberechnung
211 Die Höhe des Schadens ergibt sich nach dem **Prinzip der Gesamtsaldierung** aus einem Vergleich der Vermögensmassen vor und nach der Verfügung. Die Bewertung des Vermögens bzw. Schadens erfolgt nach objektiv-wirtschaftlichen Gesichtspunkten, i.d.R. nach dem Verkehrswert.[119] Ein Schaden liegt dabei vor, wenn eine eingetretene Vermögensminderung nicht durch ein dem Vermögensinhaber unmittelbar aus der Verfügung zufließendes Äquivalent ausgeglichen wird.[120] Maßgeblich ist dabei der Moment der Vermögensverfügung.

212 Im Kontext des Kreditgeschäfts sind dabei (wie bei fast allen Austauschverträgen) **mehrere Verfügungszeitpunkte** auseinander zu halten, u.a.:

- der Abschluss des Kreditvertrags,
- ggf. dessen Genehmigung durch einen vorgesetzten Mitarbeiter,
- die erstmalige Auszahlung des Kredits,
- die Entscheidung über die Erhöhung des Kreditvolumens,
- die Auszahlung des erhöhten Kreditbetrags oder,
- eine Prolongation, also die Verlängerung der Vertragslaufzeit.

213 Während im Fall einer erstmaligen oder erhöhten Auszahlung des Kreditbetrags rechnerisch beim Kreditgeber bereits ein Mittelabfluss stattgefunden hat, ist für den Abschluss des Vertrags, dessen Genehmigung, die Entscheidung über die Erhöhung des Kreditvolumens sowie die Prolongation des Kredits zu prüfen, ob bereits die

---

[118] Eingehend hierzu Rn. 417 ff.
[119] *Beukelmann* in: BeckOK-StGB, 2016, § 263 Rn. 52.
[120] *Beukelmann* in: BeckOK-StGB, 2016, § 263 Rn. 51.

entsprechende Willenserklärung einen Vermögensschaden (in Gestalt einer „schadensgleichen Vermögensgefährdung") eintreten lässt.

(a) Schaden durch Vertragsabschluss

Ein Schaden kann bereits durch den Abschluss eines Vertrags eintreten, so dass **214** es unabhängig von der Abwicklung des Geschäfts zur Tatbestandsverwirklichung kommt (sog. **Eingehungsbetrug**). Für die Schadensermittlung sind dabei die beiderseitig eingegangenen Vertragsverpflichtungen gegenüberzustellen. Zum maßgeblichen Zeitpunkt des Vertragsschlusses ergibt sich aus einem Wertvergleich der gegenseitigen Ansprüche, ob und ggf. in welcher Höhe ein Vermögensschaden eingetreten ist.

Ein tatsächlicher Mittelabfluss hat zu diesem Zeitpunkt noch nicht stattgefun **215** den. Nach einer allgemein anerkannten These genügt es jedoch, wenn der erworbene Anspruch derart wertlos ist, dass er einem tatsächlichen Verlust gleichsteht, es also zu einer schadensgleichen Vermögensgefährdung bzw. zu einer **schädigenden konkreten Vermögensgefährdung**[121] gekommen ist. Die Gefahr des späteren Vermögensverlustes muss dabei aber nach den Umständen des Einzelfalls so naheliegend und groß sein, dass nach wirtschaftlicher Betrachtungsweise in dieser Gefahr bereits eine Verschlechterung der gegenwärtigen Vermögenssituation liegt.[122] Das setzt voraus, dass bereits aufgrund des Vertragsabschlusses aus wirtschaftlicher Sicht mit Nachteilen zu rechnen ist.[123]

Der in **zwei Grundsatzentscheidungen**[124] manifestierten Auffassung des **216** **BVerfG** zufolge bestehen gegen die Figur des Gefährdungsschadens keine prinzipiellen verfassungsrechtlichen Bedenken. Es ginge nicht darum, einen erst noch drohenden Verlust zu erfassen, sondern es sei bereits eine reelle Vermögensminderung eingetreten. Die bloß quantitative Unterscheidung zwischen Schaden und Gefährdungsschaden trage der Tatsache Rechnung, „dass sich in einem marktorientierten Wirtschaftssystem die Preise über den Mechanismus von Angebot und Nachfrage bilden und dass sich daher auch die Zukunftserwartungen der Marktteilnehmer auf den erzielbaren Preis und damit den Wert von Gegenständen auswirken".[125] Die erste der beiden grundlegenden Entscheidungen des BVerfG betraf sogar zentral ein Kreditgeschäft. Dazu führt der Senat aus: „Ist aufgrund fehlender Bonität des Schuldners und fehlender Sicherheiten konkret erkennbar, dass mit einem teilweisen oder vollständigen Forderungsausfall zu rechnen ist, muss folglich eine Einzelwertberichtigung gebildet oder sogar eine Direktabschreibung vorgenommen werden, so dass das Vermögen

---

[121] *Hefendehl* in: MüKo-StGB, 2014, § 263 Rn. 622; krit. zur Wendung der schadensgleichen Vermögensgefährdung auch *Rengier* Strafrecht BT I, 2015, § 13 Rn. 185. Zum Abschied vom Begriff der schadensgleichen Vermögensgefährdung *Bosch* JA 2009, 548 ff.

[122] *Rengier* Strafrecht BT I, 2015, § 13 Rn. 184.

[123] Vgl. BGHSt 51, 165, 177.

[124] BVerfGE 126, 170, 221 ff. (zu § 266 StGB) sowie BVerfGE 130, 1, 42 ff. (zu § 263 StGB).

[125] BVerfGE 126, 170, 223.

der Bank bei der gebotenen wirtschaftlichen Betrachtung bereits durch den Vertragsschluss (die verbindliche Kreditzusage) wegen der Minderwertigkeit des Gegenleistungsanspruchs negativ verändert wird".[126] Das Judikat betraf zwar § 266 StGB, jedoch gilt für den Vermögensschaden im Rahmen des § 263 StGB nichts anderes. Ist also aufgrund mangelnder Bonität des Kreditnehmers und fehlender Sicherheiten mit einem Forderungsausfall zu rechnen, so liegt bereits in der zum Vertragsabschluss führenden Willenserklärung eine Vermögensminderung, der mit dem wertlosen Rückzahlungs- und Zinsanspruch kein ausgleichendes Äquivalent gegenübersteht. Ein Vermögensschaden ist daher eingetreten.

Beispiel 7[127]

W entwickelt zusammen mit O ein innovatives Geschäftsmodell. Bei Immobilienverkäufen soll ein wesentlich höherer Betrag als der tatsächlich vereinbarte und dem Marktwert entsprechende Kaufpreis im Vertrag ausgewiesen und dann durch die kreditgewährende L-Bank finanziert werden. W und O wollen auf diese Weise Immobilien an vermögenslose Personen mit geringen Einkommen verkaufen. Dabei sind sich W und O darüber im Klaren, dass dieser Kundenkreis zur vertragsgemäßen Rückzahlung der Darlehenssumme nicht im Stande sein wird. W und O gelingt es insgesamt 15 Mal, geeignete Käufer zu finden. Zur Absicherung der Darlehen werden für die veräußerten Immobilien Grundschulden zugunsten der L-Bank eingetragen.

In seiner Entscheidung in dieser Sache nahm der BGH auf die Rspr. des BVerfG Bezug. Auch im Fall eines Eingehungsbetrugs sei eine **ausreichende Beschreibung und Bezifferung** der täuschungsbedingten Vermögensschäden erforderlich. Beim Eingehungsbetrug hängt aber die Schadenshöhe von der Wahrscheinlichkeit und von dem Risiko eines zukünftigen Verlusts ab. Daher setzt die Berechnung des Schadens voraus, dass die Verlustwahrscheinlichkeit dargetan wird, wobei die „banküblichen Bewertungsansätze für Wertberichtigungen" zur Anwendung gelangen können, §§ 253 Abs. 4, 340 f. HGB. Ist, wie in diesem Fall, erkennbar, dass die Darlehensnehmer nicht in der Lage sein werden, die Kredite vertragsgemäß zu bedienen, und lässt sich absehen, dass es zu einem Forderungsausfall kommen wird, so muss dies **nach handelsrechtlichen Grundsätzen Eingang in die Bilanz** finden. Diese Bilanz ist dann der Schadensberechnung zugrunde zu legen.

Die Gewährung des Kredits ist allerdings ein Risikogeschäft. Daher darf der Vermögensschaden nicht einfach in der Differenz zwischen vertragsgemäßer Bedienung des Kredits und dem Umfang des zu erwartenden Ausfalls gesehen werden. Die Berechnung des für § 263 Abs. 1 StGB relevanten Vermögensschadens verlangt vielmehr eine **Bewertung des täuschungsbedingten**

---

[126] BVerfGE 126, 170 (dort Rn. 142).
[127] Angelehnt an BGH NJW 2012, 2370 ff.

Risikoungleichgewichts.[128] Dafür wiederum muss errechnet werden, ob die Bank ein höheres Ausfallrisiko trifft, als es bestanden hätte, wenn die risikobestimmenden Faktoren zutreffend gewesen wären.

(b) Schaden durch Auszahlung des Kreditbetrags

Täuscht der Kreditnehmer bereits vor oder bei Vertragsabschluss und kommt es **217** zur Auszahlung des Kreditbetrags bzw. in der Folge zu einem Forderungsausfall des Kreditgebers, wirkt die Täuschung in die anschließende Erfüllungsphase fort. Man spricht hierbei von einem **unechten Erfüllungsbetrug.** Die Abwicklung des Vertrags vertieft dann lediglich den bereits eingetretenen Schaden. Beide Verfügungen (Vertragsabschluss und Auszahlung) sowie die durch sie ausgelösten Nachteile bilden zusammen einen Betrug.[129]

Dass der Täter erst nach dem Abschluss des Vertrags über die Qualität seiner Leistung täuscht und der Getäuschte infolgedessen diese als vertragsmäßig annimmt (**echter Erfüllungsbetrug**), ist im Kontext des Kreditgeschäfts eher selten. Denkbar sind Fälle, in denen der Kreditnehmer über den Wert von Sicherheitsleistungen in die Irre führt. Da diese i.d.R. aber vor der Auszahlung des Kreditbetrags fixiert, individualisiert und bewertet werden, dürfte diese Konstellation ohne größere praktische Relevanz bleiben.

(3) Bewertung von Sicherheiten

Der Vermögensschaden entfällt, wenn der Minderwert des Rückzahlungsanspruchs **218** durch ausreichende Sicherheiten wie Grundschulden oder Pfandrechte ausgeglichen wird. Denn in diesem Fall kann sich der Gläubiger (die Bank) ohne Probleme aus der Sicherheit befriedigen. Wie bereits dargestellt kommt es für Bonität und **Werthaltigkeit der Sicherheiten** auf den **Zeitpunkt der Vermögensverfügung** an. Zu diesem Moment vorhandene Sicherheiten sind als wirtschaftlicher Ausgleichsfaktor zu berücksichtigen.[130]

Diese Grundsätze können auch auf Warenkredite übertragen werden, so bspw. auf eine Lieferung unter Eigentumsvorbehalt, § 449 BGB. Wird hierbei ein Verkäufer, der einem Käufer täuschungsbedingt eine Ware überlässt, durch den Eigentumsvorbehalt nicht ausreichend gesichert und tritt daher ein Vermögensschaden ein, so ist der Tatbestand des § 263 StGB erfüllt.[131]

Da maßgeblich der Wert der Sicherheiten zum Zeitpunkt der Vermögensverfügung **219** ist, bleiben **spätere Wertverluste** bei der Schadensberechnung **außer Betracht.** Zeitpunkt der Vermögensverfügung ist dabei i.d.R. der Vertragsabschluss (s.o.), sofern nicht im Einzelfall ein echter Erfüllungsbetrug vorliegt.

---

[128] So der BGH (NJW 2012, 2370 ff.) unter Verweis auf BGH NStZ 2003, 539; BGHSt 51, 165, 174 f.

[129] Dazu BGHSt 47, 160, 168; BGHSt 58, 102, 109 f.; *Tiedemann* in: LK-StGB, 2012, § 263 Rn. 274; eingehend zum Streitstand *Hefendehl* in: MüKo-StGB, 2014, § 263 Rn. 554.

[130] *Knierim* in: Wabnitz/Janovsky, Wirtschafts- und Steuerstrafrecht, 2014, Kap. 10 Rn. 188; *Rengier* Strafrecht BT I, 2015, § 13 Rn. 209.

[131] Vertiefend *Norouzi* JuS 2005, 786 ff.

220   **Gewöhnliche Verwertungskosten** können nicht schadenserhöhend zum Abzug gebracht werden. Dies wird mit dem Umstand begründet, dass diese Kosten dem Kreditgeber bereits bei der Beleihung der Sicherheiten bekannt sind und bei der Festlegung der Beleihungsgrenzen berücksichtigt werden können.[132]

221   Um einen „**Sonderfall**" bei der Schadensberechnung handelt es sich, wenn der Kreditnehmer durch Täuschung lediglich eine Übersicherung des Kredits verhindert. Bieten die vorhandenen Sicherheiten einen vollständigen Ausgleich, so ergibt die anzustellende Gesamtsaldierung keinen negativen Saldo und somit keinen Vermögensschaden. Denkbar ist in diesen Fällen ggf. ein versuchter Betrug, wobei hier der Tatentschluss im Hinblick auf den Vermögensschaden einer genauen Prüfung zu unterziehen ist.

222   Problematisch sind ferner Konstellationen, in denen die Bank dem Täter **ohne Bestellung von Sicherheiten** einen Kredit (z.B. zum Ankauf eines Grundstücks) gewährt und der Täter wahrheitswidrig versichert, er werde das mit den Kreditmitteln der Bank erworbene Grundstück vor Rückführung des Darlehens nicht mit Grundpfandrechten zu Gunsten Dritter belasten.

Beispiel 8[133]

Die B-Bank gewährt, ohne dingliche Sicherheiten zu Bestellen, dem A einen Kredit für den Ankauf eines Villengrundstücks in Höhe von 10 Millionen Euro. A erklärt dabei schriftlich gegenüber der B-Bank, dass er das mit den Kreditmitteln der Bank erworbene Grundstück vor Rückführung des Darlehens nicht mit Grundpfandrechten zugunsten Dritter belasten werde. Tatsächlich hat A bereits zuvor dem X zugesagt, für ihn eine Grundschuld zu bestellen; diese Grundschuld wird später auch bewilligt und eingetragen.

In der schriftlichen Erklärung des A liegt eine Täuschung über die äußere Tatsache, dass eine Beleihung des Grundstücks noch nicht versprochen ist, sowie über die innere Tatsache, dass A die Bewilligung eines Grundpfandrechts nicht beabsichtigt. Dies war ursächlich für den Irrtum.

Problematisch erscheinen indes Verfügung und Vermögensschaden. Ein solcher ist der B-Bank nur dann entstanden, wenn sich deren Vermögenssituation dadurch insgesamt verschlechtert hat. Das zuständige LG hatte die Verfügung noch in dem Unterlassen der Absicherung des Kredits gesehen, so dass sich ein Vermögensschaden gerade insoweit bejahen ließ. Der BGH ging allerdings davon aus: da ein Anspruch auf eine solche Absicherung nie bestanden habe, könne hierin auch nicht die maßgebliche Vermögensverfügung gesehen werden. Dass eine solche Absicherung auch später nicht nachgeholt wurde, beruhe wiederum nicht kausal auf der Täuschung und scheide daher gleichfalls als maßgebliche Verfügung aus.

---

[132] Vgl. dazu *Knierim* in: Wabnitz/Janovsky, Wirtschafts- und Steuerstrafrecht, 2014, Kap. 10 Rn. 164.
[133] Nach BGH NStZ 2003, 539 f.

Erforderlich war aus Sicht des BGH eine Prüfung, in welchem Umfang die Rückzahlung des Darlehens im Zeitpunkt der Täuschungshandlung (richtiger: bei Vertragsabschluss aufgrund der vorangegangenen Täuschung) bereits – konkret – gefährdet war. Nur wenn sich durch die Erklärung des A das Ausfallrisiko erhöht hat, kann die Täuschungshandlung für den Eintritt des Vermögensschadens ursächlich gewesen sein. Dazu hätte das LG aber das Ausmaß der schadensgleichen Vermögensgefährdung feststellen müssen. Hierzu wäre zu prüfen gewesen, ob die B-Bank den Kredit hätte kündigen können und welcher Restbetrag sich in concreto hätte realisieren lassen. Der Schaden wird dabei insbesondere durch die spätere Verschlechterung der Vermögenslage des A nicht erhöht. Ebenso wenig verringert aber auch eine spätere günstigere Vermögensentwicklung, die Höhe des zum maßgeblichen Zeitpunkt vorliegenden Schadens.

3. Subjektiver Tatbestand

Der **Vorsatz** muss sich auf alle objektiven Tatbestandmerkmale beziehen, wobei grds. bedingter Vorsatz genügt. Dabei reicht nach der Rspr. des BGH ein Schluss vom äußeren Tatablauf auf die innere Tatseite grds. nicht aus – jedenfalls dann nicht, wenn die Annahme eines auch bedingten Vorsatzes ein „normatives Verständnis" des Täters voraussetzt, das nicht ohne weiteres unterstellt werden kann.[134]   **223**

Das Tatgericht muss für die Begründung des Vorsatzes vor allem in Bezug auf einen etwaigen Gefährdungsschaden **genaue und ausführliche Feststellungen** liefern.[135] Diese Prüfung bezieht sich sowohl auf das kognitive, als auch auf das voluntative Element. Das Wissenselement hat dabei auch die Kenntnis des Täters zu umfassen, dass die Forderung (des Kreditgebers) nach allgemeinen Bewertungsmaßstäben nicht als gleichwertig angesehen wird, selbst wenn er sie persönlich anders bewertet.[136]   **224**

Ein Vorsatz entfällt jedoch nicht bereits dann, wenn der Täter glaubt, den endgültigen Schaden noch abwenden zu können. Denn maßgeblich ist der **Zeitpunkt des Vertragsabschlusses**; auf einen späteren zufälligen Schadensausgleich kommt es nicht an (siehe Rn. 212).   **225**

Die **Bereicherungsabsicht** erfordert außerdem ein Handeln mit Dolus directus 1. Grades im Hinblick auf die Verschaffung eines rechtswidrigen Vermögensvorteils.[137] Dem Täter muss es gerade auf die eigen- oder fremdnützige Bereicherung ankommen, sei es auch nur als Zwischenziel. § 263 StGB setzt dabei als Vermögensverschiebungsdelikt voraus, dass der vom Täter erstrebte Vermögensvorteil und der verursachte Vermögensschaden einander entsprechen, sog. **Stoffgleichheit**.   **226**

---

[134] Vgl. BGH NStZ 2003, 663.

[135] *Beukelmann* in: BeckOK-StGB, 2016, § 263 Rn. 75.

[136] Siehe dazu BGHSt 47, 148.

[137] *Beukelmann* in: BeckOK-StGB, 2016, § 263 Rn. 76; *Rengier* Strafrecht BT I, 2016, § 13 Rn. 238.

Man sagt, der Vorteil muss die „Kehrseite des Schadens" bilden.[138] Dies wird in den vorliegenden Konstellationen eher unproblematisch sein.

4. Übersicht[139]

227   I. Tatbestand
1. Objektiver Tatbestand (Rn. 170)
    a) Täuschung über Tatsachen (Rn. 170)
        – Kreditwürdigkeit als Gegenstand der Täuschung: Grundlagen der Kreditwürdigkeitsbeurteilung als Tatsachen; Abgrenzung zum Werturteil (Rn. 180)
        – Rückzahlungsbereitschaft (sog. innere Tatsache) als Gegenstand der Täuschung (Rn. 182)
        – Konkludente Täuschung bei Austauschverhältnissen (Rn. 185)
        – Täuschung durch Unterlassen/Garantenstellung: besonderes Vertrauensverhältnis (Rn. 190)
    b) Irrtum (Rn. 198)
        – Bezugspunkt von Zweifeln des Kreditgebers (Rn. 199)
        – Bewusste Risikoentscheidung (Rn. 202)
    c) Vermögensverfügung (Rn. 205)
        – Auszahlung/Prolongation/Erhöhung der Kreditsumme (Rn. 206)
        – Dreiecksbetrug (Rn. 207)
    d) Vermögensschaden (Rn. 210)
        – Maßgeblicher Zeitpunkt: Vertragsabschluss (Eingehungsbetrug) (Rn. 214)/Auszahlung (unechter Erfüllungsbetrug) (Rn. 217)
        – Schadenskompensation: Bewertung von Sicherheiten (Rn. 218)
    e) Kausaler Zusammenhang zwischen a) bis d)
2. Subjektiver Tatbestand (Rn. 223)
    a) Vorsatz (Rn. 223)
    b) Absicht stoffgleicher Bereicherung (Rn. 227)
3. Rechtswidrigkeit der angestrebten Bereicherung
    a) objektive Rechtswidrigkeit
    b) Vorsatz bzgl. I 3a)
II. Rechtswidrigkeit
III. Schuld
IV. Besonders schwere Fälle, § 263 Abs. 3 StGB
V. Strafantrag, §§ 263 Abs. 4 StGB i.V.m. §§ 247, 248a StGB
VI. Qualifikation, § 263 Abs. 5 StGB

---

[138] *Perron* in: Schönke/Schröder, StGB, 2014, § 263 Rn. 168; *Rengier* Strafrecht BT I, 2016, § 13 Rn. 249.

[139] Übersichten wie diese wollen lediglich einen Überblick über zentrale Problembereiche und häufige Prüfungsschwerpunkte geben. Sie erheben nicht den Anspruch auf Vollständigkeit, sondern beziehen sich ausschließlich auf die zuvor behandelten Schwerpunkte.

III. Kreditbetrug, § 265b StGB

1. Allgemeine Grundlagen
a) Systematik und Struktur der Vorschrift

§ 265b StGB enthält ein abstraktes Gefährdungsdelikt,[140] dessen Tatbestand ver- **228** wirklicht, wer im Rahmen der Beantragung eines Kredits für einen Betrieb oder ein Unternehmen über dessen wirtschaftliche Verhältnisse täuscht. Der Tatbestand ist bereits mit dem Vorlegen unrichtiger oder unvollständiger Angaben erfüllt, ohne dass es auf den Eintritt eines Vermögensschadens ankommt. Die Vorschrift logiert damit im Vorfeld des Betrugs gem. § 263 StGB.

§ 265b StGB schützt nach wohl h.M.[141] sowohl das **Vermögen des einzelnen** **229** **Kreditgebers**[142] als auch das **Allgemeininteresse am Funktionieren des** für die Volkswirtschaft besonders wichtigen **Kreditwesens.**[143] Die Vorschrift soll Gefahren abwehren, die der inländischen Wirtschaft aus der ungerechtfertigten Inanspruchnahme von Wirtschaftskrediten erwachsen können.[144]

> Allein die Vermögensinteressen des Kreditgebers in den Vordergrund zu stellen widerspräche der Ausgestaltung der Vorschrift, die als **abstraktes Gefährdungsdelikt** gerade keinen Vermögensschaden (oder auch nur eine konkrete schadensgleiche Vermögensgefährdung) fordert.[145] Dafür spricht außerdem, dass private Kreditgeber nicht in den Anwendungsbereich der Norm einbezogen sind.[146]

---

[140] *Berz* BB 1976, 1435, 1438; *Bottke* wistra 1991, 1, 7; *Fischer* StGB, 2016, § 265b Rn. 2; *Heinz* in: Park, Kapitalmarktstrafrecht, 2013, § 265b StGB Rn. 3; *Hellmann* in: NK-StGB, 2013, § 265b Rn. 10; *Hellmann/Beckemper* Wirtschaftsstrafrecht, 2013, Rn. 182; *Kühl/Heger* StGB, 2014, § 265b Rn. 1; *Momsen* in: BeckOK-StGB, 2016, § 265b Rn. 1; *Perron* in: Schönke/Schröder, StGB, 2014, § 265b Rn. 4; *Rengier* Strafrecht BT I, 2016, § 17 Rn. 12; *Saliger* in: SSW, StGB, 2014, § 265b Rn. 1; *Tiedemann* JuS 1994, 138, 139; *Wessels/Hillenkamp* Strafrecht BT II, 2015, Rn. 695; *Wohlers/Mühlbauer* in: MüKo-StGB, 2014, § 265b Rn. 3.

[141] *Wohlers/Mühlbauer* in: MüKo-StGB, 2014, § 265b Rn. 1.

[142] Allein darauf heben OLG Hamm NZG 2004, 289; *Duttge* in: HK-GS, 2013, § 265b StGB Rn. 2; *Fischer* StGB, 2016, § 265b Rn. 3; *Heinz* in: Park, Kapitalmarktstrafrecht, 2013, § 265b StGB Rn. 2; *Hellmann* in: NK-StGB, 2013, § 265b Rn. 9; *Hellmann/Beckemper* Wirtschaftsstrafrecht, 2013, Rn. 181; *Hoyer* in: SK-StGB, 2015, § 265b Rn. 7f.; *Krack* NStZ 2001, 505, 506; *Schubarth* ZStW 1980, 80, 91 ab.

[143] Dies stellen *Wohlers/Mühlbauer* in: MüKo-StGB, 2014, § 265b Rn. 1 in den Vordergrund. Ähnlich *Kudlich/Oğlakcıoğlu* Wirtschaftsstrafrecht, 2014, § 8 Rn. 272.

[144] OLG Celle wistra 1991, 359; LG Oldenburg WM 2001, 2115; *Bottke* wistra 1991, 1, 7 f.; *Kühl/Heger* StGB, 2014, § 265b Rn. 1; *Schröder/Bergmann* in: Matt/Renzikowski, StGB, 2013, § 265b Rn. 1; *Theile* wistra 2003, 121; *Tiedemann* in: LK-StGB, 2012, § 265b Rn. 10, 14; ebenso *Perron* in: Schönke/Schröder, StGB, 2014, § 265b Rn. 3; *Rengier* Strafrecht BT I, 2016, § 17 Rn. 13; *Wessels/Hillenkamp* Strafrecht BT II, 2015, Rn. 695; *Wohlers/Mühlbauer* in: MüKo-StGB, 2014, § 265b Rn. 1.

[145] So auch *Wohlers/Mühlbauer* in: MüKo-StGB, 2014, § 265b Rn. 2 unter Verweis auf *Bottke* wistra 1991, 1, 7 f.; *Perron* in: Schönke/Schröder, StGB, 2014, § 265b Rn. 3; *Tiedemann* in: LK-StGB, 2012, § 265b Rn. 13; a.A. wohl *Hoyer* in: SK-StGB, 2015, § 265b Rn. 8 (Legitimation allein aufgrund der sonst bestehenden Beweisschwierigkeiten möglich).

[146] *Dannecker* in: Wabnitz/Janovsky, Wirtschafts- und Steuerstrafrecht, 2014, Kap. 1 Rn. 60; *Schröder/Bergmann* in: Matt/Renzikowski, StGB, 2013, § 265b Rn. 1; vgl. auch BT-Drs. 7/3441, S. 30.

Diejenigen, die die Vermögensinteressen des Kreditgebers in den Vordergrund stellen wollen, führen an, anderenfalls hätte nicht nur der Kreditnehmer, sondern auch der Kreditgeber strafrechtlich zur Verantwortung gezogen und an die „wirtschaftliche Vertretbarkeit" der Kreditvergabe angeknüpft werden müssen.[147] Dem wird entgegengehalten, es bleibe letztlich eine freie Entscheidung des Gesetzgebers, dem fragmentarischen Charakters des Strafrechts entsprechend den Anwendungsbereich von Straftatbeständen zu beschränken.[148]

230   Jenes „besonders qualifizierte Schutzgut" soll sodann die mit § 265b StGB verbundene Vorverlagerung des strafrechtlichen Schutzes begründen.[149] Einige sprechen hierbei von einem sog. **Kumulationsdelikt,**[150] dessen Gefährlichkeit gerade darin liegt, dass es im Fall seines massenhaften Auftretens zu schwerwiegenden Beeinträchtigungen des geschützten Rechtsguts kommt.

Dazu wird allerdings kritisiert, der Rückgriff auf diesen Deliktstypus sei erst dann zulässig, wenn Kumulationseffekte nicht nur vorstellbar, sondern hinreichend sicher zu erwarten sind. Dies sei im vorliegenden Kontext durch die Praxis jedoch gerade nicht bestätigt, sondern im Gegenteil sogar ausgeschlossen worden.[151]

b) Praktische Relevanz und Legitimation

231   Die praktische Bedeutung des § 265b StGB scheint gering. Für das Jahr 2015 finden sich in der PKS 263 Fälle; im Vorjahr 2014 waren es 280.[152] Relevanz hat die Vorschrift eher noch als Schutzgesetz i.S.d. § 823 Abs. 2 BGB.[153]

232   Es war wohl die Intention des Gesetzgebers, mit der Vorverlagerung der Strafbarkeit eine erhöhte präventive Wirkung zu erzielen und Beweisschwierigkeiten auszuräumen,[154] die der Betrugsstrafbarkeit oftmals entgegenstünden. Dem wird von Seiten der Lit. indes mit Recht entgegengehalten, dass das Bestreben, Beweisprobleme zu vermeiden, weder einen Tatbestand als solchen, noch dessen zeitliche Ausdehnung in das Vorfeld einer eigentlichen Schädigung rechtfertigen kann.[155]

---

[147] BGHSt 36, 130, 131 zust. *Kindhäuser* JR 1990, 520, 522; siehe auch *Fischer* StGB, 2016, § 165b Rn. 3; *Hellmann* in: NK-StGB, 2013, § 265b Rn. 9; *Hoyer* in: SK-StGB, 2015, § 265b Rn. 2.

[148] *Wohlers/Mühlbauer* in: MüKo-StGB, 2014, § 265b Rn. 2; ähnlich *Perron* in: Schönke/Schröder, StGB, 2014, § 265b Rn. 3; *Tiedemann* in: LK-StGB, 2012, § 265b Rn. 8.

[149] *Perron* in: Schönke/Schröder, StGB, 2014, § 265b Rn. 4; *Tiedemann* in: LK-StGB, 2012, § 265b Rn. 6 ff., 10 ff.; vgl. auch *Dannecker* in: Wabnitz/Janovsky, Wirtschafts- und Steuerstrafrecht, 2014, Kap. 1 Rn. 59.

[150] Vgl. *Perron* in: Schönke/Schröder, StGB, 2014, § 265b Rn. 4.

[151] *Wohlers/Mühlbauer* in: MüKo-StGB, 2014, § 265b Rn. 3.

[152] Vgl. PKS 2015, S. 92.

[153] So bspw. in OLG Hamm, NZG 2004, 289.

[154] Siehe bereits *Tiedemann* FS Dünnebier, 1982, S. 519, 523 f.

[155] *Heinrich* in: Arzt/Weber/Heinrich/Hilgendorf, Strafrecht BT, 2015, § 21 Rn. 93; a.A. *Tiedemann* ZStW 1975, 253, 270; *Tiedemann* in: LK-StGB, 2012, § 265b Rn. 18; vgl. auch *Hellmann* in: Achenbach/Ransiek/Rönnau, Wirtschaftsstrafrecht, 2015, Kap. IX 1 Rn. 3.

Obendrein sei auch zwischenzeitlich kein Nachweis erbracht, dass sich die mit der Norm verfolgten Ziele durch sie tatsächlich erreichen lassen.[156]

2. Objektiver Tatbestand
a) Tatgegenstand

§ 265b StGB erfasst ausschließlich sog. **Betriebskredite**, d.h. solche Kredite, bei   **233** denen sowohl der Kreditgeber als auch der Kreditnehmer ein Betrieb oder ein Unternehmen ist. Kredite, bei denen auf der Geber- oder der Nehmerseite eine Privatperson steht, fallen nicht in den Anwendungsbereich der Vorschrift.[157]

Beispiel 9[158]

A ist freiberuflich tätige Ärztin und befindet sich in finanziellen Schwierigkeiten. Einige Versuche, bei Banken Kredite zu erlangen, sind bereits gescheitert. Daher beschließt A, ein Darlehen zum Erwerb von Immobilien aufzunehmen, deren Valuta die geschuldeten Kaufpreise übersteigen. Aus dem Differenzbetrag will A die durch Forderungen der kassenärztlichen Vereinigung in ihrer Praxis entstandene Mindereinnahmen ausgleichen. Den Kredit über 475.000 Euro gewährt die Kreissparkasse K, der die A dazu eine unvollständige Vermögens- und Schuldenaufstellung vorlegt, welche Verbindlichkeiten in Höhe von insgesamt rund 685.000 Euro verschweigt.

Problematisch war hier, dass A den Kredit zwar als Privatperson zum Zweck des Immobilienerwerbs bezogen, diesen dann allerdings zur Begleichung betrieblicher Verbindlichkeiten genutzt hat. Der BGH ließ in diesem Fall ausdrücklich offen, wie sich bei einer solchen Täuschung über den wahren Kreditzweck Privatkredite von Betriebskrediten abgrenzen lassen. In der Lit. wird hierbei zum Teil für maßgeblich gehalten, wem der beantragte Kredit nach seiner tatsächlichen, „wahren" Zweckbestimmung wirtschaftlich zugute kommen soll.[159] Andere wollen darauf abstellen, wer nach dem Darlehensvertrag rechtlich als Kreditnehmer anzusehen ist oder wäre.[160] Nach Auffassung des BGH gelangten beide Ansätze hier zu demselben Ergebnis, dass die „Kompensation von Mindereinnahmen" durch A zur „Finanzierung von deren Lebensbedarf" jedenfalls dem Privatbereich zuzuordnen war.

---

(1) Begriff des Betriebs/Unternehmens

§ 265b Abs. 3 Nr. 1 StGB enthält eine Legaldefinition der Begriffe Betrieb und   **234** Unternehmen. Die Vorschrift stellt darauf ab, dass diese unabhängig von ihrem

---

[156] *Wohlers/Mühlbauer* in: MüKo-StGB, 2014, § 265b Rn. 6.

[157] Vgl. *Kudlich/Oğlakcıoğlu* Wirtschaftsstrafrecht, 2014, § 8 Rn. 272.

[158] Angelehnt an BGH NStZ 2011, 279 f.

[159] Vgl. *Hoyer* in: SK-StGB, 2015, § 265b Rn. 26; *Perron* in: Schönke/Schröder, StGB, 2014, § 265b Rn. 5; *Saliger* in: SSW, StGB, 2014, § 265b Rn. 4

[160] *Wohlers/Mühlbauer* in: MüKo-StGB, 2014, § 265b Rn. 9.

Gegenstand nach Art und Umfang einen in kaufmännischer Weise eingerichteten Geschäftsbetrieb erfordern. Dabei wird eine **Gesamtbetrachtung** aller Umstände anzustellen sein, in die Art und Umfang des Unternehmens mit einbezogen werden müssen.

235   Es kommt nicht darauf an, ob für den Betrieb oder das Unternehmen ein in kaufmännischer Weise eingerichteter Geschäftsbetrieb bereits tatsächlich vorliegt; maßgeblich ist nur, ob er erforderlich wäre.[161] Dem entsprechend schadet es auch nicht, wenn die typischen Einrichtungen (geordnete Buch- und Kassenführung, Bestehen einer Bankverbindung, Aufbewahrung der anfallenden Korrespondenz[162]) fehlen, solange sie nur realiter notwendig wären. Natürlich ist auch der umgekehrte Rückschluss nicht möglich; allein dass diese Einrichtungen vorhanden sind, heißt nicht, dass sie benötigt werden.[163]

236   Mit **Art und Umfang** des Betriebs bzw. Unternehmens sind dessen Beschaffenheit, die vorgenommenen Geschäfte sowie deren Abwicklung (Art) einerseits, und andererseits die Höhe des erzielten Umsatzes sowie der Zahl der beschäftigten Arbeitnehmer (Umfang) gemeint. Nicht entscheidend ist nach § 265b Abs. 3 Nr. 1 StGB der Gegenstand des Betriebs oder Unternehmens; es muss sich also z.B. bei dem Kreditgeber nicht um eine Bank oder ein anderes Institut handeln.[164]

237   § 265b Abs. 1 StGB sieht ausdrücklich vor, dass auch **vorgetäuschte Betriebe** oder Unternehmen in den Anwendungsbereich einbezogen sind. Dies gilt aber nur für den Fall, dass der Täter über das Bestehen eines Betriebes täuscht. Das Vorspiegeln einer Gründungsabsicht soll demgegenüber nicht genügen.[165]

(2) Kredit

238   § 265b Abs. 3 Nr. 2 StGB enthält eine – von § 19 Abs. 1 KWG abweichende – Legaldefinition des Kreditbegriffs. Genannt werden in Abs. 3 Nr. 2:

* Kredite,
* Gelddarlehen aller Art,
* Akzeptkredite,
* der entgeltliche Erwerb und die Stundung von Geldforderungen,
* die Diskontierung von Wechseln und Schecks sowie,
* die Übernahme von Bürgschaften (§ 765 BGB), Garantien und sonstigen Gewährleistungen.

---

[161] *Fischer* StGB, 2016, § 265b Rn. 8; *Park* in: Park, Kapitalmarktstrafrecht, 2013, § 265b Rn. 240; *Saliger* in: SSW, StGB, 2014, § 265b Rn. 3.

[162] *Momsen* in: BeckOK-StGB, 2016, § 265b Rn. 5.

[163] *Fischer* StGB, 2016, § 265b Rn. 8.

[164] *Hellmann* in: NK-StGB, 2013, § 265b Rn. 15.

[165] *Fischer* StGB, 2016, § 265b Rn. 9.

Als Kredit i.S.d. § 265b StGB gelten somit alle Arten von Rechtsgeschäften, durch die der Kreditgeber dem Kreditnehmer Geld oder auch geldwerte Mittel zeitweise zur Verfügung stellt.[166]

Gelddarlehen i.S.d. § 265b Abs. 3 Nr. 2 StGB sind Verträge mit dem Ziel, dem **239** einen Vertragspartner zeitweise Geld zu überlassen, das dieser wieder zurückzahlen muss. Ohne Relevanz bleiben die zur Rückzahlung zur Verfügung stehenden Mittel sowie die (Un-)Verzinslichkeit.[167]

> Umstritten ist, ob hiervon auch **Genussrechte** umfasst sind. Konzeptionell stehen diese als hybride Finanzierungsform zwischen schuldrechtlicher Kapitalüberlassung und gesellschaftsrechtlicher Beteiligung. Der Gesetzgeber wollte zwar gesellschaftsrechtliche Beteiligungen aus dem Schutzbereich des § 265b StGB ausschließen.[168] Genussrechte werden klassischerweise aber als **Dauerschuldverhältnis sui generis** und eben nicht als Unternehmensbeteiligung eingeordnet. Sie gelten daher als Darlehen i.S.d. § 265b Abs. 3 Nr. 2 StGB. Dass Genussrechte aufgrund der durch sie vermittelten beteiligungsähnlichen Rechte und Pflichten, wie z.B. Verlustbeteiligung, Nachrangigkeit im Insolvenz- und Liquidationsfall, Informations- und Teilnahmerechte usw., durchaus gesellschaftsrechtlichen Charakter besitzen, ändert an dieser Einordnung nichts.[169]

Bei einem **Akzeptkredit** verpflichtet sich ein Kreditinstitut für einen Kunden durch **240** ein Wechselakzept. Der Kreditgeber schließt dabei, anstatt ein Gelddarlehen zu gewähren, einen Geschäftsbesorgungsvertrag.[170] Der entgeltliche Erwerb von Forderungen ist rechtlich gesehen ein Forderungskauf; wirtschaftlich wirkt er jedoch als Kredit.[171] Damit ein solcher Forderungskauf in den Anwendungsbereich des Kreditbetrugs fällt, müssen allerdings gerade beim Zedenten die Voraussetzungen des § 265b Abs. 3 Nr. 2 StGB vorliegen. Auch die **Stundung einer Forderung** wirkt wie ein Kredit, weil durch sie die Fälligkeit zeitlich nach hinten verschoben wird.[172]

Unter der **Diskontierung** von (heute kaum noch gebräuchlichen) Wechseln und **241** Schecks versteht man deren Ankauf zu einem Zeitpunkt vor Fälligkeit.[173] Genau genommen liegt also auch hier ein Forderungskauf vor, was die gesonderte Nennung in § 265b Abs. 3 Nr. 2 StGB letztlich überflüssig macht.[174] Die Anforderungen des § 265b Abs. 3

---

[166] *Perron* in: Schönke/Schröder, StGB, 2014, § 265b Rn. 11; eingehend zu § 265b Abs. 3 Nr. 2 StGB *Tiedemann* in: LK-StGB, 2012, § 265b Rn. 37 ff; vgl. auch *Saliger* in: SSW, StGB, 2014, § 265b Rn. 5.

[167] *Momsen* in: BeckOK-StGB, 2016, § 265b Rn. 9.

[168] BT-Drs. 7/3441, S. 32.

[169] BGH StV 2015, 435, 437 ff; OLG Hamm wistra 2008, 195, 197; i.E. so auch *Perron* in: Schönke/Schröder, StGB, 2014, § 265b Rn. 12; *Saliger* in: SSW, StGB, 2014, § 265b Rn. 5.

[170] So *Perron* in: Schönke/Schröder, StGB, 2014, § 265b Rn. 13.

[171] *Momsen* in: BeckOK-StGB, 2016, § 265b Rn. 11; *Perron* in: Schönke/Schröder, StGB, 2014, § 265b Rn. 14.

[172] Vgl. auch *Fischer* StGB, 2016, § 265b Rn. 14; *Hoyer* in: SK-StGB, 2015, § 265b Rn. 31.

[173] *Perron* in: Schönke/Schröder, StGB, 2014, § 265b Rn. 16.

[174] *Momsen* in: BeckOK-StGB, 2016, § 265b Rn. 13; *Perron* in: Schönke/Schröder, StGB, 2014, § 265b Rn. 16.

Nr. 1 StGB müssen dabei allein bei Käufer und Verkäufer des Wechsels vorliegen; Aussteller und Bezogener können demgegenüber auch als Privatpersonen handeln.[175]

Beispiel 10[176]

G ist Geschäftsführer der K-GmbH. Die K-GmbH bezieht als Darlehensnehmerin von insgesamt 150 Personen Darlehen, jeweils unter Vorlage unvollständiger Unterlagen, die die anderen Verbindlichkeiten verschweigen. Die Darlehen werden ohne die übliche Besicherung gewährt. Insgesamt erlangt die K-GmbH dadurch einen Betrag von über 2 Millionen Euro, den sie für ihre Geschäftstätigkeit verwendet.

Der Tatbestand des § 265b StGB war in diesem Fall scheinbar unproblematisch erfüllt. Bei genauerem Hinsehen bleibt in der vorliegenden Konstellation allerdings fraglich, ob es sich überhaupt um Darlehen i.S.d. § 265b Abs. 3 Nr. 2 StGB handelt. § 1 Abs. 1 S. 2 KWG differenziert nämlich zwischen dem Einlagengeschäft (Nr. 1) und dem Kreditgeschäft (Nr. 2). Als Einlagengeschäft gilt dabei die Annahme fremder Gelder als Einlagen oder anderer unbedingt rückzahlbarer Gelder des Publikums. Der Begriff der Einlage wiederum wird vom KWG nicht definiert. Nach h.M.[177] handelt es sich hierbei um einen bankwirtschaftlichen Begriff, der unter Zugrundelegung der Verkehrsauffassung und unter Berücksichtigung aller Umstände des Einzelfalls bestimmt werden muss. Als Indizien für ein Einlagengeschäft gelten insbesondere die Entgegennahme von Geldern von einer Vielzahl von Geldgebern aufgrund typisierter Verträge sowie der Verzicht auf eine banküblichen Besicherung. Gerade dies war im Beispielssachverhalt der Fall. Fraglich ist nun, ob die begriffliche Differenzierung des § 1 Abs. 1 S. 1 Nrn. 1 und 2 KWG auf die Begriffsbestimmung des § 265b Abs. 3 Nr. 2 StGB durchschlagen muss. Die wohl h.M. im Strafrecht verneint dies jedoch mit Blick auf die ausdrückliche und abschließende Legaldefinition des § 265b Abs. 3 Nr. 2 StGB.[178]

---

b) Täterkreis

242   § 265b Abs. 1 Nr. 1 StGB soll nach wohl h.M. kein Sonderdelikt sein, so dass Täter des Kreditbetrugs grds. jeder sein kann. In Betracht kommen dabei insbesondere Personen wie der (kaufmännische) Kreditnehmer selbst, seine Vertreter und auch der an der Kreditgewährung interessierte Geschäftspartner.[179]

243   Demgegenüber wird § 265b Abs. 1 Nr. 2 StGB sehr wohl als **Sonderdelikt** eingeordnet. Täter kann hier nur derjenige sein, der die Unterlagen vorlegt oder die Angaben macht.[180]

---

[175] *Perron* in: Schönke/Schröder, StGB, 2014, § 265b Rn. 16.

[176] Angelehnt an BGH NJW-RR 2006, 1713 ff.

[177] BGH WM 2010, 928, 929; BGH WM 1995, 874; siehe bereits *Canaris* BB 1978, 227, 228.

[178] *Tiedemann* in: LK-StGB, 2012, § 265b Rn. 37; so wohl auch *Hebensstreit* in: Müller-Gugenberger, Wirtschaftsstrafrecht, 2015, § 50 Rn. 96; *Hoyer* in: SK-StGB, 2015, § 265b Rn. 28.

[179] *Tiedemann* in: LK-StGB, 2012, § 265b Rn. 24.

[180] *Tiedemann* in: LK-StGB, 2012, § 265b Rn. 96.

c) Tathandlung

Die Tathandlung besteht in einem **Verhalten mit Täuschungscharakter**.[181] Es **244** braucht jedoch weder ein Irrtum erregt noch eine Vermögensverfügung (z.B. die Auszahlung des Kredits) veranlasst werden.

Dieses Verhalten muss im Zusammenhang mit der Beantragung eines Kredits **245** stehen, also einen **sachlichen Bezug** zu diesem **Kreditantrag** aufweisen. Als Kreditantrag gilt dabei jeder ausdrücklich oder konkludent und mit Rechtsbindungswillen vorgebrachte Antrag, der auf die Gewährung eines Kredits i.S.d. § 265b Abs. 3 Nr. 2 StGB gerichtet ist, und der erkennbar als Grundlage für die Entscheidung über die Kreditvergabe dienen soll.[182]

> Umstritten ist, ob der Anwendungsbereich des § 265b StGB auch dann eröffnet ist, wenn ein potentieller Kreditgeber von sich aus ungefragt ein Angebot abgibt. Zum Teil wird dies mit Blick auf den klaren Wortlaut des § 265b Abs. 1 StGB („im Zusammenhang mit einem Antrag") verneint.[183] Andere wollen diese Konstellation in den Anwendungsbereich der Vorschrift einbeziehen. Auch die Annahme eines Angebots könne einen Antrag i.d.S. darstellen.[184]

Der Täuschungscharakter der Tathandlung ergibt sich aus dem zeitlichen Zusam- **246** menhang der Antragstellung mit der Entscheidung über die Kreditvergabe. Der **Zeitpunkt**, zu dem durch den Täter die Unterlagen vorgelegt werden, muss jedenfalls **vor dieser Entscheidung** liegen. Zwar ist Kausalität zwischen Antrag und einer etwaigen Kreditgewährung dem klaren Wortlaut der Vorschrift nach nicht erforderlich; der Kredit braucht ja nicht gewährt zu werden. Es muss jedoch zumindest in zeitlicher Hinsicht hypothetisch möglich sein, dass durch das Verhalten des Täters die Kreditentscheidung mitbeeinflusst wird. Ist die Entscheidung über die Kreditvergabe also schon gefallen, so geht eine etwaige Täuschung ins Leere.

Beispiel 11[185]

Y hat bei der B-Bank einen für seinen Betrieb aufgenommenen Kredit abzuzahlen. Als Gerüchte aufkommen, der Betrieb des Y durchlebe einen finanziellen Engpass, kündigt der zuständige Mitarbeiter M den Kredit, obwohl Y bislang alle Raten absolut vertragsgemäß bezahlt hat. Tatsächlich ist der Betrieb tatsächlich in finanzielle Bedrängnis geraten, was dem zugrunde liegenden Vertrag nach für sich genommen jedoch noch keinen Kündigungsgrund darstellt. Y sucht

---

[181] *Hellmann* in: NK-StGB, 2013, § 265b Rn. 13; *Wohlers/Mühlbauer* in: MüKo-StGB, 2014, § 265b Rn. 24.

[182] *Momsen* in: BeckOK-StGB, 2016, § 265b Rn. 18; *Wohlers/Mühlbauer* in: MüKo-StGB, 2014, § 265b Rn. 25.

[183] *Wohlers/Mühlbauer* in: MüKo-StGB, 2014, § 265b Rn. 25.

[184] *Hoyer* in: SK-StGB, 2015, § 265b Rn. 35 (auch die Annahme eines vom Kreditgeber ausgehenden Angebots sei i.d.S. ein Antrag).

[185] Angelehnt an OLG Frankfurt, StV 1990, 213.

daraufhin den M bei der B-Bank auf, um ihn durch die Vorlage einiger „beschö-
nigter" Unterlagen über die Vermögenssituation des Betriebs dazu zu bewegen,
die Kündigung rückgängig zu machen.

Nach zutreffender Auffassung des OLG Frankfurt a.M. fehlt es in diesem Fall
an einer für § 265b Abs. 1 StGB tauglichen Tathandlung. Das Verhalten des Y
hatte nicht das Ziel, die B-Bank zu einer auf Täuschung beruhenden Kreditgewährung zu bewegen. Vielmehr sollte dadurch lediglich erreicht werden, dass
die bereits eingegangene vertragliche Verpflichtung auch vertragsgemäß erfüllt
wird. § 265b StGB schützt den Kreditgeber nicht vor unzutreffenden Angaben
schlechthin. Die Vorschrift will nur eine mögliche auf der Täuschung beruhende
Gewährung, Belassung oder Veränderung der Bedingungen eines Kredits verhindern (ohne, dass diese Gewährung, Belassung oder Veränderung von Tatbestand selbst gefordert wird). Dies war vorliegend jedoch ausgeschlossen. Eine
Kündigung war dem Vertrag nach in diesem Fall nicht zulässig und daher blieb
die B-Bank bereits aus dem geschlossenen Kreditvertrag verpflichtet, den Kredit
bei Y zu belassen. Auf eine etwaige Täuschung kommt es hierfür gerade nicht an.

247 Ob ein Kreditbetrug auch **durch** Unterlassen begangen werden kann, ist umstritten. Verschiedentlich wurde dies bejaht,[186] bspw. für den Fall des Betriebsinhabers,
der es zulässt, dass für ihn von einem Angestellten unrichtige Unterlagen vorgelegt
werden.[187] Andere vertreten die Auffassung, es fehle an einer Garantenpflicht, die
weder aus der Stellung als Arbeitgeber, noch aus dem besonderen Vertrauensverhältnis gegenüber dem Kreditgeber folge.[188]

(1) § 265b Abs. 1 Nr. 1 StGB
248 Die Tathandlung im Rahmen des § 265b Abs. 1 Nr. 1 lit. a StGB besteht darin, dass
über wirtschaftliche Verhältnisse unrichtige oder unvollständige Unterlagen vorgelegt werden, die für den Kreditnehmer vorteilhaft und für die Entscheidung über
einen solchen Antrag erheblich sind. § 265b Abs. 1 Nr. 1 lit. b StGB bezieht sich
auf ebensolche unrichtigen oder unvollständigen Angaben, sofern der Täter diese
schriftlich macht.

(a) Unterlagen und schriftliche Angaben
249 Der Begriff der Unterlagen i.S.d. § 265b Abs. 1 Nr. 1 lit. a StGB ist **weit**. Er
umfasst alle vom Täter oder einem Dritten erstellten, **verkörperten Erklärungs-
träger**, einschließlich von Fotografien und Modellen, mit denen die Richtigkeit
selbst einzelner[189] Angaben des Antragstellers belegt bzw. mit denen Angaben des

---

[186] *Brodmann* Probleme des Tatbestands des Kreditbetrugs, 1984, S. 161 ff.; *Kießner* Kreditbetrug:
§ 265b StGB, 1985, S. 70.

[187] *Perron* in: Schönke/Schröder, StGB, 2014, § 265b Rn. 43; *Tiedemann* in: LK-StGB, 2012,
§ 265b Rn. 111.

[188] Vgl. *Wohlers/Mühlbauer* in: MüKo-StGB, 2014, § 265b Rn. 28.

[189] *Hellmann* in: NK-StGB, 2013, § 265b Rn. 44.

Antragstellers verdeutlicht oder ergänzt werden sollen.[190] Zum Teil wird vertreten, die Unterlagen müssten den Eindruck einer gewissen Vollständigkeit vermitteln und eine Gesamtschau der wirtschaftlichen Verhältnisse des Betriebs wiedergeben.[191] Der Terminus der Unterlagen ist nicht identisch mit den Darstellungen oder Übersichten über den Vermögensstand i.S.d. § 264a StGB. Diese werden vielmehr als Vermögensübersichten zusammen mit Bilanzen, Gewinn- und Verlustrechnungen sowie Gutachten nur beispielhaft genannt und sind somit vom Begriff der Unterlagen eingeschlossen.[192]

Als schriftliche Angaben i.S.d. § 265b Abs. 1 Nr. 1 lit. b StGB gelten alle **sonstigen in Schriftstücken verkörperten Aussagen**, soweit sie vom Täter selbst erstellt sind oder er sich diese durch seine Unterschrift auf dem von einem Dritten erstellten Dokument zu Eigen gemacht hat.[193] Erforderlich ist, dass dem Täter die Erklärung selbst zurechenbar ist. Gerade hierin liegt der Unterschied zu den Unterlagen i.S.d. § 265b Abs. 1 Nr. 1 lit. a StGB, die eben das Werk eines Dritten sein können.

250

(b) Bezug zu wirtschaftlichen Verhältnissen

Die Angaben müssen sich auf wirtschaftliche Verhältnisse des Kreditnehmers beziehen, also direktes oder indirektes Resultat der wirtschaftlichen Verhältnisse des Kreditnehmers sein. Auch persönliche Daten mit unmittelbarem Bonitätsbezug können darunter fallen.[194] Angaben über Dritte haben nur ausnahmsweise einen Bezug zu den wirtschaftlichen Verhältnissen des Kreditnehmers, wenn sie bspw. die Bonität seiner Schuldner betreffen.[195]

251

Der **Verwendungszweck** des Kredits ist demgegenüber nur insoweit relevant, als er Auswirkungen auf die Vermögenslage haben kann oder sich diese darin widerspiegelt.[196] Dient der Kredit bspw. zur Ablösung anderer teurerer Kredite oder zur Schuldentilgung, so bezieht sich dieser Umstand auf die wirtschaftlichen Verhältnisse des Kreditnehmers.

252

---

[190] *Fischer* StGB, 2016, § 265b Rn. 25; *Heinz* in: Park, Kapitalmarktstrafrecht, 2013, § 265b StGB Rn. 26; *Hellmann* in: NK-StGB, 2013, § 265b Rn. 45; *Joecks* StGB, 2014, § 265b Rn. 5; *Kühl/ Heger* StGB, 2014, § 165b Rn. 5; *Perron* in: Schönke/Schröder, StGB, 2014, § 265b Rn. 34 f.; *Wohlers/Mühlbauer* in: MüKo-StGB, 2014, § 265b Rn. 29.

[191] *Schröder/Bergmann* in: Matt/Renzikowski, StGB, 2013, § 265b Rn. 22.

[192] *Momsen* in: BeckOK-StGB, 2016, § 265b Rn. 20; *Wohlers/Mühlbauer* in: MüKo-StGB, 2014, § 265b Rn. 29; vgl. dazu auch *Hellmann* in: NK-StGB, 2013, § 265b Rn. 44.

[193] *Wohlers/Mühlbauer* in: MüKo-StGB, 2014, § 265b Rn. 29.

[194] *Hellmann* in: NK-StGB, 2013, § 265b Rn. 29; *Tiedemann* in: LK-StGB, 2012, § 265b Rn. 77.

[195] *Hellmann* in: NK-StGB, 2013, § 265b Rn. 29; *Hellmann* in: Achenbach/Ransiek/Rönnau, Wirtschaftsstrafrecht, 2015, Kap. IX 1 Rn. 19; *Hellmann/Beckemper* Wirtschaftsstrafrecht, 2013, Rn. 194; *Otto* Strafrecht BT, 2005, § 61 Rn. 32; *Perron* in: Schönke/Schröder, StGB, 2014, § 265b Rn. 30 ff.; *Wittig* Wirtschaftsstrafrecht, 2014, § 19 Rn. 22; siehe zum Streitstand auch *Fischer* StGB, 2016, § 265b Rn. 23.

[196] Vgl. *Hellmann* in: Achenbach/Ransiek/Rönnau, Wirtschaftsstrafrecht, 2015, Kap. IX 1 Rn. 19; *Hellmann* in: NK-StGB, 2013, § 265b Rn. 29; *Tiedemann* in: LK-StGB, 2012, § 265b Rn. 78; z.T. einschränkend *Saliger* in: SSW, StGB, 2014, § 265b Rn. 9.

(c) Unrichtigkeit und Unvollständigkeit

253   Für die Verwirklichung des Tatbestands müssen die Unterlagen unrichtig oder unvollständig sein. Unrichtigkeit liegt vor, wenn die Angaben mit der in Bezug genommenen **Wirklichkeit objektiv nicht übereinstimmen**.[197] Von Unvollständigkeit ist
auszugehen, sofern ein einheitlicher Lebenssachverhalt nur teilweise wiedergegeben wird.[198] Angaben sind dem entsprechend unvollständig, wenn gerade solche
Teile davon weggelassen werden, die üblicherweise und nach der Erwartung des
Kreditgebers zusammen mit den gemachten Angaben mitgeteilt werden müssen.[199]

254   Unrichtigkeit und Unvollständigkeit können sogar aus einer unzutreffenden Prognose über zukünftige Entwicklungen oder aus einem unzutreffenden Werturteil
folgen.[200] Dazu fordert jedoch die ganz h.M. mit Blick auf Art. 103 Abs. 2 GG, dass
die vorgenommene Bewertung oder Prognose aufgrund einer **ex-ante**-Betrachtung
eindeutig als „**schlechterdings nicht mehr vertretbar**" anzusehen ist.[201]

(d) Vorteilhaftigkeit/Entscheidungserheblichkeit

255   Sowohl § 265b Abs. 1 Nr. 1 lit. a StGB als auch § 265b Abs. 1 Nr. 1 lit. b StGB verlangen, dass die vorgelegten Unterlagen bzw. die gemachten Angaben für den Kreditnehmer vorteilhaft und für die Entscheidung über einen solchen Antrag erheblich
sind. Als vorteilhaft gelten Angaben dann, wenn sie einem objektiven Urteils ex
ante zufolge **geeignet** sind, die Aussichten auf eine **positive Bescheidung** des in
die konkreten wirtschaftlichen Rahmenbedingungen fallenden („solchen") Kredit-
antrags zu verbessern.[202] Es kommt dabei nicht darauf an, ob die Kreditgewährung
objektiv gesehen wirtschaftlich vertretbar ist oder nicht.[203]

256   Entscheidungserheblichkeit liegt vor, wenn die **Entscheidung** des Kreditgebers **tatsächlich beeinflusst** wird.[204] Auch hierbei reicht es aus, dass ein Umstand

---

[197] *Hellmann* in: NK-StGB, 2013, § 265b Rn. 38; *Perron* in: Schönke/Schröder, StGB, 2014,
§ 265b Rn. 38.

[198] *Hellmann* in: NK-StGB, 2013, § 265b Rn. 40; *Tiedemann* in: LK-StGB, 2012, § 265b Rn. 66;
Wohlers/Mühlbauer in: MüKo-StGB, 2014, § 265b Rn. 31.

[199] *Hellmann* in: NK-StGB, 2013, § 265b Rn. 40; *Joecks* StGB, 2014, § 265b Rn. 5.

[200] *Hebenstreit* in: Müller-Gugenberger, Wirtschaftsstrafrecht, 2015, § 50 Rn. 110; *Tiedemann* in:
LK-StGB, 2012, § 265b Rn. 64, 78; *Wohlers/Mühlbauer* in: MüKo-StGB, 2014, § 265b Rn. 32.

[201] *Kühl/Heger* StGB, 2014, § 265b Rn. 5; *Perron* in: Schönke/Schröder, StGB, 2014, § 265b
Rn. 39; *Schröder/Bergmann* in: Matt/Renzikowski, StGB, 2013, § 265b Rn. 25; *Tiedemann* in:
LK-StGB, 2012, § 265b Rn. 65; *Wohlers/Mühlbauer* in: MüKo-StGB, 2014, § 265b Rn. 32.

[202] *Hebenstreit* in: Müller-Gugenberger, Wirtschaftsstrafrecht, 2015, § 50 Rn. 112; *Heinz* in: Park,
Kapitalmarktstrafrecht, 2013, § 265 StGB Rn. 37; *Hellmann* in: NK-StGB, 2013, § 265b Rn. 30;
Hoyer in: SK-StGB, 2015, § 265b Rn. 40; *Momsen* in: BeckOK-StGB, 2016, § 265b Rn. 18; *Perron*
in: Schönke/Schröder, StGB, 2014, § 265b Rn. 41; *Tiedemann* in: LK-StGB, 2012, § 265b Rn. 80.

[203] *Perron* in: Schönke/Schröder, StGB, 2014, § 265b Rn. 41; *Saliger* in: SSW, StGB, 2014, § 265b
Rn. 14; *Tiedemann* in: LK-StGB, 2012, § 265b Rn. 80; *Wohlers/Mühlbauer* in: MüKo-StGB, 2014,
§ 265b Rn. 33; a.A. *Hoyer* in: SK-StGB, 2015, § 265b Rn. 41 ff.

[204] *Hebenstreit* in: Müller-Gugenberger, Wirtschaftsstrafrecht, 2015, § 50 Rn. 113; *Hellmann*
in: NK-StGB, 2013, § 265b Rn. 31; *Tiedemann* in: LK-StGB, 2012, § 265b Rn. 82; *Hoyer* in:
SK-StGB, 2015, § 265b Rn. 38.

nach dem objektiven ex-ante-Urteil eines „verständigen durchschnittlich vorsichten Dritten",[205] also einer objektiven Maßstabsperson, für die Kreditentscheidung von Bedeutung sein kann.[206] Das schließt zum einen Bagatellunrichtigkeiten, zum anderen aber auch objektiv irrelevante Informationen aus – und zwar selbst dann, wenn der konkrete Kreditgeber darauf Wert legt.[207] Sofern also der Kreditgeber aus nicht-wirtschaftlicher Motivation heraus der Meinung ist, einen Kredit bspw. nicht an Angehörige bestimmter Religionsgemeinschaften oder Personen mit spezieller sexueller Orientierung vergeben zu wollen, führt eine Täuschung hierüber gleichwohl nicht zur Strafbarkeit nach § 265b StGB.

Beispiel 12[208]

S ist Steuerberater sowie zugleich Kommanditist einer Mineralölfirma und erstellt für diese die Bilanzen. Dort pflegt er bewusst überhöhte Forderungen gegenüber Kunden und zu niedrige Verbindlichkeiten gegenüber Lieferanten ein. Dadurch bietet die Bilanz ein um 1,4 Millionen Euro günstigeres Bild des Unternehmens. Diese geschönte Bilanz übergibt er dem vertretungsberechtigten Komplementär in dem Wissen, dass dieser vorhat, damit einen Kreditantrag bei der B-Bank zu stellen. S erhofft sich dadurch die Kreditentscheidung zugunsten der Mineralölfirma zu beeinflussen.

Der BGH stellte in diesem Fall zunächst klar, dass § 265b StGB mit den Grundsätzen des Art. 103 Abs. 2 GG vereinbar ist. Die Merkmale „unrichtig", „unvollständig" und „erheblich" sind Ausdruck des Umstands, dass ohne solche allgemeinen Begrifflichkeiten der Gesetzgeber der Vielgestaltigkeit des Lebens nicht Rechnung tragen kann. § 265b Abs. 1 StGB überdehnt insoweit das Maß des Zulässigen nicht. Ob Unterlagen unrichtig oder unvollständig sind, ist nach zutreffender Auffassung des BGH mittlerweile durch gefestigte Grundsätze in der Rspr. hinreichend präzisiert. Gleiches gilt für den Terminus der Erheblichkeit, der nur die Möglichkeit eines ursächlichen Zusammenhangs zwischen dem täuschenden Verhalten des Täters und dem zur Verfügung stellen der Kreditsumme umschreiben will. Der Tatbestand verlangt allerdings keine echte Kausalität zwischen Täuschung und Kreditbewilligung. Vollendet ist das in § 265b

---

[205] *Perron* in: Schönke/Schröder, StGB, 2014, § 265b Rn. 42; *Wohlers/Mühlbauer* in: MüKo-StGB, 2014, § 265b Rn. 33.

[206] BGHSt 30, 285, 291 ff.; *Fischer* StGB, 2016, § 265b Rn. 31; *Hebenstreit* in: Müller-Gugenberger, Wirtschaftsstrafrecht, 2015, § 50 Rn. 113; *Hellmann* in: NK-StGB, 2013, § 265b Rn. 32; *Hoyer* in: SK-StGB, 2015, § 265b Rn. 38 (abstellend auf „vorsichtigen Dritten"); *Kühl/Heger* StGB, 2014, § 265b Rn. 5; *Perron* in: Schönke/Schröder, StGB, 2014, § 265b Rn. 42; *Schröder/ Bergmann* in: Matt/Renzikowski, StGB, 2013, § 265b Rn. 32 f.; so i.E. auch *Heinz* in: Park, Kapitalmarktstrafrecht, 2013, § 265 StGB Rn. 39.

[207] *Joecks* StGB, 2014, § 265b Rn. 6; a.A. für Konstellationen, in denen zwischen den Parteien eine entsprechende Vereinbarung getroffen wurde oder der Kreditgeber das von ihm für erheblich Gehaltene mitgeteilt hat *Tiedemann* in: LK-StGB, 2012, § 265b Rn. 81.

[208] Nach BGH NJW 1982, 775 f.

Abs. 1 StGB normierte Delikt vielmehr bereits, sobald dem Kreditgeber die betreffenden Unterlagen vorliegen. Ob die vorgelegten Bilanzen die ergangene Kreditentscheidung tatsächlich beeinflusst haben, ist demgegenüber für § 265b StGB ohne Belang.

Erheblich i.S.d. § 265b Abs. 1 Nr. 1 StGB sind die Unterlagen dann, wenn sie sich nach Lage des konkreten Einzelfalls auf die Entscheidung des Kreditgebers voraussichtlich ausgewirkt haben würden – ohne dass diese Entscheidung später auch so getroffen zu werden braucht. Entscheidungserheblichkeit verlangt demnach, dass etwas „nach der Art des Geschäfts im konkreten Fall von einem verständigen, durchschnittlich vorsichtigen Dritten für erforderlich gehalten wird". Wann dies aber der Fall ist, wird unterschiedlich beurteilt. Einigkeit besteht zumindest insoweit, dass unwesentliche Abweichungen für § 265b StGB nicht relevant sind. Im Übrigen verweisen viele auf den Grundsatz der Vertragsfreiheit; den Parteien stehe letztlich frei, von welchen Umständen sie den Vertragsabschluss einverständlich abhängig machen und welche anderen Umstände sie als unerheblich bezeichnen wollten.[209]

Für die Kreditentscheidung können allgemeine Aussagen der Bilanz (etwa über Umsatz und Gewinn, über Anlage- und Umlaufvermögen, über Außenstände und Verbindlichkeiten) ebenso bedeutsam sein wie einzelne Bilanzposten, die ein bezeichnendes Licht auf Vorgänge und Umstände werfen, von denen die Ertragsstärke des Unternehmens abhängt. Das kann i.d.R. nur in einer Gesamtschau entschieden werden.[210]

(2) § 265b Abs. 1 Nr. 2 StGB

257 Die Tatbestandsvariante des § 265b Abs. 1 Nr. 2 StGB beinhaltet nach ganz. h.M. ein **echtes Unterlassungsdelikt**.[211] Sie betrifft Konstellationen, in denen Verschlechterungen gegenüber den (im Zeitpunkt der Erstellung richtigen) Angaben in den Unterlagen/schriftlichen Erklärungen bereits im Zeitpunkt der Vorlage eingetreten sind und von denen der Mitteilungspflichtige auch zu diesem Zeitpunkt schon Kenntnis hatte.[212]

> Eine a.A. sieht den Anwendungsbereich des § 265b Abs. 1 Nr. 2 StGB in Fällen, in denen die Verschlechterung nach der Vornahme der in Abs. 1 Nr. 1 der Vorschrift genannten Handlungen

---

[209] Vgl. bspw. *Tiedemann* in: LK-StGB, 2012, § 265b Rn. 69.

[210] So der BGH NJW 1982, 775 f.

[211] *Heinz* in: Park, Kapitalmarktstrafrecht, 2013, § 265b StGB Rn. 41; *Hellmann* in: NK-StGB, 2013, § 265b Rn. 49; *Hellmann/Beckemper* Wirtschaftsstrafrecht, 2013, Rn. 199; *Hoyer* in: SK-StGB, 2015, § 265b Rn. 21; *Tiedemann* in: LK-StGB, 2012, § 265b Rn. 90; *Wohlers/Mühlbauer* in: MüKo-StGB, 2014, § 265b Rn. 36.

[212] OLG Zweibrücken WM 1992, 1604, 1608; *Berz* BB 1976, 1435, 1439; *Fischer* StGB, 2016, § 265b Rn. 36; *Heinrich* in: Arzt/Weber/Heinrich/Hilgendorf, Strafrecht BT, 2015, § 21 Rn. 100; *Heinz* in: Park, Kapitalmarktstrafrecht, 2013, § 265b StGB Rn. 41; *Hellmann* in: NK-StGB, 2013, § 265b Rn. 50; *Kühl/Heger* StGB, 2014, § 265b Rn. 6; *Perron* in: Schönke/Schröder, StGB, 2014, § 265b Rn. 47; *Saliger* in: SSW, StGB, 2014, § 265b Rn. 16.

eingetreten ist.[213] Der Wortlaut der Vorschrift („bei der Vorlage") steht dieser Deutung jedoch entgegen.[214] Zwar führt die Lesart der h.M. dazu, dass kaum Anwendungsfälle für § 265b Abs. 1 Nr. 2 StGB verbleiben.[215] Die Norm übernimmt jedoch die Klarstellungsfunktion, dass es für die Beurteilung der Richtigkeit auf den Zeitpunkt der Vorlage ankommt.

Bedeutsam für § 265b StGB sind all diejenigen Verschlechterungen, die in den **258** Unterlagen oder schriftlichen Erklärungen konkret gemachte Angaben betreffen.[216] Werden die mit den Verschlechterungen verbundenen Konsequenzen allerdings durch andere neue Vorteile ausgeglichen, so entfällt deren Relevanz wieder.[217]

3. Subjektiver Tatbestand

In subjektiver Hinsicht muss der Täter **vorsätzlich** handeln, wobei ein Handeln **259** mit Dolus eventualis grds. ausreicht. Der Vorsatz muss sich auf alle Elemente des objektiven Tatbestands beziehen, also auch den Umstand erfassen, dass es sich bei Kreditnehmer und Kreditgeber um Betriebe oder Unternehmen handelt. Es genügt sogar, wenn der Täter vom Inhalt einer vorgelegten Unterlage keine Kenntnis hat, er aber billigend in Kauf nimmt, dass diese fehlerhafte Angaben beinhaltet.[218]

Besonders problematisch sind Fehlvorstellungen über den **Bedeutungsgehalt** **260** **der normativen Tatbestandsmerkmale** des § 265b Abs. 1 StGB. Dies betrifft insbesondere das Merkmal der Entscheidungserheblichkeit der Angaben sowie die Erforderlichkeit eines in kaufmännischer Weise eingerichteten Geschäftsbetriebs. Eine unzutreffende Einschätzung wird hierbei von der h.M. als Tatbestandsirrtum eingeordnet.[219] Dies soll auch dann gelten, wenn der Täter die rechtlichen Grundlagen dieser Einschätzung verkennt, ohne die der soziale Sinngehalt eines Tatbestandsmerkmals nicht zutreffend realisiert werden kann.[220]

Beispiel 13[221]

V ist Geschäftsführer der G-GmbH, für die er einen Kredit bei der B-Bank beantragt. Bei der Antragstellung legt er der Bank die von ihm selbst nach eigenem Dafürhalten ordnungsgemäß erstellte Bilanz der G vor. V ist dabei nicht klar,

---

[213] *Tiedemann* in: LK-StGB, 2012, § 265b Rn. 93 (Nachholungspflicht bis zum Zeitpunkt der Kreditentscheidung).

[214] *Fischer* StGB, 2016, § 265b Rn. 36; *Hellmann* in: NK-StGB, 2013, § 265b Rn. 50; *Hoyer* in: SK-StGB, 2015, § 265b Rn. 22; *Otto* Die strafrechtliche Bekämpfung unseriöser Geschäftstätigkeit, 1990, S. 85; *Otto* Strafrecht BT, 2005, § 61 Rn. 33.

[215] *Hellmann* in: NK-StGB, 2014, § 265b Rn. 50; *Hoyer* in: SK-StGB, 2015, § 265b Rn. 21 f.

[216] *Wohlers/Mühlbauer* in: MüKo-StGB, 2014, § 265b Rn. 37.

[217] *Heinz* GA 1977, 193, 214 f.; *Perron* in: Schönke/Schröder, StGB, 2014, § 265b Rn. 45.

[218] *Tiedemann* in: LK-StGB, 2012, § 265b Rn. 95, 99; *Wohlers/Mühlbauer* in: MüKo-StGB, 2014, § 265b Rn. 38.

[219] *Fischer* StGB, 2016, § 265b Rn. 38; *Perron* in: Schönke/Schröder, StGB, 2014, § 265b Rn. 48; *Wohlers/Mühlbauer* in: MüKo-StGB, 2014, § 265b Rn. 38.

[220] *Tiedemann* in: LK-StGB, 2012, § 265b Rn. 96.

[221] Gebildet nach *Tiedemann* in: LK-StGB, 2012, § 265b Rn. 98.

dass seine Bilanz mit den für sie geltenden zivilrechtlichen Grundlagen der Bilanz(un)vollständigkeit und Bilanz(un)richtigkeit nicht übereinstimmt.

Diese Fehleinschätzung soll – wenngleich sie sich auf eine rechtliche Bewertung bezieht – in diesem Fall einen Tatumstandsirrtum begründen. Da § 265b Abs. 1 Nr. 1 StGB ein „Fälschungsdelikt" beinhalte, müsse der Täter um vorsätzlich zu handeln eben auch die einschlägigen Normen und ihre konkrete Auslegung kennen. Nur so sei ihm der Vergleich zwischen objektiv „richtigen" und objektiv „unrichtigen" Unterlagen möglich.[222]

4. Tätige Reue

261 § 265b Abs. 2 StGB beinhaltet eine Regelung der tätigen Reue. Demnach wird nicht bestraft, wer **freiwillig verhindert**, dass der Kreditgeber aufgrund der Tat die beantragte Leistung erbringt. Gleiches gilt, wenn die Leistung ohne Zutun des Täters nicht erbracht wird, er sich jedoch freiwillig und ernsthaft darum bemüht hat, das Erbringen der Leistung zu verhindern.

262 Die Regelung trägt dem Umstand Rechnung, dass der objektive Tatbestand weder einen täuschungsbedingten Irrtum verlangt, noch darauf abstellt, dass der Kredit ausbezahlt wird. § 265b Abs. 2 StGB soll einen Anreiz für den Täter schaffen, sein Verhalten umzukehren.[223] Regelungen wie diese sind ihrer Struktur nach an § 24 StGB angelehnt, haben jedoch Taten im Blick, die aufgrund ihres Deliktscharakters als abstraktes Gefährdungsdelikt und i.d.R. Tätigkeitsdelikt kaum im Versuchsstadium stecken bleiben können.

Aufgrund der **Parallelität zur Rücktrittsvorschrift** des § 24 StGB wird z.T. vorgeschlagen, in Fallkonstellationen mit mehreren Beteiligten auf § 24 Abs. 2 StGB analog zurückzugreifen.[224] Die gleichartige Struktur der Vorschriften erlaubte es, das zu § 24 StGB etablierte Begriffsverständnis bspw. in Bezug auf das Merkmal der Freiwilligkeit auf § 265b Abs. 2 StGB zu übertragen.

Hierdurch unterscheiden sich Normen wie § 265b Abs. 2 StGB zur tätigen Reue von Vorschriften wie bspw. § 371 AO, der die Selbstanzeige im Steuerstrafrecht betrifft, oder § 22 Abs. 4 AWG, der eine entsprechende Selbstanzeigeregelung für Ordnungswidrigkeitentatbestände des Außenwirtschaftsrechts enthält. § 371 AO beinhaltet in seinem Abs. 2 Nr. 2 bereits den Ausschlussgrund, dass der Täter „bei verständiger Würdigung der Sachlage damit rechnen musste", entdeckt worden zu sein, während die Rücktrittsvorschriften der § 24 StGB, § 13 OWiG noch die autonome Entscheidung des Täters in den Vordergrund stellen. § 371 AO fokussiert damit nicht Gesichtspunkte der Strafzweckerreichung oder der Rückkehr zu Legalität, sondern in erster Linie die Erschließung bislang unerkannter Steuerquellen.[225] Das in § 371 Abs. 2 Nr. 2 AO dieser Norm angelegte „Kennenmüssen" von Tatsachen, die einer Selbstanzeige

---

[222] So *Tiedemann* in: LK-StGB, 2012, § 265b Rn. 98.

[223] *Hellmann* in: NK-StGB, 2013, § 265b Rn. 62; *Heinrich* in: Arzt/Weber/Heinrich/Hilgendorf, Strafrecht BT, 2015, § 21 Rn. 60.

[224] *Hellmann* in: Achenbach/Ransiek/Rönnau, Wirtschaftsstrafrecht, 2015, Kap. IX 1 Rn. 56, 60; *Perron* in: Schönke/Schröder, StGB, 2014, § 265b Rn. 49; vgl. auch BT-Drs. 7/5291, S. 16.

[225] *Nestler* WiJ 2015, 9; siehe dazu auch *Helck/Petry* ZfZ 2015, 151 ff.

entgegenstehen, entfernt sich von dem ausschließlich subjektiven Verständnis der klassischen Rücktrittsregelungen und korrespondiert mit der veränderten Zielsetzung der Vorschrift.

Das Freiwilligkeitsmerkmal des § 22 Abs. 4 S. 2 AWG z.B. stellt mehr eine objektive Einschränkung des in § 47 OWiG geregelten Verfolgungsermessens dar, als einen § 24 StGB, § 13 OWiG nachgebildeten Straf- oder Ahndungsaufhebungsgrund.[226] Kritisch ist dies insbesondere deshalb zu sehen, weil durch die rein objektive Freiwilligkeitsfiktion der Eintritt der ahndungsbefreienden Wirkung von dem zufälligen[227] Umstand abhängt, ob die zuständige Behörde bereits ermittelt oder nicht. § 22 Abs. 4 AWG verzichtet selbst auf ein „Kennenmüssen".[228] § 265b Abs. 2 StGB rangiert hierbei in der Mitte zwischen beiden Extremen.

§ 265b Abs. 2 StGB verlangt weiter, dass die beantragte **Leistung erbracht** wurde.   **263**
Dies ist nach den Maßstäben des Zivilrechts zu bestimmen.[229] Als erbracht gilt die
Leistung bei

- einem Gelddarlehen nach § 488 BGB das zur Verfügung stellen des Geldbetrags,[230]
- einem Akzeptkredit das Zur-Verfügung-Stellen des Wechsels,[231]
- einem entgeltliche Erwerb oder einer Stundung von Geldforderungen deren Bewilligung,[232]
- einer Diskontierung von Wechseln und Schecks die Auszahlung bzw. die Gutschrift auf dem Konto,
- einer Übernahme von Bürgschaften gem. § 765 BGB oder Garantien schon der Vertragsabschluss.[233]

Der Täter trägt damit das **Risiko der „Erfolgs"-abwendung**. In welcher Form er   **264**
dies bewerkstelligt, d.h. durch Richtigstellung der Erklärungen oder eine ergänzende Mitteilung, schriftlich oder mündlich, ist unerheblich.

§ 265b Abs. 2 S. 2 StGB regelt den Fall, dass die Leistung **ohne Zutun des**   **265**
Täters nicht erbracht wird. Der Täter bleibt dann straflos, wenn er sich freiwillig
und ernsthaft bemüht, das Erbringen der Leistung zu verhindern.

---

[226] *Nestler* WiJ 2015, 5.

[227] Die Dunkelziffer im Bereich der Embargokriminalität bzw. der Außenwirtschaftsdelikte insgesamt wird überwiegend recht hoch geschätzt, da eine Überprüfung der Warenexporte wegen ihrer Masse nur stichprobenhaft möglich sei; vgl. *Tiedemann* Wirtschaftsstrafrecht BT, 2011, S. 58 (Kontrollrate von nur 1 %); ähnlich *Bender* in: Müller-Gugenberger, Wirtschaftsstrafrecht, 2015, § 45 Rn. 15 (Kontrollrate von immerhin 5%).

[228] *Nestler* WiJ 2015, 9.

[229] *Heinz* in: Park, Kapitalmarktstrafrecht, 2013, § 265b StGB Rn. 48; *Kühl/Heger* StGB, 2014, § 265b Rn. 8.

[230] *Rohe* in: BeckOK-BGB, 2016, § 488 Rn. 14 f.

[231] *Tiedemann* in: LK-StGB, 2012, § 265b Rn. 105; *Wohlers/Mühlbauer* in: MüKo-StGB, 2014, § 265b Rn. 48.

[232] *Fischer* StGB, 2016, § 265b Rn. 39; *Hoyer* in: SK-StGB, 2015, § 265b Rn. 46.

[233] *Wohlers/Mühlbauer* in: MüKo-StGB, 2014, § 265b Rn. 48.

5. Übersicht

266   I. Tatbestand
1. Objektiver Tatbestand
   a) Tatgegenstand (Rn. 233 ff.)
      – Betrifft ausschließlich beiderseitige Betriebskredite, vgl. § 265b Abs. 3 StGB
      – Erforderlichkeit eines in kaufmännischer Weise eingerichteter Geschäftsbetriebs
      – Str. bei unklarer Zuordnung zu geschäftlichem oder privatem Bereich
   b) Täterkreis (Rn. 242 f.)
      – § 265b Abs. 1 Nr. 1 StGB: Allgemeindelikt
      – § 265b Abs. 1 Nr. 2 StGB: Sonderdelikt
   c) Tathandlung (Rn. 244)
      – Sachlicher Bezug zu dem Kreditantrag, Kausalität des Antrags für Kreditgewährung muss hypothetisch möglich gewesen sein (Rn. 246)
      – § 265b Abs. 1 Nr. 1 StGB: Vorlegen vorteilhafter, aber unrichtiger oder unvollständiger Unterlagen mit Bezug zu wirtschaftlichen Verhältnissen, lit. a/Machen unrichtiger oder unvollständiger Angaben, lit. b
      – Vorteilhaftigkeit als objektiver Begriff, unabhängig von subjektiver Einschätzung der Wichtigkeit durch den Kreditgeber (Rn. 256)
      – § 265b Abs. 1 Nr. 2 StGB: Nichtmitteilen von Verschlechterungen
      – Antragstellung/Vorlage der Unterlagen als maßgeblicher Zeitpunkt; spätere Negativentwicklung tatbestandlich irrelevant (Rn. 257 f.)
2. Subjektiver Tatbestand: Vorsatz, Dolus eventualis ausreichend
      – Vorsatz bzgl. der normativen Tatbestandsmerkmale der Entscheidungserheblichkeit und der Erforderlichkeit eines in kaufmännischer Weise eingerichteten Geschäftsbetrieb erfordert Kenntnis der einschlägigen Normen und ihrer Auslegung, str. (Rn. 260)
II. Rechtswidrigkeit
III. Schuld
IV. Persönlicher Strafaufhebungsgrund: Tätige Reue (Abs. 3)
      – Bestimmung der beantragen Leistung nach zivilrechtlichen Gesichtspunkten

IV. Untreue, § 266 StGB

1. Allgemeine Grundlagen
a) Systematik und Struktur der Vorschrift

267   § 266 StGB erfasst die vorsätzliche Verletzung der Pflicht zur Betreuung fremder Vermögensinteressen, sofern diese Pflichtverletzung beim Vermögensinhaber zu einem Vermögensnachteil führt. **Geschütztes Rechtsgut** ist demnach das

Vermögen.[234] Für die Tatbestandsverwirklichung kommt es dabei entscheidend auf die **Treuwidrigkeit** des Verhaltens an.

Auch § 266 StGB schützt – genau wie § 263 StGB – nicht die Dispositionsfreiheit **268** des Vermögensinhabers, ebenso wenig die persönlichen Interessen oder Vertrauensinteressen des Vermögensinhabers. Ebenfalls keine Schutzgüter sind das Vertrauen in die Redlichkeit und Funktionsfähigkeit des Rechts- und Wirtschaftsverkehrs[235] sowie das Befriedigungsinteresse von Gläubigern. Die Untreue ist also ein reines Vermögensdelikt.[236]

Der Tatbestand verlangt den Eintritt eines Vermögensnachteils. Es handelt sich **269** demnach um ein **Erfolgs- und Verletzungsdelikt.** Das Handlungsunrecht des strafbaren Verhaltens besteht in einem Fehlgebrauch eingeräumter Dispositionsmacht, das Erfolgsunrecht in einer Schädigung des fremden Vermögens.

§ 266 StGB beinhaltet einen Missbrauchstatbestand sowie einen Treubruchstat- **270** bestand. Der **Missbrauchstatbestand** verlangt, dass der vermögensbetreuungspflichtige Täter die ihm durch Gesetz, behördlichen Auftrag oder Rechtsgeschäft wirksam eingeräumte Befugnis, über fremdes Vermögen zu verfügen bzw. einen anderen zu verpflichten, missbraucht und dadurch dem, dessen Vermögensinteressen er zu betreuen hat, einen Nachteil zufügt. Kennzeichnend für den Missbrauchstatbestand ist dabei, dass der Täter die Diskrepanz zwischen („größerem") rechtlichem Können nach außen und („kleinerem") rechtlichem Dürfen nach innen ausnutzt.[237] Der **Treubruchstatbestand** setzt hingegen voraus, dass der Täter die ihm durch Gesetz, behördlichen Auftrag oder Rechtsgeschäft bzw. aufgrund eines sonstigen Treueverhältnisses obliegende Pflicht, fremde Vermögensinteressen wahrzunehmen, verletzt und dadurch demjenigen, dessen Vermögensinteressen er zu betreuen hat, einen Nachteil zufügt. Gegenüber dem spezielleren Missbrauchstatbestand hat der Treubruchstatbestand eine Auffangfunktion.[238]

b) Verfassungsmäßigkeit

Nach der Auffassung des BVerfG[239] hält § 266 StGB den verfassungsmäßigen **271** Rahmen des Art. 103 Abs. 2 GG trotz seiner tatbestandlichen Weite ein. Das BVerfG geht davon aus, dass „§ 266 I StGB [...] ein Rechtsgut ebenso klar erkennen [lässt] wie die besonderen Gefahren, vor denen der Gesetzgeber dies mit Hilfe des Tatbestandes schützen will".[240]

---

[234] *Dierlamm* in: MüKo-StGB, 2014, § 266 Rn. 1.

[235] So aber noch *Dunkel* GA 1977, 329, 334 f.; *Luthmann* NJW 1960, 419, 420; *D. Meyer* JuS 1973, 215.

[236] *Dierlamm* in: MüKo-StGB, 2014, § 266 Rn. 1.

[237] *Fischer* StGB, 2016, § 266 Rn. 28 („Abweichung von Außenmacht und Innenberechtigung"); *Kindhäuser* in: NK-StGB, 2013, § 266 Rn. 86 („Überschreiten des rechtlichen Dürfens im Rahmen des rechtlichen Könnens").

[238] *Wittig* in: BeckOK-StGB, 2016, § 266 Rn. 25.

[239] BVerfG NJW 2009, 2370.

[240] BVerfGE 126, 170, 200.

272   Allerdings verlangt insbesondere der weit geratene Treubruchstatbestand des § 266 Abs. 1, 2. Alt. StGB nach einer Eingrenzung.[241] Dem entsprechend müsse die Norm **restriktiv und präzisierend** ausgelegt werden.[242] Bei der Erfüllung des Präzisierungsgebots spiele die Rspr. eine wichtige Rolle. Sie sei dazu angehalten, durch die Bildung von fallgruppenspezifischen Obersätzen den Tatbestand weiter zu konturieren.[243]

> In der Lit. wird die Entscheidung des BVerfG kritisch rezipiert.[244] Das Judikat gilt als „spektakuläre neue Grundlage" von „höchster Relevanz für Theorie und Praxis" und „Meilenstein auf dem Weg zu einem neuen Verständnis des Gesetzlichkeitsprinzips".[245] Zumindest wurde begrüßt, dass das BVerfG für das Merkmal der Vermögensbetreuungspflicht eine Hauptpflicht sowie das Bestehen eines Ermessensspielraums, innerhalb dessen der Treupflichtige einen eigenständigen Entscheidungsspielraum haben muss, fordert.[246] Ebenfalls positiv hervorgehoben wird auch das vom BVerfG etablierte sog. **Verschleifungsverbot** im Hinblick auf die Tatbestandsmerkmale des § 266 StGB.[247]

c) Untreue und Kreditgeschäft

273   Jede Kreditbewilligung ist ihrer Natur nach ein mit einem Risiko behaftetes Geschäft. Daher unterliegen Kreditvergaben von Banken und Sparkassen auch prinzipiell denselben Grundsätzen wie (andere) Risikogeschäfte.[248]

274   Vor dem Abschluss des Vertrags prüft der Kreditgeber das Risiko, dass er beim Kreditnehmer mit der Forderung ausfällt. Der Kreditnehmer prüft das Risiko, dass er seine Sicherheiten verliert.[249] Für diese Abwägung steht den Akteuren ein Handlungsspielraum zur Verfügung, innerhalb dessen sich eine Einschätzung zwar als fehlerhaft erweisen kann, das Verhalten gleichwohl absolut sozialadäquat ist. War die Abwägung korrekt, so führt ein späteres Scheitern des Vertrags nicht zu einer Strafbarkeit.[250]

275   Erscheint jedoch bereits die Abwägung als fehlerhaft, so kann dies einen untreuerelevanten Pflichtenverstoß bedeuten. Es genügt aber nicht, dass dabei die

---

[241] Ausführlich dazu *Schünemann* in: LK-StGB, 2012, § 266 Rn. 24 ff.

[242] BVerfGE 126, 170, 200.

[243] BVerfGE 126, 170; dazu auch *Wittig* in: BeckOK-StGB, 2016, § 266 Rn. 1b.

[244] Überblick bei *Saliger* HRRS 2006, 10; vgl. auch *Bernsmann* GA 2009, 296; *Kudlich* ZWH 2011, 1; *Perron* GA 2009, 219.

[245] So *Kuhlen* JR 2011, 246, 247; ähnlich *Saliger* NJW 2010, 3195, 3198; a.A. *Krüger* NStZ 2011, 369, 372.

[246] *Dierlamm* in: MüKo-StGB, 2014, § 266 Rn. 14.

[247] *Dierlamm* in: MüKo-StGB, 2014, § 266 Rn. 14; *Wittig* in: BeckOK-StGB, 2016, § 266 Rn. 39.

[248] *Aldenhoff/Kuhn* ZIP 2004, 103 ff.; *Doster* WM 2001, 333; *Gallandi* wistra 2001, 281; *Hellmann/Beckemper* Wirtschaftsstrafrecht, 2013, Rn. 214 ff.; *Keller/Sauer* wistra 2002, 365; *Kiethe* WM 2003, 861; *Knauer* NStZ 2002, 399; *Kühne* StV 2002, 198; *Seier* in: Achenbach/Ransiek/Rönnau, Wirtschaftsstrafrecht, 2015, Kap. V 2 Rn. 236 ff.; *Knierim* in: Wabnitz/Janovsky, Wirtschafts- und Steuerstrafrecht, 2014, Kap. 10 Rn. 158 ff.

[249] Siehe Rn. 157 ff.

[250] BGH NStZ 2000, 655 f.; BGH NStZ 2002, 262; zur Rspr. *Knauer* NStZ 2002, 399 ff.

Grundsätze des Kreditwesenrechts (z.B. § 18 KWG)[251] oder die „Mindestanforderungen an das Risikomanagement" (MaRisk)[252] verletzt wurden. Vielmehr ist – schon nach der Rspr. des BVerfG[253] – ein **evidenter und gravierender Pflichtenverstoß** erforderlich,[254] der zu einem Vermögensnachteil führt.

Indizien für einen solchen Pflichtverstoß liegen in:

• der Verletzung oder Vernachlässigung von Informationspflichten,
• unrichtigen oder unvollständigen Angaben gegenüber Mitverantwortlichen bzw. aufsichtsberechtigten Personen,
• eigennützigem Handeln der Entscheidungsträger oder,
• einer Überschreitung der Höchstkreditgrenzen.[255]

Umgekehrt kann aber auch eine Untreue des Kreditnehmers im Raum stehen, wenn **276** er mit dem gewährten Kredit anders verfährt, als er es dem Kreditgeber zugesichert hat. Wann die Schwelle zur Strafbarkeit überschritten ist, lässt sich (für beide Seiten) nicht allgemein, sondern nur im jeweiligen Einzelfall ermitteln. Diese Grenzziehung bildet eines der zentralen Probleme des § 266 StGB im Kontext von Kreditvergaben.

d) Praktische Relevanz der Untreue im Zusammenhang mit dem Kreditgeschäft

Die praktische Bedeutung des Untreuetatbestands ergibt sich nicht unbedingt aus **277** den Fallzahlen. In der PKS erfasst werden in Deutschland pro Jahr nur 7410 Fälle mit einem Anteil von ca. 0,12 Prozent an der Gesamtkriminalität. Die Aufklärungsquote liegt immerhin bei ca. 97,6 Prozent, wobei Schätzungen jedoch von einem enormen u.a. auf der geringen Anzeigebereitschaft basierenden Dunkelfeld ausgehen.[256]

2. Strafbarkeitsrisiko auf Seiten des Kreditgebers

Die Strafbarkeitsrisiken im Rahmen des § 266 StGB sind auf Seiten des Kredit- **278** gebers wohl größer, als auf Seiten des Kreditnehmers; jedenfalls scheint die Praxis diesem Bereich mehr Aufmerksamkeit zu schenken. Ganz so deutlich wie das (umgekehrte) Relevanzgefälle für den Betrugstatbestand im Kontext von Kreditgeschäften[257] zeichnet sich das Bild für die Untreue jedoch nicht.

---

[251] Vgl. BGH NStZ 2000, 655; BGH NStZ 2002, 262 f.
[252] Eingehend *Schmitt* BKR 2006, 125, 128 f.
[253] BVerfG NJW 2010, 3209.
[254] Vgl. hierzu BGHSt 47, 187, 197; *Bosch/Lange* JZ 2009, 225, 227.
[255] BVerfG NJW 2010, 3209, 3217 f.
[256] PKS 2015, S. 82, 92. Vgl. dazu auch *Kindhäuser* in: NK-StGB, 2013, § 266 Rn. 27; *Schünemann* in: LK-StGB, 2012, § 266 Rn. 5.
[257] Siehe oben Rn. 168.

a) Missbrauchstatbestand

(1) Verfügungs- oder Verpflichtungsbefugnis

279 Der den Kredit gewährende Bankmitarbeiter kann den Missbrauchstatbestand des § 266 Abs. 1, 1. Alt. StGB erfüllen. Erste Voraussetzung hierfür ist das Bestehen einer wirksamen Verfügungs- oder Verpflichtungsbefugnis. Die Befugnis kann zivilrechtlich oder öffentlich-rechtlich begründet sein und auf Gesetz, behördlichem Auftrag oder Rechtsgeschäft basieren.

> Eine rein tatsächliche Zugriffsmacht auf fremdes Vermögen reicht für den Missbrauchstatbestand nicht aus. Daher genügt es nach wohl h.M. nicht, wenn der Täter nur als faktischer Geschäftsführer handelt.[258]
>
> Die Stellung als Befugnisinhaber ist ein besonderes persönliches Merkmal i.S.d. § 14 StGB.[259]

280 Im Fall der Kreditvergabe durch Institute ist zu differenzieren: Geht es um einen den Kredit gewährenden **Mitarbeiter** als Täter, so kommt insbesondere eine rechtsgeschäftlich erteilte Vollmacht in Betracht. Die Grundlage hierfür bieten das dienstvertragliche Rechtsverhältnis, ein etwaig geschlossener Geschäftsbesorgungsvertrag oder ein Auftrag. Liegt die Kreditbewilligung aber (bspw. aufgrund des Kreditvolumens) einem **Leitungsgremium oder -organ** zur Entscheidung vor, so kommt es abhängig von der Organisationsform des kreditgebenden Unternehmens auf die rechtsgeschäftlich begründeten, gesetzlichen Vertretungs- und Verpflichtungsbefugnisse dieses konkreten Gremiums bzw. Organs an.

> Handelt es sich um eine Aktiengesellschaft, so steht dem Vorstand eine Verfügungs- und Verpflichtungsbefugnis zu, §§ 76, 78, 84 AktG, nicht aber dem Aufsichtsrat. Ebenfalls verfügungs- und verpflichtungsbefugt sind der Geschäftsführer einer GmbH, § 35 GmbHG, der Vorstand einer Genossenschaft, § 24 GenG, der Prokurist, §§ 48 f. HGB, der Handlungsbevollmächtigte, § 54 HGB, der geschäftsführende Gesellschafter einer BGB-Gesellschaft, OHG oder KG, § 714 BGB, §§ 114, 125 f., 161 Abs. 2, 170 HGB bzw. einer GmbH & Co. KG, §§ 125, 161 Abs. 2 HGB, § 35 GmbHG, der Vereins- und Stiftungsvorstand, §§ 26 f., 86 BGB sowie weitere Organe des Vereins.[260]

281 Die Befugnis muss **wirksam** eingeräumt worden sein, wobei maßgeblich die zivil- oder öffentlich-rechtlichen Vorschriften sind.[261] Anderenfalls bleibt nur ein Rückgriff auf den Treubruchstatbestand. Für die Mitarbeiter kreditgewährender Institute oder deren Leitungsgremien und Organe sollte dies i.d.R. recht unproblematisch gegeben sein.

---

[258] *Kindhäuser* in: NK-StGB, 2013, § 266 Rn. 83; *Wittig* in: BeckOK-StGB, 2016, § 266 Rn. 7; a.A. *Fischer* StGB, 2016, § 266 Rn. 18.

[259] *Wittig* in: BeckOK-StGB, 2016, § 266 Rn. 7; siehe zu § 14 StGB Rn. 67 ff.

[260] *Wittig* in: BeckOK-StGB, 2016, § 266 Rn. 8.3.

[261] *Fischer* StGB, 2016, § 266 Rn. 19; *Schünemann* in: LK-StGB, 2012, § 266 Rn. 38.

(2) Fremdes Vermögen

Die Verfügungs- oder Verpflichtungsbefugnis hat sich auf fremdes Vermögen zu **282** beziehen. Auch dies beurteilt sich **akzessorisch zu zivil- oder öffentlich-rechtlichen Regeln**.[262] Auf die wirtschaftliche Zuordnung des Vermögens oder die tatsächliche Zugriffsmöglichkeit kommt es nicht an. Fremd ist das Vermögen, wenn es nicht im alleinigen Eigentum des Täters, sondern auch im Eigentum mindestens einer anderen natürlichen oder juristischen Person steht.[263] Das Vermögen einer juristischen Person ist für deren Organe, aber auch für die Anteilseigner fremd. Dem entsprechend handelt es sich bei dem **Vermögen eines kreditgebenden Instituts** aus der Sicht des den Kredit bewilligenden Mitarbeiters oder Organs um fremdes Vermögen.

(3) Vermögensbetreuungspflicht

Nach ganz h.M. muss sowohl für die Verwirklichung des Missbrauchstatbestands, **283** als auch für die Erfüllung des Treubruchstatbestands zum Zeitpunkt der Tathandlung eine Vermögensbetreuungspflicht vorliegen.[264] Inhalt dieser Pflicht ist die **eigenverantwortliche Wahrnehmung fremder Vermögensinteressen** von einiger Bedeutung.[265] Die Verfügungs- oder Verpflichtungsbefugnis muss dem Täter dabei gerade im Interesse des Geschäftsherrn eingeräumt worden sein.[266] Wesentlich für die Vermögensbetreuungspflicht ist also, dass es sich um eine

- **Fürsorgepflicht** von einiger Bedeutung handelt, die einen
- Bezug zu **fremden Vermögensinteressen** aufweist, dem Täter einen
- **selbstständigen Entscheidungsspielraum** belässt, der nach
- **Dauer und Umfang** der Tätigkeit nicht ganz unerheblich bleibt und die Pflicht eine
- wesentliche und nicht nur nicht nur eine beiläufige Vertragspflicht darstellt.

Bei **Bankmitarbeitern mit Leitungsfunktion** wird eine Vermögensbetreu- **284** ungspflicht gegenüber der Bank von der h.M. angenommen.[267] Dabei stellt sich allerdings die Frage, was diese Leitungsfunktion ausmacht. Die Rspr. hat eine Vermögensbetreuungspflicht vor allem bei Personen wie z.B. dem Leiter der Hauptzweigstelle einer Sparkasse,[268] dem Filialleiter einer Sparkasse[269] oder auch

---

[262] BGHSt 1, 186, 187; *Fischer* StGB, 2016, § 266 Rn. 11; *Kindhäuser* in: NK-StGB, 2013, § 266 Rn. 30; *Kühl/Heger* StGB, 2014, § 266 Rn. 3.

[263] *Kindhäuser* in: NK-StGB, 2013, § 266 Rn. 30.

[264] BGHSt 47, 187, 192; BGHSt 50, 331, 342; BGH NJW 2006, 453, 454.

[265] *Wittig* in: BeckOK-StGB, 2016, § 266 Rn. 12.

[266] *Wittig* in: BeckOK-StGB, 2016, § 266 Rn. 12.

[267] Vgl. nur *Dierlamm* in: MüKo-StGB, 2014, § 266 Rn. 82; *Wittig* in: BeckOK-StGB, 2016, § 266 Rn. 34.5.

[268] BGH NJW 1955, 508.

[269] BGH wistra 1993, 222.

einem Sparkassendirektor[270] explizit bejaht. Entscheidend im Kontext des Kreditgeschäfts ist demnach, wer letztendlich die Entscheidung über die Kreditvergabe
trifft. Das ist i.d.R. nicht bereits der Kundenbetreuer. Vielmehr sind die **Kreditkom-
petenzen** je nach Kreditinstitut unterschiedlich geregelt. Örtliche Sparkassen und
Genossenschaftsbanken entscheiden oftmals als rechtlich selbstständige Institute
über sämtliche Kredite selbst. Dem entsprechend trifft den Leiter der Zweigstelle
eine Vermögensbetreuungspflicht in Bezug auf das Institutsvermögen. Bei größeren Kreditsummen (i.d.R. ab 500.000 oder 75.000 Euro) ist die Zustimmung des
Verwaltungs- bzw. Aufsichtsrats erforderlich. Bei Groß- bzw. Privatbanken werden
Kreditentscheidungen üblicherweise nur bis zu einer bestimmten Höhe in der einzelnen Filiale getroffen; bei höheren Summen liegt die Entscheidungskompetenz
ebenfalls bei einer übergeordneten Stelle. Es kommt also zu einer Trennung zwischen den Bereichen der (persönlichen) Kundenbetreuung und der unterlagenba-
sierten Kreditbewilligung.

285   **Vermögensbetreuungspflichtig** im Rahmen des § 266 Abs. 1, 1. Alt. StGB
(Missbrauchstatbestand) ist dabei derjenige, von dessen Votum die Kreditentscheidung abhängt – also i.d.R. gerade nicht der Kundenbetreuer, der den Kreditnehmer
persönlich kennt. Dies kann wie gesehen eine einzelne Person sein, bspw. ein Filialleiter oder ein anderer Vorgesetzter, aber auch eine Personenmehrheit, z.B. der Vorstand. Handelt es sich um eine Personenmehrheit so sind dabei die Kausalitäts-[271]
und Ressortgrundsätze[272] zu beachten.

(4) Tathandlung
(a) Missbrauch

286   Die Tathandlung im Rahmen des § 266 Abs. 1, 1. Alt. StGB besteht in einem Missbrauch der (rechtswirksam) eingeräumten Befugnis, über fremdes Vermögen zu
verfügen oder einen anderen zu verpflichten. Als Missbrauch bezeichnet man dabei
die im Verhältnis zum Geschäftsherrn **bestimmungswidrige Ausübung der Befugnis**.[273] Die Handlung muss im Außenverhältnis von der eingeräumten Befugnis
gedeckt sein, so dass der Missbrauch ein **rechtsgeschäftliches Handeln** verlangt.[274]
Eine Missbrauchshandlung setzt also voraus, dass der Täter Gebrauch gerade von
seiner ihm nach außen zustehenden und die Vermögensbetreuungspflicht begründenden Kompetenz macht.

287   Kennzeichnend für die Missbrauchsalternative ist – wie schon aufgezeigt – die
Diskrepanz zwischen dem rechtlichen Dürfen im Innenverhältnis und dem weiter
reichenden rechtlichen Können im Außenverhältnis. Ob ein Missbrauch vorliegt

---

[270] Vgl. bereits RGSt 61, 211; ferner BGH MDR 1979, 636.

[271] Siehe Rn. 57 ff.

[272] Rn. 80 ff.

[273] *Perron* in: Schönke/Schröder, StGB, 2014, § 266 Rn. 18.

[274] *Wessels/Hillenkamp* Strafrecht BT II, 2015, Rn. 753.

hängt also von den konkreten Befugnissen und dem damit verbundenen Umfang der Vermögensbetreuungspflicht ab.[275]

In diesem Rahmen kann auch ein **Unterlassen** einen Missbrauch darstellen, sofern es auf rechtsgeschäftlichem Weg die Rechtslage verändert.[276] Die Garantenpflicht soll dabei i.d.R. bereits aus der Vermögensbetreuungspflicht folgen.[277] Unterlässt es der zuständige Mitarbeiter etwa, ausstehende Kreditraten einzufordern oder lässt er eine Forderung gegen den Kreditnehmer verjähren, so kann dies die Tathandlungsvoraussetzungen der Missbrauchsalternative erfüllen.

288

Beispiel 14[278]

A ist alleiniger Geschäftsführer der Golfball-GmbH, die wiederum vertretungsbefugte Komplementärin der Ballsport-GmbH & Co. KG ist. In dieser Eigenschaft gewährt er dem Trainer S aus den Mitteln der Ballsport-GmbH & Co. KG ein Darlehen in Höhe von 60.000 Euro in bar. Die Kreditvergabe wurde in der Bilanz der KG nicht als solche verbucht. Mit der Darlehensgabe verfolgte A den Zweck, im Verhältnis von Golfball-GmbH und Trainer aufgetretene Spannungen zu beseitigen. Er rechnete sicher mit der Rückzahlung durch S, der in der Vergangenheit gleichfalls auf der Basis nur mündlicher Absprachen gewährte Vorschüsse und Darlehen jeweils binnen kurzer Zeit zurückbezahlt hatte. Da die Spannungen nicht beseitigt wurden, beschließt das verantwortliche Gremium, sich von S zu trennen. Der zuständige Gesellschafter und S unterzeichnen dazu eine Freistellungsvereinbarung, in der dem S auch eine Abfindung zuerkannt wird. A weist die Verantwortlichen dabei jedoch weder auf das Darlehen noch auf den bestehenden Rückzahlungsanspruch hin. Als dies endlich ans Licht kommt, ist S längst pleite und die Ballsport-GmbH & Co. KG fällt mit der Forderung aus.

Das zuständige LG hatte offen gelassen, ob mit dem Abschluss des Freistellungsvertrags alle gegenseitigen Ansprüche zwischen der Ballsport-GmbH & Co. KG und S einschließlich des Darlehensrückzahlungsanspruchs abgegolten waren. Der BGH sah dies als Rechtsfehler an (vgl. § 264 StPO). Der Verzicht auf eine werthaltige Forderung könne einen Missbrauch i.S.d. § 266 Abs. 1, 1. Alt. StGB darstellen, der hier dadurch bewirkt wurde, dass es A unterlassen hatte, den zuständigen Gesellschafter über das Darlehen zu informieren. Der BGH verwies die Sache daher im Hinblick auf diese Freistellungsvereinbarung zur erneuten Verhandlung zurück an das LG.

---

[275] *Fischer* StGB, 2016, § 266 Rn. 24.

[276] Bspw. das Schweigen auf ein kaufmännisches Bestätigungsschreiben; vgl. § 362 HGB, § 377 Abs. 2 HGB, § 383 HGB, § 151 BGB, § 496 BGB, § 568 BGB; dazu *Fischer* StGB, 2016, § 266 Rn. 32; *Kindhäuser* in: NK-StGB, 2013, § 266 Rn. 91; so i.E. auch *Schünemann* in: LK-StGB, 2012, § 266 Rn. 53; Bspw. bei *Waßmer* in: Graf/Jäger/Wittig, Wirtschafts- und Steuerstrafrecht, 2017, § 266 Rn. 78 ff.

[277] *Fischer* StGB, 2016, § 266 Rn. 32.

[278] Angelehnt an BGH NStZ 2013, 282 ff.

(b) Pflichtwidrigkeit

289   Den Kern der Prüfung bildet die Pflichtwidrigkeit des Verhaltens. Pflichtwidrig
      i.S.d. Missbrauchsalternative handelt der Täter, wenn er im Verhältnis zum Vermö-
      gensinhaber seine **Innenberechtigung überschreitet**. Die Reichweite der Innen-
      berechtigung verhält sich nach h.M. **akzessorisch** zu dem zwischen Täter und Ver-
      mögensinhaber bestehenden Rechtsverhältnis.[279]

290   Im vorliegenden Kontext des Kreditgeschäfts gilt es daher zwei (in der Sache
      zusammenhängende) Grundprobleme auseinander zu halten. Zunächst ist zu klären,
      ob eine strikte Akzessorietät von Innenberechtigung und Pflichtwidrigkeit zu den
      (gesetzlichen und vertraglichen) Regeln des zugrunde liegenden Rechtsverhält-
      nisses dazu führen darf, dass die Strafbarkeit wesentlich von außerstrafrechtlichen
      Normen abhängt und in ihrer Reichweite ggf. sogar durch den Willen der Beteilig-
      ten bestimmt wird. Die zweite Frage kreist um den Charakter des Kreditgeschäfts
      als Risikogeschäft und betrifft den Umfang des unternehmerischen Beurteilungs-
      und Entscheidungsspielraums.

Akzessorietät als Zentralproblem des Wirtschaftsstrafrechts

291   Akzessorietät von Strafvorschriften zu außerstrafrechtlichen Normen erscheint als
      ein bekanntes – aber bislang nicht vollständig gelöstes – Problem des Wirtschafts-
      strafrechts. Zivil- und öffentlich-rechtliche Regeln liefern zwar die Grundlage
      sowohl für den äußeren Rahmen als auch für den konkreten Inhalt der Vermögens-
      betreuungspflicht. Soll die Strafbarkeit nun aber davon abhängen, was im Arbeits-
      vertrag des Täters steht? Wäre dies der Fall, dann stünde es im freien Belieben
      des Dienstherrn, die Strafbarkeitsgrenze des § 266 StGB zu definieren und ggf. zu
      verschieben. Letztlich bezweckt § 266 StGB zwar den Schutz des Vermögens des
      Dienstherrn, was dafür spricht, ihm diese Definitionsmacht zuzuerkennen. Gesetz-
      lichkeitsprinzip und Bestimmtheitsgebot (Art. 103 Abs. 2 GG) verlangen jedoch,
      dass der demokratisch legitimierte Gesetzgeber die finale Entscheidung über die
      Strafbarkeit trifft. I.d.R. dienen die einschlägigen Regelungen etwa der zugrunde
      liegenden Verträge auch nicht ausschließlich dem Vermögensschutz, so dass eine
      strikte Akzessorietät unter Schutzgutgesichtspunkten zumindest schief erscheint.

292   In der Rspr. gilt das Merkmal der Pflichtwidrigkeit u.a. daher als komplexes und
      normatives Tatbestandsmerkmal und als im Lichte des Art. 103 Abs. 2 GG kon-
      kretisierungsbedürftig.[280] Damit der untreuespezifische Zusammenhang zwischen
      der Pflichtverletzung und dem geschützten Rechtsgut des Vermögens besteht, muss
      es sich bei der **verletzten Pflicht** um eine solche **mit vermögenschützendem Cha-
      rakter** handeln (zumindest „mittelbarer Fremdvermögensbezug"[281]). Gerade für
      das Merkmal der Pflichtwidrigkeit hat das BVerfG daher in seiner zentralen Ent-
      scheidung[282] das sog. **Präzisierungsgebot** hervorgehoben. Eine Pflichtverletzung

---

[279] *Wittig* in: BeckOK-StGB, 2016, § 266 Rn. 18.

[280] BVerfGE 126, 170, 210; BGHSt 55, 288, 300; siehe dazu *Wittig* in: BeckOK-StGB, 2016, § 266
Rn. 18a.

[281] BGHSt 55, 288, 300; BGH NJW 2011, 88, 91.

[282] BVerfGE 126, 170, 198, 210.

genügt daher nur den tatbestandlichen Anforderungen des § 266 StGB, wenn sie **gravierend** bzw. **evident** ist.[283] Als tatsächliche Anhaltspunkte für eine solche Pflichtverletzung hat die Rspr. – wie schon gesagt – herausgearbeitet[284]:

- Informationspflichten wurden vernachlässigt,
- Entscheidungsträger besitzen nicht die erforderliche Befugnis,
- im Zusammenhang mit der Kreditgewährung wurden unrichtige oder unvollständige Angaben gegenüber Mitverantwortlichen oder zur Aufsicht befugten oder berechtigten Personen gemacht,
- vorgegebene Zwecke wurden nicht eingehalten,
- Höchstkreditgrenzen wurden überschritten,
- eigennütziges Handeln der Entscheidungsträger.

Kreditgewährung als Risikogeschäft

Kreditbewilligungen sind ihrer Natur nach Risikogeschäfte. Bei solchen Geschäften stellt sich besonders die Frage, wie weit die dem Täter im Innenverhältnis erteilte Befugnis reicht, und ob sie das eingegangene Risiko noch abdeckt. **293**

Im Risikogeschäft realisiert sich eine vom Täter bewusst getroffene unternehmerische Entscheidung, bei der ungewiss ist, ob sie zu einer Vermögensminderung oder Vermögensmehrung führt.[285] In Zweifelsfällen sei dabei anhand einer **Einzelbetrachtung** festzustellen, ob der Täter pflichtwidrig gehandelt hat; allgemeingültige Regeln seien nicht aufstellbar.[286] Ankommen soll es im Rahmen einer **objektiven ex-ante Sicht** auf den **Zeitpunkt der Handlung**.[287] **294**

Im Grundsatz gilt also: Verwirklicht sich mit dem Forderungsausfall das unternehmerische Risiko und kommt es nur dadurch zu einer Vermögensminderung, folgt daraus noch nicht die Pflichtwidrigkeit des Täterverhaltens. Risikobehaftete Entscheidungen einzugehen ist im Wirtschaftsleben nämlich durchaus üblich und sogar erwünscht.[288] **295**

> Selbst wenn sich ein eingegangenes Risiko nicht realisiert, kann das Verhalten einen Missbrauch darstellen. Ob der objektive Tatbestand der Untreue verwirklicht ist, hängt dann von der Frage der Vermögensbeeinträchtigung bzw. einem etwaig eingetretenen Gefährdungsschaden ab.[289]

---

[283] BVerfGE 126, 170, 211 im Anschluss an BGHSt 47, 148; vgl. auch LG Hamburg AG 2015, 368; differenzierend *Fischer* StGB, 2016, § 266 Rn. 64. Vgl. dazu auch *Saliger* in: SSW, StGB, 2014, § 266 Rn. 42a, 42b; *Zimmermann* Vorstandsuntreue durch Kreditvergabe, in: Steinberg/Valerius/Popp, Das Wirtschaftsstrafrecht des StGB, 2010, S. 71, 79 ff.

[284] Siehe bereits oben Rn. 164.

[285] *Wittig* in: BeckOK-StGB, 2016, § 266 Rn. 18a.

[286] *Fischer* StGB, 2016, § 266 Rn. 66; *Wittig* in: BeckOK-StGB, 2016, § 266 Rn. 18a.

[287] *Fischer* StGB, 2016, § 266 Rn. 68.

[288] *Fischer* StGB, 2016, § 266 Rn. 64; *Kindhäuser* in: NK-StGB, 2013, § 266 Rn. 73; *Otto* JR 2000, 517; *Schröder* NJW 2010, 1169, 1171; siehe auch BGHSt 46, 30; LG Hamburg AG 2015, 368; *Altenburg* BB 2015, 323.

[289] Siehe unten Rn. 545.

296 Die Rspr. und die h.Lit. gestehen der wirtschaftlichen Praxis dabei einen weiten **Beurteilungs- und Ermessensspielraum** zu.[290] Dies gründet sich auf den Umstand, dass „unternehmerische Entscheidungen regelmäßig aufgrund einer zukunftsbezogenen Gesamtabwägung von Chancen und Risiken getroffen werden müssen, die wegen ihres Prognosecharakters die Gefahr erst nachträglich erkennbarer Fehlbeurteilungen enthält".[291] Mit anderen Worten handelt es sich bei unternehmerischen Entscheidungen um solche, die auf der Basis einer Vorausschau getroffen werden. Für die damit verbundene Einschätzung benötigt der mit der Entscheidung Betraute einen gewissen Spielraum.

297 Eine Pflichtverletzung liegt also nicht vor, soweit die Grenzen, in denen sich ein von Verantwortungsbewusstsein getragenes, ausschließlich am Unternehmenswohl orientiertes, auf sorgfältiger Ermittlung der Entscheidungsgrundlagen beruhendes unternehmerisches Handeln bewegen muss, nicht überschritten sind.[292]

Grenzen des Beurteilungs- und Entscheidungsspielraums bei Kreditvergaben

298 Wann aber eine gravierende oder evidente Pflichtverletzung im konkreten Einzelfall gegeben ist, bleibt mit dieser Formel aber noch im Dunkeln. Als maßgebliches Kriterium für das Fehlen einer solchen Pflichtverletzung wird es angesehen, wenn der Täter die **Risiken gegen die Chancen** auf der Grundlage umfassender Information **sorgfältig abgewogen** hat. Ob der Kredit später tatsächlich notleidend wird, ist nicht entscheidend.[293]

299 Der gebotene **Umfang der Informationsverschaffung** hängt auch davon ab, welches Risiko dem Entscheidungsträger hinsichtlich fehlender Informationen gestattet ist.[294] Bei Kreditvergaben stehen daher insbesondere die zivil- und öffentlich-rechtlichen Prüfpflichten im Raum.[295] Hierbei ist zu differenzieren:

300 Für **Verbraucher** gilt § 18 Abs. 2 KWG (§ 509 BGB a.F.).[296] Faktoren der Kreditwürdigkeitsbeurteilung können also (siehe oben) aktuelle Vermögensaufstellungen, Lohn- und Gehaltsabrechnungen, Einkommenssteuererklärungen und/oder Einkommenssteuerbescheide oder dem Institut vorliegende Informationen bspw. über bereits zurückbezahlte Kredite sein.

---

[290] *Wittig* in: BeckOK-StGB, 2016, § 266, Rn. 19.

[291] BGHSt 50, 336; *Krause* StV 2006, 307, *Kutzner* NJW 2006, 3541; *Ransiek* NJW 2006, 814; *Rönnau* NStZ 2006, 218, 220; *Schünemann* NStZ 2006, 196; *Vogel/Hocke* JZ 2006, 568; *Wittig* in: BeckOK-StGB, 2016, § 266 Rn. 18a.

[292] Vgl. BGHSt 50, 331, 337 statt Vieler.

[293] BGHSt 46, 30 sowie BGH NStZ 2002, 262, 263.

[294] *Bosch/Lange* JZ 2009, 225, 233.

[295] Von diesen Pflichten werden hier aus Raumgründen sowie mit Blick auf die Prüfungsrelevanz nur die wichtigsten angesprochen.

[296] Siehe Rn. 171 ff.

Auskünfte von Stellen können bspw. bei Schufa oder Creditreform eingeholt **301** werden, falls die Selbstauskünfte nicht aussagekräftig genug sind. Fragt der zuständige Bankmitarbeiter solche Informationen nicht direkt von der betreffenden Stelle ab, kann dies ein Indiz für die Pflichtwidrigkeit der Entscheidung sein.

Für Kredite, die bestimmte **Grenzwerte überschreiten**, greift § 18 Abs. 1 KWG **302** ein. Hier kann eine Pflichtverletzung vorliegen, wenn sich der zuständige Entscheidungsträger die wirtschaftlichen Verhältnisse des Kreditnehmers nicht oder nur unvollständig offenlegen lässt. Es müssen dazu insbesondere die Jahresabschlüsse zur Kenntnis des Kreditgebers gebracht werden. Lediglich dann, wenn dies aufgrund der gestellten Sicherheiten oder etwaiger Bürgen als offensichtlich nicht erforderlich erscheint, darf das Kreditinstitut davon absehen, § 18 Abs. 1 S. 2 KWG.

Jedoch kann nicht nur § 18 KWG, sondern auch den bereits erwähnten **§§ 13 ff.** **303** **KWG**[297] sowie der in Gestalt von Rundschreiben schriftlich dargelegten Auffassung der BaFin als zuständiger Aufsichtsbehörde[298] im Zusammenhang mit der Pflichtwidrigkeit Bedeutung zukommen.

> **Beispiel 15**[299]
>
> A und B bilden den Vorstand der Sparkasse S. A ist Vorstandsvorsitzender, B ist stellvertretender Vorstandsvorsitzender und betreut das Firmenkundengeschäft. Im Rahmen einer geänderten Geschäftspolitik entschließt sich die Sparkasse, künftig mehr Kredite auch außerhalb des bisherigen Geschäftsfelds zu vergeben. Die Sparkasse S übernimmt so die Finanzierung eines großen Hotelbaus. Der vom Vorstand bewilligte Erstkredit hat ein Volumen von 26,5 Millionen Euro. Ausweislich der vom Kreditnehmer K vorgelegten falschen Vermögensaufstellung hatte dieser ein Nettovermögen von 13 Millionen Euro, während es tatsächlich nur 3,25 Millionen Euro betrug. Die realen Vermögensverhältnisse des Kreditnehmers wurden nicht im Detail überprüft. Das Hotelgrundstück wurde jedoch zugunsten der Sparkasse S mit Grundpfandrechten in der Höhe des Kredits belastet. In der Folgezeit kommt es zu Nachfinanzierungen und Zusatzkrediten in einer Höhe insgesamt 82 Millionen Euro, die der Vorstand der Sparkasse S teilweise in Eilbeschlüssen, teilweise zunächst „blanko" und partiell zur Rückführung von Überziehungen bewilligt. Schließlich kann K die Kredite nicht mehr bedienen. Die Sparkasse S fällt mit ihrer Forderung aus.
>
> Der Missbrauchstatbestand ist in dieser Konstellation erfüllt. A und B hatten als Vorstandsmitglieder die Befugnis, über das Vermögen der Sparkasse im Rahmen von Kreditvergaben zu verfügen, so dass hier die Verwirklichung der Missbrauchsalternative des § 266 Abs. 1 StGB in Betracht kommt. Für die Frage

---

[297] Oben Rn. 144 ff.

[298] Rn. 33 ff.

[299] Nach BGH NStZ 2002, 262.

nach den Grenzen des rechtlichen Dürfens kommt es dabei darauf an, ob A und B ihrer Prüfungs- und Informationspflicht bezüglich der Vermögensverhältnisse des Kreditnehmers ausreichend nachgekommen sind.

Der BGH betont in seiner Entscheidung, dass bei einer „ihrer Natur nach mit einem Risiko behafteten" Kreditvergabe die Risiken gegen die sich daraus ergebenden Chancen auf der Grundlage umfassender Information abzuwägen sind. Ist diese Abwägung sorgfältig vorgenommen worden, könne eine Pflichtverletzung i.S.d. § 266 StGB nicht deshalb angenommen werden, weil das Engagement später notleidend wird. Es entspreche anerkannten bankkaufmännischen Grundsätzen, Kredite nur nach umfassender und sorgfältiger Bonitätsprüfung zu gewähren. Maßgeblich für die Pflichtverletzung sei daher, ob die Entscheidungsträger bei der Kreditvergabe ihre banktübliche Informations- und Prüfungspflicht bzgl. der wirtschaftlichen Verhältnisse des Kreditnehmers gravierend verletzt haben. Für die Frage, was dabei als banktüblich gilt, rekurrierte der BGH in seiner Entscheidung auf die Erläuterungen des Bundesaufsichtsamts für das Kreditwesen (BAKred), dessen Aufgaben seit dem 1. Mai 2002 der Bundesanstalt für Finanzdienstleistungsaufsich (BaFin) übertragen sind.[300]

Ein deutliches Indiz – aber eben auch nur ein Indiz – für eine Vernachlässigung dieser Pflichten und damit für eine Pflichtverletzung sah der BGH in der Missachtung der Prüf- und Informationspflichten des § 18 KWG, wonach das kreditgebende Institut eine Offenlegung der wirtschaftlichen Verhältnisse des Kreditnehmers zu verlangen hat. § 18 KWG sei Ausfluss des anerkannten bankkaufmännischen Grundsatzes, Kredite nur nach umfassender und sorgfältiger Bonitätsprüfung zu gewähren und bei bestehenden Kreditverhältnissen die Bonität des Kreditnehmers laufend zu überwachen. § 18 Abs. 1 S. 1 KWG verlangt, dass sich ein Kreditinstitut vor der Gewährung eines Kredits ab einer Höhe von mehr als 750.000 Euro vom Kreditnehmer seine wirtschaftlichen Verhältnisse (insbesondere die Jahresabschlüsse) offenlegen lässt. Selbst bei zeitnaher Vorlage der Jahresabschlüsse ist die Heranziehung weiterer Unterlagen geboten, wenn die Jahresabschlüsse allein kein hinreichend klares, verlässliches Urteil über die wirtschaftlichen Verhältnisse des Kreditnehmers ermöglichen. Außerdem muss das Kreditinstitut auch die wirtschaftliche Entwicklung des Kreditnehmers während der gesamten Dauer des Kreditverhältnisses kontinuierlich beobachten und analysieren. Sogar eigene Ermittlungen muss das Kreditinstitut anstellen, bspw. wenn es darum geht Vermögensgegenstände zu bewerten.

304 Diesen Ansatz, die Verletzung der zivil- und öffentlich-rechtlichen Regeln als Anknüpfungspunkt und Indiz für die Pflichtverletzung zu sehen, hat der BGH auch in späteren Entscheidungen bestätigt (siehe sogleich).

Besonders problematisch ist, inwieweit Verstöße gegen den Deutschen Corporate Governance Kodex oder gar unternehmenseigene Compliance-Regeln eine Pflichtverletzung begründen können. Im Grundsatz gilt aber auch dabei: Sind nach dem (tatsächlichen und

---

[300] Siehe oben Rn. 33 ff.

nicht nur einem deklarierten) Inhalt der Befugnis riskante Geschäfte überhaupt nicht gestattet, ist ein Risikogeschäft im Innenverhältnis pflichtwidrig.[301] Wenn andererseits das Innenverhältnis Risikogeschäfte zulässt oder sogar erfordert, ist ein Risikogeschäft grds. von der Innenberechtigung umfasst.[302]

Liegt dabei kein „äußerer" bzw. formaler Verstoß gegen Informations- und Prü- **305** fungspflichten vor, dann kann sich die **Pflichtwidrigkeit aus der Art und Weise der Prüfung** durch die Entscheidungsträger ergeben.

Beispiel 16[303]

Im Zusammenhang mit einer größeren Firmenfusion beantragt V in seiner Eigenschaft als Vorstand der in die Fusion verwickelten U-AG bei der Westbank einen sog. Brückenkredit in Höhe von fast einer Milliarde Euro zur Finanzierung der Fusion. Der Kredit soll durch eine „Verbriefung der Vermögenswerte" des neu zu gründenden Unternehmens und die Veräußerung der entsprechenden Wertpapiere zurückbezahlt werden. Der Vorstand der Westbank, bestehend aus A, B und C, lässt sich dazu Unterlagen über die Situation des seit über zehn Jahren rückläufigen Umsatzes des Unternehmens, Schätzungen zu den möglichen Kostenersparnissen durch Synergien durch die Fusion und Angaben zum erwarteten Cashflow (Ertrag) vorlegen. Die für die Prüfung von Kreditvergaben zuständige Abteilung der Westbank gibt zu dem Antrag eine negative Stellungnahme ab und weist den Vorstand auf die hohen Risiken für die Bank hin. Gleichwohl stimmt der Vorstand nach reiflicher Überlegung für die Kreditvergabe, die Darlehenssumme wird der U-AG ausbezahlt und der Vorgang wird der Abteilung „Standardkreditüberwachung" der Westbank unterstellt. Später gerät die U-AG in einen wirtschaftlichen Engpass und kann den Kredit nicht mehr bedienen. Die Westbank fällt mit einer Rückzahlungsforderung in Höhe von 400 Millionen Euro im Insolvenzverfahren aus.

Auch in dieser Entscheidung betont der BGH zunächst, dass bei der generell risikobehafteten Vergabe von Krediten durch Entscheidungsträger einer Bank eine Pflichtverletzung im Sinne des § 266 Abs. 1 StGB nur dann zu bejahen sein kann, wenn die Risiken und die Chancen der Kreditvergabe nicht auf der Grundlage umfassender Informationen sorgfältig abgewogen wurden. Nur wenn die „weit zu ziehenden Grenzen des unternehmerischen Entscheidungsspielraums" durch „Verstöße gegen die banküblichen Informations- und Prüfungspflichten überschritten werden", sei die Pflichtwidrigkeit zu bejahen.

Der gebotene Umfang der Informationsverschaffung hänge u.a. wiederum davon ab, welches Risiko dem Entscheidungsträger hinsichtlich fehlender

---

[301] Vgl. *Fischer* StGB, 2016, § 266 Rn. 65; *Kindhäuser* in: NK-StGB, 2013, § 266 Rn. 74; *Wittig* in: BeckOK-StGB, 2016, § 266 Rn. 19.2.

[302] *Kindhäuser* in: NK-StGB, 2013, § 266 Rn. 75.

[303] Nach BGH wistra 2010, 21 ff., hier jedoch auf die Frage der Pflichtwidrigkeit gekürzt.

Informationen gestattet ist. Im Fall einer (Groß-)Kreditvergabe ist maßgebend hierfür § 18 (heute: Abs. 1) KWG, der bestimmt, dass eine Offenlegung der wirtschaftlichen Verhältnisse des Kreditnehmers zu verlangen ist. Insbesondere, soweit ein neues Geschäftsfeld erschlossen oder eine neue Geschäftsidee verwirklicht werden soll, müsse sich der Entscheidungsträger für die erforderliche Risikoanalyse eine breite Entscheidungsgrundlage verschaffen. Und selbst wenn solche Beurteilungsgrundlagen durch den Kreditgeber beigeholt werden, kann die Kreditvergabe pflichtwidrig sein, sofern diese Umstände bei der Entscheidungsfindung nicht sachgemäße Berücksichtigung finden. Um dies zu beurteilen, fehlten dem BGH jedoch die notwendigen Feststellungen in dem Urteil des zuständigen LG und er verwies die Sache dorthin zurück.

306   In Bezug auf die notwendigen **Feststellungen der Tatgerichte** stellt die Rspr. – wie im obigen Fallbeispiel bereits aufgezeigt – hohe Anforderungen. Um eine Kreditvergabe als pflichtwidrig i.S.d. § 266 StGB einzustufen, bedarf es einer **umfassenden Prüfung der wirtschaftlichen Verhältnisse** des Kreditnehmers, der beabsichtigten Verwendung des Kredits sowie der Einschätzung der Risiken durch die Entscheidungsträger.

Beispiel 17[304]

S und T sind Vorstände der Sparkasse N. Durch Vorstandsbeschluss erhöhen sie das Kreditlimit der in der Textilbranche aktiven H-GmbH um ca. 1,5 Millionen Euro. Die Mittel dienen dem Erwerb eines Lagers nicht mehr aktueller Textilien, das die Kreditnehmer weiterverkaufen wollen. Der Blankoanteil der Kreditgewährung beträgt eine Million Euro. Das Gesamtengagement der Sparkasse gegenüber den Kreditnehmern beläuft sich dadurch insgesamt auf 2,2 Millionen Euro; dem stehen Sicherheiten von maximal 1,1 Millionen Euro gegenüber. Die H-GmbH gerät in einen wirtschaftlichen Engpass und es gelingt ihr nicht, das Warenlager zu verkaufen. Die Sparkasse kann nur einen Teil ihrer Rückzahlungsforderung in Höhe von ca. 200.000 Euro aus den Sicherheiten realisieren.

Nach Auffassung des BGH lag in diesem Fall zunächst kein Verstoß gegen § 18 KWG vor, da der Sparkasse die wirtschaftlichen Verhältnisse und insbesondere die Jahresabschlüsse der H-GmbH vorgelegen hatten; auch Verwendungszweck und Branchenentwicklung waren bekannt.

Entscheidend für § 266 StGB ist jedoch, ob die Entscheidungsträger ihrer Prüfungs- und Informationspflicht bezüglich der Vermögensverhältnisse des Kreditnehmers insgesamt ausreichend nachgekommen sind. Aus der Nichtbeachtung oder Verletzung der Vorschrift des § 18 KWG können sich dafür zwar Anhaltspunkte ergeben. Allerdings bedeutet selbst eine Missachtung dieser Anforderungen noch nicht zwingend eine Pflichtverletzung i.S.d. § 266 Abs. 1 StGB, wenn bspw. eine fehlende Information durch andere, gleichwertige Informationen

---

[304] Nach BGH NStZ 2000, 655.

ersetzt wird. Ebenso folgt allein daraus, dass die Entscheidungsträger alle im Rahmen des § 18 KWG erforderlichen Unterlagen angefordert haben, noch nicht, dass diese auch ordnungsgemäß geprüft und die sich daraus ergebenden Entscheidungsspielräume nicht überschritten wurden. Will ein Tatgericht eine Verurteilung wegen Untreue darauf stützen, so muss es Feststellungen zu sämtlichen Entscheidungsgrundlagen und deren Auswertung durch die Täter treffen.

Risikoeinstufung und Pflichtwidrigkeit

Neben § 18 KWG begrenzt auch die (bereits erwähnte[305]) Regelung des § **25a**   **307** **KWG** den Beurteilungs- und Entscheidungsspielraum bei Kreditvergaben. Wie gesehen macht die Vorschrift Kreditinstituten Vorgaben zu einer ordnungsgemäßen Geschäftsorganisation, welche die Einhaltung der zu beachtenden gesetzlichen Bestimmungen und der betriebswirtschaftlichen Notwendigkeiten gewährleistet, vgl. § 18 Abs. 1 S. 1 KWG. Die Regelung beinhaltet damit allgemeine Grundprinzipien zur Ausgestaltung des Risikomanagements.

Nach den Beobachtungen so mancher Praktiker neigen die Strafverfolgungsbe-   **308** hörden dazu, den Rahmen der banküblichen Prüf- und Informationspflichten gerade unter Heranziehung der in § 25a KWG angesprochenen **Mindestanforderungen an das Risikomanagement** (sog. MaRisk) zu bestimmen.[306] Auch im Kontext des § 25a KWG sowie des Rundschreibens 10/2012 der BaFin gilt jedoch, dass ein Verstoß gegen eine Verletzung dieser (zum Teil nicht einmal gesetzlich) geregelten Pflichten noch nicht zwangsläufig eine Pflichtverletzung i.S.d. § 266 Abs. 1 StGB darstellt. Dies bedarf einer gesonderten und am Einzelfall orientierten Bewertung.

(5) Einverständnis

Sowohl in der Missbrauchs- als auch in der Treubruchsalternative kann ein Ein-   **309** verständnis des Vermögensinhabers die Tatbestandsverwirklichung ausschließen.[307] Für § 266 Abs. 1 Alt. 1 StGB erklärt sich dies schon daraus, dass ein Handeln, welches dem Willen des Berechtigten entspricht, bereits begrifflich keinen Missbrauch der eingeräumten Befugnis darstellen kann. Das Einverständnis erweitert eben den Rahmen des rechtlichen Dürfens und es fehlt an der Diskrepanz zwischen Innenberechtigung und Außenmacht.[308]

Wie jedes tatbestandsausschließende Einverständnis muss auch dieses im Kontext   **310** des § 266 StGB **vor der Tat** erklärt werden. Das kann ausdrücklich oder konkludent geschehen, so dass bspw. auch entsprechende Weisungen im Rahmen eines Risikogeschäfts ein solches Einverständnis darstellen können und deren Befolgung den Missbrauchstatbestand nicht erfüllt.[309]

---

[305] Siehe Rn. 150 ff.

[306] *Groß/Reichling* in: Schork/Groß, Bankstrafrecht, 2013, Rn. 331.

[307] Verletzung einer Vermögensbetreuungspflicht abgelehnt bspw. von BGHSt 50, 331, 342; siehe dazu auch *Wessels/Hillenkamp* Strafrecht BT II, 2015, Rn. 758.

[308] *Dierlamm* in: MüKo-StGB, 2014, § 266 Rn. 143; *Wittig* in: BeckOK-StGB, 2016, § 266 Rn. 20.

[309] *Schünemann* in: LK-StGB, 2012, § 266 Rn. 116.

311   Die Wirksamkeitsvoraussetzungen des Einverständnisses sind allerdings nicht
gänzlich klar. So wird überwiegend[310] – jedoch nicht einhellig[311] – davon ausgegangen, dass sich die Wirksamkeit des Einverständnisses ausnahmsweise nach
denjenigen Anforderungen zu richten hat, die normalerweise für die rechtfertigende Einwilligung gelten. Insbesondere sollen Einwilligungsfähigkeit und
Freiheit von Willensmängeln zu prüfen sein.[312] Unerheblich bleibt daher das
(ggf. konkludent durch die Auszahlung der Darlehenssumme erteilte) Einverständnis, wenn es bspw. durch falsche Angaben bei der Beantragung des Kredits
erschlichen ist oder auf irrtumsbedingten Fehleinschätzungen beruht.[313] Auch
eine Zustimmung, die gegen rechtliche Vorgaben (bspw. solche des KWG)
verstößt, erachtet die Rspr. für unwirksam; es kommt dann nicht zu einem
Tatbestandsausschluss.[314]

Beispiel 18[315]

L, der Leiter der Kreissparkasse K, gewährt mit Zustimmung des Verwaltungs-
rats der Kreissparkasse dem Z einen Blankokredit. Dies verstößt jedoch gegen die
Sparkassenordnung (SpkO) und die Satzung der Kreissparkasse, da Z zugleich
Vorsitzender des Verwaltungsrats der Kreissparkasse ist.

In dieser Entscheidung – soweit ersichtlich eine der ersten zu dieser Frage –
legte der BGH dar, dass die Bewilligung unzulänglich gesicherter Kredite, die
dem Kreditinstitut Schaden zufügt, eine Untreue darstellen kann, selbst wenn
ein entsprechender Beschluss des Verwaltungsrats dies zu gestatten scheint. Ein
solcher Beschluss sei nämlich kein „Freibrief", der von strafrechtlicher Verantwortung freistelle.

Die Einschränkung der Wirksamkeit des Einverständnisses für den Fall, dass dieses gegen
ein gesetzliches Verbot verstößt, ist nicht selbstverständlich, dient § 266 StGB doch dem
Vermögensschutz des Dienstherrn. Wäre dies der einzige Schutzzweck, so müsste es diesem
Dienstherrn aber freistehen, über sein Vermögen zu disponieren. § 266 StGB bezweckt
gerade nicht, Verstöße gegen Rechtsnormen z.B. des Kapitalgesellschaftsrechts zu sanktio-
nieren. Der Untreuetatbestand ist auch kein Gläubigerschutzdelikt. Daher wirkt grds. auch
ist ein Einverständnis mit vermögensschädigenden Handlungen von Organen oder sonstigen vertretungsberechtigten Personen bzw. durch den oder die Anteilseigner einer Gesellschaft (als deren oberstes Willensbildungsorgan) tatbestandsausschließend.[316] Selbst bei
Kapitalgesellschaften besteht kein Anspruch auf Gewährleistung eines ungeschmälerten

---

[310] *Fischer* StGB, 2016, § 266 Rn. 92; *Wessels/Hillenkamp* Strafrecht BT II, 2015, Rn. 759.

[311] *Wittig* in: BeckOK-StGB, 2016, § 266 Rn. 21; BGHSt 30, 247, 249.

[312] *Fischer* StGB, 2016, § 266 Rn. 92; *Matt* in: Matt/Renzikowski, StGB, 2013, § 266 Rn. 93;
Saliger in SSW, StGB, 2014, § 266 Rn. 46; *Wessels/Hillenkamp* Strafrecht BT II, 2015, Rn. 759.

[313] *Dierlamm* in: MüKo-StGB, 2014, § 266 Rn. 144; *Fischer* StGB, 2016, § 266 Rn. 92.

[314] BGHSt 30, 247, 249.

[315] Nach BGH vom 31.5.1960 – 1 StR 106/60.

[316] *Wittig* in: BeckOK-StGB, 2016, § 266 Rn. 22.

Bestands, so dass die Gesellschafter im Grundsatz befugt sind, einer Kapitalgesellschaft auch formlos Vermögenswerte zu entziehen.[317] Im Einzelnen ist diese – für Kreditvergaben indes nicht zentrale und daher hier nicht weiter zu vertiefende – Frage hoch umstr.[318]

Zu prüfen ist dabei stets, ob der **Missbrauchstatbestand** nicht **bereits durch das** **312** **pflichtwidrig erteilte Einverständnis** erfüllt ist.[319] Sofern nämlich der Kredit aufgrund einer mehrköpfigen Gremienentscheidung vergeben wird, differenziert die Rspr. für die Verantwortlichkeit der Beteiligten. Die Leiter des Kreditinstituts dürfen sich grds. auf den Bericht des zuständigen Sachbearbeiters verlassen; bestehen jedoch Zweifel oder Unstimmigkeiten, so sind Rückfragen notwendig und es müssen Nachprüfungen angestellt werden. Gleiches gilt, wenn die Kreditvergabe mit einem besonders hohen, ggf. sogar die Existenz der Bank gefährdenden Risiko verbunden ist und/oder wenn die Bonität des Kunden besonders problematisch erscheint.[320]

Zu Beispiel 17 (Rn. 306)[321]

In dem obigen Sachverhalt bewirkte das Einverständnis der Vorstände (als Vertreter) der Sparkasse gerade kein Entfallen des Tatbestands, da seine Erteilung selbst pflichtwidrig erfolgte.

b) Treubruchstatbestand

(1) Treueverhältnis

Das Treueverhältnis kann – wie beim Missbrauchstatbestand auch – auf Gesetz, **313** behördlichem Auftrag oder Rechtsgeschäft beruhen. Im Unterschied zur Missbrauchsalternative besteht jedoch keine Verpflichtungs- oder Verfügungsbefugnis des Täters.[322] Das Treueverhältnis kann aber auch durch ein bloß faktisches Herrschaftsverhältnis begründet werden.[323]

Dem Treubruchstatbestand kommt für den hier beleuchteten Bereich eine eher **314** geringe Relevanz zu. Sofern nicht gerade ein faktischer Vorstand agiert oder die Erteilung einer Vollmacht an den zuständigen Mitarbeiter oder vermögensbetreuungspflichtigen weil entscheidungsbefugten Sachbearbeiter unwirksam ist,

---

[317] *Tiedemann* JZ 2005, 45; *Wittig* in: BeckOK-StGB, 2016, § 266 Rn. 22.

[318] Vgl. zum Streitstand *Fischer* StGB, 2016, § 266 Rn. 93 ff.; *Kühl/Heger* StGB, 2014, § 266 Rn. 20a, 20b; *Schünemann* in: LK-StGB, 2012, § 266 Rn. 125; maßgeblich ist nach der heute herrschenden „eingeschränkten Gesellschaftertheorie" (*Schünemann* in: LK-StGB, 2012, § 266 Rn. 249; in: NK-StGB, 2013, § 266 Rn. 71; zur Kritik *Fischer* StGB, 2016, § 266 Rn. 99; *Perron* in: Schönke/Schröder, StGB, 2014, § 266 Rn. 21b) grds. der Wille der Gesellschafter, es sei denn, die vermögensschädigende Handlung gefährdet die Existenz der Gesellschaft.

[319] *Kindhäuser* in: NK-StGB, 2013, § 266 Rn. 67.

[320] *Kindhäuser* in: NK-StGB, 2013, § 266 Rn. 78.

[321] BGHSt 46, 30, 35.

[322] *Fischer* StGB, 2016, § 266 Rn. 39.

[323] *Wittig* in: BeckOK-StGB, 2016, § 266 Rn. 27.

wird i.d.R. der speziellere Missbrauchstatbestand eingreifen. Auch von Anfang
an rechtsunwirksame Treueverhältnisse z.B. zwischen einer AG und einem nicht
ordnungsgemäß bestellten Vorstand oder einer GmbH und einem sog. faktischen
Geschäftsführer können im Einzelfall ein faktisches Treueverhältnis begründen.[324]
Hierbei ist entscheidend, dass dieser unwirksam bestellte Vertreter die Aufgaben der
Vermögensbetreuung, mit denen er betraut werden sollte, auch tatsächlich eigenverantwortlich ausübt.

(2) Vermögensbetreuungspflicht

315 Für die Vermögensbetreuungspflicht gilt im Rahmen des Treubruchstatbestands
grds. nichts anderes als für die Missbrauchsalternative.[325] Besonderer Erwähnung
bedarf an dieser Stelle jedoch der **Kreditsachbearbeiter**. Dieser bewilligt den
Kredit i.d.R. nicht selbst; ihm kommt demnach keine Verfügungs- oder Verpflichtungsbefugnis gegenüber dem Kreditinstitut zu, so dass der Missbrauchstatbestand
nicht erfüllt ist. Er kann jedoch gegenüber der Bank gleichwohl in einem Treueverhältnis stehen und dabei vermögensbetreuungspflichtig sein, wenn ihm bei der Kreditvergabe ein eigenverantwortlicher Entscheidungsspielraum eingeräumt wurde.[326]

Beispiel 19[327]

S ist Kreditsachbearbeiter der P-Bank und bearbeitet die Kreditanfrage des X,
der ein Darlehen in Höhe von 50.000 Euro benötigt. Die Prüfung einer Kreditanfrage durch S läuft dabei so ab, dass dieser die persönlichen Angaben des
potentiellen Kreditnehmers sowie den Kreditwunsch in ein automatisiertes Programm eingibt; dabei genügt es, dem Rechner lediglich einen Ausweis und zwei
Gehaltsbescheinigungen vorzulegen. Eine Schufa-Anfrage erfolgt automatisiert.
Das Programm errechnet dann selbständig, ob der potentielle Kreditnehmer
den Kreditbetrag zurückzahlen können wird. Das Programm zeigt anschließend
den maximal möglichen Kreditbetrag an. Das Ergebnis der Prüfung wird nach
Eingabe der Daten in einem Ampelsystem dargestellt. Bei einem „Grünfall" wird
der gewünschte Kredit sofort programmgestützt genehmigt und das Geld umge-
hend automatisiert zur Auszahlung angewiesen. Eine weitere Prüfung ist nicht
vorgesehen. Bei einem „Gelbfall" sind die für die Kreditbearbeitung erforderlichen Unterlagen in eine besondere Abteilung zur individuellen Prüfung weiter-
zureichen. Bei einem „Rotfall" wird der Kreditwunsch vor Ort sofort abgelehnt;
zu einer weiteren Prüfung sowie einer individuellen Beratung kommt es nicht.
Da die „Ampel" nach Eingabe aller Daten auf grün steht, unterzeichnet S das
Kreditersuchen und weist die Auszahlung an. X kann den Kredit nicht zurückzahlen und die P-Bank fällt mit ihrer Forderung aus.

---

[324] *Schünemann* in: LK-StGB, 2012, § 266 Rn. 63.
[325] Siehe Rn. 286.
[326] *Wittig* in: BeckOK-StGB, 2016, § 266 Rn. 34.5.
[327] Nach BGH NStZ 2013, 40.

Der BGH konnte auf der Grundlage der vom zuständigen LG getroffenen Feststellungen keine Vermögensbetreuungspflicht des Sachbearbeiters S erkennen. Vermögenssorge sei zwar Hauptgegenstand seines Tätigkeitsfelds als Kreditsachbearbeiter. Nach Auffassung des BGH steht jedoch das Fehlen einer Möglichkeit zur eigenverantwortlichen Entscheidung innerhalb eines gewissen Ermessensspielraums der Annahme einer Vermögensbetreuungspflicht entgegen. Vielmehr seien die zu erfüllenden Pflichten in allen Einzelheiten vorgegeben gewesen und eine Dispositionsbefugnis habe nicht bestanden. Gerade aufgrund der programmgestützten und allein von den dortigen Vorgaben abhängigen Kreditvergabe sei weder eine individuelle Beratung des Kreditsuchenden vorgesehen, noch habe ein Entscheidungsspielraum des Kreditberaters bzw. Sachbearbeiters bestanden. Das Unterschreiben des Darlehensvertrags ändert an dieser Einschätzung nichts; es stelle einen bloßen Vollzug der bereits (durch das von der Geschäftsleitung eingesetzte Ampelsystem) getroffenen Entscheidung dar.

(3) Treubruchshandlung

Die Tathandlung der Treuebruchsalternative besteht in der Verletzung der konkreten **316** aus dem Treueverhältnis fließenden Vermögensbetreuungspflicht, wobei die Pflichtwidrigkeit **akzessorisch** den zivil- und öffentlich-rechtlichen Vorgaben folgt.[328] Die Verletzung der zivil- und öffentlich-rechtlichen Regelungen soll allerdings nur eine notwendige, nicht aber eine hinreichende Bedingung für die Strafbarkeit sein. Die Strafwürdigkeit der Pflichtverletzung sei in einem zweiten, davon zu trennenden Schritt zu prüfen.[329]

Zwischen der Pflichtverletzung und der Vermögensbetreuungspflicht des Täters **317** muss ferner ein „**sachlich-inhaltlicher Zusammenhang**" bestehen. Dies ist der Fall, wenn der Täter gerade eine solche Pflicht verletzt, die Bestandteil seiner spezifischen Pflichtenstellung in Bezug auf das fremde Vermögen ist.[330]

Ob die Verletzung eines „allgemeinen Schädigungsverbots" zu einer Strafbarkeit nach § 266 Abs. 1 (2. Alt.) StGB führen kann, ist umstr. Gemeint ist hiermit das pauschale Verbot, das Vermögen des Geschäftsherrn zu schädigen. In der Rspr. ist diese Frage nicht abschließend geklärt. Der BGH ebenso wie das obergerichtliche Rspr. im Übrigen fordern zwar einen inneren Zusammenhang zwischen der Vermögensbetreuungspflicht und der Tathandlung; daraus wird jedoch unterschiedliches abgeleitet.[331] Auch in der Lit. gibt es keine einheitliche Auffassung. Soweit vertreten wird, eine Missachtung des allgemeinen Schädigungsverbots könne eine Treuepflichtverletzung beinhalten, wird dies unter die Voraussetzung gestellt, „dass die Tat unter Ausnutzung der die Tätereigenschaft des Treuebruchstatbestands begründenden Sonderbeziehung zu dem fremden Vermögen begangen wird".[332]

---

[328] *Rönnau* ZStW 2007, 887, 906 ff.

[329] *Matt* in: Matt/Renzikowski, StGB, 2013, § 266 Rn. 55 f.; *Saliger* in SSW, StGB, 2014, § 266 Rn. 31; *Wittig* in: BeckOK-StGB, 2016, § 266 Rn. 35.

[330] *Dierlamm* in: MüKo-StGB, 2014, § 266 Rn. 185.

[331] Siehe dazu die eingehende Darstellung dieser Rspr. bei *Dierlamm* in: MüKo-StGB, 2014, § 266 Rn. 187.

[332] *Perron* in: Schönke/Schröder, StGB, 2014, § 266 Rn. 36.

Nach a.A. kommt eine untreuespezifische Pflichtverletzung nur innerhalb des dem Täter
übertragenen konkreten Herrschaftsbereichs in Betracht.[333]

318   Die Treuebruchshandlung kann sowohl in einem rechtsgeschäftlichen als auch in
einem rein tatsächlichen Handeln liegen und sowohl ein aktives Tun als auch ein
Unterlassen darstellen. Es genügt also u.U. auch eine (entsprechend gewichtige)
positive Kreditempfehlung des Sachbearbeiters an die übergeordnete Abteilung,
sofern die übrigen Voraussetzungen der Treubruchsalternative – Vermögensbetreuungspflicht aufgrund eigenverantwortlichen Entscheidungsspielraums, Pflichtverletzung, Vermögensnachteil – vorliegen.

c) Vermögensnachteil

319   In beiden Alternativen verlangt § 266 Abs. 1 StGB den Eintritt eines Vermögensnachteils. Hierunter fällt jede durch die Tathandlung verursachte **Vermögenseinbuße**. Dabei gilt grds. nichts anderes als im Rahmen des § 263 StGB.[334]

320   Nach den Vorgaben des **BVerfG** ist auch der Begriff des Vermögensnachteils im
Lichte des Art. 103 Abs. 2 GG restriktiv und präzisierend auszulegen.[335] Das sog.
Verschleifungsverbot beinhaltet die Maßgabe, den einzelnen Tatbestandsmerkma-
len des § 266 StGB ihre eigenständige Bedeutung zu belassen. Insbesondere darf
das Merkmal des Vermögensnachteils nicht durch „normative Erwägungen" gegenüber dem Merkmal der Pflichtwidrigkeit in den Hintergrund gedrängt werden.[336]
Erforderlich ist vielmehr eine wirtschaftliche Betrachtung, die den Eintritt eines
echten Nachteils klar erkennen lassen muss.[337]

321   Ein sog. **Gefährdungsschaden** soll (trotzdem) auch im Rahmen des § 266 StGB
in Betracht kommen. Es kann also ausreichen, wenn lediglich eine „schadensgleiche" Vermögensgefährdung eintritt, sich der definitive Nachteil jedoch nicht realisiert.[338] Genau wie beim Betrug fußt diese Auffassung auch im Kontext des § 266
StGB auf der Prämisse, dass bei wirtschaftlicher Betrachtung bereits die Gefahr
eines zukünftigen Verlusts eine gegenwärtige Minderung des Vermögenswerts und
damit einen vollendeten Nachteil bedeuten kann.

> Für die Untreue gilt dies indes als besonders problematisch. Anders als beim Betrug ist hier
> der Versuch nämlich grds. straflos. Durch die Annahme eines Gefährdungsschadens werde
> aber die Grenze zur Strafbarkeit in zeitlicher Hinsicht nach vorne verlagert und dadurch die

---

[333] *Dierlamm* in: MüKo-StGB, 2014, § 266 Rn. 189; *Schünemann* in: LK-StGB, 2012, § 266 Rn. 89.

[334] *Dierlamm* in: MüKo-StGB, 2014, § 266 Rn. 205; differenzierend aber für die Ermittlung des
Nachteils *Saliger* in: SSW, StGB, 2014, § 266 Rn. 53.

[335] BVerfG NJW 2009, 2370; BVerfGE 126, 170.

[336] BVerfGE 126, 170, 206; zum Verschleifungsverbot *Krell* ZStW 2014, 902.

[337] Vgl. BVerfGE 126, 170, 206, das im Fall eines ungewissen Nachteilseintritts davon ausgeht, es
sei nach dem Grundsatz „in dubio pro reo" freizusprechen.

[338] BGHSt 44, 376, 384; BGH NStZ 2003, 540; BGH NStZ-RR 2005, 343; dazu *Wittig* in:
BeckOK-StGB, 2016, § 266 Rn. 44 unter Bezugnahme auf die vorgenannten Fundstellen; zum
„Eingehungsschaden" bei der Untreue *Krell* NZWiSt 2013, 370.

Straflosigkeit des Versuchs umgangen. Die Untreue sei dadurch kaum noch von einem abstrakten Gefährdungsdelikt abzugrenzen, weshalb gerade im Bereich wirtschaftlichen Handelns die Strafverfolgung zufällig zu werden drohe.[339] In der Lit. werden verschiedene Konkretisierungen der Anforderungen an die schadensgleiche Vermögensgefährdung vorgeschlagen.[340] Die Rspr. demgegenüber begrenzt die Strafbarkeit teilweise auf der Ebene des subjektiven Tatbestands.[341]

Ein Gefährdungsschaden kann sich nicht nur aus der mangelnden Bonität des Kreditnehmers an sich ergeben. Ebenso kommt in Betracht, dass gewährte **Sicherheiten unzureichend** oder ihrerseits risikobehaftet sind.

322

Beispiel 20[342]

Rechtsanwalt R benötigt einen privaten Kredit von seiner Bank B in Höhe von 90.000 Euro. Da die B-Bank Sicherheiten verlangt, R jedoch nichts anzubieten hat, verwendet er in Absprache mit seinem insoweit selbstständig entscheidungsbefugten Kreditsachbearbeiter K Mandantengelder in Höhe von 50.000 Euro als Sicherheit, anstatt diese als Fremdgelder erhaltenen Werte auf das eigens dafür vorgesehene Anderkonto einzuzahlen. K bewahrt gegenüber der zuständigen Prüfstelle Stillschweigen über die Herkunft der 50.000 Euro und empfiehlt, den Kredit zu bewilligen. Die 50.000 Euro werden auf einem gesonderten Konto als Sicherheit angelegt, auf das die B-Bank Zugriff nehmen kann, falls das Darlehen notleidend wird. Als R nach einiger Zeit den Kredit nicht mehr zurückführen kann, kündigt die B-Bank den Kreditvertrag und setzt dem R eine Frist zur Rückzahlung des Restbetrags. Gleichzeitig wird dem R mitgeteilt, dass sich die B-Bank aus dem Sicherheitskonto bedienen werde, falls eine Rückzahlung innerhalb der gesetzten Frist nicht erfolgt.

Einschlägig ist für R in diesem Fall die Treuebruchsalternative. R war nicht befugt, nach außen rechtswirksam über die Gelder zu verfügen. Vielmehr handelte er dadurch außerhalb der ihm gewährten Verfügungsbefugnis. Auch der erforderliche Vermögensnachteil auf Seiten der Mandanten liegt vor. Der BGH ging davon aus, bereits zu dem Zeitpunkt, zu dem R die Gelder auf das Sicherungskonto anstatt auf das Anderkonto transferierte, sei bei den Mandanten ein Gefährdungsschaden eingetreten. Dabei sah der Senat die „Hoffnung" des R, den Kredit vertragsgemäß ablösen zu können, so dass eine Verrechnung ausgeschlossen ist, für die begangene Untreue als unerheblich an. Entscheidend sei allein, dass „durch die Sicherungsvereinbarung der Gefährdungsschaden eintrat und daß der Angeklagte zum vollständigen Ausgleich des veruntreuten Geldes

---

[339] *Wittig* in: BeckOK-StGB, 2016, § 266 Rn. 44.

[340] Eingehend dazu *Schünemann* in: LK-StGB, 2012, § 266 Rn. 181.

[341] BGHSt 51, 100, 121; BGH NStZ 2007, 704; BGHSt 52, 182, 190; vgl. aber BGH NJW 2008, 2451, 2452; hierzu auch *Fischer* StraFo 2008, 269; *Nack* StraFo 2008, 277; *Schünemann* NStZ 2008, 430.

[342] Abwandlung von BGH wistra 1988, 191 f.

den sich steigernden Betrag nicht ständig in eigenen flüssigen Mitteln bereithielt und nicht sein Augenmerk darauf richtete, die so vorhandenen Mittel jederzeit zum Ausgleich benutzen zu können".[343]

In dem Fallbeispiel erscheint jedoch auch auf Seiten der B-Bank ein durch das Verhalten des K verursachter Vermögensnachteil denkbar, der durch die Treuepflichtverletzung des K entstanden ist. Für den mit selbstständigem Entscheidungsspielraum ausgestatteten K, dessen Empfehlung den Kredit auszuzahlen, einiges Gewicht zukommt, lassen sich Vermögensbetreuungspflicht sowie Treuepflichtverletzung durchaus bejahen. Damit ist fraglich, ob die Tatsache, dass es sich bei den als Sicherheit geleisteten Geldern um Fremdgelder handelte, bereits zu einem Gefährdungsschaden führt. Dies könnte der Fall sein, wenn das Ausfallrisiko schon bei der Kreditvergabe offensichtlich war und ungewiss blieb, ob sich die Sicherheiten im Bedarfsfall realisieren lassen.

d) Subjektiver Tatbestand

323   In subjektiver Hinsicht verlangt § 266 Abs. 1 StGB **Vorsatz**, wobei Dolus eventualis ausreicht. Dabei seien – so die Rspr.[344] – stets strenge Anforderungen zu stellen. Besonders erwähnenswert erscheint dies im vorliegenden Kontext von Kreditvergaben, da die Rspr. diese strengen Anforderungen insbesondere dann erfüllt wissen will, wenn der Täter nur mit bedingtem Vorsatz und nicht eigennützig handelt.[345] Gerade bei Kreditgeschäften, denen das Ausfallrisiko immanent ist, bedarf es daher einer genauen Prüfung und einer sauberen Differenzierung zwischen dem Vorsatz im Hinblick auf die Pflichtwidrigkeit und dem Vorsatz in Bezug auf den Vermögensnachteil.

324   In subjektiver Hinsicht ist **Kenntnis von Risikofaktoren und Risikograd** erforderlich. Damit Vorsatz gegeben ist, muss der Täter darüber hinaus das hinsichtlich der Vermögensgefährdung eingegangene Risiko der Realität entsprechend bewertet haben.[346] Mit anderen Worten muss der Täter zumindest billigend in Kauf nehmen, dass er durch sein Verhalten seine Vermögensbetreuungspflicht verletzt, und dass sich dadurch beim Vermögensinhaber ein Nachteil realisiert. Der Täter muss also nicht nur die Gefahr als solche in Kauf genommen haben, sondern auch ihre Realisierung gebilligt haben.[347]

Diese vorwiegend in der Rspr. vertretene Auffassung wird in der Lit. zum Teil kritisiert.[348] Man hält die damit verbundene Einschränkung des Tatbestands für zu spät; dies müsse bereits auf objektiver Ebene geschehen. Anderenfalls entstehe eine **Inkongruenz zwischen**

---

[343] BGH wistra 1988, 191 f.

[344] BVerfG NJW 2009, 2370, 2373; BGHSt 47, 295, 302.

[345] BGHSt 47, 295, 302.

[346] *Wittig* in: BeckOK-StGB, 2016, § 266 Rn. 48.1.

[347] *Wittig* in: BeckOK-StGB, 2016, § 266 Rn. 48.1.

[348] So auch der 1. Strafsenat, BGHSt 53, 199, 202; krit. *Ransiek* NJW 2007, 1727, 1729; *Schlösser* NStZ 2008, 397, 398; *Trüg* NStZ 2013, 717.

objektivem und subjektivem Tatbestand und die Untreue werde zu einem Delikt mit schwach überschießender Innentendenz.[349] Andere Teile der Lit. befürworten diese Restriktion – mehr oder weniger aus der Not heraus, die mit der Annahme eines Gefährdungsschadens verbundene „Tatbestandserweiterung" nicht ausufern zu lassen.[350]

Zum obigen Beispiel 17 (Rn. 306)[351]

Der BGH wies hier explizit darauf hin, dass der Entscheidungsträger eine über das allgemeine Risiko bei Kreditgeschäften hinausgehende Gefährdung des Rückzahlungsanspruchs der Bank erkannt und gebilligt haben muss. Bei Bankvorständen und Bankmitarbeitern verstehe sich „das auch bei problematischen Kreditvergaben ... nicht von selbst". Vielmehr müssen konkrete Anhaltspunkte für eine Pflichtverletzung vorliegen und es sei eine sorgfältige und strenge Prüfung der Frage erforderlich, ob wenigstens bedingt vorsätzliches Verhalten tatsächlich vorliegt. Es sei eine Differenzierung erforderlich zwischen den begrifflichen Voraussetzungen des Dolus eventualis und seines Beweises. Der Täter könne sich jedoch nicht darauf berufen, die „vage Hoffnung" gehabt zu haben, die Gefahr werde sich wider Erwarten doch nicht verwirklichen.

3. Übersicht

I. Tatbestand   **325**
  1. Objektiver Tatbestand
    a) Missbrauchstatbestand, § 266 Abs. 1 Alt. 1 (Rn. 279)
      – Verfügungs- oder Verpflichtungsbefugnis im Hinblick auf fremdes Vermögen (Rn. 279 ff.) fehlt i.d.R. beim bloßen Kreditsachbearbeiter
      – Vermögensbetreuungspflicht; muss zum Zeitpunkt der Tathandlung vorliegen (Rn. 283)
      – Missbrauch der eingeräumten Befugnis; Diskrepanz zwischen dem rechtlichen Dürfen im Innenverhältnis und dem rechtlichen Können im Außenverhältnis (Rn. 286)
      – Pflichtwidrigkeit akzessorisch zu zivil- und öffentlich-rechtlichen Regeln
      – Kreditgewährung als Risikogeschäft; Prüfungsanforderungen und Grenzen des Beurteilungsspielraums (Rn. 293 ff.)
      – Wirksamkeit des Einverständnisses (Rn. 309 ff.)
    b) Treuebruchstatbestand, § 266 Abs. 1 Alt. 2
      – Vermögensbetreuungspflicht; muss zum Zeitpunkt der Tathandlung vorliegen (Rn. 315)

---

[349] *Bernsmann* GA 2007, 219, 230.
[350] *Fischer* StGB, 2016, § 266 Rn. 182 ff.; *Matt* in: Matt/Renzikowski, StGB, 2013, § 266 Rn. 155; dazu auch *Wittig* in: BeckOK-StGB, 2016, § 266 Rn. 48.1.
[351] Nach BGHSt 46, 30.

– Tathandlung: Verletzung der Betreuungspflicht; „sachlich-inhaltlicher Zusammenhang" zwischen Pflichtverletzung und Vermögensbetreuungspflicht des Täters (Rn. 316)

c) Vermögensnachteil (Rn. 319)
  – jede durch die Tathandlung verursachte Vermögenseinbuße (Rn. 319 ff.)
  – Gefährdungsnachteil, bspw. bei unzureichenden Sicherheiten (Rn. 322)

2. Subjektiver Tatbestand: Vorsatz, Dolus eventualis ausreichend (Rn. 323)
  – Nach Rspr. bei Kreditvergaben strenge Anforderungen (Rn. 323)
  – Kenntnis von Risikofaktoren und Risikograd erforderlich (Rn. 324)

II. Rechtswidrigkeit

III. Schuld

IV. Besonders schwere Fälle, § 266 Abs. 2 StGB i.V.m. § 263 Abs. 3 StGB, § 243 Abs. 2 StGB

V. Strafantrag, § 266 Abs. 2 StGB i.V.m. §§ 247, 248a StGB

4. Strafbarkeitsrisiko auf Seiten des Kreditnehmers

326   Beinahe noch schwieriger als für den kreditgewährenden Mitarbeiter ist die Frage der Untreue auf Seiten des Kreditnehmers zu beantworten. In Rede stehen hier die zweckwidrige Verwendung des Kredits einerseits, sowie andererseits eine Anstiftung oder Beihilfe zu der Untreue des Bankverantwortlichen.

a) Untreue durch zweckwidrige Verwendung des Kredits

327   Die zweckwidrige Verwendung des Kredits kann nur dann eine Strafbarkeit gem. § 266 Abs. 1 StGB nach sich ziehen, wenn der Kreditnehmer vermögensbetreuungspflichtig ist. Diese Voraussetzung muss sowohl für die Missbrauchs- als auch für die Treuebruchsalternative erfüllt sein.

328   Das Bestehen einer Vermögensbetreuungspflicht setzt allerdings voraus, dass der Täter fremde Vermögensinteressen im Interesse seines Geschäftsherrn wahrzunehmen hat. Bereits hieran fehlt es im Fall der zweckwidrigen Kreditverwendung. Der Kreditnehmer bezieht und verwendet den Kredit üblicherweise ausschließlich im eigenen Interesse. Eine Vermögensbetreuungspflicht wird man daher i.d.R. ablehnen müssen. Nichts anderes gilt letztlich beim Missbrauch von Kreditkarten, der nur im Rahmen von § 266b StGB unter Strafe gestellt ist.[352]

Beispiel 21[353]

A ist alleiniger Geschäftsführer der X-GmbH und unterhält für diese bei der Stadtsparkasse S ein Kontokorrentkonto. Als Sicherheit für den Kontokorrentkredit

---

[352] Vgl. BGHSt 33, 244; OLG Celle NStZ 2011, 218; *Perron* in: Schönke/Schröder, StGB, 2014, § 266 Rn. 26; a.A. LG Dresden NStZ 2006, 633.

[353] Nach BGH NStZ 1984, 118 f.

hat er der Stadtsparkasse eine verdeckte Globalzession eingeräumt, durch welche die X-GmbH ihre Kundenforderungen an die Stadtsparkasse S abtritt. Da die X-GmbH das Kreditlimit im Lauf der Zeit erheblich überzieht, erhöht die Stadtsparkasse S in Absprache mit A ohne jede neue Sicherheit allein im besonderen Vertrauen auf die unbedingte Zusicherung des A, jede nicht auf dem Kontokorrentkonto der Stadtsparkasse eingehende Kundenzahlung sofort und ohne weiteres an die Stadtsparkasse abzuführen. Entgegen dieser Vereinbarung veranlasst A zwei Kunden, offene Rechnungsbeträge statt auf das bei der Stadtsparkasse bestehende Firmenkonto auf ein anderes Konto der X-GmbH bei der Volksbank zu überweisen. Die dorthin überwiesenen Beträge hebt er sodann fast vollständig ab und verwendet das Geld für sich.

Der BGH konnte in diesem Fall keine Vermögensbetreuungspflicht des A erkennen. Eine Untreue gegenüber der Stadtsparkasse komme nur in Betracht, wenn sich A verpflichtet hatte, gerade für die Stadtsparkasse zu handeln. Die getroffene Vereinbarung diente jedoch lediglich dazu, der Sparkasse die Möglichkeit einzuräumen, die Geschäfte der X-GmbH überprüfen zu können. Allein das Vorhandensein eines Kontokorrentverhältnisses reiche zur Annahme eines Treueverhältnisses des A gegenüber der Bank nicht aus.

b) Teilnahme an der Tat des Bankverantwortlichen

Als Teilnehmer an der Untreue des Bankverantwortlichen kommen nach allgemeinen Grundsätzen sowohl der Kreditnehmer, als auch ein etwaiger nicht entscheidungsbefugter Sachbearbeiter der Bank in Betracht. **329**

Zum obigen Beispiel 20 (Rn. 322)

Noch zu klären bleibt, ob R nicht nur selbst eine Untreue gegenüber seinen Mandanten begangen, sondern auch die Untreue des K gefördert und sich damit der Beihilfe gem. §§ 266 Abs. 1, 27 Abs. 1 StGB strafbar gemacht hat. Die Grundsätze zur Einschränkung der Reichweite des § 27 Abs. 1 StGB bei neutralen Handlungen können hier jedenfalls nicht herangezogen werden, da R sich durch sein Verhalten selbst strafbar gemacht hat, die von ihm verwirklichte Handlung also nicht neutral i.d.S. war.

B. Vermögensdelikte des StGB im Zusammenhang mit Kapitalanlagen

I. Grundlagen und relevante Problembereiche

1. Kapitalmarkt- und Finanzprodukte

Das Kapitalmarktstrafrecht des StGB kreist um unlautere Verhaltensweisen, die sich auf Kapitalmarkt- und Finanzprodukte beziehen. Wer sich mit den einschlägigen Strafnormen beschäftigen will, sollte wissen, mit welchem Tatgegenstand er es **330** zu tun hat. Welche Wertpapiere als Gegenstand strafrechtlich relevanten Verhaltens in Betracht kommen, hängt vom jeweiligen Tatbestand ab.

331   Dabei existieren insbesondere verschiedene Wertpapierbegriffe des Kapitalmarktrechts und Zivilrechts (im Übrigen). Ganz allgemein ist ein **Wertpapier** zunächst eine Urkunde, die ein Recht in der Weise verbrieft, dass zur Geltendmachung dieses Rechts die Innehabung der Urkunde erforderlich ist.[354] Der kapitalmarktrechtliche Wertpapierbegriff ist jedoch enger: Charakteristika eines Kapitalmarkttitels sind (über die allgemeine Definition hinaus) **Fungibilität und Zirkulationsfähigkeit.**[355] Fungibilität beschreibt den Umstand, dass vertretbare Sachen (§ 91 BGB) nicht durch einzigartige Merkmale, sondern nur durch ihre Zahl bestimmt werden, d.h. austauschbar sind.[356]

> Scheck und Wechsel sind mangels Vertretbarkeit nicht fungibel i.d.S. Sie unterfallen daher nicht dem kapitalmarktrechtlichen Wertpapierbegriff.

332   Zirkulationsfähig ist ein Wertpapier, weil es verbrieft ist. Dies begründet Gutglaubensschutz (vgl. § 935 Abs. 2 BGB für Inhaberpapiere).[357] Die Verbriefung geschieht heute allerdings nicht mehr dadurch, dass tatsächlich einzelne Urkunden ausgestellt werden. Vielmehr existiert eine sog. **Globalurkunde**, in der die Wertpapiere zusammengefasst sind, vgl. § 9a Abs. 1 S. 1 DepotG. Diese Urkunde wird bei einer Wertpapiersammelbank hinterlegt. In Deutschland obliegt die Verwahrung der Clearstream Banking AG.[358] Die Inhaber der Wertpapiere verfügen dann über Miteigentum an der Globalurkunde, §§ 9a Abs. 2, 6 Abs. 1 S. 1 DepotG. Übertragen lassen sich die Wertpapiere durch Einigung und Umbuchung.[359]

a) Aktien

333   Aktien sind Wertpapiere, die als Anteilsschein den Anteil an einer Gesellschaft verbriefen.[360] Sie können an der Börse oder außerbörslich gehandelt werden. Bei der Aktie handelt es sich um ein sog. **Eigenkapitalprodukt**; wird die Aktie an der Börse gehandelt spricht man deshalb von **equity**, bei außerbörslichem Handel von **private equity**. Der Investor wird also zum Gesellschafter.

---

[354] Vgl. zum Wertpapierbegriff der h.M. *Brunner* Die Wertpapiere, in: Endemanns, Handbuch des deutschen Handels-, See- und Wechselrechts, Bd. II, 1882, S. 144, 148; so auch *Casper* in: Baumbach/Hefermehl/Casper, WG/SchG, 2008, WPR Rn. 16, 18 f.; *Groß* Kapitalmarktrecht, 2016, § 2 WpPG Rn. 3; *Hueck/Canaris* Recht der Wertpapiere, 1986, § 1 I 4b; *Kratz* in: BeckOK-ZPO, 2016, § 592 Rn. 20; *Zöllner* Wertpapierrecht, 2006, § 3 III 4c; a.A. noch *Raiser* ZHR 1935, 64.

[355] *Schlitt* in: Grunewald/Schlitt, Einführung in das Kapitalmarktrecht, 2014, § 1 III.

[356] *Grundmann* in: Ebenroth/Boujong/Joost/Strohn, HGB, Bd. II, 2015, Rn. IV 48; *Versteegen* in: KöKomm-WpHG, 2014, § 2 Rn. 32.

[357] *Schlitt* in: Grunewald/Schlitt, Einführung in das Kapitalmarktrecht, 2014, § 1 III.

[358] Siehe hierzu *Seiler/Kniehase* in: Schimansky/Bunte/Lwowski, Bankrecht, 2011, § 104 Rn. 68.

[359] *Schlitt* in: Grunewald/Schlitt, Einführung in das Kapitalmarktrecht, 2014, § 1 III.

[360] Statt Vieler *von Maltzan* in: Obst/Hintner, Geld-, Bank- und Börsenwesen, 2000, S. 831.

Die meisten deutschen Aktien sind sog. **Inhaberaktien**, d.h. es wird – im Gegen-   **334**
satz zur **Namensaktie**, die ebenfalls in § 10 Abs. 1 AktG zugelassen ist – keine
bestimmte Person, sondern der Inhaber als Berechtigter ausgewiesen, die mit der
Aktie verbundenen Rechte geltend zu machen. Diese Konstruktion hat den Vorteil,
dass eine Übertragung durch schlichte Einigung und Übergabe möglich ist.[361]
Weiter differenzieren kann man die Inhaberaktien in sog. Stamm- und Vorzugs-
aktien. Erstere gewähren dem Inhaber die im Aktiengesetz vorgesehenen Mitglied-
schaftsrechte, wie bspw. Stimm-, Dividenden- und Bezugsrechte. Die Vorzugsak-
tien hingegen gewähren besondere, darüber hinausgehende Rechte, wie etwa ein
besonderes Dividendenvorrecht.

Im Zusammenhang mit dem Aktienhandel besteht eine ganze Reihe von **Risiken**.   **335**
Immanent ist dem Handel mit Aktien insbesondere das Kursrisiko. Im Fall der
Insolvenz der Gesellschaft droht hierbei auch ein Totalverlust. Zu beachten sind
darüber hinaus ggf. das Dividendenrisiko, d.h. das (teilweise) Ausfallen der erwarteten Dividende sowie das Risiko des Delisting, also der Verlust der Verfügbarkeit
bei Aussetzung des Handels.[362] Bei Aktien ist dabei mitunter auch ein klassisches
Rating i.S.e. Bewertung der Bonität oder Dividendenzuverlässigkeit vorhanden,
spielt aber für die Praxis eher eine geringe Rolle. Wichtiger sind Analystenberichte,
um etwaige Kursrisiken abschätzen zu können.

b) Anleihen

Anleihen sind als verzinsliche Wertpapiere verkörperte **Darlehen**. Sie verbriefen   **336**
Rückzahlungsanspruch und Zinszahlungen in einer bestimmten Höhe als Entgelt
für die Überlassung des Kapitals.[363] Am Ende der Laufzeit einer Anleihe ist das
Darlehen zurückzubezahlen; der Darlehensgeber partizipiert i.d.R. (vgl. Rn. 340 f.)
nicht an der finanzierten Unternehmung. Bei Anleihen handelt es sich daher um
Fremdkapital (sog. **debt**).

Anleihen existieren in verschiedenen Erscheinungsformen. Üblich sind gewöhn-   **337**
liche Anleihen (straight bonds), hybride Anleihen (hybrid bonds) oder hoch verzinsliche Anleihen (high yield bonds).[364] Darüber hinaus existieren Anleihen öffentlich-
rechtlicher Emittenten, bspw. die bis zum 1. Januar 2013 von der Bundesrepublik
Deutschland ausgegebenen Bundesschatzbriefe.[365]

Bei Anleihen bestehen spezielle **Risiken**. Augenfällig ist das Bonitätsrisiko mit   **338**
Blick auf den Emittenten, der ausfallen kann. Aber auch das Zinsänderungsrisiko, d.h.
die Veränderung des Zinsniveaus am Kapitalmarkt – insbesondere bei einem Verkauf
vor Fälligkeit – und das Kündigungsrisiko sind zu beachten. Letzteres umschreibt die
Gefahr, dass der Anleger sein Kapital durch Kündigung vorzeitig zurückerhält.

---

[361] *Von Maltzan* in: Obst/Hintner, Geld-, Bank- und Börsenwesen, 2000, S. 831.

[362] Siehe *Grill/Perczynski* Strukturwissen Bankwirtschaft, 2008, S. 102.

[363] Vgl. *Heidelbach* in: Schwark/Zimmer, Kapitalmarktrechts-Kommentar, 2010, § 30e WpHG
Rn. 11.

[364] *Schlitt* in: Grunewald/Schlitt, Einführung in das Kapitalmarktrecht, 2014, § 1 III. 2.

[365] *Schlitt* in: Grunewald/Schlitt, Einführung in das Kapitalmarktrecht, 2014, § 1 III. 2.

339   Um eine adäquate Risikoeinschätzung – vor allem mit Blick auf die Bonität der Anleihenemittenten – liefern zu können, werden zahlreiche (internationale) **Ratings** geführt. Die Rating-Agenturen bewerten die Emittenten mit Buchstaben- und Zahlenkombinationen, wie bspw. Standard & Poors mit „AAA bis BBB-„ oder Moody's mit „Aaaa bis Baa3".[366]

c) Aktienverwandte Produkte

340   Neben reinen Eigenkapitalprodukten und reinen Fremdkapitalprodukten existieren auch Finanzierungsinstrumente, die Elemente der Eigenkapitalfinanzierung mit solchen der Fremdkapitalaufnahme verknüpfen. Diese sog. **equity linked instruments** stellen „hybride" Mischformen beider Kategorien dar.[367]

341   Generiert werden diese Finanzinstrumente durch die Ausgabe von **Inhaberschuldverschreibungen**, d.h. von Anleihen als Fremdkapital, die statt der Rückzahlung bzw. Tilgung durch eine Geldzahlung die Verschaffung einer bestimmten Anzahl von Aktien vorsehen.[368] Aktienverwandte Produkte sind in verschiedenen Formen denkbar, wobei drei Grundformen existieren, vgl. auch § 221 Abs. 1 S. 1 AktG: Wandelschuldverschreibungen (convertible bonds), wenn der Emittent neue Aktien liefert; Umtauschschuldverschreibungen (exchangeable bonds), sofern es sich um bereits existierende Aktien eines anderen Unternehmens handelt, und Optionsschuldverschreibungen (bonds with warrants), falls Optionen den Geschäftsgegenstand bilden.[369]

> Grds. tangiert es den Rückzahlungsanspruch des Anlegers aus der Anleihe nicht, dass die Option ausgeübt wird. Das Optionsrecht kann sogar von der Anleihe separiert und getrennt gehandelt werden.[370]

d) Termingeschäfte/Derivate

342   Termingeschäfte bzw. Derivate sind Geschäfte, die erst zu einem **in der Zukunft liegenden Zeitpunkt** erfüllt werden müssen. Für sie gilt also nicht die übliche zweitätige Abwicklungsfrist,[371] sondern eben der jeweils vereinbarte Zeitpunkt. Ein derivatives Finanzinstrument (vom lateinischen derivare, d.h. ableiten) ist daher ein gegenseitiger Vertrag dessen wirtschaftlicher Wert vom beizulegenden Zeitwert einer marktbezogenen Referenzgröße abhängt.[372] Diese Referenzgröße bezeichnet man auch als **Basiswert**, der Wertpapiere, finanzielle Kennzahlen oder Handelsgegenstände

---

[366] Siehe nur *Grill/Perczynski* Strukturwissen Bankwirtschaft, 2008, S. 89.

[367] *Madjlessi/Leopold* in: Habersack/Mülbert/Schlitt, Handbuch Kapitalmarktinformation, 2013, § 11 Rn. 1.

[368] *Schlitt* in: Grunewald/Schlitt, Einführung in das Kapitalmarktrecht, 2014, § 1 III. 3.

[369] *Schlitt/Hemeling* in: Habersack/Mülbert/Schlitt, Handbuch Kapitalmarktinformation, 2013, § 12 Rn. 3; *Schanz* BKR 2011, 410.

[370] *Winzen* in: Grunewald/Schlitt, Einführung in das Kapitalmarktrecht, 2014, § 6 I. 1; *Schlitt/Hemeling* in: Habersack/Mülbert/Schlitt, Handbuch Kapitalmarktinformation, 2013, § 12 Rn. 3; *Schanz* BKR 2011, 410.

[371] § 4 Abs. 1 der Bedingungen für Geschäfte an der Frankfurter Wertpapierbörse.

[372] *Köhler* in: Schwintowski, Bankrecht, 2014, § 21 Rn. 1.

abbilden kann. Zentral für diese Konstruktion ist der individualvertraglich vereinbarte und zugleich hinausgeschobene Erfüllungs- bzw. Fälligkeitszeitpunkt.

Darüber hinaus existiert ein spezieller aufsichtsrechtlicher Derivatbegriff. Nach **343** § 1 Abs. 11 S. 4 KWG (bzw. § 2 Abs. 2 WpHG) sind Derivate umschrieben als „Kauf, Tausch oder anderweitig ausgestaltete Festgeschäfte oder Optionsgeschäfte, die zeitlich verzögert zu erfüllen sind und deren Wert sich unmittelbar oder mittelbar vom Preis oder Maßstab eines Basiswerts ableitet (Termingeschäfte)".

Solche derivativen Geschäfte existieren als **Festpreisgeschäfte (futures)** und **344** als **Optionen**. Erstgenannte Geschäfte bestehen aus einem Kaufvertrag über einen Finanztitel, der erst später, jedoch zu einem bei Vertragsschluss bereits vereinbarten Preis erfüllt werden muss. Optionen gewähren einer Vertragspartei das Recht, zu einem späteren Zeitpunkt einen Finanztitel zu einem bestimmten Preis zu erwerben (Call-Option) oder zu verkaufen (Put-Option).[373] Ein Kaufvertrag wird hingegen noch nicht geschlossen und es ist auch ungewiss, ob dieser später zustande kommt.

> Der Optionsberechtigte sollte natürlich sinnvollerweise sein Optionsrecht nur ausüben, wenn sich der Kurs positiv entwickelt hat. Für die Übernahme des Kursrisikos leistet der Optionsberechtigte an den Optionsverpflichteten (Stillhalter) eine Optionsprämie. Der Gegenstand, auf den sich das Festpreisgeschäft bzw. die Option beziehen, wird als Basiswert (underlying) bezeichnet. Es kann sich dabei nicht nur um Aktien, Anleihen oder Devisen handeln. Auch der Handel mit Derivaten, welche sich auf Kreditereignisse, bspw. den Ausfall eines Schuldners oder gar auf Wetterzustände (Trockenheit in Afrika o.ä.) beziehen, hat in den letzten Jahren immer weiter zugenommen.[374] Festpreisgeschäfte und Optionen sind dabei ein wichtiges Instrument, um sich gegen Kursrisiken abzusichern (sog. Hedging).[375]

Hinzutreten sog. **Swap-Geschäfte**, die aus wirtschaftlicher Perspektive als eine **345** Serie hintereinandergeschalteter Festgeschäfte beschrieben werden können, so bspw. der Leistungsaustausch im Rhythmus von jeweils drei Monaten für die Laufzeit von drei Jahren.

Diese zunächst besonders innovativ erscheinenden Instrumente existieren in ihrer **346** Grundform bereits seit dem 17. Jahrhundert und wurden insbesondere mit landwirtschaftlichen Produkten kreiert, um künftige Preisänderungen abzusichern.[376] Der Grundgedanke der Absicherung kam im Zuge des „Ölpreisschocks" um 1973 wieder aufs Tableau, wodurch sich die Konstruktion weg von einer Absicherung, hin zu einem aktiven Risikomanagement entwickelte. Denn Derivate sind letztlich Risikotransferinstrumente, die im Kern folgende ökonomische Grundidee haben: die Marktrisiken des Basiswerts werden durch die spezifische Vertragsgestaltung in das Derivat implementiert, so dass sie separat behandelt werden können, wobei der Basiswert selbst eben gerade nicht erworben oder veräußert wird. Derivate eröffnen also die Möglichkeit der Trennung dinglicher Inhaberschaft am Basiswert und Partizipation an dessen Marktchancen und -risiken zeitgleich.[377]

---

[373] Zu den Begriffen *von Maltzan* in: Obst/Hintner, Geld-, Bank- und Börsenwesen, 2000, S. 836.

[374] Siehe *Köhler* in: Schwintowski, Bankrecht, 2014, § 21 Rn. 1.

[375] *Schlitt* in: Grunewald/Schlitt, Einführung in das Kapitalmarktrecht, 2014, § 1 III. 4.

[376] *Köhler* in: Schwintowski, Bankrecht, 2014, § 21 Rn. 3.

[377] *Köhler* in: Schwintowski, Bankrecht, 2014, § 21 Rn. 4.

347   Vor diesem Hintergrund sind Derivate jedoch auch durch eine besondere
Risikostruktur gekennzeichnet. Es bestehen dabei insbesondere **fünf zentrale
Risikofaktoren**:[378]

- **Marktrisiko**: Dieses beschreibt die stochastische Unsicherheit über den künftig
  beizulegenden Zeitwert eines Derivats. Zentraler Aspekt ist dabei die Volatilität.
  Insbesondere die dabei häufig genutzten Hebeleffekte können bewirken, dass der
  Anleger überproportional an Gewinnen, aber eben auch an Verlusten des Basiswerts partizipiert.[379]

  Besonders hervorzuheben sind hierbei sog. **Differenzkontrakte** (CFDs), eine Art Total
  Return Swap. Hierbei vereinbaren zwei Parteien den Austausch von Wertentwicklung
  und Erträgen eines Basiswerts gegen Zinszahlungen während einer bestimmten Laufzeit.
  Hierdurch erhöht sich die Wirkung des eingesetzten Kapitals massiv. Es kann jedoch nicht
  nur zum Totalverlust kommen, sondern auch eine sog. **Nachschusspflicht** entstehen. Das
  bedeutet, dass der Anleger die Differenz zwischen seinem eingesetzten Kapital und dem
  Verlust zusätzlich nachleisten muss, um diesen auszugleichen. Vor dieser Nachschusspflicht
  können u.U. Limits oder ein Stop-Loss bewahren.

- **Gegenparteirisiko**: Dieser auch als Ausfallrisiko bezeichnete Aspekt beschreibt
  letztlich die Unsicherheit über den Umstand, dass der Vertragspartner die vereinbarte Leistung zum Erfüllungszeitpunkt ggf. nicht erbringt. Marktrisiko
  und Gegenparteirisiko sind miteinander verwoben, da die Marktentwicklung
  die Leistungsfähigkeit des Partners und damit auch die Höhe der realisierbaren
  Forderung determiniert. Es bildet einen wesentlichen Risikofaktor, weshalb der
  Anleger nach der Rspr. zwingend und expressis verbis darauf hinzuweisen ist.[380]
- **Liquiditätsrisiko**: Damit wird die immer gegebene Gefahr beschrieben, den
  eigenen Zahlungsverpflichtungen zum Leistungszeitpunkt nicht nachkommen
  zu können.[381]
- **Operationelles Risiko**: Die Verknüpfung des Derivats mit dem Basiswert führt
  zu einer erschwerten Erfassbarkeit und Kontrollierbarkeit der Einflussfaktoren
  auf das Risiko des Derivatgeschäfts.[382] Ein solches operationelles Risiko wird
  definiert als die Gefahr von Verlusten, die infolge der Unangemessenheit oder des
  Versagens von internen Verfahren und Systemen, von Menschen bzw. in Folge
  externer Ereignisse eintreten (§ 269 Abs. 1 S. 1 SolvV; Art. 4 Abs. 24 CRR).[383]

---

[378] So *Köhler* in: Schwintowski, Bankrecht, 2014, § 21 Rn. 19 ff.

[379] *Köhler* in: Schwintowski, Bankrecht, 2014, § 21 Rn. 20; *Zapotocky* in: Obst/Hintner, Geld-,
Bank- und Börsenwesen, 2000, S. 1086.

[380] Siehe zu den genauen Anforderungen BGH NJW 2012, 66 ff.

[381] *Benzler* Nettingvereinbarungen im außerbörslichen Derivatehandel, 1999, S. 68; *Köhler* in:
Schwintowski, Bankrecht, 2014, § 21 Rn. 22; *Zapotocky* in: Obst/Hintner, Geld-, Bank- und Börsenwesen, 2000, S. 1089.

[382] *Köhler* in: Schwintowski, Bankrecht, 2014, § 21 Rn. 23.

[383] *Benzler* Nettingvereinbarungen im außerbörslichen Derivatehandel, 1999, S. 70; *Zapotocky* in:
Obst/Hintner, Geld-, Bank- und Börsenwesen, 2000, S. 1089.

- **Systemisches Risiko**: Damit gemeint ist die Gefahr, dass das Zusammenbrechen eines Marktteilnehmers auf andere unabhängige Marktteilnehmer übergreifen und damit letztlich den Zusammenbruch des Gesamtsystems bewirken kann.[384] Derivate sind in diesem Zusammenhang deshalb besonders relevant, weil sie durch ihre vertragliche Konstruktion eine Vernetzung der Marktteilnehmer bewirken und im Zuge des Risikotransfers zur Entstehung systemischer Risiken in überdurchschnittlichem Ausmaß beitragen. Dabei wird auch eine besondere Anfälligkeit der Marktteilnehmer für Überreaktionen beschrieben, welche systemische Risiken nochmals verstärken können.[385]

Bedingt begegnen kann der Marktteilnehmer diesen Risiken auch hier mit **Ratings.**   **348**
So sind vor allem im Bereich der Zertifikate als Unterfall der Derivate mit der European Derivates Group (EDG), Scope und dem Institut für Zertifikate Analyse (IZA) mehrere Ratinggeber vorhanden.[386]

> Ein besonders hohes Risiko bergen die Mitte der 80er Jahre des 20. Jahrhunderts in Mode gekommenen Warenterminoptionen. Mit der Option auf einen Warenterminkontrakt erwirbt der Optionsnehmer (Käufer) das Recht, während der Laufzeit des Vertrags zu dem bei Vertragsschluss geltenden Kurs („Basispreis") von seinem Geschäftspartner, dem Stillhalter, Waren bestimmter Art und Menge zu erwerben (Kaufoption) oder sie an ihn zu verkaufen (Verkaufsoption). Steigt der Kurs der Waren, so macht bei der Kaufoption der Optionsnehmer einen Gewinn, wenn er von seinem Recht Gebrauch macht. Für diese Chance muss er jedoch dem Stillhalter einen Preis zahlen, der für ihn in jedem Fall verloren ist, den Optionspreis. Einen Nettogewinn kann er deshalb nur machen, wenn – im Fall der Kaufoption – der Kurs der Ware so stark steigt, dass die Wertdifferenz höher ist als der Optionspreis. Entsprechendes gilt bei der Verkaufsoption für das Maß, in dem der Kurs in der Laufzeit des Vertrags fällt. Die Gewinnchance des Optionsnehmers wird – schon im Normalfall – weiter dadurch geschmälert, dass er dem Broker (Makler), der ihm das Geschäft mit dem Stillhalter vermittelt, Kosten und eine Provision zahlen muss, die zum Optionspreis geschlagen werden.

e) Anteile an Investmentfonds

Ein Investmentfonds ist ein von einer Kapitalanlagegesellschaft verwaltetes **Son-**   **349**
dervermögen. Es ist angelegt in Wertgegenständen wie Aktien, Anleihen, Immobilien, Rohstoffe und/oder Derivaten. Während bei einem offenen Fonds Anteile zu jeder Zeit erworben oder an den Emittenten zurückgegeben werden können, umfassen geschlossene Fonds i.d.R. unternehmerische Beteiligungen mit einer begrenzten Laufzeit und einem fixen Volumen.

Anteile an Investmentfonds setzen sich nach dem Grundsatz der Risikomischung aus   **350**
den verschiedenen von dem Fonds umfassten Vermögensgegenständen zusammen. Dem

---

[384] *Köhler* in: Schwintowski, Bankrecht, 2014, § 21 Rn. 24; vgl. dazu auch die Erörterungen der *Deutschen Bundesbank* unter https://www.bundesbank.de/Redaktion/DE/Glossareintraege/S/systemisches_risiko.html.

[385] *Köhler* in: Schwintowski, Bankrecht, 2014, § 21 Rn. 24.

[386] Siehe dazu umfassend in einer Vergleichsperspektive *Müller* Das Rating von Zertifikaten – ein Vergleich, abrufbar unter: http://derivateverband.de/DE/MediaLibrary/Document/Studies/SG_Rating_DDD.pdf.

sog. **materiellen Investmentfondsbegriff** nach erfüllt ein Fonds entweder die Voraussetzungen eines Organismus für die gemeinsame Anlage in Wertpapieren (OGAW) oder
aber eines Alternativen Investmentfonds (AIF), § 1 Abs. 2, Abs. 3 KAGB. Als Alternative Fonds gelten Immobilienfonds, Hedgefonds oder auch Private Equity-Fonds.[387]

> Diese Begriffsbestimmung hat die unter §§ 1 S. 2, 2 Abs. 4 InvG a.F. geltende Definition
> abgelöst. Investmentvermögen waren demnach Vermögen zur gemeinschaftlichen Kapital-
> anlage, die nach dem Grundsatz der Risikomischung in Vermögensgegenständen i.S.d. § 2
> Abs. 4 InvG a.F. angelegt waren.[388]

351   Anteile an Investmentfonds, d.h. das durch die Anleger eingezahlte Geld, bleibt
als Fondsvermögen (**Sondervermögen**) vom Vermögen der Investmentgesellschaft
getrennt. Es steht im Eigentum der Anleger und gehört daher im Fall einer Insolvenz
auch nicht zur Insolvenzmasse der Gesellschaft.[389] Erträge des Fonds werden an
die Anleger ausgeschüttet. Reinvestiert der Fonds die Erträge, so spricht man von
einem thesaurierenden Fonds.

351a   Beispiel für möglichen organisatorischen Aufbau eines Investmentfonds:

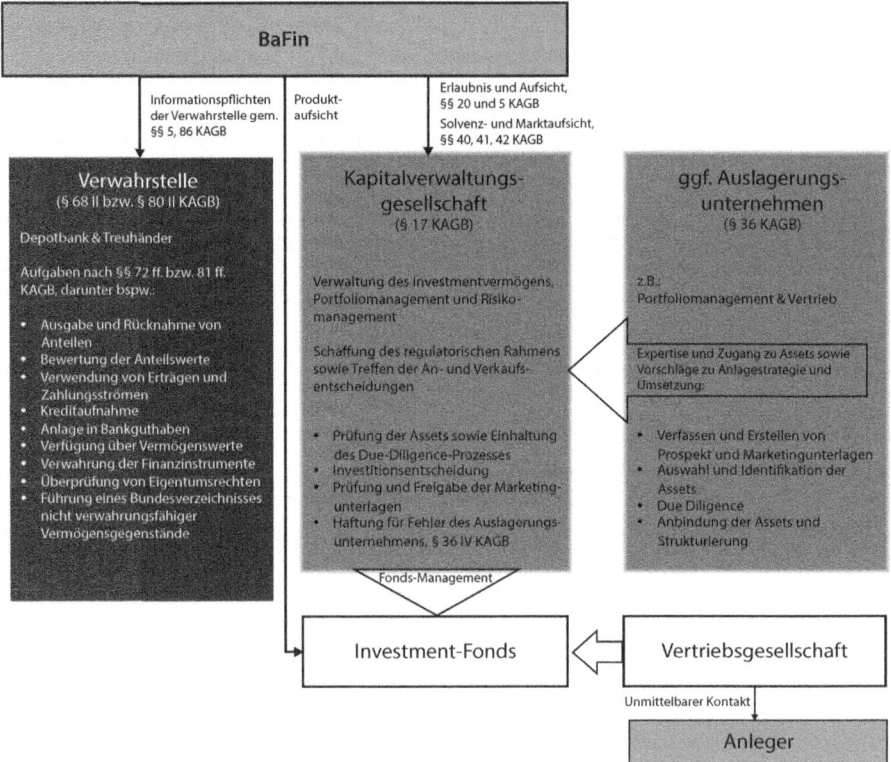

---

[387] BT-Drs. 17/13395, S. 624; zu den einzelnen Fondstypen siehe auch *Emde/Dreibus* BKR 2013, 93 ff.

[388] Vgl. zum KAGB *Emde/Dreibus* BKR 2013, 89; *Volhard/Jang* DB 2013, 273; *Weiser/Hüwel* BB
2013, 1091.

[389] Sinngemäß *Strenger/Bergmann* in: Obst/Hintner, Geld-, Bank- und Börsenwesen, 2000, S. 903.

Gem. § 1 Abs. 11 KAGB sind **Investmentgesellschaften** Investmentvermögen   **352**
in der Rechtsform einer Investmentaktiengesellschaft oder Investmentkommandit-
gesellschaft. Rechtlich gesehen handelt es sich also um Aktien- oder Komman-
ditgesellschaften, für die jedoch die Sonderregeln des KAGB gelten. **Kapital-**
verwaltungsgesellschaften sind gem. § 17 Abs. 1 S. 1 KAGB Unternehmen mit
satzungsmäßigem Sitz und Hauptverwaltung im Inland, deren Geschäftsbetrieb
darauf gerichtet ist, inländische Investmentvermögen, EU-Investmentvermögen
oder ausländische Alternative Investmentfonds zu verwalten. Damit wird das zentrale Begriffsmerkmal der bisherigen Kapitalanlagegesellschaft (die Verwaltung von
inländischen Investmentvermögen und EU-Investmentvermögen) i.S.d. § 6 Abs. 1
InvG a.F. von dem neuen Begriff der Kapitalverwaltungsgesellschaft übernommen.
Auch wird der Anwendungsbereich des KAGB auf Unternehmen erstreckt, die ausländische AIF (Alternative Investmentfonds) verwalten. Das Investmentvermögen
kann – wie bereits gesagt – entweder ein OGAW (Organismus für gemeinsame
Anlagen in Wertpapiere) oder ein AIF (Alternativer Investmentfond) sein.[390] Damit
sind zugleich auch Investmentvermögen ausgeschlossen die zwar Kapital von Geldgebern entgegen nehmen, aber keine Fonds sind und außerhalb des Finanzsektors
operativ tätig werden.[391]

Die Kapitalverwaltungsgesellschaften unterliegen der **Aufsicht der BaFin**. Jedes   **353**
Unternehmen, das eine Tätigkeit i.S.d. § 17 Abs. 1 KAGB erbringt, unterfällt der
Zulassungspflicht, § 20 KAGB. Wird entweder nur die Portfolioverwaltung oder
nur das Risikomanagement erbracht, also ohne auch die jeweils andere Leistung,
steht der Zulassung § 23 Nr. 10 KAGB entgegen. Für die Aufnahme des Geschäftsbetriebs der Kapitalverwaltungsgesellschaft ist nach § 20 Abs. 1 KAGB zwingend
eine schriftliche Erlaubnis der BaFin erforderlich. Eine Ausnahme gilt nur für kleinere Kapitalverwaltungsgesellschaften.[392] Diese müssen sich allerdings nach § 44
KAGB registrieren.

Die laufende Missbrauchsaufsicht übt nach § 5 KAGB ebenfalls die BaFin aus,   **354**
der dazu die in § 5 KAGB geregelten Aufsichtsbefugnisse zustehen.[393] Neben der
Generalklausel in § 5 Abs. 6 KAGB verfügt die BaFin über diverse besonderer
Eingriffsbefugnisse, wie bspw. die Aufhebung der Zulassung der verantwortlichen
Geschäftsführer (§ 40 KAGB) oder die Generalklausel des § 41 KAGB, um Verstöße

---

[390] OGAW sind Organismen, deren ausschließlicher Zweck es ist, beim Publikum beschaffte Gelder
für gemeinsame Rechnung nach den Grundsätzen der Risikostreuung in Wertpapieren anzulegen
und deren Anteile auf Verlangen der Anteilsinhaber unmittelbar oder mittelbar zu Lasten des Vermögens dieser Organismen zurückgenommen oder ausgezahlt werden (bspw. Publikumsfonds).
AIF hingegen sind Organismen, die keine OGAW sind und von einer Anzahl von Anlegern Kapital
einsammeln, um es gemäß einer festgelegten Anlagestrategie zum Nutzen dieser Anleger zu investieren (z.B. Hedge- oder Immobilienfonds). So auch die Definitionen von *Auerbach* Bank- und
Wertpapieraufsicht, 2015, S. 326; vgl. ferner *Grunewald/Schlitt* in: Grunewald/Schlitt, Einführung
in das Kapitalmarktrecht, 2014, § 1 III. 5. Vgl. zudem § 1 Abs. 15 und 16 KAGB.
[391] *Auerbach* Banken- und Wertpapieraufsicht, 2015, S. 325.
[392] Siehe § 2 Abs. 2 Nr. 2 KAGB.
[393] Siehe insb. § 5 Abs. 6 S. 1 KAGB.

gegen die Eigenmittelvorschriften des § 25 KAGB zu unterbinden. Darüber hinaus kann die BaFin nach § 42 KAGB sämtliche geeigneten und erforderlichen Maßnahmen ergreifen, wenn die Erfüllung der Verpflichtungen einer Kapitalverwaltungsgesellschaft gegenüber ihren Gläubigern oder die Sicherheit der anvertrauten Vermögensgegenstände bedroht ist, oder wenn der begründete Verdacht besteht, dass eine wirksame Aufsicht über die Kapitalverwaltungsgesellschaft gemäß der Bestimmungen des KAGB nicht möglich ist. Zu beachten gilt es dabei auch die Einstellungsverfügungsbefugnis nach § 44 KAGB.

355   Die BaFin beaufsichtigt ebenfalls die sog. **Verwahrstellen** i.S.d. § 80 Abs. 2 KAGB, welche den Depotbanken i.S.d. früheren InvG entsprechen. Jede Kapitalanlagegesellschaft muss für das von ihr verwaltete Vermögen sicherstellen, dass eine solche Verwahrstelle besteht, §§ 68 Abs. 1, 80 Abs. 1 KAGB.[394] Die Verwahrstellen haben diverse Qualifikationsanforderungen zu erfüllen. So müssen ein Geschäftsleiter bestellt sein und mindestens 5 Millionen Euro Anfangskapital existieren. Ihre wesentliche Aufgabe abseits der reinen Verwahrung ist es, Kontrollfunktionen wahrzunehmen, §§ 72 Abs. 3 (für OGAW) bzw. 81 Abs. 1 (für AIF) KAGB.[395]

356   Der **Initiator** des Fonds ist der intellektuelle Ideengeber hinter der Kapitalverwaltungsgesellschaft. Seine Aufgaben liegen im Wesentlichen in der Entwicklung der Anlagestrategie und der konzeptionellen Vorarbeit, für welche die Kapitalverwaltungsgesellschaft aber als ausführendes und mit der Entscheidungskompetenz versehenes Organ zuständig ist.

357   Typischerweise existiert daneben eine **Vertriebsgesellschaft**, die den unmittelbaren Kontakt zum Anleger sucht und für die Vertragsabwicklung zuständig ist. Diese vermittelt auch etwaige Risikoaufklärungspflichten.

358   Die **Risiken** bei Fonds hängen stark von dem konkreten Produkt ab. So haben Hedgefonds mit einer Totalverlustmöglichkeit eine andere Risikostruktur als offene Immobilienfonds, bei denen Liquiditätsprobleme aufgrund des Abzugs von Kapital häufiger auftreten.[396] Auch im Bereich der Fonds existiert daher eine Vielzahl an **Ratingagenturen**, welche die Anlagestrategie und die finanzielle Lage der Fondsgesellschaft bewerten. Zu den größten und bekanntesten zählen etwa Morningstar oder Standard & Poors.

f) Nicht-börsenfähige Finanzprodukte

359   Schließlich existieren nicht-börsenfähige Finanzprodukte bspw. in Gestalt von **Anteilen an Publikumspersonengesellschaften** (etwa einer GmbH & Co. KG). Solche Anteile erfüllen aufgrund der mangelnden Fungibilität die Anforderungen des Börsenhandels nicht, sondern werden am sog. grauen Kapitalmarkt[397] gehandelt.

---

[394] Zulässige Verwahrstellen sind für OGAW nach § 68 Abs. 2 KAGB und für AIF nach § 80 Abs. 2 KAGB näher spezifiziert.

[395] Siehe insb. die Zustimmungsvorbehalte in § 76 Abs. 1 KAGB. Zu weiteren Aufgaben siehe statt Vieler *Auerbach* Bank- und Werpapieraufsicht, 2015, S. 332 ff.

[396] *Grill/Perczynski* Strukturwissen Bankwirtschaft, 2008, S. 112.

[397] Siehe oben Rn. 330 f. zur Fungibilität.

Nicht-börsenfähig sind auch **Geldmarktinstrumente**. Dieser Begriff umfasst **360** alle Gattungen von Forderungen, die nicht zu den Wertpapieren zählen. Ausgenommen sind lediglich Zahlungsinstrumente, d.h. Instrumente, die einem Zahlungspflichtigen zur Verfügung stehen, um Zahlungsmittel zu übertragen.

Bildlich gesprochen sind Zahlungsinstrumente die Vehikel, mit denen Gelder übertragen werden. Man benötigt sie sowohl für Transaktionen an einer bestimmten Verkaufsstelle (sog. „Point of Sale", wie z.B. Schecks, Debit- und Kreditkarten) als auch für Transaktionen zur Begleichung von Rechnungen sowie für die Übertragung von Geld (bspw. Überweisungen oder Lastschriften).

2. Kapitalmarkt und StGB

Kapitalmarkt- und Finanzprodukte können in strafrechtliche Kontexte treten. Zur **361** Erfassung der relevanten Sachverhalte existieren einerseits spezialgesetzliche Regelungen bspw. des WpHG, des BörsG oder des KWG. Daneben treten die allgemeinen Vermögensdelikte des StGB, insbesondere § 263 StGB sowie § 266 StGB. Lediglich mit § 264a StGB findet sich auch im StGB eine spezielle Regelung für betrugsnahe Verhaltensweisen am Kapitalmarkt.

Daher bleibt zu klären, in welchem Zusammenhang die besonderen Geschäfts- **362** gegenstände des Kapitalmarkts und jene Delikte stehen. Hierbei gilt einerseits, dass Finanzprodukte grds. genauso zu behandeln sind, wie jeder andere Geschäftsgegenstand. So kann ein Betrug begangen werden, wenn der Verkäufer über verkehrswesentliche Eigenschaften der zu verkaufenden Sache täuscht, er gegenüber dem Käufer eines Pkw bspw. eine geringere Kilometerfahrleistung angibt oder behauptet, der Wagen sei „unfallfrei". Nicht anders verhält es sich mit der Behauptung, das Verlustrisiko bei einer bestimmten Anlage sei gering und die Investition gelte als sicher. Allerdings birgt auch hier die Abgrenzung von Tatsachenaussage und Werturteil Probleme.[398]

Andererseits bestehen für den Handel mit Finanzprodukten zivil- und öffent- **363** lich-rechtliche Sonderregelungen, wie z.B. spezielle Publizitäts-, Mitteilungs- und Informationspflichten. Daher ist fraglich, ob deren Verletzung zu einer Verwirklichung der allgemeinen Straftatbestände führen kann. Wie beim Kreditgeschäft sind maßgeblich hierbei ebenfalls allein die Tatbestandsvoraussetzungen der relevanten Straftatbestände.

Auch in diesem Abschnitt werden nun zunächst die **Straftatbestände des StGB** erörtert. Erläuterungen zu den spezialgesetzlichen Straftatbeständen insbesondere des WpHG und des BörsG folgen in einem separaten Kapitel.[399]

Damit stellt sich die Frage, welche Geschäftsgegenstände die Strafnormen des **364** StGB unter die Begriffe **Finanzprodukt** und **Wertpapier** fassen. Während §§ 263, 266 StGB diese Termini überhaupt nicht verwenden, spricht § 264a Abs. 1 Nr. 1

---

[398] Dazu Rn. 180 f.
[399] Kap. 3 Rn. 591 ff.

StGB immerhin noch von „Wertpapieren, Bezugsrechten oder … Anteilen". Für
Betrug und Untreue haben jene Begriffe dementsprechend keine deren Anwendungsbereich begrenzende Funktion. Es handelt sich vielmehr um bestimmte Fallkonstellationen, die im Kontext von Betrug und Untreue relevant erscheinen und
für die sich eine gewisse Rechtsprechungspraxis herausgebildet hat. Demgegenüber
wird für § 264a StGB zu klären sein, welchen Wertpapierbegriff[400] diese Vorschrift
zugrunde legt. Eine eigenständige Legaldefinition des Begriffs Wertpapier kennt
das StGB indes nicht.

365   §§ 263, 266 StGB sind – wie bereits gesagt – nicht eigens dafür geschaffen
worden, betrügerisches oder untreuerelevantes Verhalten am Kapitalmarkt zu erfassen. Dem entsprechend sind auch ihre Tatbestandsmerkmale nicht auf die Spezifika
des Kapitalmarkts zugeschnitten. Die im Bereich des Kapitalmarkts bekannt gewordenen Vorgehensweisen unter diese Tatbestände zu subsumieren, ist daher diffizil.
Es erfordert Kenntnis sowohl der Eigenheiten des Betrugs sowie der Untreue als
auch dieser besonderen Praktiken. Im Kontext des Kapitalmarktgeschehens existiert
eine Reihe von Techniken und Verhaltensweisen, die unter verschiedenen Aspekten
an der Grenze der Legalität angesiedelt sind oder diese sogar überschreiten und
die i.d.R. ihren Anwendern dazu dienen, höhere Gewinne zu erwirtschaften. Die
Spannbreite dieser Praktiken wiederum ist enorm und reicht über den Abschluss
von Spekulationsgeschäften weit hinaus[401]:

366   • **Ad-hoc-Mitteilungen/Falschmeldungen**: Ad-hoc-Mitteilungen sind Meldun-
         gen seitens eines Unternehmens, die alle Investoren gleichmäßig bzw. gleich-
         zeitig erreichen sollen. Börsennotierte Unternehmen sind nach § 15 WpHG
         verpflichtet, Unternehmensnachrichten, die den Aktienkurs potenziell erheblich
         beeinflussen können, unverzüglich zu veröffentlichen. § 15 WpHG normiert für
         Inlandsemittenten von Finanzprodukten in bestimmten Fällen eine Veröffentli-
         chungspflicht (sog. Ad-hoc-Meldepflicht).[402] Wird dieser Pflicht nicht nachge-
         kommen, so kann dieses Verhalten sowohl im Kontext des Betrugs- als auch
         des Untreuetatbestands relevant werden. Im Umfeld des § 15 WpHG oder in
         sonstigen Zusammenhängen werden auch unzutreffende Mitteilungen herausge-
         geben (sog. Falschmeldungen), u.U. gezielt über die Medien, Gesprächsforen im
         Internet zum Börsengeschehen (sog. Broker-Boards) oder sogar über per eMail
         versandte Newsletter, um bspw. den Kurs einer Aktie zu beeinflussen.
      • **Advancing the bid/Market Corner**: Bei dem als advancing the bid (wört-
         lich: „Verbessern des Gebots") bezeichneten Verhalten erhöht der Handelnde
         die Nachfrage nach einem Wertpapier zu dem Zweck, den Preis in die Höhe zu
         treiben. Der Aufbau einer Market Corner zielt demgegenüber darauf ab, eine
         Monopolstellung zu errichten, um den Kurs eines Wertpapiers zu beeinflussen

---

[400] Siehe Rn. 455 ff.

[401] Die nachfolgende Darstellung der Techniken lehnt sich an die Auswahl bei *Zieschang* in: Park,
Kapitalmarktstrafrecht, 2013, § 263 StGB Rn. 94 ff. an.

[402] Näher dazu Rn. 657.

(„Cornering the Market"). Der Täter verschafft sich dabei Kontrolle über die Nachfrage. In diesen Zusammenhang gehören auch Konstellationen, in denen durch ein geschicktes Platzieren großer Wertpapierorders ein bestimmter Kurstrend geschaffen wird. Kommt es dementsprechend zu einer Kurssteigerung, werden die zuvor erworbenen Wertpapiere gewinnbringend verkauft („Creating-a-Price-Trend and Trading against it").[403]

- **Churning**: Unter diesen Begriff fällt eine Form unlauteren, in erster Linie individual-schädigenden Verhaltens von Kapitalanlagevermittlern, Vermögensverwaltern, Finanzberatern oder Brokern. Er bedeutet soviel wie Spesen- oder Gebührenschinderei,[404] Spesenreiterei,[405] Gebühren- oder Spesenschneiderei,[406] Provisionsmanipulation, auch Drehen,[407] Wälzen,[408] Ausplündern.[409] Gemeint ist der Fall, dass u.a. Vermögensverwalter, die über Provisionskosten indirekt an Geschäftsabschlüssen des Anlegers partizipieren, eine ungeheure, meist weit über das übliche Maß hinausgehende Vielzahl von Geschäften abschließen.[410] Es werden „künstlich" Provisionen erzeugt, die aufgrund ihrer enormen Höhe und Anzahl das angelegte Kapital des Kunden nach und nach aufzehren.[411] Im Extremfall kann ein Vermittler das Anlagekonto durch Spesenschinderei vollständig „leertraden".[412]

---

[403] *Zieschang* in: Park, Kapitalmarktstrafrecht, 2013, § 263 StGB Rn. 103, 133 f.

[404] *Arendts* Die Haftung für fehlerhafte Anlageberatung, 1998, S. 778; *Brand* Aufklärungs- und Beratungspflichten der Kreditinstitute bei der Kapitalanlage, 2002, S. 220 f.; *Dannhoff* Das Recht der Warentermingeschäfte, 1993, S. 97 f.; *Hagemann* Grauer Kapitalmarkt und Strafrecht, 2005, S. 407; *Lang* Informationspflichten bei Wertpapierdienstleistungen, 2003, § 12 Rn. 4; *Röhrich* AG Report 2004, R480; *Rössner/Arendts* WM 1996, 1517; *Roth* in: Assmann/Schütze, Handbuch des Kapitalanlagerechts, 2007, § 12 Rn. 49; *Tilp* in: Allmendinger/Tilp, Börsentermin- und Differenzgeschäfte, 1998, Rn. 904 ff.; *Wach* Der Terminhandel in Recht und Praxis, 1986, S. 206.

[405] BGH WM 1995, 100; OLG Düsseldorf vom 05.07.2002 – Az.: 17 U 200/01; OLG Karlsruhe vom 16.12.1998 – Az.: 1 U 11/98; *Ekkenga* in: MüKo-HGB, Effektengeschäft Rn. 346; *Schwark* EWiR 1999, 212; *Sethe* Anlegerschutz im Recht der Vermögensverwaltung, 2005, S. 895.

[406] *Ekkenga* in: MüKo-HGB, Effektengeschäft Rn. 346; *Holl/Kessler* RIW 1995, 983; *Imo* Börsentermin- und Börsenoptionsgeschäfte, 1988, Rn. 927; *Ködgen* ZBB 1997, 121; *Schmid* in: Müller-Gugenberger, Wirtschaftsstrafrecht, 2015, § 27 Rn. 54.

[407] *Ekkenga* in: MüKo-HGB, Effektengeschäft Rn. 346; *Lang* Informationspflichten bei Wertpapierdienstleistungen, 2003, § 12 Rn. 4; *Roth* in: Assmann/Schütze, Handbuch des Kapitalanlagerechts, 2007, § 12 Rn. 49; *Schäfer* Anlegerschutz und die Sorgfalt eines ordentlichen Kaufmanns bei der Anlage der Sondervermögen durch Kapitalgesellschaften, 1987, S. 85; *Schäfer* in: Schwintowski/Schäfer, Bankrecht, 2004, § 19 Rn. 55; *Sethe* Anlegerschutz im Recht der Vermögensverwaltung, 2005, S. 894; *Schlüter* Börsenhandelsrecht, 2002, Kap. D Rn. 418.

[408] *Bröker* Strafrechtliche Probleme bei Warentermin- und optionsgeschäften, 1989, S. 38; *Koch* JZ 1980, 708.

[409] *Birnbaum* wistra 1991, 254. Ausführlich zu den Begrifflichkeiten *Nestler* Churning, 2009, S. 3 f.

[410] *Koller* in: Assmann/Pötzsch/Schneider, WpHG, 2012, § 31 Rn. 70.

[411] *Janssen* in: Achenbach/Ransiek/Rönnau, Wirtschaftsstrafrecht, 2015, Kap. V 1 Rn. 207; *Schmid* in: Müller-Gugenberger, Wirtschaftsstrafrecht, 2015, § 27 Rn. 54; *Wach* Der Terminhandel in Recht und Praxis, 1986, S. 206.

[412] *Rössner/Arendts* WM 1996, 1517. Monographisch dazu *Nestler* Churning, 2009, passim.

- **Circular Trading**: Hierbei handelt es sich um eine besondere Form des Pre-arranged Trading, bei dem absprachegemäß die zu Beginn der erfolgenden Geschäfte bestehende Situation am Ende der Transaktionen wiederhergestellt wird. Die Beteiligten vereinbaren dabei Gegenaufträge, die in Höhe, Zeit und Preis dem Erstauftrag entsprechen.

- **Designated Sponsoring**: Als Designated Sponsor gilt, wer sich verpflichtet, ver-bindliche Kauf- oder Verkaufsangebote von Aktien des betreuten Unternehmens abzugeben, um regen Handel und Liquidität des Marktes zu gewährleisten (vgl. § 145 BörsO). Die durch ihn abgeschlossenen Geschäfte wirken auf die Kurs-bildung ein und können diese verfälschen.[413]

- **Fehlverhalten von Anlageberatern/Wertpapierdienstleistern**: Im Rahmen der Anlageberatung wird ein Anlageberater von dem Anleger damit beauftragt, ihn fachkundig bei der Bewertung und der Beurteilung einer bestimmten Anla-geentscheidung i.d.R. unter Berücksichtigung seiner persönlichen Verhältnisse zu beraten. Denkbar ist auch eine Vermögensverwaltung, die dem Betreffen-den sogar eine Dispositionsbefugnis über das Kapital einräumt. Fehlverhalten dieser Anlageberater und Vermögensverwalter kann betrugs- oder untreuerele-vant sein.

- **Front-Running/Parallel-Running/Scalping**: Allgemein bezeichnet man als Front-Running ein Verhalten, durch das ein Wertpapierhandelsunternehmen kurz vor der Durchführung einer Kundenorder und in deren Kenntnis ein Eigen-geschäft durchführt. Weist die Order des Kunden ein entsprechendes Volumen auf, steigt der Kurs. Davon profitiert wiederum derjenige, der in Kenntnis der Kundenorder zuvor dieselben Finanzinstrumente erworben hat. Beim ähnlich gelagerten Parallel-Running vollzieht der Täter ein Eigengeschäft gleichzeitig mit einer Kundenorder. Das sog. Scalping bildet einen speziellen Fall des Front-Running. Dabei werden über die Medien Kaufempfehlungen für bestimmte Anlageprodukte herausgegeben. Der Empfehlende (z.B. ein Wirtschaftsjourna-list oder ein Wertpapieranalyst) selbst hat diese Produkte kurz zuvor erworben, um von den auf die Empfehlung folgenden Kurssteigerungen zu profitieren.

- **Insiderinformationen**: Vorabkenntnisse können im Wertpapierhandel dazu genutzt werden, für sich selbst gerade diejenigen Wertpapiere zu erwerben oder zu veräußern, die anschließend aufgrund bestimmter Ereignisse im Wert steigen oder fallen.

- **Kick-Backs/Retrozessionen**: Im Kapitalmarktbereich kommen Kick-Backs dergestalt vor, dass z.B. von einem Broker dem Anleger überhöhte Gebühren in Rechnung gestellt werden, von denen dann an den Finanzdienstleister (Ver-mittler) ein Teil zurückgeführt wird. Der Kick-Back-Zahlung liegt dabei eine Absprache zwischen Broker und Vermittler zugrunde, die dem Kunden jedoch i.d.R. unbekannt ist. Es handelt sich also um eine Rückflussvereinbarung, um (zu) hohe Einbehalte der Vermittler zu verschleiern.

---

[413] *Zieschang* in: Park, Kapitalmarktstrafrecht, 2013, § 263 StGB Rn. 104, 133 f.

- **Kurspflege/Marktpflege**: Als Kurspflegemaßnahmen gelten Handlungen, die darauf hinwirken, bestimmte zufällige Schwankungen des Kurses durch Gegenmaßnahmen auszugleichen.
- **Leerverkäufe**: Hierunter fällt der Verkauf von Wertpapieren, die der Verkäufer im Zeitpunkt des Kaufvertrags noch nicht im Eigentum oder in Kommission hat, um diese später günstiger einkaufen zu können, als sie verkauft worden sind, vgl. § 30 h Abs. 1 S. 4 WpHG. Leerverkäufe in erheblichem Umfang können zu einer Kurssteigerung führen oder auch nur einen bestimmten Preistrend erzielen. § 30 h Abs. 1 WpHG verbietet ungedeckte Leerverkäufe in Aktien und bestimmte Schuldtitel.
- **Marking the close**: Erfolgen Wertpapierkäufe oder -verkäufe größeren Volumens zu Beginn oder am Ende des Handelstages, beeinflusst dies diejenigen Marktteilnehmer, die auf der Basis des Schlusskurses handeln.[414]
- **Matched Orders/Prearranged Trading**: Das als Prearranged Trading (Improper Matched Orders) betitelte Verhalten zeichnet sich dadurch aus, dass mehrere Marktteilnehmer untereinander die Absprache treffen, ein bestimmtes Papier im Rahmen von aufeinander abgestimmten Geschäften häufig hin- und herzuschieben. Dadurch wird der Eindruck eines regen Handels erzeugt, obwohl in Wahrheit lediglich ständig dieselben Marktteilnehmer das Wertpapier kaufen und wieder verkaufen. Im Unterschied zu Wash Sales[415] handelt es sich zwar um wirtschaftlich verschiedene Personen, sie sind jedoch über die Absprache miteinander verbunden.[416]
- **Nichtveröffentlichung von Informationen**: Das Nichterfüllen der im Kapitalmarktbereich häufigen Mitteilungspflichten (siehe Rn. 401 f.) ist im Kontext des Betrugstatbestands relevant.
- **Painting the tape**: Werden bewusst gerade solche Wertpapiere erworben, deren Preise auf der Anzeigentafel im Börsensaal wiedergegeben sind, spricht man von Painting the tape. Diese Geschäfte erzeugen, weil sie an der öffentlichen Anzeigetafel erscheinen, den Eindruck reger Umsätze und Kursbewegungen. Dadurch soll der Kurs in eine bestimmte Richtung beeinflusst werden, um dann insbesondere die zuvor erworbenen Papiere gewinnbringend zu verkaufen.
- **Pumping and dumping**: Bei dieser Verhaltensvariante initiiert der Täter Handelsaktivitäten, um den Börsenkurs in eine bestimmte Richtung zu bewegen, bspw. durch den Abschluss mehrerer Kaufaufträge zu sukzessiv höheren Preisen.[417] Anschließend werden die eigenen Finanzinstrumente in großen Mengen abgestoßen.

---

[414] *Papachristou* Die strafrechtliche Behandlung von Börsen- und Marktpreismanipulationen, 2006, S. 67 f.

[415] Siehe sogleich.

[416] *Zieschang* in: Park, Kapitalmarktstrafrecht, 2013, § 263 StGB Rn. 141.

[417] *Arlt* Der strafrechtliche Anlegerschutz vor Kursmanipulation, 2004, S. 88; *Janke* Kompendium Wirtschaftskriminalität, 2008, S. 118.

- **Risiko- und Spekulationsgeschäfte**: Solche Geschäfte sind am Kapitalmarkt durchaus üblich, gleichwohl aber nicht für jeden Anleger geeignet. Mit §§ 49, 26 Abs. 1 BörsG[418] existiert ein eigenständiger Straftatbestand, der das Verleiten von Anlegern zu Börsenspekulationsgeschäften erfasst. Darüber hinaus können aber auch §§ 263, 266 StGB einschlägig sein, falls der Anleger über den Charakter der Geschäfte getäuscht wird oder deren Abschluss im Innenverhältnis untersagt.
- **Stop-Loss-Order-Fishing (Gunning for Stop-Loss-Orders)**: Beim Stop-Loss-Order-Fishing findet ein automatischer Verkauf von Wertpapieren statt, sobald der Kurs eine bestimmte Grenze erreicht. Der Täter versucht dabei, den Kurs durch effektive Wertpapiergeschäfte in Richtung einer von anderen Marktteilnehmern bevorzugten Stop-Marke zu bewegen.[419]
- **Wash Sales**: Dieser Begriff umschreibt ein Verhalten, bei dem der Täter in einem Depot gehaltene Vermögenswerte an der Börse verkauft, diese aber kurz darauf wieder zurückgekauft werden, um Vorteile zu erzielen. Hierunter fallen Eigenhandel, durch die das irreführende Bild eines regen Handels erzeugt wird. Bei Wash Sales erfolgt der Kauf und Verkauf von Wertpapieren, ohne dass aus wirtschaftlicher Sicht ein Eigentumswechsel stattfindet, da Käufer und Verkäufer zumindest wirtschaftlich identisch sind. Alle Transaktionen lassen sich nur einem einzigen wirtschaftlich Berechtigten zuordnen, wobei dazu auch Transaktionen zwischen verbundenen Unternehmen zählen. Es entsteht der Eindruck, dass das Wertpapier stark gehandelt wird, was Auswirkungen auf die Kursentwicklung haben kann.

367   Allein die Tatsache, dass der Täter bspw. eine Kick-Back-Zahlung bezieht oder gewährt, heißt jedoch noch lange nicht, dass er sich auch strafbar macht. Auch weist der Abschluss von Risiko- und Spekulationsgeschäften bei weitem nicht in jedem Fall Betrugsrelevanz auf. Erforderlich ist stets eine genaue Subsumtion des konkreten Sachverhalts unter die jeweiligen Strafnormen.

II. Betrug (§ 263 StGB)

1. Allgemeine Grundlagen
a) Normstruktur
368   Wie bereits erörtert (Rn. 165 f) enthält § 263 StGB ein **Erfolgs- sowie Verletzungsdelikt** und schützt nach ganz h.M. das **Vermögen** in seinem wirtschaftlichen Wert.[420] Nicht vom Schutzbereich umfasst ist demgegenüber die Dispositionsfreiheit des

---

[418] Rn. 706 ff.

[419] *Arlt* Der strafrechtliche Anlegerschutz vor Kursmanipulation, 2004, S. 86.

[420] *Perron* in: Schönke/Schröder, StGB, 2014, § 263 Rn. 1 ff.; *Fischer* StGB, 2016, § 263 Rn. 3; *Hefendehl* in: MüKo-StGB, 2014, § 263 Rn. 1 ff.; *Hoyer* in: SK-StGB, 2015, § 263 Rn. 90 ff; *Satzger* in: SSW, StGB, 2014, § 263 Rn. 143; *Tiedemann* in: LK-StGB, 2010, Vor § 263 Rn. 33.

Getäuschten bzw. Verfügenden.[421] Es gehört auch nicht zum vom Betrugstatbestand geschützten Rechtsgut, sorglose oder gar leichtfertige Menschen gegen die Folgen ihrer eigenen Sorglosigkeit zu schützen.[422] Vielmehr ist es dem Geschäftsverkehr eigen, dass jeder die ihm zur Verfügung stehenden Informationen zu seinen Gunsten nutzt. § 263 StGB greift erst bei gezielten Fehlinformationen ein, die zu einem Vermögensschaden führen.

Die Tatbestandsvoraussetzungen ergeben sich aus dem Wortlaut nur unvollständig. Erforderlich sind in objektiver Hinsicht Täuschung über Tatsachen, Irrtum, Vermögensverfügung (als ungeschriebenes Tatbestandsmerkmal) sowie Vermögensschaden. Zwischen diesen Merkmalen muss ein durchgehender ursächlicher Zusammenhang bestehen. Der subjektive Tatbestand verlangt neben dem Vorsatz auch die Absicht rechtswidriger stoffgleicher Bereicherung.   **369**

b) Praktische Relevanz

Es heißt, immer mehr Menschen investieren in Vermögensanlagen. Dabei sind auch   **370**
Aktien als Anlageobjekte „hoch im Kurs".[423] Mehr noch als zu den Hochzeiten von TV-Börsenmagazinen und -Newslettern erleichtert heute das Internet den Zugang zu den Aktienmärkten. Selbst von einem Smartphone aus ist der User nur noch einen Klick vom nächsten Trade entfernt. Andererseits lässt sich feststellen, dass insbesondere private Anleger zunehmend überfordert sind. Ein Überangebot an Informationen, ansteigende Komplexität der Märkte und der angebotenen Finanzinstrumente sowie verbesserte Strategien unseriöser Marktteilnehmer erschweren es dem Laien, den Durchblick zu gewinnen. Die praktische Relevanz des Betrugstatbestands kann daher nicht zu hoch eingeschätzt werden. Eine typische Konstellation betraf vor allem Ende des 20. Jahrhunderts die Vermittlung von Warenterminoptionen.

Geht es um Geschäftstypen, für die kein Spezialtatbestand eingreift, so bleibt   **371**
insbesondere § 263 StGB der erste Anknüpfungspunkt. Auch wenn die Rechtsgutsverletzung über das durch die Sonderregelung erfasste Maß hinausgeht, bspw. ein Vermögensschaden beim getäuschten Anleger eintritt, ist der Betrugstatbestand ein wichtiger Eckpfeiler des strafrechtlichen Schutzsystems.

In der polizeilichen Kriminalstatistik spiegelt sich dies nur zum Teil wieder. Nach   **372**
§ 263 StGB strafbarer „Anlagebetrug" soll im Jahr 2015 in 7.699 Fällen vorgelegen haben.[424] Gemeinsam mit 215 im Zusammenhang mit Kapitalanlagen begangenen Untreuedelikten[425] führten diese Fälle des Betrugs im Jahr 2015 zu einem Schaden in Höhe von ca. 328 Millionen Euro, was einem Anteil von über 11 Prozent des durch Wirtschaftskriminalität verursachten Gesamtschadens ausmacht.[426]

---

[421] *Hefendehl* in: MüKo-StGB, 2014, § 263 Rn. 4.

[422] So bereits BGHSt 3, 99; ferner BGH NJW 2001, 2187.

[423] Vgl. *Arlt* Der strafrechtliche Anlegerschutz vor Kursmanipulation, 2004, S. 28 ff.; *Zieschang* in: Park, Kapitalmarktstrafrecht, 2013, § 263 StGB Rn. 3.

[424] PKS 2015, S. 7, 92, Strft. Schl. 513 200.

[425] PKS 2015, S. 94, Strft. Schl. 521 100.

[426] Vgl. *Bundeslagebild Wirtschaftskriminalität* 2015, S. 4.

2. Objektiver Tatbestand

a) Täuschung

(1) Gegenstand der Täuschung

373 § 263 Abs. 1 StGB lässt nur Tatsachen als Gegenstand der Täuschung ausreichen. Als solche gelten – wie bereits gesagt[427] – alle gegenwärtigen oder vergangenen Ereignisse oder Zustände (einschließlich der menschlichen Psyche als sog. innere Tatsachen), die dem Beweis zugänglich sind.[428] Soweit ein Betrug im Zusammenhang mit dem Erwerb von Kapitalanlagen im Raum steht, kommen als Gegenstand der Täuschung sowohl Äußerungen über Qualität und Eigenschaften der zu erwerbenden Objekte als auch über die entsprechende Überzeugung des Vermittlers in Betracht.

374 Der Tatsachenbegriff bereitet im kapitalmarktrechtlichen Kontext ähnlich gravierende Probleme, wie im Zusammenhang mit dem Kreditgeschäft (vgl. Rn. 165 ff.). Aussagen über Gewinnwahrscheinlichkeiten können nämlich sowohl bloßes Werturteil als auch reine Vorausschau über Zukünftiges sein. Beides unterfällt der Tatsachendefinition des § 263 Abs. 1 StGB nicht.

(a) Werturteile

375 Werturteile und Meinungsäußerungen sind mangels empirischer Nachweisbarkeit keine Tatsachen und können daher nicht Gegenstand der Täuschung i.S.d. § 263 Abs. 1 StGB sein. Für die Abgrenzung gilt als entscheidend, ob die Äußerung ihrem objektiven Sinngehalt nach einen greifbaren, **dem Beweis zugänglichen Tatsachenkern** enthält und somit überprüfbar ist.[429]

Beispiel 22[430]

A und B gründen eine oHG, die die Vermittlung von Versicherungen, Bausparverträgen und Darlehen sowie weitere Maklertätigkeiten zum Gegenstand hat. In diesem Rahmen wollen A und B auch Immobiliengeschäfte betreiben. Um das für den Ankauf von Immobilien erforderliche Kapital bilden zu können, sollen Kleinanleger dazu veranlasst werden, stille Beteiligungen an der oHG zu erwerben. Entsprechende stille Beteiligungen, die Renditen von regelmäßig drei Prozentpunkten über dem üblichen Kapitalmarktzins erbringen sollen, bieten A und B entweder als monatlich oder zum Ende der Laufzeit rückzahlbare Einlagen über freie Handelsvertreter an. Um die Investitionsbereitschaft der Anleger zu erhöhen preisen A und B die Anlage als eine „sichere" an, die „sich nahezu von selbst verkauft", weil sie „in eine Marktlücke vorstoße". Von insgesamt 544 Anlegern nehmen A und B auf diese Weise Einlagen jeweils zwischen 2.000 Euro und 160.000 Euro ein.

---

[427] Siehe Rn. 170.

[428] *Tiedemann* in: LK-StGB, 2012, § 263 Rn. 9.

[429] *Gerst/Meinicke* StraFo 2011, 29, 31; *Hebenstreit* in: Müller-Gugenberger, Wirtschaftsstrafrecht, 2015, § 47 Rn. 12; *Kühl/Heger* StGB, 2014, § 263 Rn. 5; *Wessels/Hillenkamp* Strafrecht BT II, 2015, Rn. 495; *Zieschang* in: Park, Kapitalmarktstrafrecht, 2013, § 263 StGB Rn. 23.

[430] Nach BGH NJW 2004, 375 ff.

Ein Betrug scheitert in diesem Fall nach Auffassung des BGH bereits am Merkmal der Tatsachentäuschung. Was den Anlegern über die Kapitalsituation, die Kostenstruktur oder die konkret in Aussicht genommenen Projekte mitgeteilt wurde, sei keine Tatsachendarstellung gewesen, sondern lediglich ein Werturteil. (1.) Je **mehr konkrete Tatsachen** über die wirtschaftliche Situation des Unternehmens den jeweiligen Anlegern gegeben werden, umso mehr treten die hierauf bezogenen Beurteilungen in den Hintergrund. Ein etwaig darin enthaltenes Werturteil bezieht sich dann auf das vorgelegte Tatsachenmaterial; ihm selbst kommt kein eigenständiger Tatsachenkern zu. (2.) Enthält dagegen das Angebot selbst bereits **wenig Tatsachenmaterial**, dann kann nach den Umständen auch Äußerungen, die in die Form eines Werturteils gekleidet sind, der Charakter einer Tatsachenbehauptung zukommen. (3.) Erschöpft sich das Angebot nur in **allgemeinen Bewertungen** und allenfalls substanzarmen tatsächlichen Informationen, dann wird der ihrem Wortlaut nach als Werturteil aufzufassenden Äußerung dasjenige als Tatsachenkern beizumessen sein, was nach der Verkehrsanschauung üblicherweise eine solche Beurteilung rechtfertigt.

Für die Äußerungen von A und B kommt es deshalb auf den **Kontext** an, in dem sie in Zusammenhang mit dem Angebot gegenüber den potenziellen Anlegern gestanden haben. Wurden die potenziellen Anleger über die wesentlichen betriebswirtschaftlichen Rahmendaten in Kenntnis gesetzt, dann kann eine allgemein gehaltene Bemerkung, wie „sicher" oder „risikolos" nur als pauschale Anpreisung verstanden werden. Fehlen dagegen wirtschaftlich konkrete Informationen, kann der gleichen Aussage ein tatsächlicher Hintergrund zukommen. Entscheiden konnte der BGH diese Frage im konkreten Fall jedoch nicht definitiv, weil die entsprechenden Feststellungen zu etwaigen Rahmendaten über die Kapitalanlage in dem landgerichtlichen Urteil fehlten.

Es kommt also immer auf den Zusammenhang an, in dem die betreffende Äußerung des Täters steht. Besonders deutlich zeigt sich diese Kontextabhängigkeit bei der Einordnung **reklamhafter Anpreisungen**. Solche Äußerungen des Täters sollen nach allgemeiner Auffassung für sich allein keine täuschungsgeeigneten Tatsachen darstellen. Dabei ist jedoch fraglich, wann es an dem erforderlichen empirisch nachweisbaren Tatsachenkern fehlt. Hierfür brauchbare Abgrenzungskriterien zu etablieren, ist bislang nicht gelungen.[431] Notwendig bleibt damit eine genaue Betrachtung des jeweiligen konkreten Einzelfalls.   **376**

Als Tatsachen angesehen wurden in der Rspr. etwa: **377**

- Äußerungen über die Gewinnchancen bei Optionen auf Warentermingeschäfte,[432]
- Hinweise auf den sog. Prämienaufschlag,[433]

---

[431] Krit. *Zieschang* in: Park, Kapitalmarktstrafrecht, 2013, § 263 StGB Rn. 24 („Beliebigkeit" der Grenzziehung).

[432] In diese Richtung etwa bei BGHSt 31, 115, 116 f.

[433] LG Düsseldorf BeckRS 2006, 14131.

- eine Darstellung des Charakters des Anlagegeschäfts als risikolos oder risikoarm,[434]
- die Aussage, dass der Kaufpreis dem Marktwert entspricht,[435]
- Angaben über die Grundlagen der Preisgestaltung.[436]

Behauptet der Täter aber nur, der Preis sei „angemessen", so genügt dies den Anforderungen des Tatsachenbegriffs noch nicht. Lediglich dann, wenn der Preis eines Anlageobjekts tax- oder listenmäßig festgesetzt ist, liegt in derartigen Äußerungen die (konkludente) Tatsachenbehauptung, dass der verlangte Preis üblich ist und nicht von dem tax- oder listenmäßig festgelegten Preis abweicht.[437]

Beispiel 23[438]

M ist Mitarbeiter bei der B-Bank und betreut dort Privatanleger bei Investitionen in Immobilien. Wahrheitswidrig erklärt er dabei seinen Kunden, der Kaufpreis der angebotenen Grundbesitzinvestanteile entspreche dem tatsächlichen Marktwert. Dieser lag in der Realität deutlich unter dem Kaufpreis. Der BGH stufte in diesem Fall Äußerungen über den Marktwert grds. als Tatsachenaussage ein.[439]

(b) Prognosen

378 Auch Prognosen bereiten im Kontext des Tatsachenbegriffs Probleme. Sie beziehen sich auf **künftige Entwicklungen** oder Ereignisse und unterfallen daher der Definition der h.M. nicht.[440] Prognosen als Voraussagen z.B. über die künftige Kursentwicklung sind jedoch geradezu typisch beim Erwerb von Anlageobjekten. Letztlich spekuliert der Anleger ja auf den steigenden Wert und hat deswegen an der Prognose ein Interesse.

379 Zum Teil erachtet man solche Aussagen über künftige Entwicklungen als entweder mit Werturteilen verbunden oder mit ihnen identisch.[441] Teilweise wurde daraus früher der Schluss gezogen, die künftige Kursentwicklung sei keine Tatsache, über die getäuscht werden könne, sondern diesbezügliche Äußerungen seien persönliche Urteile, die grds. nicht Gegenstand einer Täuschung sein könnten.[442] Die heute h.M. betrachtet dies differenzierter:

---

[434] Vgl. OLG Düsseldorf vom 27.5.2016 – Az.: I 16 U 38/15; LG Itzehoe BeckRS 2011, 19265.

[435] KG vom 18.10.2000 – 3 Ws 453/00.

[436] BGH JZ 2010, 420 (wahrheitswidrige Angaben zum Exportpreis).

[437] Vgl. *Zieschang* in: Park, Kapitalmarktstrafrecht, 2013, § 263 StGB Rn. 31.

[438] KG vom 18.10.2000 – 3 Ws 453/00.

[439] Die Verwirklichung des Betrugstatbestands scheiterte jedoch daran, dass eine Täuschungshandlung seitens des M im Originalfall nicht erkennbar war. Siehe dazu Rn. 388 ff.

[440] *Perron* in: Schönke/Schröder, StGB, 2014, § 263 Rn. 8; *Hildner* WM 2004, 1068.

[441] *Tiedemann* in: LK-StGB, 2012, § 263 Rn. 16; *Zieschang* in: Park § 263 StGB Rn. 26.

[442] *Hohenlohe-Oehringen* BB 1980, 231.

Täuschung über Prognosegrundlage

Eine Tatsachentäuschung liegt vor, wenn die vom Täter zugrunde gelegte gegenwärtige Betrachtung den Gegenstand der Täuschung bildet, die Prognose also auf der Grundlage unzutreffender gegenwärtiger Verhältnisse dargestellt wird. Denn diese **aktuelle Prognosebasis** formt sich aus Umständen der Vergangenheit und Gegenwart, die dem Beweis zugänglich sind. Insofern handelt es sich um eine Tatsache i.S.d. § 263 Abs. 1 StGB.[443] **380**

Das kann insbesondere bei Aussagen über Renditeerwartungen und Verlustrisiken bei Kapitalanlagen der Fall sein. Bspw. enthält das Rating eines Wertpapiers zwar lediglich eine Prognose über das Ausfallrisiko, doch liegt in der Abgabe einer solchen Bewertung dem entsprechend die **konkludente Erklärung der Rating-Agentur**, dass das Bewertungsverfahren ordnungsgemäß durchgeführt und die betreffenden Unterlagen geprüft wurden; in der Aufnahme des Ratings in den Verkaufsprospekt liegt die konkludente Erklärung des Emittenten, der Ratingagentur eine korrekte Tatsachenbasis zur Verfügung gestellt zu haben. **381**

Beispiel 24[444]

A vermittelt Aktien und bezieht dafür Provisionen. Um neue Anleger zum Kauf zu bewegen, behauptet er, es handele sich um eine gute Kapitalanlage, da die Aktien bald an der Börse gehandelt würden. Sie würden dann im Kurs erheblich steigen und sich als gewinnbringende Kapitalanlage erweisen, da hinter der Muttergesellschaft finanzstarke und einflussreiche Geschäftsleute stünden.

Der BGH erkannte in dieser Äußerung eine Tatsachenaussage. Der Täter hatte nämlich nicht nur vorgegeben, die Aktie werde demnächst im Kurs steigen, sondern diese Aussage über die künftige Entwicklung mit gegenwärtigen aber unzutreffenden Umständen untermauert, nämlich mit der Bemerkung, dass hinter der Muttergesellschaft finanzstarke und einflussreiche Geschäftsleute stehen. Hierin lag nach Auffassung des BGH die Behauptung, dass es sich um ein kapitalkräftiges, auf Gewinnerzielung gerichtetes Unternehmen handelt, dessen Marktchancen in Bank- und Börsenkreisen günstig beurteilt würden und dass die Aktien im gegenwärtigen Zeitpunkt jedenfalls den geforderten Preis wert seien.

Täuschung über gegenwärtige Eigenschaften

Darüber hinaus kann der Täter über eine gegenwärtige Eigenschaft täuschen, wobei hier allerdings die Abgrenzung zur Prognose fließend ist.[445] Als Täuschung über eine gegenwärtige Eigenschaft wird es in der Lit. bspw. angesehen, wenn der Täter behauptet, eine Option habe eine garantierte Gewinnchance, obwohl dies tatsächlich **382**

---

[443] *Fischer* StGB, 2016, § 263 Rn. 12 ff.; *Satzger* in: SSW, StGB, 2014, § 263 Rn. 25 f.; *Tiedemann* in: LK-StGB, 2012, § 263 Rn. 16.

[444] BGH MDR 1973, 18.

[445] *Zieschang* in: Park, Kapitalmarktstrafrecht, 2013, § 263 StGB Rn. 29.

nicht der Fall ist.[446] In diesen Konstellationen sind Täuschungen über gegenwärtige Tatsachen mit Äußerungen über die zukünftige Entwicklung, also Prognosen, verbunden oder in ihnen enthalten.

Beispiel 25[447]

Der Vorstand V der X-AG vermeldet im Wege einer Ad-hoc-Mitteilung, das Unternehmen habe für sein neues Projekt einen Investor gefunden, was diese Vorhaben sicherlich beflügeln und alsbald zu einem Kursanstieg führen werde. Tatsächlich hat der Investor allerdings noch nicht zugesagt. K kauft nach Veröffentlichung der Mitteilung Aktien der X-AG.

Das OLG München ging in diesem Fall zwar von einer Tatsachentäuschung aus. Allein aus dem Umstand, dass der Aktienkauf zeitlich auf die Falschmeldung folgte, könne jedoch nicht auf die Kausalität der Täuschung für Irrtum und Verfügung geschlossen werden. Insbesondere könne hierfür nicht die Rspr. des BGH zu einer Vermutung des Kausalzusammenhangs beim fehlerhaften Unternehmensbericht in analoger Anwendung börsengesetzlicher Prospekthaftungsvorschriften fruchtbar gemacht werden werden. Der Ursachenzusammenhang sei vielmehr eigenständig und genauestens zu prüfen.

---

383   Über eine gegenwärtige Eigenschaft der Anlage täuscht der Täter auch dann, wenn er bspw. als Anlagevermittler eine Transaktion ohne reelle Gewinnchance lediglich zu dem Zweck initiiert, um **Provisionen zu schinden**. Neben der Täuschung über den wahren Grund für das Geschäft liegt hier eine Täuschung über die Gewinnmöglichkeiten vor, sofern ein Gewinn aufgrund der Provisionshöhe für den Anleger tatsächlich ausgeschlossen ist. In diesem Fall verbirgt sich in der Prognose, dass mit einem Kursanstieg zu rechnen ist, die Zusicherung einer bereits gegenwärtig bestehenden Gewinnchance. Ähnlich verhält es sich bei der Vornahme von **Leerverkäufen** (sog. bucket orders). Hier kommt als Gegenstand der Täuschung nicht nur der wahre Zweck des Geschäfts, sondern auch die Behauptung in Betracht, die zu erwerbenden Anlageobjekte stünden bereits gegenwärtig im Eigentum des Verkäufers.[448]

384   Eine die Gewinnchance schmälernde aktuelle Tatsache kann auch das Bestehen einer Kick-Back-Vereinbarung bspw. zwischen Vermittler und Verkäufer sein.

Beispiel 26[449]

B vertreibt Beteiligungen an einem geschlossenen Immobilienfonds mit kurzer Laufzeit, der hauptsächlich Investitionen im Ausland zum Gegenstand hatte,

---

[446] *Fischer* StGB, 2016, § 263 Rn. 12; *Satzger* in: SSW, StGB, 2014, § 263 Rn. 25; *Zieschang* in: Park, Kapitalmarktstrafrecht, 2013, § 263 StGB Rn. 6 ff.

[447] OLG München ZIP 2002, 1727.

[448] *Zieschang* in: Park § 263 StGB Rn. 131.

[449] Nach OLG Hamm vom 24.9.2013 – Az.: I-34 U 26/13, 34 U 26/13.

u.a. in Dubai im Rahmen der Errichtung des neuen Victory-Bay-Towers, einem besonders exklusiv ausgestatteten Bürogebäude. Das Gesamtinvestitionsvolumen des Projekts betrug 68.792.000 Euro, die Höhe des einzuwerbenden Eigenkapitals 17.500.000 Euro. Der Gesellschaftsvertrag enthält eine kleingedruckte Klausel, in der es heißt: „Nach Einwerbung des im Investitionsplan genannten Eigenkapitals geht die Verfügungsmacht über das Treuhandkonto auf die Fondsgesellschaft über". Der Prospekt prognostizierte zu Gunsten der Anleger unter Progressionsvorbehalt einen steuerfreien, rechnerischen Gewinn von maximal 12 Prozent nominal jährlich und bezogen auf die Gesamtlaufzeit des Fonds einen Gewinnanteil von maximal 20 Prozent des Beteiligungsbetrags. Nach einem Beratungsgespräch, in dem ihm diese Informationen mitgeteilt wurden, zeichnet K eine Beteiligung an dem Fonds mit einem Nennwert von 10.000 Euro zuzüglich 500 Euro Agio. Der Gewinn realisiert sich nicht, weil es nicht gelingt, den erforderlichen Gesamtinvestitionsbetrag aufzutreiben.

Das zuständige OLG konnte in diesem Fall keinen Betrug erkennen. Weder in dem Prospekt noch in dem Beratungsgespräch seien gegenüber K unwahre Tatsachenbehauptungen aufgestellt worden. Allein der Umstand, dass dem K ein prozentual bestimmter Gewinn in Aussicht gestellt wurde, genügt hierfür nämlich nicht, solange dieser Gewinn rechnerisch grds. möglich ist und über die Wahrscheinlichkeit der Gewinnrealisierung keine unzutreffenden Tatsachenbehauptungen gemacht werden.[450]

(c) Innere Tatsachen/Zweck des Geschäfts

Schließlich können sog. innere Tatsachen den Gegenstand der Täuschung bilden.   **385**
Dies betrifft Konstellationen, in denen der Täter Aussagen über seine subjektive Überzeugung (bspw. von einer Gewinnchance oder -wahrscheinlichkeit) oder Verwendungsabsichten trifft.

Einen typischen Gegenstand der Täuschung bildet gerade im Zusammenhang mit   **386**
dem Erwerb von Kapitalanlagen der Zweck des Geschäfts bzw. des Trades. Denkbar ist dies beim sog. **Churning**, aber auch beim **Front-Running** oder bei **Kick-Back**-Vereinbarungen. Sucht der Anlagevermittler lediglich Spesen zu schinden, ohne dass mit der Transaktion eine reelle Gewinnchance für den Kunden verbunden ist, so kann eben diese Zielsetzung als innere Tatsache tauglicher Gegenstand der Täuschung sein.[451] Ähnlich mag beim Front-Running oder bei Leerverkäufen der Geschäftszweck den Gegenstand der Täuschung bilden.[452] Gleiches gilt für den Aufbau einer Market Corner.

Das Abstellen auf innere Tatsachen scheint sich damit für den Kapitalmarktbe-   **387**
reich als „Notlösung" und Ausweg aus dem engen Tatsachenbegriff zu erweisen.

---

[450] Zu einer möglichen Untreuestrafbarkeit siehe unten Rn. 485 ff.

[451] *Birnbaum* wistra 1991, 253, 256; *Park* JuS 2007, 621, 622; *Rössner/Arendts* WM 1996, 1517, 1525; *Zieschang* in: Park, Kapitalmarktstrafrecht, 2013, § 263 StGB Rn. 98.

[452] *Zieschang* in: Park, Kapitalmarktstrafrecht, 2013, § 263 StGB Rn. 98, 131.

Die Einstufung von inneren Überzeugungen als Tatsachen i.S.d. § 263 StGB birgt jedoch gewisse **Inkonsequenzen**. Denn diese subjektiven Überzeugungen können sich sowohl auf künftige Ereignisse als auch auf reine Werturteile beziehen.[453] Die eigentliche Begrenzung des engen Tatsachenbegriffs wird dadurch also umgangen. Daher ist mit diesem dogmatischen Konstrukt Vorsicht geboten. Die Praxis erhört diese Bedenken bislang nur teilweise, da nicht selten eine Verurteilung ohnehin an der fehlenden Nachweisbarkeit dieser inneren Tatsachen scheitert.[454]

(2) Täuschungshandlung

388   Als Täuschungshandlung beschreibt das Gesetz das Vortäuschen von Tatsachen sowie das Entstellen oder Unterdrücken wahrer Tatsachen. Dies kann nach einhelliger Auffassung geschehen durch eine ausdrückliche, bspw. verbale, gestische oder schriftliche Erklärung, konkludent durch schlüssiges Verhalten oder auch durch Unterlassen, wenn ausnahmsweise eine Offenbarungs- oder Hinweispflicht besteht.

389   Die Abgrenzung zwischen ausdrücklicher und konkludenter Täuschung verläuft fließend.[455] Ausdrücklich täuscht, wer bezogen auf die Tatsache, über die getäuscht wird, eine relativ eindeutige und relativ vollständige unwahre Erklärung abgibt, ohne dass die Verkehrsauffassung mehrere Deutungen zulässt. Je weniger eindeutig und je unvollständiger die Erklärung ist, desto eher mag sie (bei Vorliegen der übrigen Voraussetzungen) als konkludente Täuschung einzuordnen sein.[456] Ergänzend kann man sich fragen, inwieweit für die Beurteilung der Unwahrheit der Tatsache ein **Rekurs auf die Verkehrsanschauung** notwendig ist (dann konkludente Täuschung) oder nicht (dann ausdrückliche Täuschung).[457]

(a) Ausdrückliche und konkludente Täuschung

390   Ausdrückliche und konkludente Täuschung liegen oftmals dicht bei einander. Explizit ist die Täuschung vorgebracht, wenn sie verbal, gestisch oder schriftlich entäußert wird.

391   Typische Beispiele für eine ausdrückliche Täuschung sind:

- die unzutreffende Behauptung, die Provision sei börsenamtlich festgesetzt, während sie in Wahrheit ein Vielfaches der Börsenmaklerprovision beträgt[458];

---

[453] Krit auch *Hoyer* in: SK-StGB, 2015, § 263 Rn. 21; *Joecks* JA 1980, 128; *Kindhäuser* in: NK-StGB, 2014, § 263 Rn. 75.

[454] Siehe das Fallbeispiel oben Rn. 375.

[455] *Hefendehl* in: MüKo-StGB, 2014, § 263 Rn. 92.

[456] *Tiedemann* in: LK-StGB, 2012, § 263 Rn. 26.

[457] *Hefendehl* in: MüKo-StGB, 2014, § 263 Rn. 93; ebenso *Saliger* in: Matt/Renzikowski, StGB, 2013, § 263 Rn. 31; *Satzger* in: SSW, StGB, 2014, § 263 Rn. 35.

[458] *Perron* in: Schönke/Schröder, StGB, 2014, § 263 Rn. 31b; *Fichtner* Die börsen- und depotrechtlichen Strafvorschriften, 1993, S. 173; *Tiedemann* in: LK-StGB, 2012, § 263 Rn. 49; *Zieschang* in: Park, Kapitalmarktstrafrecht, 2013, § 263 StGB Rn. 35; vgl. auch *Graul* JZ 1995, 595, 596.

- die Zusicherung, die Gewinnchancen bei Warentermingeschäften seien außerordentlich hoch und das Risiko gering, obwohl die Gewinnchancen nur ganz minimal, wenn nicht überhaupt ausgeschlossen sind[459];
- sonstige wahrheitswidrige Tatsachenangaben über die Zusammensetzung des Optionspreises[460];
- Erklärungen über die Qualifikation der mit den Anlagegeschäften betrauten Mitarbeiter;
- die wahrheitswidrige Aussage, nur 40 Prozent des Geldes würden für notwendige Kosten verwendet, obwohl in Wahrheit dieser Prozentsatz höher liegt[461];
- das Versenden von Renditemitteilungen, die nicht den wahren Ertragsverlauf der Anlage widerspiegeln.[462]

Beispiel 27[463]

V vermittelt Kapitalanlagen im Rahmen eines sog. Money-Management-Systems an Anleger. Hierzu sendet er den Interessierten Informationsmaterial, darunter Renditemitteilungen aus den vergangenen Quartalen sowie eine „Kurzinformation für Anleger", in der es wahrheitswidrig heißt, die Risikogrenze liege bei 10 Prozent des Gesamtkapitals. Die von V zur Versendung gezielt ausgewählten Renditemitteilungen spiegeln diese unzutreffende Risikogrenze wider. Auf der Grundlage dieser Informationen zeichnen die Anleger A, B und C Anlageobjekte des Money-Management-Systems, wobei A das Risiko bei 10 Prozent des Kapitals sieht, B und C hingegen überhaupt kein Risiko erkennen können. Alle drei machen hohe Verluste.

Der BGH ordnete das Verhalten des V als ausdrückliche Täuschung ein. Wie es bei B und C zu der Fehlvorstellung gekommen sein konnte, es bestehe überhaupt kein Risiko, hatte das zuständige LG jedoch nicht hinreichend dargetan. Der erste Strafsenat des BGH mahnte hier zu Recht an, angesichts der allen Anlegern übermittelten Informationsmaterialien, in denen ausdrücklich zumindest bzgl. 10 Prozent des Anlagekapitals auf ein Risiko hingewiesen worden war, hätte es im Rahmen der Beweiswürdigung einer eingehenden Auseinandersetzung damit bedurft, wie B und C dennoch zu einer derartigen Vorstellung gelangt waren.

Im Einzelfall kann dabei nicht nur die Abgrenzung von der konkludenten Täuschung (dazu sogleich Rn. 393), sondern auch die **Abgrenzung von der Täuschung durch Unterlassen** problematisch sein: **392**

---

[459] BGH NStZ 2000, 36; *Füllkrug* Kriminalistik 1985, 267, 268; *Seelmann* NJW 1981, 2132.
[460] *Seelmann* NJW 1981, 2132.
[461] BGH wistra 1991, 25.
[462] BGH wistra 1995, 102, 103.
[463] BGH wistra 1995, 102.

X ist Mitarbeiter in einer Gesellschaft G, die über eine Vielzahl in- und ausländischer Firmen Kapitalanlagegeschäfte betreibt, darunter sog. Zinsdifferenzgeschäfte. Die Formularverträge sehen insoweit vor, dass der Kapitalanleger
ein Eigenkapital bei der Depotbank D einzahlt, die G gegen ein einmaliges
Honorar (Agio) die Anlage betreut und für den jeweiligen Gesamtanlage-
betrag festverzinsliche Wertpapiere einer bestimmten Güteklasse zum best-
möglichen Kurs kauft. Nachdem die BaFin gegen die G wegen unzulässi-
ger Bankgeschäfte aktiv wird, entschließt sich deren Geschäftsführer F, die
Geschäfte in Zukunft vom außereuropäischen Ausland aus durchzuführen.
Deshalb gründet er in Panama verschiedene Firmen, so auch die E-Gesell-
schaft. Für die E soll in den Niederlanden eine neue Depotbank gefunden
werden, was sich jedoch als schwierig erweist und daher vorerst scheitert.
F teilt dem X mit, dass die Zinsdifferenzgeschäfte künftig im Namen der
E abgeschlossen werden sollen, obwohl F bislang noch keine neue Depotbank für diese Geschäfte gefunden hat („E-Konzept"). In Kenntnis dieser
Umstände schließt X mit dem Kunden K einen Anlagevertrag ab, ohne ihn
über das Fehlen einer Depotbank zu informieren. Um gegenüber den Anlegern Vertrauen zu schaffen, werden von der E sogar „Zinsen" aus bereits
bestehenden Verträgen gezalt. Zinsdifferenzgeschäfte werden jedoch aufgrund des Fehlens einer Depotbank nicht getätigt. Um dies zu verschleiern
und eine vertragsgemäße Mittelverwendung vorzuspiegeln, schickt X dem
K Abrechnungen, auf denen durch die Darstellung von „Luftbuchungen"
Erträge und Kosten fiktiv berechnet sind.

Das Verhalten hat der BGH hier ohne weiteres als Täuschung über die Tatsache angesehen, dass eine Depotbank noch nicht gefunden war. Fraglich ist
allerdings, ob es sich um eine ausdrückliche, eine konkludente oder gar eine
Täuschung durch Unterlassen handelt – für jede Variante sind Anhaltspunkte
vorhanden. In der Lit. wurde das Verhalten meist als ausdrückliche Täuschung
verstanden.[465] Die Entscheidung des BGH kann jedoch auch in Richtung einer
Täuschung durch Unterlassen interpretiert werden. Der Senat führt nämlich aus,
die Angeklagten hätten „entgegen ihrer Pflicht zur Offenbarung … die Vermittler
und damit auch die Anleger in Unkenntnis darüber" gelassen, dass eine Depotbank nicht gefunden war. Die dabei als Beleg für die Offenbarungspflicht als
Quelle herangezogene frühere Entscheidung des BGH (BGHSt 30, 177 ff.[466])
hat allerdings eine ausdrückliche Täuschung durch aktives Tun zum Gegenstand,
was den in der Lit. gezogenen Rückschluss stützt.

---

[464] BGH wistra 1996, 261.

[465] *Perron* in: Schönke/Schröder, StGB, 2014, § 263 Rn. 31b; *Zieschang* in: Park, Kapitalmarktstrafrecht, 2013, § 263 StGB Rn. 34.

[466] Siehe dazu Rn. 405.

Von einer konkludenten Täuschung ist auszugehen, wenn dem Gesamtverhalten des   **393**
Täters nach der **Verkehrsanschauung** ein bestimmter **Erklärwert** zukommt, so
dass der Getäuschte es als Erklärung über eine Tatsache verstehen muss.[467] Erforderlich ist dabei eine Prüfung des jeweiligen Einzelfalls unter Berücksichtigung des
Kontextes, in dem das betreffende Verhalten steht.

Beispiel 29[468]

Die Y-GmbH erwirbt eine an der Londoner Börse gehandelte Zinkoption (d.h.
eine Warenterminoption) zu einer Broker-Prämie von 40 Pfund je Handelseinheit. In der den Anlegern zur Verfügung gestellten Informationsbroschüre
heißt es, das Verhältnis der Gesamtprämie zum Kontraktwert liege bei 10 bis
30 Prozent. Weitere Erklärungen zur Höhe der Prämie erfolgen nicht. Vor dem
Weiterverkauf vervielfacht G, der Geschäftsführer der Y-GmbH, diese Londoner
Prämie und stellt dem Anleger A pro Handelseinheit 160 Pfund in Rechnung,
ohne auf die Vervierfachung hinzuweisen. Mit dem Betrag ergibt sich ein Kontraktwert von 17.895,22 Euro (= Tageskurs × Menge × Verrechnungskurs = 350
Pfund mal 25 mal 2,05 Euro). Das Verhältnis der von A gezahlten Gesamtprämie
zum Kontraktwert beträgt i.E. 45,71 Prozent.
    Der BGH sah in dem Verhalten zweifelsfrei eine Täuschung durch G. Die
Täuschungshandlung habe in der Vorspiegelung gelegen, dass die Optionsprämie nicht mehr als 10 bis 30 Prozent des Kontraktwertes ausmache. Der fünfte
Strafsenat des BGH ordnete das Verhalten des G jedoch nicht ausdrücklich als
konkludente (in Abgrenzung zur ausdrücklichen) Täuschung ein. Die Lit. hingegen begreift das Verhalten als konkludente Täuschung.[469]

Zum Teil geht die Lit. davon aus, eine konkludente Täuschung liege auch dann   **394**
vor, wenn gegenüber dem Kunden die Höhe der Aufschläge und damit die Redu-
zierung seiner Gewinnchance verschleiert werden.[470] Ähnlich ordnet es der BGH
auch als konkludente Täuschung über einen wesentlich wertbestimmenden Faktor
der Anlage ein, wenn Kunden das konkrete **Verhältnis von Anlagebetrag und
Vermittlungskosten** nicht genau aufgeschlüsselt wird.[471] Beide Fälle sind nah
an einem Unterlassen angesiedelt. Daher ist in diesen Konstellationen stets eine
genaue Abgrenzung zum Unterlassen nach der allgemeinen Formel vorzunehmen,
die auf den Schwerpunkt des strafrechtlich relevanten Verhaltens abstellt. Kommt

---

[467] *Fischer* StGB, 2016, § 263 Rn. 21; *Hefendehl* in: MüKo-StGB, 2014, § 263 Rn. 96; *Perron* in:
Schönke/Schröder, StGB, 2014, § 263 Rn. 14 f.; *Tiedemann* in: LK-StGB, 2012, § 263 Rn. 28.
[468] BGHSt 30, 388.
[469] *Zieschang* in: Park, Kapitalmarktstrafrecht, 2013, § 263 StGB Rn. 36.
[470] So u.a. *Maurach/Schroeder/Maiwald*, Strafrecht BT I, 2009, § 41 Rn. 46; *Otto* WM 1988, 729,
731; vgl. auch BGHSt 30, 177, 181; *Kühl/Heger* StGB, 2014, § 263 Rn. 10; a.A. etwa *Perron* in:
Schönke/Schröder, StGB, 2014, § 263 Rn. 31b.
[471] BGHR StGB § 263 Abs. 1 Täuschung 15.

zu dem Verschweigen der Information nicht ein nach außen deutlich erkennbares schlüssiges Verhalten hinzu, auf dem dann dieser Schwerpunkt des Vorwurfs liegt, so handelt es sich nicht mehr um eine konkludente Täuschung, sondern um eine Täuschung durch Unterlassen, für die die Voraussetzungen des § 13 StGB vorliegen müssen (dazu sogleich).

(b) Täuschung durch Unterlassen

395 Die Verwirklichung des § 263 Abs. 1 StGB durch Unterlassen setzt voraus, dass der Täter entweder die Entstehung oder Verfestigung eines Irrtums nicht verhindert oder ein bereits bestehender Irrtum nicht aufgeklärt wird.[472] Im Rahmen des Betrugstatbestands stellt sich folglich die Tathandlung durch Unterlassen i.d.R. als Nichtaufklärung des Kunden über wesentliche (für den Vertragsschluss relevante) Umstände dar.[473] In Betracht kommt dabei aber nicht nur die Verletzung von Beratungspflichten im engen Sinn, sondern auch die Nichterfüllung sonstiger gesetzlicher oder vertraglicher Informations- und Aufklärungspflichten.[474] Unterlässt es also der Vermittler, den Kunden über wesentliche Umstände im Zusammenhang mit Abschluss und Vollzug des Anlagevermittlungs- oder Vermögensverwaltungsvertrags zu informieren, so kann darin gegebenenfalls eine Täuschung über den jeweiligen Umstand, welcher Gegenstand der Information hätte sein müssen, gesehen werden. Problematisch ist in diesen Fällen vor allem, dass die **Beweislastregeln des Zivilrechts**[475] im strafrechtlichen Kontext keine Anwendung finden können. Der Nachweis unzureichender Aufklärung wird sich in diesen Fällen also entsprechend schwierig gestalten.

Unterlassen als Tathandlung

396 Zum Teil bestritt man früher, dass eine Täuschung durch Unterlassen überhaupt möglich ist.[476] Vereinzelt wurde dazu die Auffassung vertreten, der Gesetzgeber habe diese Möglichkeit nicht vorgesehen.[477] Dies wäre allerdings auch bei allen anderen Begehungsdelikten der Fall. Andere führten als Argument an, die für den Betrugstatbestand erforderliche Bereicherungsabsicht könne nicht durch Unterlassen verwirklicht werden.[478] Die heute h.M. steht der Täuschung durch Unterlassen jedoch nicht mehr derart kritisch gegenüber. Gleichwohl wird die praktische

---

[472] *Perron* in: Schönke/Schröder, StGB, 2014, § 263 Rn. 18; *Fischer* StGB, 2016, § 263 Rn. 12 ff.; *Wessels/Hillenkamp* Strafrecht BT II, 2015, Rn. 503.

[473] *Kühl/Heger* StGB, 2014, § 263 Rn. 12.

[474] *Kindhäuser* in: NK-StGB, 2014, § 263 Rn. 151.

[475] Vgl. dazu etwa BGH WM 1998, 1529; BGH BB 1997, 1011 ff.; BGH WM 1996, 1216; BGH NJW 1994, 512 ff. statt Vieler.

[476] Etwa *Naucke* Zur Lehre vom strafbaren Betrug, 1964, S. 106 ff.; *Grünwald* FS H. Mayer, 1966, S. 281, 291; *Mayer* Strafrecht AT, 1982, S. 152; einschränkend *Herzberg* Die Unterlassung im Strafrecht und das Garantieprinzip, 1972, S. 74 ff.

[477] *Naucke* Zur Lehre vom strafbaren Betrug, 1964, S. 106 ff., 214.

[478] *Grünwald* FS H. Mayer, 1966, S. 281, 291.

Relevanz dieser Figur von vielen mit Blick auf den weiten Anwendungsbereich der konkludenten Täuschung als gering eingeschätzt.[479] Aber hier ist Vorsicht geboten: Das Konstrukt einer Täuschung durch schlüssiges Verhalten darf nicht dazu missbraucht werden, gezielt die Voraussetzungen des § 13 StGB zu umgehen. Eine konkludente Täuschung setzt ein aktives, schlüssiges Tun voraus, auf dem der Schwerpunkt des strafrechtlich relevanten Verhaltens liegt. Erschöpft sich das Verhalten des Täters aber in der bloßen Nichtaufklärung über wesentliche Tatsachen, dann verlangt die Strafbarkeit wegen Betrugs, dass den Täter eine Garantenpflicht diesbezüglich trifft, § 13 StGB.

Die **Abgrenzung** einer (ausdrücklichen und konkludenten) Täuschung durch **397** aktives Tun von der Verletzung einer Aufklärungspflicht und damit der Täuschung durch Unterlassen ist schwierig. Dies beruht vor allem auf der Gemeinsamkeit beider Täuschungsarten, dass sich nämlich die Unwahrheit einer Information häufig nur aus der Unvollständigkeit der mitgeteilten Tatsache ergibt.[480] Der Getäuschte gelangt also in beiden Fällen aus einer erhaltenen Information zu einer „in den entscheidenden Punkten abweichenden Sachverhaltsannahme",[481] die durch eine ergänzende Erklärung oder Information korrigierbar gewesen wäre. Eine weitere Gemeinsamkeit liegt darin, dass sowohl bei der aktiven Täuschung durch unvollständige Information als auch bei der Täuschung durch Unterlassen bzw. Verletzung einer Aufklärungspflicht der Täter eine Pflichtverletzung begeht, indem er die berechtigte Erwartung des Getäuschten auf eine wahrheitsgemäße (vollständige) Information missachtet.[482]

Abgrenzen lassen sich konkludente Täuschung durch aktives Tun und Täuschung **398** durch Unterlassen über den **Rechtsgrund der Informationspflicht**: Hat der Täter durch ein aktives Tun getäuscht, so muss er dafür Sorge tragen, dass aus seiner eigenen Erklärung keine unzutreffende Sachverhaltsannahme entsteht. Geht es demgegenüber um ein Unterlassen bzw. um die Verletzung einer Aufklärungspflicht, dann verpflichtet den Täter seine Garantenstellung dazu, den Irrtum zu beheben.

> Der Fall einer konkludenten Täuschung durch aktives Tun in Gestalt einer unvollständigen Erklärung oder Information ist also nah an der auf Ingerenz basierenden Garantenpflicht angesiedelt. Der Täter muss dabei für die Irrtumsfreiheit einstehen, weil er selbst den Irrtum durch die unvollständige Information hervorgerufen hat.

Garantenstellung
Die gem. § 13 Abs. 1 StGB erforderliche Garantenstellung, aus der die Aufklä- **399** rungspflicht resultiert, kann nach h.M. resultieren aus Gesetz, Vertrag, Ingerenz und enger persönlicher Beziehung. Im Kapitalmarktbereich besonders relevant ist

---

[479] *Frisch* FS Herzberg, 2008, S. 729, 745; *Hefendehl* in: MüKo-StGB, 2014, § 263 Rn. 160.

[480] *Kindhäuser* in: NK-StGB, 2013, § 263 Rn. 146.

[481] *Kindhäuser* in: NK-StGB, 2013, § 263 Rn. 146 mit Verweis u.a. auf *Maaß* GA 1984, 264; *Schröder* JR 1961, 434 f.; *Volk* JuS 1981, 880.

[482] *Kindhäuser* in: NK-StGB, 2013, § 263 Rn. 146.

dabei u.a. die auf Gesetz beruhende Garantenstellung. Eine solche können Melde-, Berichtigungs-, Mitteilungs-, Berichts- und Publizitätspflichten der Akteure zum Entstehen bringen.

400   Gerade im Kapitalmarktsektor existieren etliche Regelungen, die solche Pflichten für ihre Adressaten vorsehen und damit eine **Garantenpflicht kraft Gesetzes** begründen. Anders als beim Betrug durch Unterlassen im Rahmen von Kreditvergaben (Rn. 190 ff.) geht es hier also nicht primär um die Frage, ob der Geschäftstypus an sich vertrauensbegründender Natur ist, sondern es stehen für bestimmte Akteure ganz unabhängig von der gewählten Vertragsgestaltung gesetzliche Aufklärungspflichten im Raum. Für die Entstehung einer Garantenstellung genügt es dabei jedoch nicht, dass eine gesetzliche Melde-, Berichtigungs-, Mitteilungs-, Berichts- und Publizitätspflicht normiert ist; vielmehr muss die entsprechende Regelung ihrem Sinn und Zweck nach auch gerade dem Schutz des betreffenden Anlegers oder Investors dienen.[483]

401   Als solche den einzelnen Anleger schützende Regelungen zu nennen sind insbesondere:

- § 15 WpHG: Ad-hoc-Meldepflicht[484];
- Art. 19 MAR (§ 15a WpHG a.F.): Publizitätspflicht für sog. Director's Dealings[485];
- §§ 21, 25, 25a WpHG: Mitteilungspflichten bestimmter Mehrheitsaktionäre und Inhaber spezifischer Instrumente, falls durch Erwerb, Veräußerung oder auf andere Weise bestimmte prozentuale Grenzwerte erreicht werden;
- § 31 Abs. 2 (insbesondere S. 1 und 2) WpHG: Redlichkeitsgebot, wonach alle für Kunden bestimmten Informationen einschließlich von Werbemitteilungen eindeutig und nicht irreführend sein müssen;
- § 34b WpHG: Verpflichtung zur Vollständigkeit von Finanzanalysen;
- § 37x Abs. 2 S. 1 WpHG: Verpflichtung zur Erstellung eines Zahlungsberichts sowie zur Veröffentlichung einer Bekanntmachung darüber, ab welchem Zeitpunkt und unter welcher Internetadresse der Zahlungsbericht bzw. der Konzernzahlungsbericht zusätzlich zu seiner Verfügbarkeit im Unternehmensregister öffentlich zugänglich ist;
- § 10 WpÜG: Verpflichtung des Bieters, die Entscheidung zur Abgabe eines Angebots zu veröffentlichen;
- § 35 WpÜG: Verpflichtung zur Veröffentlichung des Umstands, dass jemand (Bieter) unmittelbar oder mittelbar die Kontrolle über eine Zielgesellschaft erlangt; die Veröffentlichung muss dabei eine Angabe der Höhe seines Stimmrechtsanteils enthalten.

---

[483] *Zieschang* in: Park, Kapitalmarktstrafrecht, 2013, § 263 StGB Rn. 39.

[484] Vgl. Rn. 366, 636. Siehe auch BT-Drs. 14/8017, S. 89, 93; *Cahn* ZHR 1988, 1, 21 ff.; *Fleischer* NJW 2002, 2977; *Moosmayer* wistra 2002, 161, 164 f.; *Riedel* wistra 2001, 447; *Schlüter* Börsenhandelsrecht, 2002, Kap. D Rn. 173 ff.; *Schwarz* DStR 2003, 1930, 1934; *Zieschang* in: Park, Kapitalmarktstrafrecht, 2013, § 263 StGB Rn. 39.

[485] Siehe zu dieser Vorschrift ausführlich *Fleischer* ZIP 2002, 1217; *Fleischer* NJW 2002, 2977, 2978; *Schneider* AG 2002, 473.

Ebenfalls in diesem Kontext genannt werden kann – wenngleich nicht gesetzlicher Natur – die aus Compliance-Gesichtspunkten resultierende Garanten- bzw. Aufklärungspflicht. So mag der Corporate Gorvernance Kodex eines Unternehmens Publizitäts- und Transparenz-pflichten enthalten, die über diejenigen des WpHG hinausgehen. Werden diese Pflichten gerade im individuellen Interesse der Anleger dort festgeschrieben, so vermögen auch sie eine Garantenpflicht zu begründen.[486]

Demgegenüber bestehen z.B. folgende Melde-, Mitteilungs- und Offenlegungs-   **402** pflichten **nicht im Individualinteresse**, sondern nur gegenüber der BaFin als Aufsichtsbehörde:

- § 34c WpHG: Anzeigepflicht für Personen, die in Ausübung ihres Berufs oder im Rahmen ihrer Geschäftstätigkeit für die Erstellung von Finanzanalysen oder deren Weitergabe verantwortlich sind;
- § 37x Abs. 2 S. 2 WpHG: Mitteilungspflicht über die Bekanntmachung des Zahlungsberichts;
- § 24 KWG: Anzeigepflichten der Institute, bspw. für bestimmte Verluste (Abs. 1 Nr. 4);
- § 26a KWG: Offenlegungspflichten, z.B. über Gewinn und Verlust;
- § 44 KWG: Verpflichtung der Institute, der BaFin Auskünfte über alle Geschäfts-angelegenheiten zu erteilen, Unterlagen vorzulegen und erforderlichenfalls Kopien anzufertigen;
- § 44b KWG: Verpflichtung für Inhaber bestimmter bedeutender Beteiligungen, die Pflichten nach § 44 KWG ebenfalls wahrzunehmen;
- § 41 BörsG: Mitteilungs- und Auskunftspflichten des Emittenten sowie des die Börsenzulassung beantragenden Unternehmens gegenüber der Börsengeschäfts-leitung über alle Umstände, die zur ordnungsgemäßen Erfüllung ihrer Aufgaben im Hinblick auf die Zulassung und die Einführung der Wertpapiere erforderlich sind.

Neben der Garantenstellung aufgrund einer gesetzlich begründeten Aufklärungs-   **403** pflicht kann im Kapitalmarktbereich selbstverständlich auch eine Aufklärungs-bzw. **Garantenpflicht aus der vertraglichen Beziehung** entstehen. Dies mag ins-besondere für den Anlagevermittler bzw. -berater zutreffen, der in direktem Kontakt zu dem Anleger steht. Hierfür kommt es zunächst darauf an, ob es sich um einen bloßen Vermittlungsvertrag handelt, oder ob zwischen dem „Vermittler" und dem Kunden explizit ein echter Beratungsvertrag geschlossen wird („vertrauensbe-gründender Vertragstypus"[487]), der Anleger sich also der Sachkunde eines anderen bedient und erkennbar auf diese vertraut.

Hat das Vertragsverhältnis auch **Beratung**sleistungen zum Gegenstand, so   **404** besteht grds. eine strafrechtlich relevante Aufklärungspflicht. In diesem Fall erstreckt sich die weitere Prüfung jedoch auf die Frage, über welche Umstände der

---

[486] *Zieschang* in: Park, Kapitalmarktstrafrecht, 2013, § 263 StGB Rn. 42.
[487] Vgl. *Hefendehl* in: MüKo-StGB, 2014, § 263 Rn. 190.

Kunde in concreto aufzuklären war, wie weit also diese vertragliche Verpflichtung des Beraters reicht.[488] Der Kreis der betrugsrelevanten Aufklärungspflichten kann dabei durchaus enger sein, als der vertragliche Rahmen im Übrigen; er ist auf solche Gegenstände beschränkt, die gezielt die Informationslage des Vermögensinhabers bei bestimmten Verfügungen verbessern sollen. Nur wenn gerade diejenigen Faktoren, die als nicht mitgeteilte Tatsachen Gegenstand der Täuschung durch Unterlassen waren, von der strafrechtlichen Aufklärungs- bzw. Beratungspflicht erfasst sind, kann der objektive Tatbestand des § 263 Abs. 1 StGB verwirklicht sein.

Beispiel 30[489]

K hat all seine Ersparnisse im Umfang von 55.000 Euro bei der C-Bank in sichere Anlageformen (u.a. Festgeld, Sparguthaben, Bundesschatzbriefe) angelegt. Als ein sog. Bonus-Sparvertrag über 20.000 Euro fällig wird, trifft sich K mit seinem Kundenbetreuer B zu einem Beratungsgespräch. Zutreffend gehen sowohl K als auch B davon aus, dass K weiterhin keine hohen Kursrisiken eingehen möchte. B legt dem K eine Liste von Angeboten aus dem Anlageprogramm der C-Bank vor, in der auch eine Euro-Anleihe der australischen Bond-Finance Ltd. aufgeführt ist. K, der nach dem Abitur ein halbes Jahr als „Backpacker" in Ausstralien war, ist davon sofort begeistert und erwirbt diese Anleihe. Die australische Rating-agentur Australian Ratings Agency hatte diese Anleihe mit „CCC" bewertet, womit die Gefahr einer Insolvenz des Emittenten angedeutet war. B weist den K jedoch nicht auf die Bedeutung dieser Bewertung hin. Er geht davon aus, da K nur hohe Kursrsiken, nicht jedoch das Insolvenzrisiko ausgeschlossen habe, müsse die Bank darauf auch nicht aufmerksam machen.

Der BGH hatte sich unter zivilrechtlichen Gesichtspunkten mit diesem Sachverhalt auseinanderzusetzen. Der mit der Sache befasste Senat ging dabei von einem Beratungsvertrag zwischen Bank und Anleger aus. Tritt ein Anlageinteressent an eine Bank oder der Anlageberater einer Bank an einen Kunden heran, um über die Anlage eines Geldbetrags beraten zu werden bzw. zu beraten, so werde das darin liegende Angebot zum Abschluss eines Beratungsvertrags stillschweigend durch die Aufnahme des Beratungsgesprächs angenommen. Für den Abschluss des Beratungsvertrags sei es dabei ohne Bedeutung, ob der Anleger von sich aus die Dienste und Erfahrungen des zuständigen Bankmitarbeiters in Anspruch nehmen wollte.

Inhalt und Umfang der Beratungspflicht seien dann von einer ganzen Reihe von Faktoren abhängig, die sich einerseits auf die Person des Kunden und andererseits auf das Anlageprojekt beziehen. Die konkrete Ausgestaltung der Pflicht hänge letztlich von den Umständen des Einzelfalls ab. Zu den Umständen, die den Kunden betreffen, gehören bspw. dessen Wissensstand über Anlagegeschäfte der vorgesehenen Art und dessen Risikobereitschaft; zu berücksichtigen sei also

---

[488] *Zieschang* in: Park, Kapitalmarktstrafrecht, 2013, § 263 StGB Rn. 41.
[489] BGHZ 123, 126 ff.

vor allem, ob es sich bei dem Kunden um einen erfahrenen Anleger mit einschlägigem Fachwissen handelt und welches Anlageziel der Kunde verfolgt. In Bezug auf das Anlageobjekt hat sich die Beratung auf diejenigen Eigenschaften und Risiken zu erstrecken, die für die jeweilige Anlageentscheidung wesentliche Bedeutung haben oder haben können. Dabei ist zwischen den allgemeinen Risiken (Konjunkturlage, Entwicklung des Börsenmarkts) und den speziellen Risiken zu unterscheiden, die sich aus den individuellen Gegebenheiten des Anlageobjekts (Kurs-, Zins- und Währungsrisiko) ergeben. Der Anlageinteressent darf davon ausgehen, dass seine ihn beratende Bank, der er sich aufgrund ihrer Sachkunde anvertraut, die von ihr in das Anlageprogramm aufgenommenen Papiere selbst grds. als „gut" (nicht als sicher!) befunden hat.

Ist die bloße **Vermittlung** des Geschäftsabschlusses geschuldet, müssen demgegenüber weitere Umstände hinzutreten, die eine Aufklärungspflicht zum Entstehen bringen. Ein Teil der Lit. sowie oftmals die Rspr. sehen es hierfür als wesentlich an, dass der Vermittler ein besonderes Maß an Vertrauen des Anlegers in Anspruch nimmt.[490] Dies wiederum kann sich ergeben aus einer lang andauernden Geschäftsbeziehung[491] oder einem besonders eklatanten Wissensgefälle zwischen Vermittler und Anleger.[492] **405**

Beispiel 31[493]

A betreibt einen regen Handel mit Optionen auf Warenterminkontrakte an der Londoner Börse. Dafür hat er bei sich zwölf Telefonverkäufer angestellt, die mit potentiellen Kunden in Kontakt treten, um sie zum Erwerb von Optionen zu veranlassen. Angesprochen werden dabei in erster Linie Betreibende kleinerer bis mittlerer Gewerbe. Die Gewinnchance des Optionsnehmers ist schon im Normalfall[494] nicht hoch. A schmälert diese Chance aber weiter, indem er – ohne dies seinen Kunden offenzulegen – auf die ursprünglichen Optionspreise Aufschläge von 70 Prozent bis über 300 Prozent als Provision nimmt. In der den Kunden zugesandten Werbebroschüre („Rosenbroschüre") und in weiteren Telefongesprächen wird gegenüber den potentiellen Anlegern der Eindruck erweckt, bei den ihnen genannten Optionspreisen handele es sich um Preise, die an der Londoner Börse von einer Verrechnungs- und Aufsichtsbehörde, dem Clearing

---

[490] In diese Richtung etwa bei BGHSt 46, 196; BGHSt 39, 392; *Beukelmann* in: BeckOK-StGB, 2016, § 263 Rn. 19; *Kindhäuser* in: NK-StGB, 2013, § 263 Rn. 146, 160 f.; *Perron* in: Schönke/ Schröder, StGB, § 263 Rn. 19, 22 f. (jedoch „erhöhte Anforderungen" an das Vertrauensverhältnis); *Tiedemann* in: LK-STGB, 2012, § 263 Rn. 62; *Zieschang* in: Park, Kapitalmarktstrafrecht, 2013, § 263 StGB Rn. 40 (bloß einmaliger Verkauf von Wertpapieren aber jedenfalls nicht ausreichend).

[491] *Maurach/Schröder/Maiwald*, Strafrecht BT I, 2009, § 41 Rn. 51.

[492] Vgl. zum „Informationsgefälle" auch *Tiedemann* in: LK-STGB, 2012, § 263 Rn. 66.

[493] Nach BGHSt 30, 177 ff.

[494] Siehe oben Rn. 342 ff.

House, festgelegt würden, und auf die A keinen Einfluss habe. A und seine Gefolgsleute erwirtschaften dadurch Optionsprämien in Höhe von insgesamt 1,1 Millionen Euro.

Nach Auffassung des BGH konnte in diesem Fall „nicht zweifelhaft sein", dass das zuständige LG für A den Tatbestand des Betrugs als erfüllt ansah. Die Kunden des A seien über die Eigenschaften der ihnen verkauften Option getäuscht worden. Während die Optionen infolge der hohen Aufschläge dem Kunden eine nur minimale Gewinnchance verschafften, sei ihnen vorgespiegelt worden, sie verschafften sich eine nahezu sichere Gewinnerwartung. Insbesondere – und gerade dies ist für eine mögliche Täuschung durch Unterlassen relevant – komme es bei dieser Sachlage nicht darauf an, wie zu entscheiden wäre, wenn A sich darauf beschränkt hätte, seinen Kunden die Aufschläge zu verschweigen, die er auf die Londoner Optionsprämie genommen hat. Der BGH betont sodann aber, dass schon darin eine für die Tatbestandserfüllung ausreichende Täuschungshandlung gelegen hätte. Aus dem Auftreten der Firma des A als fachmännische Vermittlerin gewinnbringender Geldanlagen ergebe sich ein Vertrauensverhältnis zu den auf dem Gebiet des Optionshandels nicht versierten Kunden, das eine Rechtspflicht zur Offenbarung der für die Kaufentscheidung maßgebenden Umstände zur Folge habe. Dieser Rechtspflicht hätten A und seine Mitarbeiter in jedem Fall auch dann zuwidergehandelt, wenn keine aktive Täuschung vorgelegen hätte.

Tatsächlich stand in dem vom BGH zu entscheidenden Fall also eine konkludente Täuschung durch aktives Tun im Raum. Nach Auffassung des BGH wäre aber auch ohne diese konkludente Täuschung der Tatbestand des Betrugs aufgrund der umfassenden Aufklärungspflicht des Täters durch Unterlassen erfüllt gewesen. In der Lit. heißt es daher, die Rspr. gehe für Verträge über die Vermittlung von Warenterminoptionen von umfassenden Aufklärungspflichten aus,[495] was wiederum ganz überwiegend und zu Recht als kritisch eingeschätzt wird.[496]

406 Insgesamt ist Zurückhaltung schon dann angezeigt, wenn es nur darum geht, zivilrechtliche Aufklärungspflichten in das Strafrecht zu übertragen. Erst recht ist Vorsicht geboten, soweit für § 13 StGB ausreichende Aufklärungspflichten in Konstellationen begründet werden sollen, in denen diese weder (Haupt-)Gegenstand des abgeschlossenen Vertrags sind, noch sonstige vertrauensbegründende Umstände vorliegen. Allein, dass es sich um einen riskanten Geschäftstyp handelt, darf hierfür nicht genügen.

---

[495] So bspw. *Hefendehl* in: MüKo-StGB, 2014, § 263 Rn. 193; *Zieschang* in: Park, Kapitalmarktstrafrecht, 2013, § 263 StGB Rn. 40.

[496] Gegen eine Aufklärungspflicht *Perron* in: Schönke/Schröder, StGB, 2014, § 263 Rn. 31b; *Fichtner* Die börsen- und depotrechtlichen Strafvorschriften, 1993, S. 175; *Hohenlohe-Oehringen* BB 1980, 231 f.; *Otto/Brammsen* Jura 1985, 592, 598; *Seelmann* NJW 1981, 2132; *Sonnen* NStZ 1981, 24 f.; *Worms* wistra 1984, 123, 127 ff. In diese Richtung auch *Hefendehl* in: MüKo-StGB, 2014, § 263 Rn. 194 und *Zieschang* in: Park, Kapitalmarktstrafrecht, 2013, § 263 StGB Rn. 40.

b) Irrtum

Durch die Täuschung muss ein Irrtum erregt oder unterhalten werden. Als Irrtum **407**
gilt dabei jede **Fehlvorstellung** über diejenigen Tatsachen, die Gegenstand der Täuschung waren.[497] Vorliegen muss demnach ein Widerspruch zwischen einer subjektiven Vorstellung des Getäuschten und der Wirklichkeit.

Im vorliegenden Kontext relevant ist dabei die Auffassung der Rspr., dass weder **408**
die Leichtgläubigkeit des Opfers noch dessen etwaiges „Mitverschulden" einen
Irrtum ausschließen.[498] Auch ein besonders einfältiger und naiver Anleger, der blind
den fragwürdigen und augenscheinlich unrealistischen Ausführungen eines Anlage-
beraters, -vermittlers oder unmittelbar des Emittenten Glauben schenkt, ohne diese
kritisch zu prüfen und zu hinterfragen, irrt sich i.S.d. § 263 StGB.

> Verlässt der Täter aber mit seinen Ausführungen den Rahmen des Tatsachenbegriffs und
> begibt sich auf die Ebene reißerischer Anpreisungen, so fehlt es nicht erst an einem Irrtum,
> sondern schon an einer für § 263 Abs. 1 StGB tauglichen Tatsachentäuschung.[499]

(1) Inhalt der Vorstellung

Für den Irrtum genügt bekanntlich das sog. **sachgedankliche Mitbewusstsein**, das **409**
von der (nicht ausreichenden) ignorantia facti abzugrenzen ist. Als sachgedankli-
ches Mitbewusstsein bezeichnet man ein ständiges Begleitwissen des Getäuschten,
der davon ausgehen muss, es sei – bezogen auf das konkrete Geschäft[500] – „alles in
Ordnung".[501] Demgegenüber erschöpft sich die ignorantia facti im schlichten Nicht-
kennen oder Nichtwissen von Tatsachen.

> Die Grenze zwischen positiver Fehlvorstellung und Unkenntnis ist mehr oder weniger flie-
> ßend, da beide Begriffe als weitgehend austauschbar erscheinen.[502] Denn eine positive Fehl-
> vorstellung rührt i.d.R. aus der Unkenntnis eines Details aus dem Gesamtkontext her.[503] Der
> engere Begriff ist dabei die positive Fehlvorstellung, so dass eben hieran für die Abgren-
> zung angeknüpft werden muss.

Gerade für den Kapitalmarktsektor bereitet diese Abgrenzung Probleme. An einem **410**
Irrtum kann es etwa mangeln, wenn ein Kapitalanleger ohne Lektüre des Prospekts
oder ohne Rücksicht auf das (täuschende) Beratungsgespräch eine Beteiligung
eingeht. Es mag dabei jedoch durchaus ebenso vorkommen, dass Anleger von der

---

[497] Vgl. *Wessels/Hillenkamp* Strafrecht BT II, 2015, Rn. 510.

[498] So BGH, wistra 1992, 95, 97; BGHSt 34, 199, 201; *Hebenstreit* in: Müller-Gugenberger, Wirtschaftsstrafrecht, 2015, § 47 Rn. 33; *Perron* in: Schönke/Schröder, StGB, 2014, § 263 Rn. 32.

[499] Siehe oben Rn. 376.

[500] *Zieschang* in: Park, Kapitalmarktstrafrecht, 2013, § 263 StGB Rn. 49.

[501] BGH NJW 2009, 2900, 2909; *Kühl/Heger* StGB, 2014, § 263 Rn. 18; *Zieschang* in: Park,
Kapitalmarktstrafrecht, 2013, § 263 StGB Rn. 49.

[502] *Hefendehl* in: MüKo-StGB, 2014, § 263 Rn. 230;

[503] *Hefendehl* in: MüKo-StGB, 2014, § 263 Rn. 230.

bloßen Annahme ausgehen, alles sei so in Ordnung.[504] Hier ist abgrenzend danach zu fragen, ob sich die Unkenntnis des Anlegers auch in eine positive Fehlvorstellung „umdeuten" lässt.[505] Ist dies nicht mehr möglich, so fehlt es an einem Irrtum.

Beispiel 32[506]

B ist Vorstand und gleichzeitig größter Einzelaktionär der börsennotierten I-AG, die sich mit der Entwicklung von Software befasst. Sein wichtigstes Produkt ist die Betriebssystemplattform (Basisplattform) Jojo Network Technology, ein Betriebssystem, das den Zugang zum Internet über das Fernsehen ermöglichen soll. Die I-AG veröffentlicht dazu folgende dem B bekannte und von ihm abgesegnete Ad-hoc-Mitteilung: „Großartiger Erfolg für die I-AG: Deutschlands zweitgrößter netzunabhängiger Mobilfunkanbieter ‚Funkloch' hat per Rahmenabkommen Surfstations und die zugehörigen Lizenzen geordert, die die Kombination Fernsehen und Internetsurfen ermöglichen. Das sich daraus ergebende Auftragsvolumen beträgt mindestens ca. 55 Millionen Euro. Die Abwicklung erfolgt in mehreren Chargen. Die erste Charge wird binnen sechs Monaten geliefert. Das Telekommunikationsunternehmen wird die Box unter den Namen MC-Surfstation vertreiben." Diesen Deal war die I-AG zwar tatsächlich eingegangen; marktreif, wie in der Mitteilung dargestellt, war das Produkt jedoch nicht. K erwirbt nach Veröffentlichung der Mitteilung Aktien der I-AG im Wert von ca. 30.000 Euro. Da die I-AG die zugehörige Software jedoch nicht liefern kann platzt der Deal und die I-AG fällt in die Insolvenz.

Das LG München I, das sich unter zivilrechtlichen Gesichtspunkten mit dem Fall zu befassen hatte, sah den Tatbestand des § 263 StGB nicht verwirklicht; insbesondere konnte es einen Irrtum des K nicht erkennen. Hierfür müsse nämlich der Getäuschte überhaupt eine Vorstellung von den Tatsachen gehabt haben, über die unrichtige Angaben gemacht wurden. Eine beim Anleger hervorgerufene allgemeine Vorstellung, das Unternehmen habe ein „gutes Geschäft" gemacht, genüge für eine Irrtumserregung noch nicht. In dem zivilrechtlichen Verfahren behauptete K zwar, er sei davon ausgegangen, es sei ein serienreifes Produkt verkauft worden. Worauf er diese Überzeugung gestützt hatte und welche genauen Vorstellungen sich K über das Produkt bzw. dessen Entwicklungsstand gemacht hat, stehe damit aber noch nicht fest. Für einen Irrtum i.S.d. § 263 Abs. 1 StGB reiche es nämlich nicht, dass aus Sicht des K (insbesondere als unerfahrener Anleger) der Umstand des Geschäftsabschlusses als solcher maßgebend für seine Kaufentscheidung war. Demgegenüber steht gerade nicht fest, dass die unzutreffend in der Mitteilung behauptete Marktreife des Produkts – und nicht der Geschäftsabschluss selbst – für K entscheidungserheblich

---

[504] *Zieschang* in: Park, Kapitalmarktstrafrecht, 2013, § 263 StGB Rn. 49.

[505] *Hefendehl* in: MüKo-StGB, 2014, § 263 Rn. 230; *Perron* in: Schönke/Schröder, StGB, 2014, § 263 Rn. 36.

[506] Nach LG München I NJW-RR 2001, 1701, 1702.

gewesen ist. Diesbezüglich hat sich K vielmehr überhaupt keine Vorstellungen gemacht, so dass es an einem kausal auf der Täuschung beruhenden Irrtum fehlt.

(2) Zweifel des Getäuschten

Die Frage, ob sich auch der Zweifelnde i.S.d. § 263 StGB irrt, wird in der Lit. **411** kontrovers diskutiert. Die überwiegende Auffassung hält Zweifel solange für irrelevant und damit einen Irrtum für gegeben, wie der Getäuschte die **Wahrheit der Tatsachenaussage noch für möglich erachtet**. Erst wenn der Getäuschte zur Frage der Wahrheit innerlich nicht mehr Stellung bezieht, ihm der Wahrheitsgehalt also gleichgültig ist oder er gar von der Unwahrheit ausgeht, mangelt es an einem Irrtum.[507]

Im Kapitalmarktbereich spielt diese Problematik eine große Rolle. Das liegt schon **412** daran, dass es i.d.R. um die **Bewertung von Prognosen** geht, sich der Getäuschte also letztlich nie wirklich sicher sein kann, ob bspw. eine Anlage absolut „sicher" ist oder „so gut wie kein Verlustrisiko" besteht. Noch schwieriger ist die Frage zu beantworten, wenn der getäuschte Anleger selbst bereits bei Geschäften des anvisierten Typs Verluste erlitten hat und damit auf ein erfahrungsbasiertes Wissensfundament zurückgreifen kann. Dann stellt sich die Frage, ob schon der Anlass, an der Wahrheit der vorgespiegelten Tatsache zu zweifeln, ausreicht, um den Irrtum auszuschließen. Ein Irrtum wird dann jedenfalls nicht als naheliegend angesehen.[508]

Auf der Linie der h.M., die Leichtgläubigkeit oder Mitverschulden des Opfers für **413** unbeachtlich hält und einen Irrtum gleichwohl bejaht, kann es jedoch – zumindest für den Irrtum – nicht darauf ankommen, ob der Getäuschte Erfahrungen im einschlägigen Geschäftsbereich vorweisen kann. Auch der versierte Anleger mag sich also über die Wahrheit der Tatsachenaussage irren. Eine andere Frage ist es freilich, ob sich der Anleger tatsächlich geirrt hat oder ob er dies nur behauptet, z.B. weil er sich über den Verlust des angelegten Kapitals ärgert. Letztgenanntes Problem ist allein eines der Nachweisbarkeit.

Beispiel 33[509]

G ist Geschäftsführer der „C-Warenterminvermittlungsgesellschaft mbH". Er nimmt telefonisch Kontakt zu potentiellen Kunden auf, um die Bereitschaft zum Abschluss eines Warentermingeschäfts zu erkunden. Zeigt sich der Angerufene nicht abgeneigt, sendet G ihm eine Broschüre zu, die „Informationen und Erläuterungen über Eigenheiten und Ablauf des Warentermingeschäfts" enthält. Unter anderem wird darin ausgeführt, die spekulative Anlage eines verhältnismäßig geringen Teils des gesamten Vermögens biete die Möglichkeit, eine hohe prozentuale Rendite auf das gesamte Vermögen zu erzielen: „Das Geschäft mit

---

[507] Vgl. *Tiedemann* in: LK-StGB, 2012, § 263 Rn. 84 ff.; *Perron* in: Schönke/Schröder, StGB, 2014, § 263 Rn. 40; *Rengier* Strafrecht BT I, 2016, § 13 Rn. 21.

[508] *Fischer* StGB, 2016, § 263 Rn. 56.

[509] BGH wistra 1989, 19 ff.

Warenterminkontrakten und Optionen gehört zu den faszinierendsten Kapitalinvestitionen der freien Weltwirtschaft. Wer sich am Warenterminhandel beteiligt, ist der berechtigten Verlockung erlegen, schnelle und hohe Gewinne zu erzielen. Berechtigt deshalb, weil der übrige Kapitalmarkt Ihnen keine auch nur in etwa vergleichbare Chance bietet, in kurzer Zeit größere Gewinne zu machen als jene, die an den Rohstoffbörsen erzielt werden können. Aber – so chancenreich das Geschäft an den Rohstoffbörsen auch sein mag – die entsprechenden finanziellen Risiken zu ignorieren, wäre der reine Leichtsinn. Und wer den Totalverlust seines im Warenterminhandel eingesetzten Kapitals nicht verschmerzen kann, der sollte von dieser Spekulation lieber Abstand nehmen … ". K, der bereits früher Verluste bei Warentermingeschäften erlitten hat, nimmt diese Ausführungen flüchtig zur Kenntnis und entschließt sich zum Kauf. Das eingesetzte Kapital geht verloren.

Nach Auffassung des BGH fehlten dem Urteil des zuständigen LG zunächst brauchbare Feststellungen zu der Frage einer Tatsachentäuschung. Unklar geblieben war insbesondere der Aufklärungswert der den Kunden zugesandten Broschüre. Weil darin explizit und in aller Deutlichkeit auf den Risikocharakter des spekulativen Geschäfts und die Möglichkeit eines Totalverlusts hingewiesen worden ist, wäre zu erörtern gewesen, ob und inwieweit durch die Art der Darstellung dieses Risiko letztlich verharmlost wurde.

Daran anschließend hätte nun ein Irrtum bei K geprüft werden müssen, wofür dessen Zeugenaussage auszuwerten war. Hierbei genügt es eben nicht, dass K die Broschüre nur „flüchtig" zur Kenntnis genommen hat. Vielmehr müsste er einer Fehlvorstellung über den Risikocharakter des Geschäfts unterlegen sein. Nach Auffassung des BGH war dies jedoch unwahrscheinlich, da K bereits früher Verluste bei Warentermingeschäften erlitten hatte und sich daher über das hohe Risiko des spekulativen Geschäfts im Klaren gewesen sein musste. Vielmehr drängte es sich seiner Ansicht nach auf, dass K „trotz ausreichenden Kenntnisstandes eine Abwägung … [unterließ] oder den Gedanken an weitere Verluste zugunsten der weniger realistischen Hoffnung auf Gewinn … " zurückdrängte.

Bei Lichte betrachtet ging es in dieser – der o.g. Literaturauffassung u.a. zugrunde liegenden – Entscheidung des BGH also nicht in erster Linie um die Frage, ob Leichtgläubigkeit und Mitverschulden des K einen Irrtum ausschließen, sondern um reine Feststellungs- und Nachweisprobleme. Diese Problematiken sind strikt von einander zu trennen.

c) Vermögensverfügung

414   Unter einer Vermögensverfügung versteht man jedes **Handeln, Dulden oder Unterlassen**, das sich unmittelbar vermögensmindernd auswirkt.[510] Im Kapitalmarktbereich kommt dabei eine ganze Reihe von Verhaltensweisen in Betracht,

---

[510] *Joecks* StGB, 2014, § 263 Rn. 54, 57; *Kindhäuser* in: NK-StGB, 2013, § 263 Rn. 197; *Zieschang* in: Park, Kapitalmarktstrafrecht, 2013, § 263 StGB Rn. 53.

insbesondere etwa der Abschluss eines (Anlage-)Vertrags oder die in dessen Anschluss erfolgende Überweisung des zu investierenden Kapitals. Daneben reicht es auch aus, wenn der Getäuschte ihm oder einem Dritten zustehende Forderungen nicht Geltend macht.

> Der Begriff der Vermögensverfügung ist nicht zivilrechtlich, sondern rein **faktisch** zu verstehen.[511] Umfasst sind ungeachtet ihrer zivilrechtlichen Wirksamkeit rechtsgeschäftliche Handlungen aller Art, wie bspw. das Eingehen von Verpflichtungsgeschäften, eine Übertragung oder eine Belastung von Rechten sowie die Vornahme dinglicher Verfügungen usw. Auch auf die rechtliche Zulässigkeit kommt es nicht an,[512] so dass selbst Handlungen ausreichen, die sich auf verbotene oder in der anvisierten Form wertpapierrechtlich unzulässige Investitionen richten.

Zwischen Täuschung, Irrtum und Verfügung muss dabei ein **kausaler Zusammenhang** bestehen. Dieser ursächliche Zusammenhang ist nur dann gegeben, wenn Täuschung und darauf beruhender Irrtum zumindest mitbestimmend für die Investitionsentscheidung waren.   **415**

Auch ein **Dreiecksbetrug** kommt (unter den o.g. Voraussetzungen, vgl. Rn. 208) in Betracht, z.B. wenn der Investor für eine Gesellschaft handelt.   **416**

d) Vermögensschaden
(1) Vermögensbegriff
Schließlich muss es infolge der Verfügung zu einem Vermögensschaden gekommen sein. Die h.Lit. folgt dabei einem **juristisch-ökonomischen Vermögensbegriff**, während die Rspr. wohl eine **wirtschaftliche Betrachtung** zugrunde legt.[513] Zum Vermögen gehören demnach Geld, Forderungen, Eigentum, aber auch Erwerbs- und Gewinnaussichten in Form von Anwartschaftsrechten und tatsächlichen Anwartschaften, wenn sie bereits so verdichtet sind, dass ihnen der Geschäftsverkehr deswegen bereits wirtschaftlichen Wert beimisst, weil sie mit Wahrscheinlichkeit einen Vermögenszuwachs erwarten lassen (**vermögenswerte Exspektanzen**).[514]   **417**

Nicht vom Vermögensbegriff umfasst sind unbestimmte Aussichten und Hoffnungen, d.h. Exspektanzen, denen gerade noch kein Vermögenswert zukommt. Dies soll bei spekulativen Gewinnerwartungen der Fall sein, ebenso bei Zins- und Renditeaussichten im Rahmen von Risikogeschäften.[515] Einen Vermögenswert haben lediglich konkrete Erwerbsaussichten, nicht aber die bloß erhoffte Vermögensmehrung.   **418**

Die **Abgrenzung** zwischen vermögenswerter Exspektanz und bloß spekulativer Gewinnerwartung ist schwierig und gilt als eine der ungeklärtesten Fragen des   **419**

---

[511] *Kindhäuser* in: NK-StGB, 2013, § 263 Rn. 198.

[512] *Perron* in: Schönke/Schröder, StGB, 2014, § 263 Rn. 56; *Fischer* StGB, 2016, § 263 Rn. 41; *Tiedemann* in: LK-StGB, 2012, § 263 Rn. 99.

[513] Siehe Rn. 211 ff.

[514] Vgl. hierzu das BVerfG, Rn. 216.

[515] *Fischer* StGB, 2016, § 263 Rn. 93; *Zieschang* in: Park, Kapitalmarktstrafrecht, 2013, § 263 StGB Rn. 58.

Betrugstatbestands.[516] Im kapitalmarktrechtlichen Kontext kommt dem Problem bedingt durch den Geschäftsgegenstand gesteigerte Bedeutung zu.

(a) Vermögenswerte Exspektanzen in der Rspr.

420 In der Rspr. finden sich die verschiedensten Formulierungen dazu, wann eine Gewinnaussicht einen Vermögenswert haben soll. Hier ist von „Sicherheit" bzw. „hoher Wahrscheinlichkeit"[517] oder bloß von (einfacher) „Wahrscheinlichkeit"[518] die Rede. In der **Ausgangsentscheidung des Reichsgerichts**[519] hieß es, ein entgangener Gewinn könne (abgesehen von dem Fall, dass darauf ein rechtswirksamer Anspruch bestand) nur dann einen Vermögenswert besitzen, wenn „tatsächliche Verhältnisse vorlagen, vermöge derer ohne die Täuschung der Gewinn dem Betreffenden ohne Weiteres und mit Sicherheit zugefallen wäre, nicht aber dann, wenn es sich nur um die Vereitelung ungewisser Möglichkeit und Hoffnung auf Vermögenserwerb handelt".

421 Der BGH unternahm basierend darauf den Versuch, positiv zu bestimmen, wann eine Exspektanz Vermögenswert hat. Diese Linie hat er zunächst auch in weiteren Entscheidungen beibehalten und formuliert: Maßgeblich ist nach der Rspr., ob die Gewinnaussicht nur „die Stufe einer flüchtigen, wirtschaftlich noch nicht fassbaren Hoffnung erreicht, oder ob sie schon solche Gewissheit erlangt, dass sie nach der Verkehrsauffassung einen messbaren Vermögenswert hat."[520] Als entscheidende Parameter fungieren demnach:

- Messbarkeit **des Vermögenswerts**
- bestimmt nach der **Verkehrsauffassung**.

422 Die Rspr. hat im Anschluss daran versucht, diese Kriterien durch wirtschaftliche Gesichtspunkte zu konkretisieren. Maßgeblich für die Beurteilung dieses wirtschaftlichen Werts sei jedoch wiederum die **Wahrscheinlichkeit der Gewinnrealisierung**.[521]

Beispiel 34

L kauft dem P dessen Anteile an der X-GmbH ab. Dabei erreicht er durch unzutreffende Angaben für sich einen „Rabatt" in Höhe von 9 Prozent, bezahlt dem P also 9 Prozent weniger für die Anteile, als dieser ursprünglich dafür haben wollte.

Hier ist fraglich, in welcher Höhe bei P ein Vermögensschaden eingetreten ist. Nach der Rspr. erleidet ein Verkäufer, der aufgrund einer Täuschung einen

---

[516] So *Hefendehl* in: MüKo-StGB, 2014, § 263 Rn. 382.

[517] RGSt 23, 57.

[518] BGH NJW 2004, 2604.

[519] RGSt 23, 55, 57.

[520] BGHSt 17, 147, 148.

[521] Siehe bereits BGH vom 10.1.1979 – 3 StR 347/78; ferner BGHSt 31, 232, 234 f.

Sonderrabatt einräumt, nämlich nicht ohne weiteres einen Schaden in Höhe des erschlichenen Rabatts. Da ein Rabatt i.d.R. lediglich die Gewinnmarge aus dem Geschäft vermindere, bedinge die Rabattgewährung grds. nur eine reduzierte Vermögensvermehrung. Die bloße Vereitelung einer Vermögensvermehrung begründet aber noch keinen Vermögensschaden i.S.d. § 263 StGB. Etwas anderes gelte nur dann, wenn die unterlassene Vermögensmehrung sich nicht nur auf eine tatsächliche Erwerbs- oder Gewinnaussicht bezieht, sondern diese bereits so verdichtet ist, dass ihr der Geschäftsverkehr deswegen bereits wirtschaftlichen Wert beimisst. Dann erstarke nämlich die Geschäftschance selbst zum Vermögenswert.[522] Es kommt in dem Fallbeispiel also darauf an, wie hoch der Marktwert des Anteils war und, ob P diesen mit hinreichender Sicherheit an anderer Stelle zu dem höheren Preis hätte verkaufen können.

(b) Vermögenswerte Exspektanzen in der Lit.

In der Lit. wird die Vorgehensweise der Rspr. teilweise als Zirkelschluss kritisiert,[523]   **423**
teilweise wird (bzw. wurde) auch völlig in Frage gestellt, dass Gewinnaussichten überhaupt ein Vermögenswert zukommen kann.[524]

Ein Teil der Lit. versucht Exspektanzen unter Rekurs auf den wirtschaftlichen   **424**
Vermögensbegriff einzubeziehen, solange diese nicht nur ganz allgemein und unbestimmt sind. Sobald eine „gewisse Festigung der Aussicht, eine gewisse Wahrscheinlichkeit der Realisierung einer Exspektanz" besteht, sei die Gewinnaussicht Teil des Vermögens.[525] Als Anzeichen dafür zieht man den Wirtschaftsverkehr heran, der letztlich den wirtschaftlichen Wert einer Erwerbsaussicht selbst bestimme.[526] Wollte man daraus eine Faustregel formulieren, so könnte sie lauten: Falls bspw. eine Bank die Exspektanz als Sicherheit akzeptieren würde, kommt ihr Vermögenswert in eben dieser Höhe zu.

Andere Teile der Lit. gehen vom personalen Vermögensbegriff aus und verlangen dem entsprechend die Möglichkeit oder Wahrscheinlichkeit einer Herrschaftsbeziehung in Bezug auf die Exspektanz. Gewinn- und Erwerbschancen seien nur dann zu den Vermögensbestandteilen zu rechnen, wenn sie derart konkretisiert und individualisiert seien, dass sie als selbstständige Bestandteile des Vermögens angesehen werden.[527]

(2) Zeitpunkt des Schadens und Schadensberechnung

Die Höhe des Schadens ergibt sich nach dem **Prinzip der Gesamtsaldierung** aus   **425**
einem Vergleich der Vermögensmassen vor und nach der Verfügung. Die Bewertung

---

[522] Vgl. BGH NJW 2004, 2604.

[523] *Hefendehl* in: MüKo-StGB, 2014, § 263 Rn. 385.

[524] *Gallas* FS E. Schmidt, 1961, S. 401, 412.

[525] Vgl. dazu *Hefendehl* Vermögensgefährdung und Exspektanzen, 1994, S. 37; *Krey/Hellmann/Heinrich* Strafrecht BT II, 2015, Rn. 620.

[526] Vgl. *Hoyer* in: SK-StGB, 2015, § 263 Rn. 122.

[527] *Otto* Die Struktur des strafrechtlichen Vermögensschutzes, 1970, S. 46.

des Vermögens bzw. Schadens erfolgt nach objektiven wirtschaftlichen Gesichtspunkten, i.d.R. nach dem Verkehrswert.[528] Ein Schaden liegt dabei vor, wenn eine eingetretene Vermögensminderung nicht durch ein dem Vermögensinhaber unmittelbar aus der Verfügung zufließendes Äquivalent ausgeglichen wird.[529] Maßgeblich ist dabei der Moment der Vermögensverfügung.

426   Im kapitalmarktrechtlichen Kontext sind (wie bei fast allen Austauschverträgen) **mehrere Verfügungszeitpunkte** auseinander zu halten, insbesondere:

- Abschluss eines Vermittlungsvertrags über Anlageobjekte,
- Überweisung des anzulegenden Kapitals auf ein gesondertes Konto,
- Abschluss eines Vertrags über den Erwerb konkreter Anlagepositionen oder Beteiligungen (durch den Vermittler),
- Entstehung von Provision- oder Gebührenforderungen,
- Bezahlung der erworbenen Anlageobjekte durch Überweisung,
- Bezahlung der angefallenen Provisionen und Gebühren.

427   Dem entsprechend kann sich der Schaden ebenfalls aus **verschiedenen Positionen** zusammensetzen, in erster Linie:

- Verlust des angelegten Kapitals bzw.,
- Wertlosigkeit der erworbenen Objekte,
- Fehlen einer Chance auf Gewinn,
- Provisions- oder Gebührenforderungen.

(a) Gefährdungsschaden
Eingehungsbetrug und Gefährdungsschaden

428   Ein Schaden kann bereits durch den Abschluss eines Vertrags eintreten, so dass es unabhängig von der Abwicklung des Geschäfts zur Tatbestandsverwirklichung kommt (sog. **Eingehungsbetrug**). Für die Schadensermittlung sind dabei die beiderseitig eingegangenen Vertragsverpflichtungen gegenüberzustellen. Zum maßgeblichen Zeitpunkt des Vertragsschlusses ergibt sich aus einem Wertvergleich der gegenseitigen Ansprüche, ob und ggf. in welcher Höhe ein Vermögensschaden eingetreten ist.

429   Ein tatsächlicher Mittelabfluss hat zu diesem Zeitpunkt noch nicht stattgefunden. Nach einer allgemein anerkannten These genügt es jedoch, wenn der erworbene Anspruch derart wertlos ist, dass er einem tatsächlichen Verlust gleichsteht, es also zu einer schadensgleichen Vermögensgefährdung bzw. zu einer schädigenden konkreten Vermögensgefährdung[530] gekommen ist. Die Gefahr des tatsächlichen Vermögensverlusts muss dabei aber nach den Umständen des Einzelfalls so nahe

---

[528] *Beukelmann* in: BeckOK-StGB, 2016, § 263 Rn. 52.

[529] *Fischer* StGB, 2016, § 263 Rn. 111; *Wessels/Hillenkamp* Strafrecht BT II, 2015, Rn. 538.

[530] *Hefendehl* in: MüKo-StGB, 2014, § 263 Rn. 622; krit. zur Wendung der schadensgleichen Vermögensgefährdung auch *Rengier* Strafrecht BT I, 2015, § 13 Rn. 185.

liegend und groß sein, dass bei wirtschaftlicher Betrachtungsweise in dieser Gefährdung bereits eine Verschlechterung der gegenwärtigen Vermögenssituation liegt.[531] Das setzt voraus, dass bereits aufgrund des Vertragsabschlusses aus wirtschaftlicher Sicht mit Nachteilen zu rechnen ist.[532] Aus den oben (Rn. 216) bereits näher behandelten **Grundsatzentscheidungen**[533] des BVerfG ergibt sich, dass gegen die Figur des Gefährdungsschadens keine prinzipiellen verfassungsrechtlichen Bedenken bestehen. Dies gilt auch für den Kapitalmarktsektor.

> Der nachfolgenden Darstellung ist noch vorwegzuschicken, dass die von den Tätern gewählten Strategien häufig ineinandergreifen, kombiniert angewandt werden oder sonstwie zusammen hängen. Eine strikte Trennung lässt sich deshalb in den meisten Fällen nicht durchhalten.

Risikogeschäfte

In Fällen des täuschungsbedingten Erwerbs von Kapitalanlagen soll es sich sogar „im Regelfall" um einen Eingehungsbetrug handeln.[534] Dies lässt sich erstens für den Bereich hochriskanter Investitionen mit beträchtlichem Verlustrisiko (sog. Risikogeschäfte) vertreten. Im Zusammenhang mit dem Abschluss von Risikogeschäften müssen dabei zwei Alternativen auseinandergehalten werden.   **430**

Anknüpfen kann man dabei zum einen an das **Verlustrisiko** bzgl. des angelegten Kapitals. Dies gilt allerdings nur, sofern der Risikocharakter des Geschäfts Gegenstand der Täuschung war und sich der Anleger daher über das eingegangene Risiko geirrt hat.   **431**

Zum anderen kann auf den **entgangenen Gewinn** selbst abgestellt werden, wenn der Täter zugesicherte Deckungsgeschäfte überhaupt nicht durchzuführen gedenkt (und dies bspw. durch „bucket orders" vertuscht[535]). Dann müsste dem Anleger vorgetäuscht worden sein, es werde zum Abschluss gewinnträchtiger Geschäfte kommen und der Anleger müsste sich über die damit verbundene Gewinnerwartung geirrt haben.   **432**

Beispiel 35[536]

X ist Geschäftsführer der C-GmbH, die an renditeträchtigen Kapitalanlagen interessiert und bereit ist, bei Aussicht auf hohe Spekulationsgewinne gewisse Risiken einzugehen. Z gibt dem X vor, renditeträchtige Kapitalanlagen vermitteln

---

[531] *Fischer* StGB, 2016, § 263 Rn. 159.

[532] Vgl. BGHSt 51, 165, 177.

[533] BVerfGE 126, 170, 221 ff. (zu § 266 StGB) sowie BVerfGE 130, 1, 42 ff. (zu § 263 StGB).

[534] *Zieschang* in: Park, Kapitalmarktstrafrecht, 2013, § 263 StGB Rn. 65 (insg. aber krit. ggü. der Figur des Gefährdungsschadens).

[535] Siehe Rn. 366 (dort Stichwort „Leerverkäufe").

[536] OLG Köln NStZ 2000, 481.

zu können, wobei aus An- und Verkäufen von Bankschuldverschreibungen oder Bankakkreditiven angeblich Renditen von bis zu 200 Prozent erwirtschaftet werden sollen. Z hat dabei nicht die geringste Vorstellung davon, wie er an solche Papiere gelangen soll. Vielmehr geht er davon aus, dass Renditen von 200 Prozent absolut unrealistisch sind und im Gegenteil sogar ein exorbitant hohes Verlustrisiko besteht. Gleichwohl schließt er mit X einen sog. Trading-Vertrag ab, in dem die C-GmbH verpflichtet wird, das anzulegende Kapital auf ein Treuhandkonto zu überweisen. Die C-GmbH, vertreten durch X, kommt dieser Verpflichtung nach. In der Folgezeit werden teilweise kleinere „Zinsgewinne" ausgeschüttet. Ein Teil des investierten Kapitals geht jedoch verloren.

Das OLG Köln beanstandete die Feststellungen der Vorinstanz zum Vermögensschaden. Das zuständige LG hatte einen Schaden mit der mit dem Abschluss das „Trading-Vertrags" verbundenen Vermögensgefährdung sowie mit der Einzahlung der Gelder durch die C-GmbH begründet. Der Leistung(sverpflichtung) der C-GmbH habe dabei kein realisierbarer Wert gegenüber gestanden, weil es einen gewinnbringenden Handel mit den in Rede stehenden Papieren nicht gegeben habe. In den in Aussicht gestellten Zins- und Gewinnerwartungen von bis zu 200 Prozent konnte das OLG Köln jedoch keinen selbstständigen Vermögenswert erkennen. Solche Zinswerte weisen i.d.R. auf hochspekulative, riskante und damit gefahrenträchtige Geschäfte hin. Daher müssen sie bei der Prüfung, ob die eingegangene Verpflichtung (oder die Verfügung) zu einem Vermögensschaden geführt hat, außer Betracht bleiben. Jedenfalls bei Risikogeschäften solcher Art reiche es zur Annahme einer Vermögensminderung auf Seiten des Getäuschten nicht aus, wenn lediglich eine Vermögensvermehrung ausbleibt.

Ein Schaden ergab sich auch nicht allein aus einer möglichen Gefährdung des Rückzahlungsanspruchs (siehe dazu sogleich Rn. 433). Hierfür hätte belegt sein müssen, dass Z bspw. beabsichtigte, die Gelder für sich zu behalten oder zu verwenden. Dies war jedoch aus den Feststellungen des LG nicht ersichtlich.

Fehlende Rückzahlungsabsicht

433 Zweitens kann sich ein Gefährdungsschaden daraus ergeben, dass der Täter von vornherein beabsichtigt, Kundengelder nicht zurückzuzahlen. Ein Schaden liegt dann vor, auch ohne dass es zum Abschluss verlustreicher Geschäfte gekommen ist. Hierzu zählen u.a. Konstellationen, in denen der Täter Kundengelder im Wege eines sog. **Schneeballsystem**s erlangt – und zwar selbst dann, wenn diese Gelder später (aus welchem Grund auch immer) vollständig zurückgezahlt werden.[537]

Beispiel 36[538]

Der als Anlagevermittler tätige A verspricht einem Großanleger G eine „sichere, insbesondere bankgarantierte, hochrentierliche Geldanlage". Die einbezahlten

---

[537] Vgl. *Fischer* StGB, 2016, § 263 Rn. 130.
[538] BGHSt. 53, 199.

Beträge sollen danach nur als Kapitalnachweis dienen und dürfen während der gesamten Investitionszeit nicht angetastet werden. Als Laufzeit werden zehn Monate vereinbart, wobei monatlich dann 7 Prozent an Verzinsung ausgeschüttet werden sollen. G erwirbt Anlageobjekte im Wert von 15 Millionen Euro. Tatsächlich hatte A jedoch nie vor, die erhaltenen Geldmittel sicher und gewinnbringend anzulegen. Er wollte vielmehr nach Art eines „Schneeballsystems" neu eingehende Gelder einsetzen, um vermeintliche Rendite- und Rückzahlungsforderungen der Altinvestoren, darunter G, soweit wie möglich zu befriedigen und diese in Sicherheit zu wiegen. Im Vertrauen auf die Versprechungen des A zahlen weitere 31 Personen insgesamt 28.206.841 Euro an A.

Der BGH wies in seiner Entscheidung zunächst darauf hin, dass maßgeblicher Zeitpunkt der Schadensberechnung derjenige der Vermögensverfügung ist. Ergibt sich in diesem Moment aufgrund einer Gesamtsaldierung ein Schaden, so ist es ohne Belang, wenn dieser später durch ein zufälliges Ereignis ausgeglichen wird. Kompensationen finden lediglich dann Berücksichtigung, wenn sie dem Geschädigten unmittelbar aus der Verfügung als ausgleichendes Äquivalent zufließen.

Sodann hebt der BGH hervor, dies sei bei Risikogeschäften nicht anders. Unter Verweis auf frühere Entscheidungen sowie unter Rekurs auf die entsprechende Auffassung in der Lit. (verwiesen wurde auf *Tiedemann* in: LK-StGB, § 263 Rn. 168) heißt es weiter in der Entscheidung, ein Schaden liege bereits dann vor, wenn „die von dem Getäuschten eingegangene Verpflichtung wertmäßig höher ist als die ihm dafür gewährte Gegenleistung unter Berücksichtigung aller mit ihr verbundenen, zur Zeit der Vermögensverfügung gegebenen Gewinnmöglichkeiten". Insofern sei es auch unzutreffend, von einer Vermögensgefährdung zu sprechen; zwischen einem Schaden i.S.e. Verlusts und einer Gefährdung in Gestalt einer Beeinträchtigung bestehe nämlich kein Unterschied. Gerade dies sei bei Risikogeschäften der Fall. Denn dass mit dem Eingehen eines solchen Geschäfts ein unmittelbarer Wertverlust i.S.e. Vermögenseinbuße einhergeht, liege bei wirtschaftlicher Betrachtungsweise auf der Hand.

Die Täuschung der Anleger (einschließlich des G) über das „Anlagemodell" bzw. über dessen tatsächliche (Nicht-)Existenz, begründete nach Auffassung des BGH in allen 31 Fällen von vornherein einen Schaden im Umfang der gesamten Leistung. Das gelte auch für diejenigen Anleger, denen A später absprachegemäß Renditen ausschüttete und auch das Anlagekapital zurückzahlte. Diese spätere Rückzahlung sei nämlich lediglich eine nachträgliche Schadenswiedergutmachung, jedoch keine unmittelbar aus der Verfügung zufließende Kompensation. Zwar habe, wie dies bei einem Schneeballsystem typisch ist, für die ersten Anleger eine gewisse Chance bestanden, ihr Kapital zurück und selbst die versprochenen Erträge ausbezahlt zu erhalten. Dies sei aber nicht das Resultat der Umsetzung des von A vorgegaukelten Anlagemodells gewesen. Vielmehr habe A gezielt versucht, sein vertragswidriges Verhalten dadurch zu vertuschen. Die hierauf basierende Aussicht auf Erfüllung der vom Angeklagten eingegangenen Verpflichtung sei daher keine Gegenleistung, sondern ein „aliud ohne wirtschaftlichen Wert".

Der BGH betont im weiteren Verlauf der Entscheidung, dass auch im Fall eines sog. Gefährdungsschadens Feststellungen zur Schadenshöhe nicht hinfällig werden. Anderenfalls berge diese Figur die Gefahr einer Überdehnung des Betrugstatbestands hin zum Gefährdungsdelikt durch Einbeziehung tatsächlich nur abstrakter Risiken. Für die Schadensbezifferung ging der BGH anschließend von dem mit der Verfügung eingegangenen Risiko und dem dadurch verursachten Minderwert des im Synallagma Erlangten aus. Diese Werte seien im Kapitalanlagesektor wie auch in jedem anderen Bereich exakt zu berechnen. Der BGH geht sogar noch weiter: Lasse sich die Schadenshöhe im Zeitpunkt der Vermögensverfügung nicht ermitteln, dann müsse der Tatrichter jedenfalls Mindestfeststellungen treffen, dies notfalls im Wege einer Schätzung.

Absicherung des Anlagekapitals

434 Problematisch sind ferner Konstellationen, in denen der Täter zwar weder die zugesagten Geschäfte durchführt, noch die versprochene Rendite ausschütten kann, er aber zumindest (teilweise) das von den Anlegern eingezahlte Kapital zur Rückzahlung absichert. Hierbei gilt allerdings – wie stets – dass eine etwaige **Kompensation** (in Gestalt von Rückzahlung, Absicherung, Ausschüttung o.ä.) nur dann den Vermögensschaden ausschließt, wenn sie dem Vermögensinhaber **unmittelbar** aus der Verfügung zufließt und nicht erst später als selbstständiger Ausgleich geleistet wird.

Beispiel 37[539]

A wickelt Anlagegeschäfte in großem Stil ab. Obwohl er merkt, dass er die vertraglich gemachten Vermittlungszusagen nicht mehr einhalten kann, fährt er mit dem Abschluss von Vermittlungsverträgen fort, gerät dabei aber zunehmend gegenüber den von ihm betreuten Anlegern in Erklärungsnot. Er verspricht den Neukunden, darunter K, ihm überlassene Gelder völlig risikolos und mit hohen Renditen von mindestens 15 Prozent anzulegen. Mit der Hälfte des von K investierten Betrags erwirbt A abgezinste Papiere als Sicherheiten, deren Wert nach Ablauf der vereinbarten Vertragszeit dem Anlagebetrag entspricht, so dass K zumindest diesbezüglich keine Verluste machen wird. Im Übrigen verbraucht A die angelegten Gelder für Rück- und Zinszahlungen, für die bei den Sicherheitsgeschäften angefallenen Provisionen sowie für seinen Lebensunterhalt.

Ein Vermögensschaden in Gestalt eines Gefährdungsschadens lag in diesem Fall schon bei Abschluss der Vermittlungsverträge mit den Anlegern vor. Bereits zu diesem Zeitpunkt stand fest, dass A nicht in der Lage sein würde, die zugesagten Anlagegeschäfte mit der hohen Rendite vorzunehmen. Der BGH ging in diesem Fall zudem davon aus, dass der nachträgliche Erwerb der abgezinsten Papiere als Sicherheit den bereits zuvor durch den Vertragsabschluss eingetretenen Vermögensschaden nicht kompensieren konnte. Für die Gesamtsaldierung

---

[539] BGH NStZ 2000, 376.

maßgeblich ist nämlich der Zeitpunkt der Vermögensverfügung. Insoweit ist auf den Moment des Vertragsschlusses abzustellen und ein Wertvergleich der vertraglich begründeten gegenseitigen Ansprüche vorzunehmen. Zu diesem Zeitpunkt habe aber gerade ein Gefährdungsschaden vorgelegen, da A nicht in der Lage war, die zugesagten Investitionen vorzunehmen.

In diesem Fall wären nun weitere Überlegungen dazu veranlasst, worin genau der Vermögensschaden der Anleger gelegen hat. Konkret gefährdet war einerseits der Rückzahlungsanspruch in Bezug auf das angelegte Kapital, andererseits gingen die Anleger auch ihrer Zinsaussichten (in Höhe der zugesagten 15 Prozent) verlustig. Sind diese Gewinnaussichten bereits derart konkret, dass ihnen ein selbstständiger Vermögenswert zukommt, so erstreckt sich der Schaden auf diese Exspektanzen. Insofern konnte durch das Sicherungsgeschäft, das lediglich einen Werterhalt sicherstellte, bereits von vornherein keine Kompensation eintreten. Hierzu fehlten jedoch entsprechende Feststellungen in der Instanzentscheidung.

(b) Schaden durch Abwicklung des Vertrags

Wird bereits vor oder bei Vertragsabschluss getäuscht und kommt es tatsächlich zum Erwerb der Anlageobjekte bzw. sogar zum Verlust des angelegten Kapitals oder zum Ausbleiben der konkreten Renditeaussichten, wirkt die Täuschung in die anschließende Erfüllungsphase fort. Man spricht hierbei von einem **unechten Erfüllungsbetrug**. Die Abwicklung des Vertrags vertieft dann lediglich den bereits eingetretenen Schaden. Beide Verfügungen (Vertragsabschluss und Überweisung des zu investierenden Kapitals) sowie die durch sie ausgelösten Nachteile bilden zusammen einen Betrug.[540]   **435**

Dass der Täter erst nach dem Abschluss des Vertrags über die Qualität seiner Leistung täuscht und der Getäuschte infolgedessen diese als vertragsmäßig annimmt (**echter Erfüllungsbetrug**), ist im kapitalmarktrechtlichen Kontext eher selten. Denkbar sind Fälle, in denen dem Vermittler erst nach Abschluss des Vermittlungsvertrags klar wird, dass er die versprochenen Anlageobjekte nicht auftreiben kann.

(c) Individueller Schadenseinschlag

Der Begriff des individuellen Schadenseinschlags erfasst Konstellationen, in denen Vermögensminderung und Gegenleistung zwar ausgeglichen sind, die Gegenleistung für den Getäuschten jedoch **in der konkreten Form nicht brauchbar** ist.[541]   **436**

Die Konstruktion erscheint nicht ganz unproblematisch, weil § 263 StGB eigentlich allein das Vermögen schützen soll und somit schlichte Beeinträchtigungen der Dispositionsfreiheit, die regelmäßig mit Ausgaben verbunden sind, aus dem Betrugstatbestand eliminiert

---

[540] Dazu BGHSt 47, 160, 168; BGHSt 58, 102, 109 f.; *Tiedemann* in: LK-StGB, 2012, § 263 Rn. 274; zum Streitstand *Hefendehl* in: MüKo-StGB, 2014, § 263 Rn. 554.

[541] Siehe dazu *Fischer* StGB, 2016, § 263 Rn. 146; *Wessels/Hillenkamp* Strafrecht BT II, 2015, Rn. 550 ff.

sind.[542] Geht es um einen individuellen bzw. persönlichen Schadenseinschlag, so tritt an die Stelle des Saldierungsprinzips eine am **Leitbild eines vernünftigen Wirtschafters** ausgerichtete **Zweckverfehlungslehre**.[543] Ein „Klassiker", der in diesem Zusammenhang i.d.R. diskutiert wird (wegen seines fehlenden kapitalmarktrechtlichen Bezugs hier aber nur kurz erwähnt werden soll), ist der sog. Melkmaschinen-Fall.[544]

437 Die Lehre vom individuellen Schadenseinschlag wird in einer Reihe von Konstellationen diskutiert, darunter auch Fälle, in denen die Gegenleistung nach Auffassung eines sachlichen Betrachters nicht oder nicht in vollem Umfang für den vom Vermögensinhaber **vertraglich vorausgesetzten Zweck** oder in anderer zumutbarer Weise verwendet werden kann. Ein Beispiel hierfür mit kapitalmarktrechtlichem Bezug ist der Kauf hochspekulativer Anlageobjekte durch Anleger, die sich mit der Investition eigentlich langfristig eine Rente zu sichern gedenken.

438 Den Dreh und Angelpunkt bei der Beurteilung bildet der „vertraglich vorausgesetzte Zweck". Wird er von den Parteien nicht thematisiert, verbleibt er in der Sphäre des Käufers und damit betrugsirrelevant.[545] So ist insbesondere bei Risikogeschäften zu prüfen, ob die Anlage bzw. die Investition dem erwarteten und auch kommunizierten Risikopotenzial entspricht.[546] Wer bspw. eine risikoarme, bestandssichere Anlage wie ein festverzinsliches Wertpapier wünscht, statt dessen aber zu hochspekulativen Aktiengeschäften veranlasst wird, erleidet selbst dann einen Schaden, wenn sich die Aktienspekulationen als gewinnbringend erweisen.[547]

Genau genommen ergibt sich der Schaden hierbei aber nicht erst aus den Überlegungen der Zweckverfehlungslehre. Denn ein wertbeständiges Papier weist im Zeitpunkt der Vermögensverfügung natürlich einen anderen (höheren) Wert auf, als eine spekulative Anlage. Vertraglich vereinbarte und erbrachte Gegenleistung weichen also nachteilig von einander ab.

439 Auch im umgekehrten Fall (spekulative Anlage gewünscht, stabile und wertbeständige Objekte erhalten) kommt ein Vermögensschaden aufgrund der Überlegungen zum individuellen Schadenseinschlag in Betracht. Dies gilt jedoch – da das Schutzgut des § 263 StGB die Dispositionsfreiheit des Vermögensinhabers nicht einschließt – nur, sofern die Vorstellung des Getäuschten hinreichend konkretisierbar und damit auch evaluierbar ist.[548]

---

542 Vgl. *Fischer* StGB, 2016, § 263 Rn. 146.

543 *Kindhäuser* StGB, 2015, § 263 Rn 173; krit. *Schlösser* HRRS 2011, 254.

544 Siehe bereits BGHSt 16, 321; a.A. hierzu *Schröder* NJW 1962, 721.

545 *Hefendehl* in: MüKo-StGB, 2014, § 263 Rn. 697.

546 *Hefendehl* in: MüKo-StGB, 2014, § 263 Rn. 704; *Kindhäuser* in: NK-StGB, 2013, § 263 Rn. 308; *Kühl/Heger* StGB, 2014, § 263 Rn. 48b.

547 *Ransiek* WM 2010, 869, 874.

548 *Hefendehl* in: MüKo-StGB, 2014, § 263 Rn. 704.

> **Beispiel 38**[549]
>
> A verkauft in seiner Eigenschaft als Vorsitzender des Verwaltungsrats und Mehrheitsaktionär der Ch-AG in deren Namen einen über 75-prozentigen Mehrheitsanteil an der I-AG an den E. Kernbestandteil dieses Vertrags ist die Verpflichtung der Ch-AG, dem E knapp 15 Millionen Aktien der I-AG zu übertragen, während sich E im Gegenzug zur Zahlung von 210 Millionen Euro verpflichtet. A, der zugleich Vorstandsvorsitzender der I-AG ist, hatte zuvor die Umsatz- und Ertragszahlen der letzten neun Monate gezielt manipuliert, indem er zum Ende des dritten Quartals Luftbuchungen von Scheinrechnungen veranlasste. Er verfolgte damit das Ziel, einen späteren Käufer der Aktien über die tatsächliche wirtschaftliche Situation der I-AG zu täuschen und ihn infolge dieser Täuschung zum Abschluss eines Kaufvertrags und zur Zahlung eines Kaufpreises zu veranlassen. Die geschönten Umsatz- und Ertragszahlen der I-AG werden ordnungsgemäß im Rahmen einer Ad-hoc-Meldung veröffentlicht. Nur deshalb interessiert sich E, der eine wachstumsstarke Unternehmensbeteiligung sucht, um auf dem europäischen Markt Fuß zu fassen, überhaupt für die Anteile an der I-AG. Dies wurde zwischen E und A bzw. der Ch-AG vertraglich auch so fixiert.
>
> Der BGH hat in diesem Fall einen Vermögensschaden in Form des persönlichen Schadenseinschlags zum Nachteil des E bejaht. E habe deutlich erkennbar zum Ausdruck gebracht, dass er nur ein Wachstumsunternehmen erwerben wollte. Bei seiner Kaufentscheidung kam es deshalb entscheidend auf deren steigende Umsatzentwicklung an. Die manipulierten Quartalszahlen waren somit ausschlaggebend für die Erwartung des E, sein strategisches Ziel erreichen zu können. Nach Auffassung des BGH hatte E sogar, weil es sich gerade nicht um ein Wachstumsunternehmen handelte, nicht nur ein „Minus" erworben, sondern ein für ihn völlig unbrauchbares „Aliud". Daher war es auch unschädlich, dass sich der tatsächliche Marktwert mangels weiterer Kaufinteressenten in dem konkreten Fall nicht bestimmen ließ.

(d) Provisionen und Gebühren als Schaden

Auch hinsichtlich der erhobenen Provisionen und Gebühren gilt es gesondert zu klären, ob und in welchem Umfang diese als Schaden i.S.d. § 263 Abs. 1 StGB zu werten sind. Dabei ist zunächst danach zu unterscheiden, inwieweit die angefallenen Provisionen nach deren Höhe und Häufigkeit noch als marktüblich anzusehen sind. In Fällen, in denen ein Vermittler versucht, durch den häufigen Umschlag des Kundenkontos Provisionen zu schinden (Churning[550]), verdient diese Frage besonderes Augenmerk. Zum Teil wurde zu diesem Problemkreis vertreten, einen Schaden solle nur der Betrag der Differenz zwischen tatsächlich angefallenen und

440

---

[549] BGH NStZ 2010, 700.
[550] Rn. 366 (dort Stichwort „Churning").

fiktiven angemessenen Spesen ausmachen.[551] Nach anderer Ansicht sind die gezahlten Spesen insgesamt als Schaden anzusehen.[552]

Überhöhter Provisionsanteil

441 Der BGH hat im Zusammenhang mit Warenterminoptionen bereits wiederholt zur Frage der Schadensberechnung bei objektiv überhöhten Provisionen bzw. Gebühren Stellung genommen. Ein betrugsrelevanter Schaden ergibt sich nach dieser Judikatur aus der Differenz zwischen dem auf die Börsenprämie genommenen Aufschlag und einer angemessenen marktüblichen Provision.[553] Denn gerade um diesen Differenzbetrag verringert sich die reale Werthaltigkeit der Anlage gegenüber einem bei marktüblicher Provision gegebenen Wert.[554]

442 Dieser Ansatz kann zumindest dem Grunde nach auch auf die Fälle des Churning übertragen werden. Ein Unterschied besteht nur insoweit, als in dem erstgenannten Fall die vorgenommenen Geschäfte für die Anleger wirtschaftlich durchaus sinnvoll waren; lediglich die Spesen waren überhöht. Ist das Verhalten vom wirtschaftlichen Standpunkt aus vertretbar, so liegt der Schaden lediglich in dem überhöhten Provisionsteil. Bei wirtschaftlich völlig sinnlosen Geschäften, denen ein unstrukturiertes Vorgehen zugrunde liegt, gilt das freilich nicht. Hier liegt für den Anleger die gesamte erworbene Anlage außerhalb des Anlageziels und ist damit unbrauchbar, so dass auch einer für deren Erwerb gezahlten Provision keine gleichwertige vertragsgemäße Leistung des Vermittlers gegenübersteht.

Anteil marktüblicher Provisionen

443 Problematisch ist damit, ob und wann auch der Anteil marktüblicher Provisionen und Gebühren als Schaden i.S.d. § 263 Abs. 1 StGB angesehen werden kann. Der BGH hat bereits mehrfach Stellung zur Schadensberechnung im Zusammenhang mit der Einbeziehung von Provisionen genommen. Einer der Entscheidungen lag dabei ein Sachverhalt zugrunde, in dem Anlegern in betrügerischer Art und Weise ein Objekt verkauft wurde, das für die von ihnen verfolgten Zwecke völlig nutzlos war. In diesem Kontext wurde die Frage der Einbeziehung von (der Höhe nach marktüblichen) Provisionen diskutiert. Der BGH war dabei der Auffassung, einer Berücksichtigung des Schadens in Höhe der gesamten eingegangenen Verpflichtung stehe grds. entgegen, dass ohnehin das Kapital nicht in voller Höhe zur Anlage verwendet worden wäre; vielmehr sei darin eine verdeckte Innenprovision enthalten, welche somit zunächst grundsätzlich zum Abzug zu bringen

---

[551] OLG München WM 1986, 1143.

[552] *Birnbaum* wistra 1991, 253, 256; *Zieschang* in: Park, Kapitalmarktstrafrecht, 2013, § 263 StGB Rn. 98, § 266 Rn. 52.

[553] BGH wistra 2002, 23; *Hagemann* Grauer Kapitalmarkt und Strafrecht, 2005, S. 414.

[554] BGH wistra 2002, 23; siehe dazu auch BGH NStZ 2000, 37; BGH wistra 1995, 102; ferner *Achenbach* NStZ 1993, 427; *Bröker* Strafrechtliche Probleme bei Warentermin- und -optionsgeschäften, 1989, S. 19 ff., 73 ff.; *Imo* Börsentermin- und Börsenoptionsgeschäfte, 1988, Rn. 1012 ff.; *Seier* in: Achenbach/Wannemacher, Steuer- und Wirtschaftsstrafrecht, 1999, § 21 II Rn. 228 ff.

wäre.[555] Allerdings sei das tatsächliche Konzept der Fondsmodelle derart von der beworbenen Anlage abgewichen, dass die Anleger bei Berücksichtigung der von ihnen verfolgten Ziele hieraus keinerlei Nutzen ziehen konnten.[556] Insofern war auch diese Innenprovision aufgrund der für die Anleger gegebenen wirtschaftlichen Sinnlosigkeit der Anlage verloren.

Kann der Anleger also aufgrund ihrer wirtschaftlichen Sinnlosigkeit unter keinem **444** Gesichtspunkt einen Vorteil aus den abgeschlossenen Geschäften ziehen, so ist die Provision in die Berechnung des Schadens in voller Höhe einzubeziehen. Abgestellt werden muss also auf den wirtschaftlichen Sinn der Geschäfte, der unter Heranziehung der o.g. Kriterien ermittelt werden kann.[557]

> In dem fraglichen Fall hat der BGH allerdings den Begriff des wirtschaftlichen Sinns nicht objektiv anhand von marktrelevanten Kriterien bestimmt, sondern vielmehr aus der subjektiven Sicht der Anleger heraus interpretiert.[558] Im Lichte der verfassungsgerichtlichen Rspr., nach der normative Gesichtspunkte zwar in die Schadensberechnung einfließen, die wirtschaftliche Betrachtungsweise aber nicht vollends überlagern dürfen,[559] ist dies nicht ganz unproblematisch.

3. Subjektiver Tatbestand

Der **Vorsatz** muss sich auf alle objektiven Tatbestandsmerkmale beziehen, wobei **445** grds. bedingter Vorsatz genügt. Dabei reicht nach der Rspr. des BGH ein Schluss vom äußeren Tatablauf auf die innere Tatseite grds. nicht aus – jedenfalls dann nicht, wenn die Annahme eines auch bedingten Vorsatzes ein normatives Verständnis des Täters voraussetzt, das nicht ohne weiteres unterstellt werden kann.[560]

Die **Bereicherungsabsicht** erfordert ein Handeln mit Dolus directus 1. Grades **446** im Hinblick auf die Verschaffung eines rechtswidrigen Vermögensvorteils.[561] Dem Täter muss es gerade auf die eigen- oder fremdnützige Bereicherung ankommen, sei es auch nur als Zwischenziel.

§ 263 StGB setzt dabei als Vermögensverschiebungsdelikt voraus, dass der vom **447** Täter erstrebte Vermögensvorteil und der verursachte Vermögensschaden einander entsprechen, sog. **Stoffgleichheit**. Man sagt, der Vorteil muss die „Kehrseite des Schadens" bilden,[562] also unmittelbare Folge der täuschungsbedingten Vermögensverfügung sein und dem Täter direkt aus dem geschädigten Vermögen zufließen. Vorteil und Schaden dürfen daher nicht auf verschiedene Verfügungen zurückzuführen sein.

---

[555] BGHSt 51, 11.

[556] BGHSt 51, 16 f.

[557] So i.E. wohl auch *Janssen* in: Achenbach/Ransiek/Rönnau, Wirtschaftsstrafrecht, 2015, Kap. V 1 Rn. 208.

[558] BGHSt 51, 10.

[559] Siehe Rn. 216.

[560] Vgl. BGH NStZ 2003, 663.

[561] *Wessels/Hillenkamp* Strafrecht BT II, 2015, Rn. 583.

[562] *Rengier* Strafrecht BT I, 2015, § 13 Rn. 249.

Beispiel 39[563]

A vermittelt Kapitalanlagen im sog. Bankgarantiehandel. Anbieter des angeblich hochverzinslichen Handels mit „Prime Bank Guarantees & Standby Letters of Credit" ist die Firma S. Tatsächlich gibt es diesen Handel mit Banksicherheiten aber nicht. Zinsen und gekündigte Kapitalbeträge wurden aus Neueinzahlungen von Anlagekapital entnommen („Schneeballsystem"). A informiert den Kunden K nicht über die mit der Anlage verbundenen Risiken bis hin zum Kapitalverlust. Im Vertrauen auf die Sicherheit und Seriosität der Anlage schließt K mit A einen Vermittlungsvertrag und händigt ihm 5.000 Euro in bar zur Investition aus. A will mit den für die Vermittlung gezahlten Provisionsbeträgen von 3 Prozent des Anlagekapitals seinen Lebensunterhalt sichern. Trotz intensiver polizeilicher Ermittlungen lässt sich nicht aufklären, ob diese Provisionen unmittelbar dem Anlagekapital entnommen wurden, bevor dieses an die Betreibergesellschaft S weitergeleitet wurde, oder ob diese erst später den Zinszahlungen durch S an den A abgezweigt wurden.

Der BGH sah den subjektiven Tatbestand des Betrugs nicht als erfüllt an. § 263 Abs. 1 StGB setzt voraus, dass der vom Täter erstrebte Vermögensvorteil und der verursachte Vermögensschaden einander entsprechen. Der Vorteil muss die Kehrseite des Schadens, d.h. unmittelbare Folge der täuschungsbedingten Vermögensverfügung sein und dem Täter direkt aus dem geschädigten Vermögen zufließen („Stoffgleichheit"). Daran fehle es aber in diesem Fall. Da sich die tatsächliche Herkunft der Provisionszahlungen nicht feststellen ließ, musste zugunsten des A davon ausgegangen werden, dass diese den Zinszahlungen der Betreibergesellschaften entnommen wurden, also nicht unmittelbar dem aufgrund der Täuschung übergebenen Anlagekapital des K entstammten. Ein Betrug zugunsten der S, in dessen Rahmen A mit Drittbereicherungsabsicht hätte handeln können, war jedoch nicht angeklagt worden. Dies habe sich nach Ansicht des BGH jedoch geradezu aufgedrängt: Es liege nahe, dass A der S das Anlagekapital verschaffen wollte, um so selbst einen Anspruch auf die Provision zu erwerben. Bei einem fremdnützigen Betrug bestünde ohne weiteres Stoffgleichheit zwischen dem Schaden der Anleger in Form des Kapitalverlustes und dem Vorteil der Betreibergesellschaften in Form des vereinnahmten Kapitals.

4. Übersicht

448   I. Tatbestand
1. Objektiver Tatbestand
   a) Täuschung über Tatsachen
   - Reklamhafte Anpreisungen zu Anlagemöglichkeiten als Gegenstand der Täuschung (Rn. 376 f.)
   - Prognosen als Gegenstand der Täuschung/Täuschung über Prognosegrundlage (Rn. 378 ff., 380)
   - Zweck des Geschäfts als innere Tatsache (Rn. 385 ff.)
   - Täuschung durch Unterlassen/Aufklärungspflichten und Garantenstellung i.S.d. § 13 StGB (Rn. 395 ff.)

---

[563] BGH NStZ 2003, 264.

III. Kapitalanlagebetrug (§ 264a StGB)

1. Grundlagen
a) Dogmatische Einordnung

§ 264a StGB soll nach überzeugender h.M. in erster Linie die Funktionsfähigkeit des   **449**
Kapitalmarkts gewährleisten, zugleich aber das Vermögen der Kapitalanleger schützen. Dem Tatbestand wird insoweit eine **doppelte Schutzrichtung** zugeschrieben.[564]

---

[564] Funktionieren des Kapitalmarkts als „alleiniges" Schutzziel: *Wohlers/Mühlbauer* in: MüKo-
StGB, 2014, § 264a Rn. 1 ff., 6. Funktionieren des Kapitalmarkts als „primäres" Schutzziel: *Otto*
WM 1988, 729, 736; *Perron* in: Schönke/Schröder, StGB, 2014, § 264a Rn. 1. Funktionieren
des Kapitalmarkts neben dem Vermögen der Anleger „mitgeschützt": BGHZ 116, 7, 13; *Rengier*
Strafrecht BT I, 2015, § 17 Rn. 9; in diese Richtung auch *Möhrenschläger* in: Wabnitz/Janovsky,
Wirtschaftsstrafrecht, 2014, Kap. 3 Rn. 7; *Momsen* in: BeckOK-StGB, 2016, § 264a Rn. 2. Dop-
pelte Schutzrichtung (ohne nähere Reihung): *Hefendehl* Kollektive Rechtsgüter, 2002, S. 267 ff.;
Hildner WM 2004, 1068, 1071; *Kühl/Heger* StGB, 2014, § 264a Rn. 1; *Park* in: Park, Kapital-
marktstrafrecht, 2013, § 264a StGB Rn. 181; *Schröder/Bergmann* in: Matt/Renzikowski, StGB,
2013, § 264a Rn. 1; *Tiedemann/Vogel* in: LK-StGB, 2012, § 264a Rn. 22 ff., 25; *Wagenpfeil* in:
Müller-Gugenberger, Wirtschaftsstrafrecht, 2015, § 27 Rn. 110; *Wessels/Hillenkamp* Strafrecht BT
II, 2015, Rn. 696; *Wittig* Wirtschaftsstrafrecht, 2014, § 18 Rn. 5. Im Dienst „der Sicherung von
Lauterkeit, Ehrlichkeit und Fairness im Kapitalanlageverkehr" sieht § 264a StGB *Fischer* StGB,
2016, § 264a Rn. 2.

Nach a.A.[565] sei der Schutz des Kapitalmarkts lediglich ein Reflex, während sich die primäre Schutzrichtung des § 264a StGB allein auf das Vermögen der Anleger richte.

> Zur Begründung verweist diese a.A. auf die gesetzgeberische Intention, mit § 264a StGB Schwierigkeiten beim Nachweis der Voraussetzungen des allgemeinen Betrugstatbestands zu beseitigen.[566] Der Gesetzgeber wollte mit der Vorschrift allerdings auch das Vertrauen in die Funktionsfähigkeit des Kapitalmarktes stärken.[567] Der gegenüber dem Betrug nach § 263 StGB größere Adressatenkreis des § 264a StGB macht dies schon im Wortlaut der Norm deutlich.[568] Es wurde bzw. wird sogar vertreten, der Kapitalmarkt sei das alleinige Schutzgut des § 264a StGB, was aus der Parallelität der Regelung zu §§ 264, 265, 265b StGB folge.[569] Der ausschließliche Schutz des Kapitalmarkts war jedoch nie die Intention des Gesetzgebers.[570]

450   § 264a StGB ist als **abstraktes Gefährdungsdelikt** ausgestaltet.[571] Die durch die Norm in Bezug genommenen Anleger müssen also weder einem Irrtum unterliegen noch irrtumsbedingt eine Vermögensverfügung veranlassen und dadurch zu Schaden kommen.

451   § 264a StGB ist **kein Sonderdelikt**.[572] Hieran ändern auch die von der Norm in Bezug genommenen kapitalanlagebezogenen Wahrheits- und Aufklärungspflichten nichts. Täter kann demnach jeder sein, der in Prospekten über erhebliche Umstände gegenüber einem größeren Kreis von Personen unrichtige vorteilhafte Angaben macht oder nachteilige Tatsachen verschweigt.

Beispiel 40[573]

B ist Gründungsgesellschafter und Initiator der Fondsgesellschaft F. Als von den verantwortlichen Gesellschaftern (X, Y und Z) der Prospekt zur Ausgabe an Anleger erstellt wird, verschweigt B, dass er bereits mehrfach wegen im Zusammenhang mit dem Kapitalanlagegeschäft begangenen Vermögensdelikten vorbestraft ist. B fürchtet, potentielle Anleger könnten von der Investition Abstand

---

[565] *Hellmann* in: NK-StGB, 2013, § 264a StGB Rn. 9; *Hellmann/Beckemper* Wirtschaftsstrafrecht, 2013, Rn. 16; *Joecks* wistra 1986, 143. Vgl. dazu auch *Beckemper* ZIS 2011, 318, 323; *Wendrich* ZJS 2013, 238, 248.

[566] Dazu *Hellmann* in: NK-StGB, 2013, § 264a StGB Rn. 3.

[567] BT-Drs. 10/318, S. 22.

[568] *Momsen* in: BeckOK-StGB, 2016, § 264a Rn. 2.

[569] *Wohlers/Mühlbauer* in: MüKo-StGB, 2014, § 264a Rn. 1 ff., 6; vgl. *Bottke* wistra 1991, 7; *Otto* Strafrecht BT, 2005, § 61 Rn. 38.

[570] So *Momsen* in: BeckOK-StGB, 2016, § 264a StGB Rn. 2 gestützt auf die Entwurfsbegründung. Der Kapitalmarkt sei per se ein Konstrukt, das immer auch das Vermögen der am Kapitalmarkt teilnehmenden Personen beinhalte.

[571] *Tiedemann/Vogel* in: LK-StGB, 2012, § 264a Rn. 8; *Wittig* Wirtschaftsstrafrecht, 2014, § 18 Rn. 6.

[572] *Kühl/Heger* StGB, 2014, § 264a Rn. 6; *Tiedemann* in: LK-StGB, 2010, § 264a Rn. 17; *Wittig* Wirtschaftsstrafrecht, 2014, § 18 Rn. 8.

[573] Angelehnt an KG NZG 2011, 1159.

nehmen. Die Information über seine kriminelle Karriere ist daher nicht in dem Prospekt enthalten. Nach der Prospekterstellung unterzeichnet B das Dokument zusammen mit den anderen und versichert, die Angaben seien richtig und er habe nichts Wesentliches ausgelassen.

Das KG ging davon aus, B sei unproblematisch als tauglicher Täter des § 264a Abs. 1 StGB anzusehen. Der Kapitalanlagebetrug ist kein Sonderdelikt, so dass jeder, der im Zusammenhang mit dem Vertrieb der Anlage in einem Prospekt unrichtige vorteilhafte Angaben macht oder nachteilige Angaben verschweigt, Täter sein kann – sogar dann, wenn er nicht zu den durch die einschlägigen zivil- und öffentlich-rechtlichen Regelungen, bspw. des KAGB, in Bezug genommenen Personen gehört. Der Täterkreis reicht von den an der Konzeption des Prospekts in einer nicht nur untergeordneten Funktion Mitwirkenden über die Personen, die als Verantwortliche für die Richtigkeit der Angaben auftreten, bis hin zu denjenigen, die sich den Inhalt des Prospekts im Zusammenhang mit dem Vertrieb zu eigen machen. Diese Voraussetzungen waren für B spätestens durch die Unterzeichnung des Prospekts und die Versicherung der Richtigkeit der Angaben erfüllt.

b) Praktische Relevanz

Praktische Relevanz und kriminalpolitische Bedeutung dürfen bei § 264a StGB **452** nicht unbedingt gleichgesetzt werden. Die **kriminalpolitische Bedeutung**, d.h. die Bedeutung der Vorschrift in strafrechtlichen Kontexten, ist bezogen auf die Masse aller Betrugsdelikte eher als gering einzustufen. Im Jahr 2015 kam es nur zu 35 registrierten Fällen.[574] Die Zahl der Verurteilungen für das Jahr 2014 liegt mit nur 13 noch deutlich darunter.[575]

> Früher ließ sich als Grund für die wenigen registrierten Fälle und Verurteilungen noch der Umstand anführen, dass der Mitte der 1990er Jahre in die Mode gekommene und bis in die Anfänge des 21. Jahrhundert hinein florierende Telefonhandel von der Norm nicht erfasst wird.[576] Mittlerweile ist die Telefonakquise aber längst nicht mehr derart en vogue, dass ihre Einbeziehung in den Anwendungsbereich der Vorschrift die geringen Fallzahlen in die Höhe treiben könnte. Viel wahrscheinlicher ist, dass fehlerhafte Prospekte und Darstellungen mangels Anzeigebereitschaft ihrer Adressaten überhaupt nicht zur Kenntnis der Strafverfolgungsbehörden gelangen. Hierzu kommt es oftmals erst nach Eintritt eines Vermögensschadens; dann wird das Verhalten aber häufig bereits durch § 263 StGB erfasst.[577]

Die praktische Relevanz der Norm ergibt sich aus ihrer Funktion als Schutzge- **453** setz i.S.d. § 823 Abs. 2 BGB. § 264a StGB spielt daneben auch in zahlreichen

---

[574] PKS 2015, S. 92, Strft. Schl. 513 100. Im Vergleich dazu allerdings 7.895 Fälle des „Beteiligungs- und Kapitalanlagebetrugs" (Strft. Schl. 513 000), der die Taten nach § 264a StGB einschließt.

[575] *Statistisches Bundesamt* Fachserie 10, Reihe 3, 2014 (Stand: 13.3.2016), S. 37.

[576] So *Martin* wistra 1994, 128.

[577] *Bosch* in: SSW, StGB, 2014, § 264a Rn. 3; *Hoyer* in: SK-StGB, 2015, § 264a Rn. 48; *Momsen* in: BeckOK-StGB, 2016, § 264a Rn. 3; vgl. auch *von Hippel* ZRP 1997, 306.

Ermittlungsverfahren eine äußerst gewichtige Rolle.[578] Häufig tritt die Strafbarkeit nach dieser Vorschrift aber im Rahmen der Verurteilung nicht mehr in Erscheinung, weil der Kapitalanlagebetrug im Verhältnis zu schwereren Delikten zurücktritt[579] oder eine Einstellung nach den §§ 154, 154a StPO erfolgt.[580] Statistiken erscheinen zudem verzerrt, weil der Kapitalanlagebetrug häufig in der Formulierung „§ 263 StGB u.a." verloren geht.

2. Objektiver Tatbestand
a) Erfasste Anlageobjekte
454   Der Tatbestand bezieht nicht sämtliche Investitionsmöglichkeiten ein, sondern nur die darin ausdrücklich genannten Anlageobjekte. Die Vorschrift spricht von „dem Vertrieb von Wertpapieren, Bezugsrechten oder von Anteilen, die eine Beteiligung an dem Ergebnis eines Unternehmens gewähren sollen" (Nr. 1), oder „dem Angebot, die Einlage auf solche Anteile zu erhöhen" (Nr. 2).

(1) Wertpapier
455   Von einem Wertpapier spricht man im Allgemeinen, wenn ein **privates Recht** in der Weise **in einer Urkunde verbrieft** ist, dass zur Geltendmachung des Rechts die Innehabung der Urkunde erforderlich ist.[581] Nach verbreiteter Ansicht soll der allgemeine Wertpapierbegriff auch für § 264a StGB gelten. Da jener Begriff aber auch die weder fungiblen noch verkehrsfähigen Schecks und Wechsel einschließt, stehen Viele dieser Auffassung kritisch gegenüber.[582] Bereits der kapitalmarktrechtliche Wertpapierbegriff ist nämlich enger, da Charakteristika eines Kapitalmarkttitels (über die allgemeine Definition hinaus) gerade Fungibilität und Zirkulationsfähigkeit sind.

456   Eine Legaldefinition des Wertpapiers existiert im StGB zwar, findet sich jedoch in § 151 StGB, der wegen seines divergierenden Schutzzwecks[583] nicht als Orientierungspunkt in Betracht kommt.[584] Die Definition des § 2 WpHG heranzuziehen scheidet ebenfalls aus, da diese Norm erst nach Schaffung des § 264a StGB in Kraft getreten ist. Der Gesetzgeber konnte diese Begriffsbestimmung also nicht zugrunde legen. Gegen eine Orientierung an § 2 WpHG wird ferner angeführt, dass dieser Begriff auch unverbriefte Rechte erfasst, was für einen Straftatbestand mit der Bindung an den Wortlaut und dem Analogieverbot des Art. 103 Abs. 2 GG nicht

---

[578] Vgl. dazu *Nestler* WiJ 2013, 143.

[579] Bspw. hinter § 263 StGB, siehe *Bosch* in: SSW, StGB, 2014, § 264a Rn. 3; *Hoyer* in: SK-StGB, 2015, § 264a Rn. 6a.

[580] *Park* in: Park, Kapitalmarktstrafrecht, 2013, § 264a StGB Rn. 184.

[581] Siehe oben Rn. 331. Vgl. zu diesem Begriffsverständnis im Kontext des § 264a StGB auch *Worms* in: Assmann/Schütze, Handbuch Kapitalanlagerecht, 2015, § 11 Rn. 25.

[582] *Momsen* in: BeckOK-StGB, 2016, § 264a Rn. 6.

[583] Rn. 575 ff.

[584] Vgl. *Bosch* in: SSW, StGB, 2014, § 264a Rn. 5 („mit anderem Schutzzweck").

in Einklang zu bringen ist.[585] Ähnlich verhält es sich mit der Begriffsbestimmung aus § 1 DepotG, der allenfalls als erster Anhaltspunkt gelten kann.[586]

Von einer breiten Auffassung in der Lit. wird daher eine **eigenständige Begriffs-** **457** **bestimmung** propagiert, die sich am Schutzzweck des § 264a StGB orientieren soll.[587] Unzweifelhaft als Wertpapiere i.S.d. § 264a StGB gelten daher Urkunden über Rechte, die der Kapitalanlage dienen und bei massenhafter Ausgabe und Vertretbarkeit handelbar sowie insbesondere mit Gutglaubensschutz versehen sind und nicht bloß als Beweisurkunden dienen.[588] Diese Definition umfasst auch Wertpapiere ausländischer Emittenten und supranationaler Organisationen. Wertpapiere sind also bspw. Aktien, Zwischenscheine, Nebenpapiere wie Zinsscheine, Schuldverschreibungen (= bond obligations) und Investmentzertifikate.[589]

Problematisch ist die Behandlung von Namenspapieren (Rektapapieren), wie **458** bspw. Hypotheken- und Grundschuldbriefe, Schiffspfandbriefe, Namensschuldverschreibungen. Diese Papiere sind zwar grds. handelbar, dies jedoch nur unter erschwerten Bedingungen, weil sie auf einen bestimmten Namen lauten und der durch sie verbriefte Anspruch somit nur durch Einigung, Abtretung und Übergabe übertragen werden kann. Daher sollen Namenspapiere nur dann als Wertpapiere i.S.d. § 264a StGB gelten, wenn sie tatsächlich massenhaft gehandelt werden.[590]

(2) Bezugsrechte und Anteile

Als Bezugsrecht gilt der **gesellschaftsrechtlichen Begriffsbestimmung** des § 186 **459** Abs. 1 AktG nach das Recht des Aktionärs auf Zuteilung eines seinem Anteil an dem bisherigen Grundkapital entsprechenden Teils neuer Aktien. § 221 Abs. 4 AktG schließt hierbei sog. Wandelschuldverschreibungen, Gewinnschuldverschreibungen und Genussrechte ein. Die wohl h.M. will diese Definition auch auf § 264a StGB anwenden.[591]

Anteile sind sowohl eigene Gesellschaftsanteile an, als auch sonstige unmittel- **460** bare Rechtsbeziehungen zu einem Unternehmen, Anteile an inländischen Gesellschaften ebenso wie an ausländischen.

Ein Sonderfall ist das sog. **partiarische Darlehen**, dessen Einbeziehung umstrit- **461** ten ist. Zum Teil wird vertreten, da eine Erhöhung als Einlage – anders als § 264a Abs. 1 Nr. 2 StGB dies voraussetzt – hierbei nicht möglich sei, stehe es den Anteilen

---

[585] *Momsen* in: BeckOK-StGB, 2016, § 264a StGB Rn. 6.

[586] *Tiedemann/Vogel* in: LK-StGB, 2012, § 264a Rn. 21.

[587] *Momsen* in: BeckOK-StGB, 2016, § 264a Rn. 6.

[588] *Tiedemann/Vogel* in: LK-StGB, 2012, § 264a Rn. 22; vgl. auch *Bosch* in: SSW, StGB, 2014, § 264a Rn. 5; krit. *Joecks* in: Achenbach/Ransiek/Rönnau, Wirtschaftsstrafrecht, 2015, Kap. X 1 Rn. 13 ff.

[589] *Bosch* in: SSW, StGB, 2014, § 264a Rn. 5.

[590] Vgl. *Tiedemann/Vogel* in: LK-StGB, 2012, § 264a Rn. 26; a.A. *Perron* in: Schönke/Schröder, StGB, 2014, § 264a Rn. 5.

[591] Vgl. *Hoyer* in: SK-StGB, 2015, § 264a Rn. 29; *Worms* in: Assmann/Schütze, Handbuch Kapitalanlagerecht, 2015, § 11 Rn. 26.

insoweit auch nicht gleich.[592] Weil der Darlehensgeber in diesem Fall aber auch nicht unmittelbar am Verlust der Gesellschaft beteiligt ist, liefe eine Einbeziehung in den Anwendungsbereich des § 264a StGB dessen Zweck tatsächlich zuwider. *Tiedemann* geht sogar davon aus, das partiarische Darlehen einzubeziehen überschritte die Wortlautgrenze des Art. 103 Abs. 2 GG, da der Begriff des Anteils im zivilrechtlichen Sprachgebrauch eindeutig mit Mitgliedschaft und Vermögensteilhabe verbunden sei; beides fehle jedoch beim partiarischen Darlehen.[593] Der Gesetzgeber wollte ausweislich der Entwurfsbegründung dennoch partiarische Darlehen in den Kreis der durch die Norm erfassten Anlageformen aufnehmen.[594]

> Weitere umstrittene Fälle sind Bauherren-, Bauträger- und Erwerbermodelle. Die h.M. lehnt deren Einbeziehung zu Recht für die Fälle ab, in denen abgesehen von der Errichtung einer Immobilie durch einen Dritten keine unternehmerischen Komponenten vorhanden sind.[595] Es steht sowohl die Wortlautgrenze als auch der Schutzzweck der Norm entgegen, der eine unternehmerische Betätigung verlangt. Gleichwohl soll einer m.M. zufolge § 264a StGB anwendbar sein.[596]

462 **Warenterminoptionen** werden nach dem Willen des Gesetzgebers als Differenz- und Spekulationsgeschäfte nicht von § 264a StGB erfasst.[597] Es handelt sich hierbei zwar um spekulative Anlageformen, die jedoch aufgrund ihres spiel- oder wettartigen Charakters außerhalb des Anwendungsbereich des Norm bleiben sollen.[598]

b) Vertrieb

463 Als Vertrieb gilt in Anlehnung an den Vertriebsbegriff im früheren AuslInvestmG[599] (heute verortet im KAGB[600]) jede auf Absatz gerichtete Tätigkeit, die sich an den Markt wendet und auf ein massenhaftes Angebot ausgerichtet ist.[601] Einzelangebote an bestimmte Anleger sind daher ebenso wenig erfasst wie Angebote, die auf der Grundlage einer individualisierten Beratung abgegeben werden.

---

[592] *Cerny* MDR 1987, 274.

[593] *Tiedemann* in: LK-StGB, 2012, § 264a Rn. 50.

[594] Vgl. BT-Drs 10/318, S. 22.

[595] *Flanderka/Heydel* wistra 1990, 257 f.; *Hoyer* in: SK-StGB, 2015, § 264a Rn. 30; *Joecks* wistra 1986, 142, 144; *Kindhäuser* Strafrecht BT II, 2016, § 30 Rn. 5; *Momsen* in: BeckOK-StGB, 2016, § 264a Rn. 6; *Otto* Strafrecht BT, 2005, § 61 Rn. 42; *Otto* WM 1988, 729, 737; *Schröder/Bergmann* in: Matt/Renzikowski, StGB, 2013, § 264a Rn. 15; *Tiedemann/Vogel* in: LK-StGB, 2012, § 264a Rn. 49; *Wohlers/Mühlbauer* in: MüKo-StGB, 2014, § 264a Rn. 49; *Worms* wistra 1987, 246 f.; vgl. auch *Kühl/Heger* StGB, 2014, § 264a Rn. 4 und gänzlich ablehnend *Hellmann* in: NK-StGB, 2013, § 264a Rn. 22.

[596] *Hebenstreit* in: Müller-Gugenberger, Wirtschaftsstrafrecht, 2015, § 27 Rn. 198; *Richter* wistra 1987, 117 f.; *Schmidt-Lademann* WM 1986, 1241 f.

[597] BT-Drs. 10/318, S. 46; *Momsen* in: BeckOK-StGB, 2016, § 264a Rn. 6.

[598] Krit. *Bosch* in: SSW, StGB, 2014, § 264a Rn. 8 im Hinblick auf „eine grundsätzliche Schutzbedürftigkeit" des Anlegers zumindest bei bedingten Optionsgeschäften.

[599] Auslandinvestment-Gesetz vom 9.9.1998, BGBl. 1998/I, S. 2820.

[600] Kapitalanlagegesetzbuch vom 4.7.2013, BGBl 2013/I, S. 1981.

[601] Vgl. BT-Drs 10/318, S. 24.

c) Tatbestandsmäßiges Verhalten

(1) Prospekte und Darstellungen als Tatmittel

§ 264a StGB bezieht sich auf bestimmte Werbeträger. Als Prospekt gilt dabei jedes **464** Schriftstück, das als Informations- oder Werbemittel die zur Anlageentscheidung erheblichen Angaben enthält oder zumindest den entsprechenden Eindruck erwecken soll.[602]

> Dabei bleibt es auch unschädlich, falls das Dokument erkennbar lückenhaft ist.[603] Solche lückenhaften „Prospekte" aus dem Anwendungsbereich der Vorschrift auszuschließen, hätte beachtliche Abgrenzungsprobleme zur Folge.[604]

Darstellungen können, anders als Prospekte, auch mündlich abgegeben oder auf **465** Ton- und Bildträgern abgefasst sein.[605]

(2) Tathandlungen

(a) Unrichtige vorteilhafte Angaben

§ 264a Abs. 1 Alt. 1 StGB betrifft unrichtige vorteilhafte Angaben des Täters. Der **466** Terminus der **Angaben** ist dabei an § 265b Abs. 1 Nr. 1 lit. b StGB angelehnt und schließt sowohl Behauptungen über tatsächliche Umstände als auch Werturteile und Meinungen ein.[606]

Als **unrichtig** gelten diese Angaben, wenn sie nicht den objektiven Gegebenhei- **467** ten entsprechen. Im Rahmen des § 264a StGB geht es nicht selten um Prognosen über die künftige Entwicklung einer Anlage. Der Begriff der Angaben umfasst (wie gesehen) Prognosen gleichermaßen. Diese sind unrichtig, sofern die der Prognose zugrundeliegenden Tatsachen der Realität nicht entsprechen oder der Prognose bereits eine brauchbare Tatsachengrundlage fehlt.[607]

(b) Verschweigen nachteiliger Tatsachen

Dogmatische Einordnung

In der strafrechtlichen Lit. ist umstritten, ob es sich bei § 264a Abs. 1 Alt. 2 StGB **468** um ein echtes Unterlassungsdelikt[608] oder ein unechtes Unterlassungsdelikt[609] bzw.

---

[602] *Kudlich/Oğlakcıoğlu* Wirtschaftsstrafrecht, 2014, § 9 Rn. 303; *Momsen* in: BeckOK-StGB, 2016, § 264a Rn. 11.

[603] Vgl. BT-Drs 10/318, S. 23; *Joecks* wistra 1986, 144; *Kühl/Heger* StGB, 2014, § 264a Rn. 10.

[604] Vgl. *Tiedemann* in: LK-StGB, 2012, § 264a Rn. 35.

[605] Siehe BT-Drs. 10/318, S. 23; *Kühl/Heger* StGB, 2014, § 264a Rn. 10; *Perron* in: Schönke/Schröder, StGB, 2014, § 264a Rn. 21; krit. *Weber* NStZ 1986, 485.

[606] *Fischer* StGB, 2016, § 264a Rn. 14; *Kühl/Heger* StGB, 2014, § 264a Rn. 12; krit. im Hinblick auf Art. 103 Abs. 2 GG *Perron* in: Schönke/Schröder, StGB, 2014, § 264a Rn. 24; zweifelnd mit Blick auf die Nähe zum Betrugstatbestand *Hellmann* in: NK-StGB, 2013, § 264a Rn. 32.

[607] *Momsen* in: BeckOK-StGB, 2016, § 264a StGB Rn. 12.

[608] Dafür *Perron* in: Schönke/Schröder, StGB, 2014, § 264a Rn. 27; *Kühl/Heger* StGB, 2014, § 264a Rn. 12; *Möhrenschlager* wistra 1982, 207; *Momsen* in: BeckOK-StGB, 2016, § 264a StGB Rn. 13; *Park* in: Park, Kapitalmarktstrafrecht, 2013, § 264a StGB Rn. 189; *Tiedemann* in: LK-StGB, 2012, § 264a Rn. 61.

[609] Dafür *Hellmann* in: NK-StGB, 2013, § 264a Rn. 34; *Hoyer* in: SK-StGB, 2015, § 264a Rn. 14; *Wohlers/Mühlbauer* in: MüKo-StGB, 2014, § 264a Rn. 40.

ein Begehungsdelikt handelt. Bekanntermaßen lassen sich Begehungs- von Unterlassungsdelikten unterscheiden, dabei wiederum bei den Unterlassungsdelikten die sog. echten von den unechten.[610] **Unechte Unterlassungsdelikte** sollen solche Tatbestände sein, die üblicherweise durch ein strafrechtlich relevantes Verhalten in Gestalt eines positiven Tuns verwirklicht werden.[611] Demgegenüber handelt es sich bei den **echten Unterlassungsdelikten** um Strafnormen, die bereits in ihrem Tatbestand ein Nichtstun bzw. die Nichtverhinderung eines bestimmten Erfolgs verlangen.[612]

469 Die (wohl noch) h.M.[613] begreift § 264a Abs. 1 Alt. 2 StGB als echtes, d.h. als nicht-begehungsgleiches Unterlassungsdelikt. Nach a.A.,[614] handelt es sich um ein Begehungsdelikt bzw. ein unechtes Unterlassungsdelikt.

> An der Argumentation dieser a.A. lassen sich jedoch durchaus Zweifel anmelden: So wird angeführt, der Täter könne eine Gebotsnorm zur Herstellung vollständiger Prospekte schon deshalb nicht verletzen, weil es eine solche gar nicht gebe.[615] Das ist allerdings so pauschal nicht gänzlich zutreffend, weil jedenfalls das Vermögensanlagengesetz und die zugehörige Vermögensanlagen-Verkaufsprospektverordnung oder auch das Wertpapierprospektgesetz sowie die EG-Wertpapierprospekt-Umsetzungs-Verordnung (Verordnung EG Nr. 809/2004) durchaus Vorgaben für die Prospekterstellung einschließlich der entsprechenden Inhalte machen. In Wahrheit – so die Argumentation der Vertreter jener Ansicht weiter – verstoße der Täter gegen das Verbot, Adressaten Prospekte zugänglich zu machen, die nachteilige Tatsachen verschweigen.[616] Darin liege eine konkludente Täuschung i.S.e. positiven Tuns. Auch diese Aussage lässt sich anzweifeln. Denn eine Täuschung erfordert eine kommunikative Einwirkung auf das Vorstellungsbild eines Getäuschten. Derartiges verlangt aber der objektive Tatbestand des § 264a StGB gerade nicht. Für eine Tatvollendung vorausgesetzt ist nur, dass der betreffende Prospekt einem größeren Kreis von Personen zugänglich gemacht wird, die Personenmehrheit also die Möglichkeit der Kenntnisnahme hat – ohne dass es dabei tatsächlich zu einer

---

[610] Eingehend zu der Einteilung *Ransiek* JuS 2010, 490 f.

[611] *Frister* Strafrecht AT, 2011, Kap. 22 Rn. 1 ff.; *Rengier* Strafrecht AT, 2014, § 10 Rn. 18, § 48 Rn. 1 ff.

[612] *Rengier* Strafrecht AT, 2014, § 10 Rn. 19. Als Erfolg gem. § 13 StGB gilt nach h.M. nicht nur der Erfolg i.S.d. Tatbestandslehre. Daher können auch Tätigkeitsdelikte, denen es an einem solchen Erfolg fehlt, unter den Voraussetzungen des § 13 StGB durch Unterlassen verwirklicht werden; so *Wohlers* in: NK-StGB, 2013, § 13 Rn. 2; vgl. auch *Freund* in: MüKo-StGB, 2012, § 13 Rn. 219; *Stree/Bosch* in: Schönke/Schröder, StGB, 2014, § 13 Rn. 3; a.A. *Weigend* in: LK-StGB, 2012, § 13 Rn. 15.

[613] Dafür *Perron* in: Schönke/Schröder, StGB, 2014, § 264a Rn. 27; *Kühl/Heger* StGB, 2014, § 264a Rn. 12 („i. d. R. echtes Unterlassen"); *Möhrenschlager* wistra 1982, 207; *Momsen* in: BeckOK-StGB, 2016, § 264a StGB Rn. 13; *Park* in: Park, Kapitalmarktstrafrecht, 2013, § 264a StGB Rn. 189; *Tiedemann* in: LK-StGB, 2012, § 264a Rn. 61.

[614] *Hellmann* in: NK-StGB, 2013, § 264a Rn. 34; *Hoyer* in: SK-StGB, 2015, § 264a Rn. 14; *Wohlers/Mühlbauer* in: MüKo-StGB, 2014, § 264a Rn. 40.

[615] In diese Richtung etwa *Fischer* StGB, 2016, § 264a Rn. 15.

[616] *Hellmann* in: NK-StGB, 2013, § 264a Rn. 34; *Hoyer* in: SK-StGB, 2015, § 264a Rn. 32.

Kommunikation mit etwaigen Anlegern oder einer Einwirkung auf deren Vorstellung kommen muss.[617]

Eine Möglichkeit der Abgrenzung der echten Unterlassungsdelikte dieser Kategorie von den unechten Unterlassungsdelikten besteht nun darin, auf die Existenz einer besonderen außerstraftatbestandlichen Sicherungs- bzw. Rechtspflicht abzustellen, die sich an den potentiellen Täterkreis richtet.[618]

Für die Einordnung des Kapitalanlagebetrugs nach § 264a Abs. 1 Alt. 2 StGB muss   **470** man sich die Frage stellen, ob die Norm eine Sicherungspflicht des Prospektverantwortlichen voraussetzt. Und tatsächlich beinhaltet der Tatbestand des Kapitalanlagebetrugs einen indirekten Verweis auf solche außerstrafrechtlichen Pflichten. Denn die Vorschrift benennt als Kriterium für strafrechtliche Relevanz der verschwiegenen nachteiligen Tatsachen, dass diese für die Anlageentscheidung erheblich[619] sein müssen. Für den Prospektverantwortlichen folgt daraus allein aber noch keine strafrechtlich relevante Einstandspflicht. Hierfür wäre erforderlich, dass z.B. spezialgesetzliche Regelungswerke außerhalb des Strafrechts seine Einstandspflichten konkretisieren.[620]

Verfassungsrechtliche Bedenken

Teilweise werden in der Lit. verfassungsrechtliche Bedenken im Hinblick auf das   **471** **Bestimmtheitsgebot** angemeldet. Die Wendung „Verschweigen nachteiliger Tatsachen" sei eine generalklauselartige Formulierung, die den Anforderungen des **Art. 103 Abs. 2 GG** nicht genüge.[621] Dem lässt sich jedoch entgegenhalten, dass das Strafrecht auf die Verwendung allgemeiner Begriffe schlicht nicht verzichten kann. Erforderlich ist eine Deutung durch das Tatgericht. Erst wenn die Auslegung der Vorschrift in einer dem Bestimmtheitsgebot entsprechenden Art und Weise nicht gelingt, ist die Vorschrift verfassungswidrig.[622] Dies ist bei § 264a Abs. 1 Nr. 2 StGB jedoch nicht der Fall.

Tathandlung

Nach Auffassung des BVerfG erfordert ein **Verschweigen** nachteiliger Tatsachen   **472** i.S.d. § 264a StGB ein bewusstes Nichtsagen oder Verheimlichen. Für ein bewusstes Nichtsagen oder Verheimlichen soll es nicht genügen, wenn die nachteiligen Tatsachen so in einem Verkaufsprospekt enthalten sind, dass sie nur schwer verständlich und nicht ohne weiteres auffindbar erscheinen.[623]

---

[617] *Momsen* in: BeckOK-StGB, 2016, § 264a Rn. 17; *Wohlers/Mühlbauer* in: MüKo-StGB, 2014, § 264a Rn. 68.

[618] Vgl. für § 264a StGB *Fischer* StGB, 2016, § 264a Rn. 15 („unechtes Unterlassungsdelikt [...], das eine außerhalb des § 264a StGB bestehende Rechtspflicht zur Offenbarung voraussetzt").

[619] Siehe Rn. 475 ff.

[620] Siehe *Roxin* Strafrecht AT II, 2003, § 30 Rn. 17, wonach die auf einer Garantenstellung beruhende Begehungsgleichheit das maßgebliche Kriterium der „Abschichtung" darstellt.

[621] *Hoyer* in: SK-StGB, 2015, § 264a Rn. 11.

[622] *Momsen* in: BeckOK-StGB, 2016, § 264a StGB Rn. 3.

[623] *Wohlers/Mühlbauer* in: MüKo-StGB, 2014, § 264a Rn. 67.

Beispiel 41[624]

B verkauft dem K Inhaberschuldverschreibungen in Höhe von 50.000 Euro in der Absicht, diese bei Fälligkeit nicht zu bedienen. Im Raum steht dabei ein sog. Schneeballsystem. Zinsen und Rückzahlungen auf die Inhaberschuldverschreibungen sollten nicht aus den durch das Geschäft der Gesellschaft erzielten Einnahmen erfolgen, sondern aus neu eingehenden Anlegergeldern. K gewinnt bei der Lektüre des von B ausgegebenen Prospekts jedoch den Eindruck, dass der Nettoerlös der jeweiligen Anleihe für den ausgewiesenen Hauptgeschäftszweck Verwendung findet. Dieser Eindruck wurde bei K dadurch hervorgerufen, dass die Verflechtungen über bestehende Beherrschungs- und Gewinnabführungsverträge zwischen den Mitwirkenden im Prospekt nicht bzw. nicht hinreichend dargestellt waren. So war B zwar alleinvertretungsberechtigter Vorstand der Gesellschaft. Diese wurde durch einen Gewinnabführungsvertrag von dem eingetragenen Einzelkaufmann E als ihrem Mehrheitsaktionär beherrscht. In dem Prospekt fanden sich zwar Angaben zu dem Beziehungsgeflecht zwischen B und seinem Geschäftspartner, dies – so der Vortrag des K – aber nur „schwer verständlich und schwer zu finden". Nun verlangt K Schadensersatz von B aus § 823 Abs. 2 BGB i.V.m. § 264a StGB.

Nach Auffassung des OLG Dresden stand dem K hier kein Schadensersatzanspruch aus § 823 Abs. 2 BGB i.V.m. § 264a StGB zu, da der Tatbestand des Schutzgesetzes nicht verwirklicht war. Es scheiterte an der Tathandlung. Ein Verschweigen nachteiliger Tatsachen i.S.d. § 264a Abs. 1 Alt. 2 StGB erfordere ein bewusstes „Nichtsagen" oder Verheimlichen. Die Alternative könne deswegen nur dann bejaht werden, wenn die bestehenden Verflechtungen überhaupt nicht oder nur unvollständig im Prospekt dargestellt worden wären. Darauf, dass die betreffende Darstellung nur schwer verständlich war und sich an versteckter Stelle befand, komme es dagegen für die Subsumtion unter den Straftatbestand nicht an. Das Gericht ging (unter Verweis aus das BVerfG[625]) davon aus, die strafrechtliche Subsumtion habe sich „im Hinblick auf das im Strafrecht geltende Analogieverbot streng am Wortlaut zu orientieren".[626] Da sich in dem Prospekt sehr wohl eine – wenn auch kleingedruckte – Darstellung des Beziehungsgeflechts befand, sei der Tatbestand nicht verwirklicht.

473 Für den Tatsachenbegriff gilt dasselbe, wie im Rahmen des § 263 StGB.[627] **Nachteilig** sind Tatsachen dann, wenn sie geeignet sind, die Entscheidung für den Erwerb der Kapitalanlage zuungunsten des Werbenden zu beeinflussen, also den

---

[624] OLG Dresden BeckRS 2012, 19970.

[625] BVerfG ZIP 2008, 1079.

[626] OLG Dresden BeckRS 2012, 19970.

[627] Siehe oben Rn. 373 ff.; vgl. auch *Perron* in: Schönke/Schröder, StGB, 2014, § 264a Rn. 27; jedenfalls für die Einbeziehung des Umstands, dass ein Gutachten erstellt wurde *Fischer* StGB, 2016, § 264a Rn. 15.

Interessenten von der Anlage Abstand nehmen zu lassen.[628] Umstritten ist, ob es dabei auf die Sichtweise einer sog. objektiven Maßstabsperson ankommen muss.[629] Dagegen wird eingewandt, ein solcher objektiver Dritter lasse sich schon wegen des großen Adressatenkreises nicht ermitteln. Daher sei maßgeblich, ob die Tatsache bei objektiver Betrachtung aus einer ex-ante-Sicht heraus[630] geeignet erscheint, auf die Anlageentscheidung negativ zu wirken. Bei Umständen, deren Relevanz für die Rendite und/oder das Risiko der Kapitalanlage nicht evident sind, sei dies eine Frage des Einzelfalls.[631] Dabei darf es aber zu keiner Vermischung der Merkmale „nachteilig" und „erheblich" (siehe auch Rn. 478) kommen. Vielmehr genügt als Tathandlung das Nichtmitteilen aller für die Anlageentscheidung – wenn auch nur geringfügig – nachteiligen Tatsachen. Dieses Nichtmitteilen erfüllt den objektiven Tatbestand des § 264a Abs. 1 Alt. 2 StGB jedoch nur dann, wenn die betreffenden Umstände darüber hinaus für die Anlageentscheidung erheblich sind.[632]

Zum obigen Beispiel 40 (Rn. 451)[633]

Dass B seine Vorstrafen nicht angegeben hatte, erfüllt nach Auffassung des KG den Tatbestand des § 264a Abs. 1 Alt. 2 StGB. Das KG bejahte zunächst die Erheblichkeit (siehe Rn. 475 ff.) und damit eine Pflicht zur Angabe dieses Umstands für B. Bei den einschlägigen Vorstrafen handle es sich um Umstände, die Auskunft über die persönliche Zuverlässigkeit des B geben und daher für die Anlageentscheidung von wesentlicher Bedeutung sind oder sein können.

Problematisch war jedoch insbesondere die Frage der Nachteiligkeit der verschwiegenen Tatsachen. Das KG ging davon aus, dass nachteilig solche Tatsachen sind, die geeignet sind, die Entscheidung für den Erwerb der Kapitalanlage negativ zu beeinflussen und den Interessenten von der Anlage Abstand nehmen zu lassen. Maßgeblich ist insoweit, ob die Tatsache seiner Vorverurteilung bei objektiver Betrachtung geeignet erschien, sich auf die Anlageentscheidung wegen ihrer Bedeutung für Wert, Chancen oder Risiken der Anlage negativ

---

[628] KG NZG 2011, 1159; *Joecks* wistra 1986, 142, 146; *Rössner/Worms* BB 1988, 93, 94; *Worms* wistra 1987, 271, 272; *Kühl/Heger* StGB, 2014, § 264a Rn. 12; *Park* in: Park, Kapitalmarktstrafrecht, 2013, § 264a Rn. 11; *Tiedemann* in: LK-StGB, 2012, § 264a Rn. 87; *Worms* in: Assmann/Schütze, 2015, § 8 Rn. 73.

[629] Dagegen *Wohlers/Mühlbauer* in: MüKo-StGB, 2014, § 264a Rn. 66; in diese Richtung wohl auch *Hildner* WM 2004, 1068, 1072 f.; *Hoyer* in: SK-StGB, 2015, § 264a Rn. 14. Dafür aber BGH NJW 2005, 2242, 2244 und OLG Dresden vom 30.8.2012 – 8 U 1546/11 im Rahmen der Erheblichkeit; vgl. auch *Tiedemann* in: LK-StGB, 2012, § 264a Rn. 73.

[630] *Hellmann* in: NK-StGB, 2013, § 264a Rn. 46; *Hoyer* in: SK-StGB, 2015, § 264a Rn. 41 f.; *Wohlers/Mühlbauer* in: MüKo-StGB, 2014, § 264a Rn. 66.

[631] KG NZG 2011, 1159; *Tiedemann* in: LK-StGB, 2012, § 264a Rn. 87.

[632] *Tiedemann* in: LK-StGB, 2012, § 264a Rn. 61 f.; *Wohlers/Mühlbauer* in: MüKo-StGB, 2014, § 264a Rn. 66; krit. *Heinrich* in: Arzt/Weber/Heinrich/Hilgendorf, Strafrecht BT, 2015, § 21 Rn. 87; *Hoyer* in: SK-StGB, 2015, § 263a Rn. 6.

[633] KG NZG 2011, 1159.

auszuwirken und einen verständigen Anleger von einer Beteiligung abzuhalten.
Nach Auffassung des KG war dies im vorliegenden Fall schon deshalb gegeben,
weil die fehlende Angabe in dem Prospekt gegen Grundsätze der Prospekthaftung verstieß; aus diesem Grund sei auch der Tatbestand des § 264a Abs. 1 Alt. 2
StGB verwirklicht.

Dieser Konnex ist freilich gewagt. Der unreflektierte Rückschluss von einer Verletzung
zivilrechtlicher Haftungsgrundsätze auf das Vorliegen bestimmter Tatbestandsmerkmale
ist nur zulässig und geboten, wenn der Straftatbestand diese zivilrechtlichen Regeln als
Blankett in Bezug nimmt. Handelt es sich aber – wie hier bei der Nachteiligkeit – um ein
normatives Tatbestandsmerkmal,[634] das begrifflich eine bestimmte Wertung voraussetzt, so
ist eine selbstständige Begriffsbestimmung erforderlich. Diese darf und muss sich ggf. an
zivil- und öffentlich-rechtlichen Regeln orientieren. Sie kann diese jedoch nicht ungeprüft
auf den strafrechtlichen Begriff übertragen. Wie bereits aufgezeigt sind dabei die Merkmale
der Nachteiligkeit und der Erheblichkeit strikt von einander zu trennen.

Das KG brauchte diese Frage jedoch nicht zu entscheiden. Denn es gelangte
zu dem Ergebnis, auch unabhängig von den Grundsätzen der Prospekthaftung
sei die unterbliebene Mitteilung „geeignet, die getroffene Anlageentscheidung
negativ zu beeinflussen, da ein verständiger, durchschnittlich vorsichtiger Kapitalanleger, auf den im Rahmen des § 264a StGB abzustellen" sei, vom Kauf
möglicherweise Abstand nehmen würde.

Auch dieser Rückschluss ist nicht ganz unproblematisch. Denn wie gesehen ist die Etablierung
einer „objektiven Maßstabsperson" aufgrund der im Kapitalmarktbereich bestehenden Inter-
essenvielfalt und des großen potentiellen Adressatenkreises bei § 264a StGB schwer möglich.

474   Als nachteilig (und zugleich für die Anlageentscheidung erheblich) wurde es in der
Rspr. insbesondere angesehen, wenn **personelle Verflechtungen** zwischen den an
der Gesellschaft beteiligten Personen oder Personenidentitäten nicht aufgedeckt
werden. Der Grund dafür muss in dem möglichen **Interessenkonflikt** zu sehen sein,
der das Risiko mangelnder Objektivität bei unternehmerischen Entscheidungen birgt.

Beispiel 42[635]

B ist Mitinitiator eines geschlossenen Anlagefonds in der Rechtsform einer
GmbH & Co. KG. Die über eine eigene Vertriebsgesellschaft, die V-AG, vermittelten Beteiligungen werden als Kommanditanteile an dem Anlagefonds verkauft. Zwischen der geschäftsführenden Komplementärin K des Anlagefonds,
der G-GmbH, und der Treuhandgesellschaft T-GmbH bestehen gesellschaftsrechtliche Verflechtungen aufgrund von wechselseitigen Beteiligungen und
Organstellungen zwischen B und K. So ist u.a. B mit 51 Prozent an der Komplementärin beteiligt. Weitere Gesellschafterin der Komplementärin K ist die für die
Eigenkapitalbeschaffung des Fonds zuständige V-AG, deren Hauptaktionär und

---

[634] *Tiedemann/Vogel* in: LK-StGB, 2012, § 264a Rn. 94.
[635] OLG München vom 23.1.2007 – 6 U 5575/05.

Alleinvorstand ebenfalls B ist. X erwirbt einen Anteil für ca. 30.000 Euro. Als X Verluste macht nimmt er B auf Schadensersatz aus § 823 Abs. 2 BGB i.V.m. § 264a Abs. 1 Alt. 2 StGB in Anspruch. X behauptet, aus dem Emissionsprospekt des Fonds seien diese Verflechtungen nicht ohne weiteres ersichtlich gewesen; die Hinweise darauf befanden sich erst auf Seite 55 und waren noch dazu in schwer verständlicher Form dargestellt.

Das OLG München hatte das Vorliegen der Voraussetzungen des § 264a StGB mit der Erwägung bejaht, der Prospekt, für den B und K maßgeblich verantwortlich waren, weise nur an sehr versteckter Stelle auf die bestehenden Verflechtungen hin, obwohl diese für die Anlageentscheidung potentieller Anleger von erheblicher Bedeutung seien. Das BVerfG[636] erachtete diese Würdigung jedoch „unter keinem sachlichen und rechtlichen Gesichtspunkt" für haltbar. Die Subsumtion sei mit dem Wortlaut des § 264a StGB nicht vereinbar. Ein Verschweigen nachteiliger Tatsachen erfordere ein bewusstes „Nichtsagen" oder Verheimlichen. Ein Verschweigen hätte deswegen nur dann bejaht werden können, wenn die bestehenden Verflechtungen überhaupt nicht oder nur unvollständig im Prospekt dargestellt worden wären. Da aber die bestehenden Beziehungen in dem Prospekt zutreffend dargestellt waren, könne von einem Verschweigen jedenfalls i.S.e. bewussten „Nichtsagens" keine Rede sein. Darauf, dass die betreffende Darstellung nach Ansicht des K schwer verständlich war und sich an versteckter Stelle befand, komme es für die Subsumtion unter den Straftatbestand nicht an. Denn „Art. 103 Abs. 2 GG verbietet der rechtsprechenden Gewalt, Straftatbestände im Wege der Analogie zu begründen, weswegen der aus der Sicht des Bürgers zu bestimmende Wortsinn die Grenze jeder Auslegung bildet".

(3) Erheblichkeit

§ 264a Abs. 1 StGB sieht ferner vor, dass die unrichtigen vorteilhaften Angaben **475** oder die verschwiegenen nachteiligen Tatsachen für die Anlageentscheidung erheblich sein müssen. Der wohl h.M. zufolge soll sich das Merkmal der Erheblichkeit dabei sowohl auf die unrichtigen vorteilhaften Angaben als auch auf die verschwiegenen nachteiligen Tatsachen beziehen,[637] was sich aus dem Wortlaut der Norm so nicht ohne weiteres ergibt.

Der Begriff der Erheblichkeit umschreibt dabei typischerweise **Faktoren**, die das **476** Vermögen des Anlageobjekts und das jeweilige Verhältnis zwischen Chancen und Risiken betreffen. Nicht in den Kreis der erheblichen Umstände gehören demgegenüber negative Wirtschaftsfaktoren betreffend die Gesamt- oder branchenspezifische Wirtschaftslage, die also keinen spezifischen Bezug zu dem jeweiligen Anlageobjekt aufweisen.[638] Die Rspr. hat zu § 265b StGB die Formel etabliert, dass als erheblich

---

[636] BVerfG NJW 2008, 1726 ff.

[637] Siehe nur *Fischer* StGB, 2016, § 264a Rn. 16 sowie *Tiedemann/Vogel* in: LK-StGB, 2012, § 264a Rn. 73, 85 statt Vieler.

[638] Vgl. *Momsen* in: BeckOK-StGB, 2016, § 264a StGB Rn. 14; *Tiedemann/Vogel* in: LK-StGB, 2012, § 264a Rn. 63.

solche Umstände gelten, die **für einen verständigen, durchschnittlich vorsichtigen Dritten maßgeblich** sind.[639] Allerdings ist das Anlagegeschäft im Verhältnis zum Kreditgeschäft hinsichtlich der Kundeninteressen wesentlich **differenzierter**.[640] Es existiert eine Vielzahl an verschiedenen Interessen und ein breites Spektrum an Risikonuancen. Daher gibt es auch kein „durchschnittliches Anlegerinteresse", das zur Bestimmung der Erheblichkeit herangezogen werden könnte. Vielmehr seien die üblichen Erwartungen des Kapitalmarkts im Hinblick auf das jeweilige Anlageobjekt entscheidend.[641]

In dem obigen *Beispiel 41* (Rn. 472)[642] hielt das OLG Dresden die Beteiligungsverhältnisse für erheblich und damit für „prospektpflichtig". So sei es zunächst nicht als tatbestandsmäßig anzusehen, dass B die Beteiligungsverhältnisse in den Prospekten nicht ordnungsgemäß angegeben hatte. Nicht schon jede unrichtige oder fehlende Angabe im Prospekt verwirkliche den Tatbestand des § 264a Abs. 1 StGB. In einem die (strafrechtliche) Haftung ausschließenden Sinn richtig und vollständig müssen lediglich diejenigen Angaben sein, die für die Anlageentscheidung erheblich sind. Der Anleger dürfe zwar erwarten, dass er ein zutreffendes Bild über das Beteiligungsobjekt erhält, d.h. dass der Prospekt ihn über alle Umstände, die für seine Entschließung von wesentlicher Bedeutung sind oder sein können, sachlich richtig und vollständig unterrichtet. Maßgeblich sei dabei jedoch eine „verobjektivierte Betrachtungsweise". Auf einen für den Prospektherausgeber praktisch nicht erkennbaren, alle möglichen Anlegerinteressen berücksichtigenden subjektiven Maßstab komme es demgegenüber für die Frage der Erheblichkeit nicht an. Nach diesem objektiven Maßstab seien derartige Verflechtungen, insbesondere bestehende Beherrschungs- und Gewinnabführungsverträge, grds. im Prospekt darzutun. Aus solchen Verflechtungen ergeben sich Einflussnahmen Dritter auf die Gesellschaft, deren Kenntnis für den Anleger von Bedeutung ist.

---

477 Es bleibt fraglich, wie sich die **Reichweite der Mitteilungspflicht** des Prospektverantwortlichen konkretisieren lässt. Zum Teil wird vorgeschlagen, die Praxis könne sich an den einschlägigen Regelungen des Kapitalmarktrechts, den zivilrechtlichen Grundsätzen zur Prospekthaftung und den sog. Kapitalanlage-Checklisten orientieren.[643]

Auf den Webseiten der BaFin wird ein „Muster der Überkreuz-Checkliste für Vermögensanlagen-Verkaufsprospekte" zur Verfügung gestellt.[644] Erfragt werden darin nahezu

---

[639] BGHSt 30, 292 (zu § 265b StGB).

[640] *Momsen* in: BeckOK-StGB, 2016, § 264a StGB Rn. 14.

[641] Siehe *Perron* in: Schönke/Schröder, StGB, 2014, § 264a Rn. 32.

[642] OLG Dresden BeckRS 2012, 19970.

[643] BT-Drs 10/5058, S. 31; *Tiedemann/Vogel* in: LK-StGB, 2012, § 264a Rn. 48, 52; ablehnend: *Gallandi* wistra 1987, 317; *Hoyer* in: SK-StGB, 2015, § 264a Rn. 34 f.; *Joecks* wistra 1986, 145.

[644] https://www.bafin.de/SharedDocs/Downloads/DE/Aufsichtsrecht/dl_150512_muster_ueberkreuz-checkliste.html.

sämtliche in der Vermögensanlagen-Verkaufsprospektverordnung angesprochenen Parameter. Dies schließt u.a. Angaben zum Emittenten selbst (Firma, Sitz, Dauer des Bestehens, ggf. Namen der persönlich haftenden Gesellschafter usw.), zum Kapital des Emittenten (Höhe, Art der Anteile, ausstehende Einlagen) sowie Angaben über Anlageziele und Anlagepolitik ein.

Damit ist natürlich nicht gemeint, dass diese Listeninhalte automatisch den Maßstab der Erheblichkeit vorgeben. Sie liefern vielmehr lediglich den ersten Anhaltspunkt für die Beurteilung. Indizien finden sich bspw. in §§ 164 ff. KAGB. Demnach hat der Verkaufsprospekt eines offenen Publikumsinvestmentvermögens bestimmte Mindestangaben zu enthalten, darunter gem. § 165 Abs. 2 KAGB u.a.:

- den Namen des Investmentvermögens, auf das er sich bezieht;
- den Zeitpunkt der Auflegung des Investmentvermögens sowie Angabe der Laufzeit (Nr. 1);
- eine Beschreibung der Anlageziele des Investmentvermögens einschließlich der finanziellen Ziele und Beschreibung der Anlagepolitik und -strategie, einschließlich etwaiger Konkretisierungen und Beschränkungen bezüglich dieser Anlagepolitik und -strategie (Nr. 2);
- eine eindeutige und leicht verständliche Erläuterung des Risikoprofils des Investmentvermögens (Nr. 3);
- die Handhabung von Sicherheiten, insbesondere Art und Umfang der geforderten Sicherheiten und die Wiederverwendung von Sicherheiten und Vermögensgegenständen, sowie die sich daraus ergebenden Risiken (Nr. 7);
- Angaben zu den Kosten einschließlich Ausgabeaufschlag und Rückgabeabschlag (Nr. 8);
- ein Profil des typischen Anlegers, für den das Investmentvermögen konzipiert ist (Nr. 10);
- eine Beschreibung der Regeln für die Ermittlung und Verwendung der Erträge (Nr. 14);
- Firma, Rechtsform, Sitz und ggf. Ort der Hauptverwaltung der Verwaltungsgesellschaft sowie Zeitpunkt ihrer Gründung (Nr. 28).

Das Merkmal der Erheblichkeit ist nach ganz h.M. (wie schon erörtert) nicht als **478** verweisendes Blankett zu verstehen, sondern als **normatives Tatbestandsmerkmal**. Daher ist der Inhalt des § 165 Abs. 2 KAGB auch nicht in den Tatbestand des § 264a StGB hineinzulesen. Zulässig und nötig ist lediglich eine Bewertung des „konkreten Einzelfalls", die sich u.a. an § 165 KAGB orientiert.

Für § 264a Abs. 1 Alt. 2 StGB, d.h. für die Alternative des Verschweigens nachteiliger Tatsachen, sind diese Angaben jeweils nur dann relevant, wenn sie über ihre Erheblichkeit hinaus für den Anleger nachteilige Tatsachen beinhalten. Die beiden Merkmale dürfen also nicht vermischt werden. Allerdings ist – zumal bei einem verobjektivierten Bewertungsmaßstab – zweifelhaft, welche Tatsachenangaben in der Realität existieren können, die zwar für Anleger effektiv nachteilig, jedoch nicht erheblich sind.

(4) Erklärungsadressaten

479 Die Tathandlung muss gegenüber einem **größeren Kreis von Personen** erfolgen. Damit ist gemeint, dass die Individualität der Anleger „gegenüber dem sie zu einem Kreis verbindenden potentiell gleichen Interesse an der Kapitalanlage zurücktritt".[645]

480 Der Personenkreis braucht nicht durch besondere Merkmale eingegrenzt zu sein, die eine Art Gruppenzugehörigkeit deutlich machen. Der Tatbestand ist in dieser Hinsicht bewusst weit gehalten. Damit sind auch Konstellationen erfasst, in denen Täter die potentiellen Anleger aus Adressbüchern heraus auswählen und akquirieren. Zusendungen per eMail oder Werbung über soziale Medien unterfallen dem Tatbestand ebenfalls.

3. Subjektiver Tatbestand

481 § 264a StGB erfordert Vorsatz bzgl. aller Tatbestandsmerkmale, wobei Dolus eventualis ausreicht. Im Rahmen des Unterlassungsdelikts nach § 264a Abs. 1 Alt. 2 StGB muss sich der Vorsatz auf die Nichtmitteilung erheblicher nachteiliger Tatsachen beziehen.

Beispiel 43[646]

K erwirbt eine Beteiligung an einem Filmfonds (sog. Filmfonds III) in Höhe von ca. 50.000 Euro zuzüglich 5 Prozent Agio bei der F GmbH & Co. KG. Zur Begrenzung des wirtschaftlichen Risikos aus der Filmvermarktung ist im Emissionsprospekt vorgesehen, dass für einen Anteil von 80 Prozent der Produktionskosten Sicherheiten in Form von Ausfallversicherungen bestehen sollen. Im Übrigen, so heißt es in dem Prospekt, würden der Komplementärin, also der GmbH, gewisse „Sondervorteile gewährt". Die Produktionen haben allerdings nicht den erwünschten wirtschaftlichen Erfolg und auch der Versicherer, die V-Inc., erweist sich als zahlungsunfähig. Insgesamt erhält K aus der Beteiligung Ausschüttungen von nur 26,3 Prozent (ca. 13.150 Euro). Nun wendet sich K gegen B, als Treuhandkommanditist und Gesellschafter der Komplementärin. In dem zugehörigen Prospekt sei nicht über Provisionszahlungen in Höhe von 20 Prozent für die Eigenkapitalvermittlung an die Komplementärin informiert worden. K macht deswegen Ansprüche aus § 823 Abs. 2 BGB i.V.m. § 264a StGB geltend.

Der dritte Zivilsenat des BGH hatte sich dabei mit der Verwirklichung des subjektiven Tatbestands des § 264a StGB auseinanderzusetzen, konnte dabei jedoch keinen Vorsatz des Prospektverantwortlichen B erkennen. Zwar existiere bereits umfangreiche und gefestigte Rspr. zu der Notwendigkeit einer Offenlegung kapitalmäßiger und personeller Verflechtungen (siehe oben Rn. 472). Die hier zu beurteilende Fallgestaltung weise jedoch die Besonderheit auf, dass der Emissionsprospekt

---

[645] Vgl. BT-Drs 10/318, S. 23.
[646] BGH NZG 2010, 1031.

sehr wohl über die der Komplementärin gewährten Sondervorteile informierte. Zwar habe ein Prospektverantwortlicher im Hinblick auf die gefestigte Rspr. nicht ohne Fahrlässigkeit davon ausgehen dürfen, die Höhe der gewährten Sondervorteile sei für die Anleger ohne Interesse. Ein vorsätzliches Verschweigen dieser Tatsache könne allein daraus jedoch noch nicht gefolgert werden.[647]

Bei der Erheblichkeit sowie der Vorteilhaftigkeit der vorgespiegelten bzw. Nachteiligkeit der verschwiegenen Tatsache handelt es sich nach wohl h.M. um normative Tatbestandsmerkmale. Daher soll es für die Bejahung des Vorsatzes nicht genügen, dass der Täter die wertrelevanten tatsächlichen Faktoren kennt.[648] Es heißt vielmehr, der Täter müsse „den **Sinngehalt der normativen Tatbestandsmerkmale erfassen**".[649] Dazu gehört Verständnis bspw. für diejenigen Faktoren, die aus Anlegersicht Auskunft über die Chancen und Risiken einer Kapitalanlage liefern.   **482**

In einer Abwandlung des obigen Beispiels 43 (Rn. 481)[650] verschweigt der Prospekt nicht nur die Sondervorteile der Komplementärin, sondern darüber hinaus auch, dass für die Kapitalbeschaffung für die zu bestellenden Sicherheiten zusätzliche Kosten in Höhe von weiteren 8 Prozent Agio anfallen. Im Prospekt befindet sich allerdings ein Abschnitt über „Konzeption, Werbung, Prospekt, Gründung", in dem es heißt, die Komplementärin verfüge über ein pauschales Budget, um diese Kosten zu decken.

Nach Auffassung des BGH habe der B nicht wissen können, dass dieser Verweis im Prospekt für potentielle Anleger irreführend sein würde und dass sich daraus die Möglichkeit eines zusätzlichen Agios nicht ergibt. Die für die Produktion und den Erwerb von Filmrechten prospektierten Kosten wurden durch die Kapitalbeschaffungskosten nicht berührt; letztlich war sogar ein Verweis auf das Budget für Konzeption, Werbung u.a. vorhanden. B hätte jedoch, um vorsätzlich zu handeln, wissen müssen, dass die fehlende betragsmäßige oder prozentuale Angabe der tatsächlichen Kosten der Kapitalbeschaffung einen Prospektfehler i.S.d. § 264a Abs. 1 StGB begründet, weil diese Kosten „für die Entscheidung über den Erwerb oder die Erhöhung erheblich" waren.

Der Irrtum über den Umfang der Informationspflicht soll lediglich ein Gebotsirrtum sein.[651] Dies gilt für § 264a Abs. 1, 2. Alt. StGB unabhängig von seiner Einordnung als Begehungs- oder Unterlassungsdelikt, denn in beiden Fällen bezieht sich der   **483**

---

[647] Siehe dazu auch die Regelung des § 165 KAGB.

[648] *Park* in: Park, Kapitalmarktstrafrecht, 2013, § 264a StGB Rn. 214; *Park* BB 2001, 2069, 2075.

[649] *Momsen* in: BeckOK-StGB, 2016, § 264a StGB Rn. 16; vgl. *Tiedemann/Vogel* in: LK-StGB, 2012, § 264a Rn. 66.

[650] BGH NZG 2010, 1031.

[651] Vgl. *Fischer* StGB, 2016, § 264a Rn. 20; differenzierend *Wohlers/Mühlbauer* in: MüKo-StGB, 2014, § 264a Rn. 94.

Irrtum lediglich auf die Reichweite der Mitteilungspflicht und nicht etwa auf die Bedeutung der verschwiegenen Tatsachen.[652]

Nachdem sich das BVerfG mit dem Sachverhalt des obigen *Beispiels 42* (Rn. 474) befasst, das Urteil des OLG München[653] aufgehoben und die Sache dorthin zurückverwiesen hatte,[654] heißt es in dessen darauf folgender Entscheidung: Unter Anlegung der durch das BVerfG vorgegebenen Maßstäbe könne einer natürlichen Person kein vorsätzliches Handeln zur Last gelegt werden, wenn sich eine Pflicht zur Offenlegung aufgrund unterschiedlicher juristischer Meinungen für sie nicht aufdrängen musste. Eine weniger strenge Bewertung würde „faktisch dazu führen, dass das Tatbestandsmerkmal des Vorsatzes durch einen Gefährdungstatbestand ersetzt würde". Die Bedeutung dieser Wendung erschließt sich nicht auf den ersten Blick.

Das OLG München verwies dazu auf die Ausführungen des BVerfG. Demnach sei für ein vorsätzliches Handeln das bewusste oder zumindest billigende Inkaufnehmen des entsprechenden Tatbestandsmerkmals erforderlich. Der Vorsatz dürfe nicht einfach unterstellt werden, sondern es müsse geklärt werden, ob er sich auf die einzelnen Elemente der Begehungsweise beziehe. Dabei sei auch zu berücksichtigen, dass bis zur Entscheidung des BGH aus dem Jahr 2008[655] die Rechtslage nicht einheitlich beurteilt wurde. Erst in dieser Entscheidung sei klargestellt worden, dass die Angaben zu den Innenprovisionen sachlich richtig sein müssen und dies unabhängig von der Frage zu beurteilen sei, ob die Werthaltigkeit der Anlage hiervon betroffen werde. Und auch nach dieser Entscheidung habe eine Vielzahl von Gerichten frühere obergerichtliche Urteile so interpretiert, dass die Beteiligten über die einzelnen Posten der Weichkosten frei verfügen könnten und für den Anleger nur die Frage der Werthaltigkeit entscheidend sei.

Vereinfacht gesagt bedeutet dies, der Täter in dem zugrunde liegenden Sachverhalt hätte sich darüber im Klaren sein oder zumindest billigend in Kauf nehmen müssen, dass seine Darstellung die erhebliche Information nur an einer versteckten Stelle preisgab sowie darüber hinaus schwer verständlich war, so dass Anlageinteressenten dies übersehen konnten. Vergleichbar scheint diese Konstellation mit Fällen, in denen ein Betrug nach § 263 StGB in Rede steht, der Täter jedoch nicht vorsätzlich handelt, weil er nicht realisiert, dass der Getäuschte die Ironie seiner Erklärung nicht erkannt hat.

4. Übersicht

484 I. Tatbestand
    1. Objektiver Tatbestand
       a) Erfasste Anlageobjekte
          – Strafrechtlicher Wertpapierbegriff (Rn. 455 ff.)

---

[652] Vgl. dazu *Tiedemann/Vogel* in: LK-StGB, 2012, § 264a Rn. 92, 94.

[653] OLG München vom 23.1.2007 – 6 U 5575/05.

[654] BVerfG NJW 2008, 1726 ff.

[655] BGH NZG 2008, 742.

b) Vertrieb
c) Tatbestandsmäßiges Verhalten
   - Lückenhafter Prospekt (Rn. 464)
   - Angabenbegriff i.S.d. 1. Alt. in Abgrenzung zum Tatsachenbegriff (Rn. 467)
   - Verschweigen nachteiliger Tatsachen i.S.d. 2. Alt. als Unterlassungsdelit (Rn. 468)
   - Verschweigen i.S.d. 2. Alt. als „bewusstes Nichtsagen" (Rn. 472)
   - Nachteiligkeit i.S.d. 2. Alt. bei Verletzung zivil- oder öffentlich-rechtlicher Aufklärungs- und Informationspflichten (Rn. 473)
   - Erheblichkeit als normatives Tatbestandsmerkmal/durchschnittlich verständige Maßstabsperson (Rn. 475)
   - Reichweite der Mitteilungspflichten (Rn. 477)
2. Subjektiver Tatbestand
   - Vorsatz bzgl. normativer Tatbestandsmerkmale, insb. der Erheblichkeit (Rn. 482)
   - Irrtum über Umfang der Informationspflicht (Rn. 483)
II. Rechtswidrigkeit
III. Schuld
IV. Persönlicher Strafaufhebungsgrund: Tätige Reue (Abs. 3)

IV. Untreue (§ 266 StGB)

1. Allgemeine Grundlagen
a) Systematik und Struktur der Vorschrift
Dass § 266 StGB die vorsätzliche Verletzung der Pflicht zur Betreuung fremder Ver-   **485**
mögensinteressen erfasst, wurde bereits im Zusammenhang mit dem Kreditgeschäft
erörtert. Gleiches gilt für den Umstand, dass § 266 StGB nicht die Dispositionsfreiheit
des Vermögensinhabers, dessen persönliche Vertrauensinteressen oder Redlichkeit und
Funktionsfähigkeit des Rechts- und Wirtschaftsverkehrs schützt, sondern eben nur das
Vermögen. Auch im Hinblick auf die Tatbestandsstruktur sowie zur Verfassungsmäßigkeit sei an dieser Stelle auf die obigen Ausführungen verwiesen (Rn. 267 ff.).

b) Untreue und Kapitalmarkt
Jedes Anlagegeschäft birgt seiner Natur nach ein Risiko. Wer für Anleger Vermö-   **486**
gensdispositionen am Kapitalmarkt vornimmt, unterliegt dabei aber grds. denselben
Regeln wie jeder andere, der über fremdes Vermögen disponiert – eben auch den
Vorgaben des § 266 StGB.

Bei § 266 StGB handelt es sich wie auch beim Betrug nicht um eine spezifisch   **487**
kapitalmarktstrafrechtliche Vorschrift; sie erlangt jedoch in bestimmten Konstellationen Relevanz für diesen Bereich.[656] Bedeutung kommt ihr in erster Linie dann zu,
wenn selbstständig handelnde Vermögensverwalter ihre Befugnisse überschreiten.[657]

---

[656] So auch *Achenbach* NStZ 2005, 621.

[657] *Park* JuS 2007, 621.

488   Die immer noch bestehenden Unsicherheiten in der Rechtspraxis hinsichtlich der
Handhabung des § 266 StGB[658] intensivieren sich im Kapitalmarktbereich insofern,
als es sich um eine Materie mit Besonderheiten handelt. Dies bedingt nicht zuletzt
auch die oftmals komplexe Ausgestaltung der vertraglichen Vereinbarungen zwischen Anleger und Verwalter bzw. Vermittler.

489   Häufig befinden sich die Täter der Untreue in Positionen, die besondere Macht-
befugnisse verleihen und ihnen Zugriff auf fremde Vermögensmassen gewähren.[659]
Vor allem Anlageberater und Vermögensverwalter fallen daher in den personalen
Anwendungsbereich der Norm.[660]

c) Praktische Relevanz der Untreue im Zusammenhang mit dem Kapitalanlagengeschäft

490   Was die Deliktshäufigkeit angeht nimmt der Untreuetatbestand eine eher geringe
Bedeutung im Kapitalmarktsektor ein.[661] So sind, obwohl etliche einschlägige Sachverhalte den Weg in die Medien schaffen, bislang relativ wenige der strafrechtlichen
Verurteilungen bspw. von Initiatoren bzw. Fonds-Managern bekannt geworden.[662]
Die praktische Relevanz des Untreuetatbestands ergibt sich also nicht aus den **Fallzahlen**. In der PKS erfasst wurden in Deutschland im Jahr 2015 kaum mehr als
7.410 Fälle nach § 266 StGB mit einem Anteil von ca. 0,12 Prozent an der Gesamtkriminalität.[663] Nur 215 Fälle einer Untreue in Zusammenhang mit Kapitalanlage-
geschäften wurden im Jahr 2015 registriert.[664] Die Aufklärungsquote liegt immerhin
bei ca. 98,2 Prozent, wobei Schätzungen jedoch von einem enormen u.a. auf der
geringen Anzeigebereitschaft basierenden Dunkelfeld ausgehen.[665]

491   Wesentlich bedeutsamer erscheint die Norm des § 266 StGB aber, betrachtet man
nicht die Deliktshäufigkeit, sondern die **Höhe der jeweils angerichteten Schäden**,
welche teilweise um bis zu 15 mal höher sein sollen als beim Betrug.[666]

---

[658] Vgl. zur Rspr. des BGH bezüglich § 266 StGB ausführlich *Achenbach* in: 50 Jahre BGH, 2000,
S. 593 ff.; vgl. ferner *Dierlamm* in: MüKo-StGB, 2014, § 266 Rn. 3 ff. und *Fischer* StGB, 2016,
§ 266 Rn. 5 (zur Verfassungsmäßigkeit).

[659] *Zieschang* in: Park, Kapitalmarktstrafrecht, 2013, § 266 StGB Rn. 2.

[660] *Zieschang* in: Park, Kapitalmarktstrafrecht, 2013, § 266 StGB Rn. 2 f.

[661] *Seier* in: Achenbach/Ransiek/Rönnau, Wirtschaftsstrafrecht, 2015, Kap. V 2 Rn. 4.

[662] LG Berlin vom 8.4.1997 – Az.: 1 Bt Js 836/94 (15/96); *Hagemann* Grauer Kapitalmarkt und
Strafrecht, 2005, S. 328; siehe zudem die Verurteilungen von zwei Fonds-Managern, dazu „Mil-
lionenspiel in der Chefetage" Süddeutsche Zeitung vom 5.4.2002, S. 20; „Hohe Haftstrafen
für frühere BBVI-Fondsmanager", Die Welt vom 12.4.2002, S. 16. Vgl. ferner *Schünemann* in:
LK-StGB, 2012, § 266 Rn. 120.

[663] PKS 2015, Strft. Schl.521 000, S. 93.

[664] PKS 2015, Strft. Schl.521 100, S. 94.

[665] So die Einschätzung von *Kindhäuser* in: NK-StGB, 2013, § 266 Rn. 27.

[666] Vgl. die Darstellungen bei *Fischer* StGB, 2016, § 266 Rn. 3; *Seier* in: Achenbach/Ransiek/
Rönnau, 2015, Kap. V 2 Rn. 5; *Zieschang* in: Park, Kapitalmarktstrafrecht, 2013, § 266 StGB
Rn. 2.

2. Untreue durch Vermögensverwalter und Anlageberater

Für den Untreuetatbestand ist im Kapitalmarktbereich zunächst danach zu differen- **492**
zieren, in welchem Umfang dem als Täter in Betracht kommenden Akteur Zugriff
auf das Vermögen des Anlegers eingeräumt ist. Vermögensverwalter und Anlageberater haben hier weitergehende Einflussmöglichkeiten als Personen, die lediglich
als Vermittler oder Broker tätig sind.

a) Missbrauchstatbestand

(1) Verfügungs- oder Verpflichtungsbefugnis über fremdes Vermögen

Der durch den Anleger in Anspruch genommene Vermögensverwalter oder Anla- **493**
geberater kann den Missbrauchstatbestand des § 266 Abs. 1 Alt. 1 StGB erfüllen,
sofern ihm wirksam eine Verfügungs- oder Verpflichtungsbefugnis eingeräumt
ist.[667] Grundlage der hier in Betracht kommenden, durch Rechtsgeschäft erteilten
Verfügungs- oder Verpflichtungsbefugnis kann insbesondere die vertragliche Vereinbarung mit dem Anleger sein.

Hierbei sind verschiedene Szenarien denkbar: **494**

- In Fällen der „klassischen" **Anlageberatung** schuldet der einzelne Berater eben
  allein eine solche Beratung. Daher wird die Vereinbarung mit dem Kunden auch
  keine Verfügungs- oder Verpflichtungsbefugnis beinhalten. Schuldet der Betreffende jedoch nicht nur sachkundige Beratung, sondern darüber hinaus auch die
  Verwaltung des angelegten Vermögens, wird ihm dafür i.d.R. eine Verfügungs-
  oder Verpflichtungsbefugnis erteilt, die sich in ihrer Reichweite auf den gesamten Pflichtenkreis erstreckt.
- Investiert der Anleger das Kapital vermittelt durch eine Investment- oder Kapitalanlagegesellschaft (terminologisch korrekt: **Kapitalverwaltungsgesellschaft,
  KVG**) bspw. im Rahmen eines Fonds in ein Sondervermögen, so steuert die
  Gesellschaft die Anlagepolitik dieses Sondervermögens, indem deren zuständi-
  ger Vertreter Käufe und Verkäufe initiiert. Dieser Vertreter bzw. die Kapitalver-
  waltungsgesellschaft hat zwar keinen unmittelbaren Zugriff auf die einzelnen
  Vermögensgegenstände. Ihm/Ihr kommt jedoch eine Verpflichtungsbefugnis im
  Hinblick auf das gesamte Sondervermögen zu.
- Teilt die Kapitalverwaltungsgesellschaft der das Sondervermögen verwahrenden
  Depotbank Kauf- oder Verkaufsabsichten mit, so führt diese die entsprechenden Trades aus. Auch die Ausgabe und Rücknahme von Fondsanteilen wird von
  der Depotbank durchgeführt. Die Depotbank hat damit zwar keinen Einfluss auf
  die Investmententscheidung. Der Depotvertrag enthält aber üblicherweise die
  Ermächtigung des Depotkunden an seine Depotbank, im Falle eines Verkaufs-
  auftrags über seinen Miteigentumsanteil an dem Sondervermögen im eigenen
  Namen zu verfügen. Ohne eine solche Vereinbarung wäre die Depotbank letztlich nicht in der Lage, die dingliche Einigung herbeizuführen.

---

[667] Siehe Rn. 279.

- Bei unmittelbaren Investitionen in Kapitalgesellschaften (z.B. durch den Erwerb von Aktien) ist deren vertretungsberechtigten Personen (etwa dem Vorstand der AG, §§ 76, 78, 84 AktG) durch Rechtsgeschäft eine gesetzlich vorgesehene Verpflichtungs- und Verfügungsbefugnis eingeräumt.

Ebenfalls verfügungs- und verpflichtungsbefugt ist der Geschäftsführer einer GmbH, § 35 GmbHG, der Vorstand einer Genossenschaft, § 24 GenG, der Prokurist, §§ 48 f. HGB, der Handlungsbevollmächtigte, § 54 HGB, der geschäftsführende Gesellschafter einer BGB-Gesellschaft, OHG oder KG, § 714 BGB, §§ 114, 125 f., 161 Abs. 2, 170 HGB bzw. einer GmbH & Co KG, §§ 125, 161 Abs. 2 HGB, § 35 GmbHG, der Vereins- und Stiftungsvorstand, §§ 26 f., 86 BGB sowie weitere Organe des Vereins.[668]

495   Die Befugnis muss jeweils **wirksam** eingeräumt worden sein, wobei maßgeblich die zivil- oder öffentlich-rechtlichen Vorschriften sind.[669] Bei Mängeln, die die Wirksamkeit der vertraglichen Vereinbarung berühren, bleibt nur ein Rückgriff auf den Treuebruchstatbestand. Die Verfügungs- oder Verpflichtungsbefugnis hat sich nach zivil- oder öffentlich-rechtlichen Maßstäben auf **fremdes Vermögen** zu beziehen.[670] Dies dürfte in allen oben genannten Fällen i.d.R. relativ unproblematisch gegeben sein – zivilrechtliche Wirksamkeit des entsprechenden Rechtsverhältnisses vorausgesetzt.

(2) Vermögensbetreuungspflicht

496   Die sowohl für den Missbrauchs- als auch für den Treubruchstatbestand erforderliche und im Interesse des Geschäftsherrn eingeräumte Vermögensbetreuungspflicht beinhaltet die Verpflichtung, eigenverantwortlich fremde Vermögensinteressen von einiger Bedeutung wahrzunehmen.[671] Zu den wesentlichen Merkmalen gehört, dass es sich um eine

- Fürsorgepflicht von einiger Bedeutung handelt, die einen
- Bezug zu fremden Vermögensinteressen aufweist, dem Täter einen
- selbstständigen Entscheidungsspielraum belässt, der nach
- Dauer und Umfang der Tätigkeit nicht ganz unerheblich bleibt und
- die Pflicht eine wesentliche und nicht nur eine beiläufige Vertragspflicht darstellt.

Diese Merkmale sind in jedem Einzelfall individuell zu prüfen, wobei im Rahmen des Missbrauchstatbestands ohnehin nur Konstellationen in Betracht kommen, in denen eine Verfügungs- und Verpflichtungsbefugnis des Betreffenden besteht.[672]

---

[668] Siehe oben Rn. 279 f.

[669] *Fischer* StGB, 2016, § 266 Rn. 19; *Schünemann* in: LK-StGB, 2012, § 266 Rn. 38.

[670] Siehe Rn. 282.

[671] Rn. 283.

[672] Zu den anderen Fällen siehe Rn. 280.

(a) Vermögensverwalter und Anlageberater

Liegt ein Fall echter und umfassender **Vermögensverwaltung** vor, verfügt also der **497**
Verwalter über eine eigenständige und weitreichende Dispositionsbefugnis, so wird
ihm auch eine Vermögensbetreuungspflicht (i.d.R. sogar als vertragliche Hauptpflicht) zukommen. Die Verpflichtung des Verwalters, für das zu betreuende fremde
Vermögen einzustehen, ist dann augenscheinlich. Dies gilt allerdings nur dann,
wenn für den Täter die ihm übertragene Tätigkeit nicht faktisch durch ins Einzelne
gehende Weisungen vorgezeichnet ist, sondern ihm Raum für eigenverantwortliche
Entscheidungen und eine gewisse Selbstständigkeit bleibt.

Beispiel 44[673]

Der 72 Jahre alte Rentner R erteilt dem A, der ihn zuvor als Anwalt längere
Zeit in Rechtsangelegenheiten betreut hatte, eine „Generalvollmacht" über sein
beträchtliches Vermögen, um in lukrative Geldanlagen zu investieren. A rät dem
R zu einer Investition bei G in Großbritannien zu einem günstigen Zinssatz von
10 Prozent. R ist einverstanden und A veranlasst die Transaktion in Höhe von
60.000 Euro. Sicherheiten zugunsten des R werden nicht bestellt. Der gesamte
Betrag geht bei G in Spekulationsgeschäften verloren.

Der BGH ging hier vom Vorliegen einer Vermögensbetreuungspflicht aus. Im
Rahmen des zwischen A und R bestehenden Vertragsverhältnisses habe A nicht
nur unverbindliche Ratschläge erteilen, sondern darüber hinaus die Auswahl der
Geldanlagen vorzunehmen gehabt. Seine Tätigkeit erstreckte sich nicht nur auf
eine bloße Anlageberatung, sondern auch auf den selbstständigen Abschluss
der entsprechenden Transaktionen. Zwischen der durch die Generalvollmacht
geprägten Vermögensbetreuungspflicht des A und dem vorliegend in Rede stehenden Geschäft habe gerade ein innerer Zusammenhang bestanden; das Geschäft
wurde also in Ausübung der Vermögensbetreuungspflicht wahrgenommen.

Geht es demgegenüber lediglich um eine **Anlageberatung**, so steht im Vorder- **498**
grund allein, dass der Anlageberater von dem Anleger damit beauftragt wird, ihn
fachkundig bei der Bewertung und der Beurteilung einer bestimmten Anlageentscheidung gegebenenfalls unter Berücksichtigung seiner persönlichen Verhältnisse
zu beraten.[674] Nach zutreffender h.M.[675] folgt allein aus diesem Beratungsverhältnis
noch keine Vermögensbetreuungspflicht. Jedoch soll eine Vermögensbetreuungspflicht bestehen, wenn dem Berater auch die Durchführung des Geschäfts obliegt.[676]

---

[673] BGH NStZ 1994, 35.

[674] *Zieschang* in: Park, Kapitalmarktstrafrecht, 2013, § 266 StGB Rn. 45.

[675] *Wach* Der Terminhandel in Recht und Praxis, 1998, S. 128 f.; siehe zum Anlageberater auch
Mölter wistra 2010, 53; *Park/Rütters* StV 2011, 438.

[676] *Dierlamm* in: MüKo-StGB, 2014, § 266 Rn. 58 unter Verweis auf BGH NJW 1977, 2259; BGH
NStZ 1991, 489; *Mölter* wistra 2010, 57.

Diese Bevollmächtigung zur Durchführung des Trades ist ohnehin Grundvoraussetzung für die Erfüllung des Missbrauchstatbestands. Liegt eine reine Beratungsleistung vor und führt der Anleger das Geschäft selbst durch, so kommt von vornherein lediglich der Treuebruch-statbestand in Betracht.

499   Erteilt der Anleger nach erfolgter Beratung eine – wenn auch auf den Einzelfall beschränkte – Verfügungs- und Verpflichtungsbefugnis, so genügt dies aber immer noch nicht, um eine Vermögensbetreuungspflicht zur Entstehung zu bringen. Eine solche Pflicht kann den Berater allenfalls im Ausnahmefall und nur dann treffen, wenn seiner Beratungsleistung derartiges Gewicht zukommt, dass **faktisch der Berater** und nicht der Anleger die **Disposition trifft**.[677] Der Anleger muss also die Erteilung der Vollmacht erkennbar von der Empfehlung des Beraters abhängig machen, so dass der Berater die Entscheidung des Berechtigten inhaltlich trägt.[678]

Beispiel 45[679]

V ist in der Wertpapierabteilung der D-Bank beschäftigt. Die 75 Jahre alte Omi O möchte 150.000 Euro anlegen und sich zu diesem Zweck beraten lassen. V schlägt ihr den Ankauf von Pfandbriefen vor. O ist einverstanden, es wird ein entsprechendes Unterkonto eingerichtet und V leitet den Kauf in die Wege. O ruft in der Folgezeit regelmäßig bei V an und äußert Bedenken. Sie fürchtet Verluste und erkundigt sich eindringlich nach dem mit den Geschäften verbundenen Risiko, da sie sich Sorgen um ihr Geld mache. V zerstreut jedoch jedes Mal ihre Zweifel; die Geschäfte seien 100 Prozent erfolgversprechend und sie müsse auf keinen Fall besorgt sein. Auf diese Aussagen verlässt sich die O. Die versprochenen Gewinne bleiben jedoch aus und O verliert nahezu den gesamten Betrag.

In seiner Entscheidung wies der BGH zunächst darauf hin, dass § 266 StGB eine Vermögensbetreuungspflicht voraussetzt. Täter kann nur sein, wer innerhalb eines nicht unbedeutenden Pflichtenkreises zur fremdnützigen Vermögens-fürsorge verpflichtet ist. Dafür reiche jedoch nicht jede beliebige fremdnützige Pflicht. Hinzukommen müsse vielmehr, dass dem Täter die ihm übertragene Tätigkeit nicht durch ins Einzelne gehende Weisungen vorgezeichnet ist, sondern sie ihm Raum für eigenverantwortliche Entscheidungen und eine gewisse Selbst-ständigkeit belässt. Daran fehle es vorliegend. V habe lediglich aufgrund der Weisungen der O tätig werden dürfen. Ihm wurde in jedem Einzelfall eine ent-sprechende Vollmacht zur Vornahme der Handlung erteilt. Daran ändere auch der Umstand nichts, dass V als Bankberater wider besseres Wissen falsche

---

[677] Dies deutet wohl *Seier* in: Achenbach/Ransiek/Rönnau, Wirtschaftsstrafrecht, 2015, Kap. V 2 Rn. 234 an. Anderenfalls bliebe für Konstellationen ohne umfassende Vollmacht der Anwendungs-bereich des § 266 Abs. 1 StGB gänzlich versperrt und die Treuebruchsalternative wäre für den Kapitalmarktbereich hinfällig.

[678] So noch *Seier* in: Achenbach/Ransiek, Wirtschaftsstrafrecht, 2. Aufl. 2004, Kap. V 2 Rn. 234.

[679] BGH, NStZ 1991, 489.

Auskünfte und Ratschläge gegeben hat. Auch für einen solchen Berater müsse das besondere Merkmal der Übertragung dieser Aufgaben zur selbstverantwortlichen Bewältigung nach eigenem Befinden gegeben sein. Der Missbrauch seiner beruflichen Stellung im Zusammenhang mit einem bestehenden Wertpapierdepot einschließlich eines dazu eingerichteten Unterkontos zur Beleihung der Wertpapiere allein genügt den Anforderungen an die Vermögensbetreuungspflicht nicht.

(b) Geschäftsleiter von Kapital(verwaltungs)gesellschaften

Kapitalverwaltungsgesellschaften i.S.d. § 17 Abs. 1 S. 1 KAGB verfügen über **500** Geschäftsleiter. Es handelt sich hierbei um diejenigen natürlichen Personen, die nach Gesetz, Satzung oder Gesellschaftsvertrag zur Führung der Geschäfte und zur Vertretung einer Kapitalverwaltungsgesellschaft berufen sind sowie diejenigen natürlichen Personen, die die Geschäfte der Kapitalverwaltungsgesellschaft tatsächlich leiten, § 1 Abs. 19 Nr. 15 KAGB. Der Begriff ist damit weiter als derjenige des Vorstands oder Geschäftsführers, weil er die **faktische Ausführung** der entsprechenden Aufgaben ausreichen lässt.

Ob und inwieweit diese Personen eine Vermögensbetreuungspflicht trifft, ist in **501** Rspr. und Lit. bislang nur für Einzelfälle geklärt.[680] Für andere Leitungspersonen, bspw. den Vorstand einer AG, wird dies im Verhältnis zur Gesellschaft i.d.R. bejaht, im Verhältnis zu den Anlegern (Aktionären) jedoch abgelehnt.[681] Diese Sichtweise lässt sich auf den Geschäftsleiter der Kapitalverwaltungsgesellschaft allerdings nicht unbedingt übertragen. Zweck einer solchen Gesellschaft ist es gerade, Gelder der Anleger zu verwahren und zu verwalten. Der Gesellschaft obliegt die Prüfung der Assets; sie trifft nicht nur die An- und Verkaufsentscheidungen, sondern überwacht auch die mit der gebotenen Sorgfalt durchgeführte Risikoprüfung (Due Diligence) des Initiators.

Wesentliche Hauptpflichten des Geschäftsleiters bestehen somit gerade gegen- **502** über den Anlegern und nicht gegenüber der Gesellschaft. Dies ergibt sich auch aus § 17 Abs. 1 S. 2 KAGB, der es als Verwaltung eines Investmentvermögens ansieht, wenn mindestens die Portfolioverwaltung oder das Risikomanagement für ein oder mehrere Investmentvermögen erbracht wird. Letztendlich trifft der Geschäftsleiter im Rahmen der Portfolioverwaltung die An- und Verkaufsentscheidungen für die Anleger. Damit nimmt er keine anderen Funktionen wahr, als ein Vermögensverwalter im oben beschriebenen Sinn (Rn. 494). Dem Geschäftsleiter wird daher i.d.R. auch eine Vermögensbetreuungspflicht i.S.d. § 266 StGB zukommen.

---

[680] So bspw. für § 93 Abs. 1 S. 2 AktG, vgl. LG Hamburg ZWH 2015, 147 ff. sowie Kindhäuser in: NK-StGB, 2013, § 266 Rn. 58 (zwar jeweils nur zum Vorstand einer AG, jedoch unter Nennung von § 93 AktG, der immerhin den Geschäftsleiter in Bezug nimmt); siehe auch BGHSt 21, 104 (zum unwirksam bestellten Vorstandsmitglied).

[681] In diese Richtung etwa *Dierlamm* in: MüKo-StGB, 2014, § 266 Rn. 95.

(c) Initiator eines Fonds

503 Fraglich ist, ob zugleich auch den Initiator des Fonds eine solche Vermögensbetreuungspflicht trifft. Dieser muss nicht zwingend mit der Kapitalverwaltungsgesellschaft bzw. deren Geschäftsleiter identisch sein. Besteht zwischen Geschäftsleiter und Initiator Personenidentität, treffen ihn die Pflichten des Geschäftsleiters,
so dass er eben die Vermögensbetreuungspflicht des Geschäftsleiters (Rn. 501) zu
erfüllen hat. Besteht jedoch Personenverschiedenheit, so bleibt im Rahmen des
Missbrauchstatbestands eine etwaige faktische Einflussnahme auf das Verhalten
des Geschäftsleiters als der vertretungsberechtigten Person jedoch irrelevant, da es
bereits an der Verpflichtungs- und Verfügungsbefugnis fehlen wird.

(d) Vertreter der Verwahrstelle/Depotbank

503a Auch für den Vertreter der Depotbank drängt sich die Frage nach einer Vermögensbetreuungspflicht nicht unbedingt auf. Allerdings war früh relativ unstreitig,
dass der Depotbank im Verhältnis zu den Anlegern eine gesetzliche Treuhänderstellung zukommt.[682] Die Anleger sind daher mit der Depotbank über ein gesetzliches Schuldverhältnis vermittels einer Überlagerung durch einen Vertrag zugunsten
Dritter i.S.d. § 328 BGB verbunden.[683] Die Depotbank entspricht nun der neuen
Verwahrstelle im KAGB.[684] Eine zivilrechtliche gesetzliche Treuhänderstellung
begründet – bei aller allgemeinen Zurückhaltung gegenüber der unbesehenen Übernahme zivilrechtlicher Wertungen in den Untreuetatbestand des § 266 StGB – nach
ganz h.M. eine Vermögensbetreuungspflicht.[685] Diese kann auf die Vertreter nach
der allgemeinen strafrechtlichen Dogmatik übergeleitet werden.

(3) Tathandlung

(a) Missbrauch

504 Die Tathandlung besteht in einem Missbrauch der (rechtswirksam) eingeräumten
Befugnis, über fremdes Vermögen zu verfügen oder einen anderen zu verpflichten.
Besonderes Kennzeichen des Missbrauchstatbestands ist – wie bereits dargestellt –
das Auseinanderfallen von rechtlichem Können im Außenverhältnis und internem
Dürfen, das bspw. aufgrund vertraglicher Vereinbarung oder Weisung hinter dem
Können zurückbleibt (siehe dazu Rn. 287).

(b) Pflichtwidrigkeit

505 Den Kern der Prüfung bildet die Pflichtwidrigkeit des Verhaltens. Pflichtwidrig i.S.d. Missbrauchsalternative handelt der Täter, wenn er im Verhältnis zum

---

[682] *Wessing/Dann* in: Bürkle/Hauschka, Der Compliance Officer, 2015, § 9 Rn. 9; ferner *Baur/
Ziegler* in: Hellner/Steuer, Bankrecht und Bankpraxis, 2016, Rn. 9/144 sowie 9/653.

[683] *Höring* Investmentrecht, 2013, § 13 Rn. 21.

[684] Siehe etwa *Werner* StBW 2013, 815. Zur Ausweitung des Anwendungsbereichs und der Verwahrstelle als Oberbegriff, der die Depotbank umfasst, siehe auch *Geurts/Schubert* KAGB
kompakt, 2014, S. 183.

[685] Siehe nur BGH NJW 1968, 1471; BGH NStZ 1997, 124.

Vermögensinhaber seine Innenberechtigung überschreitet. Die Reichweite der Innenberechtigung verhält sich nach h.m. **akzessorisch** zu dem zwischen Täter und Vermögensinhaber bestehenden Rechtsverhältnis (zur Akzessorietät gilt hier nichts anderes als im Rahmen des Kreditgeschäfts, siehe Rn. 289).

Evidente Pflichtwidrigkeit

Eine ganze Reihe von Verhaltensweisen zeigt recht deutlich die durch das BVerfG **506** geforderte Evidenz der Pflichtverletzung (Rn. 292). Auch wenn für die nachstehend genannten Beispiele in Extremfällen die Pflichtwidrigkeit „evident" erscheinen mag, entbindet dies nicht von einer genauen Prüfung, inwieweit der Täter im konkreten Fall die im Innenverhältnis gesetzten Grenzen des Dürfens überschritten hat. Es existiert auch in diesen Fällen ein breiter Graubereich, vor dem an dieser Stelle ausdrücklich gewarnt sei.

Als evident gilt die Pflichtverletzung bspw. in Fällen der **Spesenschinderei** **507** (Churning, Rn. 366), in denen der Täter als Anlage- bzw. Vermögensverwalter das Wertpapierdepot des Anlegers ausschließlich oder weit überwiegend zu dem Zweck umschichtet, selbst Provisionen zu erzielen. Churning soll eine geradezu typische Verletzung der Vermögensbetreuungspflicht i.S.d. § 266 StGB darstellen.[686]

In Konstellationen des sog. **Front-Running** (Rn. 366) ist das Eigengeschäft **508** jedenfalls dann pflichtwidrig i.S.d. § 266 StGB, wenn zwischen dem Unternehmen und dem Anleger ein ausdrückliches Verbot derartiger Eigengeschäfte existiert. Ist dies indes nicht der Fall, sei dem Wertpapierhandelsunternehmen unter dem Blickwinkel des § 266 StGB nicht zu untersagen, selbst An- und Verkäufe zu tätigen.[687]

Auch Konstellationen, in denen **Kick-Back**-Zahlungen (Rn. 366) zum Nachteil **509** des Anlegers vereinbart sind, gelten in puncto Pflichtverletzung als „relativ klar".[688] Dies gilt allerdings nur für Fälle, in denen letztlich durch den Broker von vornherein überhöhte Gebühren erhoben und dann dem Finanzdienstleister zugeführt werden. In dem kollusiven Zusammenwirken von Finanzdienstleister und Broker kann dann eine Verletzung der Vermögensbetreuungspflicht gegenüber dem Anleger gesehen werden.[689]

---

[686] *Zieschang* in: Park, Kapitalmarktstrafrecht, 2013, § 266 StGB Rn. 51 unter Verweis auf *Birnbaum* wistra 1991, 256 und *Rössner/Arendts* WM 1996, 1525. Ebenfalls in diese Richtung, zumindest für „eindeutige und gravierende Fälle des Churning" *Dierlamm* in MüKo-StGB, 2014, § 266 Rn. 192 a.E.

[687] *Dierlamm* in MüKo-StGB, 2014, § 266 Rn. 195; *Hopt* Der Kapitalanlegerschutz im Recht der Banken, 1975, Rn. 486 f.; *Seiler/Kniehase* in: Schimansky/Bunte/Lwowski, Bankrecht, 2011, § 104 Rn. 213; *Zieschang* in: Park, Kapitalmarktstrafrecht, 2013, § 266 StGB Rn. 58.

[688] BGH NJW 1993, 2433; *Kindhäuser* in: NK-StGB, 2013, § 266 Rn. 144; *Zieschang* in: Park, Kapitalmarktstrafrecht, 2013, § 266 StGB Rn. 64. Eingehend dazu *Dierlamm* in MüKo-StGB, 2014, § 266 Rn. 272 ff.

[689] *Edelmann* BB 2010, 1163; *Zieschang* in: Park, Kapitalmarktstrafrecht, 2013, § 266 StGB Rn. 64.

510   Kick-Backs spielen nicht nur im Kapitalmarktbereich eine große Rolle, sondern
sie sind auch darüber hinaus in der Wirtschaft weit verbreitet.[690] Von einer eviden-
ten Pflichtverletzung kann allerdings nur dann die Rede sein, wenn die Kick-Back-
Zahlung dadurch refinanziert wird, dass der Zuwendende seine Kalkulation um den
Zahlungsbetrag erhöht und dem Treugeber des Zahlungsempfängers ein um die
Zahlung erhöhtes Entgelt in Rechnung stellt.[691]

511   Im Hinblick auf das Erfordernis der Pflichtverletzung problematisch sind all
jene Fälle, in denen kein **Missverhältnis zwischen Leistung und Gegenleistung**
nachgewiesen werden kann. Nach vorzugswürdiger Ansicht liegt nicht schon darin
eine Pflichtverletzung, dass die erhaltenen Kick-Back-Zahlungen nicht an den
Geschäftsherrn herausgegeben werden.[692] Diese Herausgabepflicht folge aus §§ 687
Abs. 2, 681 S. 2, 667 BGB und sei als bloße Schuldnerpflicht gerade nicht strafbewehrt.[693] Eine Pflichtverletzung und damit ein Missbrauch i.S.d. § 266 Abs. 1 Alt. 1
StGB können daher nur vorliegen, wenn der Zuwendende bereit gewesen wäre,
seine Leistung auch zu einem um die Kick-Back-Zahlung reduzierten Entgelt zu
erbringen. Die Pflichtverletzung wird dann darin gesehen, dass der Treupflichtige
die konkrete und sichere Möglichkeit eines günstigeren Abschlusses nicht für
seinen Geschäftsherrn realisiert hat.[694] Kann aber nicht festgestellt werden, dass der
Vermögensabfluss ohne die Kick-Back-Zahlung geringer gewesen wäre, so fehlt es
an einer schädigenden Pflichtverletzung.

Beispiel 46[695]

B betreibt eine Plattform für die Abwicklung von Wertpapiergeschäften in den
USA. In Deutschland wirbt A für den B Anleger als Kunden an, so auch die K.
B führt für K Börsentermingeschäfte aus, wobei K insgesamt fast 40.000 Euro
investiert. In der zugrundeliegenden vertraglichen Vereinbarung („Fully Disclo-
sed Clearing Agreement") heißt es, für den Geschäftsabschluss falle eine sog.
Halfturn-Commission von 50 USD, eine Dienstleistungsgebühr (Agio) von 6
Prozent sowie eine Gewinnbeteiligung von 10 Prozent an den Quartalsgewinnen
an. Von der Halfturn-Commission sollten als sog. Innenprovision dem Geschäfts-
besorger 40 USD rückvergütet werden. Am Ende der vereinbarten Anlagedauer

---

[690] *Dierlamm* in: MüKo-StGB, 2014, § 266 Rn. 272; vgl. hierzu auch BGHSt 31, 232; BGH NStZ
1995, 233; BGH wistra 2001, 340, 343 statt Vieler; ferner *Schünemann* NStZ 2006, 196, 199
ff.; *Seier* in: Achenbach/Ransiek/Rönnau, Wirtschaftsstrafrecht, 2015, Kap. V 2 Rn. 331 ff.; *Zieschang* in: Park, Kapitalmarktstrafrecht, 2013, § 266 StGB Rn. 63 ff.

[691] Vgl. *Dierlamm* in: MüKo-StGB, 2014, § 266 Rn. 272.

[692] *Dierlamm* in: MüKo-StGB, 2014, § 266 Rn. 272.

[693] Vgl. nur BGH wistra 1991, 138; BGH wistra 1995, 61 f.; BGH NStZ 1995, 233 f.; BGH NStZ
1998, 91; BGH NStZ 2001, 545; BGHSt 47, 295, 298.

[694] So ständige Rspr., siehe nur BGH wistra 2001, 295; BGHSt 46, 310; BGH NStZ 2001, 545 statt
Vieler.

[695] LG Düsseldorf vom 22.1.2008 – Az.: 14c O 111/07.

erhält K nur 900 Euro zurück. Nun ist K verärgert und nimmt B und A auf Schadensersatz in Anspruch.

Das OLG Düsseldorf konnte mangels Pflichtverletzung jedoch keinen Schadensersatzanspruch aus § 823 Abs. 2 BGB i.V.m. § 266 StGB erkennen. Ein „kollusives Zusammenwirken" ergebe sich nicht unter dem Gesichtspunkt einer Kick-Back-Vereinbarung. Es sei bereits nicht hinreichend dargelegt, dass A überhaupt an der Halfturn-Commission partizipiert hat. Das Gericht stützte sich bei seiner Argumentation ganz wesentlich auf die (fehlende bzw. nicht nachgewiesene) Kenntnis des A. Dies habe sich auch nicht aus der vertraglichen Vereinbarung zwischen B und K ergeben.

In der Lit. werden diese in der Rspr. verbreiteten Entscheidungstendenzen dahingehend ausgewertet, dass entscheidende Bedeutung für die Pflichtverletzung die **Motive des Zuwendenden** haben.[696] Dies erscheint insofern problematisch, als dabei eine Vermischung des objektiven mit dem subjektiven Tatbestand droht und § 266 StGB anders als der Betrugstatbestand eine Bereicherungsabsicht nicht verlangt.   **512**

Noch problematischer ist allerdings, dass der BGH diese eher strenge Bindung an die Motive des potentiellen Täters zwischenzeitlich wieder aufgeweicht hat. So befand der fünfte Strafsenat des BGH,[697] bei Provisions- und Schmiergeldzahlungen sei „in der Regel" ein Nachteil i.S.d. § 266 StGB gegeben. Dieser Annahme liege „die Erwägung zugrunde, dass jedenfalls mindestens der Betrag, den der Vertragspartner für Schmiergelder aufwendet, auch in Form eines Preisnachlasses – oder eines Preisaufschlages in der vorliegenden Fallkonstellation – dem Geschäftsherrn des Empfängers hätte gewährt werden können".[698] Etwas anderes gelte nur dann, wenn „Umstände erkennbar sind, die es nicht unbedingt nahe legen, dass die Leistungen in die Kalkulation zu Lasten des Geschäftsherrn eingestellt wurden." In dieser Wendung sieht ein großer Teil der Lit. eine mit dem strafrechtlichen Zweifelssatz unvereinbare Beweislastumkehr zum Nachteil des Täters.[699]   **513**

Besonderheiten bei Risiko- und Spekulationsgeschäften

Anlagegeschäfte sind – genau wie Kreditvergaben – Risikogeschäfte. Ein Risiko- oder Spekulationsgeschäft ist in der Geschäftswelt, insbesondere im Kapitalmarktsektor, also kein außergewöhnliches Ereignis, sondern der absolute Regelfall.[700] Genau genommen birgt also jede Investition die Gefahr, dass die mit ihr verbundenen (Gewinn-)Erwartungen nicht erfüllt werden.   **514**

---

[696] *Dierlamm* in: MüKo-StGB, 2014, § 266 Rn. 272; so auch *Seier* in: Achenbach/Ransiek/Rönnau, Wirtschaftsstrafrecht, 2015, Kap. V 2 Rn. 335.

[697] BGHSt 49, 317 ff. („System Schreiber").

[698] BGHSt 49, 317, 332. Vgl. zu dieser Entscheidung auch *Bernsmann* StV 2005, 576; *Dierlamm* in: MüKo-StGB, 2014, § 266 Rn. 273; *Pananis* NStZ 2005, 572; *Vogel* JR 2005, 123.

[699] *Dierlamm* in: MüKo-StGB, 2014, § 266 Rn. 273.

[700] *Beulke* FS Eisenberg, 2009, S. 261; *Dierlamm* in: MüKo-StGB, 2014, § 266 Rn. 228; *Klengel/Rübenstahl* HRRS 2007, 64; *Waßmer* Untreue bei Risikogeschäften, 1997, S. 30.

515   Ob ein solches Risikogeschäft einen Pflichtenverstoß beinhaltet, ergibt sich allein
aus dem **Innenverhältnis**, das unter Berücksichtigung der vertraglichen Vereinbarungen und des mutmaßlichen Willens des Geschäftsherrn auszulegen ist.[701] Finden
sich dort eindeutige Vorgaben oder Vereinbarungen, so hat sich der Vermögensbetreuungspflichtige hieran zu orientieren. Wenn das Innenverhältnis das Risikogeschäft gestattet, ist es nicht pflichtwidrig.[702]

516   Problematischer ist die Sache, wenn das Innenverhältnis keinerlei explizite Vorgaben über das gestattete Risiko enthält. Allein das Fehlen einer ausdrücklichen
Vereinbarung macht nicht jedes Risikogeschäft pflichtwidrig. Da letztlich jedes
Kapitalanlagegeschäft ein (größeres oder kleineres) Risiko birgt, wäre anderenfalls
überhaupt keine Investition möglich. Dem Vermögensbetreuungspflichtigen muss
daher auch in diesen Fällen ein gewisser **Entscheidungsspielraum** im Rahmen der
Wahrnehmung der fremden Vermögensinteressen zustehen.

517   Dieser Spielraum ist – egal ob das Innenverhältnis explizite Vorgaben enthält
oder nicht – erst dann überschritten, wenn das fragliche Geschäft **klar und evident
wirtschaftlich unvertretbar** ist.[703] Über diese Grenze, so heißt es, habe sich der
Täter nicht hinweggesetzt, solange „mit vermögensmindernden Maßnahmen ein
sinnvolles und nachvollziehbares Ziel verfolgt wird".[704]

Grenzen des Beurteilungs- und Entscheidungsspielraums

518   Wann jedoch eine gravierende oder evidente Pflichtverletzung im konkreten Einzelfall gegeben ist, bleibt mit jener Formel aber im Dunkeln. Auch die Frage, wann
ein Ziel noch sinnvoll und nachvollziehbar erscheint, lässt sich nicht pauschal
beantworten.

519   Zum Teil wird daher vorgeschlagen, der Täter habe sich an prognostisch zu
bestimmenden Gewinnquoten zu orientieren.[705] Dies ist jedoch wenig überzeugend: Es kann nicht darauf ankommen, ob bspw. die Verlustgefahr die Gewinnaussichten übersteigt. Auch solche Geschäfte können am Kapitalmarkt durchaus sinnvoll erscheinen, wenn sie in das Gesamtportfolio des Anlegers passen
oder seiner persönlichen Risikobereitschaft entsprechen. War das Risikogeschäft
aber nicht pflichtwidrig, ist der Tatbestand des § 266 StGB nicht erfüllt, selbst

---

[701] *Dierlamm* in: MüKo-StGB, 2014, § 266 Rn. 231; *Kindhäuser* in: NK-StGB, 2013, § 266 Rn. 74;
Wittig in: BeckOK-StG B, 2016, § 266 Rn. 19.

[702] *Fischer* StGB, 2016, § 266 Rn. 65; *Kindhäuser* in: NK-StGB, 2013, § 266 Rn. 74; *Wittig* Wirtschaftsstrafrecht, 2014, § 20 Rn. 43.

[703] *Dierlamm* in: MüKo-StGB, 2014, § 266 Rn. 232; *Fischer* StGB, 2016, § 266 Rn. 69; *Perron*
in: Schönke/Schröder, StGB, 2014, § 266 Rn. 20; *Schünemann* in: LK-StGB, 2012, § 266 Rn. 96;
Waßmer Untreue bei Risikogeschäften, 1997, S. 73 ff.

[704] *Dierlamm* in: MüKo-StGB, 2014, § 266 Rn. 232; *Seier* in: Achenbach/Ransiek/Rönnau, Wirtschaftsstrafrecht, 2015, Kap. V 2 Rn. 325.

[705] So BGH NJW 1975, 1234; wie hier *Seier* in: Achenbach/Ransiek/Rönnau, Wirtschaftsstrafrecht,
2015, Kap. V 2 Rn. 325; *Hoyer* in: SK-StGB, 2013, § 266 Rn. 85; *Schünemann* in: LK-StGB,
2012, § 266 Rn. 96.

wenn sich das Risiko später realisiert und in einen echten Vermögensnachteil umschlägt.

Die obergerichtliche Rspr. hat allerdings bereits unabhängig von dem Ergebnis des   **520** spekulativen Geschäfts einen Vermögensnachteil im Kleid einer konkreten Vermögensgefährdung (terminologisch besser[706] einen „Gefährdungsnachteil") als gegeben angesehen, wenn das Risikogeschäft mit einem unvertretbaren Verlustrisiko behaftet war. Dies sollte der Fall sein, wenn der Täter **„nach Art eines Spielers"** entgegen den Regeln kaufmännischer Sorgfalt zur Erlangung höchst zweifelhafter Gewinnaussichten eine bis **aufs äußerste gesteigerte Verlustgefahr** auf sich nahm.[707]

> Im Hinblick auf die Rspr. des BVerfG zum sog. Verschleifungsverbot[708] wird diese Formulierung als problematisch eingestuft. Auch in kapitalmarktrechtlichem Kontext dürfe nicht auf die **Ermittlung der konkreten Höhe** des eingetretenen Nachteils verzichtet werden. Der Gesetzgeber sei von einer wirtschaftlichen Betrachtung ausgegangen, die sich nicht durch bloß normative Erwägungen ersetzen lasse.[709] Um der Gefahr einer „Verschleifung" der Tatbestandsmerkmale zu begegnen, sei eine nachvollziehbare, in der Regel zahlenmäßig zu belegende Ermittlung und Benennung des (Gefährdungs-)Schadens notwendig. Auch dann, wenn im konkreten Einzelfall nur ein Gefährdungsschaden bzw. -nachteil in Betracht komme, sei dieser in wirtschaftlich nachvollziehbarer Weise festzustellen.[710]
>
> Im vorliegenden Kontext ist diese Rspr. des BVerfG von Bedeutung, weil sie dazu zwingt, das Merkmal der Pflichtwidrigkeit von der Frage des eingetretenen Nachteils zu trennen. Allein in dem eingegangenen (oder realisierten) Risiko kann ein pflichtwidriges Verhalten noch nicht gesehen werden. Entscheidend ist vielmehr, dass das Ausmaß des eingegangenen Risikos den im Innenverhältnis ausdrücklich oder konkludent gesteckten Rahmen übersteigt. Erst wenn überhaupt kein Rahmen ermittelbar ist, darf auf die Formulierung des BGH zurückgegriffen werden, der Täter müsse **„nach Art eines Spielers"** entgegen den Regeln kaufmännischer Sorgfalt zur Erlangung höchst zweifelhafter Gewinnaussichten eine bis **aufs äußerste gesteigerte Verlustgefahr** auf sich genommen haben.

Regeln von allgemeiner Gültigkeit seien hierbei jedoch nicht aufstellbar.[711] In   **521** Zweifelsfällen soll anhand einer **Einzelfallbetrachtung** festzustellen sein, ob sich der Täter im Rahmen des rechtlichen Dürfens im Innenverhältnis gehalten hat.[712]

---

[706] Siehe oben Rn. 321 f.

[707] So ständige Rspr.: BGH NJW 1975, 1234, 1236; BGH NJW 1990, 3219, 3220. Ebenso *Hillenkamp* NStZ 1981, 164; *Nack* NJW 1980, 1601 f.; *Perron* in: Schönke/Schröder, StGB, 2014, § 266 Rn. 45a; *Fischer* StGB, 2016, § 266 Rn. 158.

[708] BVerfGE 126, 170; dazu oben Rn. 320.

[709] *Dierlamm* in: MüKo-StGB, 2014, § 266 Rn. 235 (unter Verweis auf das BVerfG sowie Art. 103 Abs. 2 GG); *Zieschang* in: Park, Kapitalmarktstrafrecht, 2013, § 266 StGB Rn. 71. Weitergehend krit. noch *Kindhäuser* in: NK-StGB, 2013, § 266 Rn. 75b (mit Blick auf die jeweilige Gewichtung der Kriterien und die damit verbundene Beliebigkeit der Abwägung durch den Tatrichter) unter Verweis auf *Ransiek* NJW 2006, 814; *Rönnau* NStZ 2006, 220; *Safferling* NStZ 2011, 377 f.; *Saliger* in: SSW, StGB, 2014, § 266 Rn. 42; *Saliger* JA 2007, 326, 330; *Vogel/Hocke* JZ 2006, 568, 570.

[710] Zum Nachteil siehe unten Rn. 543 ff.

[711] *Fischer* StGB, 2016, § 266 Rn. 66.

[712] *Wittig* Wirtschaftsstrafrecht, 2014, § 20 Rn. 48.

Maßgeblich sei, ob aus einer objektiven ex-ante-Sicht zum Zeitpunkt der Handlung das Risiko den erlaubten Rahmen überschritten hat oder nicht.[713]

Risikoeinstufung und Pflichtwidrigkeit

522   Für den Vermögensbetreuungspflichtigen erlangen bei der Frage, welche Risiken er für den Vermögensinhaber eingehen darf, die **Grundsätze der Risikobewertung** (Rn. 347 f.) Bedeutung. Geht es um den Erwerb einzelner Anlageobjekte, so sind die Eigenarten des jeweiligen Objekts zu beachten. Werden demgegenüber Anteile an Investmentfonds erworben, so kommt es auf die Zusammensetzung des Portfolios dieses Fonds sowie die durch Initiatoren und Kapitalverwaltungsgesellschaft verfolgte Anlagestrategie an.

523   Orientierung bieten hier **§§ 31 ff. WpHG**. Gem. § 31 Abs. 4 S. 1 WpHG muss ein Wertpapierdienstleistungsunternehmen, das Anlageberatung oder Finanzportfolioverwaltung erbringt, **von den Kunden alle Informationen** einholen, die erforderlich sind, um den Kunden ein für sie geeignetes Finanzinstrument oder eine für sie geeignete Wertpapierdienstleistung empfehlen zu können. Hierzu gehören Informationen über Kenntnisse und Erfahrungen der Kunden in Bezug auf Geschäfte mit bestimmten Arten von Finanzinstrumenten oder Wertpapierdienstleistungen, über ihre finanziellen Verhältnisse sowie insbesondere über die Anlageziele der Kunden. Ohne diese Informationen darf das Wertpapierdienstleistungsunternehmen kein Finanzinstrument empfehlen.

524   **§ 6 WpDVerOV** enthält eine Konkretisierung der erforderlichen Informationen. So sind über die **finanziellen Verhältnisse** der Kunden Angaben zu

- der Grundlage und Höhe regelmäßiger Einkommen,
- regelmäßigen finanziellen Verpflichtungen sowie
- vorhandenen Vermögenswerten (Barvermögen, Kapitalanlagen und Immobilienvermögen) einzuholen.

525   Über die mit den Geschäften **verfolgten Ziele** sind Informationen über

- die Anlagedauer,
- die Risikobereitschaft sowie
- den Zweck der Anlage erforderlich.

526   Im Hinblick auf den Erfahrungsstand des Kunden verlangt § 6 Abs. 2 WpDVerOV Informationen über

- die Arten von Wertpapierdienstleistungen oder Finanzinstrumenten, mit denen der Kunde vertraut ist,
- Art, Umfang, Häufigkeit und Zeitraum zurückliegender Geschäfte des Kunden mit Finanzinstrumenten und
- Ausbildung sowie gegenwärtige bzw. relevante frühere berufliche Tätigkeiten des Kunden.

---

[713] *Wittig* in: BeckOK-StGB, 2016, § 266 Rn. 19.

§ 31 Abs. 4 S. 3, Abs. 4a WpHG normiert sodann entsprechende **Empfehlungs- 527 verbote**. Liegen dem Wertpapierdienstleistungsunternehmen keine ausreichenden Informationen für die Geeignetheitsprüfung vor, so darf es im Rahmen einer Anlageberatung kein Finanzinstrument empfehlen oder bei einer Finanzportfolioverwaltung keine Empfehlung abgeben.[714] Auch darf ein Wertpapierdienstleister im Rahmen der Anlageberatung nur solche Finanzinstrumente und Wertpapierdienstleistungen empfehlen, die gem. § 31 Abs. 4 S. 2 WpHG nach den eingeholten Informationen für die betreffenden Kunden geeignet sind.

Die individuelle **Eignung** eines Geschäfts für den Kunden richtet sich danach, **528** ob das konkrete Geschäft (bzw. die konkrete Wertpapierdienstleistung im Rahmen der Finanzportfolioverwaltung) den **Anlagezielen des betreffenden Kunden entspricht**, die hieraus erwachsenden Anlagerisiken für den Kunden seinen Anlagezielen entsprechend finanziell tragbar sind und der Kunde mit seinen Kenntnissen und Erfahrungen die hieraus erwachsenden Anlagerisiken verstehen kann, § 31 Abs. 4 S. 2 WpHG.

> Kreditinstitute bieten ihren Kunden häufig die Auswahl zwischen gestuften Risikogruppen (umschrieben mit blumigen Bezeichnungen wie „Komfort", „Substanz", „Dynamic", „Trend", „Sprint" oder „Risikoavers", „Konservativ", „Chancenorientiert", „Risikobewusst" usw.).

Holt der Vermögensbetreuungspflichtige diese Informationen ein und orientiert sich **529** in seiner Empfehlung oder – im Missbrauchstatbestand relevant – seinem An- und Verkaufsverhalten für den Anleger daran, handelt er nicht pflichtwidrig. Pflichtwidrigkeit liegt jedoch vor, wenn entweder Angaben des Kunden ignoriert und außer Acht gelassen oder aber schon von vornherein nicht eingeholt werden.

Insofern erlangt das Postulat der Rspr. besondere Bedeutung, dass das Verhalten **530** des Täters **klar und evident wirtschaftlich unvertretbar** sein muss. Hier gilt also: Nicht jede geringfügige Missachtung zivil- und öffentlich-rechtlicher Vorgaben kann die Schwelle zur Strafbarkeit überschreiten.

> Dogmatisch fundiert sich diese Einschränkung auch aus der Deliktsstruktur. § 266 Abs. 1 StGB ist nicht als Blankett ausgestaltet, sondern enthält normative Tatbestandsmerkmale. Für deren Ausfüllung bieten die zivil- und öffentlich-rechtlichen Regeln zwar Anhaltspunkte. Sie sind jedoch nicht in den Tatbestand „hineinzulesen", so dass bei Verstößen bspw. gegen §§ 31 ff. WpHG nicht automatisch Pflichtwidrigkeit gegeben ist.

(c) Einverständnis

Sowohl in der Missbrauchs- als auch in der Treuebruchsalternative kann ein Einver- **531** ständnis des Vermögensinhabers die Tatbestandsverwirklichung ausschließen.[715]

---

[714] *Wehowsky* in: Erbs/Kohlhaas, Strafrechtliche Nebengesetze, 2016, § 31 WpHG Rn. 10.

[715] BGHSt 50, 331, 342; BGHSt 55, 266, 278; BGH NJW 2000, 154, 155; BGH NJW 2003, 2996, 2998; *Fischer* StGB, 2016, § 266 Rn. 29, 90; *Kindhäuser* in: NK-StGB, 2013, § 266 Rn. 66; *Kühl/Heger* StGB, 2014, § 266 Rn. 20; *Perron* in: Schöne/Schröder, StGB, 2014, § 266 Rn. 21; *Schramm* Untreue und Konsens, 2005, S. 52 ff., 57 ff.; *Wessels/Hillenkamp* Strafrecht BT II, 2015, Rn. 758; *Wittig* in: BeckOK-StGB, 2016, § 266 Rn. 20; a.A. BGHSt 9, 203, 216 („rechtfertigende Einwilligung"); offen gelassen in BGHSt 30, 247, 249.

Für § 266 Abs. 1, 1. Alt. StGB erklärt sich dies bereits daraus, dass ein Handeln, welches dem Willen des Berechtigten entspricht, schon begrifflich keinen Missbrauch der eingeräumten Befugnis darstellen kann. Das Einverständnis erweitert eben den Rahmen des rechtlichen Dürfens und es fehlt an der Diskrepanz zwischen Innenberechtigung und Außenmacht.[716]

532   Wie gesehen[717] sind aber die Wirksamkeitsvoraussetzungen des Einverständnisses nicht gänzlich klar. So wird überwiegend[718] davon ausgegangen, dass sich die Wirksamkeit des Einverständnisses ausnahmsweise nach ähnlichen Anforderungen zu richten hat, wie sie – im Hinblick auf den Geschäftsherrn – normalerweise für die rechtfertigende Einwilligung gelten. Insbesondere sollen daher **Einwilligungsfähigkeit** und **Freiheit von Willensmängeln** zu prüfen sein.[719] Unerheblich bleibt daher das Einverständnis, wenn es bspw. durch falsche Angaben zu den mit dem Geschäft verbundenen Risiken erschlichen ist oder auf Willensmängeln beruht.

533   Problematisch ist die Wirksamkeit des Einverständnisses bei Verstößen gegen §§ 31 ff. WpHG bzw. gegen die WpDVerOV. So mag es vorkommen, dass der Vermögensbetreuungspflichtige gegen die Empfehlungsverbote des § 31 Abs. 4 S. 3, Abs. 4a WpHG verstößt. Erteilt nun der Kunde infolge der gegen diese Vorschriften verstoßenden Empfehlung sein Einverständnis, bleibt fraglich, ob dieses wirksam ist. In anderen Zusammenhängen verfolgt die Rspr. hierbei die Linie, dass bei Verstößen gegen ein gesetzliches Verbot das Einverständnis unwirksam sein soll. Dies kann jedoch wiederum nicht für sämtliche Vorgaben der einschlägigen Regelwerke gelten. Zunächst greifen auch hier die entsprechenden Erwägungen zum Schutzzweck des § 266 StGB (Rn. 268). Die Wirksamkeit des Einverständnisses können daher nur Verstöße gegen solche Verbote berühren, die den Anleger nicht nur vor sich selbst, sondern gerade vor Fehlverhalten des Vermögensbetreuungspflichtigen schützen wollen.

534   An dieser Stelle ist Vorsicht geboten: Während bei der Frage der Pflichtverletzung das Erfordernis der Evidenz zu berücksichtigen ist, scheint kein komparables Gegenstück zu dieser Evidenz für die Frage der Unwirksamkeit des Einverständnisses zu existieren. Damit besteht die Gefahr einer zu weiten **Inkongruenz der Tatbestandsmerkmale**, wenn nämlich das Einverständnis des Kunden mit einem solchen Verhalten des Täters unwirksam ist, das mangels Evidenz letztlich aber keine Pflichtverletzung i.S.d. § 266 Abs. 1 Alt. 1 StGB darstellt.

---

[716] *Dierlamm* in: MüKo-StGB, 2014, § 266 Rn. 143; *Wittig* in: BeckOK-StGB, 2016, § 266 Rn. 20.

[717] Rn. 311.

[718] *Dierlamm* in: MüKo-StGB, 2014, § 266 Rn. 144; *Fischer* StGB, 2016, § 266 Rn. 92; *Kindhäuser* in: NK-StGB, 2013, § 266 Rn. 67; *Perron* in: Schöne/Schröder, StGB, 2014, § 266 Rn. 21 (es sind die „subjektiven Wirksamkeitsvoraussetzungen einer rechtfertigenden Einwilligung anzuwenden"); *Saliger* in: SSW, StGB, 2014, § 266 Rn. 46; *Wittig* in: BeckOK-StGB, 2016, § 266 Rn. 21.

[719] So *Wessels/Hillenkamp* Strafrecht BT II, 2015, Rn. 759; *Fischer* StGB, 2016, § 266 Rn. 92; *Matt* in: Matt/Renzikowski, StGB, 2013, § 266 Rn. 93; *Saliger* in: SSW, StGB, 2014, § 266 Rn. 46.

Beispiel 47

B wickelt für Privatanleger Wertpapiergeschäfte ab, so auch für A, der seine gesamten Ersparnisse in Höhe von fast 20.000 Euro investiert. A wählt nach umfassender und den Vorgaben des WpHG entsprechender Aufklärung und Information die Risikostufe „Sprint", was für eine eher hohe Renditechance bei recht hohem Risiko steht. Für weitgehend vermögenslose Personen wie den A, der obendrein kaum über ein gesichertes Einkommen verfügt, ist diese Strategie eigentlich ungeeignet. B investiert das Geld für A und es kommt – erwartungsgemäß – zu einigen Verlusten.

Das erteilte Einverständnis steht hier im Widerspruch zu § 31 Abs. 4a WpHG und ist daher – entsprechend der o.g. Grundsätze recht offensichtlich – unwirksam. In Bezug auf das Investitionsverhalten des B scheint eine Pflichtverletzung jedoch weniger klar. B hat weder Angaben seines Kunden nicht eingeholt, noch bei der Investition den zulässigen Beurteilungsspielraum überschritten. Vorwerfen lassen muss er sich lediglich eine etwaig gegenüber A ausgesprochene Empfehlung zu dem Anlagemodell „Sprint". Die Schwelle zur Unwirksamkeit des Einverständnisses ist hier, weil § 31 Abs. 4a S. 1 WpHG nur eine (einfache) Ungeeignetheit und nicht etwa eine evidente fehlende Eignung verlangt, also vermeintlich niedriger als diejenige zur Pflichtverletzung.

Besonderheiten ergeben sich, wenn eine Gesellschaft oder Personenmehrheit als **535** Anleger auftritt. Sofern nämlich das Einverständnis aufgrund einer mehrköpfigen Gremienentscheidung[720] erteilt wird, differenziert die Rspr. für die Verantwortlichkeit der Beteiligten nach den bekannten Grundsätzen.[721]

b) Treuebruchstatbestand
(1) Treueverhältnis
Das Treueverhältnis kann – wie beim Missbrauchstatbestand auch – auf Gesetz, **536** behördlichem Auftrag oder Rechtsgeschäft beruhen. Im Unterschied zur Missbrauchsalternative besteht jedoch keine Verpflichtungs- oder Verfügungsbefugnis des Täters.[722] Darüber hinaus kann das Treueverhältnis aber auch durch ein bloß **faktisches Herrschaftsverhältnis** begründet werden.[723]

Dem Treuebruchstatbestand kommt (über die typischen Fälle[724] hinaus) für den **537** hier beleuchteten Bereich Relevanz zu, wenn lediglich eine Beratungsleistung im Raum steht, der vermögensbetreuungspflichtige potentielle Täter den An- oder Verkauf jedoch nicht selbst ausführt.

---

[720] Dazu oben Rn. 312.

[721] Rn. 57 ff.

[722] *Fischer* StGB, 2016, § 266 Rn. 39.

[723] *Wittig* in: BeckOK-StGB, 2016, § 266 Rn. 27.

[724] Rn. 314 f.

(2) Vermögensbetreuungspflicht

538 Für die Vermögensbetreuungspflicht gilt im Rahmen des Treuebruchstatbestands grds. nichts anderes als für die Missbrauchsalternative.[725] Besonderer Erwähnung bedarf an dieser Stelle der Anlageberater.

539 Kennzeichen der Anlageberatung ist, dass ein Anlageberater von dem Anleger damit beauftragt wird, ihn fachkundig bei der Bewertung und der Beurteilung einer bestimmten Anlageentscheidung gegebenenfalls unter Berücksichtigung seiner persönlichen Verhältnisse zu beraten.[726] Nach zutreffender h.M.[727] folgt allein aus diesem Beratungsverhältnis jedoch noch keine Vermögensbetreuungspflicht. Ein bloßer Berater kann nicht selbstständig auf das Vermögen des Anlegers einwirken. Er hat – abgesehen von dem Gewicht eines schlechten Ratschlags – keinerlei selbstständigen Entscheidungsbefugnisse und daher grds. auch keine Vermögensbetreuungspflicht i.S.d. § 266 Abs. 1 StGB inne.

540 Dieser Auffassung neigt wohl auch die Rspr. zu. Erforderlich sei, dass dem Täter die ihm übertragene Tätigkeit nicht durch ins Einzelne gehende Weisungen vorgezeichnet ist, sondern ihm Raum für eigenverantwortliche Entscheidungen und eine gewisse Selbstständigkeit belässt.[728] An einer Vermögensbetreuungspflicht mangelt es daher auch, wenn der Betreffende nur auf eine ausdrückliche Weisung hin tätig werden darf.[729] In der Lit. findet sich dazu teilweise vertreten, selbst wenn formal der Anleger die An- oder Verkaufsentscheidung im Einzelfall trifft, könne eine Vermögensbetreuungspflicht sehr wohl gegeben sein, falls dem Berater tatsächlich ein solches Maß an Vertrauen entgegengebracht wird, dass der Anleger dessen Ratschläge „blind" befolgt.[730] Bei reiner Beratung müsse die Vermögensdisposition „dem Berater zurechenbar" sein.[731] Hiervon sei auszugehen, wenn der Vermögensinhaber seine Disposition erkennbar von der Empfehlung abhängig machen will, so dass der Berater die Entscheidung des Berechtigten inhaltlich trägt.[732]

Beispiel 48

S möchte ihre Ersparnisse in Höhe von 5.000 Euro anlegen. Da ihr jedes Verständnis für die Zusammenhänge und Abläufe des Kapitalmarkts fehlt, sucht sie

---

[725] Siehe Rn. 496 ff.

[726] *Zieschang* in: Park, Kapitalmarktstrafrecht, 2013, § 266 StGB Rn. 45.

[727] *Dierlamm* in: MüKo-StGB, 2014, § 266 Rn. 75; *Wittig* in: BeckOK-StGB, 2016, § 266 Rn. 34.4; *Zieschang* in: Park, Kapitalmarktstrafrecht, 2013, § 266 StGB Rn. 45; in diese Richtung auch *Kindhäuser* in: NK-StGB, 2013, § 266 Rn. 58 (treupflichtig nur, „sofern ihm auch die Durchführung des Geschäfts obliegt" oder ihm „die Vermögensdisposition … zurechenbar" ist) und *Perron* in: Schönke/Schröder, StGB, 2014, § 266 Rn. 25 (treupflichtig nur, „sofern er zu einer umfassenden Vermögensberatung verpflichtet … und nicht weisungsgebunden ist").

[728] BGH, NStZ 1991, 489; BGH NStZ 1994, 35, 36 statt Vieler.

[729] Siehe oben Rn. 497.

[730] *Zieschang* in: Park, Kapitalmarktstrafrecht, 2013, § 266 StGB Rn. 46 unter Verweis auf *Imo* Börsentermin- und Börsenoptionsgeschäfte, 1988, Rn. 1014 f.

[731] *Kindhäuser* in: NK-StGB, 2013, § 266 Rn. 58; *Mölter* wistra 2010, 57.

[732] *Kindhäuser* in: NK-StGB, 2013, § 266 Rn. 58.

den Anlageberater B auf, der zunächst entsprechend der ihm durch das WpHG auferlegten Pflichten alle erforderlichen Informationen von S einholt. Anschließend empfiehlt er S die Investition in einen Fonds, der sein Portfolio zu einem Großteil aus den Aktien südamerikanischer Emittenten zusammensetzt, also mit einem nicht ganz unerheblichen Risiko verbunden und für S eigentlich nicht geeignet ist. S fragt nicht mehr genauer nach, ob das denn wirklich die richtige Anlage für sie sei, sondern betont nur, dass sie selbst ja überhaupt keine Ahnung von der Materie habe. B beharrt auf seiner Empfehlung, S investiert 5.000 Euro und verliert einen Großteil des Betrags.

Hier hat S ihre Entscheidung erkennbar von der Empfehlung des Beraters abhängig gemacht und ist dieser erkennbar und unreflektiert gefolgt. Mit obiger Argumentation ließe sich hier eine Vermögensbetreuungspflicht von B bejahen, da dieser bei seiner Empfehlung ein erhebliches Maß an Vertrauen in Anspruch genommen hat.

(3) Treuebruchshandlung

Die Tathandlung der Treuebruchsalternative besteht in der **Verletzung** der konkreten aus dem Treueverhältnis fließenden **Vermögensbetreuungspflicht**, wobei die Pflichtwidrigkeit akzessorisch den zivil- und öffentlich-rechtlichen Vorgaben folgt.[733] Die Verletzung der zivil- und öffentlich-rechtlichen Vorgaben soll hierbei nur eine notwendige, nicht aber eine hinreichende Bedingung für die Strafbarkeit sein. Die Strafwürdigkeit der Pflichtverletzung sei nämlich in einem zweiten, davon zu trennenden Schritt zu prüfen.[734] Insofern gilt hier nichts anderes als im Rahmen der Missbrauchsalternative (Rn. 505 ff., 516 f.).   **541**

Zwischen der Pflichtverletzung und der Vermögensbetreuungspflicht des Täters muss ferner ein **„sachlich-inhaltlicher Zusammenhang"** bestehen. Dies ist der Fall, wenn der Täter gerade eine solche Pflicht verletzt, die Bestandteil seiner spezifischen Pflichtenstellung in Bezug auf das fremde Vermögen ist.[735] Im Übrigen, d.h. insbesondere zum Erfordernis des inneren Zusammenhangs zwischen der Vermögensbetreuungspflicht und der Tathandlung sowie zu deren rechtsgeschäftlichem oder rein tatsächlichem Charakter sei auf die obigen Ausführungen verwiesen (Rn. 317).   **542**

c) Vermögensnachteil
(1) Grundsätze

In beiden Alternativen verlangt § 266 Abs. 1 StGB den Eintritt eines Vermögensnachteils. Hierunter fällt jede durch die Tathandlung verursachte **Vermögenseinbuße**. Dabei gilt grds. nichts anderes als im Rahmen des § 263 StGB.[736]   **543**

---

[733] *Rönnau* ZStW 2007, 887, 906 ff.; *Wittig* in: BeckOK-StGB, 2016, § 266 Rn. 35.

[734] *Wittig* in: BeckOK-StGB, 2016, § 266 Rn. 35; zu dieser „asymmetrischen Akzessorietät" auch *Dierlamm* in: MüKo-StGB, 2014, § 266 Rn. 174; *Matt* in: Matt/Renzikowski, StGB, 2013, § 266 Rn. 55 f.; *Saliger* SSW, StGB, 2014, § 266 Rn. 31; so wohl auch BVerfG NJW 2010, 3209, 3213.

[735] *Dierlamm* in: MüKo-StGB, 2014, § 266 Rn. 185.

[736] So BGHSt 15, 342, 343 f.; *Dierlamm* in: MüKo-StGB, 2014, § 266 Rn. 205; differenzierend für die Ermittlung des Nachteils *Saliger* in: SSW, StGB, 2014, § 266 Rn. 53; ferner *Matt* in: Matt/Renzikowski, StGB, 2013, § 266 Rn. 122.

544   Nach den Vorgaben des **BVerfG** ist auch der Begriff des Vermögensnachteils im
Lichte des Art. 103 Abs. 2 GG restriktiv und präzisierend auszulegen.[737] Das sog.
Verschleifungsverbot beinhaltet die Maßgabe, den einzelnen Tatbestandsmerkma-
len des § 266 StGB ihre eigenständige Bedeutung zu belassen. Insbesondere darf
das Merkmal des Vermögensnachteils nicht durch „normative Erwägungen" gegenüber dem Merkmal der Pflichtwidrigkeit in den Hintergrund gedrängt werden.[738]
Erforderlich ist vielmehr eine wirtschaftliche Betrachtung, die den Eintritt eines
echten Nachteils klar erkennen lassen muss.[739]

545   Ein sog. **Gefährdungsschaden** bzw. Gefährdungsnachteil soll (trotzdem)
auch im Rahmen des § 266 StGB in Betracht kommen. Es kann also ausreichen, wenn lediglich eine „schadensgleiche" Vermögensgefährdung eintritt,
sich der definitive Nachteil jedoch nicht realisiert.[740] Genau wie beim Betrug
fußt diese Auffassung auch im Kontext des § 266 StGB auf der Annahme, dass
bei wirtschaftlicher Betrachtung bereits die Gefahr eines zukünftigen Verlusts
eine gegenwärtige Minderung des Vermögenswerts und damit einen vollendeten
Nachteil bedeuten kann.

546   Im Hinblick auf die Rspr. des BVerfG zum sog. Verschleifungsverbot[741] darf auch
in kapitalmarktrechtlichem Kontext nicht auf die konkrete Ermittlung der Höhe
des eingetretenen Nachteils verzichtet werden. Der Gesetzgeber sei, so heißt es,
von einer **wirtschaftlichen Betrachtung** ausgegangen, die nicht durch bloß normative Erwägungen ersetzt werden dürfe.[742] Um der Gefahr einer „Verschleifung"
der Tatbestandsmerkmale zu begegnen, sei eine nachvollziehbare, i.d.R. zahlenmä-
ßig zu belegende Ermittlung und Benennung des Nachteils notwendig. Auch dann,
wenn im konkreten Einzelfall nur ein Gefährdungsschaden bzw. -nachteil in Frage
komme, sei dieser in wirtschaftlich nachvollziehbarer Weise festzustellen.

(2) Unterlassen einer Vermögensmehrung

547   Besondere Beachtung verdient gerade im kapitalmarktrechtlichen Kontext die
Frage, ob eine unterlassene Vermögensmehrung einen Vermögensnachteil bedeutet.
Nach ganz h.M. soll dies jedenfalls dann der Fall sein, wenn bereits eine hinreichend gesicherte Aussicht auf diesen Vorteil bestanden hat, eine sog. **vermögenswerte Exspektanz**.[743]

---

[737] BVerfG NJW 2009, 2370; BVerfGE 126, 170.

[738] BVerfGE 126, 170, 206; zum Verschleifungsverbot auch *Krell* ZStW 2014, 902.

[739] BVerfGE 126, 170, 206 („Bleibt der Eintritt eines Schadens ungewiss, wenn auch möglich, so
ist folglich nach dem Grundsatz ‚in dubio pro reo' freizusprechen").

[740] *Wittig* in: BeckOK-StGB, 2016, § 266 Rn. 44; Überblick bei *Fischer* StGB, 2016, § 266 Rn. 150
ff.; zum „Eingehungsschaden" bei der Untreue *Krell* NZWiSt 2013, 370.

[741] BVerfGE 126, 170; siehe oben Rn. 320.

[742] BVerfGE 126, 170, 206.

[743] BVerfGE 126, 170, 213; *Esser* in: AnwK-StGB, 2015, § 266 Rn. 167; *Fischer* StGB, 2016,
§ 266 Rn. 116; *Perron* in: Schönke/Schröder, StGB, 2014, § 266 Rn. 35a.

Beispiel 49

X verwaltet mehrere Aktienportfolios, darunter auch dasjenige des Y. Zu dessen Portfolio gehören bereits etliche Aktien von Herstellern bekannter Video- und Smartphone-Games; X hat den Auftrag, permanent nach neuen Trends in diesem Bereich Ausschau zu halten und freies Kapital ggf. zum Kauf einzusetzen. X wird auf den kalifornischen Videospielehersteller N aufmerksam, der gerade ein revolutionäres Smartphone Videospiel auf dem US-amerikanischen Markt veröffentlicht hat, das – spätestens bei seinem Release in Asien – einen drastischen Anstieg des Aktienkurses erwarten lässt. Tatsächlich empfehlen derzeit etliche führende Experten einen solchen Aktienkauf, da sich der wirtschaftliche Erfolg des Smartphone Videospiels bereits als sicher abzeichnet. Dies ist dem X auch bewusst. Weil er momentan aber seine gesamte Aufmerksamkeit der Urlaubsplanung widmet, sieht X davon ab, den höchst rentablen Aktienerwerb in die Wege zu leiten, sondern beschließt, dieses Geschäft erst im kommenden Monat nach dem Asien-Release anzugehen. Nach Veröffentlichung des Spiels in Asien entwickelt sich der Aktienkurs des N – wie erwartet – deutlich positiv. Bei der sofortigen Durchführung des geplanten und auch tatsächlich möglichen Aktienerwerbs durch X wäre dem Y eine Wertsteigerung der erworbenen Aktien von über 50 Prozent zugutegekommen. Einen Monat später ist diese Gewinnspanne jedoch nicht mehr zu erzielen.

In diesem Fall besteht die Pflichtverletzung des vermögensbetreuungspflichtigen X darin, den Kauf trotz bestehender Möglichkeit zum Vertragsabschluss und trotz der nahezu sicheren Gewinnerwartung nicht vorgenommen zu haben. Fraglich ist hier allerdings, ob es sich bei dieser Gewinnaussicht bereits um eine vermögenswerte Exspektanz handelt, der Aussicht also bereits ein belastbarer wirtschaftlicher Wert zukam, aus deren Verlust der dem Tatbestand nach erforderliche Vermögensnachteil resultieren kann. Bei Lichte betrachtet wird offenbar, dass sich ein etwaiger Nachteil in dieser Konstellation schon mit der Pflichtverletzung deckt – was eigentlich dem Verschleifungsverbot zuwiderläuft.

Das Zusammenfallen von Pflichtverletzung und Vermögensminderung wird dabei als die Folge einer „untreuespezifischen Schädigung ‚von innen'" erkannt.[744] Es ist allerdings fraglich und auch umstritten, ob sich durch die Pflichtverletzung überhaupt etwas an der Situation des Vermögensinhabers verändert hat. Es gilt also zweierlei zu klären: Erstens muss der Konkretisierungsgrad der Gewinnaussicht ermittelt werden und zweitens bedarf der Erörterung, wie naheliegend und aus unternehmerischer Sicht geboten der Geschäftsabschluss war, wobei das konkrete Anlegerinteresse sowie der Inhalt der zwischen Vermögensbetreuungspflichtigem und Anleger getroffenen Absprache zu berücksichtigen ist. **548**

---

[744] *Kindhäuser* in: NK-StGB, 2013, § 266 Rn. 97 mit Verweis auf *Ransiek* ZStW 2004, 667 f.

d) Subjektiver Tatbestand

549 In subjektiver Hinsicht verlangt § 266 Abs. 1 StGB Vorsatz, wobei **Dolus eventualis** ausreicht. Dabei seien – so die Rspr.[745] – stets strenge Anforderungen zu stellen. Besonders erwähnenswert erscheint dies im vorliegenden Kontext ähnlich wie bei Kreditvergaben, da die Rspr. diese strengen Anforderungen insbesondere dann erfüllt wissen will, wenn der Täter nur mit bedingtem Vorsatz und nicht eigennützig handelt.[746] Vor allem im kapitalmarktrechtlichen Kontext, in dem stets ein Verlustrisiko vorhanden ist, bedarf es daher einer strengen Prüfung und einer sauberen Differenzierung zwischen dem Vorsatz im Hinblick auf die Pflichtwidrigkeit und dem Vorsatz in Bezug auf den Vermögensnachteil.

550 In subjektiver Hinsicht ist Kenntnis von Risikofaktoren und Risikograd erforderlich. Damit Vorsatz gegeben ist, muss der Täter darüber hinaus das hinsichtlich der Vermögensgefährdung eingegangene Risiko der Realität entsprechend bewertet haben. Mit anderen Worten muss der Täter zumindest billigend in Kauf nehmen, dass er durch sein Verhalten seine Vermögensbetreuungspflicht verletzt und dass sich dadurch beim Vermögensinhaber ein Nachteil realisiert. Der Täter muss dabei also nicht nur eine mögliche Vermögensgefährdung als solche in Kauf genommen, sondern auch ihre Realisierung gebilligt haben.[747]

3. Übersicht

551   I. Tatbestand
    1. Objektiver Tatbestand
       a) Missbrauchstatbestand, § 266 Abs. 1, 1. Alt. StGB (Rn. 493 ff.)
         – Verfügungs- oder Verpflichtungsbefugnis im Hinblick auf fremdes Vermögen bei Anlageverwaltung; Reichweite der Verfügungs- oder Verpflichtungsbefugnis bei Anlageberatung
         – Vermögensbetreuungspflicht von Vermögensverwaltern und Anlageberatern (Rn. 497 ff.)
         – Vermögensbetreuungspflicht des Geschäftsleiters der KVG (Rn. 500 ff.)
         – Evidente Pflichtwidrigkeit erforderlich; insb. bei Risiko- und Spekulationsgeschäften Akzessorietät zum Innenverhältnis (Rn. 506 ff.)
         – Grenzen des Beurteilungsspielraums (Rn. 518 ff.)
       b) Treuebruchstatbestand, § 266 Abs. 1, 2. Alt. StGB
         – Vermögensbetreuungspflicht nur bei Eigenverantwortlichkeit (Rn. 538 ff.)

---

[745] Etwa BGH wistra 2000, 60; BGH wistra 2003, 463; ähnlich BVerfGE 126, 170 ff.; ebenso etwa *Bröker* Strafrechtliche Probleme bei Warentermin- und –optionsgeschäften, 1989, S. 100; *Fischer* StGB, 2016, § 266 Rn 176; *Zieschang* in: Park, Kapitalmarktstrafrecht, 2013, § 266 StGB Rn. 36; krit. *Dierlamm* in: MüKo-StGB, 2014, § 266 Rn. 281 („kriminalpolitisch zu begrüßen", aber „in dogmatischer Hinsicht … wenig sachgerecht"); *Perron* in: Schönke/Schröder, StGB, 2014, § 266 Rn. 50; *Schünemann* in: LK-StGB, 2012, § 266 Rn. 190.

[746] So bspw. BGH, wistra 2000, 60.

[747] Wie hier: BGH NStZ 2007, 705; *Mansdörfer* JuS 2009, 116; *Wittig* in: BeckOK-StGB, 2016, § 266 Rn. 48.1. Siehe zum Streitstand oben Rn. 324.

- Tathandlung: Verletzung der Betreuungspflicht; „sachlich-inhaltlicher Zusammenhang" zwischen Pflichtverletzung und Vermögensbetreuungspflicht des Täters (Rn. 541 f.)
  c) Vermögensnachteil (Rn. 543 ff.)
    - Jede durch die Tathandlung verursachte Vermögenseinbuße (Rn. 543)
    - Gefährdungsnachteil; vermögenswerte Exspektanzen (Rn. 545)
  2. Subjektiver Tatbestand: Vorsatz, Dolus eventualis ausreichend (Rn. 549)
    - Kenntnis von Risikofaktoren und Risikograd erforderlich (Rn. 550)
II. Rechtswidrigkeit
III. Schuld
IV. Besonders schwere Fälle, § 266 Abs. 2 StGB i.V.m. § 263 Abs. 3 StGB, § 243 Abs. 2 StGB
V. Strafantrag, § 266 Abs. 2 StGB i.V.m. §§ 247, 248a StGB

C. Besondere Straftatbestände zum Schutz des Geld- und Zahlungsverkehrs

I. Allgemeines und Grundlagen

1. Zweck und Struktur der §§ 146-152b StGB

Als Spezialfälle der Urkundenfälschung firmieren §§ 146-152b StGB unter dem **552** Titel „Geld- und Wertzeichenfälschung". Soweit es um Bargeld und bargeldlose Zahlungsmittel geht, ist Schutzgut der Straftatbestände des 8. Abschnitts das **öffentliche Interesse an einem zuverlässig funktionierenden Zahlungsverkehr**.[748] Unklar erscheint demgegenüber, welches Rechtsgut §§ 148, 151 StGB schützen wollen. Zumeist wird das Allgemeininteresse an der Sicherheit und Zuverlässigkeit des Rechtsverkehrs mit amtlichen Wertzeichen angeführt.[749]

Bargeld ist – wie gesehen[750] – diejenige Grundlage jeder Volkswirtschaft, mit der die Gesellschaft das Entwicklungsstadium des Tauschhandels überwunden hat.[751] Als Zahlungsmittel verdient es strafrechtlichen Schutz, denn auf seine Werthaltigkeit muss jedermann ohne weiteres vertrauen (können); eine aufwändige Überprüfung darf nicht erforderlich sein. Der Anwendungsbereich der §§ 146 ff. StGB hängt daher nicht von individuellen Vermögensinteressen ab, sondern ergibt sich allein daraus, dass die **Validität des Geldes** sichergestellt bleiben muss. Aus diesem Grund wird auch die Verletzung des staatlichen Geldmonopols für den Schutzbereich der Vorschriften des

---

[748] *Erb* in: MüKo-StGB, 2014, vor §§ 146 ff. Rn. 1; in diese Richtung auch *Eisele* Strafrecht BT I, 2014, § 50 Rn. 959.

[749] BGHSt 31, 380, 381; *Erb* in: MüKo-StGB, 2014, § 148 Rn. 1; *Ruß* in: LK-StGB, 2010, § 148 Rn. 1; *Schmidt* ZStW 1999, 389; *Weidemann* in: BeckOK-StGB, 2016, § 148 Rn. 2; krit. *Puppe* in: NK-StGB, 2013, § 148 Rn. 6.

[750] Siehe oben Rn. 17.

[751] *Erb* in: MüKo-StGB, 2014, vor §§ 146 ff. Rn. 2.

8. Abschnitts lediglich als nachrangig angesehen[752]; es handle sich vielmehr um ein „staatsunabhängiges Schutzgut".[753]

553 **Bargeldlose Zahlungsmittel** in den Anwendungsbereich der §§ 146 ff. StGB mit einzubeziehen, war die logische Konsequenz aus deren fortschreitender Ausbreitung und der damit verbundenen Zurückdrängung des Bargeldes.[754] Das Schutzgut der §§ 152a, 152b StGB ist damit im Kern identisch mit demjenigen der §§ 146 f., 149, 152 StGB.

> Schief erscheint es demgegenüber, wenn Teile der Lit. die Funktionsfähigkeit des bargeldlosen Zahlungsverkehrs als geschütztes Rechtsgut benennen.[755] Geschützt ist auch durch §§ 152a, 152b StGB letztlich nichts anderes, als das **öffentliche Interesse** an einem zuverlässig funktionierenden Zahlungsverkehr.[756]

554 Streitig ist das Schutzgut des § 148 StGB. Zum Teil werden **Sicherheit und Zuverlässigkeit des Rechtsverkehrs mit Wertzeichen** als geschütztes Rechtsgut angesehen,[757] teilweise wird auch vertreten, der Tatbestand diene dem Schutz der Beweisgewähr sowie dem Schutz staatlicher Vermögensinteressen.[758] Wertzeichen fehlt es an der dem Geld zukommenden Funktion als Zahlungsmittel. Trotzdem schreiben Teile der Lit. den amtlichen Wertzeichen im Rechtsverkehr die Funktion zu, eine Standardisierung und Vereinfachung von Zahlungsvorgängen im Interesse einer effizienten Verwaltung und öffentlichen Daseinsvorsorge zu gewährleisten. Diese Funktion gehe dabei über die bloße Beweisgewähr als solche hinaus. Die im Vergleich zum Geld mindere Bedeutung der Wertzeichen finde indes im Strafrahmen des § 148 StGB hinreichenden Ausdruck.[759]

555 § 151 StGB erweitert die Anwendbarkeit der §§ 146, 147, 149 und 150 StGB auf bestimmte Wertpapiere. Geschütztes Rechtsgut sei dabei die Sicherheit und Zuverlässigkeit des Geschäftsverkehrs mit diesen Papieren.[760]

---

[752] *Erb* in: MüKo-StGB, 2014, vor §§ 146 ff. Rn. 2. So im Grundsatz wohl auch *Puppe* in: NK-StGB, 2013, vor §§ 146 ff. Rn. 3, anders aber dann in Rn. 6.

[753] *Erb* in: MüKo-StGB, 2014, vor §§ 146 ff. Rn. 2; a.A *Otto* Strafrecht BT, 2005, § 75 Rn. 2 (Schutz des allgemeinen Vertrauens „in die Fähigkeit des Staates, seine Garantien erfüllen zu können")

[754] Zu dieser Funktion von §§ 152a, 152b StGB *Otto* wistra 1986, 153; *Ruß* in: LK-StGB, 2010, § 152a Rn. 2; *Sternberg-Lieben* in: Schönke/Schröder, StGB, 2014, § 152a Rn. 1; *Wittig* in: SSW, StGB, 2014, § 152a Rn. 1.

[755] *Ruß* in: LK-StGB, 2010, § 148 Rn. 2; *Sternberg-Lieben* in: Schönke/Schröder, StGB, 2014, § 152a Rn. 1; *Wessels/Hettinger* Strafrecht BT I, 2015, Rn. 946.

[756] In diese Richtung auch *Erb* in: MüKo-StGB, 2014, vor §§ 146 ff. Rn. 2; *Puppe* in: NK-StGB, 2013, § 152a Rn. 4

[757] BGHSt 31, 380, 381; *Bartholme* JA 1993, 197; *Fischer* StGB, 2016, § 148 Rn. 1; *Schmidt* ZStW 1999, 388 f.; *Sternberg-Lieben* in: Schönke/Schröder, StGB, 2014, § 148 Rn. 1.

[758] *Puppe* in: NK-StGB, 2013, § 148 Rn. 4 f.; *Ruß* in: LK-StGB, 2010, § 148 Rn. 1a; *Zielinski* JZ 1973, 193.

[759] *Erb* in: MüKo-StGB, 2014, vor §§ 146 ff. Rn. 4.

[760] *Sternberg-Lieben* in: Schönke/Schröder, StGB, 2014, § 151 Rn. 1.

Alle Tatbestände des 8. Abschnitts des StGB knüpfen an Verhaltensweisen im   **556**
Vorfeld einer Rechtsgutsverletzung an.[761] § 149 StGB stellt sogar Vorbereitungshandlungen dazu unter Strafe, was einer doppelten **Vorverlagerung des strafrechtlichen Schutzes** gleichkommt.

Die Tatbestände des 8. Abschnitts des StGB werden ergänzt durch **§ 35 Abs. 1,**   **557**
Abs. 3 BBankG, der die unbefugte Ausgabe und Verwendung von Geldzeichen
erfasst. Gem. § 35 Abs. 1 Nr. 1 BBankG macht sich strafbar, wer unbefugt Geldzeichen (d.h. Marken, Münzen, Scheine oder andere Urkunden, die geeignet sind,
im Zahlungsverkehr an Stelle der gesetzlich zugelassenen Münzen oder Banknoten
verwendet zu werden) ausgibt. Gleiches gilt bei der Ausgabe unverzinslicher Inhaberschuldverschreibungen. § 35 Abs. 1 Nr. 2 BBankG erfasst zudem die unbefugte
Verwendung solcher Gegenstände.

2. Praktische Bedeutung

Die PKS listet im Jahr 2015 insgesamt 4.779 Taten nach §§ 146 ff. StGB, darunter   **558**
404 Fälle von Taten nach §§ 146 Abs. 1 Nrn. 1 und 2 StGB einschließlich der Vorbereitungshandlungen, 2.982 Fälle von Taten nach §§ 146 Abs. 1 Nr. 3, 147 StGB und
1.160 Fälle von Taten nach §§ 152a, 152b StGB. Straftaten im Zusammenhang mit
dem bargeldlosen Zahlungsverkehr machen hier also den größten Anteil aus. In den
Anwendungsbereich der gewerbs- oder bandenmäßig begangenen Geldfälschung
(§ 146 Abs. 2 StGB) fielen im Jahr 2015 nur 108 Taten.[762]

Die Zahlen erscheinen zunächst nicht besonders erschreckend. Diesen Ein-   **559**
druck verzerrt jedoch der Umstand, dass die PKS nur diejenigen Fälle beinhaltet, in denen wenigstens ein Tatverdächtiger ermittelt werden konnte. Das Bild
komplettiert daher erst ein Blick in den Geschäftsbericht der Deutschen Bundesbank über Fälschungen, die im Zahlungsverkehr angefallen sind. Diesem Bericht
zufolge belief sich der „Schaden durch gefälschte Banknoten" im Jahr 2015 auf ca.
39.100.000 Euro im gesamten Währungsgebiet, wobei auf Deutschland 4.400.000
Euro entfallen.[763] Daraus ergibt sich ein im Verhältnis zu den eher geringen Fallzahlen gesehen recht hoher Anteil an den durch Wirtschaftskriminalität verursachten
Gesamtschäden.[764]

II. Geldfälschung und Inverkehrbringen von Falschgeld

1. Geldfälschung, § 146 StGB
a) Tatgegenstand

Gegenstand einer Straftat nach § 146 StGB ist **Geld**. Unter den Begriff des Geldes   **560**
fällt unabhängig von der stofflichen Beschaffenheit jedes vom Staat oder einer von

---

[761] *Erb* in: MüKo-StGB, 2014, vor §§ 146 ff. Rn. 7.

[762] PKS 2015, Strft. Schl. 550 000, 551 010, 552 000, 553 000, 550 010, S. 94 f.

[763] *Deutsche Bundesbank* Geschäftsbericht 2015, S. 27 f.

[764] Vgl. oben Rn. 5.

ihm ermächtigten Stelle als Wertträger beglaubigte und zum Umlauf im öffentlichen Verkehr bestimmte Zahlungsmittel, ohne Rücksicht auf einen allgemeinen Annahmezwang.[765] Gem. § 152 StGB ist das Geld fremder Währungsgebiete ebenfalls in den Anwendungsbereich des § 146 StGB einbezogen. Auch Zahlungsmittel, die zum Umlauf bestimmt, aber noch nicht in Umlauf gegeben worden sind, sollen als Tatgegenstand in Betracht kommen.[766]

561   Geldscheine und Münzen sind **Urkunden** im strafrechtlichen Sinn. Sie verkörpern die Erklärung der ausgebenden Stelle, dass das jeweilige Objekt öffentliches Zahlungsmittel ist und dabei einen bestimmten Wert repräsentiert; sie sind dazu geeignet und bestimmt, hierüber Beweis zu erbringen.[767]

> An der urkundlichen Erklärung über die Geldeigenschaft partizipieren bspw. auch Jahreszahl und Prägezeichen. Die Erklärung reicht also über die Geldeigenschaft als solche hinaus. Werden an diesen Teilelementen des Geldes Manipulationen vorgenommen, so unterfallen diese zwar nicht § 146 StGB, sind (bei Vorliegen der Voraussetzungen im Übrigen) jedoch nach § 267 StGB strafbar.[768]

562   Geld verliert seine Eigenschaften erst, wenn es außer Kurs gesetzt, ihm also durch staatlichen Willensakt die Zahlungsmitteleigenschaft entzogen wird.[769] Um **Falschgeld** bzw. falsches Geld handelt es sich demnach, wenn das Geld nicht (mehr) oder nicht in der vorhandenen Art und Weise von demjenigen stammt, der aus ihm als Aussteller hervorgeht.[770]

> Auf der Website der Bundesbank findet sich eine illustrative Darstellung etlicher Beispiele sowie eine eingehende Beschreibung der Sicherheitsmerkmale der Euro-Geldscheine.[771]

b) Tathandlungen

(1) Nachahmen und Verfälschen, § 146 Abs. 1 Nr. 1 StGB

563   Als Nachmachen gilt jedes Herstellen von Falschgeld mit dem Ergebnis, dass das hergestellte Geld echtem Geld derart ähnelt, dass es **geeignet** ist, **von einem**

---

[765] *Eisele* Strafrecht BT I, 2014, § 50 Rn. 963; *Erb* in: MüKo-StGB, 2014, § 146 Rn. 1; *Ruß* in: LK-StGB, 2010, § 146 Rn. 4; *Weidemann* in: BeckOK-StGB, 2016, § 146 Rn. 3; *Wessels/Hettinger* Strafrecht BT I, 2015, Rn. 922.

[766] *Erb* in: MüKo-StGB, 2014, § 146 Rn. 3; *Fischer* StGB, 2016, § 146 Rn. 2; *Kühl/Heger* StGB, 2014, § 146 Rn. 2; *Ruß* in: LK-StGB, 2010, § 146 Rn. 4b; a.A. *Sternberg-Lieben* in: Schönke/Schröder, StGB, 2014, § 146 Rn. 2.

[767] *Erb* in: MüKo-StGB, 2014, § 146 Rn. 2; *Ruß* in: LK-StGB, 2010, § 146 Rn. 7.

[768] *Erb* in: MüKo-StGB, 2014, § 146 Rn. 2; ebenso *Fischer* StGB, 2016, § 146 Rn. 8; *Ruß* in: LK-StGB, 2010, § 146 Rn. 7.

[769] *Erb* in: MüKo-StGB, 2014, § 146 Rn. 7.

[770] BGHSt 27, 255; *Eisele* Strafrecht BT I, 2014, § 50 Rn. 964; *Kühl/Heger* StGB, 2014, § 146 Rn. 3; *Sternberg-Lieben* in: Schönke/Schröder, StGB, 2014, § 146 Rn. 14.

[771] http://www.bundesbank.de//Navigation/DE/Aufgaben/Bargeld/Falschgeld/Falschgelderkennung/falschgelderkennung.html.

Arglosen mit echtem Geld verwechselt zu werden.[772] Die ganz h.M. stellt an die Ähnlichkeit mit echtem Geld keine allzu hohen Anforderungen.[773]

> Diese Anforderungen mögen im Hinblick auf die verbesserten technischen Möglichkeiten in den vergangenen Jahren und Jahrzehnten angestiegen sein. So wurde im Jahr 1954 noch darüber diskutiert, ob ein Schein mit beidseitig identischem Aufdruck jene Voraussetzungen erfüllt.[774] Scheine mit Werbeaufdrucken genügten demgegenüber im Jahr 2003 nicht mehr.[775]

Unter Verfälschen fällt jede Veränderung von echtem Geld in der Weise, dass **564** der **Anschein einer höheren Wertigkeit** hervorgerufen wird.[776] Modifikationen am äußeren Erscheinungsbild des Zahlungsmittels, die nicht den Eindruck eines höheren Werts erwecken, genügen nicht.

(2) Sichverschaffen und Feilhalten, § 146 Abs. 1 Nr. 2 StGB

Der Täter verschafft sich falsches Geld i.S.d. § 146 Abs. 1 Nr. 2 StGB, indem er es **565** mit dem **Willen zur eigenständigen Verfügung in Besitz** nimmt oder in sonstiger Weise in seine eigene Verfügungs- oder Mitverfügungsgewalt bringt.[777] Wer – ohne eigene Verfügungsgewalt zu begründen – die Falsifikate lediglich für einen anderen verwahrt oder annimmt, verwirklicht dieses Tatbestandsmerkmal nicht.[778] In diesen Fällen bleibt lediglich eine Beihilfe, § 27 Abs. 1 StGB.[779]

Auf welche Weise der Täter die eigene Verfügungsgewalt begründet ist **566** unbeachtlich. Dies kann im Wege des abgeleiteten Erwerbs geschehen, durch Fund, aber auch durch unlautere Methoden wie einen Diebstahl oder eine Unterschlagung.[780]

---

[772] Vgl. etwa BGH NStZ 2003, 368; *Rengier* Strafrecht BT II, 2016, § 39 Rn. 4; *Wessels/Hettinger* Strafrecht BT I, 2015, Rn. 926.

[773] BGH NJW 1995, 1844; BGH NStZ 2003, 368; *Puppe* in: NK-StGB, 2013, § 146 Rn. 4; *Ruß* in: LK-StGB, 2010, § 146 Rn. 6.

[774] So bereits BGH NJW 1954, 564.

[775] BGH NStZ 2003, 368.

[776] *Rengier* Strafrecht BT II, 2016, § 39 Rn. 8; *Ruß* in: LK-StGB, 2010, § 146 Rn. 11; *Sternberg-Lieben* in: Schönke/Schröder, StGB, 2014, § 146 Rn. 6; *Wessels/Hettinger* Strafrecht BT I, 2015, Rn. 927.

[777] *Fischer* StGB, 2016, § 146 Rn. 10; *Kühl/Heger* StGB, 2014, § 146 Rn. 6; *Ruß* in: LK-StGB, 2010, § 146 Rn. 20; *Sternberg-Lieben* in: Schönke/Schröder, StGB, 2014, § 146 Rn. 15; *Weidemann* in: BeckOK-StGB, 2016, § 146 Rn. 9; *Wessels/Hettinger* Strafrecht BT I, 2015, Rn. 928.

[778] *Erb* in: MüKo-StGB, 2014, § 146 Rn. 33; *Rengier* Strafrecht BT II, 2016, § 39 Rn. 10; *Wessels/Hettinger* Strafrecht BT I, 2015, Rn. 929.

[779] *Fischer* StGB, 2016, § 146 Rn. 30; *Rengier* Strafrecht BT II, 2016, § 39 Rn. 10; *Sternberg-Lieben* in: Schönke/Schröder, StGB, 2014, § 146 Rn. 15.

[780] *Ruß* in: LK-StGB, 2010, § 146 Rn. 20; *Weidemann* in: BeckOK-StGB, 2016, § 146 Rn. 10; *Wessels/Hettinger* Strafrecht BT I, 2015, Rn. 928.

Beispiel 50[781]

A hat wissentlich Falschgeld unbekannter Herkunft in Besitz. Von dem Geld kauft sich A einen neuen Maserati Ghibli SQ 4, den er in bar bezahlt. Der Inhaber des Autohauses I ist zwar als Händler italienischer Luxuswägen einiges gewöhnt, wird aber doch misstrauisch. Nachdem eine Überprüfung der Echtheit die Scheine als Falschgeld identifiziert, wendet sich I damit an A, der das Falschgeld wieder an sich nimmt und den Wagen diesmal mit echtem Bargeld bezahlt.

Der BGH sah in der Rücknahme des Geldes ein Sichverschaffen i.S.d. § 146 Abs. 1 Nr. 2 Alt. 1 StGB. Bereits durch das Hingeben des Geldes sei dieses in Verkehr gebracht worden, da der I dadurch in die Lage versetzt wurde, nach Belieben mit dem (Falsch-)Geld zu verfahren. Die Rücknahme stelle dann ein selbstständiges Sichverschaffen dar. Zwar werde dadurch innerhalb sehr kurzer Zeit nur der ursprüngliche Zustand wieder hergestellt; es ließe sich also orientiert an der Rspr. zum Betäubungsmittelstrafrecht[782] argumentieren, dass es mit dem Inverkehrbringen sein Bewenden hatte. Der BGH folgte dem jedoch nicht, sondern ging vom Schutzzweck der Norm aus, dass falsches Geld, sobald es als solches erkannt ist, nicht länger in Verkehr bleiben oder die Verfügungsgewalt des derzeitigen Gewahrsamsinhabers – außer zum Zweck der behördlichen Sicherstellung – verlassen soll. Dies gelte auch, wenn der letzte Gewahrsamsinhaber das Falschgeld zurücknimmt. Auf den zeitlich nur kurzen Abstand zwischen erstmaliger Hingabe des Geldes und der Rücknahme komme es dabei nicht an.

567 Feilhalten meint das äußerlich als solches erkennbare **Bereitstellen zu Verkaufszwecken**.[783] Diese Alternative erfasst im Wesentlichen Fälle, in denen Falschgeld zum Zweck des Verkaufs an Bösgläubige vorrätig gehalten wird.[784]

(3) Inverkehrbringen, § 146 Abs. 1 Nr. 3 StGB

568 Inverkehrbringen setzt voraus, dass das falsche Geld in solcher Weise aus dem Gewahrsam des Täters oder eines Dritten entlassen wird, dass ein anderer tatsächlich in die Lage versetzt wird, sich des Falsifikats zu bemächtigen und **nach eigenem**

---

[781] Nach BGH NJW 1995, 1845.

[782] Der BGH (StV 1982, 260) erkennt in der Rückgabe von Betäubungsmitteln an den ursprünglichen Besitzer keine „Abgabe" i.S.d. § 29 Abs. 1 S. 1 BtMG, weil nach dem Sinn des Gesetzes nur derjenige von der Strafvorschrift erfasst werden solle, der „durch sein Handeln den Kreis derjenigen, die zu dem fraglichen Betäubungsmittel in Beziehung standen oder stehen, erweitert, das heißt das Betäubungsmittel weiter verbreitet".

[783] *Eisele* Strafrecht BT I, 2014, § 50 Rn. 974; *Fischer* StGB, 2016, § 146 Rn. 13; *Weidemann* in: BeckOK-StGB, 2016, § 146 Rn. 11.

[784] *Rengier* Strafrecht BT II, 2016, § 39 Rn. 10a; *Weidemann* in: BeckOK-StGB, 2016, § 146 Rn. 11; *Wessels/Hettinger* Strafrecht BT I, 2015, Rn. 929a; krit. dazu *Erb* in: MüKo-StGB, 2014, § 146 Rn. 35-41

Belieben damit umzugehen.[785] Auf welche Weise dies geschieht, d.h. ob durch die Hingabe des Geldes als Zahlungsmittel oder durch einen Umtausch bei einem Kreditinstitut, ist gleichgültig. In der Rspr. findet sich eine umfangreiche Kasuistik, aus der sich Rückschlüsse auf ein eher weites Begriffsverständnis ziehen lassen.[786]

Elementar für die Begriffsbestimmung ist dabei, dass das Falschgeld **als echt** in **569** den Verkehr gebracht wird.[787] Dies soll nach Auffassung der **Rspr.** jedoch nicht nur bei der Weitergabe von Falsifikaten an einen Gutgläubigen der Fall sein, sondern auch, wenn das Falschgeld einem Insider ohne Täuschung über die Echtheit übergeben wird.[788] Etwas anderes gelte nur, falls es sich um eine rein interne Weitergabe zwischen Mittätern oder um die Übergabe an einen Boten handelt.[789] In der Lit. ist diese Deutung zu recht auf Kritik gestoßen. Die Weitergabe an einen Eingeweihten erfolge gerade nicht „als echt", so dass man in der Lesart der Rspr. eine Überschreitung der Wortlautgrenze sehen kann.[790] Der Tatbestand setzt zudem voraus, dass der Täter das Falschgeld **unter den Voraussetzungen des § 146 Abs. 1 Nrn. 1 oder 2 StGB erlangt** hat (Rn. 563-567).[791]

c) Subjektiver Tatbestand

In allen Varianten verlangt § 146 Abs. 1 StGB vorsätzliches Handeln des Täters, **570** wobei **Dolus eventualis** ausreicht. Erforderlich sei darüber hinaus die Absicht (Dolus directus 1. Grades, vgl. den Wortlaut), d.h. ein zielgerichtetes Handeln dahingehend, das nachgemachte oder verfälschte Geld als echt in den Verkehr zu bringen bzw. dies zu ermöglichen.[792] Vorsatz bzw. Absicht müssen spätestens bei Inbesitznahme des Falschgelds vorliegen.

d) Übersicht

---

[785] *Erb* in: MüKo-StGB, 2014, § 146 Rn. 45; *Rengier* Strafrecht BT II, 2016, § 39 Rn. 11; *Ruß* in: LK-StGB, 2010, § 146 Rn. 23; *Weidemann* in: BeckOK-StGB, 2016, § 146 Rn. 13; *Wessels/Hettinger* Strafrecht BT I, 2015, Rn. 931.

[786] Vgl. BGHSt 35, 23; BGHSt 42, 168; BGH NStZ 2003, 423.

[787] *Weidemann* in: BeckOK-StGB, 2016, § 146 Rn. 14.

[788] Bspw. BGH NJW 2011, 792; BGH NStZ 2002, 593.

[789] BGH NStZ-RR 2002, 302; krit. dazu *Baier* JA 2003, 189 f.

[790] *Erb* in: MüKo-StGB, 2014, § 146 Rn. 46-49; *Scheffler* NStZ 1996, 67, 68; *Wessels/Hettinger* Strafrecht BT I, 2015, Rn. 933a.

[791] BGH NJW 2011, 792; *Weidemann* in: BeckOK-StGB, 2016, § 146 Rn. 15.

[792] BGH NStZ-RR 2013, 74; BGH NStZ-RR 2010, 370; BGH NStZ 2008, 149; *Erb* in: MüKo-StGB, 2014, § 146 Rn. 51; *Ruß* in: LK-StGB, 2010, § 146 Rn. 15; *Sternberg-Lieben* in: Schönke/Schröder, StGB, 2014, § 146 Rn. 7; *Weidemann* in: BeckOK-StGB, 2016, § 146 Rn. 17.

b) Tathandlungen: Nachahmen und Verfälschen, § 146 Abs. 1 Nr. 1 StGB
   – Eignung zur Verwechslung
c) Tathandlungen: Sichverschaffen und Feilhalten, § 146 Abs. 1 Nr. 2 StGB
   – Rückerwerb des ursprünglichen Inhabers (Rn. 566)
d) Tathandlung: Inverkehrbringen, § 146 Abs. 1 Nr. 3 StGB
2. Subjektiver Tatbestand: Vorsatz, Dolus eventualis ausreichend (Rn. 571)
II. Rechtswidrigkeit
III. Schuld
IV. Qualifikation, § 146 Abs. 2 StGB
V. Minder schwerer Fall, § 146 Abs. 3 StGB

2. Inverkehrbringen von Falschgeld, § 147 StGB

572 § 147 StGB ergänzt § 146 StGB und erfasst Fälle, in denen der Täter Falschgeld **als echt in Verkehr bringt**, ohne dabei letztgenannten Tatbestand zu erfüllen. Beide Vorschriften verhalten sich somit zu einander exklusiv.

573 § 147 StGB setzt, anders als § 146 StGB, nicht voraus, dass der Täter mit Dolus directus 1. Grades im Hinblick auf das Inverkehrbringen des Geldes handelt; vielmehr genügt diesbezüglich Dolus eventualis. Während § 146 StGB trotz des zeitlich früheren Eingreifens mit Blick auf die besondere Zielrichtung des Verhaltens des Täters als Verbrechen ausgestaltet ist, bleibt der Strafrahmen des § 147 StGB im Bereich eines Vergehens.

574 Der Tatbestand des § 147 Abs. 1 StGB besteht somit in der Weitergabe von Falschgeld an einen Eingeweihten, wobei der Täter billigend in Kauf nimmt, dass dieser Eingeweihte das Falschgeld dann in den Zahlungsverkehr einschleust.[793] Die Vorschrift hat damit Boten und/oder Erfüllungsgehilfen im Blick, die Falsifikate einem Eingeweihten weitergeben und diesem das Einschleusen in den Verkehr überlassen. Die Strafbarkeit nach § 147 StGB geht dabei einer Strafbarkeit nach §§ 146, 27 StGB vor.

3. Wertzeichen und Wertpapiere, §§ 148, 151 StGB

575 § 148 Abs. 1 StGB spiegelt § 146 Abs. 1 StGB für amtliche Wertzeichen. Als amtliche Wertzeichen gelten solche **Marken oder ähnliche Zeichen**, die vom Staat, Gebiets- oder sonstigen Körperschaften des öffentlichen Rechts **unter Verkörperung eines bestimmten Geldwertes ausgegeben** werden, um die Zahlung von Abgaben, Beiträgen, Gebühren, Steuern etc. zu vereinfachen bzw zu erleichtern und nachzuweisen.[794] Die Norm erfasst damit bspw. Gebührenmarken der öffentlichen Verwaltung, Gerichtskostenmarken sowie Steuerzeichen. Über das Spiegelbild zu

---

[793] *Fischer* StGB, 2016, § 147 Rn. 2; *Kühl/Heger* StGB, 2014, § 147 Rn. 2; *Rengier* Strafrecht BT II, 2016, § 39 Rn. 13; *Ruß* in: LK-StGB, 2010, § 147 Rn. 2 ff.; *Sternberg-Lieben* in: Schönke/Schröder, StGB, 2014, § 147 Rn. 5; *Weidemann* in: BeckOK-StGB, 2016, § 147 Rn. 5; a.A. *Erb* in: MüKo-StGB, 2014, § 147 Rn. 5.

[794] *Erb* in: MüKo-StGB, 2014, § 148 Rn. 2; *Fischer* StGB, 2016, § 148 Rn. 2; *Kühl/Heger* StGB, 2014, § 148 Rn. 2; *Sternberg-Lieben* in: Schönke/Schröder, StGB, 2014, § 148 Rn. 2; *Wessels/Hettinger* Strafrecht BT I, 2015, Rn. 944.

§ 146 Abs. 1 StGB hinaus enthält § 148 Abs. 2 StGB einen Tatbestand, der Konstellationen regelt, in denen **bereits verwendete amtliche Wertzeichen**, an denen das Entwertungszeichen beseitigt worden ist, als gültig verwendet oder in Verkehr gebracht werden.

§ 151 StGB folgt einem anderen Regelungsmuster, indem die Vorschrift schlicht   **576**
auf die Tatbestande der §§ 146, 147 und 149 StGB verweist. Dadurch erstreckt sich der Schutzbereich dieser Normen auf die in § 151 StGB genannten **Wertpapiere**. Ziel der Vorschrift ist es, die Sicherheit und Zuverlässigkeit des Rechtsverkehrs mit solchen Wertpapieren zu schützen. Durch deren **massenhafte Ausgabe** ähnelt ihre Funktion dem Papiergeld; ihre Werthaltigkeit genießt besonderes Vertrauen, was bei der Echtheitsprüfung zu einer gewissen Oberflächlichkeit verleiten könnte.[795] Die Aufzählung in § 151 StGB ist abschließend und erfasst:

- Inhaber- und Orderschuldverschreibungen, die Teile einer Gesamtemission sind, wenn in den Schuldverschreibungen die Zahlung einer bestimmten Geldsumme versprochen wird;
- Aktien;
- von Kapitalverwaltungsgesellschaften ausgegebene Anteilscheine;
- Zins-, Gewinnanteil- und Erneuerungsscheine zu Wertpapieren der in den Nummern 1 bis 3 bezeichneten Art sowie Zertifikate über Lieferung solcher Wertpapiere;
- Reiseschecks.

Der Tatbestand setzt voraus, dass die Wertpapiere **gegen Nachahmung besonders**   **577**
gesichert sind. Dabei ergibt sich aus dem Sinn und Zweck der Vorschrift (Gleichstellung mit Geldscheinen), dass diese Sicherung über das für Urkunden übliche Ausmaß hinausgehen muss.[796] Erforderlich sind daher bspw. eine besondere Papier- und Druckart sowie spezielle Sicherungszeichen.

4. Vorbereitungshandlungen, § 149 StGB
§ 149 StGB stellt bestimmte Vorbereitungshandlungen zur Geld- und Wertzeichen-   **578**
fälschung unter Strafe. Dazu erfasst § 149 Abs. 1 **Nr. 1** StGB bestimmte **Vorrichtungen** zur Herstellung von Falsifikaten, darunter Platten, Formen, Drucksätze, Druckstöcke, Negative, Matrizen und Computerprogramme. Die Aufzählung ist indes nicht abschließend (vgl. den Wortlaut „oder ähnliche Vorrichtungen"). Unter den Begriff der ähnlichen Vorrichtungen fallen solche, die nach ihrem Erscheinungsbild und in ihrer Eigenschaft als Fälschungsmittel den ausdrücklich erwähnten Fälschungsmitteln vergleichbar sind.[797]

---

[795] *Fischer* StGB, 2016, § 151 Rn. 2; *Kühl/Heger* StGB, 2014, § 151 Rn. 1; *Sternberg-Lieben* in: Schönke/Schröder, StGB, 2014, § 151 Rn. 1; *Weidemann* in: BeckOK-StGB, 2016, § 151 Rn. 2.

[796] *Erb* in: MüKo-StGB, 2014, § 151 Rn. 5; *Ruß* in: LK-StGB, 2010, § 151 Rn. 1.

[797] *Sternberg-Lieben* in: Schönke/Schröder, StGB, 2014, § 149 Rn. 3; *Weidemann* in: BeckOK-StGB, 2016, § 149 Rn. 5.

579   Die Vorschrift setzt voraus, dass die Vorrichtungen **ihrer Art nach geeignet** sind, Geld oder Wertzeichen zu fälschen, d.h. den Tatbestand der §§ 146, 148 StGB zu verwirklichen. Dies erfordert die spezifische Verwendbarkeit des Fälschungsmittels gerade zur Vornahme von Geld- oder Wertzeichenfälschungen.[798] Es reicht also nicht aus, dass der Täter über allgemein übliches Werkzeug (Hammer, Meißel, Metallsäge) oder gewöhnliche Bürogeräte wie Farbdrucker und Kopierer verfügt.

> In der Lit. wird erwogen, sog. **Skimmer** ebenfalls zu diesen Vorrichtungen zu zählen. Hierbei handelt es sich um Geräte, mit denen der Magnetstreifen einer Kreditkarte gelesen werden kann, um deren Daten auf Dubletten zu kopieren. Da §§ 152a Abs. 5 StGB, 152b Abs. 5 StGB auf § 149 StGB verweisen und zudem der Wortlaut des § 149 Abs. 1 Nr. 1 StGB Computerprogramme einschließt, erscheint es nach jener Ansicht nur sachgerecht und konsequent, diese Vorrichtungen als Gegenstände „moderner Fälschungsmethoden" ebenfalls einzubeziehen.[799]

580   § 149 Abs. 1 **Nr. 2** StGB nennt als Tatgegenstand zudem **Papier**, das einer zur Herstellung von Geld- oder Wertzeichen bestimmten und gegen Nachahmung besonders gesicherten Papierart gleicht oder ähnlich sieht. Eine Sicherung gegen Nachahmung besteht bspw. in Wasserzeichen oder unsichtbaren Fasern, die in das Papier eingearbeitet sind.[800] Die durch den Tatbestand geforderte Ähnlichkeit besteht, wenn das Papier trotz vorhandener Abweichungen nach seinem Gesamteindruck geeignet ist, bei einem durchschnittlichen und über besondere Sachkenntnisse nicht verfügenden Betrachter, der das Papier nicht näher prüft, die Fehlvorstellung herbeizuführen, dass es sich um besonders gesichertes Papier handelt.[801] § 149 Abs. 1 **Nr. 3** StGB schließlich erfasst **Hologramme** und andere Bestandteile, die der Sicherung gegen Fälschung dienen, als Tatgegenstände.

581   Als **Tathandlungen** nennt § 149 Abs. 1 StGB Herstellen, sich oder einem anderen Verschaffen, Feilhalten, Verwahren und Überlassen. Inhaltlich entsprechen Herstellen, sich oder einem anderen Verschaffen und Feilhalten dem im Rahmen des § 149 Abs. 1 StGB geltenden Begriffsverständnis. Ein Verwahren liegt vor, wenn der Täter Gewahrsam an dem betreffenden Tatgegenstand innehat. Das Überlassen setzt demgegenüber voraus, dass der Täter einem Dritten unmittelbaren Gewahrsam an dem Gegenstand zumindest vorübergehend einräumt.

582   Der Täter muss vorsätzlich handeln, wobei sich der **Vorsatz** sowohl auf die Merkmale des jeweiligen Gegenstands als auch darauf erstrecken muss, dass er eine

---

[798] *Fischer* StGB, 2016, § 149 Rn. 3; *Kühl/Heger* StGB, 2014, § 149 Rn. 2; *Ruß* in: LK-StGB, 2010, § 149 Rn. 3; *Sternberg-Lieben* in: Schönke/Schröder, StGB, 2014, § 149 Rn. 3; *Weidemann* in: BeckOK-StGB, 2016, § 149 Rn. 6.

[799] *Erb* in: MüKo-StGB, 2014, § 149 Rn. 6; *Weidemann* in: BeckOK-StGB, 2016, § 149 Rn. 6.

[800] *Erb* in: MüKo-StGB, 2014, § 149 Rn. 9; *Kühl/Heger* StGB, 2014, § 149 Rn. 3; *Ruß* in: LK-StGB, 2010, § 149 Rn. 4; *Sternberg-Lieben* in: Schönke/Schröder, StGB, 2014, § 149 Rn. 5; *Weidemann* in: BeckOK-StGB, 2016, § 149 Rn. 7.

[801] BGH NStZ 1994, 124; *Fischer* StGB, 2016, § 149 Rn. 4; *Hefendehl* JR 1996, 353; *Kühl/Heger* StGB, 2014, § 149 Rn. 3; *Sternberg-Lieben* in: Schönke/Schröder, StGB, 2014, § 149 Rn. 5.

eigene oder eine fremde Tat nach § 146 Abs. 1 StGB, § 148 Abs. 1 StGB vorbereitet. Bedingter Vorsatz genügt.[802]

III. Scheck- und Kreditkartenfälschung

1. Geschütztes Rechtsgut der §§ 152a, 152b StGB

Die Vorschriften der §§ 152a, 152b StGB sollen die **Sicherheit und Funktionsfähigkeit des bargeldlosen Zahlungsverkehrs** schützen.[803] Das individuelle Vermögen spielt demgegenüber keine Rolle.[804] Vielmehr weisen vor allem die Tathandlungen des Fälschens von Schecks und Wechseln, aber auch das von nicht garantierten Zahlungskarten eine besondere Nähe zur Urkundenfälschung nach § 267 StGB auf, der ebenfalls das überindividuelle Schutzgut der Sicherheit und Zuverlässigkeit des Rechtsverkehrs, insbesondere des Beweisverkehrs mit Urkunden schützt.[805] §§ 152a, 152b StGB stellen also Spezialfälle der Urkundenfälschung dar. **583**

2. Fälschung von Zahlungskarten, Schecks und Wechseln, § 152a StGB
a) Tatgegenstand

Gegenstand einer Straftat nach § 152a StGB sind zunächst **Zahlungskarten**. Unter diesen Begriff fallen mit Blick auf das Verhältnis zu § 152b StGB in- und ausländische Karten ohne Garantiefunktion, d.h. solche, die bei bestimmungsgemäßem Gebrauch eine Barzahlung ersetzen, es mithin dem Inhaber ermöglichen, Geld oder einen monetären Wert zu übertragen.[806] Zudem ordnet § 152a Abs. 4 Nrn. 1 und 2 StGB an, dass die Karten von einem Kreditinstitut oder Finanzdienstleistungsinstitut i.S.d. § 1 KWG herausgegeben wurden und durch Ausgestaltung oder Codierung besonders gegen Nachahmung gesichert sind. Nicht erfasst werden daher reine Leistungskarten wie z.B. Mensakarten, Zugangskarten oder mangels ausgebenden Kreditinstituts Telefonkarten.[807] In den Anwendungsbereich fallen jedoch Bankkarten, die zur Geldabhebung an Automaten der ausstellenden Bank berechtigen, aufladbare Chipkarten sowie solche Kundenkarten, die einen Kreditkauf beim ausgebenden Unternehmen ermöglichen.[808] Als besondere Sicherung gegen Nachahmung gelten Ausgestaltung oder Codierung der Karte z.B. durch ein spezifisches Druckbild, ein integriertes Hologramm oder rein maschinell lesbare Magnetstreifen.[809] **584**

---

[802] *Weidemann* in: BeckOK-StGB, 2016, § 149 Rn. 11 f.

[803] BT-Drs. 10/5058, S. 26; BT-Drs. 13/8587, S. 29; *Eisele* Strafrecht BT I, 2014, § 50 Rn. 998; *Kühl/Heger* StGB, 2014, § 152a Rn 1.

[804] *Kühl/Heger* StGB, 2014, § 152a Rn 1; *Sternberg-Lieben* in: Schönke/Schröder, StGB, 2014, § 152a Rn. 1.

[805] *Fischer* StGB, 2016, § 267 Rn 1; *Kühl/Heger* StGB, 2014, § 267 Rn 1.

[806] BT-Drs 15/1720, S. 9; *Fischer* StGB, 2016, § 267 Rn 4a; *Sternberg-Lieben* in: Schönke/Schröder, StGB, 2014, § 152a Rn. 5.

[807] BT-Drs. 15/1720 S. 9; *Sternberg-Lieben* in: Schönke/Schröder, StGB, 2014, § 152a Rn. 3.

[808] *Weidemann* in: BeckOK-StGB, 2016, § 152a Rn. 5

[809] *Erb* in: MüKo-StGB, 2014, § 152a Rn. 5.

585   Darüber hinaus können auch **Schecks** und **Wechsel** Tatgegenstand sein. Die Begriffsdefinitionen ergeben sich aus Art. 1, 2 ScheckG bzw. aus Art. 75, 76 WG. Als Sonderfälle der Urkunde i.S.d. § 267 StGB ist Tatgegenstand stets ein unechter Scheck oder Wechsel, bei dem wenigstens eine der im Papier verkörperten Erklärungen (Ausstellererklärung, Indossament, Bürgschaft oder – beim gezogenen Wechsel – Annahmeerklärung) überhaupt nicht oder nicht in der vorliegenden Form auf denjenigen zurückgeht, der als Erklärender ausgewiesen ist.[810]

b) Tathandlungen

586   Gemäß § 152a Abs. 1 Nr. 1 StGB kann ein strafbares Verhalten im Nachmachen oder Verfälschen liegen. Unter **Nachmachen** ist das Herstellen von Falsifikaten zu verstehen.[811] Im Gegensatz dazu verlangt die Tathandlung des **Verfälschens** ein echtes Tatobjekt, das infolge der unbefugten Veränderung in einem für den Zahlungsverkehr relevanten Punkt unecht wird, weil die entsprechenden Daten nur noch scheinbar die Erklärung des Ausstellers repräsentieren.[812]

587   § 152a Abs. 1 Nr. 2 StGB stellt demgegenüber Verschaffen und Feilhalten, Überlassen sowie Gebrauchen von falschen Karten, Schecks oder Wechseln unter Strafe. **Verschaffen** liegt – wie im Rahmen der Geldfälschung gem. § 146 StGB – vor, wenn der Täter eines der Tatobjekte mit dem Willen zur eigenständigen Verfügung in Besitz nimmt oder in sonstiger Weise in seine eigene Verfügungs- oder Mitverfügungsgewalt bringt.[813] **Feilhalten** bedeutet das äußerlich als solches erkennbare Bereitstellen zu Verkaufszwecken (vgl. die Definition für § 146 StGB).[814] Ein **Überlassen** liegt vor, wenn der Täter einem Dritten unmittelbaren, zumindest vorübergehenden Gewahrsam an einem der Tatobjekte einräumt.[815] **Gebrauchen** bedeutet eine Verwendung im Zahlungsverkehr, wobei die bloße Vorspiegelung von Kreditwürdigkeit noch nicht als ausreichend angesehen wird.[816]

c) Subjektiver Tatbestand

588   Der Täter muss mit Vorsatz i.S.d. § 15 StGB bzgl. des objektiven Tatbestands handeln, wobei **bedingter Vorsatz** ausreicht. Darüber hinaus ist ein Handeln zur Täuschung im Rechtsverkehr oder in der Absicht erforderlich, eine solche Täuschung zu ermöglichen. Durch diese Anforderung an den subjektiven Tatbestand wird die Nähe zur Urkundenfälschung nach § 267 StGB deutlich. Für die Ermöglichungsabsicht genügt es, wenn die Fälschungen an einen Eingeweihten

---

[810] *Erb* in: MüKo-StGB, 2014, § 152a Rn. 7.

[811] *Fischer* StGB, 2016, § 152a Rn. 11; *Martin* JuS 2001, 300; *Seidl* ZIS 2012, 415, 420; *Weidemann* in: BeckOK-StGB, 2016, § 152a Rn. 8.

[812] *Erb* in: MüKo-StGB, 2014, § 152a Rn. 10.

[813] *Weidemann* in: BeckOK-StGB, 2016, § 146 Rn. 9; *Wessels/Hettinger* Strafrecht BT I, 2015, Rn. 928.

[814] *Fischer* StGB, 2016, § 146 Rn 13; *Kühl/Heger* StGB, 2014, § 146 Rn. 6a.

[815] Vgl. *Ziegler* in: BeckOK-StGB, 2016, § 184 Rn. 5.

[816] *Erb* in: MüKo-StGB, 2014, § 152a Rn. 11.

weitergegeben werden sollen, so dass eine genaue Kenntnis von der Person des Täuschenden wie auch des Getäuschten nicht erforderlich ist.[817]

3. Fälschung von Zahlungskarten mit Garantiefunktion und Vordrucken von Euroschecks, § 152b StGB

Der Tatbestand des § 152b Abs. 1 StGB knüpft an die Tathandlungen des § 152a **589** Abs. 1 StGB an und weist diesen zusätzliche Tatgegenstände zu. Genannt werden Zahlungskarten mit Garantiefunktion und Vordrucke für Euroschecks. Zahlungskarten mit Garantiefunktion sind nach § 152b Abs. 4 StGB Kreditkarten, Euroscheckkarten und sonstige Karten, die es ermöglichen, den Aussteller im Zahlungsverkehr zu einer garantierten Zahlung zu veranlassen (§ 152b Abs. 4 Nr. 1 StGB) und durch Ausgestaltung oder Codierung besonders gegen Nachahmung gesichert sind (§ 152b Abs. 4 Nr. 2 StGB). Im Gegensatz zu § 152a StGB ist dabei nicht erforderlich, dass die Karte durch ein Kredit- oder Finanzdienstleistungsinstitut herausgegeben wurde.[818]

Bzgl. der Tathandlungen ist zu beachten, dass das Gebrauchen aus § 152a Abs. 1 **590** Nr. 2 StGB hier anstatt des Verwendens im Zwei-Personen-Verhältnis ein solches im **Drei-Personen-Verhältnis** unter Auslösen der Garantiefunktion voraussetzt. Nur dann wird i.S.v. § 152b Abs. 4 Nr. 2 StGB dem Gläubiger gegen einen von ihm personenverschiedenen Kartenaussteller eine Zahlung garantiert, was bei der Verwendung eines Falsifikats im Zwei-Personen-Verhältnis (z.B. Leistungserbringung durch den Kartenaussteller selbst) ohne Zahlungsgarantie nicht der Fall ist.[819] Damit werden durch § 152b StGB gerade keine Bankkarten erfasst, die lediglich zur Abhebung bei der ausgebenden Bank berechtigen.[820] Diese sind bereits über § 152a StGB, geschützt. § 152b StGB regelt demgegenüber Kreditkarten (Master-/VisaCard) sowie EC- oder Maestrokarten.[821]

Literatur

Achenbach, Hans: Aus der 1991/1992 veröffentlichten Rechtsprechung zum Wirtschaftsstrafrecht, NStZ 1993, S. 427-430.

Achenbach, Hans/Ransiek, Andreas/Rönnau, Thomas (Hrsg.): Handbuch Wirtschaftsstrafrecht, 4. Aufl., Heidelberg 2015.

Achenbach, Hans/Wannemacher, Wolfgang (Hrsg.): Beraterhandbuch zum Steuer- und Wirtschaftsstrafrecht, Loseblatt Stand: 1999, Berlin.

Aldenhoff, Hans-Hermann/Kuhn, Sascha: § 266 StGB – Strafrechtliches Risiko bei der Unternehmenssanierung durch Banken?, ZIP 2004, S. 103-111.

---

[817] *Fischer* StGB, 2016, § 152a Rn. 15; *Sternberg-Lieben* in: Schönke/Schröder, StGB, 2014, § 152a Rn. 8; *Weidemann* in: BeckOK-StGB, 2016, § 152a Rn. 13.

[818] *Weidemann* in: BeckOK-StGB, 2016, § 152b StGB Rn. 4.

[819] *Sternberg-Lieben* in: Schönke/Schröder, StGB, 2014, § 152b Rn. 4.

[820] *Weidemann* in BeckOK-StGB, 2016, § 152b StGB Rn. 4.

[821] BGH NStZ 2012, 318; *Fischer* StGB, 2016, § 152b Rn. 5; *Kühl/Heger* StGB, 2014, § 152b Rn. 2.

Allmendinger, Stefan/Tilp, Andreas W.: Börsentermin- und Differenzgeschäfte, Köln 1998.

Altenburg, Johannes: Unternehmerische (Fehl-)Entscheidungen als Untreue?: Eine gefährliche (Fehl-)Entwicklung!, BB 2015, S. 323-328.

Arlt, Michael: Der strafrechtliche Anlegerschutz vor Kursmanipulation, Frankfurt a.M. 2004.

Arzt, Gunther/Weber, Ulrich/Heinrich, Bernd/Hilgendorf, Eric: Strafrecht Besonderer Teil, 3. Aufl., Bielefeld 2015.

Assmann, Heinz-Dieter/Schütze, Rolf A.: Handbuch des Kapitalanlagerechts, 4. Aufl., München 2015.

Assmann, Heinz-Dieter/Schneider Uwe H.: Wertpapierhandelsgesetz: WpHG, 6. Aufl., Köln 2012.

Auerbach, Dirk: Banken- und Wertpapieraufsicht, München 2015.

Bähre, Inge/Schneider, Manfred: KWG-Kommentar, 3. Aufl., München 1986.

Baier, Helmut: Inverkehrbringen von Falschgeld, JA 2003, S. 189-191.

Bamberger, Georg/Roth, Herbert: Beck'scher Online-Kommentar BGB, 40. Ed., München 2016.

Bartholme, Stefan: Geld-, Wertzeichenfälschung und verwandte Delikte, JA 1993, S. 197-202.

Bartholme, Stefan: Rechtsprechung Strafrecht, JA 1994, S. 97-99.

Baumbach, Adolf/Hefermehl, Wolfgang/Casper, Matthias: Wechselgesetz, Scheckgesetz, Recht der kartengestützten Zahlungen: WG, ScheckG, Kartengestützte Zahlungen, 23. Aufl., München 2008.

Beck, Heinz/Samm, Carl-Theodor/Kokemoor, Axel: Kreditwesengesetz mit CRR, München 2016.

Beckemper, Katharina: Das Rechtsgut „Vertrauen in die Funktionsfähigkeit der Märkte", ZIS 2011, S. 318-323.

Beckemper, Katharina/Wegner, Carsten: Anmerkung zu BGH, NStZ 2002, 313, NStZ 2003, S. 315-317.

Benzler, Marc: Nettingvereinbarungen im außerbörslichen Derivatehandel, Baden-Baden 1999.

Bergmann, Matthias/Freund, Georg: Zur Reichweite des Betrugstatbestandes bei rechts- oder sittenwidrigen Geschäften, JR 1988, S. 189-193.

Bernsmann, Klaus: Alles Untreue?, GA 2007, S. 219-237.

Bernsmann, Klaus: Kick-back zu wettbewerbswidrigen Zwecken – keine Untreue, StV 2005, S. 576-578.

Bernsmann, Klaus: Untreue und Korruption – der BGH auf Abwegen, GA 2009, S. 296-313.

Berz, Ulrich: Das Erste Gesetz zur Bekämpfung der Wirtschaftskriminalität, BB 1976, S. 1435-1441.

Beulke, Werner: Wirtschaftslenkung im Zeichen des Untreuetatbestands, in: Müller, Henning/Sander, Günther/Válková, Helena, Festschrift für Ulrich Eisenberg zum 70. Geburtstag, München 2009.

Birnbaum, Günter: Stichwort „Churning", wistra 1991, S. 253-256.

Boos, Karl-Heinz/Fischer, Reinfried/Schulte-Mattler, Hermann: Kreditwesengesetz, Kommentar zu KWG und Ausführungsvorschriften, 5. Aufl., München 2016.

Bosch, Nikolaus: Bestrafung privater Insolvenz durch § 263 StGB?, wistra 1999, S. 410-414.

Bosch, Nikolaus/Lange, Knut Werner: Unternehmerischer Handlungsspielraum des Vorstandes zwischen zivilrechtlicher Verantwortung und strafrechtlicher Sanktion, JZ 2009, S. 225-237.

Bottke, Wilfried: Das Wirtschaftsstrafrecht in der Bundesrepublik Deutschland – Lösungen und Defizite, wistra 1991, S. 1-10.

Bringewat, Peter: Der Kreditkartenmißbrauch – eine Vermögensstraftat!, NStZ 1985, S. 535-537.

Bröker, Klaus F.: Strafrechtliche Probleme bei Warentermin- und -optionsgeschäften, Göttingen 1989.

Brodmann, Heinz: Probleme des Tatbestandes des Kreditbetrugs, (§ 265b StGB), Köln 1984.

Brox, Hans/Walker, Wolf-Dietrich: Besonderes Schuldrecht, 35. Aufl., München 2015.

Bülow, Peter: Wechselgesetz, Scheckgesetz, 5. Aufl., München 2013.

Bürkle, Jürgen/Hauschka, Christoph: Der Compliance Officer, München 2015.

Canaris, Claus-Wilhelm: Die Ausgabe von Namensgewinnschuldverschreibungen an Arbeitnehmer in bankaufsichtsrechtlicher Sicht, BB 1978, S. 227-235.

Cerny, Jochen: § 264a StGB – Kapitalanlagebetrug – Gesetzlicher Anlegerschutz mit Lücken, MDR 1987, S. 271-279.

Cramer, Steffen: Sichverschaffen von Falschgeld im Sinne von StGB § 146 Abs. 1 Nr. 2 auch bei bloßer Aufbewahrung für einen Dritten?, NStZ 1997, S. 84-85.

Derleder, Peter: Die vollharmonisierende Europäisierung des Rechts der Zahlungsdienste und des Verbraucherkredits, NJW 2009, S. 3195-3202.

Dölling, Dieter/Duttge, Gunnar/König, Stefan/et al.: Gesamtes Strafrecht, 4. Aufl., Baden-Baden 2016.

Doster, Werner: Strafrechtliche Ermittlungsverfahren gegen Bankmitarbeiter wegen des Verdachts der Untreue, WM 2001, S. 333-339.

Dunkel, Wolfgang: Nochmals – Der Scheckkartenmißbrauch in strafrechtlicher Sicht, GA 1977, S. 329-340.

Edelmann, Hervé: Die Kick-back-Rechtsprechung – ein Irrweg?, BB 2010, S. 1163-1172.

Eisele, Jörg: Payment Card Crime: Skimming, CR 2011, S. 131-136.

Eisele, Jörg: Strafrecht Besonderer Teil I, Straftaten gegen die Person und die Allgemeinheit, 3. Aufl., Stuttgart 2014.

Emde, Thomas/Dreibus, Alexandra: Der Regierungsentwurf für ein Kapitalanlagengesetzbuch, BKR 2013, S. 89-102.

Endemann, Wilhelm: Handbuch des deutschen Handels-, See- und Wechselrechts: Band 2 Die Objecte des Handelsverkehrs, Die Handelsgeschäfte, Leipzig 1882.

Erbs, Georg/Kohlhaas, Max: Strafrechtliche Nebengesetze, 208. Ergänzungslieferung, Januar 2015, München.

Fichtner, Andrea: Die börsen- und depotrechtlichen Strafvorschriften und ihr Verhältnis zu den Eigentums- und Vermögensdelikten des StGB, Tübingen 1993.

Fischer, Thomas: Der Gefährdungsschaden bei § 266 in der Rechtsprechung des BGH, StraFo 2008, S. 269-277.

Fischer, Thomas: Strafgesetzbuch mit Nebengesetzen, 63. Aufl., Baden-Baden 2016.

Flanderka, Fritz/Heydel, Reinhart: Strafbarkeit des Vertriebs von Bauherren-, Bauträger- und Erwerbermodellen gem § 264a StGB, wistra 1990, S. 256-258.

Fleischer, Holger: Das Vierte Finanzmarktförderungsgesetz, NJW 2002, S. 2977-2983.

Fleischer, Holger: Directors Dealings, ZIP 2002, S. 1217-1218.

Frisch, Wolfgang: Voraussetzungen und Grenzen staatlichen Strafens, NStZ 2016, S. 16-25.

Frister, Helmut: Das „Sich-Verschaffen" von Falschgeld, GA 1994, S. 553-560.

Gallandi, Volker: Die Untreue von Bankverantwortlichen im Kreditgeschäft, wistra 2001, S. 281-286.

Gallandi, Volker: § 264a StGB – Der Wirkung nach ein Mißgriff?, wistra 1987, S. 316-319.

Geisler, Werner: Falschgeld wegen fehlenden Prägeauftrags und gewohnheitsrechtliches Außerkrafttreten von Geld, NJW 1978, S. 708-709.

Geppert, Klaus: Die Abgrenzung von Betrug und Diebstahl, insbesondere in den Fällen des sogenannten „Dreiecks-Betruges", JuS 1977, S. 69-75.

Gerst, Hans-Joachim/Meinicke, Dirk: Zwischen Verkaufsgeschick und Betrug: Strafbarkeitsrisiken beim Vertrieb von Kapitalanlageprodukten am Beispiel offener Immobilienfonds, StraFo, S. 29-34.

Geurts, Matthias/Schubert, Leif: KAGB kompakt, Frankfurt 2014.

Graul, Eva: Können auch Erfahrungssätze und Rechtssätze Tatsachen iS des § 263 StGB sein?, JZ 1995, S. 595-603.

Grunewald, Barbara/Schlitt, Michael: Einführung in das Kapitalmarktrecht, 3. Aufl., München 2014.

Graf, Jürgen Peter/Jäger, Markus/Wittig, Petra: Wirtschafts- und Steuerstrafrecht, München 2017.

Gsell, Beate/Krüger, Wolfgang/Lorenz, Stephan/et al.: beck-online Grosskommentar Bürgerliches Gesetzbuch, München 2016.

Habersack, Mathias/Mülbert, Peter/Schlitt, Michael: Handbuch der Kapitalmarktinformation, 2. Aufl., München 2013.

Hafke, Heinz-Christian: „Systemmünzen", MDR 1976, S. 278-281.

Hagemann, Michael H.: „Grauer Kapitalmarkt" und Strafrecht, Osnabrück 2005.

Hefendehl, Roland: Examensklausur Strafrecht, Jura 1992, S. 374-384.

Hefendehl, Roland: Ist ein Verfügen über das Guthaben nach bankinterner Fehlbuchung strafbar?, NStZ 2001, S. 281-284.

Hefendehl, Roland: Kollektive Rechtsgüter im Strafrecht, Köln 2002.

Hefendehl, Roland: Vermögensgefährdung und Exspektanzen, Berlin 1994.

Hefendehl, Roland: Zur Vorverlagerung des Rechtsgutsschutzes am Beispiel der Geldfälschungs-tatbestände, JR 1996, S. 353-357.

Heghmanns, Michael, Strafrecht für alle Semester – Besonderer Teil, Berlin 2009.

von Heintschel-Heinegg, Bernd (Hrsg.): Beck'scher Online Kommentar zum StGB, 31. Ed., München 2016.

Heinz, Wolfgang: Die Bekämpfung der Wirtschaftskriminalität mit strafrechtlichen Mitteln – unter besonderer Berücksichtigung des 1. WiKG, GA 1977, S. 193-221.

Helck, Thomas/Petry, Daphne: Die Selbstanzeige im Außenwirtschaftsrecht, ZfZ 2015, S. 151-156.

Hellmann, Uwe/Beckemper, Katharina: Wirtschaftsstrafrecht, 4. Aufl., Stuttgart 2013.

Hellner, Thorwald/Steuer, Stephan: Bankrecht und Bankpraxis, 123. Ergänzungslieferung, Frankfurt 2016.

Herresthal, Carsten: Die Verpflichtung zur Bewertung der Kreditwürdigkeit und zur angemessenen Erläuterung nach der neuen Verbraucherkreditrichtlinie 2008/48/EG, WM 2009, S. 1174-1180.

Herzberg, Rolf Dietrich: Die Unterlassung im Strafrecht und das Garantenprinzip, Berlin 1972.

Hildner, Claus: Aspekte des Anlagebetruges im staatsanwaltschaftlichen Ermittlungsverfahren, WM 2004, S. 1068-1074.

Hillenkamp, Thomas: Risikogeschäft und Untreue, NStZ 1981, S. 161-168.

von Hippel, Eike: Kein Schutz vor Anlagebetrug?, ZRP 1997, S. 305-307.

Hirte, Heribert/Möllers, Thomas M. J.: Kölner Kommentar zum WpHG, 2. Aufl., Köln 2014.

zu Hohenlohe-Oehringen, Peter: Zur Täuschung und Irrtumserregung sowie zum Vermögensscha-den bei Vermittlung und Verkauf von Rohstoffoptionen, BB 1980, S. 231-232.

Holl, Volker/Kessler, Oliver: Die US-amerikanische Churning-Doktrin im Recht der Terminge-schäfte, RIW 1995, S. 983-984.

Hopt, Klaus: Der Kapitalanlegerschutz im Recht der Banken, München 1975.

Höring, Johannes: Investmentrecht, Heidelberg 2013.

Hövelberndt, Andreas: Grundzüge des Urkunden-, Wechsel- und Scheckprozesses, JuS 2003, S. 1105-1111.

Hueck, Alfred/Canaris, Claus-Wilhelm: Das Recht der Wertpapiere, 12. Aufl., München 1986.

Husemann, Stephan: Die Verbesserung des strafrechtlichen Schutzes des bargeldlosen Zahlungs-verkehrs durch das 35. Strafrechtsänderungsgesetz, NJW 2004, S. 104-109.

Imo, Christian: Börsentermin- und Börsenoptionsgeschäfte, Wiesbaden 1988.

Jäger, Christian: Die drei Unmittelbarkeitsprinzipien beim Betrug, JuS 2010, S. 761-766.

Jäger, Christian: Examens-Repetitorium, Strafrecht Besonderer Teil, 6. Aufl. 2015.

Janke, Günter: Kompendium Wirtschaftskriminalität, Frankfurt a. M. 2008.

Joecks, Wolfgang: Anleger- und Verbraucherschutz durch das 2. WiKG, wistra 1986, S. 142-150.

Joecks, Wolfgang: Strafgesetzbuch, 11. Aufl., München 2014.

Joecks, Wolfgang: Strafrecht-BT – Betrug durch Geltendmachung von Ehemaklerlohn – Beihilfe durch Rechtsrat, JA 1980, S. 127-128.

Joecks, Wolfgang/Miebach, Klaus (Hrsg.): Münchener Kommentar zum Strafgesetzbuch: StGB Band 1: §§ 1-37 StGB, 2. Aufl., München 2011.

Joecks, Wolfgang/Miebach, Klaus (Hrsg.): Münchener Kommentar zum Strafgesetzbuch: StGB Band 3: §§ 80-184 g StGB, 2. Aufl., München 2012.

Joecks, Wolfgang/Miebach, Klaus (Hrsg.): Münchener Kommentar zum Strafgesetzbuch: StGB Band 5: §§ 263-358 StGB, 2. Aufl., München 2014.

Joost, Detlev/Strohn, Lutz/Boujong, Karlheinz/Ebenroth, Carsten Thomas: Handelsgesetzbuch Band 2, 3. Aufl., München 2015.

Kargl, Walter: Die Bedeutung der Entsprechungsklausel beim Betrug durch Schweigen, ZStW 2007, S. 250-289.

Keller, Alexander/Sauer, Dirk: Zum Unrecht der so genannten Bankenuntreue, wistra 2002, S. 365-370.

Kienapfel, Diethelm: Fälschung von Aktien, JR 1981, S. 473-473.

Kiethe, Kurt: Die zivil- und strafrechtliche Haftung von Vorstandsmitgliedern eines Kreditinstituts für riskante Kreditgeschäfte, WM 2003, S. 861-869.

Kindhäuser, Urs: Das Konkurrenzverhältnis zwischen Kreditbetrug und vollendetem bzw versuchtem Betrug, JR 1990, S. 520-523.

Kindhäuser, Urs: Strafgesetzbuch, 6. Aufl., Baden-Baden 2015.

Kindhäuser, Urs/Neumann, Ulfrid/Paeffgen, Hans-Ulrich (Hrsg.): Strafgesetzbuch (StGB), Band 2 (§§ 80-231), 4. Aufl., Baden-Baden 2013.

Kindhäuser, Urs/Neumann, Ulfrid/Paeffgen, Hans-Ulrich (Hrsg.): Strafgesetzbuch (StGB), Band 3 (§§ 232-358), 4. Aufl., Baden-Baden 2013.

Kindhäuser, Urs: Strafrecht Besonderer Teil I, Straftaten gegen Persönlichkeitsrechte, Staat und Gesellschaft, 7. Aufl., Baden-Baden 2015.

Kindhäuser Urs: Strafrecht Besonderer Teil II, Straftaten gegen Vermögensrechte, 9. Aufl., Baden-Baden 2016.

Kießner, Ferndinand: Kreditbetrug, § 265b StGB, Freiburg 1985.

Klengel, Jürgen/Rübenstahl, Markus: Zum „strafrechtlichen" Wettbewerbsbegriff des § 299 StGB und zum Vermögensnachteil des Geschäftsherren bei der Vereinbarung von Provisionen bzw. „Kick-backs", HRRS 2007, S. 52-67.

Knauer, Christoph: Die Strafbarkeit der Bankvorstände für missbräuchliche Kreditgewährung, NStZ 2002, S. 399-404.

Krack, Ralf: Die tätige Reue im Wirtschaftsstrafrecht, NStZ 2001, S. 505-511.

Krause, Daniel M.: Straf- und aktienrechtliche Würdigung nachträglicher Prämienzahlungen an AG-Vorstandsmitglieder, StV 2006, S. 307-311.

Krell, Paul: Das Verbot der Verschleifung strafrechtlicher Tatbestandsmerkmale, ZStW 2014, S. 902-924.

Krell, Paul: Der Eingehungsschaden bei Betrug und Untreue, NZWiSt 2013, S. 370-379.

Krey, Volker/Hellmann, Uwe/Heinrich, Manfred: Strafrecht Besonderer Teil: Band 2 Vermögensdelikte, 17. Aufl., Stuttgart 2015.

Kreysel, Stephan: Die Wechselrechtsklausur, JuS 1998, S. 811-814.

Krüger, Matthias: Neues aus Karlsruhe zu Art. 103 II GG und § 266 StGB, NStZ 2011, S. 369-375.

Krüßmann, Thomas: Rechtsprechung Strafrecht, JA 1998, S. 747-748.

Kudlich, Hans: Konkretisierungsauftrag erfüllt?, ZWH 2011, S. 1-6.

Kudlich, Hans/Oğlakcıoğlu, Mustafa Temmuz: Wirtschaftsstrafrecht, 2. Aufl., München 2014.

Kuhlen, Lothar: Gleichheitsprinzip und Untreue, JR 2011, S. 246-254.

Kühne, Hans-Heiner: Kreditvergabe als Untreue durch Bankmitarbeiter, StV 2002, S. 198-199.

Kutzner, Lars: Einfache gesellschaftsrechtliche Pflichtverletzungen als Untreue – Die Kinowelt-Entscheidung des BGH, NJW 2006, S. 3541-3544.

Kühl, Kristian/Heger, Martin: Strafgesetzbuch Kommentar, 28. Aufl., München 2014.

Lang, Volker/Welter, Reinhard: Handbuch der Informationspflichten im Bankverkehr, Köln 2004.

Langenbucher, Katja/Bliesener, Dirk/Spindler, Gerald: Bankrechts-Kommentar, 2. Aufl., München 2016.

Laufhütte, Wilhelm/Rissing-van Saan, Ruth/Tiedemann, Klaus (Hrsg.): Leipziger Kommentar Strafgesetzbuch: StGB, Band 1: Einleitung; §§ 1 bis 31, 12. Aufl., Berlin 2007.

Laufhütte, Wilhelm/Rissing-van Saan, Ruth/Tiedemann, Klaus (Hrsg.): Leipziger Kommentar Strafgesetzbuch: StGB, Band 6: §§ 146 bis 210, 12. Aufl., Berlin 2009.

Laufhütte, Wilhelm/Rissing-van Saan, Ruth/Tiedemann, Klaus (Hrsg.): Leipziger Kommentar Strafgesetzbuch: StGB, Band 9/1: §§ 263 bis 266b, 12. Aufl., Berlin 2012.

Maaß, Wolfgang: Die Abgrenzung von Tun und Unterlassen beim Betrug, GA 1984, S. 264-284.

Martin, Sigmund P.: Aktuelle Probleme bei der Bekämpfung des Kapitalschwindels, wistra 1994, S. 127-132.

Martin, Sigmund P.: Rechtsprechungsübersicht, JuS 1998, S. 959-960.

Martin, Sigmund P.: Rechtsprechungsübersicht, JuS 2001, S. 300-301.

Matt, Holger/Renzikowski, Joachim: Strafgesetzbuch, München 2013.

Maurach, Reinhart/Schroeder, Friedrich-Christian/Maiwald, Manfred: Strafrecht Besonderer Teil, Teilband 1, 10. Aufl., Heidelberg 2009.

Möhrenschlager, Manfred: Der Regierungsentwurf eines Zweiten Gesetzes zur Bekämpfung der Wirtschaftskriminalität, wistra 1982, S. 201-208.

Mölter, Thomas: Untreuestrafbarkeit von Anlageberatern unter spezieller Betrachtung der Vermögensbetreuungspflicht, wistra 2010, S. 53-59.

Moosmayer, Klaus: Straf- und bußgeldrechtliche Regelungen im Entwurf eines Vierten Finanzmarktförderungsgesetzes, wistra 2002, S. 161-170.

Müller-Gugenberger, Christian: Wirtschaftsstrafrecht, Handbuch des Wirtschaftsstraf- und -ordnungswidrigkeitenrechts, 6. Aufl., Köln 2015.

Müller, Sigrid: Das Rating von Zertifikaten – ein Vergleich, Berlin 2009.

Nack, Armin: Bedingter Vorsatz beim Gefährdungsschaden - ein doppelter Konjunktiv?, StraFo 2008, S. 277-281.

Nack, Armin: Untreue im Bankbereich durch Vergabe von Großkrediten, NJW 1980, S. 1599-1602.

Naucke, Wolfgang: Zur Lehre vom strafbaren Betrug, Berlin 1964.

Nestler, Nina: Churning, Strafbarkeit der Spesenschinderei nach deutschem Recht, 2009.

Nestler, Nina: Freiwilligkeit der Selbstanzeige gem. § 22 Abs. 4 AWG: Vom „autonomen Motiv" zur Fiktion, WiJ 2015, S. 1-9.

Nestler, Nina: Widerrechtliche Einschränkung der strafbefreienden Selbstanzeige gem. § 371 AO durch die BaFin?, wistra 2015, S. 329-337.

Norouzi, Ali B: Betrugsschaden des Verkäufers trotz Lieferung unter Eigentumsvorbehalt?, JuS 2005, S. 786-788.

Obst, Georg/Hintner, Otto: Geld-, Bank- und Börsenwesen, Stuttgart 2000.

Otto, Harro: Die strafrechtliche Bekämpfung unseriöser Geschäftstätigkeit, Lübeck 1990.

Otto, Harro: Die Struktur des strafrechtlichen Vermögensschutzes, Berlin 1970.

Otto, Harro: Mißbrauch von Scheck- und Kreditkarten sowie Fälschung von Vordrucken für Euroschecks und Euroscheckkarten, wistra 1986, S. 150-154.

Otto, Harro: Riskante Kreditvergabe durch Banken, JR 2000, S. 517-518.

Otto, Harro: Strafrechtliche Aspekte der Anlageberatung, WM 1988, S. 729-740.

Otto, Harro: Zur Strafbarkeit des Kreditkarten- und Scheckkartenmißbrauchs, JZ 1985, S. 1008-1010.

Otto, Harro: Zur Weitergabe von Falschgeld an einen Eingeweihten als Inverkehrbringen als echt im Sinne des StGB § 147, JR 1981, S. 82-86.

Otto, Harro/Brammsen, Joerg: Die Grundlagen der strafrechtlichen Haftung des Garanten wegen Unterlassens (II), Jura 1985, S. 592-602.

Palandt, Otto [Begr.]: Bürgerliches Gesetzbuch, 75. Aufl., München 2016.

Pananis, Panos: Provisionszahlung für Panzer-Geschäft mit Saudi-Arabien – System Schreiber, NStZ 2005, S. 572-573.

Papachristou, Marialena: Die strafrechtliche Behandlung von Börsen- und Marktpreismanipulationen, Frankfurt a.M. 2006.

Park, Tido: Börsenstrafrechtliche Risiken für Vorstandsmitglieder von börsennotierten Aktiengesellschaften, BB 2001, S. 2069-2076.

Park, Tido: Kapitalmarktstrafrecht, 3. Aufl., Baden-Baden 2013.

Park, Tido: Schwerpunktbereich – Einführung in das Kapitalmarktstrafrecht, JuS 2007, S. 621-626.

Park, Tido/Rütters, Stefan: Untreue und Betrug durch Handel mit problematischen Verbriefungen, StV 2011, S. 434-441.

Perczynski, Hans/Grill, Hannelore: Strukturwissen Bankwirtschaft, Troisdorf 2008.

Perron, Walter: Probleme und Perspektiven des Untreuetatbestandes, GA 2009, S. 219-234.

Prittwitz, Cornelius: Grenzen der am Rechtsgüterschutz orientierten Konkretisierung der Geldfälschungsdelikte, NStZ 1989, S. 8-11.

Prütting, Hanns/Wegen, Gerhard/Weinreich, Gerd: Bürgerliches Gesetzbuch: BGB, 11. Aufl., Köln 2016.

Puppe, Ingeborg: Die neue Rechtsprechung zu den Fälschungsdelikten – Teil 3, JZ 1991, S. 609-614.

Puppe, Ingeborg: Zur Abgrenzung von Täterschaft und Teilnahme beim Sichverschaffen von Falschgeld, NStZ 1998, S. 460-461.

Ranft, Otfried: Kein Betrug durch arglistige Inanspruchnahme einer Fehlbuchung – BGH, NJW 2001, 453, JuS 2001, S. 854-858.

Ransiek, Andreas: Anerkennungsprämien und Untreue – Das Mannesmann-Urteil des BGH, NJW 2006, S. 814-816.

Ransiek, Andreas: Asset Backed Securities und Strafrecht, WM 2010, S. 869-875.

Ransiek, Andreas: Das unechte Unterlassungsdelikt, JuS 2010, S. 490-497.

Ransiek, Andreas: Verstecktes Parteivermögen und Untreue, NJW 2007, S. 1727-1730.

Reischauer, Friedrich/Kleinhans, Joachim: Kreditwesengesetz, Berlin 2016.

Rengier, Rudolf: Strafrecht Besonderer Teil I, Vermögensdelikte, 18. Aufl., München 2016.

Rengier, Rudolf: Strafrecht Besonderer Teil II, Delikte gegen die Person und die Allgemeinheit, 17. Aufl., München 2016.

Reuter, Dieter: J. von Staudingers Kommentar zum Bürgerlichen Gesetzbuch: Buch 2: Recht der Schuldverhältnisse, §§ 491-512 (Verbraucherdarlehen), Berlin 2012.

Richter, Hans: Strafbare Werbung beim Vertrieb von Kapitalanlagen, wistra 1987, S. 117-120.

Riedel, Claudia: Falsche Ad-hoc-Mitteilungen, wistra 2001, S. 447-451.

Rönnau, Thomas: Anmerkung zur Entscheidung des BGH im Fall Mannesmann, NStZ 2006, S. 218-221.

Rössner, Michael-Christian/Arendts, Martin: Die Haftung wegen Kontoplünderung durch Spesenschinderei (Churning), WM 1996, S. 1517-1528.

Rössner, Michael-Christian/Worms, Alexander: Welche Änderungen bringt § 264a StGB für den Anlegerschutz?, BB 1988, S. 93-95.

Rühl, Wolfgang: Weitreichende Änderungen im Verbraucherdarlehensrecht und Recht der Zahlungsdienste, DStR 2009, S. 2256-2263.

Säcker, Franz Jürgen/Rixecker, Roland/Oetker, Hartmut et al.: Münchener Kommentar zum Bürgerlichen Gesetzbuch: Band 3 Schuldrecht – Besonderer Teil I, §§ 433-534, Finanzierungsleasing, CISG, 7. Aufl., München 2016.

Saliger, Frank: Das Untreuestrafrecht auf dem Prüfstand der Verfassung, NJW 2010, S. 3195-3198.

Saliger, Frank: Gibt es eine Untreuemode? Die neuere Untreuedebatte und Möglichkeiten einer restriktiven Auslegung, HRRS 2006, S. 10-23.

Satzger, Helmut/Schluckebier, Wilhelm/Widmaier, Gunter: StGB Kommentar zum Strafgesetzbuch, 2. Aufl., Köln 2014.

Schanz, Kay-Michael: Wandel- und Optionsanleihen, BKR 2011, S. 410-416.

Scheffler, Uwe: Gedanken zur Rechtsbeugung, NStZ 1996, S. 67-70.

Schimansky, Herbert/Bunte, Hermann-Josef/Lwowski, Hans-Jürgen: Bankrechts-Handbuch Band 1, 4. Aufl., München 2011

Schimansky, Herbert/Bunte, Hermann-Josef/Lwowski, Hans-Jürgen: Bankrechts-Handbuch Band 2, 4. Aufl., München 2011.

Schlösser, Jan: Anmerkung zur Entscheidung des BGH vom 25.05.2007, 2 StR 469/06, NStZ 2008, S. 397-398.

Schlösser, Jan: Verfassungsrechtliche Grenzen einer Subjektivierung des Schadensbegriffes, HRRS 2011, S. 254-264.

Schlüter, Uwe: Börsenhandelsrecht, 2. Aufl., München 2002.

Schmidt, Karsten: Münchener Kommentar zum Handelsgesetzbuch: Band 6, Bankvertragsrecht, 3. Aufl., München 2014.

Schmidt-Lademann, Walther: Zum neuen Straftatbestand „Kapitalanlagebetrug" (§ 264a StGB), WM 1986, S. 1241-1243.

Schmitt, Bertram: Untreue von Bank- und Sparkassenverantwortlichen bei der Kreditvergabe, BKR 2006, S. 125-133.

Schneider, Uwe H.: Meldepflichtige Wertpapiergeschäfte von Organmitgliedern („Directors' Dealings") im Konzern, AG 2002, S. 473-477.

Schork, Alexander/Groß, Bernd: Bankstrafrecht, München 2013.

Schönke, Adolf/Schröder, Horst: Strafgesetzbuch, 29. Aufl., München 2014.

Schramm, Edward: Untreue und Konsens, Berlin 2005.

Schröder, Christian: Die Einführung des Euro und die Geldfälschung, NJW 1998, S. 3179-3180.

Schröder, Christian: Untreue durch Inverstitionen in ABS-Anleihen, NJW 2010, S. 1169-1174.

Schröder, Horst: Über die Abgrenzung des Diebstahls von Betrug und Erpressung, ZStW 1941, S. 33-114.

Schünemann, Bernd: Der Bundesgerichtshof im Gestrüpp des Untreuetatbestandes, NStZ 2006, S. 196-203.

Schünemann, Bernd: Methodenprobleme bei der Abgrenzung von Betrug und Diebstahl in mittelbarer Täterschaft, GA 1969, S. 46-56.

Schünemann, Bernd: Zur Quadratur des Kreises in der Dogmatik des Gefährdungsschadens, NStZ 2008, S. 430-434.

Schwark, Eberhard: Zur Aufklärungspflicht des Kreditinstituts gegenüber einem börsentermingeschäftsfähigen Kaufmann, EWiR 1999, S. 211-212.

Schwark, Eberhard/Zimmer, Daniel: Kapitalmarktrechts-Kommentar, 4. Aufl., München 2010.

Schwarz, Günter Christian: Kapitalmarktrecht – ein Überblick, DStR 2003, S. 1930-1934.

Schwennicke, Andreas/Auerbach, Dirk: Kreditwesensgesetz, 3. Aufl., München 2016.

Schwintowski, Hans-Peter: Bankrecht, 4. Aufl., Köln 2014.

Schwintowski, Hans-Peter/Schäfer, Frank A.: Bankrecht, Köln 1997.

Seidl, Alexander: Debit Card Fraud: Strafrechtliche Aspekte des sog. „Skimmings", ZIS 2012, S. 415-424.

Singer, Reinhard: Aufklärungspflichten (und Sittenverstöße) im Konsumentenkreditgeschäft, ZBB 1998, S. 141-151.

Sonnen, Bernd-Rüdeger: Zum Betrug bei Warentermingeschäften, NStZ 1981, S. 24-25.

Stein, Ulrich/Onusseit, Dietmar: Das Abschieben von gutgläubig erlangtem Falschgeld – LG Kempten, NJW 1979, 225, JuS 1980, S. 104-108.

Tiedemann, Klaus: Vermögensbetreuungspflicht des beherrschenden Alleingesellschafters bei der Konzernuntreue, JZ 2005, S. 45-47.

Tiedemann, Klaus: Wirtschaftsstrafrecht Besonderer Teil mit wichtigen Rechtstexten, 3. Aufl., München 2011.

Tiedemann, Klaus/Sasse, Christoph: Delinquenzprophylaxe, Kreditsicherung und Datenschutz in der Wirtschaft, Köln, München 1973.

Tiemann, Frank: Der praktische Fall – Strafrecht – Eine mißglückte Existenzgründung, JuS 1994, S. 138-141.

Tonner, Martin/Krüger, Thomas: Bankrecht, 2. Aufl, Baden-Baden 2016.

Trüg, Gerson: Anmerkung zur Entscheidung des BGH – Urteil vom 28.05.2013 (5 StR 551/11; NStZ 2013, 715) – Zur Frage des subjektiven Untreuetatbestandes bei Risikogeschäften, NStZ 2013, S. 717-718.

Vogel, Joachim: Zur Frage eines Vermögensschadens der Firma Thyssen beim Verkauf der Fuchs-Panzer, JR 2005, S. 123-127.

Vogel, Joachim/Hocke, Peter: Wirtschaftsstrafrechtliche Anmerkungen zur Mannesmann-Entscheidung des Bundesgerichtshofs vom 21.12.2005, JZ 2006, S. 568-571.

Volhard, Patricia/Jang, Jin-Hyuk: Der Vertrieb alternativer Investmentfonds, DB 2013, S. 273-278.

Volk, Klaus: Täuschung durch Unterlassen beim Betrug - OLG Köln, NJW 1980, 2336, JuS 1981, S. 880-883.

Wabnitz, Heinz-Bernd/Janovsky, Thomas: Handbuch des Wirtschafts- und Steuerstrafrecht, 4. Aufl., München 2014.

Wach, Karl J. T.: Der Terminhandel in Recht und Praxis, Köln 1998.

Weber, Ulrich: Das Zweite Gesetz zur Bekämpfung der Wirtschaftskriminalität (2. WiKG), NStZ 1986, S. 482-488.

Weiser, Benedikt/Hüwel, Martin: Verwaltung alternativer Investmentfonds und Auslagerung nach dem KAGB-E, BB 2013, S. 1091-1097.

Wendrich, Lisa: Anlegervertrauen in die Funktionsfähigkeit der Kapitalmärkte als geschütztes Rechtsgut des Kapitalmarktstrafrechtes, ZJS 2013, S. 238-248.

Werner, Rüdiger: Das neue Kapitalanlagegesetzbuch, StBW 2013, S. 811-816.

Wessels, Johannes/Hettinger, Michael: Strafrecht Besonderer Teil 1, 39. Aufl., Heidelberg 2015.

Wessels. Johannes/Hillenkamp, Thomas: Strafrecht Besonderer Teil 2, 38. Aufl, Heidelberg 2015.

Westphal, Volker-Gerd: Geldfälschung und die Einführung des Euro, NStZ 1998, S. 555-556.

Wittig, Petra: Das tatbestandsmäßige Verhalten des Betrugs, Frankfurt a.M. 2005.

Wittig, Petra: Wirtschaftsstrafrecht, 3. Aufl., München 2014.

Wolter, Jürgen: Systematischer Kommentar zum Strafgesetzbuch, Köln 2014.

Worms, Alexander: Warenterminoptionen - Strafbarer Betrug oder nur enttäuschte Erwartungen?, wistra 1984, S. 123-131.

Worms, Alexander: § 264a StGB – ein wirksames Remedium gegen den Anlageschwindel? (1. Teil), wistra 1987, S. 242-248.

Worms, Alexander: § 264a StGB – ein wirksames Remedium gegen den Anlageschwindel? (1. Teil), wistra 1987, S. 271-276.

Zahn, Marcus: Überschuldungsprävention durch verantwortliche Kreditvergabe, Berlin 2011.

Zielinski, Diethart: Urkundenfälschung durch Telefax, CR 1995, S. 286-297.

Kapitel 3: Straftaten nach WpHG, BörsG und DepotG

A. Insiderhandel und Marktmanipulation (Straftaten nach dem WpHG)

I. Einführung

§ 38 WpHG galt lange Zeit als das Kernstück des deutschen Kapitalmarktstraf- **591**
rechts.[1] Die Vorschrift erfasst in ihrem Abs. 1 Verbote der Marktmanipulation, in
Abs. 3 verbotene Insidergeschäfte. In beiden Fällen fußt der Straftatbestand auf dem
Unionsrecht, das diese Verhaltensweisen unter dem Terminus Marktmissbrauch
zusammenfasst.

1. Praktische Relevanz

Ende der 90er Jahre des 20. Jahrhunderts sowie zu Beginn des 21. Jahrhunderts **592**
kam es zu einer Reihe öffentlichkeitswirksam durchgeführter Strafverfahren,[2] deren
mediale Beachtung ein bislang unerreichtes Ausmaß annahm. Einer der Gründe
dafür, dass Strafverfolger und Öffentlichkeit diesem Bereich heute ihre Aufmerksamkeit zuwenden, liegt sicherlich in dem gestiegenen Problembewusstsein hierfür.
Auch mag die Schaffung der BaFin als zentraler Wertpapieraufsicht diese Tendenzen weiter begünstigt haben.[3]

---

[1] *Pananis* in: MüKo-StGB, 2015, § 38 WpHG Rn. 1.

[2] Siehe nur die Berichterstattung zu den Verfahren „ComROAD", „Infomatec", „EM.TV Prior",
„Opel"; vgl. dazu *Schröder* Kapitalmarktstrafrecht, 2015, Rn. 109 sowie die Übersicht bei
Brammsen WM 2012, 2134. Weitere Beispiele waren etwa die Ermittlungen gegen Martin Win-
terkorn (Bericht im Handelsblatt vom 20.6.2016: http://www.handelsblatt.com/unternehmen/
industrie/vorwurf-der-marktmanipulation-staatsanwaltschaft-ermittelt-gegen-ex-vw-chef-
winterkorn-/13760380.html) sowie gegen VW (n-tv Bericht vom 23.9.2015: http://www.n-tv.
de/wirtschaft/Finanzaufsicht-ermittelt-gegen-VW-article15990621.html) oder gegen Wendelin
Wiedeking (Bericht im Handelsblatt vom 4.10.2014: http://www.handelsblatt.com/unternehmen/
industrie/marktmanipulation-anklage-prueft-neue-beweise-gegen-wiedeking/10792766.html).

[3] *Pananis* in: MüKo-StGB, 2015, § 38 WpHG Rn. 11.

© Springer-Verlag GmbH Deutschland 2017
N. Nestler, *Bank- und Kapitalmarktstrafrecht*, Springer-Lehrbuch,
DOI 10.1007/978-3-662-53959-0_3

593   Auf den Zug dieses Bewusstseinswandels sprang schließlich auch der Gesetzgeber auf, der zur „Vereinfachung der Rechtsanwendung" bspw. die Anforderungen an den subjektiven Tatbestand verringerte und der BaFin erweiterte Aufsichtsbefugnisse übertrug.

> Im Zusammenhang mit dem Vorsatzerfordernis strich der Gesetzgeber etwa das Erfordernis eines Dolus directus 1. Grades aus § 20a Abs. 1 S. 1 Nr. 2 WpHG a.F. Die Befugnisse der Aufsichtsbehörde wurden im Zuge des Anlegerschutzverbesserungsgesetzes (AnSVG)[4] erweitert und in § 4 WpHG zusammengefasst. Darüber hinaus wurde in § 10 WpHG eine Verdachtsanzeigepflicht geschaffen, wonach die Wertpapierdienstleistungsunternehmen und bestimmte andere Finanzintermediäre verpflichtet sind, der BaFin bei Tatsachen, die den Verdacht des Insiderhandels oder der Marktmanipulation begründen, unverzüglich Anzeige zu erstatten. Die Zahl dieser Anzeigen steigt scheinbar stetig an und lag im Jahr 2015 bei 547 Meldungen.[5]

594   Das **Dunkelfeld** gerade im Bereich des Insiderhandels sei hoch, heißt es.[6] Dies sei auf die Anonymität des Börsengeschehens zurückzuführen; gerade der Insiderhandel zeichne sich durch den Einsatz von Mittelsmännern oder das Agieren über Offshore-Plätze aus.[7] Zudem mangele es an einer gefestigten Rechtsprechungspraxis, die die zahlreichen unbestimmten Rechtsbegriffe der einschlägigen Strafnormen konkretisieren könnte.[8] Möglicherweise fehlt es aber auch einfach deshalb an Verurteilungen, weil den Tatbeständen in der Praxis doch eine geringere Relevanz zukommt als zunächst befürchtet. Das lässt sich aber nicht mit Sicherheit verifizieren, weil das Dunkelfeld – wie sein Name schon sagt – eben im Dunkeln liegt.

2. Historische Entwicklung

595   Die Geschichte des Insiderstrafrechts ist bewegt. Dies verwundert nicht, handelt es sich doch um Regelungen mit einer gewissen Tradition, die sich jedoch in den vergangenen Dekaden zunehmenden unionsrechtlichen Einflüssen ausgesetzt sehen. Um der Übersichtlichkeit willen folgt die Darstellung nur der wichtigsten **historischen Eckpunkte** des Insiderstrafrechts tabellarisch:

596   22.6.1896: Bereits die Erstfassung des BörsG enthielt mit ihrem § 75 Abs. 1 einen Straftatbestand des Kursbetrugs, der in einer späteren Neufassung des BörsG in dessen § 88 überführt wurde.[9]

---

[4] Anlegerschutzverbesserungsgesetz vom 28.10.2004, BGBl. 2004/I, S. 2630. Krit dazu *Eggers/ Gehrmann/Szesny* WiJ 2016, 123, 129 f.

[5] *BaFin* Jahresbericht 2015, S. 229; in den Vorjahren: 435 Verdachtsanzeigen in 2014 (*BaFin* Jahresbericht 2014, S. 216), 503 in 2013 (*BaFin* Jahresbericht 2014, S. 167), 547 in 2012 (*BaFin* Jahresbericht 2012, S. 177), 473 in 2011 (*BaFin* Jahresbericht 2011, S. 11), 241 in 2010 (*BaFin* Jahresbericht 2014, S. 196).

[6] *Hienzsch* Das deutsche Insiderhandelsverbot in der Rechtswirklichkeit, 2006, S. 143 ff. *Pananis* in: MüKo-StGB, 2015, § 38 WpHG Rn. 12.

[7] *Hienzsch* Das deutsche Insiderhandelsverbot in der Rechtswirklichkeit, 2006, S. 137 f., 157; *Pananis* in: MüKo-StGB, 2015, § 38 WpHG Rn. 12.

[8] *Hienzsch* Das deutsche Insiderhandelsverbot in der Rechtswirklichkeit, 2006, S. 139 f.; *Pananis* in: MüKo-StGB, 2015, § 38 WpHG Rn. 12.

[9] Siehe § 75 Abs. 1 BörsG i.d.F. vom 22.6.1896, RGBl. 1896, S. 157; vgl. *Ziouvas* ZGR 2003, 114.

26.7.1994:   Das erste echte Insiderverbot erhielt in Deutschland Gesetzesform.   **597**
Mit Art. 1 des zweiten Finanzmarktförderungsgesetzes[10] gelangten die
diesbezüglichen Vorgaben der EG-Insiderrichtlinie[11] zur Umsetzung.
Es folgten weitere Anpassungen im Zuge der Umsetzung bspw. der
Richtlinie über Insider-Geschäfte und Marktmanipulation (Markt-
missbrauchs-RiL).[12] Sie enthielt neben Neuerungen zum Insiderrecht
auch Vorgaben zu einem Verbot der Marktmanipulation, wodurch die
„Integration der europäischen Finanzmärkte" vorangetrieben werden
sollte.[13]

1.4.2002:   Das früher im BörsG verortete Verbot der Kursmanipulation wurde   **598**
mit dem vierten Finanzmarktförderungsgesetz[14] in das WpHG über-
nommen. Die Kompetenz zur Verfolgung von Verstößen hiergegen
übertrug man im selben Atemzug von den Wertpapieraufsichtsbehör-
den der Bundesländer auf die BaFin. Im Wege eines vorauseilenden
Gehorsams hatte der deutsche Gesetzgeber damit den Vorgaben der
damals erst im Entwurf vorhandenen Marktmissbrauchsrichtlinie[15]
Rechnung getragen.

28.10.2004: Durch das Anlegerschutzverbesserungsgesetz (AnSVG)[16] wurden   **599**
sowohl die Insiderregelung als auch das Verbot der Marktmanipulation
umgestaltet und zum Teil erheblich erweitert. Dies geschah in Umsetzung der Marktmissbrauchsrichtlinie sowie der hierzu ergangenen
Durchführungsbestimmungen. Eine wesentliche Änderung bestand in
der Ersetzung des Begriffs der Insidertatsache durch den Terminus der
Insiderinformation. Zudem gab der Gesetzgeber das bisherige Kriterium des Ausnutzens der Kenntnis einer Insiderinformation auf und
machte das weiter verstandene Merkmal des Handelns unter Verwendung von Insiderinformationen zur Tatbestandsvoraussetzung. Aus
strafrechtlicher Sicht besonders kritisch ist die mit der Neuregelung
verbundene Vorverlagerung des Eingreifens der Straftatbestände. Dies
geschah durch die Schaffung einiger Vorfeldstatbestände im Rahmen
des insiderrechtlichen Weitergabe- sowie des Empfehlungsverbots.

---

[10] Gesetz über den Wertpapierhandel und zur Änderung börsenrechtlicher und wertpapierrecht-
licher Vorschriften vom 26.7.1994, BGBl. 1994/I, S. 1749.

[11] RiL 89/592/EWG vom 13.11.1989, ABl. EG Nr. L 334, S. 30. Vgl. zur Entwicklung sowie zu
weiteren Regelungsvorschlägen auch *Schwark/Zimmer* in: Schwark/Zimmer, Kapitalmarktrechts-
Kommentar, 2010, Vor § 12 WpHG Rn. 3.

[12] RiL 2003/6/EG vom 28.1.2003 über Insider-Geschäfte und Marktmanipulation
(Marktmissbrauch).

[13] Stellungnahme der EZB vom 30.9.2003, Abl. Nr. C 242 vom 09.10.2003, S. 6 ff., Allgemeine
Beurteilung Nr. 5, Nr. 7.

[14] Gesetz zur weiteren Fortentwicklung des Finanzplatzes Deutschland vom 26.6.2002, BGBl.
2002/I, S. 2010.

[15] KOM/2001/0281 endg. Abl. EG Nr. 240 E vom 28.8.2001, S. 265 ff.

[16] Anlegerschutzverbesserungsgesetz vom 28.10.2004, BGBl. 2004/I, S. 2630.

600 1.3.2005: Auf der Grundlage des § 20a Abs. 5 WpHG (a.F.) wurde die Verordnung zur Konkretisierung des Verbots der Marktmanipulation (Marktmanipulations-Konkretisierungsverordnung, MaKonV)[17] erlassen. § 20a Abs. 5 WpHG (a.F.) enthält eine Ermächtigung zur Konkretisierung der Verbotsbestimmungen sowie zur Schaffung sog. Safe-Harbour-Regeln für Verhaltensweisen, die in keinem Fall einen Verstoß gegen das Verbot der Marktmanipulation darstellen sollen. Ergänzend publizierte die BaFin erstmals im Juli 2005 einen (aufgrund seines Charakters als lediglich norminterpretierende Verwaltungsvorschrift insbesondere für Gerichte nicht verbindlichen[18]) Emittentenleitfaden, u.a. zum Insiderrecht und zum Verbot der Marktmanipulation.[19]

601 25.6.2009: Art. 5 Nr. 4 des Gesetzes zur Änderung des Einlagensicherungs- und Anlegerentschädigungsgesetzes und anderer Gesetze[20] erweiterte die einschlägigen Straftatbestände erneut, um die strafrechtliche Verfolgbarkeit von Verstößen gegen das Verbot der Marktmanipulation auch bei Auswirkungen auf den Preis einer Ware, einer Emissionsberechtigung oder eines ausländischen Zahlungsmittels zu gewährleisten.

602 6.12.2011: Durch Art. 3 Nr. 7 des Gesetzes zur Novellierung des Finanzanlagenvermittler- und Vermögensanlagenrechts[21] wurde § 38 Abs. 2a WpHG geschaffen, der Insiderverstöße im Zusammenhang mit der Versteigerung von Treibhausgasemissionszertifikaten erfasst. Dies war eine Vorgabe des Art. 43 Abs. 3 der Verordnung über den zeitlichen und administrativen Ablauf sowie sonstige Aspekte der Versteigerung von Treibhausgasemissionszertifikaten.[22] Letztgenannte Vorschrift verpflichtete die Mitgliedstaaten dazu, die in Umsetzung der Marktmissbrauchsrichtlinie geregelten nationalen Sanktionsmöglichkeiten, auch auf Verstöße gegen die Art. 37-42 der EU-Versteigerungsverordnung anwendbar zu machen.

603 16.4.2014: Zurückgehend auf einen Beschluss des Rates aus dem Jahr 1999 strebte die Europäische Union im Rahmen eines vierstufigen Plans eine harmonisierte Reglementierung der europäischen Wertpapiermärkte an.

---

[17] Verordnung zur Konkretisierung des Verbotes der Marktmanipulation (Marktmanipulations-Konkretisierungsverordnung – MaKonV) vom 1.3.2005, BGBl. 2005/I, S. 515.

[18] BGH NJW-RR 2008, 865; *Fleischer* ZGR 2007, 404; *Merkner/Sustmann* NZG 2005, 729 f.; *Möllers* WM 2005, 1396.

[19] *BaFin* Emittentenleitfaden, Stand: 15.7.2005, S. 15 ff. (zum Insiderrecht) sowie S. 86 ff. (zum Verbot der Marktmanipulation).

[20] Gesetz vom 25.6.2009, BGBl. 2009/I, S. 1528; zur Beschlussempfehlung des Finanzausschusses und seines Berichts BT-Drs. 16/13024 sowie 16/13038.

[21] Gesetz vom 6.12.2011, BGBl. 2011/I, S. 2492.

[22] Für den Bereich des Insiderrechts wurde damit den Vorgaben aus (EU) Nr. 1031/2010 der Kommission vom 12.11.2010 über den zeitlichen und administrativen Ablauf sowie sonstige Aspekte der Versteigerung von Treibhausgasemissionszertifikaten gem. der RiL 2003/87/EG vom 13.10.2003 über ein System für den Handel mit Treibhausgasemissionszertifikaten in der Gemeinschaft (EU-Versteigerungsverordnung), Abl. EG Nr. L 275, S. 32 ff. Rechnung getragen.

Hierfür wurde zunächst eine Rahmenrichtlinie erlassen, für die dann detaillierte Durchführungsbestimmungen ausgearbeitet werden sollten. Die weiteren Stufen betrafen die Kooperation der Aufsichtsbehörden und die Kontrolle einer einheitlichen Anwendung des Gemeinschaftsrechts in den Mitgliedstaaten.[23] Im Rahmen dieses Verfahrens wurde die frühere Marktmissbrauchsrichtlinie[24] durch Art. 37 der Marktmissbrauchsverordnung (MAR)[25] aufgehoben. Flankiert wird die Marktmissbrauchsverordnung durch die Richtlinie 2014/57/ EU über Strafrechtliche Sanktionen bei Marktmanipulation – Market Abuse Directive (CRIM MAD).[26] In ihrem Zusammenspiel sollen Marktmissbrauchsverordnung und Richtlinie eine Harmonisierung der Verbotsmaterie und eine Angleichung der Straftatbestände bewirken.[27] Die Regelungen der Marktmissbrauchsverordnung greifen gem. Art. 39 Abs. 2 MAR größtenteils ab dem 3.7.2016 ein. Ähnliches gilt für die Marktmissbrauchsrichtlinie, Art. 13 Abs. 1 MAD.

8.2.2016:   Die Bundesregierung veröffentlichte den Entwurf eines Ersten   **604**
Gesetzes zur Novellierung von Finanzmarktvorschriften auf Grund europäischer Rechtsakte (Erstes Finanzmarktnovellierungsgesetz – 1. FiMaNoG). Dieses soll nun die Vorgaben der CRIM MAD umsetzen und die MAR ausführen.[28] Dabei kommt es vor allem zu Anpassungen und Änderungen im Börsengesetz und im Wertpapierhandelsgesetz. Auffällig sind insbesondere die überarbeiteten Abschn. 3 und 4 des WpHG zu Insiderhandel und Marktmanipulation.[29]

3. Strafrechtliche Sanktionen nach der „CRIM MAD"

Keines der vorangegangenen unionsrechtlichen Regelwerke affektierte natio-   **605**
nale Insiderhandels- sowie Marktmissbrauchsverbote in gleicher Intensität wie die Marktmissbrauchsverordnung (MAR) und die zugehörige Richtlinie über

---

[23] Vgl. auch die Durchführungs-RiL der Kommission 2003/124/EG vom 22.12.2003 (Begriffsbestimmung und Veröffentlichung von Insider-Informationen; Begriffsbestimmung der Marktmanipulation), 2003/125/EG vom 22.12.2003 (sachgerechte Darbietung von Anlageempfehlungen und Offenlegung von Interessenkonflikten) und 2004/72/EG vom 29.4.2004 (zulässige Marktpraktiken; Definition von Insider-Informationen in Bezug auf Warenderivate, Erstellung von Insider-Verzeichnissen, Meldung von Eigengeschäften und Meldung verdächtiger Transaktionen); ferner die Durchführungs-VO (EG) 2273/2003 vom 22.12.2003.

[24] RiL 2003/6/EG vom 28.1.2003 über Insider-Geschäfte und Marktmanipulation (Marktmissbrauch), Abl. EU Nr. L 96, S. 16 ff.

[25] VO (EU) 596/2014 vom 16.4.2014 über Marktmissbrauch (Marktmissbrauchsverordnung) und zur Aufhebung der RiL 2003/6/EG und der RiL 2003/124/EG, 2003/125/EG und 2004/72/EG der Kommission, Abl. EU Nr. L 173, S. 1 ff.

[26] RiL 2014/57 EU vom 16.4.2014 über strafrechtliche Sanktionen bei Marktmanipulation (Marktmissbrauchsrichtlinie), Abl. EU Nr. L 173, S. 179 ff.

[27] *Kert* NZWiSt 2013, 252; *Pananis* in: MüKo-StGB, 2015, § 38 WpHG Rn. 22.

[28] BT-Drs. 18/7482, S. 2.

[29] Vgl. dazu Rn. 609 ff. (Insiderhandel) sowie Rn. 657 ff. (Marktmanipulation).

Strafrechtliche Sanktionen bei Marktmanipulation (CRIM MAD). An dieser Stelle werden nur die wichtigsten, in strafrechtlicher Hinsicht relevantesten Auswirkungen dargestellt:

- Die Marktmissbrauchsverordnung erweiterte durch ihre Art. 2 Abs. 1 lit. b, lit. c MAR den Geltungsbereich der Marktmissbrauchsvorschriften auf Finanzinstrumente, die zum Handel auf neuen Handelsplattformen zugelassen sind. Erfasst sind damit Finanzinstrumente sog. organisierter („Organized Trading Facilitys" – OTF) bzw. multilateraler („Multilateral Trading Facilitys" – MTF) Handelssysteme. Auch sämtliche außerbörslich „Over the Counter" (OTC) gehandelten verbundenen Finanzinstrumente fallen nun gem. Art. 2 Abs. 1 lit. d MAR in den Anwendungsbereich dieser Vorschriften.
- Art. 23 ff., 30 ff. MAR erweiterten Ermittlungs- und Sanktionsbefugnisse der Regulierungsbehörden.
- Die Verordnung reagiert auf die Vernetzung von Warenmärkten mit Derivatemärkten, indem die geltenden Vorschriften an neue Technologien insbesondere für den Hochfrequenzhandel („High Frequency Trading" – HTF) angepasst wurden.
- Art. 14, 8 MAR regeln das grundsätzliche **Insiderhandelsverbot** sowie die im Einzelnen verbotenen Verhaltensweisen wie z.B. Insidergeschäfte und Empfehlungen. Demgegenüber schreiben Art. 9, 10 MAR legitime Handlungen und unrechtmäßige Offenlegung von Insiderinformationen vor. Weitere Tatbestandsmerkmale enthalten Art. 2 MAR, der die erfassten Finanzinstrumente betrifft, sowie Art. 7 MAR, der den Begriff der Insiderinformation definiert. Die Regelungen der Marktmissbrauchsverordnung ersetzen damit als unmittelbar geltendes Recht §§ 12 ff. WpHG a.F. Wesentliche inhaltliche Änderungen waren damit jedoch nicht verbunden. Anders als unter Geltung der §§ 12 ff. WpHG bewirkt Art. 8 Abs. 1 S. 2 MAR jedoch eine Einbeziehung der Nutzung von Insiderinformationen zur Stornierung oder Änderung eines vor Erlangung dieser Information erteilten Auftrags in den Kreis der verbotenen Insidergeschäfte.
- Art. 15 MAR verbietet **Marktmanipulation**en einschließlich ihres Versuchs. Darüber hinaus enthält die Verordnung eine Regelung zum Hochfrequenzhandel, die bestimmte Handelspraktiken betrifft, welche mit Hilfe von Computeralgorithmen eingesetzt werden und irreführende Signale aussenden können, Art. 12 Abs. 2 lit. c MAR. Zulässige Marktpraktiken sowie besondere Schutzmaßnahmen für Hinweisgeber („Whistleblower") normiert Art. 13 MAR. Anhang 1 der Verordnung enthält dazu eine nicht abschließende Aufzählung handelsgestützter Manipulationen in Form von Indikatoren für manipulatives Handeln durch Aussenden falscher oder irreführender Signale und durch Sicherung des Erzielens bestimmter Kurse (Teil A) sowie von Indikatoren für manipulatives Handeln durch Vorspiegelung falscher Tatsachen oder durch sonstige Kunstgriffe oder Formen der Täuschung (Teil B).
- Die Richtlinie über Strafrechtliche Sanktionen bei Marktmanipulation (CRIM MAD) zur Verhängung strafrechtlicher Sanktionen bei Verstößen gegen die Marktmissbrauchsverordnung gibt durch Art. 7 Abs. 2 CRIM MAD für Verstöße

gegen das Insiderhandelsverbot und das Verbot der Marktmanipulation eine Strafrahmenobergrenze von mindestens vier Jahren Freiheitsstrafe sowie durch Art. 7 Abs. 3 CRIM MAD für Verstöße gegen das insiderrechtliche Weitergabeverbot von mindestens zwei Jahren Freiheitsstrafe vor.

Das Unionsrecht macht dabei lediglich eine Vorgabe für das Höchstmaß der Sanktion, das nach der nationalen Regelung möglich sein muss. Es handelt sich dabei also nicht um eine Mindeststrafe, sondern um die **kleinstmögliche Strafrahmenobergrenze**, die das deutsche Recht vorsehen darf. Die kleinstmögliche Untergrenze wird von Art. 7 Abs. 2, Abs. 3 CRIM MAD nicht berührt.

Die Richtlinie über Strafrechtliche Sanktionen bei Marktmanipulation ist der erste **606** Rechtsakt, mit dem die Europäische Union von ihrer strafrechtlichen Annexkompetenz aus Art. 83 Abs. 2 AEUV Gebrauch gemacht haben will. Art. 83 AEUV setzt jedoch voraus, dass die Angleichung strafrechtlicher Rechtsvorschriften als **unerlässlich** für die wirksame Durchführung der Politik der Union erscheinen muss. Gerade an dieser Voraussetzung der Unerlässlichkeit lassen sich für den vorliegenden Regelungsbereich doch erhebliche Zweifel anmelden.[30] Insbesondere habe der europäische Gesetzgeber diese Voraussetzungen auch während des Gesetzgebungsverfahrens nicht mit hinreichender Deutlichkeit erläutert. Auch der Rechtsausschuss des Deutschen Bundestags hatte sich bereits vor Erlass der CRIM MAD in Bezug auf den Entwurf der EU-Kommission in einer Beschlussempfehlung vom 23. Mai 2012 unter kompetenzrechtlichen Gesichtspunkten kritisch geäußert.[31]

Dass diesen Bedenken in der Praxis kein größerer Raum gegeben wurde, liegt **607** sicherlich auch an den nur marginalen inhaltlichen Änderungen, die mit der Richtlinie über strafrechtliche Sanktionen bei Marktmanipulation verbunden waren. Abgesehen von der in Art. 6 Abs. 2 CRIM MAD vorgegebenen Versuchsstrafbarkeit für die Markmanipulation entsprachen nämlich die anvisierten Verbote und ihre Sanktionsbewährung schon der deutschen Rechtslage nach dem WpHG a.F. Von einer präjudiziellen Wirkung des Richtlinienerlasses auf der Grundlage des Art. 83 Abs. 2 AEUV[32] wollte die Praxis hingegen nichts wissen.

Wesentliche, mit der Richtlinie über strafrechtliche Sanktionen bei Marktmani- **608** pulation verbundenen Neuerungen sind folgende:

* Art. 6 Abs. 2 CRIM MAD: **Versuchsstrafbarkeit** für die Markmanipulation;
* Art. 8 Abs. 1, Abs. 2 CRIM MAD: Verpflichtung, unter bestimmten Voraussetzungen eine **Verantwortlichkeit juristischer Personen** sicherzustellen, auch

---

[30] *Pananis* in: MüKo-StGB, 2015, § 38 WpHG Rn. 26; *Schröder* HRRS 2013, 253; *Trüg* Konzeption und Struktur des Insiderstrafrechts, 2014, S. 62 ff.

[31] BT-Drs. 17/9770, S. 3 ff., krit. dazu bereits *Schröder* Europa in der Finanzfalle: Irrwege internationaler Rechtsangleichung, 2012, S. 92 ff. Kritisiert wurde im Hinblick auf das Bestimmtheitsgebot auch die bedenkliche Weite einzelner Bestimmungen. Vgl. dazu auch *Schröder* HRRS 2013, 255.

[32] Dazu *Kert* NZWiSt 2013, 253; *Park/Sorgenfrei* in: Park, Kapitalmarktstrafrecht, 2013, § 38 WpHG Rn. 20; *Suhr* in: Calliess/Ruffert, EUV/AEUV, 2016, Art. 83 AEUV Rn. 23 ff.

für den Fall, dass mangelnde Überwachung oder Kontrolle durch Leitungsorgane Verstöße gegen die Marktmissbrauchsverbote ermöglichen (vgl. aber § 130 OWiG i.V.m. § 30 OWiG);

- Art. 9 CRIM MAD: Verpflichtung sicherzustellen, dass auch gegen juristische Personen wirksame, verhältnismäßige und abschreckende Sanktionen festgesetzt werden können;
- Art. 30 Abs. 2 lit. j MAR: Verpflichtung der Mitgliedstaaten für juristische Personen wegen Verstößen gegen die Insiderverbote und das Verbot der Marktmanipulation eine **Geldbuße** von im Höchstmaß mindestens 15.000.000 Euro oder 15 Prozent des Jahresumsatzes vorzusehen.

II. Insiderdelikte, § 38 Abs. 3 WpHG (§ 38 Abs. 1 WpHG a.F.)

1. Allgemeines

609 § 38 Abs. 3 WpHG (§ 38 Abs. 1 WpHG a.F.) sanktioniert als **insiderrechtlicher Kerntatbestand** Verstöße gegen das sich aus Art. 14 lit. a MAR (§ 14 Abs. 1 Nr. 1 WpHG a.F.) ergebende Verbot, Insidergeschäfte zu tätigen, d.h. unter Verwendung einer Insiderinformation Insiderpapiere für eigene oder fremde Rechnung oder für einen anderen zu erwerben oder zu veräußern. Die Vorschrift schützt damit die **Funktionsfähigkeit der Börsen und Märkte** sowie das **Vertrauen der Anleger in die Integrität des Kapital- und Wertpapiermarkts.**[33] Nicht zum Kreis der geschützten Rechtsgüter gehört demgegenüber das Vermögen der einzelnen Anleger.

610 Die Norm stellt Verstöße gegen Insiderhandelsverbote unter Strafe. Was die Deliktsstruktur angeht, so normiert die Vorschrift ein **mehrstufiges Blankett,**[34] das seine Ausfüllungsvorschriften früher im WpHG selbst, heute in übernationalen Rechtsquellen, namentlich der MAR findet. So verweist § 38 Abs. 3 WpHG auf das Insiderhandelsverbot in Art. 14 lit. a MAR, der wiederum durch die Verwendung des Begriffs des Insidergeschäfts auf Art. 8 MAR Bezug nimmt. Der in Art. 8 MAR verwendete Begriff der Insiderinformation findet sich sodann definiert in Art. 7 MAR.

> Ähnlich gestaltete sich nach alter Rechtslage die Verweisungsfolge für § 38 Abs. 1 Nr. 1 WpHG a.F., der auf das Insiderhandelsverbot in § 14 Abs. 1 Nr. 1 WpHG a.F. verwies, welcher wiederum durch die Verwendung der Merkmale „Insiderinformation" und „Insiderpapiere" auf §§ 12 und 13 WpHG a.F. Bezug nahm. Noch komplexer fiel die Verweisungskette in § 38 Abs. 1 Nr. 2 WpHG a.F. aus,[35] der sich auf § 39 Abs. 2 Nr. 3, Nr. 4 WpHG bezog, der wiederum seinerseits auf §§ 12, 13 WpHG a.F. verwies.

611 Im Hinblick auf den Deliktscharakter bleibt § 38 Abs. 3 WpHG (§ 38 Abs. 1 WpHG a.F.) mit seiner Ausgestaltung als **Tätigkeitsdelikt** und **abstraktes**

---

[33] *Hilgendorf* in: Park, Kapitalmarktstrafrecht, 2013, § 38 WpHG Rn. 198.

[34] Vgl. *Kudlich/Oğlakcıoğlu* Wirtschaftsstrafrecht, 2014, § 9 Rn. 305.

[35] *Hilgendorf* in: Park, Kapitalmarktstrafrecht, 2013, § 38 WpHG Rn. 201 („Verweisungsdschungel").

Gefährdungsdelikt nicht weniger problematisch.[36] Den Tatbestand verwirklicht bspw. bereits, wer vorsätzlich ein Insidergeschäft vornimmt, d.h. wer die Insiderpapiere erwirbt oder veräußert. Durch diese Handlung muss es weder zu einer Beeinträchtigung noch zu einer konkreten Gefährdung der Funktionsfähigkeit der Börsen und Märkte kommen. Der Straftatbestand greift also in zeitlicher Hinsicht recht früh ein.

2. Strafbewehrtes Tätigen von Insidergeschäften, § 38 Abs. 3 Nr. 1 WpHG i.V.m. Art. 14 lit. a MAR (§ 38 Abs. 1 Nr. 1 WpHG a.F. i.V.m. § 14 Abs. 1 Nr. 1 WpHG a.F.)

a) Täterkreis

Täter kann jeder sein, der über eine **Insiderinformation** i.S.d. Art. 7 MAR (§ 13   **612** WpHG a.F.) verfügt.[37] Es kommt weder darauf an, auf welche Weise er davon Kenntnis erlangt hat, noch wo die Information herkommt.

> Ein früherer § 14 WpHG a.F. unterschied in seinen Abs. 1 und Abs. 2 noch zwischen Primär- und Sekundärinsidern. Allerdings waren bereits mit dem Anlegerschutzverbesserungsgesetz im Jahr 2004 die Sekundärinsider als Dritte in den Täterkreis des § 38 Abs. 1 WpHG a.F. mit einbezogen worden. Die Unterscheidung war also zumindest aus strafrechtlicher Perspektive schon damals obsolet.

b) Tatobjekt: Finanzinstrume mit Bezug zu Insiderinformationen (Insiderpapiere)

(1) Allgemeines

Tatobjekt des § 38 Abs. 3 WpHG (§ 38 Abs. 1 WpHG a.F.) können nur Finanzinst-   **613** rumente sein, auf die sich die (Insider-)Informationen beziehen. Diese Finanzinstrumente definierte § 12 WpHG a.F. früher als **Insiderpapiere**.

> § 12 WpHG a.F. beschrieb Insiderpapiere als Finanzinstrumente, die an einer inländischen Börse zum Handel zugelassen oder in den regulierten Markt respektive in den Freiverkehr einbezogen sind (Nr. 1), die in einem anderen Mitgliedstaat der Europäischen Union oder einem anderen Vertragsstaat des Abkommens über den Europäischen Wirtschaftsraum zum Handel an einem organisierten Markt zugelassen sind (Nr. 2) oder deren Preis unmittelbar oder mittelbar von Finanzinstrumenten nach Nrn. 1 oder 2 abhängt (Nr. 3). In der MAR findet sich hingegen keine eigenständige Bestimmung des Begriffs des Insiderpapiers.
>
> § 12 S. 1 Nr. 1, Nr. 2 WpHG beschränkt die Begriffsbestimmung und damit den sachlichen Anwendungsbereich des Straftatbestands in Übereinstimmung mit dessen überindividueller Schutzrichtung weitgehend auf Finanzinstrumente, die an einer inländischen Börse zum Handel zugelassen bzw. in den regulierten Markt oder den Freiverkehr integriert oder in einem anderen EU-Mitgliedsstaat oder einem anderen EWR-Vertragsstaat zum Handel an einem organisierten Markt zugelassen sind. Ausschließlich außerbörslich handelbare Finanzinstrumente sollen nicht erfasst sein, sofern nicht der Ausnahmetatbestand des § 12 S. 1 Nr. 3 WpHG eingreift.

---

[36] Vgl. *Poelzig* NZG 2016, 496.
[37] *Szesny* DB 2016, 1420, 1421.

(2) Finanzinstrumente

614 Der Begriff des **Finanzinstrument**s ist wiederum in Art. 2 Abs. 1 Nr. 1 MAR (§ 2 Abs. 2b WpHG a.F.) legaldefiniert. Art. 2 Abs. 1 Nr. 1 MAR nimmt für die Definition des Finanzinstruments auf Art. 4 Abs. 1 Nr. 15 der EU-Richtlinie 2014/65[38] Bezug, der wiederum in deren Anhang I Abschn. C verweist. Dort findet sich eine unabhängig von der Zulassung zum Handel an einer inländischen Börse übertragbare eine Vielzahl von Finanzinstrumenten genannt, beginnend bei (übertragbaren) Wertpapieren über Geldmarktinstrumente, Anteile an Organismen für gemeinsame Anlagen, Optionen, Terminkontrakte (Futures), Swaps, außerbörsliche Zinstermingeschäfte usw. bis hin zu Emissionszertifikaten. Die Definitionen erfassen im Wesentlichen dieselben Anlageobjekte, so dass sich aus der Neuregelung und deren Verweisungen an dieser Stelle i.d.R. keine Konsequenzen ergeben dürften.

> § 2 Abs. 2b WpHG a.F. beschrieb als Finanzinstrumente u.a. Wertpapiere, Anteile an Investmentvermögen, Geldmarktinstrumente, Derivate sowie Rechte auf Zeichnung von Wertpapieren und Vermögensanlagen.

(a) Übertragbare Wertpapiere

615 Der Begriff der übertragbaren Wertpapiere wird legaldefiniet in Art. 1 Abs. 1 Nr. 44 der EU-Richtlinie 2014/65, der sämtliche Kategorien von Wertpapieren, die auf dem Kapitalmarkt gehandelt werden können, einbezieht. Beispielhaft genannt werden sodann in Nr. 44 lit. a insbesondere Aktien und andere den Aktien (bzw. Anteilen an Gesellschaften, Personengesellschaften oder anderen Rechtspersönlichkeiten) gleichzustellende Wertpapiere sowie Aktienzertifikate.

> Der Begriff der Wertpapiere wurde zuvor in § 2 Abs. 2b WpHG geklärt. Diese Legaldefinition, die durch das Finanzmarktnovellierungsgesetz[39] nicht berührt wurde, verweist für den Begriff der Wertpapiere auf § 2 Abs. 1 WpHG, der ebenfalls z.B. **Aktien**, mit Aktien vergleichbare Anlagewerte, Zertifikate sowie bestimmte Schuldtitel nennt.

(b) Geldmarktinstrumente

616 Der Terminus der Geldmarktinstrumente findet sich in Art. 1 Nr. 17 legal definiert. Genannt werden dort alle **üblicherweise auf dem Geldmarkt gehandelten** Gattungen von Instrumenten, wie Schatzanweisungen, Einlagenzertifikate und Commercial Papers, mit Ausnahme von Zahlungsinstrumenten. Dies entspricht im Wesentlichen der Definition des § 2 Abs. 1a WpHG.

617 Erfasst sind dabei wegen des Kriteriums der Üblichkeit nur solche Instrumente, für die bereits ein Markt besteht.[40] Beispiele für Geldmarktinstrumente, die nicht

---

[38] RiL 2014/65/EU vom 15.5.2014 über Märkte für Finanzinstrumente sowie zur Änderung der RiL 2002/92/EG und 2011/61/EU, Abl. EU Nr. L 173, S. 349 ff.

[39] BT-Drs. 18/7482.

[40] *Assmann* in: Assmann/Schneider, WpHG, 2012, § 2 Rn. 36; *Hilgendorf* in: Park, Kapitalmarktstrafrecht, 2013, § 12 WpHG Rn. 35.

schon dem Wertpapierbegriff unterfallen, sind kurzfristige Schuldscheindarlehen, Schatzwechsel oder Commercial Papers.[41] Nicht eingeschlossen werden demgegenüber Tagesgelder, Termingelder und Sparbriefe, weil es ihnen an Fungibilität und Zirkulationsfähigkeit fehlt.[42]

(c) Derivate

In Anhang I Abschn. C der EU-Richtlinie 2014/65 findet sich außerdem eine ganze **618** Reihe von Derivaten gelistet, darunter insbesondere Optionen, Terminkontrakte (Futures), Swaps, außerbörsliche Zinstermingeschäfte (Forward Rate Agreements) sowie alle anderen Derivatkontrakte in Bezug auf Wertpapiere, Währungen, Zinssätze oder -erträge, Emissionszertifikate oder andere Derivat-Instrumente, finanzielle Indizes oder Messgrößen, die effektiv geliefert oder bar abgerechnet werden können. **Festgeldgeschäfte (futures)** wiederum sind Geschäfte, bei denen für die Erfüllung der eingegangenen vertraglichen Verpflichtung ein bestimmter Zeitpunkt und ein festgelegter Preis vereinbart werden (Rn. 344).[43] **Optionsgeschäfte** berechtigen eine Vertragspartei, die Erfüllung der vereinbarten Leistung von dem Vertragspartner zu verlangen (Rn. 344, 711).[44]

> Diese Definition entspricht inhaltlich im Wesentlichen § 2 Abs. 2 WpHG, der Derivate umschreibt als Termingeschäfte, die als Festgeschäfte oder Optionsgeschäfte ausgestaltet sind und deren Preis unmittelbar oder mittelbar von dem Börsen- oder Marktpreis von Wertpapieren, Geldmarktinstrumenten, Waren, Edelmetallen, dem Preis von Devisen oder von Zinssätzen bzw. anderen Erträgen abhängt.

Anhang I Abschn. C „Finanzinstrumente" Abs. 5-7, Abs. 10 der EU-Richtlinie **619** 2014/65 (§ 2 Abs. 2 Nr. 2 WpHG) erweitert den Begriff der Derivate auf **Termingeschäfte mit Bezug zu Waren** (auch Edelmetallen), Frachtsätzen, Emissionsberechtigungen, Klima- oder andere physikalischen Variablen, Inflationsraten oder anderen volkswirtschaftlichen Variablen oder sonstigen Vermögenswerten, Indizes oder Messwerten als Basiswerte. Zu den Warenderivaten gehören etwa die an der European Energy Exchange (EEX) in Leipzig gehandelten Strom-Futures oder die an der Warenterminbörse Hannover gehandelten Futures auf landwirtschaftliche Erzeugnisse.

Durch die Aufnahme der Derivate in die Begriffsbestimmung der Finanzinstru- **620** mente sollen **Umgehungen** des Insiderhandelsverbots verhindert werden.[45] Anderenfalls könnten einfach in der Preisbildung wertpapierabhängige Derivate benutzt werden, um aus der wertpapierbezogenen Insiderinformation Gewinne zu erzielen.

---

[41] *Pananis* in: MüKo-StGB, 2015, § 38 WpHG Rn. 32.

[42] *Hilgendorf* in: Park, Kapitalmarktstrafrecht, 2013, § 12 WpHG Rn. 35; *Mielk* WM 1997, 2204.

[43] *Hilgendorf* in: Park, Kapitalmarktstrafrecht, 2013, § 12 WpHG Rn. 36; *Pananis* in: MüKo-StGB, 2015, § 38 WpHG Rn. 33.

[44] *Hilgendorf* in: Park, Kapitalmarktstrafrecht, 2013, § 12 WpHG Rn. 37; *Pananis* in: MüKo-StGB, 2015, § 38 WpHG Rn. 33.

[45] *Assmann* in: Assmann/Schneider, WpHG, 2012, § 12 Rn 12; *Hilgendorf* in: Park, Kapitalmarktstrafrecht, 2013, § 12 WpHG Rn. 38.

(d) Anteile an Organismen für gemeinsame Anlagen (Rechte auf Zeichnung von Wertpapieren)

621 Die in Anhang I Abschn. C „Finanzinstrumente" Abs. 3 der EU-Richtlinie 2014/65 angesprochenen Anteile an Organismen für gemeinsame Anlagen bestehen weitgehend aus Rechten auf Zeichnung von Wertpapieren. Als solche gelten gesetzliche oder vertraglich vereinbarte Bezugsrechte, ohne dass es dabei auf deren Verbriefung ankäme. Als gesetzliche Bezugsrechte kommen etwa die Rechte nach §§ 186, 202, 203 Abs. 1 AktG in Betracht. Zu den vertraglich vereinbarten Bezugsrechten rechnen insbesondere auch Optionen aus aktienorientierten Vergütungsmodellen für die Führungskräfte oder Mitarbeiter eines Unternehmens.[46]

622 Nicht erfasst sind demgegenüber bloße Wertsteigerungsrechte, d.h. sog. appreciation rights oder phantom stocks.[47] Mit diesen Rechten partizipiert der Inhaber lediglich am Unternehmenserfolg, der sich in der Wertsteigerung seiner Rechte realisiert. Dies macht Wertsteigerungsrechte jedoch nicht zu Finanzinstrumenten.[48] Ebenfalls nicht zu den Finanzinstrumenten zählen Going Public Anleihen als im Vorfeld eines Börsengangs ausgegebene Rechte auf Zeichnung, sofern sich das Recht auf Zeichnung nicht auf ein Wertpapier bezieht. Von Aktiengesellschaften emittierte Going Public Anleihen hingegen beziehen sich auf Aktien und gehören damit zu den Finanzinstrumenten.[49]

c) Tathandlung

(1) Erwerb/Veräußerung

623 Als Tathandlung umschreibt § 38 Abs. 3 Nr. 1 WpHG i.V.m. Art. 14 lit. a MAR selbst lediglich den Verstoß gegen die Marktmissbrauchsverordnung durch das Tätigen eines Insidergeschäfts. Art. 8 Abs. 1 S. 1 MAR (§ 38 Abs. 1 Nr. 1 WpHG a.F.) wiederum benennt als Insidergeschäft sodann genauer das Erwerben oder Veräußern der Insiderpapiere.

624 Auf welcher **Plattform** Erwerb und Veräußerung stattfinden ist nicht entscheidend. Dies kann also **börslich** oder **außerbörslich** geschehen, ebenso im Wege des Telefonhandels oder als sog. face-to-face Geschäft.[50] Der Erwerb bzw. die Veräußerung kann dabei für **eigene** oder für **fremde Rechnung** stattfinden.[51]

625 Irrelevant bleibt nach bislang wohl h.M. in Lit. und Rspr. auch der dingliche Rechtserwerb. Das WpHG sowie letztlich auch die Marktmissbrauchsverordnung

---

[46] *Claussen/Florian* AG 2005, 748; *Hilgendorf* in: Park, Kapitalmarktstrafrecht, 2013, § 12 WpHG Rn. 39; vgl. auch *Klasen* AG 2006, 26 f.

[47] *Casper* WM 1999, 369; *Feddersen* ZHR 1997, 285; *Pananis* in: MüKo-StGB, 2015, § 38 WpHG Rn. 39.

[48] *Klasen* AG 2006, 26 f.; *Merkner/Sustmann* NZG 2005, 730; a.A. *Assmann* in: Assmann/Schneider, WpHG, 2012, § 12 Rn 16.

[49] Vgl. *Jäger* NZG 1998, 718; *Wiese/Dammer* DStR 1999, 868.

[50] *Assmann* AG 1994, 248; *Assmann* in: Assmann/Schneider, WpHG, 2012, § 14 Rn. 42; *Pananis* in: MüKo-StGB, 2015, § 38 WpHG Rn. 66; *Schwark/Kruse* in: Schwark/Zimmer, Kapitalmarktrechts-Kommentar, 2010, § 14 WpHG Rn. 9; vgl. auch *Hammen* WM 2004, 1754.

[51] *Pananis* in: MüKo-StGB, 2015, § 38 WpHG Rn. 70; *Wohlers* ZStW 2013, 443.

gehen vielmehr davon aus, dass bereits durch den **Abschluss eines obligatorischen Vertrags** hinreichend sichergestellt ist, dass der Insider den erwarteten Gewinn realisieren kann.[52] Daraus folgert man, dass es bei börslich getätigten Handelsgeschäften **maßgeblich** auf die **Ausführung der Order** ankommt.[53] Dieses Verständnis sei sowohl mit dem natürlichen Wortsinn (Wortlaut, Art. 103 Abs. 2 GG) vereinbar, als auch aufgrund einer unionsrechtskonformen Auslegung des früheren § 14 Abs. 1 Nr. 1 WpHG a.F. geboten[54] – und beansprucht demzufolge auch unter dem Diktat der Marktmissbrauchsverordnung Gültigkeit. Dies gilt insbesondere, weil bereits nach alter Rechtslage diese Lesart mit dem Argument untermauert wurde, dass nicht alle europäischen Rechtsordnungen das Trennungs- und Abstraktionsprinzip kennen. Auch existieren gerade solche unlauteren Geschäftspraktiken, bei denen der Täter bzw. Handelsteilnehmer zu keinem Zeitpunkt eine dingliche Berechtigung an den betreffenden Finanzinstrumenten erlangt, bspw. Leerverkäufe (short sales) oder Intra-Day-Trades.[55]

> Natürlich lässt sich für die hier vertretene Auffassung das „Argument", Strafbarkeitslücken zu vermeiden, nur begrenzt fruchtbar machen. Denn erstens werden die genannten Verhaltensweisen und Geschäftspraktiken bereits durch andere Straftatbestände, z.B. §§ 263, 266 StGB, abgedeckt. § 38 WpHG fokussiert letztlich anders gelagertes Unrecht. Zweitens sind Strafbarkeitslücken auch nicht unbedingt ein Fehler, sondern in den meisten Fällen die unmittelbare Folge der Fragmentarietät des Strafrechts; wie so oft erweist sich auch hier die vermeintliche Strafbarkeitslücke als ein „Kampfpanzer der Ahnungslosen". Überzeugender blieb schon vor Inkrafttreten der Marktmissbrauchsverordnung und bleibt heute erst Recht das aus dem Unionsrecht gewonnene Argument, das auf die Unterschiede zwischen den europäischen Rechtsordnungen abstellt.

In jedem Fall nicht ausreichend ist die **nur bedingte Übertragung von Wertpapieren**, falls nicht der Bedingungseintritt lediglich von dem Verhalten des Insiders abhängt.[56] Werden Wertpapiere verpfändet, vererbt oder geschenkt, so unterfällt dies dem Tatbestand ebenfalls nicht.[57]　　**626**

---

[52] OLG Karlsruhe wistra 2004, 192; *Assmann* in: Assmann/Schneider, WpHG, 2012, § 14 Rn. 12; *Dreyling/Schäfer* Insiderrecht und Ad-hoc-Publizität, 2001, S. 33 Rn. 112; *Hellmann/Beckemper* Wirtschaftsstrafrecht, 2013, Rn. 57; *Hilgendorf* in: Park, Kapitalmarktstrafrecht, 2013, § 14 WpHG Rn. 132; *Schröder* Kapitalmarktstrafrecht, 2015, Rn. 230; *Schwark/Kruse* in: Schwark/Zimmer, Kapitalmarktrechts-Kommentar, 2010, § 14 WpHG Rn. 10; a.A. *Casper* WM 1999, 364; *Mennicke* in: Fuchs, WpHG, 2016, § 14 Rn. 23.

[53] *Pananis* in: MüKo-StGB, 2015, § 38 WpHG Rn. 67; *Schröder* Kapitalmarktstrafrecht, 2015, Rn. 230.

[54] *Assmann* in: Assmann/Schneider, WpHG, 2012, § 14 Rn. 12; *Hilgendorf* in: Park, Kapitalmarktstrafrecht, 2013, § 14 WpHG Rn 131 f.; *Pananis* in: MüKo-StGB, 2015, § 38 WpHG Rn. 67; a.A. (dingliche Verfügung maßgeblich) *Casper* WM 1999, 364; *Mennicke* in: Fuchs, WpHG, 2016, § 14 Rn. 23.

[55] *Pananis* in: MüKo-StGB, 2015, § 38 WpHG Rn. 67.

[56] So bspw. *Hilgendorf* in: Park, Kapitalmarktstrafrecht, 2013, § 14 WpHG Rn. 132; *Schwark/Kruse* in: Schwark/Zimmer, Kapitalmarktrechts-Kommentar, 2010, § 14 WpHG Rn. 10; ferner die *BaFin* Emittentenleitfaden, Stand: 15.7.2005, S. 36.

[57] *Dreyling/Schäfer* Insiderrecht und Ad-hoc-Publizität, 2001, S. 33 Rn. 115; *Hilgendorf* in: Park, Kapitalmarktstrafrecht, 2013, § 14 WpHG Rn. 133; *Pananis* in: MüKo-StGB, 2015, § 38 WpHG Rn. 68.

627   Nach ganz h.M. soll ein **Unterlassen** weder einen Erwerb noch eine Veräußerung unter Verwendung von Insiderinformationen darstellen können.[58] Bei einer unterlassenen Order liege gerade kein rechtsgeschäftlicher Vorgang vor, wie ihn § 14 Abs. 1 Nr. 1 WpHG voraussetzt.

Beispiel 51[59]

Das Aufsichtsratsmitglied A der X-AG erfährt in einer Sitzung, dass die X-AG ein Übernahmeangebot für die Y-AG abzugeben gedenkt. Daraufhin eilt A aus der Sitzung, um seinen der Bank bereits erteilten Verkaufsauftrag für Aktien der Y-AG telefonisch zurückzunehmen.

Hier liegt ein recht klarer Fall des Insiderhandels vor. Das Verhalten des A blieb unter Geltung von § 38 Abs. 1 Nr. 1 WpHG a.F. straflos, weil das Analogieverbot des Art. 103 Abs. 2 GG es nicht zuließ, die Rücknahme einer Verkaufsorder als Erwerb i.S.d. Norm einzuordnen. Nach Art. 8 Abs. 1 S. 2 MAR gelten heute allerdings auch Stornierungen und Änderungen von Aufträgen in Bezug auf Finanzinstrumente als Insidergeschäft, wenn sie unter Nutzung der Insiderinformation erfolgen. Dies war bei A zweifelsohne der Fall.

---

(2) Handeln unter Verwendung einer Insiderinformation

628   Aus Art. 8 Abs. 1 S. 1 MAR (§ 14 Abs. 1 Nr. 1 WpHG a.F.) wiederum ergibt sich, dass der Täter dabei unter Verwendung einer Insiderinformation handeln muss.

(a) Insiderinformation

629   Der Begriff der Insiderinformation wird in Art. 7 Abs. 1 lit. a MAR (§ 13 Abs. 1 WpHG a.F.) legaldefiniert als **nicht öffentlich bekannte präzise Informationen**, die direkt oder indirekt einen oder mehrere Emittenten bzw. ein oder mehrere Finanzinstrumente betreffen und die, wenn sie öffentlich bekannt würden, geeignet wären, den Kurs dieser Finanzinstrumente oder den Kurs damit verbundener derivativer Finanzinstrumente erheblich zu beeinflussen. Ebenfalls von dem Begriff umfasst sind nach Art. 7 Abs. 1 lit. b bis d MAR solche präzisen Informationen in Bezug auf Warenderivate. Eine weitere Konkretisierung dieser Definition findet sich in Abs. 2 bis 5 der Vorschrift.

Präzise Information (Konkrete Information)

630   Der Begriff der Information ist weiter als als der Tatsachenbegriff des § 263 StGB. Er erfasst grds. jegliches mitteilbare Wissen, das einen wie auch immer gearteten

---

[58] *Assmann* AG 1994, 246; *Dreyling/Schäfer* Insiderrecht und Ad-hoc-Publizität, 2001, S. 35 Rn. 122; *Hellmann/Beckemper* Wirtschaftsstrafrecht, 2013, Rn. 58; *Hilgendorf* in: Park, Kapitalmarktstrafrecht, 2013, § 14 WpHG Rn. 134; *Hopt* in: Schimansky/Bunte/Lwowski, Bankrecht, 2011, § 107 Rn. 36; *Pananis* in: MüKo-StGB, 2015, § 38 WpHG Rn. 69; *Schwark/Kruse* in: Schwark/Zimmer, Kapitalmarktrechts-Kommentar, 2010, § 14 WpHG Rn. 11; a.A. *Claussen* ZBB 1992, 281; *Claussen* DB 1994, 31; *Weber* BB 1995, 166.

[59] Beispiel nach *Schröder* NJW 1994, 2880.

sachlichen Gehalt und damit eine gewisse Tauglichkeit zur Verhaltensbeeinflussung aufweist. Von dem Terminus eingeschlossen sind damit jedenfalls gegenwärtige oder zurückliegende Umstände i.S.d. Tatsachenbegriffs, darüber hinaus aber auch Werturteilte, Prognosen, Ansichten und Rechtsauffassungen.

Erfüllt sind die Anforderungen des Informationsbegriffs jedoch nur dann, wenn auch ein Analyst den Inhalt der Information im Hinblick auf die im Falle ihrer Veröffentlichung zu erwartende Reaktion der Marktteilnehmer seiner Bewertung des Finanzinstruments zugrunde legen würde.[60] Für Werturteile, Prognose und sonstige Wertungen muss daher auf den diesen **nach der Verkehrsanschauung zuzumessenden Erklärungswert** ankommen.[61] Lediglich rein subjektive Wertungen ins Blaue hinein ohne jeden sachlichen Informationsgehalt erfüllen diese Anforderungen nicht. **631**

Beispiel 52[62]

Das Bundeskartellamt vertritt nach vorläufiger Bewertung die Auffassung, der geplante Zusammenschluss der Unternehmen X und Y sei nicht mit der geltenden Rechtslage zu vereinbaren und müsse daher untersagt werden. B, der beim Bundeskartellamt in dem entsprechenden Referat beschäftigt ist, liest die entsprechende Stellungnahme seines Referatsleiters noch vor deren Veröffentlichung und veräußert sofort all seine Aktien der betreffenden Unternehmen in Kenntnis der bevorstehenden Veröffentlichung.

Dieses Verhalten läuft dem Gebot der Chancengleichheit aller Marktteilnehmer erkennbar zuwider. In der Stellungnahme des Bundeskartellamts wird zwar eine Rechtsauffassung geäußert. Gleichwohl sind die Voraussetzungen des Informationsbegriffs hier erfüllt. Ein Analyst würde nämlich den Inhalt der Stellungnahme im Hinblick auf die im Falle ihrer Veröffentlichung zu erwartende Reaktion der Marktteilnehmer seiner Bewertung des Finanzinstruments zugrunde gelegt und dem entsprechend vom Kauf abgeraten bzw. einen Verkauf angeraten haben.

Art. 7 Abs. 1 MAR (§ 13 Abs. 1 S. 1 WpHG a.F.) verlangt weiter, dass die fraglichen Informationen **präzise** (früher: konkrete) sind. Gem. Art. 7 Abs. 2 MAR gelten Informationen dann als präzise, wenn damit eine Reihe von Umständen gemeint ist, die bereits gegeben sind oder bei denen man vernünftigerweise erwarten kann, dass sie in Zukunft gegeben sein werden. Gleiches gilt, wenn es um ein Ereignis geht, das bereits eingetreten ist oder von dem man vernünftigerweise erwarten kann, dass es in Zukunft eintreten wird. Darüber hinaus müssen die Informationen spezifisch genug sein, um einen Schluss auf die mögliche Auswirkung dieser Umständen oder dieses Ereignisses auf die Kurse der Finanzinstrumente zuzulassen. Der Begriff der **632**

---

[60] *Pananis* in: MüKo-StGB, 2015, § 38 WpHG Rn. 42.

[61] *Mühlbauer* wistra 2003, 170; *Pananis* in: MüKo-StGB, 2015, § 38 WpHG Rn. 42.

[62] Bsp. gebildet nach *Pananis* in: MüKo-StGB, 2015, § 38 WpHG Rn. 42.

präzisen Information ist demnach im Gegensatz zu der bloß vagen Information zu sehen, also der schlichten Vermutung oder Behauptung. Aus diesem Grund bleiben auch bloße Tipps, Empfehlungen und Ratschläge aus dem Kreis der Insiderinformationen ausgeschlossen.

633   Ob **unwahre (Tatsachen)Aussagen** als präzise Information i.S.d. Art. 7 Abs. 1 MAR (§ 13 Abs. 1 StGB a.F.) gelten, ist problematisch. Richtigerweise ist dabei allein zu fragen, unter Verwendung welcher Komponente der Information der Insider handelt. Stützt er sich auf den unwahren Inhalt, so unterfällt sein Verhalten nicht § 38 Abs. 3 WpHG und es kommt lediglich ein Versuch des Insiderhandels in Betracht. Handelt er bei Erwerb oder Verkauf jedoch gestützt auf einen der Realität entsprechenden Anteil dieser Information, so ist der Tatbestand verwirklicht.

634   Auch Inhalte, die dem Bereich der sog. **inneren Tatsachen** (Rn. 182) zuzuordnen sind, können präzise Informationen i.S.d. Art. 7 Abs. 1 MAR (§ 13 Abs. 1 StGB a.F.) darstellen.[63] Dies betrifft in erster Linie besondere Pläne, Absichten oder Vorhaben des Täters.

> **Beispiel 53[64]**
>
> J ist Börsenjournalist und Autor einer Beitragsserie in einer Börsenzeitung, in der er über aufstrebende und moderne Unternehmen berichtet. Vor Veröffentlichung seines nächsten Beitrags, den er der X-AG und deren neuartigem Geschäftsmodell widmet, erwirbt er selbst zahlreiche Aktien ebenjenes Unternehmens. Anschließend publiziert er den Artikel.
>
> Der erste Strafsenat des BGH[65] konnte in diesem sog. Scalping (Rn. 366) durch den J kein verbotenes Insidergeschäft erkennen. Selbst geschaffene innere Tatsachen, also der Umstand, dass J selbst Aktien erworben hatte und plante diese nach der Publikation zu verkaufen, reichten nach Auffassung des Senats nicht aus, um eine Insiderinformation zu begründen. Es fehle nämlich an einem für den Informationsbegriff erforderlichen „Drittbezug"
>
> Diese Entscheidung stieß in der Lit. auf deutliche Kritik.[66] Klassische Unternehmensinsider wurden dadurch aus dem Anwendungsbereich des Straftatbestands herausgenommen, worin Viele Strafbarkeitslücken erkannten.[67] Diese

---

[63] *Pananis* in: MüKo-StGB, 2015, § 38 WpHG Rn. 46 unter Verweis auf *Weber* NZG 2000, 121, der sog. innere Tatsachen zumindest in Fällen selbst geschaffener Fakten unter den Informationsbegriff fassen will.

[64] BGHSt 48, 373.

[65] BGHSt 48, 373 ff.

[66] *Assmann* in: Assmann/Schneider, WpHG, 2012, § 13 Rn. 10; *Gaede/Mühlbauer* wistra 2005, 9 ff.; *Pananis* NStZ 2004, 287 f.; *Schröder* Kapitalmarktstrafrecht, 2015, Rn. 148; anders *Hilgendorf* in: Park, Kapitalmarktstrafrecht, 2013, § 13 WpHG Rn. 83; *Vogel* NStZ 2004, 254; *Schwark/Kruse* in: Schwark/Zimmer, Kapitalmarktrechts-Kommentar, 2010, § 13 WpHG Rn. 16; *Trüg* NStZ 2014, 559.

[67] Vgl. insb. *Gaede/Mühlbauer* wistra 2005, 9 ff.; *Pananis* NStZ 2004, 287 f.; *Pananis* in: MüKo-StGB, 2015, § 38 WpHG Rn. 46.

seien sachlich jedoch kaum begründbar, weil gerade diese Insider typischerweise weitreichenden Einblick in die maßgeblichen kursrelevanten Abläufe erhalten und sich damit gerade in der Position befinden, diese Kenntnisse in Insiderinformationen zu gießen. Art. 7 Abs. 1 MAR hingegen stellt (anders als die frühere Erstfassung des § 13 WpHG) nicht auf den Insider, sondern auf die Insiderinformation ab. Für diesen Begriff maßgeblich ist indes nicht ein etwaiger Drittbezug, sondern lediglich die Einordnung der betreffenden Umstände als präzise. In Bezug auf die inneren Absichten des J müsste man sich also fragen, ob deren Realisierung hinreichend wahrscheinlich ist.[68]

Als besonders problematisch gelten Informationen, die sich auf **zukünftige**   635 **Umstände** beziehen. Es kann sich hierbei um Firmenübernahmen, Verschmelzungen und Umwandlungen oder aber eintretende Zahlungsunfähigkeit, Entlassungen sowie Investitionen handeln. Derartiges vollzieht sich i.d.R. nicht über Nacht.[69] Die Rspr. beurteilt dabei allerdings nicht einheitlich, ob auf das (ggf. weit) in der Zukunft liegende „Endergebnis" abgestellt werden muss, oder ob maßgeblich der zum gegenwärtigen Zeitpunkt bereits erreichte **Zwischenschritt** ist. Art. 7 Abs. 2 MAR stellt dazu klar, dass auch die Zwischenschritte als Bezugspunkt der präzisen Information ausreichen.

Unter Geltung der alten Rechtslage vor Inkrafttreten der Marktmissbrauchsver-   636 ordnung neigten Teile der Rspr. und des Schrifttums noch letztgenannter Auffassung (Abstellen nur auf das Endergebnis) zu:

Beispiel 54[70]

Prof. A ist Vorstandsvorsitzender der X AG, die von seiner Arbeit in den vergangenen Jahren viel profitiert hat. Da Prof. A nicht mehr der Jüngste ist und sich künftig mehr dem Golfspiel als der Unternehmensführung widmen möchte, gedenkt er, sein Amt als Vorstandsvorsitzender zum Ende des Kalenderjahres niederzulegen. Schon im Juli verkündet Prof. A dies in der Aufsichtsratssitzung und der Aufsichtsrat fasst einen entsprechenden Beschluss über das Ausscheiden des Prof. A zum 31.12. Wer den Vorstandsvorsitz ab diesem Datum übernehmen soll, ist noch nicht geklärt. Um Anleger und Mitarbeiter nicht zu verunsichern, kommt man im Aufsichtsrat deshalb dahingehend überein, dass zunächst ein geeigneter Nachfolger gesucht und erst anschließend der Vorstandswechsel publik gemacht wird.

Das OLG Frankfurt sah hierin einen Verstoß gegen die Publizitätsvorschriften des WpHG, namentlich gegen §§ 13, 15 WpHG a.F. (heute: § 15 WpHG i.V.m.

---

[68] So zu § 13 WpHG i.d.F. bis 2.7.2016: BGH NJW 2013, 2114; BGH NJW-RR 2008, 865 f.; OLG Stuttgart WM 2007, 595; *Pananis* in: MüKo-StGB, 2015, § 38 WpHG Rn. 46; *Pananis* ZWH 2013, 379.

[69] *Pananis* in: MüKo-StGB, 2015, § 38 WpHG Rn. 47.

[70] OLG Frankfurt a.M. wistra 2009, 287 f.

Art. 7, 17 MAR). Die Veröffentlichungspflicht für Insiderinformationen greife nicht erst für „abgeschlossene Ergebnisse" ein, sondern bereits für eigenständige dorthin führende Zwischenschritte. Sobald diese erreicht seien, müsse den Publizitätspflichten nachgekommen werden. Einen solchen Zwischenschritt macht im vorliegenden Fall der Beschluss des Aufsichtsrats über das Ausscheiden des Prof. A zum 31.12. aus. Der verständige Anleger würde diese Information nämlich bei seinen Anlageentscheidungen berücksichtigt wissen wollen.

637 Ein anderer Teil der Lit., Teile der Rspr. sowie früher auch der BGH gingen jedoch davon aus, dass allein auf das künftige Endereignis und dessen Eintrittswahrscheinlichkeit abzustellen ist:

Beispiel 55[71]

Prof. S ist seit April 2014 Vorstandsvorsitzender der M AG. Damals wurde sein Vertrag bis zum Ende des Jahres 2018 verlängert. Nach einer unglücklich verlaufenen Hauptversammlung vom 6.4.2015 trägt sich Prof. S jedoch zunehmend mit dem Gedanken, schon vor Ablauf seines Vertrags aus dem Vorstand auszuscheiden. Am 17.5.2015 diskutiert Prof. S. seine Überlegungen mit dem Aufsichtsratsvorsitzenden K. Am 1.6.2015 werden die Aufsichtsratsmitglieder W und L über die Pläne von Prof. S informiert. Die am 13.7.2015 versendete Tagesordnung für die bevorstehende Aufsichtsratssitzung am 28.7.2015 enthält jedoch keinen Hinweis auf einen möglichen Wechsel in der Führungsspitze. Am 18.7.2015 verständigten sich Prof. S und der Aufsichtsratsvorsitzende K darauf, das vorzeitige Ausscheiden sowie die Nachfolge durch Dr. Z. zum Ende des Jahres 2015 in der Aufsichtsratssitzung am 28.7.2015 vorzuschlagen. Am 25.7.2015 teilt Prof. S dem Vorsitzenden des Konzern- und Gesamtbetriebsrats sowie weiteren Mitgliedern des Aufsichtsrats diese Absicht mit. Der Aufsichtsrat der M AG beschließt in der Sitzung vom 28.7.2015 gegen 9.50 Uhr, dass der Vorstandsvorsitzende Prof. S zum 31.12.2015 aus dem Amt ausscheiden und Dr. Z neuer Vorstandsvorsitzender werden soll. Dies teilt die M AG den Geschäftsführungen der Börsen und der BaFin um 10.02 Uhr mit. Um 10.32 Uhr erfolgt die Veröffentlichung der Ad-hoc-Mitteilung in der Meldungsdatenbank der DGAP (Deutsche Gesellschaft für Ad-hoc-Publizität). Zuvor waren um 9.30 Uhr die Ergebnisse des zweiten Quartals 2015 mitgeteilt worden. Bereits nach dieser Mitteilung der Ergebnisse des zweiten Quartals 2015 stieg der Kurswert der Aktien der M AG auf 38,75 Euro. Nach der weiteren Mitteilung über das Ausscheiden des Prof. S steigt der Aktienkurs noch an demselben Tag auf 40,40 Euro, an den Folgetagen auf 42,95 Euro. O hat vor Veröffentlichung der Ad-hoc-Mitteilung Aktien der M AG verkauft, nämlich am 16.5.2015 100 Aktien zum Kurswert von 31,85 Euro und am 28.7.2015 um 9.00 Uhr 800 Aktien zum Kurswert von 36,50 Euro.

---

[71] OLG Stuttgart WM 2007, 595 ff.

Das OLG Stuttgart hatte sich mit diesem Sachverhalt unter der zivilrechtlichen Fragestellung nach etwaigen Schadensersatzansprüchen des O zu befassen. Hierfür kam es maßgeblich darauf an, zu welchem Zeitpunkt in dem Unternehmen eine Insiderinformation über das Ausscheiden des Prof. S aus der Führungsspitze entstanden war. Nach Auffassung des OLG Stuttgart war dies indes erst mit der Beschlussfassung durch den Aufsichtsrat am 28.7.2015 um 9.50 Uhr der Fall. Insiderinformation könne nur eine konkrete – in der Terminologie der damals einschlägigen Richtlinie präzise – Information sein. Dies setze jedoch voraus, dass sie sich auf Umstände bezieht, die „bereits existieren oder bei denen man mit hinreichender Wahrscheinlichkeit davon ausgehen kann, dass sie in Zukunft existieren werden". Die Information müsse darüber hinaus spezifisch genug sein, dass „sie einen Schluss auf mögliche Auswirkungen … auf die Kurse von Finanzinstrumenten und der damit verbundenen derivaten Finanzinstrumente zulässt". Dies sei indes nicht der Fall, wenn die Beteiligten eine einvernehmliche Aufhebung der Bestellung – und nicht etwa einen einseitigen Rücktritt – anstreben, eine solche Einigung jedoch noch nicht zustande gekommen ist.

Der zweite Zivilsenat des BGH hat diese Rspr. allerdings in Folge eines Vorabentscheidungsverfahrens beim EuGH[72] über die Auslegung der Regelungen des WpHG revidiert.[73] Insiderinformation kann danach nicht nur das zukünftige Ereignis selbst sein, sondern auch **jeder einzelne Zwischenschritt**. Die Wahrscheinlichkeit des Eintritts des Endereignisses erlangt demgegenüber nur noch für die Frage der Kurserheblichkeit Relevanz. Art. 7 Abs. 2 MAR bestimmt heute, dass auch in der Zukunft liegende Informationen und einzelne „Zwischenschritte" als Insiderinformationen gelten, die die Publizitätspflichten nach Art. 17 MAR auslösen. Der Streit ist damit zugunsten der letztgenannten Auffassung entschieden.

638

> Dazu heißt es, in der Praxis bleibe die Unterscheidung i.d.R. irrelevant. Wenn nämlich das zukünftige Ereignis bereits mit hinreichender Wahrscheinlichkeit feststehe, dann könne es selbst Gegenstand der Insiderinformation sein. Was aber unter dieser **hinreichenden Wahrscheinlichkeit** zu verstehen ist, konnte bislang nicht abschließend geklärt werden. Als nicht erforderlich gilt eine mit an Sicherheit grenzende Wahrscheinlichkeit.[74] Zum Teil wird eine hohe Wahrscheinlichkeit für notwendig gehalten,[75] teilweise erachtet man eine Wahrscheinlichkeit von jedenfalls über 50 Prozent für ausreichend.[76]

---

[72] EuGH AG 2012, 555; dazu *Hitzer* NZG 2012, 860.

[73] BGH NJW 2013, 2114. Dazu *Brellochs* ZIP 2013, 1170 ff.; *Brocker* BB 2014, 655 ff.; *Ekkenga* NZG 2013, 1081 ff.; *Herfs* DB 2013, 1650 ff.; *Ihrig/Kranz* AG 2013, 515 ff.; *Mennicke* ZBB 2013, 244 ff.; *Pananis* ZWH 2013, 379 ff.; *Seibt* EWiR 2013, 433 ff.; *Widder* BB 2013, 1489 ff.

[74] *BaFin* Emittentenleitfaden, Stand: 15.7.2005, S. 32; *Pananis* in: MüKo-StGB, 2015, § 38 WpHG Rn. 48.

[75] *Assmann* in: Assmann/Schneider, WpHG, 2012, § 13 Rn. 25.

[76] *Pawlik* in: KöKomm-WpHG, 2014, § 13 Rn. 93.

Keine öffentliche Bekanntheit

639   Die fraglichen Informationen dürfen nicht öffentlich bekannt sein, vgl. Art. 7 Abs. 1 MAR (§ 13 Abs. 1 StGB a.F.). Nichtöffentlichkeit ist dabei allerdings nicht i.d.S. zu verstehen, dass die Informationen geheim oder vertraulich sein müssten, vgl. § 17 UWG, § 404 AktG, § 333 HGB, § 203 StGB. Gemeint ist vielmehr eine sog. **Bereichsöffentlichkeit**, die vorliegt, wenn eine unbestimmte Anzahl von Personen aus dem Kreis der Marktteilnehmer faktisch in der Lage ist, von der Information Kenntnis zu nehmen.[77] Die Information muss hingegen nicht an Massenmedien zur weiteren Verbreitung bekannt gegeben worden sein.[78]

640   Auf welchem Weg die Bereichsöffentlichkeit hergestellt wird, ist irrelevant. Es kommt allein darauf an, dass sie faktisch besteht.[79] Ggf. verwirklicht die fehlerhafte Publikation zwar einen anderen Ordnungswidrigkeiten- oder Straftatbestand der §§ 38. 39 WpHG[80]; für § 38 Abs. 3 Nr. 1 WpHG i.V.m. Art. 14 lit. a MAR bleibt dies jedoch außer Betracht. Insbesondere kommt es nicht darauf an, ob die Maßgaben zur Veröffentlichung nach Art. 17 MAR beachtet wurden.

641   Hergestellt ist die Bereichsöffentlichkeit, wenn die **Marktteilnehmer von der Information Kenntnis nehmen können**.[81] Ist eine Information nach Maßgabe von Art. 17 MAR publiziert, so werden diese Voraussetzungen jedenfalls vorliegen. Es dürfte unterhalb dieser Anforderungen aber auch die Veröffentlichung in einem verbreiteten elektronischen Informationsverbreitungssystem[82] oder die Bereitstellung der Information im „Börsenticker"[83] ausreichen.

> Teilweise wird jedoch auch derjenige Zeitpunkt für maßgeblich gehalten, zu dem nach üblichem Verlauf der Dinge von einer Kenntnisnahme durch die Marktteilnehmer auszugehen ist.[83] In der Realität der Praxis dürfte sich die Differenzierung allerdings nicht auswirken. Üblicherweise nimmt nämlich bereits ein großer Teil der Marktteilnehmer bereits wenige Minuten nach Veröffentlichung einer Meldung von dieser Kenntnis.[85]

642   Problematischer sind Fälle, in denen die Information lediglich einem begrenzten Personenkreis zugeleitet wird, bspw. den Teilnehmern einer Pressekonferenz, einem Kreis von Finanzanalysten oder den auf einer Hauptversammlung Anwesenden. Bei diesen Personen handelt es sich i.d.R. gerade nicht um Marktteilnehmer[86] und es wird dadurch auch keiner unbegrenzten Vielzahl von Personen die Möglichkeit der Kenntnisnahme eröffnet. Daher genügt eine Weitergabe der Information

---

[77] *Hilgendorf* in: Park, Kapitalmarktstrafrecht, 2013, § 13 WpHG Rn. 96; *Gehrmann/Zacharias* in: Szesny/Kuthe, Kapitalmarkt Compliance, 2014, Kap. 27 Rn. 25 ff.

[78] So aber wohl *Claussen* ZBB 1992, 276; *Hopt*, ZGR 1991, 30.

[79] *Hilgendorf* in: Park, Kapitalmarktstrafrecht, 2013, § 13 WpHG Rn. 97; *Park* NStZ 2007, 373.

[80] *Hellgardt* ZIP 2005, 2000.

[81] *Hilgendorf* in: Park, Kapitalmarktstrafrecht, 2013, § 13 WpHG Rn. 99.

[82] *Hilgendorf* in: Park, Kapitalmarktstrafrecht, 2013, § 13 WpHG Rn. 100.

[83] *Claussen* ZBB 1992, 275 bezogen auf den räumlichen Aspekt.

[84] *Assmann* in: Assmann/Schneider, WpHG, 2012, § 13 Rn. 38.

[85] *Hilgendorf* in: Park, Kapitalmarktstrafrecht, 2013, § 13 Rn. 100; a.A. *Schäfer* in: Schäfer/Hamann, Kapitalmarktgesetze, 2013, § 13 WpHG Rn. 48.

[86] *Schäfer* in: Schäfer/Hamann, Kapitalmarktgesetze, 2013, § 13 WpHG Rn. 49.

an diese Personen gerade nicht zur Herstellung der Bereichsöffentlichkeit. Grenz-
fälle sind schließlich Veröffentlichung in Magazinen oder Zeitschriften mit einem
begrenzten Adressatenkreis, etwa Branchen- oder Lokalzeitungen.[87]

Bezug zu Emittenten oder Insiderpapieren
Art. 7 MAR setzt weiter voraus, dass die Insiderinformation direkt oder indirekt   **643**
einen oder mehrere Emittenten bzw. ein oder mehrere Finanzinstrumente betrifft.
Die h.M. zu § 13 Abs. 1 WpHG a.F. vertrat dazu die Ansicht, dass es sich um ein
eigenständiges Tatbestandsmerkmal handelt, welches neben der Kursrelevanz
gesondert zu prüfen bleibt.[88] Gleichwohl kommt dem Merkmal wohl nicht die
größte praktische Relevanz zu, da jedenfalls auch ein nur mittelbarer Bezug zu den
entsprechenden Emittenten bzw. Finanzinstrumenten ausreicht.[89]

Ein direkter oder indirekter Emittentenbezug bzw. ein solcher zu Finanzinstru-   **644**
menten liegt vor, wenn die Information entweder betriebsinterne Vorgänge beim
Emittenten betrifft oder sontige Umstände tangiert sind, die im Unternehmen
selbst begründet liegen.[90] Dies können etwa Gewinn- und Umsatzzahlen, aber auch
Beherrschungs- oder Gewinnabführung sein, ebenso geplante Übernahmen oder
bedeutsame Neuentwicklungen.[91]

Eignung zur erheblichen Beeinflussung des Marktpreises
Die Informationen müssen schließlich geeignet sein, falls sie öffentlich bekannt   **645**
würden, den Kurs der betreffenden Finanzinstrumente erheblich zu beeinflussen,
vgl. Art. 7 Abs. 7 MAR (§ 13 Abs. 1 S. 1 WpHG a.F.).

Die Eignung zur Kursbeeinflussung setzt voraus, dass nach allgemeiner Lebens-   **646**
erfahrung ein gewisses Kursbeeinflussungspotenzial besteht, ohne dass die Beeinflussung tatsächlich eingetreten sein muss. Die Anforderungen an dieses Eignungsmerkmal sind damit nicht besonders hoch. Umschrieben findet sich das Merkmal
heute in Art. 7 Abs. 4 MAR dahingehend, dass ein **verständiger Anleger** wahrscheinlich als Teil der **Grundlage seiner Anlageentscheidungen** nutzen würde.

Diese Frage beurteilt sich anhand einer nach objektiven Maßstäben **ex-ante** zu   **647**
stellenden **Prognose**.[92] Der dabei anzulegende **Maßstab** der Beurteilung entspricht
der Sicht eines **verständigen Anleger**s, Art. 7 Abs. 4 MAR.[93] Dies bereitet allerdings

---

[87] Dazu *Hilgendorf* in: Park, Kapitalmarktstrafrecht, 2013, § 13 WpHGRn. 101.

[88] *Hilgendorf* in: Park, Kapitalmarktstrafrecht, 2013, § 13 Rn. 103; *Caspari* ZGR 1994, 539 f.;
Schäfer in: Schäfer/Hamann, Kapitalmarktgesetze, 2013, § 13 WpHG Rn. 52.

[89] *Assmann* in: Assmann/Schneider, WpHG, 2012, § 13 Rn. 43; *Hilgendorf* in: Park, Kapitalmarktstrafrecht, 2013, § 13 Rn 103.

[90] *Hilgendorf* in: Park, Kapitalmarktstrafrecht, 2013, § 13 Rn. 104; *Tippach* WM 1993, 1271.

[91] *Hilgendorf* in: Park, Kapitalmarktstrafrecht, 2013, § 13 Rn 115; *Spindler* NZG 2012, 577.

[92] *Assmann* in: Assmann/Schneider, WpHG, 2012, § 13 Rn 55; *Caspari* ZGR 1994, 540; *Hilgendorf*
in: Park, Kapitalmarktstrafrecht, 2013, § 13 Rn. 108.

[93] *Assmann* in: Assmann/Schneider, WpHG, 2012, § 13 Rn. 56 f; *Caspari* ZGR 1994, 540; *Hilgendorf* in: Park, Kapitalmarktstrafrecht, 2013, § 13 Rn. 109; *Schäfer* in: Schäfer/Hamann, Kapitalmarktgesetze, 2013, § 13 WpHG Rn. 58 („vernünftiger Anleger"). Anders die Begründung des
früheren Regierungsentwurfs, BT-Drs. 12/6679, S. 48, wonach auf die „allgemeine Lebenserfah-
rung" abzustellen sei.

Schwierigkeiten. Handelt es sich bei dieser verobjektivierten Maßstabsperson um einen durchschnittlich verständigen Anleger,[94] so ergibt sich die Folgefrage, ob dies ein (durchschnittlich verständiger) Privatanleger oder ein (durchschnittlich verständiger) Börsenfachmann sein soll[95] und welche konkreten Interessen dieser Anleger mit der Investition verfolgt. Die Spannbreite ist – auch im Hinblick auf die Vielzahl der zur Verfügung stehenden Anlageobjekte – enorm.

> Im Rahmen des § 264a StGB stellte sich genau diese verständige Maßstabsperson als Problem heraus. Aufgrund der Vielzahl an verschiedenen Interessen und dem breiten Spektrum an Risikonuancen, gebe es auch kein „durchschnittliches Anlegerinteresse", das – für § 264a StGB: zur Bestimmung des Merkmals der Erheblichkeit – herangezogen werden könnte. Vielmehr seien die üblichen Erwartungen des Kapitalmarkts im Hinblick auf das jeweilige Anlageobjekt entscheidend.[96] Diese Einsicht scheint sich allerdings für Merkmale mit entsrechender Prädisposition im Rahmen des § 38 WpHG noch nicht recht durchsetzen zu können.

648 Die mögliche Beeinflussung des Kurses muss **erheblich** sein. Durch diese erhöhte Schwelle werden Bagatellfälle aus dem Tatbestand ausgeschlossen.[97]

> Früher wurde dabei zum Teil versucht, die Erheblichkeit der Kursveränderung an bestimmten Grenzwerten festzumachen, wobei sich die genannten Zahlen zwischen 2 Prozent und 10 Prozent[98] bewegten. Allerdings bestehen derart gravierende Unterschiede zwischen den einzelnen Anlageformen, dass sich solche Werte nicht generalisieren lassen. Im Übrigen bliebe, selbst wenn sich solche Grenzwerde ermitteln ließen, auch dies in gewisser Weise eine Frage der Spekulation, da der Tatbestand ja lediglich die Eignung zur erheblichen Kursbeeinflussung, nicht aber eine tatsächliche Einflussnahme voraussetzt.

649 Die Definition des Art. 7 Abs. 4 MAR (§ 13 Abs. 1 S. 2 WpHG a.F.) entscheidet die Frage nach der Erheblichkeit heute dahingehend, dass diese eben vorliegt, wenn ein verständiger Anleger die fragliche Information wahrscheinlich als Teil der Grundlage seiner Anlageentscheidungen nutzen würde. Diese Deutung wurde früher (in Abgrenzung zu dem Vorschlag objektiver Grenzwerte) als „subjektiver Ansatz" eingeordnet.[99]

> Kritisch erscheint diese flexible Bestimmung der Erheblichkeitsschwelle deswegen, weil sie keine rechtssichere Abgrenzungsmöglichkeit bietet. Mit Blick auf den Bestimmtheitsgrundsatz des Art. 103 Abs. 2 GG wird dies als problematisch eingeordnet.[100] Gem. Art. 7 Abs. 5

---

[94] *Caspari* ZGR 1994, 540.

[95] So krit. auch *Assmann* in: Assmann/Schneider, WpHG, 2012, § 13 Rn. 57, der daher auf den börsenkundigen Anleger abstellt (Rn. 58).

[96] Vgl. Rn. 476.

[97] *Schwark/Kruse* in: Schwark/Zimmer, Kapitalmarktrechts-Kommentar, 2010, § 13 WpHG Rn. 42; *Wehowsky* in: Erbs/Kohlhaas, WpHG, 2016, § 13 Rn. 11.

[98] *Claussen* DB 1994, 30; *Dierlamm* NStZ 1996, 522.

[99] Vgl. dazu *Hilgendorf* in: Park, Kapitalmarktstrafrecht, 2013, § 13 Rn. 111 f.

[100] *Hilgendorf* in: Park, Kapitalmarktstrafrecht, 2013, § 13 Rn. 113; so auch *Park* BB 2001, 2071 zur alten Rechtslage.

MAR gibt die **Europäische Wertpapier- und Marktaufsichtsbehörde** (ESMA, European Securities and Markets Authority) **Leitlinien** für die Erstellung einer „nicht erschöpfenden indikativen Liste von Informationen" heraus, deren Offenlegung nach vernünftigem Ermessen erwartet werden kann oder die nach Rechts- und Verwaltungsvorschriften des Unionsrechts bzw. des nationalen Rechts, Handelsregeln, Verträgen oder Praktiken offengelegt werden müssen. Dabei ist den „Besonderheiten dieser Märkte gebührend Rechnung" zu tragen. Ob dies das Problem löst darf man mit Fug und Recht bezweifeln: Zunächst einmal ist schon fraglich, wie sich dies auf den Deliktscharakter des § 38 Abs. 3 Nr. 1 WpHG i.V.m. Art. 14 lit. a MAR auswirkt. Geht es hier noch um die wertungsmäßige Ausfüllung normativer Tatbestandsmerkmale oder beinhaltet die Regelung des Art. 7 Abs. 5 MAR eine mit Blick auf die fehlende Gesetzgebungskompetenz der ESMA hochgradig bedenkliche Blankettverweisung? Die Antwort muss lauten, dass es sich um (verfassungsrechtlich zulässige) normative Tatbestandsmerkmale handelt. Aber selbst – vielmehr: gerade – dann darf es keine strikte Anlehnung an die Leitlinien der ESMA geben. Art. 7 Abs. 5 MAR versucht diesem Umstand mit der Formulierung gerecht zu werden, dass die Liste von Informationen „nicht erschöpfend" und lediglich „indikativ" bleibt. Diese beiden Einschränkungen sind wörtlich und ernst zu nehmen.

(b) Handeln „unter Nutzung" der Information

Gem. Art. 8 Abs. 1 S. 1 MAR muss der Täter bei Vornahme des Geschäfts unter **650** Nutzung der Insiderinformation handeln. Der Bedeutungsgehalt dieser Wendung ist nicht gänzlich klar.

Eine frühere deutsche Fassung des damals allein im WpHG verorteten Tatbestands formulierte noch, der Täter müsse unter „Ausnutzung", später unter „Verwendung" der spezifischen Kenntnisse handeln (vgl. § 12 WpHG a.F.). Dies war der Fall, wenn der Insider die Information zu dem Zweck verwertet, einen wirtschaftlichen Sondervorteil (für sich oder andere) zu erzielen, den er nicht erlangen könnte, wenn die Tatsache bereits öffentlich bekannt wäre.[101] Während der Wortlaut, der ein Ausnutzen verlangt, das Merkmal noch als eine spezifische subjektive Komponente erkennen ließ, bleibt das Erfordernis des Handelns unter Verwendung der Information bereits ein Merkmal des objektiven Tatbestands.[102] Der Wortlaut des Art. 8 Abs. 1 S. 1 MAR scheint die Voraussetzungen nun weiter herabgesenkt zu haben.

Die ganz h.M. ging zumindest für den Wortlaut „unter Verwendung" davon aus, **651** dass die **Kenntnis des Täters von der Insiderinformation** zumindest **mitursächlich** für sein Handeln geworden sein, sie also in die Entscheidung des Insiders eingeflossen sein muss.[103] An diesem Erfordernis muss auch für die Neufassung des Gesetzes und den Wortlaut des Art. 8 Abs. 1 S. 1 MAR festgehalten werden.

Für die Tatbestandsverwirklichung reicht es damit gerade nicht aus, dass der **652** Täter in Kenntnis einer Insiderinformation Finanzprodukte erwirbt oder veräußert.

---

[101] *Assmann* AG 1994, 246; *Caspari* ZGR 1994, 542; *Pananis* in: MüKo-StGB, 2015, § 38 WpHG Rn. 71.

[102] *Hilgendorf* in: Park, Kapitalmarktstrafrecht, 2013,§ 38 Rn. 138 f.

[103] *Assmann* in: Assmann/Schneider, WpHG, § 14 Rn 25; *Hilgendorf* in: Park, Kapitalmarktstrafrecht, 2013, § 38 Rn. 140; *Schäfer* in: Schäfer/Hamann, Kapitalmarktgesetze, 2013, § 14 WpHG Rn. 7; a.A. *Pawlik* in: KöKomm, WpHG, 2014, § 14 Rn. 15 ff., 20 ff.

Die erforderliche Kausalitätsbeziehung zwischen Kenntnis der Informaiton und Erwerb bzw. Veräußerung fehlt nämlich, wenn der Täter das Geschäft auch dann vorgenommen hätte, wenn ihm die fragliche Information nicht bekannt gewesen wäre.

653   Erlangt der Insider zu spät Kenntnis von den betreffenden Informationen, so mangelt es ebenfalls an der Kausalität. Daher muss die Insiderinformation spätestens in dem Moment der Ordererteilung vorgelegen haben. Geschieht der Erwerb oder Verkauf lediglich in Erfüllung einer Verbindlichkeit, die vor Erlangung der Insiderinformation begründet wurde, so vertrat die früher h.M., es fehle an der Kausalität.[104]

654   In diesem Zusammenhang bestimmt heute Art. 7 Abs. 1 S. 2 MAR, dass als Nutzung von Insiderinformationen auch die **Stornierung** oder die **Änderung** eines Auftrags in Bezug auf ein Finanzinstrument gilt, auf das sich die Informationen beziehen – und dies gilt selbst dann, wenn der Auftrag vor Erlangen der Insiderinformationen erteilt wurde. Daraus lässt sich ableiten, dass maßgeblich ist, ob sich nach Erlangen der Insiderinformation an der eingegangenen Verpflichtung etwas ändert. Auf die Ausführung der Order kommt es demnach nicht an.

3. Empfehlen von und Anstiften zu Insidergeschäften, § 38 Abs. 3 Nr. 2 WpHG (Insiderstrafrechtliches Weitergabeverbot, § 38 Abs. 1 Nr. 2 WpHG a.F.)

655   § 38 Abs. 3 Nr. 2 WpHG i.V.m. Art. 14 lit. b MAR normiert das sog. insiderstrafrechtliche Weitergabeverbot. Die Vorschriften untersagen es, Dritten Insdergeschäfte zu empfehlen oder Dritte dazu anzustiften. Sie normieren einen **Vorfeldtatbestand** im Verhältnis zu dem Verbot nach § 30 Abs. 3 Nr. 1 WpHG i.Vm. Art. 14 lit. a MAR. Der Sinn und Zweck der Vorschrift liegt darin, den Kreis derjenigen Personen, die über Insiderinformationen verfügen, auf eine kleinstmögliche Zahl zu beschränken. Anders als noch § 38 Abs. 1 Nr. 2 WpHG a.F. kommt es nach der Neufassung des Tatbestands nicht mehr darauf an, ob der Insider einer bestimmten Personengruppe (z.B. Mitglied des Geschäftsführungs- oder Aufsichtsorgans) ist. Der Täterkreis ist also nicht beschränkt.

656   Als **Empfehlung** i.d.S. gilt in Orientierung an der Begriffsbestimmung des Art. 3 Abs. 1 Nr. 35 MAR jede Information mit expliziten oder impliziten Vorschlägen zu Anlagestrategien in Bezug auf ein oder mehrere Finanzinstrumente oder Emittenten. Der Terminus der **Anstiftung** hat ein Verhalten im Blick, mit dem bei einem Dritten der Entschluss zur Vornahme eines entsprechenden Geschäfts geweckt wird. Empfehlung und Anstiftung müssen kausal auf der Insiderinformation basieren. Das bedeutet jedoch nicht, dass auch der Adressat der Empfehlung entsprechende Kenntnisse erlangen und auf deren Grundlage handeln muss. Der Tatbestand verlangt noch nicht einmal, dass es überhaupt zur Vornahme des entsprechenden Geschäfts kommt.

---

[104] *Assmann* in: Assmann/Schneider, WpHG, 2012, § 14 Rn. 30; *Pananis* in: MüKo-StGB, 2015, § 38 WpHG Rn. 73.

Anstiftung meint im vorliegenden Kontext also nicht dasselbe Verhalten, das § 26 StGB im Blick hat. Ähnlichkeiten bestehen vielmehr zu der versuchten Anstiftung, bei der es ebenfalls nicht zur Ausführung (oder zum strafbaren Versuch) der Haupttat kommen muss. Art. 14 lit. b MAR trägt dem zwar nicht in der Wortwahl, zumindest aber in der mit § 30 Abs. 1 S. 1 StGB vergleichbaren grammatischen Konstruktion Rechnung (sog. Infinitiv mit zu: „verboten … anzustiften" in Art. 14 lit. b MAR im Vergleich zu: „versucht … anzustiften" in § 30 Abs. 1 S. 1 StGB).

III. Markmanipulation, § 38 Abs. 1 WpHG

1. Allgemeines

Die h.M. unterscheidet zwischen informations-, handels- und handlungsgestütz- **657** ten Marktmanipulationen.[105] Von einer **informationsgestützten Manipulation** spricht man, wenn sie durch Kundgabe unrichtiger oder irreführender Information (z.B. im Jahresabschluss, durch Ad-hoc-Mitteilungen oder veröffentlichte Prognosen) verwirklicht wird. Diese Kategorie weist also einige Parallelen zu den Insiderdelikten auf.[106] Eine **handelsgestützte Manipulation** zeichnet sich durch ihre fehlende Motivtransparenz aus und liegt vor, sofern bei Handelsaktivitäten, d.h. bei der Vornahme von Geschäften, deren tatsächlicher Hintergrund nicht offengelegt wird.

Zum Teil findet sich in diesem Kontext der Begriff der fiktiven Geschäfte.[107] Diese Terminologie trifft jedoch nicht zu, da es sich letztlich um tatsächlich vorgenommene, den Markt beeinflussende, ganz reale Geschäfte handelt – und nicht lediglich um fiktive.[108]

Von einer **handlungsgestützten Manipulation** ist die Rede in den seltenen Fällen, **658** in denen der innere Wert des für das Finanzinstrument maßgebenden Unternehmens oder das börsliche Preisfeststellungsverfahren beeinflusst wird.[109] Hierzu zählen etwa Sabotageakte gegenüber der die Wertpapiere ausgebenden Gesellschaft oder eine gezielte Manipulation der für die Preisfeststellung maßgeblichen Angaben.

Beispiel 56

Die Wolkengeschwader AG steht kurz vor der erstmaligen Präsentation ihres neuen Flagschiffs, das den Personenverkehr in der Luftfahrt revolutionieren

---

[105] *Hilgendorf* in: Park, Kapitalmarktstrafrecht, 2013, § 39 Rn. 65 mit Verweis auf *Fleischer* in: Fuchs, WpHG, 2016, Vor § 20a Rn. 4; *Vogel* in: Assmann/Schneider, WpHG, 2012, Vor § 20a Rn. 32.

[106] *Hilgendorf* in: Park, Kapitalmarktstrafrecht, 2013, § 39 Rn. 65; *Papachristou* Die strafrechtliche Behandlung von Börsen- und Marktpreismanipulationen, 2006, S. 283 ff.; *Vogel* in: Assmann/Schneider, WpHG, 2012, Vor § 20a Rn. 35 ff.

[107] BR-Drs. 936/01, S. 250; ähnlich *Arlt* Der strafrechtliche Anlegerschutz vor Kursmanipulation, 2004, S. 73 ff., 297 ff. („scheinbarer und arrangierter Wertpapierhandel").

[108] *Hilgendorf* in: Park, Kapitalmarktstrafrecht, 2013, § 39 Rn. 65.

[109] *Arlt* Der strafrechtliche Anlegerschutz vor Kursmanipulation, 2004, S. 96 ff., 341 ff.; *Vogel* in: Assmann/Schneider, WpHG, 2012, Vor § 20a Rn. 29.

und die Gesellschaft zum Markführer aufsteigen lassen soll. Alle Aktionäre und Investoren gehen berechtigterweise davon aus, dass der Aktienkurs nach der Premiere des Prototypen in die Höhe schnellen wird. Nur O spekuliert mit Verkaufsoptionen auf den entgegengesetzten Kurs. Am Abend der Präsentation verschafft sich D, ein von O angeheuerter Ganove, Zutritt zum Rollfeld und sprengt den Prototypen, was einen sofortigen und dramatischen Kurseinbruch zur Folge hat.

659   § 38 Abs. 1 WpHG (§ 38 Abs. 2 WpHG a.F.) normiert **kein Sonderdelikt**.[110] Täter kann damit grds. jeder sein, der eine in der Strafvoschrift und ihren Bezugsnormen umschriebene Tathandlung vornimmt.

2. Einzelne Tathandlungen

660   § 38 Abs. 1 WpHG nimmt Bezug auf § 39 WpHG. Demnach macht sich strafbar, wer eine in der Ausfüllungsnorm bezeichnete Handlung begeht und dadurch auf den inländischen Börsen- bzw. Marktpreis oder einen sonstigen Preis eines bestimmten Finanzinstruments einwirkt. § 39 WpHG verweist dazu seinerseits auf Art. 15 MAR, der Marktmanipulationen verbietet. Der Begriff der Marktmanipulation wiederum wird definiert in Art. 12 MAR, wobei nur einige der dort genannten Varianten durch die Verweisungsnorm des § 39 WpHG in Bezug genommen sind.

661   Besondere Vorsicht ist bei der Differenzierung im Hinblick auf den Anwendungsbereich der jeweiligen Verweisungsnormen angezeigt. Die Verweisung in §§ 38 Abs. 1 **Nr. 1**, 39 Abs. 2 Nr. 3, Abs. 3c WpHG beschränkt ihren Anwendungsbereich auf die in **§ 12 WpHG genannten Produkte**, d.h. einschließlich von Waren, Emissionszertifikaten und ausländischen Zahlungsmitteln. Da diese Gegenstände nicht von dem Begriff der Finanzinstrumente der Marktmissbrauchsverordnung erfasst sind, bedurfte es der Anwendungsbereichserweiterung des § 12 WpHG, um hier keine Regelungs- bzw. Strafbarkeitslücke entstehen zu lassen. Die Straftatbestände in §§ 38 Abs. 1 **Nr. 2**, 39 Abs. 3d Nr. 2 WpHG verlangen den Umweg über § 12 WpHG nicht. Sie erfassen **Finanzinstrumente i.S.d. Marktmissbrauchsverordnung** (Rn. 614), so dass lediglich eine Verweisung auf deren Regelungen erforderlich war.

662   Bei der gedanklichen Vorprüfung eines Sachverhalts (nicht im Gutachten!) bietet es sich an, von Art. 12 MAR auszugehen; dort sind die tatbestandsmäßigen Verhaltensweisen umschrieben. Erfüllt der Täter eine oder mehrere Variante/n dieser Vorschrift, so bleibt der Weg dorthin, d.h. die zugehörige Verweisungsnorm zu ermitteln, wobei auf die Differenzierung nach den betroffenen Produkten (Finanzinstrumente oder Produkte i.S.d. § 12 WpHG) zu achten ist.

a) Tathandlungen nach Art. 12 Abs. 1 lit. a MAR

663   Auf Art. 12 Abs. 1 lit. a MAR verweisen sowohl §§ 38 Abs. 1 Nr. 1, 39 Abs. 3c WpHG als auch §§ 38 Abs. 1 Nr. 2, 39 Abs. 3d Nr. 2 WpHG.

---

[110] BGHSt 59, 105 ff.; OLG Stuttgart ZIP 2014, 1829; *Pananis* in: MüKo-StGB, 2015, § 38 WpHG Rn. 158.

Art. 12 Abs. 1 lit. a MAR betrifft den Abschluss von Geschäften, die Erteilung **664** von Handelsaufträgen, zugleich aber auch jede andere Handlung, die die in der Norm beschriebenen Effekte aufrechterhält bzw. hervorruft.

(1) Erfasste Verhaltensweisen

Als Tathandlung umschreibt die Norm zunächst den **Abschluss von Geschäften**. **665** Auf welcher Plattform dies stattfindet und ob der Geschäftsabschluss auf eigene oder fremde Rechnung geschieht, ist nicht entscheidend.

Irrelevant bleibt auch der dingliche Rechtserwerb. Das WpHG sowie letztlich **666** auch die Marktmissbrauchsverordnung gehen – wie bereits aufgezeigt (Rn. 625) – davon aus, dass bereits durch den **Abschluss eines obligatorischen Vertrags** gerade diejenigen Effekte hervorgerufen oder aufrechterhalten werden, die die Regelungen verhindern wollen. Dies zeigt sich auch in der englischen Sprachfassung, in der es heißt „entering into a transaction".

Der oben beschriebene Streit hat für Art. 12 Abs. 1 lit. a MAR jedoch nur geringe **667** Bedeutung, da die Vorschrift ausdrücklich auch die bloße **Erteilung eines Handelsauftrags** als Vorstufe des Geschäftsabschlusses, also die Platzierung der Order genügen lässt (vgl. die englische Fassung der Verordnung: „placing an order to trade"). Darüber hinaus reicht bereits „jede andere Handlung" („any other behaviour"), die die in den UAbs. i und ii genannten Effekte herbeiführt. Diese dritte Variante der anderen Handlung bildet dabei einen subsidiären Auffangtatbestand.

(2) Geben falscher oder irreführender Signale (lit. a UAbs. i)

Die abgeschlossenen Geschäfte bzw. vorgenommenen Handlungen müssen falsche **668** oder irreführende Signale hinsichtlich des Angebots oder des Kurses eines Finanzinstruments geben, wobei es nach dem Wortlaut des Art. 12 Abs. 1 lit. a UAbs. i MAR ausreicht, wenn dies nur wahrscheinlich ist. Der Begriff des **Signal**s fand sich schon früher in § 20a Abs. 2 Nr. 2 WpHG a.F. Er reicht weiter als der Terminus der Angaben, geht also auch über den eng verstandenen Tatsachenbegriff hinaus und erfasst auch wertende Aussagen, bspw. über die wirtschaftliche Lage eines Emittenten oder seine voraussichtliche zukünftige Entwicklung.[111] Teilweise wurde dazu früher einschränkend vertreten, dass es sich jedenfalls nicht um eine reine Bewertung handeln dürfe, sondern diese zumindest auf einen wie auch immer gearteten Tatsachenkern zurückgehen müsse.[112]

Mit dem Begriff des Signals lassen sich indes Handelsaktiviäten erfassen, die **669** äußerlich als neutrale Handlungen ohne kommunikativen Erklärungswert erscheinen, denen aufgrund des „ihnen inhärenten Informationsgehalts aber Signalwirkung

---

[111] *BaFin* Emittentenleitfaden, Stand: 15.7.2005, S. 108; *Möller* WM 2002, 312; *Pananis* in: MüKo-StGB, 2015, § 38 WpHG Rn. 163.

[112] *Arlt* Der strafrechtliche Anlegerschutz vor Kursmanipulation, 2004, S. 150; *Möller* WM 2002, 312; *Schwark* in: Schwark/Zimmer, Kapitalmarktrechts-Kommentar, 2010, § 20a WpHG Rn. 13; weiter noch *Stoll* in: KöKomm, WpHG, 2014, § 20a Rn. 174; *Vogel* in: Assmann/Schneider, WpHG, 2012, Vor § 20a Rn. 70 (auch reine Werturteile erfasst).

für den Markt zukommt".[113] Als Signale gelten damit Aussagen und Erklärungen zu äußeren und inneren Tatsachen, Bewertungen, Prognosen, Empfehlungen usw., aber auch rein tatsächliches Verhalten. Ausgeschlossen bleiben lediglich vage Vermutungen und bloße Spekulationen.[114]

670 Die gegebenen Signale müssen falsch oder irreführend sein. Als **falsch** gilt ein Signal dann, wenn es nicht den tatsächlichen Verhältnissen entspricht,[115] also ein Verhalten nahelegt, das in Anbetracht der tatsächlichen Sachlage eigentlich nicht angezeigt ist. Dieses Merkmal erscheint problematisch, denn es besteht nicht immer nur eine Handlungsalternative. Vielmehr bleibt stets ein erheblicher Beurteilungsspielraum, welche Reaktionen auf bestimmte Signale des Marktes angezeigt oder auch nur vertretbar sind. Als falsch gelten Signale daher nur dann, wenn sie ein Verhalten nahelegen, das schlechterdings nicht mehr vertretbar erscheint.[116]

> Prognosen und Werturteile sollen jedoch bereits dann schlechterdings unvertretbar sein, wenn sie ohne jede Tatsachenprüfung „ins Blaue hinein" abgegeben werden.[117] Bewahrheitet sich die Prognose jedoch später, so erscheint dies zumindest nicht vollends rechtfertigt.[118]

671 **Irreführend** sind Signale, wenn sie zwar inhaltlich richtig sind, durch ihre Darstellung aber in eine Richtung weisen, die einzuschlagen angesichts der wahren Sachlage nicht angebracht erscheint.[119] Ein Signal gilt dementsprechend als irreführend, wenn es geeignet ist, einen verständigen, d.h. börsenkundigen und mit dem Markt des betroffenen Finanzinstruments vertrauten Anleger zu täuschen.[120]

> An dieser Stelle zeigen sich die „Ungereimtheiten" der deutschen Sprachfassung der Marktmissbrauchsverordnung deutlich. Während die frühere Fassung des § 20a Abs. 1 S. 1 WpHG zumindest in dessen Nr. 1[121] noch von unrichtigen oder irreführenden Angaben sprach, sind Gegenstand des Art. 12 Abs. 1 lit. a UAbs. i MAR falsche oder irreführende Signale. Genau genommen kann ein Signal aber nicht falsch i.S.v. „unzutreffend" oder „der Wahrheit nicht entsprechend" sein; es kann nur in eine falsche Richtung weisen.

---

[113] So *Pananis* in: MüKo-StGB, 2015, § 38 WpHG Rn. 188 mit Verweis u.a. auf *Weber* NZG 2000, 116.

[114] *Schwark* in: Schwark/Zimmer, Kapitalmarktrechts-Kommentar, 2010, § 20a WpHG Rn. 15; *Ziouvas* ZGR 2003, 127.

[115] *Pananis* in: MüKo-StGB, 2015, § 38 WpHG Rn. 189; *Woodtli* NZWiSt 2012, 53.

[116] *Möller* WM 2002, 312; *Pananis* in: MüKo-StGB, 2015, § 38 WpHG Rn. 165 (mit Hinweis auf die anerkannten vergleichbaren Einschränkungen im Rahmen der §§ 264, 265b StGB in Fn. 533).

[117] *Vogel* in: Assmann/Schneider, WpHG, 2012, Vor § 20a Rn. 60.

[118] *Pananis* in: MüKo-StGB, 2015, § 38 WpHG Rn. 165.

[119] Vgl. *Bisson/Kunz* BKR 2005, 187; *Pananis* in: MüKo-StGB, 2015, § 38 WpHG Rn. 165.

[120] BGH NZG 2014, 315, 317; *Pananis* in: MüKo-StGB, 2015, § 38 WpHG Rn. 189.

[121] Vgl. jedoch § 20a Abs. 1 S. 1 Nr. 2 WpHG a.F. Hier konnte man dem Gesetzgeber allerdings noch unterstellen, zumindest eine innerhalb der Norm einheitliche Terminologie verwenden zu wollen.

In die Irre führen können Signale hingegen sehr wohl. Dabei bleibt allerdings fraglich, worin noch der Unterschied zu den falschen Signalen bestehen soll. Dass es sich bei dem Merkmal falsch um einen Oberbegriff, bei dem Merkmal irreführend um einen Unterfall davon handelt, macht deren Verbindung mit dem Wort „oder" jedenfalls eher unwahrscheinlich.

Auch für die Tatbestandsalternative des irreführenden Signals verbleibt ein **672** **Beurteilungsspielraum**, wobei maßgeblich der Horizont eines verständigen, durchschnittlich informierten und situationsadäquat aufmerksamen Anlegers sein soll.[122]

Beispiel 57[123]

A ist Mitglied im Vorstand der deutschen Massenfabrikations-Kreditbank AG, zuständig für den Bereich „Treasury und Finanzprodukte". Daneben ist A Mitglied in Organen verschiedener Tochtergesellschaften der Massenfabrikations-Kreditbank AG. So bekleidet er auch das Amt des Vorsitzenden des Beirats der M-Bank Credit Asset Management GmbH („CAM"). Im Rahmen seiner Tätigkeit gibt A mehrere Presseerklärungen über die Portfoliostruktur bestimmter Investments der M-Bank ab, u.a. über das angestrebte operative Ergebnis. A stützt diese Erwartung wirtschaftlich vertretbar auf das Ergebnis des vorangegangenen Geschäftsjahresquartals. Obwohl das Unternehmen zunehmend in eine finanzielle Schieflage gerät, publiziert A fleißig weiter Pressemitteilungen, in denen er fortwährend betont, die M-Bank sei von der aktuellen Krise am US-amerikanischen Immobilienmarkt nicht betroffen. An dem Ertragsziel werde festgehalten. Tatsächlich lagen etlichen Geschäften der M-Bank jedoch Subprime-Kredite zugrunde, die von US-amerikanischen Banken an finanzschwache Schuldner für den Immobilienerwerb vergeben worden waren. Erst als mehrere Investmentpartner die Handelslinien der M-Bank schließen, informiert A den Aufsichtsrat, der die von A erhaltenen Information über die Missstände wiederum sofort an die BaFin weitergibt. A wurde sofort aus dem Unternehmen entfernt. Erst im Anschluss an sein Ausscheiden aus der Massenfabrikations-Kreditbank AG gibt diese eine Ad-hoc Mitteilung über die bisherigen Geschehnisse heraus, in der es u.a. heißt: „Aufgrund der zuvor beschriebenen Entwicklungen kann die MKB ihre bisherige Ergebnisprognose für das Geschäftsjahr … nicht aufrechterhalten. Das Ergebnis wird aus heutiger Sicht deutlich niedriger ausfallen."

Das LG Düsseldorf[124] erkannte in dem Verhalten des A eine strafbare Marktmanipulation. Diese Einordnung bestätigte der BGH wenig später. A war zwar der Meinung, die Anleger wären auch dann in die Irre geführt worden, wenn er wahrheitsgemäße Angaben zu der Krisenbetroffenheit seiner Bank gemacht

---

[122] BGH wistra 2011, 467 sowie LG Düsseldorf AG 2011, 722.

[123] BGH NZG 2011, 1075.

[124] AG 2011, 722 f.; eingehend dazu *Jahn* JZ 2011, 340 ff.

hätte. Die M-Bank habe ja tatsächlich an dem angestrebten Ertragsziel festgehalten; nur aus dieser Gewinnerwartung heraus seien die Anleger zur weiteren
Investition veranlasst worden. Nicht entscheidend, sondern eher nebensächlich
seien demgegenüber seine Darstellungen im Hinblick auf die Krisenbetroffenheit der M-Bank gewesen.

Diesem Vortrag folgte der BGH jedoch nicht. Ein verständiger, durchschnittlich informierter Anleger wäre nach Auffassung des Senats dazu in der Lage
gewesen, auf der Grundlage dieser Information und in Ansehung der zu erwartenden Auswirkungen eine Entscheidung für oder gegen den Aktienkauf zu
treffen.

673   Seinem Wortlaut nach setzt Art. 12 Abs. 1 lit. a UAbs. i MAR nicht voraus, dass das
falsche oder irreführende Signal tatsächlich gesendet wird.[125] Es genügt vielmehr,
wenn dies nach den verbreiteten Informationen **wahrscheinlich** ist. Diese Wendung
steht dem früheren Merkmal der Eignung auf den inländischen Börsen- oder Marktpreis eines Finanzinstruments einzuwirken gleich. An dieser Preiseinwirkungseig-
nung kann es fehlen bei Äußerungen, die lediglich im privaten Kreis erfolgen, oder
falls aus anderem Grund auszuschließen ist, dass es zu einer weiteren Verbreitung
kommt.[126] Für die Frage der Wahrscheinlichkeit wird es dementsprechend darauf
ankommen, ob das ausgesendete Signal **typischerweise** eine Reaktion der Adressaten erwarten lässt, die der tatsächlichen Marktlage nicht angemessen, sondern
schlechterdings unvertretbar ist.[127]

(3) Anormales oder künstliches Kursniveau sichern (lit. a UAbs. ii)

674   Art. 12 lit. a UAbs. ii MAR verlangt zwar keine falschen oder irreführenden Signale,
stattdessen muss das Verhalten des Täters aber ein anormales oder künstliches Kursniveau eines oder mehrerer Finanzinstrumente sichern. Das Geben falscher oder
irreführender Signale und das Herbeiführen eines anormalen oder künstlichen Kursniveaus stehen dabei ausweislich des Wortlauts („oder") in einem **Alternativitätsverhältnis** (kein Exklusivitätsverhältnis!) zueinander.

675   Ein anormales oder künstliches Kursniveau setzt eine nicht **nur unerhebliche
Störung** der regulären Preisentwicklung voraus. Dabei genügt nicht jede beliebig
geringe Abweichung des Kurses; es muss sich vielmehr um eine Anomalie von
einigem Gewicht handeln.[128] Dauerhaftigkeit ist hingegen nicht notwendig, zumal

---

[125] Vgl. *Pananis* in: MüKo-StGB, 2015, § 38 WpHG Rn. 188.

[126] *Pananis* in: MüKo-StGB, 2015, § 38 WpHG Rn. 174.

[127] Vgl. zum Maßstab oben Rn. 647.

[128] *Vogel* in: Assmann/Schneider, WpHG, 2012, Vor § 20a Rn. 51; ähnlich *Sorgenfrei* in: Park, Kapitalmarktstrafrecht, 2013, §§ 20a WpHG Rn. 269, *Schröder* Kapitalmarktstrafrecht, 2015, Rn. 586;
a.A. OLG Stuttgart NJW 2011, 3667; *Pananis* in: MüKo-StGB, 2015, § 38 WpHG Rn. 191, 241
(„jede Abweichung nach oben, unten oder zur Seite"); in diese Richtung auch *Woodtli* NZWiSt
2012, 55, der für Bagatellfälle das Opportunitätprinzip fruchtbar machen will.

in etlichen Bereichen,[129] z.B. beim Hochfrequenzhandel, Kurse ohnehin nicht längerfristig von Bestand sind.[130]

Das Kursniveau kann dabei erhöht oder verringert sein.[131] Der Täter muss dieses **676** Niveau durch sein Verhalten **sichern**, d.h. durch den Abschluss der Geschäfte bzw. die Erteilung der Handelsaufträge für einen Fortbestand des bereits ohne Zutun des Täters entstandenen anormalen oder künstlichen Kursniveaus sorgen. Zwischen dem Verhalten des Täters und dem Fortbestand des Kursniveaus muss ein **kausaler Zusammenhang** bestehen.[132] Der Kurs müsste sich also ohne das Verhalten des Täters wieder normalisiert haben.[133]

Auch im Rahmen dieser Tatbestandsalternative genügt es indes, wenn die **677** Störung des Kursniveaus nicht tatsächlich eintritt, sondern lediglich wahrscheinlich (Rn. 673) ist.

(4) Tatbestandsausschluss: legitime Gründe

Der Tatbestand ist dem Wortlaut des Art. 12 Abs. 1 lit. a MAR nach nicht erfüllt, **678** wenn der Täter für sein Verhalten „legitime Gründe" vorweisen kann und dabei im Einklang mit der nach Art. 13 MAR zulässigen Marktpraxis handelt.

(a) Zulässige Marktpraktiken

Art. 13 Abs. 2 MAR umschreibt sodann verschiedene **Kriterien** zulässiger Markt- **679** praktiken, darunter ein erheblicher Grad an **Markttransparenz** (lit. a), positive Auswirkungen auf **Marktliquidität und -effizienz** (lit. c) und keine Risiken für die **Integrität** der Märkte (lit. e). Fatalerweise normiert Art. 13 Abs. 2 MAR außerdem, dass die zuständigen Behörden (in Deutschland die BaFin) im Einklang mit den Vorgaben der ESMA zulässige Marktpraktiken festschreiben können. Gemeint sein kann damit – benigna interpretatio – allerdings lediglich eine nähere Konkretisierung des in der Marktmissbrauchsverordnung bereits umschriebenen, verbotenen und erlaubten Verhaltens. Alles andere wäre letztlich mit dem Gesetzlichkeitsprinzip des Art. 103 Abs. 2 GG unvereinbar.

(b) Legitime Gründe

Eine nähere Beschreibung der in Art. 12 Abs. 1 lit. a, 13 Abs. 1 MAR angespro- **680** chenen legitimen Gründe findet sich dort nicht. Art. 13 Abs. 1 MAR normiert diesbezüglich lediglich, der Täter müsse **nachweisen**, dass er für sein Verhalten solche legitimen Gründe hatte. Diese Wendung beinhaltet – selbst als Tatbestandsausschluss

---

[129] Vgl. EuGH ZBB 2011, 285; dazu *Gehrmann* GWR 2011, 385; *Hupka* EuZW 2011, 860 ff.; *Klöhn* NZG 2011, 934 und *Waßmer* ZBB 2011, 288.

[130] *Pananis* in: MüKo-StGB, 2015, § 38 WpHG Rn. 240 mit Verweis auf *Klöhn* NZG 2011, 935 f.

[131] OLG Stuttgart NJW 2011, 3667; *Pananis* in: MüKo-StGB, 2015, § 38 WpHG Rn. 240.

[132] *Pananis* in: MüKo-StGB, 2015, § 38 WpHG Rn. 241.

[133] Vgl. *Pananis* in: MüKo-StGB, 2015, § 38 WpHG Rn. 241.

verstanden[134] – eine mit der **Unschuldsvermutung** kaum zu vereinbarende Beweislastumkehr.

681   Das Merkmal der **legitimen Gründe** war bereits unter Geltung der früheren Regelung in § 20a Abs. 2 WpHG a.F. höchst umstritten; angezweifelt wurde seine Vereinbarkeit mit dem Bestimmtheitsgrundsatz, Art. 103 Abs. 2 GG.[135] Mit Blick auf die damaligen Richtlinienvorgaben lehnte der deutsche Gesetzgeber eine genauere Regelung zwar ab.[136] Er lieferte allerdings in der Gesetzesbegründung den Hinweis, es handle sich um ein subjektives Element, das lediglich dann fehle, wenn positiv festgestellt sei, dass der Täter „in betrügerischer oder manipulativer Absicht gehandelt hat".[137] Während einige dies als im Gesetz so nicht vorgesehene Einführung eines subjektiven Tatbestandsmerkmals kritisierten,[138] vertreten andere die Auffassung, dies beinhalte lediglich eine den verfassungsrechtlichen Anforderungen noch genügende restriktive Auslegung dahingehend, dass der Handelnde die nach vernünftigem Ermessen erwartbare Marktgepflogenheit nicht zu manipulativen Zwecken missbrauchen darf, und ihm der Tatbestandsausschluss nur dann zu versagen ist, wenn er in Manipulationsabsicht handelt.[139] Beim Wortlaut genommen schneidet die Marktmissbrauchsverordnung indes mit der Formulierung, dass der Täter seine legitimen Gründe „nachweisen" muss, diese Lesart des deutschen Gesetzgebers ab.

b) Tathandlungen nach Art. 12 Abs. 1 lit. b MAR

682   Auf Art. 12 Abs. 1 lit. b MAR verweisen sowohl §§ 38 Abs. 1 Nr. 1, 39 Abs. 3c WpHG als auch §§ 38 Abs. 1 Nr. 2, 39 Abs. 3d Nr. 2 WpHG. Art. 12 Abs. 1 lit. b MAR erfasst Verhaltensweisen, wie bspw. „Abschluss eines Geschäfts, Erteilung eines Handelsauftrags und jegliche sonstige Tätigkeit oder Handlung an Finanzmärkten, die unter Vorspiegelung falscher Tatsachen oder unter Verwendung sonstiger Kunstgriffe oder Formen der Täuschung" den Kurs eines oder mehrerer Finanzinstrumente beeinflussen.

(1) Erfasste Verhaltensweisen

683   Art. 12 Abs. 1 lit. b MAR erfasst weitgehend dieselben Verhaltensweisen wie lit. a (Rn. 663 ff.), also zunächst den **Abschluss eines Geschäfts** (entering into a transaction) sowie die **Erteilung eines Handelsauftrags** (placing an order to trade).

---

[134] So *Pananis* in: MüKo-StGB, 2015, § 38 WpHG Rn. 210; *Schmitz* ZStW 2003, 525; *Vogel* WM 2003, 2444.

[135] *Spindler* NJW 2004, 3453; *Sorgenfrei* in: Park, Kapitalmarktstrafrecht, 2013, §§ 20a WpHG Rn. 185; *Pananis* in: MüKo-StGB, 2015, § 38 WpHG Rn. 210.

[136] Vgl. BR-Drs. 341/04 (b), S. 4 sowie BT-Drs. 15/3355, S. 6.

[137] BT-Drs. 15/3174, S. 37, krit. dazu *Bisson/Kunz* BKR 2005, 188.

[138] *Vogel* in: Assmann/Schneider, WpHG, 2012, Vor § 20a Rn. 179 (subjektives Element „durch die Hintertür" eingeführt).

[139] Wie hier *Pananis* in: MüKo-StGB, 2015, § 38 WpHG Rn. 214 mit Verweis auf *Sorgenfrei* in: Park, Kapitalmarktstrafrecht, 2013, §§ 20a WpHG Rn. 185.

Anders als lit. a spricht lit. b jedoch als Auffangtatbestand nicht von jeder anderen Handlung, sondern formuliert als Auffangtatbestand, dass jegliche sonstige Tätigkeit oder Handlung an Finanzmärkten genügen soll. Dies erscheint insofern enger, als das Verhalten zumindest einen gewissen Finanzmarktbezug aufweisen muss. Dieser Zusatz (... „an Finanzmärkten") fehlt allerdings bspw. in der englischen Sprachfassung der Verordnung („any other activity or behaviour"), so dass es darauf nicht ankommen kann.

Bei der Wendung „jegliche sonstige Tätigkeit oder Handlung" handelt es sich **684** wiederum um einen Auffangtatbestand, unter den sich Verhaltensweisen subsumieren lassen, die sich weder als Abschluss eines Geschäfts noch als Erteilung eines Handelsauftrags darstellen.

Weshalb an dieser Stelle von der in Art. 12 Abs. 1 lit. a MAR gewählten Formulierung (siehe oben: „jede andere Handlung") abgewichen wurde, erschließt sich nicht. Dass die unterschiedlichen Formulierungen einen tieferen Sinn ergeben sollen, darf dem Normgeber hier wohl nicht unterstellt werden. In beiden Fällen handelt es sich um einen weit zu verstehenden Auffangtatbestand, der auf eine möglichst umfassende Verhinderung der beschriebenen Effekte auf das Kursniveau ausgerichtet ist.

(2) (Eignung zur) Kursbeeinflussung

Im Unterschied zu Art. 12 Abs. 1 lit. a MAR kommt es für lit. b nicht darauf an, dass **685** bereits ein anormales Kursniveau vorliegt und aufrecht erhalten wird. Es genügt vielmehr die Beeinflussung des Kurses, d.h. jede ursächliche Einwirkung auf den Kurs, die dessen Verlauf verändert.

Darüber hinaus lässt die Vorschrift bereits die Eignung zur Kursbeeinflussung **686** ausreichen. Diese Wendung ersetzt das früher in § 20a Abs. 1 S. 1 Nr. 1 WpHG a.F. enthaltene Eignungsmerkmal (siehe Rn. 673).

c) Tathandlungen nach Art. 12 Abs. 1 lit. c MAR

Auf Art. 12 Abs. 1 lit. c MAR verweisen sowohl §§ 38 Abs. 1 Nr. 1, 39 Abs. 2 Nr. 3 **687** WpHG als auch §§ 38 Abs. 1 Nr. 3, 39 Abs. 3d Nr. 2 WpHG. Das Übermittlungsverbot in Art. 12 Abs. 1 lit. c MAR erfasst die **Verbreitung von Informationen** über Medien, Internet oder auf anderem Weg, durch die falsche oder irreführende Signale in Bezug auf ein Angebot oder den Kurs eines Finanzinstruments vermittelt werden.

(1) Verbreitung von Informationen

Art. 12 Abs. 1 lit. c MAR verlangt zunächst, dass Informationen verbreitet werden. **688** Als Verbreitung i.d.S. gilt jedes Verhalten, das es Dritten ermöglicht, die betreffenden Informationen zur Kenntnis zu nehmen. Der Wortlaut der Norm macht dabei deutlich, dass es auf die Art der Verbreitung nicht ankommt („ ... oder auf anderem Weg"). Nicht vorausgesetzt ist, dass sich das Verbreiten an einen größeren Personenkreis richtet oder öffentlich geschieht.[140]

---

[140] BR-Drs. 18/05, S. 16; *Pananis* in: MüKo-StGB, 2015, § 38 WpHG Rn. 226.

689   Der Begriff der Informationen ersetzt den früher in § 20a WpHG a.F. verwendeten Terminus der Umstände, schließt also Tatsachen und Werturteile gleichermaßen ein.

(2) Geben falscher oder irreführender Signale (Alt. 1)

690   Die verbreiteten Informationen müssen falsche oder irreführende Signale hinsichtlich des Angebots oder des Kurses eines Finanzinstruments geben, wobei es nach dem Wortlaut des Art. 12 Abs. 1 lit. c Alt. 1 MAR ausreicht, wenn dies nur wahrscheinlich ist. Insofern gilt dasselbe wie im Rahmen des Art. 12 Abs. 1 lit. a UAbs. i MAR.

(3) Anormales oder künstliches Kursniveau herbeiführen (Alt. 2)

691   Der Tatbestand des § 38 Abs. 1 Nr. 1, 39 Abs. 2 Nr. 3 WpHG i.V.m. Art. 12 lit. c MAR ist auch dann erfüllt, wenn zwar keine falschen oder irreführenden Signale gegeben werden, stattdessen aber ein anormales oder künstliches Kursniveau eines oder mehrerer Finanzinstrumente herbeigeführt wird. Das Geben falscher oder irreführender Signale und das Herbeiführen eines anormalen oder künstlichen Kursniveaus stehen dabei ausweislich des Wortlauts („oder") in einem **Alternativitätsverhältnis** zueinander.

692   Ein anormales oder künstliches Kursniveau setzt eine nicht nur unerhebliche Störung der regulären Preisentwicklung voraus, die **kausal** auf dem Verhalten des Täters beruhen muss.[141] Dabei genügt nicht jede beliebig geringe Störung des Kurses; nach hier vertretener Auffassung muss es sich vielmehr um eine Abweichung von einigem Gewicht handeln (siehe dazu Rn. 675).[142]

693   Auch im Rahmen dieser Tatbestandsalternative genügt es indes, wenn die Störung des Kursniveaus nicht tatsächlich eintritt, sondern lediglich wahrscheinlich ist.

(4) Verbreitung von Gerüchten

694   Art. 12 lit. c MAR inkludiert schließlich die Verbreitung von Gerüchten, sofern der Täter weiß oder hätte wissen müssen, dass sie falsch (Rn. 670) oder irreführend (Rn. 671) sind. Die Marktmissbrauchsverordnung verbietet mit dieser Tatvariante somit auch fahrlässiges Verhalten. § 38 Abs. 1 Nr. 1 WpHG normiert eine Strafbarkeit jedoch nur für vorsätzliche Verstöße gegen § 39 Abs. 2 Nr. 3 WpHG i.V.m. Art. 12 lit. c MAR. Über dieses **Vorsatzerfordernis** hilft die abweichende Formulierung des Art. 12 lit. c MAR nicht hinweg.

d) Tathandlungen nach Art. 12 Abs. 1 lit. d MAR

695   Auf Art. 12 Abs. 1 lit. d MAR verweisen verweisen sowohl §§ 38 Abs. 1 Nr. 1, 39 Abs. 2 Nr. 3 WpHG als auch §§ 38 Abs. 1 Nr. 3, 39 Abs. 3d Nr. 2 WpHG. Art. 12 Abs. 1 lit. d MAR verbietet die Übermittlung falscher (Rn. 670) oder irreführender (Rn. 671) Angaben bzw. die Bereitstellung falscher oder irreführender

---

[141] *Pananis* in: MüKo-StGB, 2015, § 38 WpHG Rn. 241.
[142] Vgl. auch Fn. 128.

Ausgangsdaten. Als Übermittlung gilt jedes **Mitteilen oder Übersenden**, was insbesondere die Tätigkeiten außerhalb des Emittentenlagers stehender Dritter erfasst.[143] Der Terminus der Angaben ist dabei deckungsgleich mit dem früher in § 20a Abs. 1 S. 1 Nr. 1 WpHG a.f. verwendeten Begriff (siehe Rn. 668 f.).

> Weshalb die Marktmissbrauchsverordnung hier zu diesem Ausdruck zurückkehrt und damit von der Terminologie der lit. a bis c abweicht, erschließt sich nicht auf den ersten Blick. Die Abweichung scheint jedoch ohne tiefgehendere Bedeutung, zumal es bspw. in der englischen Sprachfassung der Verordnung auch in lit. d bei dem bereits in lit. c verwendeten Ausdruck „Information" geblieben ist.

Die Vorschrift lässt es ausreichen, wenn der Täter hätte wissen müssen, dass die Daten bzw. Angaben falsch oder irreführend sind. Auch hier gilt jedoch, dass sich die beschränkte Verweisung in § 38 Abs. 1 Nr. 1 WpHG nur auf vorsätzliche Verstöße gegen die Marktmissbrauchsverordnung bezieht. **696**

e) Tathandlungen nach Art. 12 Abs. 2 MAR

Auf Art. 12 Abs. 2 MAR verweisen §§ 38 Abs. 1 Nr. 2, 39 Abs. 3d Nr. 2 WpHG. **697** Art. 12 Abs. 2 MAR enthält eine Art **Fiktion**, dergemäß bestimmte Verhaltensweisen als Marktmanipulation gelten. Dies ergibt sich aus dem Wortlaut sowohl der deutschen („Als Markmanipulation gelten … "), als auch bspw. der englischen Sprachfassung („ … be considered as … "). Verwiesen wird durch die Regelungen des WpHG lediglich auf Art. 12 Abs. 2 lit. a, lit. b und lit. c MAR, nicht jedoch auf Art. 12 Abs. 2 lit. d und lit. e MAR.

Genannt werden in Art. 12 Abs. 2 MAR: **698**

- lit. a: die Sicherung einer marktbeherrschenden Stellung in Bezug auf das Angebot eines Finanzinstruments (o.ä.) oder die Nachfrage danach (lit. a). Voraussetzung ist hier, dass es tatsächlich oder wahrscheinlich zu einer unmittelbaren oder mittelbaren Festsetzung des Kaufs- oder Verkaufspreises kommt bzw. die Handlung zumindest dazu geeignet ist.
- lit. b: Kauf oder Verkauf von Finanzinstrumenten bei Handelsbeginn oder bei Handelsschluss an einem Handelsplatz (lit. b). Diese Tatvariante setzt voraus, dass Anleger, die aufgrund der angezeigten Kurse Geschäfte investieren, tatsächlich oder wahrscheinlich irregeführt werden.

> Ob Tätigwerden i.d.S. die Vornahme einer Transaktion voraussetzt oder auch Verhalten unterhalb der Schwelle zum Vertragsabschluss erfasst, ergibt sich aus dem Wortlaut nicht. Für ein restriktives Verständnis lässt sich jedoch anführen, dass die Vorschrift vom Anleger – und eben nicht nur vom potentiellen Anleger oder Interessenten – spricht.

- lit. c: die Erteilung von Kauf- oder Verkaufsaufträgen, wodurch das Funktionieren des Handelssystems tatsächlich oder wahrscheinlich gestört oder verzögert wird, Dritten die Ermittlung echter Kauf- oder Verkaufsaufträge im

---

[143] Zur Reichweite des Art. 12 Abs. 1 lit. d MAR *Poelzig* NZG 2016, 528, 536.

Handelssystem des Handelsplatzes tatsächlich bzw. wahrscheinlich erschwert wird oder tatsächlich oder wahrscheinlich ein falsches oder irreführendes Signal (Rn. 670 f.) hinsichtlich des Angebots respektive der Nachfrage eines Finanzinstruments setzt (lit. c).

- lit. d: bestimmte Fälle des Ausnutzens eines gelegentlichen oder regelmäßigen Zugangs zu den traditionellen oder elektronischen Medien durch Abgabe einer Stellungnahme zu Finanzinstrumenten o.ä. (vgl. *Beispiel 57*, Rn. 672).
- lit. e: bestimmte Käufe oder Verkäufe von Emissionszertifikaten bzw. deren Derivaten auf dem Sekundärmarkt vor der Versteigerung.

3. Einwirkung auf den Börsen- oder Marktpreis

699 § 38 Abs. 1 WpHG setzt für alle Tatvarianten voraus, dass der Täter durch seine Handlung auf den Börsen- oder Marktpreis eines Finanzinstruments o.ä. einwirkt. Diese Einwirkung stellt dabei ein **objektives Tatbestandsmerkmal**[144] bzw. einen **Taterfolg** dar. Daher ist in objektiver Hinsicht Kausalität zwischen der Handlung des Täters und der Einwirkung auf den Preis notwendig, in subjektiver Hinsicht muss sich der Vorsatz des Täters auf diese Einwirkung beziehen. Fehlt es daran, kann allenfalls eine Ordnungswidrigkeit nach § 39 WpHG vorliegen. Gerade der Kausalitätsnachweis dürfte in den meisten Fällen jedoch schwer zu führen sein, da die Preisbildung von einer Vielzahl von Faktoren abhängt, die in der Intensität ihrer Auswirkungen schwer nachzuzeichnen sind. Dabei muss zur vollen richterlichen Überzeugung feststehen, dass das manipulative Verhalten zumindest mitursächlich für den Preis geworden ist und sich dieser ohne die manipulative Handlung anders entwickelt hätte.[145]

Beispiel 58[146]

A hält nahezu sämtliche Freihandelsaktien der D-Inc., einer Gesellschaft zur Entdeckung und Förderung von Rohstoffen. Daher kommt ihm die Idee, durch nachdrückliche, geradezu massive Empfehlungen deren Wert zu steigern, um die eigenen Aktien mit Gewinn verkaufen zu können. A kontaktiert seinen besten Freund F, der „auf sein Netzwerk von … Börsenjournalisten zurückgreifen und diese … im Einzelnen dirigieren" soll. F erreicht tatsächlich, dass mehrere Medien die Aktien nachhaltig zum Kauf empfehlen, u.a. auf der Grundlage der von A aufgestellten, wahrheitswidrigen Behauptung, ein bekannter Geologe sei an einem von der D-Inc. betriebenen größeren Explorationsprojekt beteiligt. Als „Initialzündung" veröffentlichte ein von F akquirierter Börsenjournalist eine Empfehlung der Aktie im Nachrichtenmagazin FOCUS sowie in der Folgezeit

---

[144] *Pananis* in: MüKo-StGB, 2015, § 38 WpHG Rn. 239.

[145] *Pananis* in: MüKo-StGB, 2015, § 38 WpHG Rn. 241.

[146] BGH NJW 2014, 1896.

weitere Empfehlungen in den von ihm herausgegebenen Börsenbriefen „Blue Sky Level" und „Commodity Stock Investor". Nachdem die Aktie D nach ihrer erstmaligen Börsennotierung nahezu umsatzlos geblieben war, steigerte sich der Börsenpreis nach den Veröffentlichungen von 2,10 Euro auf 18,10 Euro. Nach Abschluss der Vermarktungskampagne fiel der Aktienkurs wieder ab.

Der BGH bestätigte das Urteil des zuständigen LG, das in dem Verhalten ein strafbares „Scalping" erkannte. Die Sachlage sei in diesem Fall derart evident, dass Feststellungen zu einem möglichen Kursverlauf bei „rechtmäßigem Alternativverhalten" entbehrlich blieben. Zwar sei Kausalität zwischen dem Verhalten des Täters, d.h. den ausgesprochenen Empfehlungen, und dem Kursverlauf bzw. der Einwirkung auf den Börsenpreis erforderlich. Kausalität ergebe sich vielmehr schon daraus, dass A den bestehenden Interessenkonflikt nicht offengelegt hatte. Denn einzig wenn dies dem potentiellen Anleger zur Kenntnis gebracht werde, könne dieser in seine Kaufentscheidung auch das Halten eigener Aktien des Empfehlenden mit der Möglichkeit des Verkaufs bei Kurssteigerung einbeziehen. Für die Beurteilung der Frage, ob durch die marktmanipulative Handlung tatsächlich eine Einwirkung auf den Börsenpreis eingetreten ist, seien angesichts der Vielzahl der an der Preisbildung mitwirkenden Faktoren keine überspannten Anforderungen zu stellen. Vergleiche von bisherigem Kursverlauf und Umsatz sowie die Kurs- und Umsatzentwicklung des betreffenden Papiers reichten nach Auffassung des BGH aus, eine Kurseinwirkung hinreichend zu belegen; insbesondere sei eine Befragung der Marktteilnehmer ist nicht veranlasst.

Als Ziel der Einwirkung nennt die Vorschrift u.a. den inländischen Börsen- oder **700** Marktpreis eines Finanzinstruments bzw. eines damit verbundenen Waren-Spot-Kontrakts (in lit. a) sowie den Preis eines Finanzinstruments oder eines damit verbundenen Waren-Spot-Kontrakts an einem organisierten Markt oder einem multilateralen Handelssystem in einem anderen Mitgliedstaat der Europäischen Union (lit. b). In lit. d wird zudem die Berechnung von Referenzwerten innerhalb der EU einbezogen.

Eine Legaldefinition des **Börsenpreis**es findet sich in § 24 Abs. 1 S. 1 BörsG.   **701** Demnach gilt als Börsenpreis derjenige Preis, der während der Börsenzeit an einer Börse festgestellt wird. Ferner fallen unter den Begriff solche Preise, die während der Börsenzeit im Freiverkehr an einer Warenbörse festgestellt werden, § 24 Abs. 1 S. 2 BörsG. Als **Marktpreis** gilt jeder Preis eines freien Marktes, der sich als sog. Gleichgewichtspreis bei freiem Spiel von Angebot und Nachfrage entwickelt hat.[147]

Der Börsen- oder Marktpreis ist beeinflusst, wenn es zu seiner **Erhöhung,**   **702** **Absenkung** oder auch **Stabilisierung** kommt.[148]

---

[147] *Sorgenfrei* wistra 2002, 328; *Arlt* Der strafrechtliche Anlegerschutz vor Kursmanipulation, 2004, S. 188; ferner *Park* BB 2003, 1514.

[148] OLG Stuttgart NJW 2011, 3667; *Pananis* in: MüKo-StGB, 2015, § 38 WpHG Rn. 240.

Beispiel 59[149]

B ist als Bankkaufmann mit Schwerpunkt im Wertpapierhandel bei der Landesbank X angestellt. Er kontrolliert dort zwei Depots mit Wertpapieren im Gesamtwert von etwa 275.000 Euro. Aus diesen Depots gibt B zeitgleich zahlreiche Kauf- und Verkaufsaufträge im elektronischen Handelssystem der Deutschen Börse-AG für bestimmte Aktien ab, die jeweils zu den von ihm angegeben Limitpreisen zur Ausführung kamen. Zwischen dem Verkauf der Aktien und dem Rückkauf liegen dabei jeweils lediglich wenige Minuten. Die Kursfeststellungen kommen dadurch auf der Grundlage der spiegelbildlich deckungsgleichen Aufträge des B, der wechselnd für das eine Depot als Käufer und das andere als Verkäufer der Aktien agierte, entsprechend seinen Limitangaben zu Stande. Ohne die Aufträge des B wäre es nicht zu diesen Kursfestsetzungen gekommen und der jeweilige vorherige Kurs der Aktie hätte fortgegolten. Bei dritten Handelsteilnehmern entsteht durch dieses Procedere der unrichtige Eindruck, dass für diese Aktien ein liquider Markt mit voneinander unabhängigen Angeboten und Nachfragen besteht.

Das OlG Stuttgart erkannte in dem Verhalten eine strafbare handelsgestützte Marktmanipulation. Diese wurde verursacht durch Transaktionen, die dem Markt falsche oder irreführende Signale zu geben oder ein künstliches Preisniveau herbeizuführen geeignet sind. Hierzu gehören auch effektive Geschäfte, infolge derer es zu einem Wechsel der wirtschaftlichen Berechtigung an einem Finanzinstrument kommt. Ein derartiges Verhalten entspricht nicht der zulässigen Marktpraxis. Auch sei unschädlich, dass es zu keiner Einwirkung auf den Schlusspreis gekommen war; für die Tatbestandsverwirklichung genüge der unmittelbar nach Ausführung der Geschäfte festgesetzte Kurs. Darüber hinaus müssen die Manipulationshandlungen keine Auswirkungen auf den weiteren Kursverlauf haben. Dass sich der Kursverlauf nach der manipulativen Handlung später im marktüblichen Bereich weiterentwickelt hat, ist also irrelevant.

703   Die Einwirkung braucht – insbesondere mit Blick auf die von dem Tatbestand ebenfalls umfassten Bereiche des Hochfrequenzhandels[150] – nicht dauerhaft zu sein, sondern es genügt, dass es zu einer **kurzfristigen Kursbeeinflussung** bzw. einmaligen Preisfeststellung kommt.[151] Auch muss nicht gerade der Schlusskurs von der Beeinflussung betroffen sein; es reicht die Einwirkung auf irgendeinen festgestellten Preis im laufenden Handel.[152]

---

[149] Nach OLG Stuttgart NJW 2011, 3667.

[150] Vgl. *Klöhn* NZG 2011, 935 f.

[151] *Pananis* in: MüKo-StGB, 2015, § 38 WpHG Rn. 240 mit Verweis auf EuGH ZBB 2011, 285; *Heusel/Schmidberger* BKR 2011, 425; *Klöhn* NZG 2011, 934; *Waßmer* ZBB 2011, 288.

[152] BGH NZG 2014, 315; OLG Stuttgart NJW 2011, 3667; *Heusel/Schmidberger* BKR 2011, 425; a.A. *Kudlich* wistra 2011, 361; ausführlich dazu *Woodtli* NZWiSt 2012, 51.

Beispiel 60[153]

A erteilt Verkaufs- und Kaufaufträge für die im Freiverkehr an der Frankfurter Börse gehandelten Aktien der R-AG, die er zuvor mit dem Käufer bzw. Verkäufer abgesprochen hatte (sog. matched orders bzw. prearranged trades, siehe Rn. 366). Er erteilt daher zunächst einen Verkaufsauftrag über 22.000 Aktien zu einem Verkaufslimit von 4,55 Euro. Sein Geschäftspartner G erteilt am selben Tag auf Grund einer zwischen beiden zuvor getroffenen Vereinbarung einen Kaufauftrag mit einem Kauflimit von 4,55 Euro, zunächst über 14.000 und unmittelbar darauf über weitere 8000 Stück der betreffenden Aktien. Der Kurs der Aktie betrug zunächst 4,12 Euro. Später gibt A den Kauf von 10.000 Stück derselben Aktie in Auftrag, wiederum zu einem Kauflimit von 4,55 Euro, während G zwei Verkaufsaufträge über je 5000 Stück Aktien mit dem vereinbarten Verkaufslimit in gleicher Höhe erteilt.

Der BGH bejahte hier die Einwirkung auf den Marktpreis und damit den Tatbestand der Marktmanipulation. Dass die abgeschlossenen Geschäfte auf den Schlusskurs keinen nachweisbaren Einfluss hatten, sei irrelevant. Der notwendige Einwirkungserfolg setze nämlich nicht voraus, dass nach den konkreten Geschäften zwischen den Tätern durch Dritte weitere Geschäfte getätigt werden, bei denen die Preise kausal gerade auf dem durch die manipulativen Geschäfte hervorgerufenen Kursniveau beruhen. Auch komme es nicht darauf an, welchen aus der Vielzahl von Börsen- und Marktpreisen, die für ein Finanzinstrument erzielt werden, der Täter herbeiführt; vielmehr genüge die Einwirkung auf irgendeinen Börsen- oder Marktpreis, der auch nicht notwendigerweise der Schlusskurs sein muss. Die Beeinflussung des weiteren Kursverlaufs nach einer bereits eingetretenen Beeinflussung sei ebenfalls nicht erforderlich.

§ 38 Abs. 1 WpHG normiert im Hinblick auf die Kursbeeinflussung zwar keine **704** Erheblichkeitsschwelle. Mit Blick auf den ultima-ratio Gedanken kann allerdings nicht jede noch so geringe Preiseinwirkung genügen, sondern es bedarf der Überschreitung einer gewissen Bagatellschwelle (siehe dazu aber Rn. 675).[154]

IV. Anhang: Synopse

Nachstehend findet sich eine Gegenüberstellung der bis zum bis 1.7.2016 geltenden **705** Regelungen des WpHG a.F. und der ab dem 31.12.2016 eingreifenden Vorschriften des WpHG n.F. i.V.m. der Marktmissbrauchsverordnung.[155]

---

[153] Nach BGH NZG 2014, 315.

[154] Vgl. Fn. 128.

[155] Das vom 2.7.2016 bis 30.12.2016 geltende Übergangsrecht findet in der Synopse keine Berücksichtigung.

WpHG a.F. (bis 1.7.2016)	WpHG/MAR (ab 2.7.2016)
§ 38 WpHG: Strafvorschriften (1) Mit Freiheitsstrafe bis zu fünf Jahren oder mit Geldstrafe wird bestraft, wer 1. entgegen § 14 Abs. 1 Nr. 1 ein Insiderpapier erwirbt oder veräußert oder 2. a) als Mitglied des Geschäftsführungs- oder Aufsichtsorgans oder eines persönlich haftenden Gesellschafter des Emittenten oder eines mit dem Emittenten verbundenen Unternehmens, b) auf Grund seiner Beteiligung am Kapital des Emittenten oder eines mit dem Emittenten verbundenen Unternehmens, c) auf Grund seines Berufs oder seiner Tätigkeit oder seiner Aufgabe bestimmungsgemäß oder d) auf Grund der Vorbereitung oder Begehung einer Straftat über eine Insiderinformation verfügt und unter Verwendung dieser Insiderinformation eine in § 39 Abs. 2 Nr. 3 oder 4 bezeichnete vorsätzliche Handlung begeht. … (3) In den Fällen der Absätze 1 und 2a ist der Versuch strafbar. **§ 14 WpHG** **Verbot von Insidergeschäften** (1) Es ist verboten, 1. unter Verwendung einer Insiderinformation Insiderpapiere für eigene oder fremde Rechnung oder für einen anderen zu erwerben oder zu veräußern, 2. einem anderen eine Insiderinformation unbefugt mitzuteilen oder zugänglich zu machen, 3. einem anderen auf der Grundlage einer Insiderinformation den Erwerb oder die Veräußerung von Insiderpapieren zu empfehlen oder einen anderen auf sonstige Weise dazu zu verleiten.	**§ 38 WpHG: Strafvorschriften** … (3) Ebenso *[wie in Abs. 1 mit Freiheitsstrafe bis zu fünf Jahren oder mit Geldstrafe]* wird bestraft, wer gegen die Verordnung (EU) Nr. 596/2014 des Europäischen Parlaments und des Rates vom 16. April 2014 über Marktmissbrauch (Marktmissbrauchsverordnung) und zur Aufhebung der Richtlinie 2003/6/EG des Europäischen Parlaments und des Rates und der Richtlinien 2003/124/EG, 2003/125/EG und 2004/72/EG der Kommission (ABl. L 173 vom 12.6.2014, S. 1) verstößt, indem er 1. entgegen Artikel 14 Buchstabe a ein Insidergeschäft tätigt, 2. entgegen Artikel 14 Buchstabe b einem Dritten empfiehlt, ein Insidergeschäft zu tätigen, oder einen Dritten dazu anstiftet oder 3. entgegen Artikel 14 Buchstabe c eine Insiderinformation offenlegt. (4) In den Fällen des Absatzes 1 Nummer 2 und 3 sowie der Absätze 2 und 3 ist der Versuch strafbar. **Art. 14 MAR** **Verbot von Insidergeschäften und unrechtmäßiger Offenlegung von Insiderinformationen** Folgende Handlungen sind verboten: a) das Tätigen von Insidergeschäften und der Versuch hierzu, b) Dritten zu empfehlen, Insidergeschäfte zu tätigen, oder Dritte anzustiften, Insidergeschäfte zu tätigen, oder c) die unrechtmäßige Offenlegung von Insiderinformationen. **Artikel 8** **Insidergeschäfte** (1) Für die Zwecke dieser Verordnung liegt ein Insidergeschäft vor, wenn eine Person über Insiderinformationen verfügt und unter Nutzung derselben für

(Fortsetzung)

WpHG a.F. (bis 1.7.2016)	WpHG/MAR (ab 2.7.2016)
	eigene oder fremde Rechnung direkt oder indirekt Finanzinstrumente, auf die sich die Informationen beziehen, erwirbt oder veräußert. ²Die Nutzung von Insiderinformationen in Form der Stornierung oder Änderung eines Auftrags in Bezug auf ein Finanzinstrument, auf das sich die Informationen beziehen, gilt auch als Insidergeschäft, wenn der Auftrag vor Erlangen der Insiderinformationen erteilt wurde. … *[Im Rahmen der unmittelbar anwendbaren VO EU Nr. 596/2014 ist diese Definition hinfällig. § 12 wird daher komplett neu gefasst und übernimmt die bisherige Regelung aus § 20a Abs. 4.]* Eine Definition des Finanzinstruments findet sich in (Art. 3 Abs. 1 Nr. 1 MAR i.V.m.) Art. 4 Abs. 1 Nr. 15 der EU-RiL 2014/65: (1) Für die Zwecke dieser Richtlinie bezeichnet der Ausdruck: … Nr. 15: „Finanzinstrument" die in Anhang I Abschn. C genannten Instrumente …
§ 12 **Insiderpapiere** ¹Insiderpapiere sind Finanzinstrumente, 1. die an einer inländischen Börse zum Handel zugelassen oder in den regulierten Markt oder in den Freiverkehr einbezogen sind, 2. die in einem anderen Mitgliedstaat der Europäischen Union oder einem anderen Vertragsstaat des Abkommens über den Europäischen Wirtschaftsraum zum Handel an einem organisierten Markt zugelassen sind oder 3. deren Preis unmittelbar oder mittelbar von Finanzinstrumenten nach Nummer 1 oder Nummer 2 abhängt. ²Der Zulassung zum Handel an einem organisierten Markt oder der Einbeziehung in den regulierten Markt oder in den Freiverkehr steht gleich, wenn der Antrag auf Zulassung oder Einbeziehung gestellt oder öffentlich angekündigt ist.	
§ 13 **Insiderinformation** (1) Eine Insiderinformation ist eine konkrete Information über nicht öffentlich bekannte Umstände, die sich auf einen oder mehrere Emittenten von Insiderpapieren oder auf die Insiderpapiere selbst beziehen und die geeignet sind, im Falle ihres öffentlichen	**Artikel 7** **Insiderinformationen** (1) Für die Zwecke dieser Verordnung umfasst der Begriff „Insiderinformationen" folgende Arten von Informationen: a) nicht öffentlich bekannte präzise Informationen, die direkt oder indirekt einen oder mehrere Emittenten oder ein oder mehrere Finanzinstrumente

(Fortsetzung)

WpHG a.F. (bis 1.7.2016)	WpHG/MAR (ab 2.7.2016)
Bekanntwerdens den Börsen- oder Marktpreis der Insiderpapiere erheblich zu beeinflussen. Eine solche Eignung ist gegeben, wenn ein verständiger Anleger die Information bei seiner Anlageentscheidung berücksichtigen würde. Als Umstände im Sinne des Satzes 1 gelten auch solche, bei denen mit hinreichender Wahrscheinlichkeit davon ausgegangen werden kann, dass sie in Zukunft eintreten werden. Eine Insiderinformation ist insbesondere auch eine Information über nicht öffentlich bekannte Umstände im Sinne des Satzes 1, die sich 1. auf Aufträge von anderen Personen über den Kauf oder Verkauf von Finanzinstrumenten bezieht oder 2. auf Derivate nach § 2 Abs. 2 Nr. 2 mit Bezug auf Waren bezieht und bei der Marktteilnehmer erwarten würden, dass sie diese Information in Übereinstimmung mit der zulässigen Praxis an den betreffenden Märkten erhalten würden. (2) Eine Bewertung, die ausschließlich auf Grund öffentlich bekannter Umstände erstellt wird, ist keine Insiderinformation, selbst wenn sie den Kurs von Insiderpapieren erheblich beeinflussen kann.	betreffen und die, wenn sie öffentlich bekannt würden, geeignet wären, den Kurs dieser Finanzinstrumente oder den Kurs damit verbundener derivativer Finanzinstrumente erheblich zu beeinflussen; b) in Bezug auf Warenderivate nicht öffentlich bekannte präzise Informationen, die direkt oder indirekt ein oder mehrere Derivate dieser Art oder direkt damit verbundene Waren-Spot-Kontrakte betreffen und die, wenn sie öffentlich bekannt würden, geeignet wären, den Kurs dieser Derivate oder damit verbundener Waren-Spot-Kontrakte erheblich zu beeinflussen, und bei denen es sich um solche Informationen handelt, die nach Rechts- und Verwaltungsvorschriften der Union oder der Mitgliedstaaten, Handelsregeln, Verträgen, Praktiken oder Regeln auf dem betreffenden Warenderivate- oder Spotmarkt offengelegt werden müssen bzw. deren Offenlegung nach vernünftigem Ermessen erwartet werden kann; c) in Bezug auf Emissionszertifikate oder darauf beruhende Auktionsobjekte nicht öffentlich bekannte präzise Informationen, die direkt oder indirekt ein oder mehrere Finanzinstrumente dieser Art betreffen und die, wenn sie öffentlich bekannt würden, geeignet wären, den Kurs dieser Finanzinstrumente oder damit verbundener derivativer Finanzinstrumente erheblich zu beeinflussen; d) für Personen, die mit der Ausführung von Aufträgen in Bezug auf Finanzinstrumente beauftragt sind, bezeichnet der Begriff auch Informationen, die von einem Kunden mitgeteilt wurden und sich auf die noch nicht ausgeführten Aufträge des Kunden in Bezug auf Finanzinstrumente beziehen, die präzise sind, direkt oder indirekt einen oder mehrere Emittenten oder ein oder mehrere Finanzinstrumente betreffen und die, wenn sie öffentlich bekannt würden, geeignet wären, den Kurs dieser Finanzinstrumente, damit verbundener Waren-Spot-Kontrakte oder zugehöriger derivativer Finanzinstrumente erheblich zu beeinflussen. …

(Fortsetzung)

WpHG a.F. (bis 1.7.2016)	WpHG/MAR (ab 2.7.2016)
§ 38 WpHG **Strafvorschriften** ... (2) Ebenso wird bestraft, wer eine in § 39 Abs. 1 Nr. 1 oder Nr. 2 oder Abs. 2 Nr. 11 bezeichnete vorsätzliche Handlung begeht und dadurch 1. auf den inländischen Börsen- oder Marktpreis eines Finanzinstruments, einer Ware im Sinne des § 2 Abs. 2c, einer Emissionsberechtigung im Sinne des § 3 Nummer 3 des Treibhausgas-Emissionshandelsgesetzes oder eines ausländischen Zahlungsmittels im Sinne des § 51 des Börsengesetzes, 2. auf den Preis eines Finanzinstruments an einem organisierten Markt in einem anderen Mitgliedstaat der Europäischen Union oder in einem anderen Vertragsstaat des Abkommens über den Europäischen Wirtschaftsraum oder 3. auf den Preis einer Ware im Sinne des § 2 Abs. 2c, einer Emissionsberechtigung im Sinne des § 3 Nummer 3 des Treibhausgas-Emissionshandelsgesetzes oder eines ausländischen Zahlungsmittels im Sinne des § 51 des Börsengesetzes an einem mit einer inländischen Börse vergleichbaren Markt in einem anderen Mitgliedstaat der Europäischen Union oder in einem anderen Vertragsstaat des Abkommens über den Europäischen Wirtschaftsraum einwirkt.	**§ 38 WpHG** **Strafvorschriften** (1) Mit Freiheitsstrafe bis zu fünf Jahren oder mit Geldstrafe wird bestraft, wer eine in 1. § 39 Absatz 2 Nummer 3 oder Absatz 3c oder 2. § 39 Absatz 3d Nummer 2 bezeichnete vorsätzliche Handlung begeht und dadurch einwirkt auf a) den inländischen Börsen- oder Marktpreis eines Finanzinstruments, eines damit verbundenen Waren-Spot-Kontrakts, einer Ware im Sinne des § 2 Absatz 2c, einer Emissionsberechtigung im Sinne des § 3 Nummer 3 des Treibhausgas-Emissionshandelsgesetzes oder eines ausländischen Zahlungsmittels im Sinne des § 51 des Börsengesetzes, b) den Preis eines Finanzinstruments oder eines damit verbundenen Waren-Spot-Kontrakts an einem organisierten Markt oder einem multilateralen Handelssystem in einem anderen Mitgliedstaat der Europäischen Union oder in einem anderen Vertragsstaat des Abkommens über den Europäischen Wirtschaftsraum, c) den Preis einer Ware im Sinne des § 2 Absatz 2c, einer Emissionsberechtigung im Sinne des § 3 Nummer 3 des Treibhausgas-Emissionshandelsgesetzes oder eines ausländischen Zahlungsmittels im Sinne des § 51 des Börsengesetzes an einem mit einer inländischen Börse vergleichbaren Markt in einem anderen Mitgliedstaat der Europäischen Union oder in einem anderen Vertragsstaat des Abkommens über den Europäischen Wirtschaftsraum oder d) die Berechnung eines Referenzwertes im Inland oder in einem anderen Mitgliedstaat der Europäischen Union oder in einem anderen Vertragsstaat des Abkommens über den Europäischen Wirtschaftsraum.

(Fortsetzung)

WpHG a.F. (bis 1.7.2016)	WpHG/MAR (ab 2.7.2016)
§ 39 WpHG **Bußgeldvorschriften** (1) Ordnungswidrig handelt, wer 1. entgegen § 20a Abs. 1 Satz 1 Nr. 2, auch in Verbindung mit Abs. 4, jeweils in Verbindung mit einer Rechtsverordnung nach Absatz 5 Satz 1 Nr. 2 oder 5 ein Geschäft vornimmt oder einen Kauf- oder Verkaufsauftrag erteilt, 2. entgegen § 20a Abs. 1 Satz 1 Nr. 3, auch in Verbindung mit Abs. 4, oder einer Rechtsverordnung nach Absatz 5 Satz 1 Nr. 3, eine Täuschungshandlung vornimmt, (2) Ordnungswidrig handelt, wer vorsätzlich oder leichtfertig Nr. 11: entgegen § 20a Abs. 1 Satz 1 Nr. 1, auch in Verbindung mit Abs. 4, oder einer Rechtsverordnung nach Absatz 5 Satz 1 Nr. 1, eine Angabe macht oder einen Umstand verschweigt …	**§ 39 WpHG** **Bußgeldvorschriften** … (2) Ordnungswidrig handelt, wer vorsätzlich oder leichtfertig … Nr. 3: entgegen § 12 in Verbindung mit Artikel 15 in Verbindung mit Artikel 12 Absatz 1 Buchstabe c oder d der Verordnung (EU) Nr. 596/2014 eine Information verbreitet, eine dort genannte Angabe übermittelt oder dort genannte Daten bereitstellt, (3c) Ordnungswidrig handelt, wer entgegen § 12 in Verbindung mit Artikel 15 in Verbindung mit Artikel 12 Absatz 1 Buchstabe a oder b der Verordnung (EU) Nr. 596/2014 ein Geschäft abschließt, einen Handelsauftrag erteilt oder eine andere Handlung begeht. (3d) Ordnungswidrig handelt, wer gegen die Verordnung (EU) Nr. 596/2014 verstößt, indem er vorsätzlich oder leichtfertig Nr. 2: entgegen Artikel 15 eine Marktmanipulation begeht …
§ 20a WpHG **Verbot der Marktmanipulation** (1) ¹Es ist verboten, 1. unrichtige oder irreführende Angaben über Umstände zu machen, die für die Bewertung eines Finanzinstruments erheblich sind, oder solche Umstände entgegen bestehenden Rechtsvorschriften zu verschweigen, wenn die Angaben oder das Verschweigen geeignet sind, auf den inländischen Börsen- oder Marktpreis eines Finanzinstruments oder auf den Preis eines Finanzinstruments an einem organisierten Markt in einem anderen Mitgliedstaat der Europäischen Union oder in einem anderen Vertragsstaat des Abkommens über den Europäischen Wirtschaftsraum einzuwirken,	**Artikel 15** **Verbot der Marktmanipulation** Marktmanipulation und der Versuch hierzu sind verboten. **Artikel 12** **Marktmanipulation**[156] (1) Für die Zwecke dieser Verordnung umfasst der Begriff „Marktmanipulation" folgende Handlungen: a) Abschluss eines Geschäfts, Erteilung eines Handelsauftrags sowie jede andere Handlung, die i. falsche oder irreführende Signale hinsichtlich des Angebots, der Nachfrage oder des Preises eines Finanzinstruments … gibt oder bei der dies wahrscheinlich ist, oder

---

[156] Auf den vollständigen Abdruck der Vorschrift wurde aus Raumgründen verzichtet.

(Fortsetzung)

WpHG a.F. (bis 1.7.2016)	WpHG/MAR (ab 2.7.2016)
2. Geschäfte vorzunehmen oder Kauf- oder Verkaufaufträge zu erteilen, die geeignet sind, falsche oder irreführende Signale für das Angebot, die Nachfrage oder den Börsen- oder Marktpreis von Finanzinstrumenten zu geben oder ein künstliches Preisniveau herbeizuführen oder 3. sonstige Täuschungshandlungen vorzunehmen, die geeignet sind, auf den inländischen Börsen- oder Marktpreis eines Finanzinstruments oder auf den Preis eines Finanzinstruments an einem organisierten Markt in einem anderen Mitgliedstaat der Europäischen Union oder in einem anderen Vertragsstaat des Abkommens über den Europäischen Wirtschaftsraum einzuwirken. …	ii. ein anomales oder künstliches Kursniveau eines oder mehrerer Finanzinstrumente … sichert oder bei der dies wahrscheinlich ist; b) Abschluss eines Geschäfts, Erteilung eines Handelsauftrags und jegliche sonstige Tätigkeit oder Handlung an Finanzmärkten, die unter Vorspiegelung falscher Tatsachen oder unter Verwendung sonstiger Kunstgriffe oder Formen der Täuschung den Kurs eines oder mehrerer Finanzinstrumente … beeinflusst oder hierzu geeignet ist; c) Verbreitung von Informationen über die Medien einschließlich des Internets oder auf anderem Wege, die falsche oder irreführende Signale hinsichtlich des Angebots oder des Kurses eines Finanzinstruments … oder der Nachfrage danach geben oder bei denen dies wahrscheinlich ist … einschließlich der Verbreitung von Gerüchten, wenn die Person, die diese Informationen verbreitet hat, wusste oder hätte wissen müssen, dass sie falsch oder irreführend waren; d) Übermittlung falscher oder irreführender Angaben oder Bereitstellung falscher oder irreführender Ausgangsdaten bezüglich eines Referenzwerts, wenn die Person, die die Informationen übermittelt oder die Ausgangsdaten bereitgestellt hat, wusste oder hätte wissen müssen, dass sie falsch oder irreführend waren … (2) Als Marktmanipulation gelten unter anderem die folgenden Handlungen: a) Sicherung einer marktbeherrschenden Stellung in Bezug auf das Angebot eines Finanzinstruments … b) … …

(Fortsetzung)

WpHG a.F. (bis 1.7.2016)	WpHG/MAR (ab 2.7.2016)
(2) ¹Das Verbot des Absatzes 1 Satz 1 Nr. 2 gilt nicht, wenn die Handlung mit der zulässigen Marktpraxis auf dem betreffenden organisierten Markt oder in dem betreffenden Freiverkehr vereinbar ist und der Handelnde hierfür legitime Gründe hat. ²Als zulässige Marktpraxis gelten nur solche Gepflogenheiten, die auf dem jeweiligen Markt nach vernünftigem Ermessen erwartet werden können und von der Bundesanstalt als zulässige Marktpraxis im Sinne dieser Vorschrift anerkannt werden. ³Eine Marktpraxis ist nicht bereits deshalb unzulässig, weil sie zuvor nicht ausdrücklich anerkannt wurde.	**Art. 13** **Zulässige Marktpraxis** (1) Das Verbot gemäß Artikel 15 gilt nicht für die in Artikel 12 Absatz 1 Buchstabe a genannten Handlungen, wenn die Person, die ein Geschäft abschließt, einen Handelsauftrag erteilt oder eine andere Handlung vornimmt, nachweist, dass das Geschäft, der Auftrag oder die Handlung legitime Gründe hat und im Einklang mit der zulässigen Marktpraxis gemäß diesem Artikel steht. …
§ 20a WpHG **Verbot der Marktmanipulation** … (4) Die Absätze 1 bis 3 gelten entsprechend für 1. Waren im Sinne des § 2 Abs. 2 c, 2. Emissionsberechtigungen im Sinne des § 3 Nummer 3 des Treibhausgas-Emissionshandelsgesetzes und 3. ausländische Zahlungsmittel im Sinne des § 51 des Börsengesetzes, die an einer inländischen Börse oder einem vergleichbaren Markt in einem anderen Mitgliedstaat der Europäischen Union oder in einem anderen Vertragsstaat des Abkommens über den Europäischen Wirtschaftsraum gehandelt werden.	**§ 12 WpHG** **Anwendung der Verordnung (EU) Nr. 596/2014 auf Waren, Emissionsberechtigungen und ausländische Zahlungsmittel** Artikel 15 in Verbindung mit Artikel 12 Absatz 1 bis 4 der Verordnung (EU) Nr. 596/2014 gilt entsprechend für 1. Waren im Sinne des § 2 Absatz 2c, 2. Emissionsberechtigungen im Sinne des § 3 Nummer 3 des Treibhausgas-Emissionshandelsgesetzes und 3. ausländische Zahlungsmittel im Sinne des § 51 des Börsengesetzes, die an einer inländischen Börse oder einem vergleichbaren Markt in einem anderen Mitgliedstaat der Europäischen Union oder in einem anderen Vertragsstaat des Abkommens über den Europäischen Wirtschaftsraum gehandelt werden.

B. Verleitung zu Börsenspekulationsgeschäften, §§ 49, 26 Abs. 1 BörsG

§§ 49, 26 BörsG normieren ein **Vermögensdelikt**, das dem Schutz des Vermögens **706** derjenigen Personen dient, die in Börsenspekulationsgeschäften unerfahren sind. Der Schutzzweck beschränkt sich dabei jedoch auf Vermögensbeeinträchtigungen; die Vorschriften wollen Spekulationsgeschäfte nicht generell verbieten.[157] Der Anleger soll nur vor solchen Verlusten bewahrt werden, die er im Vorfeld nicht abzuschätzen vermochte, weil er sich über das mit derartigen Geschäften verbundene Risiko nicht im Klaren war.[158] Börsenspekulationsgeschäfte gelten als besonders undurchsichtig und unüberschaubar und bergen daher hohe Risiken selbst für Personen mit durchschnittlichen Geschäftskenntnissen und Lebenserfahrungen.[159]

Bei §§ 49, 26 BörsG handelt es sich um ein **abstraktes Gefährdungsdelikt**, **707** das keinen tatsächlichen Vermögensschaden voraussetzt.[160] Nach Auffassung des Gesetzgebers war die Vorverlagerung des strafrechtlichen Schutzes dadurch gerechtfertigt, dass es „gerade in Zeiten, in denen die private Altersvorsorge immer wichtiger wird, nötig ist, den unerfahrenen Anleger vor dem Abschluss von Geschäften zu schützen, mit denen er sein eingesetztes Kapital ‚auf's Spiel setzt', ohne dies intellektuell genau durchschaut zu haben".[161] Auf die Normierung einer Versuchsstrafbarkeit hatte der Gesetzgeber angesichts der weiten Vorverlagerung der Strafbarkeit verzichtet.[162]

Die **kriminalpolitische Bedeutung** der §§ 26 Abs. 1, 49 BörsG wird wohl über- **708** schätzt.[163] In den 90er Jahren des 20. Jahrhunderts war es bei einigen unseriös agierenden Kapitalmarktakteuren populär, im Wege des sog. cold calling per Telefonakquise unbedarften Kunden Warentermin- und sonstige Börsentermingeschäften „aufzuschwatzen".[164] Nachdem diese Praktik jedoch durch die Vorgängerbehörde der BaFin unterbunden wurde,[165] war ein Hauptanwendungsfall für die eigens im Hinblick auf jenes Verhalten modifizierten Vorschriften geschaffen. Da eine solche

---

[157] *Park* in: Park, Kapitalmarktstrafrecht, 2013, §§ 49, 26 BörsG Rn. 318.

[158] *Schröder* in: Achenbach/Ransiek/Rönnau, Wirtschaftsstrafrecht, 2015, Kap. X 2 Rn. 224.

[159] *Wehowsky* in: Erbs/Kohlhaas, Strafrechtliche Nebengesetze, 2016, §§ 49, 26 BörsG Rn 2; ebenso *Park* in: Park, Kapitalmarktstrafrecht, 2013, §§ 26, 49 BörsG Rn. 318.

[160] *Park* in: Park, Kapitalmarktstrafrecht, 2013, §§ 26, 49 BörsG Rn. 319.

[161] *Park* in: Park, Kapitalmarktstrafrecht, 2013, §§ 26, 49 BörsG Rn. 320; *Schröder* in: Achenbach/Ransiek/Rönnau, Wirtschaftsstrafrecht, 2015, Kap. X 2 Rn. 225.

[162] *Park* in: Park, Kapitalmarktstrafrecht, 2013, §§ 26, 49 BörsG Rn. 320.

[163] So die Vermutung von *Bröker* in: MüKo-StGB, 2014, § 49 BörsG Rn. 3.

[164] *Achilles-Baumgärtel* NStZ 1998, 604 f.; *Bröker* wistra 1993, 162; *Bröker* Strafrechtliche Probleme bei Warentermin- und -optionsgeschäften, 1989, S. 114, 115; *Benner* in: Wabnitz/Janovsky, Handbuch des Wirtschafts- und Steuerstrafrechts, 2014, Kap. IX 6 Rn. 234; *Otto* WM 1988, 736; *Worms* in: Assmann/Schütze, Handbuch des Kapitalanlagerechts, 2015, § 9 Rn. 4 f.; ferner *Bröker* in: MüKo-StGB, 2014, § 49 BörsG Rn. 3 unter Bezugnahme auf die vorstehend genannten Quellen.

[165] Untersagt durch Allgemeinverfügung des damaligen Bundesaufsichtsamts für den Wertpapierhandel (BaWe) vom 27.7.1999, BAnz Rn. 149 vom 12.8.1999, S. 13518.

telefonische Akquise heute aber u.a. aufgrund der zahlreichen Aufklärungspflichten und sonstigen Anforderungen an Finanzdienstleister nicht mehr legal möglich ist, scheint der primäre Anwendungsbereich für jene Vorschriften entfallen zu sein.[166]

I. Objektiver Tatbestand

1. Börsenspekulationsgeschäfte
a) Begriffsbestimmung

709   Börsenspekulationsgeschäfte sind in § 26 Abs. 2 BörsG legaldefiniert und umfassen sämtliche An- und Verkaufsgeschäfte, die abgeschlossen werden, um aus zwischenzeitlichen Preisunterschieden einen Gewinn zu ziehen, der dann durch ein Gegengeschäft realisiert werden soll.[167] Während § 26 Abs. 2 Nr. 1 BörsG auf die Spekulationsgeschäfte selbst abstellt, erfasst Abs. 2 Nr. 2 der Vorschrift Optionen auf solche Geschäfte, wobei die dortige Aufzählung aufgrund des Wortlauts („insbesondere") nicht abschließend ist.[168] Spekulationsgeschäfte treten demnach bspw. in Form von Warentermin- oder Finanztermingeschäften, ebenso aber als Optionsgeschäfte oder Kassageschäfte auf.[169]

> Der Terminus des Börsenspekulationsgeschäfts ist für sich betrachtet unbestimmt und weit – letztlich ist doch jedes Geschäft an der Börse spekulativ i.S.d. allgemeinen Sprachgebrauchs.[170] Der Begriff ist daher auslegungs- und konkretisierungsbedürftig. Der Gesetzgeber hat dem Rechtsanwender jedoch eine Legaldefinition an die Hand gegeben. Dadurch fokussiert er bei der Auslegung einen ganz bestimmten Geschäftstypus, der sich von anderen – ebenfalls grds. spekulativen – Geschäften abgrenzen lässt.[171]

710   Der Gesetzestext umschreibt die erfassten Geschäfte nur abstrakt. Diese offene Formulierung erschwert es, das Verbot zu umgehen.[172] Gleichwohl versucht die Lit. zuweilen, die zu weite Definition des § 26 Abs. 2 BörsG einzuschränken: Demnach gelten als Börsenspekulationsgeschäfte solche An- und Verkaufsgeschäfte, die von beiden Parteien erst zu einem bestimmten späteren Zeitpunkt zu erfüllen sind, und die in der Absicht geschlossen werden, aus zwischenzeitlichen

---

[166] *Bröker* in: MüKo-StGB, 2014, § 49 BörsG Rn. 3. So i.E. auch *Benner* in: Wabnitz/Janovsky, Handbuch des Wirtschafts- und Steuerstrafrechts, 3. Aufl. 2007, Kap. 9 Rn. 231 (Vorschrift „bedeutungslos"); *Park* wistra 2002, 107 (*ders.* heute aber zurückhaltender in: Park, Kapitalmarktstrafrecht, 2013, §§ 26, 49 BörsG Rn. 321).

[167] *Groß* Kapitalmarktrecht, 2016, § 26 BörsG Rn. 2; *Schröder* Kapitalmarktstrafrecht, 2015, Rn. 801; ähnlich *Bröker* in: MüKo-StGB, 2014, § 49 BörsG Rn. 10.

[168] *Bröker* in: MüKo-StGB, 2014, § 49 BörsG Rn. 9; *Rössner/Worms* wistra 1987, 320.

[169] *Bröker* in: MüKo-StGB, 2014, § 49 BörsG Rn. 11; *Schröder* Kapitalmarktstrafrecht, 2015, Rn. 800 ff.

[170] Zu den damit verbundenen verfassungsrechtlichen Bedenken *Bröker* in: MüKo-StGB, 2014, § 49 BörsG Rn. 4.

[171] Vgl. dazu *Park* in: Park, Kapitalmarktstrafrecht, 2013, §§ 26, 49 BörsG Rn. 324.

[172] *Park* in: Park, Kapitalmarktstrafrecht, 2013, §§ 26, 49 BörsG Rn. 324.

Preisunterschieden einen Gewinn zu ziehen, der regelmäßig durch ein Gegengeschäft realisiert werden soll.[173] Ihren spekulativen Charakter erhalten diese
Geschäfte dadurch, dass kein Güteraustausch stattfindet, sondern sich die Absicht
des Spekulanten erst darauf richtet, aus der Preisdifferenz Gewinn zu erzielen.[174]
Entscheidend für die Frage, ob ein Börsenspekulationsgeschäft vorliegt, ist daher
auch nicht eine zivilrechtliche Einordnung, nach der das Geschäft als Terminge-
schäft gilt; die zivilrechtliche Rechtslage kann allenfalls ein Indiz hierfür darstellen. Maßgeblich bleibt letztendlich allein das **Auseinanderfallen von Vertragsschluss und Liefer- bzw. Erfüllungstermin** sowie die damit verbundene größere
Gewinn- und Verlust-Spanne.[175]

b) Erfasste Geschäftstypen

Börsenspekulationsgeschäfte treten in Gestalt verschiedener Geschäftstypen auf.   **711**
Sie können als Warentermingeschäfte, Finanztermingeschäfte, Optionsgeschäfte
oder Kassageschäfte abgeschlossen werden; daneben sind zudem sonstige atypi-
sche Formen spekulativer Geschäftstypen denkbar.

- Der Begriff **Warentermingeschäft** erfasst Geschäfte über Mengen und quali-
  tätsmäßig standardisierte Einheiten (Kontrakte) von Naturprodukten aus der
  Landwirtschaft oder aus dem Bergbau (bspw. Baumwolle, Öl, Getreide, Kakao,
  Kaffee, Zucker, Metalle).[176] Entscheidend für diesen Geschäftstypus ist, dass
  es nicht sofort nach dem Vertragsschluss zu einem Leistungsaustausch kommt;
  erst zu einem späteren Termin werden die Leistungen fällig. Die Standardisierung bzw. die Benutzung von Einheitsverträgen reduziert individuellen Ver-
  handlungsbedarf, führt zu einer Vereinheitlichung und beschleunigt dadurch
  die Geschäftsabschlüsse.[177] Standardisiert sind dabei nicht nur Lieferzeiten und
  typische Klauseln, sondern auch die gehandelten Einheiten. So wird Öl bspw.
  in Barrel und Gold in Feinunzen gehandelt.[178] Als spekulativ gelten Warentermingeschäfte vor allem deshalb, weil sowohl Käufer als auch Verkäufer auf den
  intertemporären Preisunterschied spekulieren, ohne dass es zu einem Güteraustausch kommen soll.[179]

---

[173] *Schröder* Kapitalmarktstrafrecht, 2015, Rn. 801, 808; *Schwark* in: Schwark/Zimmer,
Kapitalmarktrechts-Kommentar, 2010, § 26 BörsG Rn. 2.

[174] *Park* in: Park, Kapitalmarktstrafrecht, 2013, §§ 26, 49 BörsG Rn. 324; vgl. auch *Bröker* in:
MüKo-StGB, 2014, § 49 BörsG Rn. 9 f.

[175] *Park* in: Park, Kapitalmarktstrafrecht, 2013, §§ 26, 49 BörsG Rn. 324.

[176] Siehe *Bröker* in: MüKo-StGB, 2014, § 49 BörsG Rn. 11; *Park* in: Park, Kapitalmarktstrafrecht,
2013, §§ 26, 49 BörsG Rn. 326; *Schröder* in: Achenbach/Ransiek/Rönnau, Wirtschaftsstrafrecht,
2015, Kap. X 2 Rn. 242.

[177] *Park* in: Park, Kapitalmarktstrafrecht, 2013, §§ 26, 49 BörsG Rn. 326.

[178] Vgl. *Park* in: Park, Kapitalmarktstrafrecht, 2013, §§ 26, 49 BörsG Rn. 326.

[179] *Park* in: Park, Kapitalmarktstrafrecht, 2013, §§ 26, 49 BörsG Rn. 326; *Schröder* in: Achenbach/
Ransiek/Rönnau, Wirtschaftsstrafrecht, 2015, Kap. X 2 Rn. 242; *Wehowsky* in: Erbs/Kohlhaas,
Strafrechtliche Nebengesetze, 2016, §§ 49, 26 BörsG Rn 4.

Werden Warentermingeschäfte jedoch als **Hedgegeschäfte** ausgestaltet, so sollen sie nach zum Teil vertretener Ansicht dem Begriff der Börsenspekulationsgeschäfte nicht mehr unterfallen. Bei Hedgegeschäften würden nämlich zur Vermeidung von Kursrisiken neutralisierende gegen Geschäfte abgeschlossen.[180] Dadurch sichern sich beim Hedgegeschäfte die Parteien ein bestimmtes Preisniveau, was das Kursrisiko minimiert. Dabei kommt es jedoch stets auf die individuelle Wirkung des Gegengeschäfts für die jeweilige Partei an. So kann ein Geschäft für den Verkäufer ein Hedgegeschäfte darstellen, für den Käufer aber zugleich ein reines Spekulationsgeschäft bedeuten.[181]

- **Finanztermingeschäfte** sind Börsengeschäfte über mengen- und gattungsmäßig standardisierte Einheiten (Kontrakte) von Währungen, verzinslichen Anleihen oder Aktienindices, die nicht sofort bei Vertragsschluss, sondern erst zu einem späteren Zeitpunkt erfüllt werden müssen (auch sog. Futures oder Financial Futures).[182]
- Als **Optionsgeschäfte** gelten solche Vertragsabschlüsse, bei denen eine Partei das Recht erwirbt, gegen sofortige Zahlung des Optionspreises Wertpapiere, Waren oder andere haltbare Rechte innerhalb einer bestimmten Frist jederzeit zu einem bestimmten Preis kaufen oder verkaufen zu können.[183] Der Verkäufer (Stillhalter) sagt innerhalb der Laufzeit der Option die Lieferung bzw. Andienung der Wertpapiere zu.[184] Während das Optionsgeschäft auf dem Primärmarkt stattfindet, spielt sich auf dem Sekundärmarkt der eigentliche Leistungsaustausch ab.[185]
- **Kassageschäfte** können Börsenspekulationsgeschäfte darstellen, wenn sie als verdeckte Differenzgeschäfte oder sog. Leerverkäufe (short Sale) betrieben werden.[186] Für Kassageschäfte charakteristisch ist, dass sie unmittelbar nach Abschluss zu erfüllen sind; an den Wertpapierbörsen liegt dabei eine Frist von längstens zwei Börsentagen zwischen Geschäftsabschluss und Erfüllung. Zu den Kassageschäften gehören insbesondere Optionsscheine, die Wertpapiere in Form verbriefter Optionsrechte darstellen und zum Kauf oder Verkauf eines bestimmten Basiswerts berechtigen.[187]

---

[180] Siehe *Schröder* in: Achenbach/Ransiek/Rönnau, Wirtschaftsstrafrecht, 2015, Kap. X 2 Rn. 244; *Schwark* in: Schwark/Zimmer, Kapitalmarktrechts-Kommentar, 2010, § 26 BörsG Rn. 3; ebenso *Park* in: Park, Kapitalmarktstrafrecht, 2013, §§ 26, 49 BörsG Rn. 327 unter Bezugnahme auf die vorgenannten Quellen; a.A. mit Blick auf die Zulassung von Hedge-Fonds durch das InvG *Bröker* in: MüKo-StGB, 2014, § 49 BörsG Rn. 11 („Hedge-Geschäften kann sehr wohl – und tut es auch in aller Regel – ein hochspekulatives Element innewohnen").

[181] *Schröder* in: Achenbach/Ransiek/Rönnau, Wirtschaftsstrafrecht, 2015, Kap. X 2 Rn. 244.

[182] *Park* in: Park, Kapitalmarktstrafrecht, 2013, §§ 26, 49 BörsG Rn. 328.

[183] Vgl. *Bröker* in: MüKo-StGB, 2014, § 49 BörsG Rn. 11; *Park* in: Park, Kapitalmarktstrafrecht, 2013, §§ 26, 49 BörsG Rn. 329.

[184] *Wehowsky* in: Erbs/Kohlhaas, Strafrechtliche Nebengesetze, 2016, §§ 49, 26 BörsG Rn 4.

[185] *Park* in: Park, Kapitalmarktstrafrecht, 2013, §§ 26, 49 BörsG Rn. 329.

[186] *Bröker* in: MüKo-StGB, 2014, § 49 BörsG Rn. 11; *Park* in: Park, Kapitalmarktstrafrecht, 2013, §§ 26, 49 BörsG Rn. 330.

[187] *Schröder* in: Achenbach/Ransiek/Rönnau, Wirtschaftsstrafrecht, 2015, Kap. X 2 Rn. 263.

- Spekulationsgeschäfte können schließlich auch **sonstige Geschäfte** sein, die außerhalb des organisierten Rahmens einer inländischen oder ausländischen Börse stattfinden und mit dem Terminmarkt in Verbindung stehen.

2. Ausnutzung der Unerfahrenheit

Ein Anleger, der entsprechende Kenntnisse und Erfahrungen hat, ist weniger schutz- **712** würdig als derjenige, der über solches Wissen nicht verfügt. Aus diesem Grund macht sich der Täter nur nach §§ 49, 26 Abs. 1 BörsG strafbar, sofern er unter Ausnutzung der Unerfahrenheit eines Anlegers diesen zu Spekulationsgeschäften verleitet.

a) Unerfahrenheit

Der Begriff der Unerfahrenheit wird von Rspr. und Lit. überwiegend weit aus- **713** gelegt. Als unerfahren gilt demnach jede Person, die infolge fehlender Einsicht die **Tragweite** des konkreten Spekulationsgeschäfts in seiner ganzen Bedeutung **nicht verlässlich überblicken** kann.[188] Maßgeblich bleibe dabei der konkrete Einzelfall.

Nicht entscheidend seien demgegenüber fehlende Praxis und Übung im ein- **714** schlägigen Geschäftsbereich; ankommen soll es nur auf die mangelnde Kenntnis in der konkreten Situation.[189] Diese Interpretation steht jedoch im Widerspruch zum Wortlaut, der nicht von Unkenntnis, sondern eben von Unerfahrenheit spricht.[190] Hinzu kommt, dass nach der Interpretation der h.M. wegen der Komplexität und der Undurchsichtigkeit von Börsenspekulationsgeschäften selbst durchschnittliche Kenntnisse und Erfahrungen als nicht ausreichend angesehen werden.[191] Vielmehr komme es darauf an, ob der Betreffende „das Börsengeschäft im Einzelfall verlässlich überblicken kann".[192] Aus diesem Grund mag auch die Verleitung von akademisch ausgebildeten Personen oder Kaufleuten zu Spekulationsgeschäften in den Anwendungsbereich der Normen fallen.[193] Nur derjenige, der sich über Funktionsweise, Systematik und Risiken von Spekulationsgeschäften einen verlässlichen Eindruck zu verschaffen weiß, ist nicht unerfahren i.d.S.

---

[188] *Bröker* in: MüKo-StGB, 2014, § 49 BörsG Rn. 18; *Park* in: Park, Kapitalmarktstrafrecht, 2013, §§ 26, 49 BörsG Rn. 341.

[189] Vgl. BGH wistra 2002, 107; OLG Bremen wistra 1990, 163; *Schröder* in: Achenbach/ Ransiek/Rönnau, Wirtschaftsstrafrecht, 2015, Kap. X 2 Rn. 274; *Schwark* in: Schwark/Zimmer, Kapitalmarktrechts-Kommentar, 2010, § 26 BörsG Rn. 6.

[190] Ähnlich *Park* in: Park, Kapitalmarktstrafrecht, 2013, §§ 26, 49 BörsG Rn. 341; *Park* wistra 2002, 107.

[191] So z.B. *Wehowsky* in: Erbs/Kohlhaas, Strafrechtliche Nebengesetze, 2016, §§ 49, 26 BörsG Rn 7. Krit. zu diesem Problem auch *Park* in: Park, Kapitalmarktstrafrecht, 2013, §§ 26, 49 BörsG Rn. 342.

[192] Vgl. BT-Drs. 10/318, S. 48.

[193] So bspw. *Schröder* in: Achenbach/Ransiek/Rönnau, Wirtschaftsstrafrecht, 2015, Kap. X 2 Rn. 278.

Beispiel 61[194]

A ist bei der „C. Warentermin-, Handels- und Beratungs-GmbH" (C-GmbH) angestellt und vertreibt dort als Telefonverkäufer Optionen auf Warentermin-kontrakte. 55 Prozent des Kapitaleinsatzes jedes Optionskäufers leitet die C an ein Brokerunternehmen weiter, die übrigen 45 Prozent behält sie als Gebühren ein. Der Preisaufschlag auf die an der Börse platzierte Prämie beträgt damit 81,82 Prozent. Bei diesem Preisaufschlag hatten die Käufer nur in den unwahr-scheinlichen Fällen einer außergewöhnlich starken Kursveränderung zumin-dest eine geringe Gewinnchance. In einer ausführlichen Broschüre sowie durch eine der Auftragsbestätigung beigefügte Erklärung wurden die Optionskäufer darauf hingewiesen, dass der Erwerb von Optionen ein Spekulationsgeschäft darstellt, die Wahrscheinlichkeit eines Geldverlusts sehr groß ist und insbe-sondere wegen des hohen Preisaufschlags auf die Börsenprämie ein Gewinn realistisch kaum zu erwarten ist. Bei Telefongesprächen stellt A jedoch bewusst wahrheitswidrig das mit den Optionsgeschäften verbundene Verlustrisiko als gering sowie hohe Gewinne als nahezu sicher dar. Er veranlasst durch diese falschen Angaben X und Y zum Kauf von Optionen auf Warenterminkontrakte. X hat bereits zuvor erhebliche Verluste bei Börsenspekulationsgeschäften erlit-ten; Y verfügt indes über keinerlei Kenntnisse und Erfahrungen mit solchen Geschäften. Während X im Vertrauen auf die Angaben des A die Spekula-tionsgeschäfte abschließt, ignoriert Y die Ausführungen des A und tätigt die Geschäfte aus bloßer Neugier.

Nach Auffassung des BGH war der Tatbestand hier in Bezug auf X erfüllt. Unerfahrenheit i.d.S. sei eine zum Abschluss eines Börsenspekulationsge-schäfts verleitete Person nämlich schon dann, wenn sie „infolge fehlender Einsicht die Tragweite des konkreten Spekulationsgeschäfts in seiner ganzen Bedeutung nicht verläßlich überblicken kann, wobei es auf die Verhältnisse des Einzelfalls ankommt". Allein aus der Tatsache, dass ein Anleger bereits vorher bei Warenterminoptionsgeschäften Kapitalverluste erlitten hat, könne dabei nicht auf seine Einsicht in die Funktionsweise und grundlegenden Prinzipien dieser Geschäfte geschlossen werden. Wenig später heißt es in der Entscheidung sogar, der Umstand, dass ein Anleger solche Geschäfte abschließt, obwohl er bereits zuvor Verluste erlitten hat, könne sogar ein Indiz für seine Unerfahren-heit darstellen.

Diese Entscheidung erfuhr in der Lit. heftige Kritik. Man ist sich hier weitgehend einig, dass der mehrfache Abschluss von Börsentermingeschäften die Unerfahrenheit „mindes-tens im strafrechtlichen Sinne" ausschließt.[195]

---

[194] BGH wistra 2002, 22.

[195] So *Bröker* in: MüKo-StGB, 2014, § 49 BörsG Rn. 21. Ferner *Achilles-Baumgärtel* NStZ 1998, 605; *Park* in: Park, Kapitalmarktstrafrecht, 2013, §§ 26, 49 BörsG Rn. 343; *Park* wistra 2002, 108. Zweifelnd auch *Schwark* in: Schwark/Zimmer, Kapitalmarktrechts-Kommentar, 2010, § 26 BörsG Rn. 6; a.A. soweit ersichtlich nur *Gehmann/Zacharias* WiJ 2012, 93, aus rechtspraktischen Erwägungen heraus.

Eine umfassende und vollständige **Aufklärung** vermag die Unerfahrenheit des Anle- **715**
gers zu beseitigen.[196] Maßgeblich für den erforderlichen Umfang sollen wiederum
die konkreten Umstände des jeweiligen Einzelfalls sein. Die h.M. legt dabei sogar
einen strengeren Maßstab an, als denjenigen der Informationspflicht nach § 31 Abs. 2
Nr. 2 WpHG. Begründet wird dies damit, dass es für die Zwecke des WpHG nicht
darauf ankommt, ob der Anleger die ihm mitgeteilten Informationen auch tatsächlich
verstanden hat. Dies sei jedoch entscheidend im Rahmen der §§ 49, 26 BörsenG.[197]

> Sicherlich lässt sich an dem letztgenannten Argument zweifeln. Die Aufklärung eines
> Anlegers kann kein anderes sinnvolles (Zwischen-)Ziel haben, als dass dieser, die ihm mit-
> geteilten Risiken versteht. Allerdings gelten die Maßstäbe des WpHG nicht für dieselben
> Geschäftstypen, wie diejenigen, die unter §§ 49, 26 BörsG fallen.
> Teilweise wird jener o.g. Auffassung auch entgegengehalten, selbst eine umfassende
> Aufklärung beseitige nicht die Unerfahrenheit des Anlegers. Diese Gegenmeinung gründet
> sich auf das Begriffsverständnis, das Unerfahrenheit mit einem Mangel an Praxis im ein-
> schlägigen Geschäftsbereich gleichsetzt und die Bedeutung des Merkmals gerade nicht
> im Sinne fehlender Kenntnisse über Börsenspekulationsgeschäfte verstehen will.[198] Nach
> dieser Auffassung behebt zwar eine umfassende Aufklärung nicht die Unerfahrenheit des
> Kunden, sie lässt jedoch das Merkmal des Ausnutzens der Unerfahrenheit entfallen.[199]

b) Ausnutzung

Dem insoweit eindeutigen Wortlaut des § 26 Abs. 1 BörsG nach ist Voraussetzung **716**
für die Strafbarkeit, dass der Täter unter Ausnutzung der Unerfahrenheit des Verleiteten handelt. Diese Einschränkung stimmt mit dem Schutzzweck der Vorschriften
überein, die nicht schlechterdings jedes Börsenspekulationsgeschäft unerfahrener
Anleger verbieten wollen (siehe Rn. 706, 711). Es reicht also nicht schon aus, wenn
ein Unerfahrener ein solches Spekulationsgeschäft – unabhängig von dem Verhalten des Täters – abschließt.[200]

So erfreulich diese Beschränkung im Wortlaut auch ist, wird dies durch ein **717**
weites Verständnis des Merkmals doch sogleich wieder nivelliert. Nach h.M. soll
es nämlich ausreichen, dass der Täter die Unerfahrenheit „in seinen Dienst stellt
und dazu nutzt, um das Opfer verleiten zu können".[201]

Erforderlich ist damit zunächst eine **kausale Verknüpfung** zwischen Unerfah- **718**
renheit und Geschäftsabschluss. Diese soll schon dann bestehen, wenn die Unerfahrenheit auch nur mitursächlich für das Geschäft gewesen ist.[202]

---

[196] *Bröker* in: MüKo-StGB, 2014, § 49 BörsG Rn. 18; *Gehrmann/Zacharias* WiJ 2012, 101.

[197] *Benner* in: Volk, Münchner Anwaltshandbuch Verteidigung in Wirtschafts- und Steuerstrafsachen, 2006, § 22 VI Rn. 662.

[198] *Park* in: Park, Kapitalmarktstrafrecht, 2013, §§ 26, 49 BörsG Rn. 345.

[199] *Park* in: Park, Kapitalmarktstrafrecht, 2013, §§ 26, 49 BörsG Rn. 345; vgl. auch *Kümpel* WM
1989, 1494.

[200] *Park* in: Park, Kapitalmarktstrafrecht, 2013, §§ 26, 49 BörsG Rn. 347; *Schröder* Kapitalmarktstrafrecht, 2015, Rn. 850.

[201] *Schröder* Kapitalmarktstrafrecht, 2015, Rn. 851; so auch bei *Park* in: Park, Kapitalmarktstrafrecht, 2013, §§ 26, 49 BörsG Rn. 347.

[202] OLG Düsseldorf wistra 1989, 115; OLG Düsseldorf wistra 1991, 156; *Bröker* in: MüKo-StGB,
2014, § 49 BörsG Rn. 22; *Park* in: Park, Kapitalmarktstrafrecht, 2013, §§ 26, 49 BörsG Rn. 347.

Teilweise wird dieses weite Begriffsverständnis angezweifelt. So verlangt bspw. *Schrö-*
der[203] darüber hinaus, dass die Willensbeeinflussung unlautere Züge aufweist. Diese Lesart
gibt der Wortlaut der Vorschriften allerdings nicht her. Während in der frühere Fassung der
Norm[204] noch von einem Ausbeuten die Rede war, was ein gesteigertes Missbrauchserfordernis
zumindest andeutete,[205] legt dies der Wortlaut der aktuellen Fassung nicht mehr nahe.[206]
Das angedachte Merkmal dürfte obendrein aufgrund seiner Unbestimmtheit ohnehin nicht
taugen, den Anwendungsspielraum der §§ 49, 26 BörsG merklich einzuschränken.

719   Zu weit gehen Ansätze, die Mitursächlichkeit im Fall einer nicht ausreichenden
Aufklärung stets bejahen wollen.[207] Zwar schließt die unzureichende Aufklärung
die Unerfahrenheit nicht aus; dies bedeutet jedoch nicht zwangsläufig, dass der
Geschäftsabschluss auch auf dem fehlenden Verständnis für die Materie beruhen
muss.

Das Merkmal des Ausnutzens der Unerfahrenheit des Verleiteten wird teilweise als Grund
dafür angesehen, dass der Tatstand in der Praxis erheblich an Bedeutung verloren hat.
Soweit Täter nämlich ihren Kunden umfangreiches Aufklärungsmaterial aushändigen und
diese Kunden sodann bestätigen, dessen Inhalte auch verstanden zu haben, werde sich
kaum nachweisen lassen, dass der Täter gleichwohl die Unerfahrenheit des Anlegers ausgenutzt
hat.[208]

3. Verleiten

720   Mit dem Begriff des Verleitens umschreibt das Gesetz die Tathandlung. Verleiten
setzt die **erfolgreiche Willensbeeinflussung** i.S.e. kausalen Einwirkung auf das
Vorstellungsbild des Anlegers voraus.[209] Mit welchen Mitteln der Täter auf den
Anleger einwirkt, spielt dabei keine Rolle.[210] Entscheidend ist nur, dass er mit der
Zielsetzung auf den Anleger einwirkt, diesen zum Abschluss von Börsenspekulationsgeschäften
zu bewegen. Das Merkmal des Verleitens weist demnach gewisse
Parallelen zu dem Bestimmten i.S.d. § 26 StGB auf.[211]

Hierbei dürfen das Tatbestandsmerkmal nicht zu weit gefasst und der Anwendungsbereich
reich der §§ 49, 26 Abs. 1 BörsG nicht zu sehr ausgeweitet werden, da anderenfalls die

---

[203] *Schröder* in: Achenbach/Ransiek/Rönnau, Wirtschaftsstrafrecht, 2015, Kap. X 2 Rn. 279.

[204] Vgl. BGBl. 1896/I, S. 157, § 78 BörsG a.F.

[205] Dazu *Park* in: Park, Kapitalmarktstrafrecht, 2013, §§ 26, 49 BörsG Rn. 348.

[206] In diese Richtung aber noch *Schröder* in: Achenbach/Ransiek/Rönnau, Wirtschaftsstrafrecht,
2015, Kap. X 2 Rn. 279; *Schröder* Kapitalmarktstrafrecht, 2015, Rn. 851.

[207] So *Bröker* in: MüKo-StGB, 2014, § 49 BörsG Rn. 23; *Bröker* wistra 1993, 164.

[208] *Park* in: Park, Kapitalmarktstrafrecht, 2013, §§ 26, 49 BörsG Rn. 349; *Park* JuS 2007, 713.

[209] *Achilles-Baumgärtel* NStZ 1998, 604; *Bröker*, § 89 BörsG, S. 164; *Groß*, § 23 BörsG Rn. 3;
Schröder Kapitalmarktstrafrecht, 2015, Rn. 846.

[210] *Bröker* in: MüKo-StGB, 2014, § 49 BörsG Rn. 13; *Park* in: Park, Kapitalmarktstrafrecht,
2013, §§ 26, 49 BörsG Rn. 350; *Schröder* Aktienhandel und Strafrecht, 1994, S. 100; *Schwark* in:
Schwark/Zimmer, Kapitalmarktrechts-Kommentar, 2010, § 26 BörsG Rn. 4.

[211] *Park* in: Park, Kapitalmarktstrafrecht, 2013, §§ 26, 49 BörsG Rn. 350; *Schumann* in: Müller-
Gugenberger, 2015, § 68 Rn. 11; *Schröder* Kapitalmarktstrafrecht, 2015, Rn. 846.

Funktionsfähigkeit des Wirtschaftsverkehrs erheblich gefährdet wäre.[212] Nach dem Zweck der Normen sollen hier vor allem Konstellationen erfasst werden, in denen eine Überführung des Täters wegen Betrugs am mangelnden Nachweis der Täuschung scheitert. In vielen Fällen fehlt es auch an dem für § 263 StGB erforderlichen Schaden.[213] Aus dem Vergleich mit dem Betrugstatbestand ergibt sich daher für das Merkmal des Verleitens eine entsprechend restriktive Auslegung.[214] Erforderlich ist mithin ein Hinausgehen über bloß werbende Anpreisungen hin zu einer tatsächlichen Willensbeeinflussung.[215] Im Regelfall stellt sich das Verleiten als direkte Kommunikation zwischen Vermittler und Anleger dar, die im Rahmen eines Verkaufs- oder Beratungsgesprächs stattfindet.[216] Insbesondere für die bereits angesprochenen Fälle des früher populären sog. Cold Calling, bei dem Telefonverkäufer unvorbereiteten Kunden riskante Anlagegeschäfte aufdrängen, ist das Tatbestandsmerkmal erfüllt.[217]

Zum Verleiten gehört auch ein **Erfolg** dergestalt, dass der Verleitete infolge der Einwirkung das Börsenspekulationsgeschäft tatsächlich abschließt.[218] War er bereits zuvor und unabhängig von dem Verhalten des Täters zu dem Geschäft entschlossen, so ist das Merkmal nicht verwirklicht.   **721**

Zum obigen Beispiel 61 (Rn. 714)[219]

Der BGH sah in diesem Fall den Tatbestand auch im Hinblick auf das Verhalten des A gegenüber Y als verwirklicht an. Der Verleitung des Y zur Börsenspekulation stehe es nicht entgegen, dass dieser die Optionen nicht in erster Linie aufgrund der ihm vorgetäuschten guten Gewinnchancen, sondern mehr aus Neugier gekauft hat. Mitursächlichkeit für den Erwerb sei nämlich ausreichend.

II. Subjektiver Tatbestand

In subjektiver Hinsicht bestehen im Rahmen der §§ 49, 26 Abs. 1 BörsG keinerlei   **722**
Besonderheiten. Es genügt **Dolus eventualis**, insbesondere im Hinblick auf mangelnde Erfahrung des Kunden sowie hinsichtlich des Ausnutzens.[220] Hierbei lassen auch Übergabe und Unterzeichnung einer Informationsschrift den Vorsatz nicht

---

[212] *Achilles-Baumgärtel* NStZ 1998, 604; ähnlich *Bröker* in: MüKo-StGB, 2014, § 49 BörsG Rn. 13.

[213] *Schröder* Kapitalmarktstrafrecht, 2015, Rn. 859.

[214] *Achilles-Baumgärtel* NStZ 1998, 604; *Bröker* wistra 1993, 164.

[215] *Achilles-Baumgärtel* NStZ 1998, 604; *Bröker* in: MüKo-StGB, 2014, § 49 BörsG Rn. 13; *Bröker* wistra 1993, 164.

[216] *Schröder* Kapitalmarktstrafrecht, 2015, Rn. 848.

[217] OLG Bremen wistra 1993, S. 36 f.; *Achilles-Baumgärtel* NStZ 1998, 604; *Bröker* wistra 1993, 164.

[218] *Park* in: Park, Kapitalmarktstrafrecht, 2013, §§ 26, 49 BörsG Rn. 352; *Wehowsky* in: Erbs/Kohlhaas, Strafrechtliche Nebengesetze, 2016, §§ 49, 23 BörsG Rn. 16.

[219] BGH wistra 2002, 22.

[220] *Bröker* wistra 1993, 165.

zwingend entfallen – wobei in diesen Fällen der Vorsatznachweis in der Praxis eher schwer zu führen sein dürfte.

C. Verwahrung und Anschaffung von Wertpapieren: Straftaten nach dem DepotG

I. Ziel und Adressaten des DepotG

1. Gesetzliche Zielvorgaben

723 Wertpapierdepots dienen zur Verwahrung von Wertpapieren. In Deutschland findet diese Verwahrung üblicherweise als Girosammelverwahrung statt, also als Konto, auf dem die Bestände gebucht werden.[221] Vorgänge im Zusammenhang mit der Verwahrung von Wertpapieren unterfallen dem Depotgesetz. Der **Zweck** dieses Gesetzes liegt damit einerseits im Schutz des Hinterlegers von Wertpapieren durch die Erhaltung des Wertpapiereigentums im Verwahrgeschäft und andererseits in der schnellen Verschaffung des Wertpapiereigentums; es geht also um den **Schutz des Depotkunden**.[222] Erfasst werden durch die Straftatbestände des DepotG allerdings nur besonders schwerwiegende Sachverhalte, die der Gesetzgeber für strafwürdig hielt: die Depotunterschlagung (§ 34 DepotG) und die wahrheitswidrige Eigenanzeige oder die unterlassene Fremdanzeige (§ 35 DepotG). Außerdem stellt das DepotG Verstöße gegen die Vorschriften bei Zahlungseinstellung, Eröffnung des Insolvenzverfahrens oder Beeinträchtigung der Rechtsposition des Depotinhabers unter Strafe (§ 37 DepotG).

724   Die **kriminalpolitische Bedeutung** der Strafvorschriften des DepotG war seit je her eher gering. Den Grund hierfür sieht man darin, dass der Betrieb des Depotgeschäfts stets ein Bankgeschäft i.S.d. § 1 Abs. 1 Nr. 5 KWG darstellt (Rn. 728) und als solches eine Erlaubnis der BaFin als der zuständigen Aufsichtsbehörde erfordert, §§ 32, 33 KWG. Außerdem finden nach § 29 Abs. 2 S. 2 KWG und nach § 36 Abs. 1 S. 2 WpHG Depotprüfungen durch die Jahresabschlussprüfer statt, die sich u.a. auf die Einhaltung der Bestimmungen des DepotG richten.[223]

725   Sowohl wegen des früher eng auf Kaufleute begrenzten Täterkreises als auch wegen des Konkurrenzverhältnisses zu §§ 246, 266 StGB haben die Strafvorschriften der §§ 34-37 DepotG in der Praxis bislang kaum eine Rolle gespielt. Daran dürfte sich auch in der Zukunft – erst recht vor dem Hintergrund der stückelosen Wertpapiere – nichts ändern.[224]

---

[221] *Schumann* in: Müller-Gugenberger, Wirtschaftsstrafrecht, 2015, § 69 Rn. 1.

[222] *Bröker* in: MüKo-StGB, 2015 § 34 DepotG Rn. 1; *Hugger* in: Scherer, DepotG, 2012, § 34 Rn. 1.

[223] *Bröker* in: MüKo-StGB, 2015 § 34 DepotG Rn. 2; vgl. auch *Schumann* in: Müller-Gugenberger, Wirtschaftsstrafrecht, 2015, § 69 Rn. 3 und 5.

[224] *Bröker* in: MüKo-StGB, 2015 § 34 DepotG Rn. 2.

§ 34 DepotG greift ausweislich seines Wortlauts nur „abgesehen von den Fällen der §§ 246 und 266 des Strafgesetzbuch" ein. Nach wohl h.M. handelt es sich hierbei um eine **Subsidiaritätsregelung**, die, falls eine Unterschlagung gem. § 246 StGB oder eine Untreue gem. § 266 StGB vorliegt, § 34 DepotG als formell subsidiär im Wege der Gesetzeskonkurrenz dahinter zurücktreten lässt.[225] Nach a.A. soll der Wortlaut eine tatbestandliche Exklusivität von § 34 DepotG einerseits und §§ 246, 266 StGB andererseits anordnen. § 34 DepotG scheide damit bereits tatbestandlich aus, wenn eine Unterschlagung oder eine Untreue vorliegt. Anderenfalls werde bei Zusammentreffen einer Subsidiaritätsregelung in § 34 DepotG und derjenigen in § 246 Abs. 1 StGB die Strafbarkeit vollends blockiert.[226]

2. Adressatenkreis
a) Verwahrer, § 1 Abs. 2 DepotG

Verwahrer i.S.d. Gesetzes ist, wem im Rahmen des Betriebs seines Gewerbes **Wert-** **papiere unverschlossen zur Verwahrung anvertraut** werden. Die Kaufmannseigenschaft richtet sich hierbei nach §§ 1 ff. HGB.[227] Als Gewerbebetrieb gilt jede auf eine gewisse Dauer angelegte Tätigkeit, die in der Absicht dauernder Gewinnerzielung betrieben wird. Das Gewerbe muss nicht auf derartige Verwahrgeschäfte ausgerichtet sein, sondern kann auch einen anderen Hauptgegenstand haben.[228]   726

Verwahrer ist nur, wem die Wertpapiere **unverschlossen** zur Verwahrung übergeben werden. Seine Aufgabe besteht dann darin, die übergebenen Wertpapiere zu verwahren und zu verwalten; bei dem zu Grunde liegenden Vertrag handelt es sich um ein Geschäftsbesorgungsverhältnis gem. §§ 675 ff. BGB.

> Davon abzugrenzen bleibt die sog. geschlossene Verwahrung, bei der die Wertpapiere dem Verwahrer – wie der Name schon sagt – verschlossen übergeben werden und dieser den Inhalt nicht kennt; darauf finden §§ 688 ff. BGB Anwendung. Ein wieder anderer Fall liegt in der Verwahrung durch Vermietung eines Schließfachs, bei dem der Vermieter dessen Inhalt ebenfalls nicht kennt (sog. verschlossenes Depot).[229]

Ein Wertpapier ist **anvertraut**, wenn der Verwalter an ihm unmittelbaren oder   727 mittelbaren Besitz i.S.d. § 868 BGB erlangt hat. Wer dem Verwahrer die Wertpapiere anvertraut, ist nicht von Belang. Die bloße Tatsache des Anvertrautseins unter Besitzerlangung für den Depotkunden löst die Rechte und Pflichten des Verwahrers aus.[230]

---

[225] *Bröker* in: MüKo-StGB, 2015 § 34 DepotG Rn. 18; *Heinsius/Horn/Than* DepotG, 1975, § 34 Rn. 21; *Hellmann/Beckemper* Wirtschaftsstrafecht, 2013, Rn. 134; *Zieschang* in: Park, Kapitalmarktstrafrecht, 2013, § 34 DepotG Rn. 108; *Schröder* in: Achenbach/Ransiek/Rönnau, Wirtschaftsstrafrecht, 2015, Kap. X 3 Rn. 169.

[226] Dazu *Hellmann/Beckemper* Wirtschaftsstrafecht, 2013, Rn. 134.

[227] *Scherer* in: Scherer, DepotG, 2012, § 1 Rn. 41.

[228] *Heinsius/Horn/Than* DepotG, 1975, § 34 Rn. 4; *Wehowsky* in: Erbs/Kohlhaas, Strafrechtliche Nebengesetze, 2016, § 1 DepotG Rn. 9.

[229] *Wehowsky* in: Erbs/Kohlhaas, Strafrechtliche Nebengesetze, 2016, § 1 DepotG Rn. 9.

[230] *Scherer* in: Scherer, DepotG, 2012, § 1 Rn. 41.

728   Gem. § 1 Abs. 1 S. 2 Nr. 5 KWG gelten Verwahrung und Verwaltung von Wertpapieren für andere als Bankgeschäft; wird es gewerbsmäßig oder in einem Umfang betrieben, der einen in kaufmännischer Weise eingerichteten Gewerbebetrieb erfordert, handelt es sich bei der Verwahrstelle gem. § 1 Abs. 1 S. 1 KWG um ein Kreditinstitut.[231]

b) Pfandgläubiger, § 17 DepotG

729   § 17 DepotG stellt zum Schutz des Eigentümers der Wertpapiere den Pfandgläubiger dem Verwahrer gleich. Gem. § 1215 BGB ist der Pfandgläubiger zur Verwahrung des Pfandgegenstands verpflichtet. Voraussetzung dafür ist, dass der Pfandgläubiger Alleinbesitz an der Pfandsache hat. Die **depotrechtliche Gleichstellung von Pfandgläubiger und Verwahrer** basiert auf der Überlegung, dass das Schutzbedürfnis des Verpfänders demjenigen des Hinterlegers entspricht.[232]

730   Daraus wird gefolgert, dass auf die Pfandverwahrung neben den allgemeinen Vorschriften auch §§ 2-16 DepotG Anwendung finden müssen. Gleichzeitig gelten, soweit der Pfandverwahrer in seiner Stellung als Pfandgläubiger betroffen ist, die allgemeinen Vorschriften über das Pfandrecht (§§ 1204-1258 BGB, § 368 HGB) sowie daneben bestehende vertragliche Vereinbarungen. So dienen bspw. im Anwendungsbereich der AGB-Banken sämtliche Wertpapiere, an denen eine Bank Besitz erlangt hat, als Pfand zur Sicherung ihrer bestehenden, künftigen und bedingten Ansprüche gegen den Kunden (vgl. Nr. 14 Abs. 1, Abs. 2 AGB-Banken).[233]

731   Für den Verwahrer sind grds. neben vertraglichen Vereinbarungen die zivilrechtlichen Vorschriften über die Verwahrung (§§ 688 ff. BGB) anzuwenden, sofern nicht depotrechtlichen Sondervorschriften entgegenstehen.[234]

c) Kommissionär, § 29 DepotG

732   Die Rechtsstellung des Kommissionärs regelt § 29 DepotG. Ab dem Zeitpunkt des Eigentumserwerbs durch den Kommittenten hat der Kommissionär, in dessen Besitz (§§ 854 ff. BGB) sich die betreffenden Wertpapiere befinden, die Rechtsstellung eines Verwahrers inne. Dabei ist unerheblich, ob der Kommissionär Allein- oder Mitbesitz, unmittelbaren oder mittelbaren Besitz erwirbt. § 29 DepoG betrifft diejenigen Fälle, in denen eine Auslieferung der Wertpapiere an den Kommittenten vorgesehen ist und daher zwischen Kommissionär und Kommittent keine Verwahrung vereinbart wird. Das Rechtsverhältnis nach § 29 DepotG endet erst mit der tatsächlichen Auslieferung der Wertpapiere an den Kommittenten, nicht bereits mit

---

[231] *Wehowsky* in: Erbs/Kohlhaas, Strafrechtliche Nebengesetze, 2016, § 1 DepotG Rn. 9.

[232] *Benzler* in: Scherer, DepotG, 2012, § 17 Rn. 1; *Scherer* in: Ebenroth/Boujong/Joost/Strohn, HGB, Bd. II, 2015, § 17 DepotG Rn. VI 426.

[233] *Benzler* in: Scherer, DepotG, 2012, § 17 Rn. 1; *Böttcher* DepotG, 2012, § 17 Rn. 1.

[234] *Benzler* in: Scherer, DepotG, 2012, § 17 Rn. 3; *Wehowsky* in: Erbs/Kohlhaas, Strafrechtliche Nebengesetze, 2016, § 17 DepotG.

der Weiterübertragung des Eigentums. Bei § 29 DepotG handelt es sich nicht um dispositives Recht, die Vorschrift ist also nicht abdingbar.[235]

d) Eigenhändler, § 30 DepotG

§ 30 DepotG schützt den Kommittenten, falls der Kommissionär den Auftrag zum   **733**
Kauf von Wertpapieren an einen Dritten weitergibt. Dieser Dritte darf nur in begrenztem Umfang Pfand- oder Zurückbehaltungsrechte an den angeschafften Wertpapieren geltend machen. § 30 Abs. 2 DepotG verweist dafür auf § 4 DepotG, der entsprechende Anwendung findet. Damit greift auch die dort normierte Fremdvermutung sinngemäß ein. Dies verhindert, dass Dritte, die in keinem direkten Zusammenhang mit dem Kommissionsgeschäft stehen, Rechte an den Wertpapieren erwerben.[236]

II. Depotunterschlagung, § 34 DepotG

§ 34 DepotG regelt ein Gefährdungsdelikt, das den Eintritt eines tatsächlichen   **734**
Schadens beim Opfer nicht voraussetzt. Die Norm sieht eine Freiheitsstrafe bis zu fünf Jahren oder Geldstrafe vor.[237]

1. Voraussetzungen des Tatbestands
a) Objektiver Tatbestand
(1) Täterkreis
Bei § 34 Nr. 1 DepotG handelt es sich um ein Sonderdelikt. Daher können Täter   **734a**
nur der Verwahrer (§ 1 Abs. 2 DepotG) einschließlich des Zwischenverwahrers (§ 3 Abs. 2 DepotG), der Pfandgläubiger (§ 17 DepotG), der Kommissionär (§ 29 DepotG) oder der Eigenhändler (§ 31 DepotG) sein. Für die Täterqualifikation ist der mittelbare Besitz bereits ausreichend.[238] Täter des § 34 DepotG sind nicht selten Bankangestellte oder Bankmitarbeiter bzw. deren Erfüllungsgehilfen (z.B. nach § 2 Abs. 10 KWG als vertraglich gebundener Vermittler oder durch die rechtlich zulässige Übernahme ausgelagerter Bereiche nach § 25b KWG).[239]

Problematisch erscheint allerdings, dass im Hinblick auf den Täterkreis die   **735**
Formulierungen in § 34 Nr. 1 DepotG und § 34 Nr. 2 DepotG abweichen. Dem Wortlaut der letztgenannten Alternative lässt sich der Täterkreis nicht unbedingt entnehmen.[240] Daher wird zum Teil vertreten, für Nr. 2 der Vorschrift existiere keine

---

[235] *Scherer* in: Scherer, DepotG, 2012, § 29 Rn. 1; *Wehowsky* in: Erbs/Kohlhaas, Strafrechtliche Nebengesetze, 2016, § 29 DepotG.

[236] *Scherer* in: Scherer, DepotG, 2012, § 30 Rn. 1.

[237] Zum Strafmaß auch *Schröder* in: Achenbach/Ransiek/Rönnau, Wirtschaftsstrafrecht, 2015, Kap. X 3 Rn. 168.

[238] *Hugger* in: Scherer, DepotG, 2012, § 34 Rn. 2.

[239] Vgl. *Bröker* in: MüKo-StGB, 2015 § 34 DepotG Rn. 4.

[240] *Hugger* in: Scherer, DepotG, 2012, § 34 Rn. 3.

Täterkreisbeschränkung; es handle sich vielmehr um ein Allgemeindelikt, bei dem jedermann als Täter in Betracht komme.[241] Richtigerweise wird man hier jedoch davon auszugehen haben, dass die Täterkreise der beiden Tatbestandsalternativen identisch sind, § 34 Nr. 2 DepotG also genau wie die erste Alternative ein Sonderdelikt enthält.[242]

(2) Tatobjekt

736   Tatobjekt können nur die in § 1 Abs. 1 DepotG bezeichneten Wertpapiere, wie z.B. Aktien und Zwischenscheine, sein. Banknoten und Papiergeld bleiben aus dem Anwendungsbereich ausgeschlossen.[243]

> *Gößmann/Klanten*[244] vertreten die Ansicht, das DepotG verwende keinen eigenen Wertpapierbegriff. Der Gesetzeswortlaut steht dem allerdings eindeutig entgegen, vgl. § 1 Abs. 1 DepotG. Dieser Wertpapierbegriff des DepotG umfasst andere Wertpapiere als z.B. die Begriffe des § 1 Abs. 11 S. 1, S. 2 KWG und des § 2 Abs. 1 WpHG. Letztgenannter bspw. bezieht nur handelbare Wertpapiere mit ein. Das DepotG verwendet demnach einen eigenen, engeren Terminus, der lediglich solche Papiere einschließt, die depotfähig sind; auf deren Fungibilität hingegen kommt es nicht an. Daher erfasst der Wertpapierbegriff des DepotG auch diejenigen Namenswertpapiere, die dem Wertpapierbegriff des § 2 Abs. 1 WpHG nicht unterfallen.[245]

737   Das Tatobjekt muss dem Täter gem. § 34 Nr. 1 Var. 1 DepotG in seiner Eigenschaft als Verwahrer oder Pfandgläubiger **anvertraut** sein. Eine terminologische Verwandtschaft scheint dabei zur Unterschlagung gem. § 246 StGB zu bestehen. Der Täter muss also den Gewahrsam mit der Verpflichtung erlangt haben, die Sache zurückzugeben oder zweckbestimmt zu verwenden.[246] Nach a.A. soll das Merkmal des Anvertrautseins bei § 34 Nr. 1 DepotG anders als im Rahmen des § 246 StGB keinen gesteigerten Vertrauenstatbestand wiedergeben. Vielmehr soll die Verwahrung oder Pfandbestellung der Papiere im üblichen Geschäftsgang genügen.[247]

738   Anvertraut sind nicht nur die vom Hinterleger oder Verpfänder selbst angeschafften Wertpapiere, sondern auch diejenigen Wertpapiere, die ein Kommissionär oder Eigenhändler für einen Kommittenten oder Käufer angeschafft und diesem bereits übereignet hat. Zwischen dem Eigentümer der Wertpapiere und dem Täter darf also keine Personenidentität bestehen. Der strafrechtliche Schutz wird einem Kommittenten bereits ab dem Zeitpunkt zuteil, ab dem der Kommissionär für dessen Rechnung zumindest mittelbaren Besitz an diesen Wertpapieren erlangt.[248]

---

[241] *Hellmann/Beckemper* Wirtschaftsstrafrecht, 2013, Rn. 129; *Schröder* in: Achenbach/Ransiek/ Rönnau, Wirtschaftsstrafrecht, 2015, Kap. X 3 Rn. 159.

[242] *Zieschang* in: Park, Kapitalmarktstrafrecht, 2013, § 34 DepotG Rn. 4.

[243] *Bröker* in: MüKo-StGB, 2015 § 34 DepotG Rn. 5.

[244] *Gößmann/Klanten* in: Schimansky/Bunte/Lwowski, Bankrecht, 2011, § 72 Rn. 50 f.

[245] *Bröker* in: MüKo-StGB, 2015 § 34 DepotG Rn. 5.

[246] *Hugger* in: Scherer, DepotG, 2012, § 34 Rn. 6.

[247] *Schröder* in: Achenbach/Ransiek/Rönnau, Wirtschaftsstrafrecht, 2015, Kap. X 3 Rn. 157.

[248] *Bröker* in: MüKo-StGB, 2015 § 34 DepotG Rn. 7; *Wehowsky* in: Erbs/Kohlhaas, Strafrechtliche Nebengesetze, 2016, § 34 DepotG Rn. 4; *Zieschang* in: Park, Kapitalmarktstrafrecht, 2013, § 34 DepotG Rn. 97.

Da das Gesetz allein nur auf den Besitz abstellt, ist irrelevant, ob der Kommittent **739** bereits Eigentümer ist oder nicht. Das bedeutet, dass ein Kommissionär, der im Wege der Geschäftsbesorgung ein Ausführungsgeschäft abgeschlossen hat und danach die in seinem Besitz befindlichen Wertpapiere verpfändet oder anderweitig veräußert, sich bereits nach § 34 Nr. 1 Var. 2 DepotG strafbar machen kann.[249] Schließlich erfasst § 34 Nr. 1 Var. 3 DepotG auch den Eigenhändler i.s.d § 31 DepotG, der die Wertpapiere für den Kunden in Besitz hat. Die soeben dargelegten Ausführungen zur Var. 2 gelten hier entsprechend.[250]

Taugliche Tatobjekte des § 34 Nr. 2 DepotG sind die in §§ 5 ff. DepotG aufge- **740** führten Wertpapiersammelbestände oder Anteile an ihnen.[251]

(3) Tathandlungen

Sowohl § 34 Abs. 1 Nr. 1 DepotG als auch § 34 Abs. 1 Nr. 2 DepotG nennen als Tat- **741** handlung die Verfügung. Nach § 34 Abs. 1 Nr. 2 DepotG ist darüber hinaus auch die Verringerung eines Wertpapiersammelbestands oder des Anteils an einem solchen Bestand unter Verstoß gegen § 6 Abs. 2 DepotG strafbewehrt.[252]

(a) Verfügen

Als Verfügung gilt jede nachteilige Beeinträchtigung der Herrschaftsgewalt oder des **742** Herrschaftsanspruchs des Depotkunden über das Wertpapier oder den Wertpapiersammelbestand bzw. den Anteil an einem solchen. Dazu gehören die rechtsgeschäftliche **Veräußerung** gem. §§ 929 ff. BGB, die **Verpfändung** sowie die **Beschädigung** oder **Vernichtung** der Wertpapiere. Die Verpfändung darf nach § 12 Abs. 1 DepotG nur an einen Verwahrer, d.h. an ein Kreditinstitut (§ 1 Abs. 2, 3 DepotG, § 1 Abs. 1 KWG) erfolgen.[253] Gerade für den Fall der Verpfändung kann § 34 DepotG eine eigenständige Bedeutung erlangen, da § 246 StGB diese Konstellation nicht immer erfasst.[254]

Der wesentliche Unterschied zwischen § 246 StGB und § 34 DepotG besteht darin, dass der Tatbestand der Unterschlagung eine Zueignung erfordert, während § 34 DepotG weniger, nämlich eine bloße Gebrauchsanmaßung verlangt. Eine solche Gebrauchsanmaßung kann durchaus eine Verfügung i.s.d. § 34 DepotG darstellen, bspw. dann, wenn ein Kreditinstitut im Vorgriff auf eine Lieferung aus einem Gegengeschäft zur Belieferung eines eigenen oder eines für einen Kunden ausgeführten Verkaufsgeschäftes effektive Stücke verwendet, die nicht dem Kreditinstitut selbst oder dem verkaufenden Kunden gehören und über die auch sonst keine Verfügungsberechtigung besteht. Die praktische Relevanz derartiger Fälle hält sich jedoch sehr in Grenzen.[255]

---

[249] *Böttcher* DepotG, 2012, § 34 Rn. 3; *Bröker* in: MüKo-StGB, 2015 § 34 DepotG Rn. 8.

[250] *Hugger* in: Scherer, DepotG, 2012, § 34 Rn. 8.

[251] *Hugger* in: Scherer, DepotG, 2012, § 34 Rn. 9; vgl. auch *Wehowsky* in: Erbs/Kohlhaas, Strafrechtliche Nebengesetze, 2016, § 34 DepotG Rn. 13.

[252] *Hugger* in: Scherer, DepotG, 2012, § 34 Rn. 10.

[253] *Hugger* in: Scherer, DepotG, 2012, § 34 Rn. 11; *Schröder* in: Achenbach/Ransiek/Rönnau, Wirtschaftsstrafrecht, 2015, Kap. X 3 Rn. 163.

[254] *Schröder* in: Achenbach/Ransiek/Rönnau, Wirtschaftsstrafrecht, 2015, Kap. X 3 Rn. 163.

[255] *Bröker* in: MüKo-StGB, 2015 § 34 DepotG Rn. 10.

(b) Verringern

743   Die Tathandlung i.S.d. § 34 Abs. 1 Nr. 2 DepotG kann auch in der Verringerung eines Sammelbestands unter Verstoß gegen § 6 Abs. 2 DepotG bestehen. Als Verringerung gilt jede Maßnahme, durch die es zu einer zumindest vorübergehenden **Minderung des materiellen Miteigentumsbestands** kommt und die nicht durch die Verwaltung des Bestands oder einer Ersetzungshandlung i.S.d. § 9a DepotG gerechtfertigt ist.[256] Der Tatbestand verbietet es also, einem Sammelbestand (§§ 5-9a DepotG) Wertpapiere zu entnehmen, die weder dem Täter selbst noch dem Hinterleger gehören. Ein ausgeführtes Verkaufsgeschäft darf daher nicht mit solchen Sammelbestandsanteilen beliefert werden, über die keine Verfügungsbefugnis besteht. Dabei kommt es nicht darauf an, ob es sich um ein Kunden- oder ein Eigengeschäft handelt. Auch die Art des Sammelbestands (Girosammelbestand, Haussammelbestand) und dessen Zusammensetzung (einzelne Wertpapiere oder Globalurkunden) sind unerheblich.[257]

b) Subjektiver Tatbestand

(1) Vorsatz

744   § 34 DepotG setzt vorsätzliches Handeln voraus, wobei bedingter Vorsatz ausreicht.[258] Die Vorschrift verweist als Blankett auf §§ 1 Abs. 1, 6 Abs. 2, 31 DepotG, so dass sich der Vorsatz auf deren Merkmale erstrecken muss.[259]

(2) Vorteilsabsicht

745   Der Täter muss darüber hinaus „eigenen oder fremden Vorteils" wegen handeln. Diese Wendung umschreibt ein Absichtserfordernis, d.h. die **Absicht**, sich selbst oder einem Dritten einen Vorteil zu verschaffen.[260] Der Begriff des Vorteils ist dabei weit zu fassen und schließt jede direkte oder indirekte Besserstellung ein.[261] Der Vorteil muss also nicht zwingend materieller Natur sein.

746   Der Wortlaut der Vorschrift lässt die bloße Absicht in Bezug auf den Vorteil genügen, verlangt also nicht, dass ein derartiger Vorteil (als tatbestandlicher Erfolg) tatsächlich eintritt. Diese Ausgestaltung soll einen umfassenden Schutz des Depotkunden gewährleisten. Dementsprechend erfordert § 34 DepotG auch keine entsprechende Schädigungsabsicht.[262]

2. Rechtswidrigkeit

747   § 34 DepotG setzt in Nrn. 1 und 2 voraus, dass der Täter „rechtswidrig" verfügt. Worauf sich dieses Merkmal bezieht ist allerdings umstritten. Die wohl h.M. vertritt

---

[256] *Schröder* in: Achenbach/Ransiek/Rönnau, Wirtschaftsstrafrecht, 2015, Kap. X 3 Rn. 166.

[257] *Bröker* in: MüKo-StGB, 2015 § 34 DepotG Rn. 11.

[258] *Hugger* in: Scherer, DepotG, 2012, § 34 Rn. 13.

[259] Zu Tatbestandsirrtümer in diesem Zusammenhang *Bröker* in: MüKo-StGB, 2015 § 34 DepotG Rn. 13.

[260] *Hugger* in: Scherer, DepotG, 2012, § 34 Rn. 14.

[261] *Böttcher* DepotG, 2012, § 34 Rn. 6.

[262] *Bröker* in: MüKo-StGB, 2015 § 34 DepotG Rn. 14.

indes, dass es sich hierbei lediglich um einen Hinweis auf das **allgemeine Verbrechensmerkmal der Rechtswidrigkeit** handelt.[263] Folgt man dieser h.M., so ist die Verfügung rechtswidrig, wenn der Verwahrer, Pfandgläubiger, Kommissionär oder Eigenhändler nicht durch **Einwilligung des Depotkunden** dazu berechtigt war.

> Die Einwilligung zu bestimmten Verfügungen kann (insbesondere) in diesem Kontext auch durch die jeweils verwendeten Allgemeinen Geschäftsbedingungen erfolgen, so z.B. durch die Sonderbedingungen für Wertpapiergeschäfte.

Eine Verfügung ist auch dann nicht rechtswidrig, wenn sie **in Ausübung eines Rechts** vorgenommen wird. Dementsprechend kann die Verwertung aufgrund eines Pfand- oder Zurückbehaltungsrechts gerechtfertigt sein, sofern dieses Recht selbst rechtmäßig besteht und die Verwertung unter zivilrechtlichen Gesichtspunkten zulässig ist.[264]   **748**

Problematisch ist die Einordnung von Irrtümern über die Verfügungsberechtigung. Hier gelten die allgemeinen Vorschriften der §§ 16, 17 StGB. Die Komplexität der im Hinblick auf die Verfügungsbefugnis zu beachtenden zivilrechtlichen Fragen veranlasst Teile des Schrifttums dazu, an die Vermeidbarkeit „keine überzogenen Anforderungen" stellen zu wollen.[265] Insofern gilt hier nichts anderes, als in anderen Bereichen des Nebenstrafrechts.[266]   **749**

III. Unwahre Angaben über das Eigentum, § 35 DepotG

1. Objektiver Tatbstand
a) Täterkreis

§ 35 DepotG betrifft Fälle, in denen der Täter wahrheitswidrig gegenüber bestimmten Dritten behauptet, Eigentümer der verwahrten Wertpapiere zu sein. Der Täterkreis beschränkt sich dabei ausweislich des Wortlauts (vgl. §§ 35, 4 Abs. 2 DepotG) auf Verwahrer. Aus diesem Grund ist str., ob es sich bei § 35 DepotG um ein Sonderdelikt handelt.[267] Zum Teil wird vertreten, trotz der Formulierung in § 4 Abs. 2 DepotG enthalte der Tatbestand keine besonderen persönlichen Merkmale, was ihn zu einem Allgemeindelikt mache.[268] Nach zutreffender a.A. lässt sich aus dem im Tatbestand umschriebenen Verhalten („verwahren") ableiten, dass Täter des § 35 DepotG lediglich derjenige sein kann, der eine Eigen- oder Fremdanzeige nach § 4   **750**

---

[263] So die wohl h.M. *Schröder* in: Achenbach/Ransiek/Rönnau, Wirtschaftsstrafrecht, 2015, Kap. X 3 Rn. 165; *Bröker* in: MüKo-StGB, 2015 § 34 DepotG Rn. 15; *Heinsius/Horn/Than* DepotG, 1975, § 34 Rn. 14; a.A. *Zieschang* in: Park, Kapitalmarktstrafrecht, 2013, § 34 DepotG Rn. 101 (eigenständiges Tatbestandsmerkmal).

[264] *Bröker* in: MüKo-StGB, 2015 § 34 DepotG Rn. 15.

[265] *Bröker* in: MüKo-StGB, 2015 § 34 DepotG Rn. 16.

[266] Siehe dazu *Nestler* Jura 2015, 562 ff.

[267] *Hugger* in: Scherer, DepotG, 2012, § 35 Rn. 2.

[268] *Schröder* in: Achenbach/Ransiek/Rönnau, Wirtschaftsstrafrecht, 2015, Kap. X 3 Rn. 174.

Abs. 2 oder Abs. 3 DepotG abgeben kann. Taugliche Täter können also nur der Verwahrer, der Pfandgläubiger (§ 17 DepotG) und der Kommissionär (§ 29 DepotG) oder Eigenhändler (§ 30 DepotG) sein.[269]

> Über § 14 Abs. 2 StGB kommen natürlich – genau wie bei § 34 DepotG – auch die entsprechenden Organvertreter als Täter in Betracht, wenn juristische Personen das Verwahrgeschäft ausführen.[270]

751   § 35 ist subsidiär gegenüber den Vorschriften, die eine solche Tat mit schwererer Strafe (zB Urkundenfälschung nach § 267 StGB) bedrohen, denn § 35 soll nur im Bereich des strafrechtlichen Schutzes des Depotkunden eine Lücke schließen, da die wahrheitswidrige Abgabe einer Eigenanzeige zur Entstehung von Pfand- und Zurückbehaltungsrechten Dritter an den Wertpapieren des Kunden führen kann.

b) Wahrheitswidrige Eigenanzeige, §§ 35 Alt. 1, 4 Abs. 2 DepotG

752   Als Tathandlung verlangt § 35 DepotG entweder die wahrheitswidrige Abgabe einer Eigenanzeige nach § 4 Abs. 2 DepotG oder das Unterlassen einer nach § 4 Abs. 3 DepotG abzugebenden Fremdanzeige.[271] Eine **wahrheitswidrige Eigenanzeige** liegt vor, wenn der Täter die Wertpapiere einem Dritten zur Verwahrung anvertraut oder einen Auftrag zur Anschaffung bzw. zum Umtausch von Wertpapieren an einen Dritten weitergibt und dabei diesem Dritten für das einzelne Geschäft ausdrücklich und schriftlich mitteilt, er sei Eigentümer der Wertpapiere.[272] § 4 Abs. 2 DepotG normiert dabei ein Schriftformerfordernis; ist diese Anforderung nicht gewahrt, so genügt eine etwaig abgegebene Erklärung nicht, um die Fremdvermutung des § 4 Abs. 1 S. 1 DepotG zu widerlegen.[273]

> Der Hinweis auf die Ausdrücklichkeit in § 4 Abs. 2 DepotG hat indes keine eigenständige Bedeutung. Es handelt sich nach h.M. hierbei nur um die Klarstellung, dass es einer gesonderten, schriftlichen Erklärung bedarf, eine AGB-Klausel bspw. also nicht ausreicht.[274]

753   Wahrheitswidrig ist die Eigenanzeige, wenn sie nicht der Realität entspricht. Der Täter darf also weder Eigentümer noch sonst Verfügungsberechtigter sein. Hat der Hinterleger eine Ermächtigung zur Verfügung über das Eigentum nach § 13 DepotG erteilt, so berechtigt dies den Verwahrer zur Eigenanzeige. Diese Ermächtigung

---

[269] *Südbeck* in: Park, Kapitalmarktstrafrecht, 2013, § 35 DepotG Rn. 437; *Hugger* in: Scherer, DepotG, 2012, § 35 Rn. 2.

[270] *Hugger* in: Scherer, DepotG, 2012, § 35 Rn. 3.

[271] *Schröder* in: Achenbach/Ransiek/Rönnau, Wirtschaftsstrafrecht, 2015, Kap. X 3 Rn. 170.

[272] *Bröker* in: MüKo-StGB, 2015 § 34 DepotG Rn. 3; *Südbeck* in: Park, Kapitalmarktstrafrecht, 2013, § 35 DepotG Rn. 439.

[273] *Hugger* in: Scherer, DepotG, 2012, § 35 Rn. 4.

[274] *Bröker* in: MüKo-StGB, 2015 § 34 DepotG Rn. 3.

kann – anders als die Eigenanzeige nach § 4 Abs. 2 DepotG selbst – gem. § 16 DepotG unter bestimmten Voraussetzungen auch formfrei erteilt werden.[275]

> In dem Abgeben der wahrheitswidrigen Eigenanzeige (nicht: Fremdanzeige!) kann man zugleich eine Zueignung durch den Verwahrer und damit eine Verfügung i.S.d. § 34 DepotG sehen.

Das **Unterlassen der Eigenanzeige** wird weder von § 35 DepotG noch von § 4   **754**
Abs. 2 DepotG erfasst. Auch besteht keine sonstige Rechtspflicht zur Abgabe einer solchen Erklärung[276] – ihr Unterlassen ist nicht strafbar.

> Dies mag Probleme bereiten in Konstellationen, in denen der Verwahrer zunächst eine (wahre) Eigenanzeige abgibt, sich später aber die zivilrechtlichen Verhältnisse derart ändern, dass diese Erklärung nicht mehr mit der Realität übereinstimmt. Den Verwahrer trifft nun theoretisch keine Pflicht, die Eigenanzeige zu widerrufen. Maßgeblicher Zeitpunkt ist dem Gesetzeswortlaut nach nämlich nur derjenige, in dem die Wertpapiere einem Dritten anvertraut werden, vgl. § 4 Abs. 1 DepotG.[277]

c) Unterlassen der Fremdanzeige, §§ 35 Alt. 2, 4 Abs. 3 DepotG

Das Unterlassen einer nach § 4 Abs. 3 DepotG zum Schutz des Depotkunden gesetz-   **755**
lich vorgeschriebenen Fremdanzeige bildet die Tathandlung des § 35 Alt. 2 DepotG. Die Vorschrift normiert ein **echtes Unterlassungsdelikt**. Der Tatbestand ist nach h.M. bereits verwirklicht, wenn die Anzeige nur zu spät abgegeben wird.[278]

Als Täter kommen hier nur Personen in Betracht, die zuvor Verwahrer, Pfandgläu-   **756**
biger, Kommissionär oder Eigenhändler waren, jedoch kein Bankgeschäft im Sinne des § 1 Abs. 1 KWG betreiben. Die Tatbestandsalternative hat in der Praxis aller-dings kaum eine Bedeutung, weil das Verwahren von Wertpapieren stets ein Bank-geschäft i.S.d. § 1 Abs. 1 Nr. 5 KWG darstellt[279]; solche Geschäfte ohne Erlaubnis zu betreiben zieht damit ohnehin bereits eine Strafbarkeit nach § 54 Abs. 1 Nr. 2 KWG nach sich.

Beispiel 62[280]

K ist Komplementär und Geschäftsführer der X-KG. Anleger A hat 1000 Aktien der X-KG in Verwahrung gegeben. Als die X-KG in finanzielle Schwierigkeiten

---

[275] *Bröker* in: MüKo-StGB, 2015 § 34 DepotG Rn. 3; *Hugger* in: Scherer, DepotG, 2012, § 35 Rn. 5; *Südbeck* in: Park, Kapitalmarktstrafrecht, 2013, § 35 DepotG Rn. 439.

[276] *Heinsius/Horn/Than* DepotG, 1975, § 35 Rn. 4; *Hugger* in: Scherer, DepotG, 2012, § 35 Rn. 4.

[277] Vgl. *Bröker* in: MüKo-StGB, 2015 § 34 DepotG Rn. 4.

[278] *Bröker* in: MüKo-StGB, 2015 § 34 DepotG Rn. 5; *Schröder* in: Achenbach/Ransiek/Rönnau, Wirtschaftsstrafrecht, 2015, Kap. X 3 Rn. 173; *Südbeck* in: Park, Kapitalmarktstrafrecht, 2013, § 35 DepotG Rn. 440.

[279] *Bröker* in: MüKo-StGB, 2015 § 34 DepotG Rn. 5.

[280] BayObLG BankArch 1925/1926, 480 ff., zitiert nach *Südbeck* in: Park, Kapitalmarktstrafrecht, 2013, § 35 DepotG Rn. 436.

gerät lässt K die 1000 Aktien durch seinen in das Vorhaben eingeweihten Prokuristen P in das Depot der X-KG transferieren, um die Hausbank H, die das Depot
führt, an der Straffung der Kreditlinien zu hindern. Weder P noch K teilen der
Hausbank mit, dass die Aktien dem A gehören.

In diesem Fall verwahrte die X-KG die Aktien des Anlegers A. Als vertre-
tungsberechtiger Gesellschafter (§ 14 Abs. 1 Nr. 2 StGB) hätte K bei Veranlas-
sung des Transfers eine Fremdanzeige nach § 4 Abs. 3 S. 1 DepotG abgeben
müssen.

2. Subjektiver Tatbestand

757   Wie im Rahmen des § 34 DepotG muss der Täter eines eigenen oder eines fremden
Vorteils wegen handeln. Auch der subjektive Tatbestand des § 35 DepotG verlangt
damit Vorsatz mindestens in Gestalt eines Dolus eventualis sowie zusätzlich eine
Vorteilsabsicht (siehe oben Rn. 744 f.).[281]

Literatur

Achenbach, Hans/Ransiek, Andreas/Rönnau, Thomas (Hrsg.): Handbuch Wirtschafsstrafrecht,
    4. Aufl., Heidelberg 2015.
Achenbach, Hans/Wannemacher Wolfgang (Hrsg.): Beraterhandbuch zum Steuer- und Wirt-
    schaftsstrafrecht, Berlin 1999.
Achilles-Baumgärtel, Janine: Über die Notwendigkeit zur Einschränkung der Auslegung der Tat-
    bestandsmerkmale des § 89 I BörsG, NStZ 1998, S. 603-605.
Arlt, Michael: Der strafrechtliche Anlegerschutz vor Kursmanipulation, Frankfurt a.M. 2004.
Assmann, Heinz-Dieter: Das künftige deutsche Insiderrecht, AG 1994, S. 237-258.
Assmann, Heinz-Dieter/Schneider Uwe H.: Wertpapierhandelsgesetz: WpHG, 6. Aufl., Köln 2012.
Becker, Joachim: Das neue Wertpapierhandelsgesetz, Berlin 1995.
Bisson, Frank/Kunz, Anna: Die Kurs- und Marktpreismanipulation nach In-Kraft-Treten des
    Gesetzes zur Verbesserung des Anlegerschutzes vom 18.10.2004 und der Verordnung zur Kon-
    kretisierung des Verbots der Marktmanipulation vom 1.3.2005, BKR 2005, S. 186-190.
Böttcher, Lars: Depotgesetz, Baden-Baden 2012.
Brammsen, Joerg: Marktmanipulation (§ 38 Abs. 2 WpHG) „über die Bande" – Das perfekte
    „Delikt"?, WM 2012, S. 2134-2143.
Bröker, Klaus F.: § 89 BörsG in der neueren Rechtsprechung – Ein Überblick, wistra 1993,
    S. 161-166.
Calliess, Christian/Ruffert, Matthias: EUV/AEUV, 5. Aufl., München 2016.
Caspari, Karl-Brukhard: Das geplante Insiderrecht in der Praxis, ZGR 1994, S. 530-546.
Casper, Matthias: Insiderverstöße bei Aktienoptionsprogrammen, WM 1999, S. 363-370.
Claussen, Carsten Peter: Das neue Insiderrecht, DB 1994, S. 27-31.
Claussen, Carsten Peter: Neues zur kommenden Insidergesetzgebung (II), ZBB 1992, S. 267-283.
Claussen, Carsten P./Florian, Ulrich: Der Emittentenleitfaden, AG 2005, S. 745-765.
Conen, Andreas: Anmerkung zur Entscheidung des Bundesgerichtshofs vom 20.07.2011, 3 StR
    506/10, GWR 2011, 421, GWR 2011, S. 421.
Dierlamm, Alfred: Das neue Insiderstrafrecht, NStZ 1996, S. 519-522.
Dreyling, Georg/Schäfer, Frank: Insiderrecht und Ad-hoc-Publizität, Köln 2001.

---

[281] *Bröker* in: MüKo-StGB, 2015 § 34 DepotG Rn. 6; *Südbeck* in: Park, Kapitalmarktstrafrecht,
2013, § 35 DepotG Rn. 441.

Eggers, Tobias/Gehrmann, Philipp/Szesny, André: Stellungnahme des Arbeitskreises Kapital-marktstrafrecht der Wirtschaftsstrafrechtlichen Vereinigung (WisteV) zum Entwurf eines Ersten Gesetze zur Novellierung der Finanzmarktvorschriften auf Grund europäischer Rechts-akte – 1. FiMaNoG, WiJ 2016, S. 123-130.

Eichelberger, Jan: Anmerkung zum Beschluss des BGH vom 20.07.2011 (3 StR 506/10; NZG 2011, 1075) – zur Frage der Strafbarkeit eines Bankvorstands wegen vorsätzlicher Marktmani-pulation durch bewusst missverständliche Aussagen, VuR 2012, S. 31-33.

Eichelberger, Jan: Das Verbot der Marktmanipulation (§ 20a WpHG), Berlin 2006.

Ekkenga, Jens: Individuelle Entscheidungsprozesse im Recht der Ad-hoc-Publizität, NZG 2013, S. 1081-1087.

Erbs, Georg/Kohlhaas, Max: Strafrechtliche Nebengesetze, 208. Ergänzungslieferung, München 2015.

Feddersen, Dieter: Aktienoptionsprogramme aus kapitalmarktrechtlicher und steuerlicher Sicht, ZHR 1997, S. 269-299.

Fichtner, Andrea: Die börsen- und depotrechtlichen Strafvorschriften und ihr Verhältnis zu den Eigentums- und Vermögensdelikten des StGB, Tübingen 1993.

Fuchs, Andreas: Wertpapierhandelsgesetz (WpHG), 2. Aufl., München 2016.

Groß, Wolfgang: Kapitalmarktrecht, 6. Aufl., München 2016.

Hammen, Horst: Pakethandel und Insiderhandelsverbot, WM 2004, S. 1753-1760.

Heinsius, Theodor/Horn, Arno/Than, Jürgen: Depotgesetz, Berlin 1975.

Hellgardt, Alexander: Fehlerhafte Ad-hoc-Publizität als strafbare Markmanipulation, ZIP 2005, S. 2000-2008.

Hellmann, Uwe/Beckemper, Katharina: Wirtschaftsstrafrecht, 4. Aufl., Stuttgart 2013.

Herfs, Achim: Weiter im Blindflug – Zur Ad-hoc-Pflicht bei gestreckten Geschehensabläufen aus Sicht der Praxis, DB 2013, S. 1650-1656.

Heusel, Matthias/Schmidberger, Aljoscha: Anmerkung zur Entscheidung des EuGH (Urteil vom 07.07.2011 – Rs. C 445/09 – IMC Securities) über das Erfordernis einer gewissen Dauer des künstlichen Kursniveaus als Voraussetzung der Marktmanipulation, BKR 2011, S. 425-427.

Hientzsch, André: Das Scheitern der Staatsanwaltschaft bei der Verfolgung von Börsenkriminalität – eine empirische Problemanalyse mit Lösungsvorschlägen am Beispiel des Insiderhandels-verbots, HRRS 2006, S. 144-151.

Hildner, Claus: Aspekte des Anlagebetruges im staatsanwaltschaftlichen Ermittlungsverfahren, WM 2004, S. 1068-1074.

Hirte, Heribert/Möllers, Thomas M. J.: Kölner Kommentar zum WpHG, 2. Aufl., Köln 2014.

Hitzer, Martin: Zum Begriff der Insiderinformation, NZG 2012, S. 860-863.

Hopt, Klaus J.: Europäisches und deutsches Insiderrecht, ZGR 1991, S. 17-73.

Ihrig, Hans-Christoph/Kranz, Christopher: Das Geltl/Daimler-Verfahren in der nächsten Runde – Keine abschließende Weichenstellung des BGH für die Ad-hoc-Publizität bei gestreckten Geschehensabläufen, AG 2013, S. 515-518.

Joecks, Wolfgang: Anleger- und Verbraucherschutz durch das 2. WiKG, wistra 1986, S. 142-150.

Joecks, Wolfgang/Miebach, Klaus: Münchener Kommentar zum Strafgesetzbuch: StGB, Band 7: Nebenstrafrecht II, 2. Aufl., München 2015.

Kert, Robert: Vorschläge für neue EU-Instrumente zur (strafrechtlichen) Bekämpfung von Insider-handel und Marktmanipulation, NZWiSt, S. 252-261.

Klasen, Evelyn: Insiderrechtliche Fragen zu aktienorientierten Vergütungsmodellen, AG 2006, S. 24-32.

Klöhn, Lars: Marktmanipulation auch bei kurzfristiger Kursbeeinflussung – das „IMC Securities"-Urteil des EuGH, NZG 2011, S. 934-936.

Kocher, Dirk/Widder, Stefan: Die Bedeutung von Zwischenschritten bei der Definition von Inside-rinformationen, BB 2012, S. 2837-2841.

Kudlich, Hans: Zur Frage des erforderlichen Einwirkungserfolgs bei handelsgestützten Markt-preismanipulationen, wistra 2011, S. 361-365.

Kudlich, Hans/Oğlakcıoğlu, Mustafa Temmuz: Wirtschaftsstrafrecht, 2. Aufl., München 2014.

Kümpel, Siegfried: Börsengesetznovelle 1989, WM 1989, S. 1485-1496.

Kümpel, Siegfried/Hammen, Horst/Ekkenga, Jens: Kapitalmarktrecht, Berlin 2016.

Kümpel, Siegfried/Wittig, Arne: Bank- und Kapitalmarktrecht, 4. Aufl, Köln 2011.

Loesche, Marco: Die Eignung zur erheblichen Kursbeeinflussung in den Insiderhandelsverboten des Wertpapierhandelsgesetzes, Gießen 1998.

Meißner, Jörg: Die Stabilisierung und Pflege von Aktienkursen im Kapitalmarkt- und Aktienrecht, Berlin 2005.

Mennicke, Petra: Steine statt Brot – Weiterhin keine Rechtsssicherheit zur Ad-hoc-Publizität bei sog. gestreckten Entscheidungsprozessen, ZBB 2013, S. 244-252.

Merkner, Andreas/Sustmann Marco: Insiderrecht und Ad-Hoc-Publizität-Das Anlegerschutz-verbesserungsgesetz „in der Fassung durch den Emittentenleitfaden der BaFin", NZG 2005, S. 729-738.

Mielk, Holger: Dies wesentlichen Neuregelungen der 6. KWG-Novelle, WM 1997, S. 2200-2210.

Möller, Andreas: Die Neuregelung des Verbots der Kurs- und Marktpreismanipulation im Vierten Finanzmarktförderungsgesetz, WM 2002, S. 309-317.

Möllers, Thomas: Insiderinformation und Befreiung von der Ad-hoc-Publizität nach § 15 Abs. 3 WpHG, WM 2005, S. 1393-1400.

Mühlbauer, Thilo: Zur Einordnung des "Scalping" durch Anlageberater als Insiderhandel nach dem WpHG, wistra 2003, S. 169-173.

Müller-Gugenberger, Christian: Wirtschaftsstrafrecht, Handbuch des Wirtschaftsstraf- und -ord-nungswidrigkeitenrechts, 6. Aufl., Köln 2015.

Nerlich, Heinrich: Die Tatbestandsmerkmale des Insiderhandelsverbots nach dem Wertpapierhan-delsgesetz, Osnabrück 1999.

Nestler, Nina: Gilt für die Vermeidbarkeit des Verbotsirrtums ein »strengerer« Maßstab als für die Tatfahrlässigkeit?, Jura 2015, S. 562-573.

Nestler, Nina: Widerrechtliche Einschränkung der strafbefreienden Selbstanzeige gem. § 371 AO durch die BaFin?, wistra 2015, S. 329-337.

Pananis, Panos: Anmerkung zum Beschluss des BGH vom 23.04.2013 (II ZB 7/09; ZWH 2013, 379) – Zur Schadensersatzklage wegen verspäteter Ad-hoc Mitteilung über vorzeitiges Aus-scheiden des Vorstandsvorsitzenden der Daimler-AG, ZWH 2013, S. 379-380.

Papachristou, Marialena: Die strafrechtliche Behandlung von Börsen- und Marktpreismanipula-tionen, Frankfurt a.M. 2006.

Park, Tido: Börsenstrafrechtliche Risiken für Vorstandsmitglieder von börsennotierten Aktienge-sellschaften, BB 2001, S. 2069-2076.

Park, Tido: Kapitalmarktstrafrecht, 3. Aufl., Baden-Baden 2013.

Park, Tido: Kapitalmarktstrafrecht und Anlegerschutz, NStZ 2007, S. 369-377.

Park, Tido: Kapitalmarktstrafrechtliche Neuerungen des Vierten Finanzmarktförderungsgesetzes, BB 2003, S. 1513-1517.

Park, Tido: Schwerpunktbereich – Einführung in das Kapitalmarktstrafrecht, JuS 2007, S. 712-716.

Poelzig, Dörte: Durchsetzung und Santionierung des neuen Marktmissbrauchsrechts, NZG 2016, S. 492-502.

Rössner, Michael-Christian/Worms, Alexander: Warenterminschwindel und § 89 BörsG, wistra 1987, S. 319-321.

Schäfer, Frank/Hamann, Uwe: Kapitalmarktgesetze, 7. Ergänzungslieferung, Stuttgart 2013.

Scherer, Peter: Depotgesetz (DepotG), Gesetz über die Verwahrung und Anschaffung von Wert-papieren – Depotgesetz, München 2012.

Schimansky, Herbert/Bunte, Hermann-Josef/Lwowski, Hans-Jürgen: Bankrechts-Handbuch Band 1, 4. Aufl., München 2011

Schimansky, Herbert/Bunte, Hermann-Josef/Lwowski, Hans-Jürgen: Bankrechts-Handbuch Band 2, 4. Aufl., München 2011.

Schmitz, Roland: Der strafrechtliche Schutz des Kapitalmarkts in Europa, ZStW 2003, S. 501-538.

Schönhöft, Andreas: Die Strafbarkeit der Marktmanipulation gemäss § 20a WpHG, Frankfurt a.M. 2006.

Schork, Alexander/Groß, Bernd: Bankstrafrecht, München 2013.

Schröder, Christian: Aktienhandel und Strafrecht, Köln 1994.

Schröder, Christian: Europa in der Finanzfalle, Irrwege internationaler Rechtsangleichung, Berlin 2012.

Schröder, Christian: Die Europäisierung des Strafrechts nach Art. 83 Abs. 2 AEUV am Beispiel des Marktmissbrauchsrechts: Anmerkungen zu einem Fehlstart, HRRS 2013, 253-263.

Schröder, Christian: Handbuch Kapitalmarktstrafrecht, 3. Aufl., Köln 2015.

Schröder, Christian: Strafbares Insiderhandeln von Organvertretern einer AG nach geltendem und neuem Recht, NJW 1994, S. 2879-2880.

Schwark, Eberhard/Zimmer, Daniel: Kapitalmarktrechs-Kommentar, 4. Aufl., München 2010.

Soesters, Frank: Die Insiderhandelsverbote des Wertpapierhandelsgesetzes, Frankfurt a.M. 2002.

Sorgenfrei, Ulrich: Zum Verbot der Kurs- oder Marktpreismanipulation nach dem 4. Finanzmarktförderungsgesetz, wistra 2002, S. 321-331.

Spindler, Gerald: Haftung für fehlerhafte und unterlassene Kapitalmarktinformation – ein (weiterer) Meilenstein, NZG 2012, S. 575-579.

Spindler, Gerald: Kapitalmarktreform in Permanenz – Das Anlegerschutzverbesserungsgesetz, NJW 2004, S. 3449-3455.

Szesny, André: Das Sanktionsregime im neuen Marktmissbrauchsrecht, DB 2016, S. 1420-1425.

Szesny, André/Kuthe, Thorsten (Hrsg.): Kapitalmarkt Compliance, Heidelberg 2014.

Tippach, Stefan: Marktdaten im künftigen Insiderrecht, WM 1993, S. 1269-1274.

Trüg, Gerson: Konzeption und Struktur des Insiderstrafrechts, Tübingen 2014.

Trüstedt, Anna: Das Verbot von Börsenkursmanipulationen, Frankfurt a.M. 2004.

Vogel, Joachim: Kurspflege – Zulässige Kurs- und Marktpreisstabilisierung oder Straf- bzw ahndbare Kurs- und Marktpreismanipulation, WM 2003, S. 2437-2445.

Volk, Klaus: Münchener Anwaltshandbuch Verteidigung in Wirtschafts- und Steuerstrafsachen, 2. Aufl., München 2014.

Waschkeit, Indre: Marktmanipulation am Kapitalmarkt, Baden-Baden 2007.

Waßmer, Martin Paul: Der „gewisse Zeitraum" bei der Markmanipulation, ZBB 2011, S. 288-290.

Weber, Martin: Kursmanipulationen am Wertpapiermarkt, NZG 2000, S. 113-129.

Weber, Ulf Andreas: Das neue deutsche Insiderrecht, BB 1995, S. 157-166.

Widder, Stefan: Vorverlagerung der Ad-hoc-Publizität verschärft Haftungsrisiken bei zukünftigen Ereignissen und gestreckten Sachverhalten, BB 2013, S. 1489.

Wohlers, Wolfgang: Insiderhandel und Kursmanipulation – Prüfstein der Frage, wie weit sich Strafrechtsnormen an den Realitäten des Marktes zu orientieren haben, ZStW 2013, S. 443-480.

Woodtli, Reto M.: Marktpreismanipulation durch abgesprochene Geschäfte: Einwirkung auf den Börsenpreis und Verfall, NZWiSt 2012, S. 51-55.

Worms, Alexander: Anlegerschutz durch Strafrecht, Köln 1987.

Kapitel 4: Straftaten nach dem KWG

A. Grundlagen und verfahrensrechtliche Besonderheiten

I. Grundlagen des Kreditwesenrechts

Basierend auf dem Grundgerüst der deutschen Kreditlandschaft und der **dualisti-** **758**
schen Bankenaufsicht durch die BaFin als sog. Allfinanzaufsicht[1] ist das deutsche
Kreditwesen geprägt von seinen zahlreichen einzelnen Instituten. Es wird dabei
unterschieden zwischen öffentlich-rechtlichen, privatwirtschaftlichen und genos-
senschaftlichen Instituten.[2] Von dieser Aufteilung geht auch das KWG selbst aus
(vgl. § 40 Abs. 1 Nr. 1 KWG). Die gängige Untergliederung in Universalbanken,
die alle Bankdienstleistungen anbieten, und Spezialbanken, wie etwa Investmentbanken, zeitigt für die Straftatbestände des KWG hingegen keine besondere Bedeutung. Unabdingbar für das Verständnis des Rechtsgebiets sind zudem die – zum Teil
schon erläuterten – **spezifischen Begriffsbestimmungen** des § 1 KWG.

Die strafrechtliche Flanke des Kreditwesenrechts sichert insbesondere bankauf- **759**
sichtsrechtliche Aspekte ab, widmet sich mittelbar aber auch Gläubigerfragen. Man
muss daher zunächst einen Überblick über das Bankaufsichtsrecht und die zentralen
Aspekte seiner Durchsetzung gewinnen, um die ratio der Strafnormen zu verstehen.[3]

1. KWG und Zwecke der Bankenaufsicht

Das Gesetz über das Kreditwesen (KWG) aus dem Jahr 1961 bildet das Funda- **760**
ment der deutschen Bankenaufsicht. Zur Bankenaufsicht rechnet man jede durch
staatliche Stellen ausgeübte, spezielle Beaufsichtigung von Kreditinstituten und

---

[1] Siehe Rn. 33 ff.

[2] Näher zu den einzelnen Instituten und Gesellschaftsformen *Knierim* in: Wabnitz/Janovsky, Handbuch des Wirtschafts- und Steuerstrafrechts, 2014, Kap. 10 Rn. 22 ff.

[3] Die in das Strafrecht hineingetragenen öffentlich-rechtlichen Fragestellungen, wie bspw. diejenige nach der verwaltungsrechtlichen Wirksamkeit der Genehmigung, werden jeweils bei der
konkreten Norm miterörtert.

© Springer-Verlag GmbH Deutschland 2017   313
N. Nestler, *Bank- und Kapitalmarktstrafrecht*, Springer-Lehrbuch,
DOI 10.1007/978-3-662-53959-0_4

Finanzdienstleistungsinstituten. Ihr **Zentralziel** liegt in der Gewährleistung eines funktionsfähigen Kreditgewerbes.[4] Dabei ist das **KWG institutsbezogen**, wohingegen eine ganze Fülle weiterer Spezialgesetze marktbezogen bleibt.

761   Das Verhältnis der beiden Zentralgesetze **KWG und WpHG** zueinander spielt für das Verständnis der dort verorteten Straftatbestände eine große Rolle. Natürlich bestehen zwischen beiden Gesetzen Interdependenzen. Im Grunde genommen verfolgen sie aber völlig verschiedene Zielsetzungen: Während sich das KWG mit Zulassungsfragen und der Solvenzaufsicht der Institute befasst, betrifft das WpHG grundlegend in erster Linie die Marktaufsicht.[5] Demnach bildet es das primäre Ziel des KWG, zu verhindern, dass Gefahren von Kreditinstituten ausgehen, sei es durch verbotene Geschäfte (§ 3 KWG), sei es aufgrund fehlender Zulassung (§ 32 KWG).

762   Diese Aufsicht erfordert zunächst Kenntnis von Existenz und Ausgestaltung der Kreditinstitute sowie den geschäftlichen Vorgängen, in die sie eingebunden sind. Aufsicht ist ohne hinreichende Informationsgrundlagen nicht leistbar. Das KWG als zentrales Fundament der Bankenaufsicht stellt daher den Betrieb aller Kreditinstitute, Finanzdienstleistungsinstitute, Finanzholdinggesellschaften, gemischten Finanzholdinggesellschaften, Finanzkonglomerate, gemischten Unternehmen und Finanzunternehmen unter ein **präventives Verbot mit Erlaubnisvorbehalt**.[6] Nur so lassen sich die Zwecke der Bankaufsicht[7] – ein funktionsfähiges Kreditwesen und eine Grundordnung im Bankenwesen – gewährleisten.

763   Der gleiche Gedanke kommt in § 46b KWG zum Ausdruck. Die Norm sieht vor, dass die BaFin die alleinige Antragspflicht und das Antragsrecht mit Blick auf einen etwaigen Insolvenzantrag eines Instituts innehat. Sie ist insoweit „**Insolvenzaufsicht**".[8] Hier wird nochmals deutlich, dass es Zweck des Kreditaufsichtswesens ist, die Gesundheit des Bank- und Finanzsystems als Öffentliches Gut zu gewährleisten.[9] Es geht gerade nicht unmittelbar um den Schutz von Einlegern oder Gläubigern eines Instituts, sondern diese werden allenfalls indirekt und in ihrer Gesamtheit mitgeschützt, vgl. § 4 Abs. 4 FinDAG.[10]

764   Es ist daher nicht verwunderlich, dass die Strafnormen des KWG in erster Linie die Sanktionierung von Verhaltensweisen vorsehen, die die ordnungsgemäße und effektive Aufsicht gefährden bzw. beeinträchtigen. Die strafrechtlichen Sanktionsvorschriften richten sich daher – konsequent – ganz überwiegend gegen (System-)

---

[4] *Brocker* in: Derleder/Knops/Bamberger, Handbuch zum deutschen und europäischen Bankrecht, 2009, § 65 Rn. 1.

[5] So auch *Schröder* in: Achenbach/Ransiek/Rönnau, Wirtschaftsstrafrecht, 2015, Kap. X 3 Rn. 2.

[6] OLG Oldenburg wistra 2014, 114; *Janssen* in: MüKo-StGB, 2015, § 54 KWG Rn. 2; *Schwennicke* in: Schwennicke/Auerbach, KWG, 2016, § 54 Rn. 1.

[7] Dazu sowie zur Begründung für die Schaffung einer Bankenaufsicht siehe *Kleinheisterkamp* Kreditwesengesetz und Strafverfahren, 2010, S. 14 ff.

[8] *Tiedemann* Wirtschaftsstrafrecht BT, 2011, § 8 Rn. 295.

[9] *Köhler* in: Schwintowski, Bankrecht, 2014, § 4 Rn. 25.

[10] BGH ZIP 2005, 287; *Köhler* in: Schwintowski, Bankrecht, 2014, § 4 Rn. 45; *Schäfer* in: Boos/Fischer/Schulte-Mattler, KWG, 2016, § 6 Rn. 2.

Gefährdungen durch einzelne Institute oder Personen. Nur gelegentlich wird bspw. von §§ 55a, 55b KWG auch ein Individualschutz intendiert.

2. Die zentralen Aufsichtsinstrumente

Die Bankenaufsicht wendet sich an die Kredit- und Finanzdienstleitungsinstitute.   **765**
Bereits die Ziele der Bankenaufsicht machen deutlich, dass Aufsicht in erster Linie Prävention fokussiert, was sich auch an den zur Verfügung stehenden Aufsichtsinstrumentarien zeigt. So geht es i.d.R. darum, möglichst frühzeitig auf Fehlentwicklungen oder Gefahren zu reagieren und nicht erst als Rahmenaufsicht bei Überschreiten von gewissen Schwellen zu intervenieren.[11]

Schlüsselelement sind hierbei die umfangreichen, präventiven **Genehmigungs-**   **766**
pflichten. Die BaFin erlässt zu diesem Zweck aber auch eine Vielzahl von **Rundschreiben und Mitteilungen** als normkonkretisierende Verwaltungsvorschriften mit faktischer Bindungswirkung.[12]

> Als wie zentral diese exekutiven Vorgaben eingeschätzt werden, zeigt sich auch an §§ 25a, 25c KWG. Diese Vorschriften enthalten eine gesetzliche Kodifizierung früherer Verwaltungsvorgaben, die der Gesetzgeber dort im Jahr 2013[13] gegen zum Teil heftiges Gegenfeuer aus dem Schrifttum[14] verankert hat. Diese aufsichtliche Praxis hat aber zumindest den Vorteil, dass sie für die Geschäftsführung der Banken eine Art „Safe Harbour" darstellen, an dem sich – vorbehaltlich hinreichend präzise gefasster Vorgaben und der (leider nicht immer gegebenen) Übereinstimmung mit den übergeordneten gesetzlichen Regelungen – orientiert werden könnte.[15]

Weiterhin operiert die BaFin häufig mit **Anordnungen und anderen Verfügungen**,   **767**
vgl. die Generalklausel in § 6 Abs. 3 KWG. Zudem existiert über das KWG hinaus eine Vielzahl von Normen, die spezifische Eingriffsvoraussetzungen festlegen. Als Grundlage des Handelns dienen der BaFin dabei das KWG sowie – praktisch enorm bedeutsam – von ihr selbst auf der Grundlage einer entsprechenden Ermächtigung durch das KWG erlassene Rechtsverordnungen.[16] Hinzu treten die erwähnten Rundschreiben und Merkblätter als „soft law".[17]

II. Verfahrensrechtliche Besonderheiten

Zentraler Akteur im Kreditwesenrecht ist – wie schon gesagt – die Bundesanstalt   **768**
für Finanzdienstleistungsaufsicht (BaFin) als Anstalt des öffentlichen Rechts; sie

---

[11] *Köhler* in: Schwintowski, Bankrecht, 2014, § 4 Rn. 90.

[12] Statt vieler *Köhler* in: Schwintowski, Bankrecht, 2014, § 4 Rn. 91 ff.

[13] Vgl. insb. das Gesetz zur Abschirmung von Risiken und zur Planung der Sanierung und Abwicklung von Kreditinstituten und Finanzgruppen vom 7.8.2013, BGBl. 2013/I, S. 3090 ff.

[14] *Goeckenjan* wistra 2014, 202. Sehr krit. auch *Hamm* in: Kempf/Lüderssen/Volk, Unternehmenskultur und Wirtschaftsstrafrecht, 2015, S. 84 ff.; *Hamm/Richter* WM 2013, 895 ff.

[15] *Köhler* in: Schwintowski, Bankrecht, 2014, § 4 Rn. 95.

[16] Einen Überblick liefert *Auerbach* Banken- und Wertpapieraufsicht, 2015, S. 29.

[17] *Auerbach* Banken- und Wertpapieraufsicht, 2015, S. 29.

übt die sog. **Allfinanzaufsicht** aus. Wird die BaFin im Rahmen ihrer bankaufsicht-
lichen Aufgaben tätig, so handelt es sich i.d.R. um ein Verwaltungsverfahren. Daher
ist das Verfahren im Kern als klassisches Verwaltungsrecht ausgestaltet, das den
hergebrachten Grundsätzen des Verwaltungsverfahrensrechts folgt. Gerade für das
Bank- und Kapitalmarktstrafrecht ergibt sich dadurch eine besondere Gemengelage
strafrechtlicher und verwaltungsrechtlicher Grundsätze.

769   Die BaFin nimmt im Rahmen der Bankenaufsicht nämlich eine zumindest faktische **Zwitterstellung** ein. Zwar ist sie – im Gegensatz bspw. zur US-amerikanischen SEC – keine Strafverfolgungsbehörde.[18] Die BaFin gilt jedoch als „mittelbare
Strafverfolgungsbehörde", da sie auf der Grundlage ihrer verwaltungsrechtlichen
Eingriffsbefugnisse Tatsachen ermittelt bzw. ermitteln kann, die zu Strafverfol-
gungszwecken verwendet werden.[19] Damit kommt ihr die Rolle einer „besonderen
Gewerbepolizei"[20] zu, die von ihrer Aufgabenstellung her ausschließlich präventive Zwecke verfolgt[21]. Die Aufgabenstellung und ihre Ausgestaltung scheinen sich
jedoch in das Schema einer strikten Trennung von Prävention und Repression bzw.
von Strafverfolgung und Gefahrenabwehr nicht hineinpressen zu lassen. Es existieren durchaus Graubereiche, in denen die Tätigkeit der BaFin für die Ausfüllung der
Strafnormen des KWG nicht zu unterschätzende Bedeutung erlangt. Diese Problemstellung sollte man bei der Arbeit mit diesen Normen als zentral wahrnehmen.[22]

770   Die **Unterschiede zwischen Strafverfahren und Verwaltungsverfahren** sind –
trotz einiger Ähnlichkeiten – fundamental. Zwar gilt jeweils der Amtsermittlungs-
grundsatz. Einen der gravierendsten Unterschiede macht indes ein Blick auf die
Personenkonstellation deutlich.[23] So ist das Verwaltungsverfahren i.d.R. zweipolig
(Bürger/Unternehmen – Staat), das Strafverfahren demgegenüber oft mehrpolig
(Bürger/Zeuge – Beschuldigter – Staat) ausgestaltet. Dritte können um Kooperatio-
nen im Strafverfahren ersucht werden und der Fokus muss stets auf den Beschul-
digteninteressen bleiben.[24] Werden bspw. Zeugen im Strafverfahren – gerechtfertigt
durch die Erfordernisse einer effektiven Strafrechtspflege – mit einer Aussagepflicht
belegt, erscheint dies im Verwaltungsverfahren allenfalls im Einzelfall geboten.[25]
Diese weitgehenden Mitwirkungspflichten in Gestalt von persönlichem Erscheinen
und Aussagen im Strafverfahren wären im Verwaltungsverfahren zwar gleichermaßen nützlich, aber eben auch deutlich schwerer zu rechtfertigen.

---

[18] In der Lit. wird de lege ferenda zumindest darüber diskutiert dies zu ändern, vgl. etwa *Hienzsch*
HRRS 2006, 144, 148.

[19] *Szesny* Finanzmarktaufsicht und Strafprozess, 2008, S. 27 f.

[20] So *Kleinheisterkamp* Kreditwesengesetz und Strafverfahren, 2010, S. 87. Ähnlich auch *Lindemann* in: Boos/Fischer/Schulte-Mattler, 2016, § 44c KWG Rn. 3.

[21] Siehe BVerwG NJW 2012, 1241, 1243.

[22] Zu den zahlreichen damit verbundenen Problemstellungen siehe etwa *Szesny* Finanzmarktaufsicht und Strafprozess, 2008 sowie *Kleinheisterkamp* Kreditwesengesetz und Strafverfahren,
2010, jew. passim; prägnant bereits *Bärlein/Pananis/Rehmsmeier* NJW 2002, 1825 ff.

[23] *Wessing/Hiéramente* ZWH 2014, 412.

[24] *Wessing/Hiéramente* ZWH 2014, 412.

[25] *Wessing/Hiéramente* ZWH 2014, 412.

Dementsprechend erreicht das Verwaltungsverfahren einen **geringeren Formali-** 771
sierungsgrad als das Strafverfahren. Das Verwaltungsverfahren rückt nämlich den
Erkenntnisgewinn der Behörde in den Vordergrund, während die Strafprozessord-
nung die Gewinnung verwertbarer Erkenntnisse unter das Primat der Verfahrens-
fairness stellt. Gerade im Anfangsstadium der Ermittlungen können daher teilweise
gravierende Grundrechtseingriffe gerechtfertigt erscheinen.[26]

Der Gesetzgeber trägt diesem Spannungsfeld von nach- oder nebeneinander 772
laufenden Verwaltungs- und Strafverfahren mit Normen wie § 44c KWG[27] oder
§ 44 Abs. 5 KWG Rechnung, indem bspw. letztgenannte Vorschrift ein Auskunftsverweigerungsrecht vorsieht. Die verwaltungsrechtlich determinierte Ermittlung
gewährt zum Teil tiefe Einblicke in kreditwirtschaftliche Geschäftsvorgänge –
es treten Tatsachen zu Tage, die für Strafverfolger hochinteressant sind.[28]

Beispiel 63[29]

Von Ende Juni bis Mitte Juli hat Anwalt A auf seinem Girokonto Geldbeträge verschiedener Zahlungsanweiser in Höhe von insgesamt 496.000 Euro unter dem
Betreff „S-Portfolio" oder vergleichbaren Verwendungszwecken erhalten. Diese
Zahlungen variierten zwischen 5000 Euro und 160.000 Euro. Am 5.7. hebt A
120.000 Euro in bar von seinem Konto ab, einen weiteren Betrag 155.000 Euro
verwendete er für den Erwerb von Wertpapieren. Schließlich überweist er 170.000
Euro an einen anderen Rechtsanwalt. Das kontoführende Geldinstitut, die G-Bank,
sieht sich auf Grund der Zahlungsanweisung über 170.000 Euro dazu veranlasst,
Verdachtsanzeige nach dem Gesetz über das Aufspüren von Gewinnen aus schweren Straftaten (Geldwäschegesetz) zu erstatten, die sie u.a. der BaFin übermittelt.
Diese fordert den A mit Schreiben vom 23.7. zur näheren Erläuterung der getätigten
Geschäfte auf, um eine Erlaubnispflicht nach dem Kreditwesengesetz beurteilen
zu können. Hierauf teilt der A am 1.8. empört mit, dass er seit 1990 als Rechtsanwalt zugelassen sei und neben der anwaltlichen Tätigkeit keine Bank- oder Finanz-
dienstleistungsgeschäfte betreibe. Die Entgegennahme und Weiterleitung von
Mandantengeldern gehöre zum Tagesgeschäft eines Rechtsanwalts. Weitere Auskünfte könne er mangels Entbindung von der anwaltlichen Schweigepflicht nicht
erteilen. Er werde das Schreiben seiner Mandantschaft zur Kenntnisnahme und
zur Stellungnahme weiterleiten. Mitte August erhält die BaFin von As Erzfreind K
anonym Unterlagen, unter anderem einen Treuhandantrag und einen Vermögens-
verwaltungsvertrag der D-GbR. Zu weiteren Schreiben der BaFin gibt A keine

---

[26] *Wessing/Hiéramente* ZWH 2014, 412.

[27] Überblick bei *Szesny* in: Böttger, Kapitel 6, Rn. 282 ff.

[28] Vgl. auch *Wessing/Hiéramente* ZWH 2014, 410.

[29] BVerwGE 141, 262. Zustimmend *Kräft* GWR 2012, 133 ff; *Szesny* in: Böttger, Wirtschaftsstrafrecht in der Praxis, 2015, Kap. 6 Rn. 287; vgl. dazu auch *Kleine-Cosack* EWiR 2012, 325
ff.; *Pestke* DStR 2013, 567; *Weitze* DStR 2012, 1474 f. Zur europäischen Perspektive *Windthorst/
Bussian* WM 2015, 2265 ff.

inhaltliche Stellungnahme ab, sondern verweist erneut auf seine Pflicht zur Verschwiegenheit. Mit Bescheid vom 28.11. fordert die BaFin den A unter Androhung eines Zwangsgelds auf, sämtliche Geschäfts- und Kontounterlagen vorzulegen, die die Geschäftstätigkeit im Zusammenhang mit der „S" und der Gesellschaft „S-GbR" betreffen oder hiermit in sonstiger Verbindung stehen, und Auskunft über die Geschäftsangelegenheiten zu erteilen. A ist außer sich. Die anwaltliche Verschwiegenheitspflicht sei ihm heilig und stehe zudem unter dem Schutz von Art. 12 GG. Nun wendet sich A unter Berufung auf seine anwaltliche Verschwiegenheitspflicht gegen die von der BaFin auferlegte Pflicht zur Auskunftserteilung über Geschäftsvorgänge sowie zur Vorlage entsprechender Unterlagen.

Das BVerwG[30] verwarf die Bedenken des A allesamt. Die Auskunfts- und Vorlagepflicht des § 44c Abs. 1 KWG gilt für die dort umschriebenen Unternehmen ausnahmslos. Dass der Gesetzgeber dabei auch an Rechtsanwälte gedacht hat, zeigt § 2 Abs. 6 Nr. 10 KWG; er hat für sie keine Ausnahme zugelassen. Aus der anwaltlichen Pflicht zur Verschwiegenheit ergibt sich nichts anderes. Zwar besteht die Pflicht des Rechtsanwalts zur Verschwiegenheit und dementsprechend sein Recht, dieser Pflicht durch Schweigen nachzukommen, nicht nur auf Grund des einfachgesetzlichen Berufsrechts. Beides ist zugleich grundrechtlich durch Art. 12 Abs. 1 GG geschützt. Durch ihr Auskunfts- und Vorlageverlangen habe die BaFin dieses Grundrecht des A jedoch nicht unverhältnismäßig eingeschränkt. Das Auskunftsbegehren sei geeignet und erforderlich zur Zielerreichung. Die Auskunfts- und Vorlagepflicht gem. § 44c KWG diene nämlich dazu, der Aufsichtsbehörde Erkenntnisquellen zu verschaffen, damit sie gegen Unternehmen einschreiten kann, die unerlaubt Bankgeschäfte betreiben oder Finanzdienstleistungen erbringen; sie bezwecke damit dem Schutz der Allgemeinheit und des einzelnen Anlegers vor unseriösen Angeboten auf dem Finanzmarkt als legitimes Ziel. Das Auskunfts- und Vorlageersuchen der BaFin sei auch verhältnismäßig i.e.S. Die damit verbundene Belastung sei nämlich mit Blick auf den verfolgten Zweck weder unangemessen noch unzumutbar. Angesichts von Art und Umfang der konkreten Tätigkeit, wie sie der A behauptet, werde seine anwaltliche Verschwiegenheitspflicht durch die Preisgabe von Kontaktdaten und die Vorlage von Geschäftsunterlagen nur am Rande berührt.

773   Der **Parallellauf von strafrechtlichen und verwaltungsrechtlichen Verfahren** stellt aber auch abseits jener konkreten Konstellation eine besondere Herausforderung dar. Diese bleibt keineswegs auf das KWG beschränkt, wird hier aber besonders deutlich. Für ein solches Nebeneinander der beiden Verfahren sind **drei Regelungsansätze** denkbar:[31]

- Erstens besteht eine Möglichkeit zur Kompensation der verwaltungsrechtlichen Kooperationspflichten mit einem **Beweisverwertungsverbot**. Diese Alternative

---

[30] BVerwG NJW 2012, 1241 ff.
[31] Dazu und im Folgenden *Wessing/Hiéramente* ZWH 2014, 411.

erörterte das BVerfG im sog. Gemeinschuldnerbeschluss.[32] Normative Beispiele dafür liefern § 97 InsO oder § 161 Abs. 2 S. 1 StPO. Im Rahmen der §§ 44-44c KWG ist ein solches Beweisverwertungsverbot jedoch nicht statuiert und von der Rspr. auch nicht anerkannt.[33]

- Die zweite Option besteht in der **Unterbindung der Datenweitergabe** an Strafverfolgungsbehörden. Hier wird bereits auf einer vorgelagerten Stufe angesetzt. Dies dürfte aber einerseits kaum sicherzustellen sein und andererseits wohl auch zu weit greifen. Auch das Kreditwesenrecht lässt in § 9 Abs. 1 S. 4 Nr. 1 KWG ausdrücklich die Datenweitergabe an Strafverfolgungsbehörden zu.
- Eine dritte Variante liegt in der **grundrechtsschonenden Ausgestaltung des Verwaltungsverfahrens**. Dies sollte natürlich ohnehin Grundintention allen Verwaltungshandelns sein. An dieser Stelle ist damit aber gemeint, dass bspw. strafprozessrechtliche Grundsätze in das Verwaltungsverfahren gespiegelt werden. Beispiele hierfür bilden §§ 44 Abs. 6, 44c Abs. 5 S. 2 KWG (Auskunftsverweigerungsrecht) sowie § 44c Abs. 3 KWG (Richtervorbehalt bei Durchsuchung). Dabei gilt es, die Stufung zu beachten, die der Gesetzgeber bei anlasslosen (§ 44 KWG) und anlassbezogenen Ermittlungen mit stark repressiver Tendenz (§ 44c KWG) vorgegeben hat.[34]

B. Verbotene Geschäfte, Handeln ohne Erlaubnis, § 54 KWG

I. Normzweck und Bedeutung der Norm

§ 54 KWG verbietet bestimmte Geschäfte sowie das Betreiben von Bankgeschäften ohne Erlaubnis. Die Vorschrift enthält eine Binnenverweisung auf die entsprechenden Regelungen des KWG, namentlich § 3 KWG, der einen ganzen Katalog verbotener Bankgeschäfte normiert und § 32 KWG, der die Erlaubnispflicht für Bankgeschäfte regelt.

1. Geschütztes Rechtsgut

Das KWG statuiert ein **präventives Verbot mit Erlaubnisvorbehalt**.[35] Der Gesetzgeber intendiert mit § 54 KWG als strafrechtlicher Flankierung dieses Verbots eine Bekämpfung des „grauen Kapitalmarkts".[36] § 54 KWG sanktioniert damit eben

774

---

[32] Siehe dazu umfassend *Kleinheisterkamp* Kreditwesengesetz und Strafverfahren, 2010, S. 343 ff.

[33] Zur Literaturdiskussion um ein unselbständiges Verwertungsverbot in diesem Zusammenhang siehe die umfassenden Nachweise bei *Wessing/Hiéramente* ZWH 2014, 411.

[34] *Wessing/Hiéramente* ZWH 2014, 414 f. mit weiteren Einzelheiten zu den Tatbestandvoraussetzungen.

[35] OLG Oldenburg wistra 2014, 114; *Janssen* in: MüKo-StGB, 2015, § 54 KWG Rn. 2; *Schwennicke* in: Schwennicke/Auerbach, 2016, § 54 KWG Rn. 1.

[36] Siehe auch BT-Drs. 417/97, S. 3 f.; näher dazu auch *Schlette* JuS 2001, 1152 f. Vgl. zum Begriff des „Grauen Kapitalmarkts" auch Rn. 40, 53.

gerade nicht nur verbotene Geschäfte, sondern mit dem erlaubnislosen Betreiben von Bank- und Finanzdienstleistungen auch klassisches Verwaltungsunrecht. Es handelt sich um ein Tätigkeits- und Dauerdelikt.[37]

775   Trotz dieses klaren Ausgangspunkts, ist die Frage nach dem **geschützten Rechtsgut** umstritten. Überwiegend werden die **Funktionsfähigkeit des Finanzmarkts und die Sicherung des staatlichen Kreditaufsichtswesens** genannt.[38] Der Anlegerschutz und das öffentliche Interesse an der gesunden Kapitalmarktentwicklung seien völlig unabhängig von der individuellen Schutzwürdigkeit Einzelner. Daher komme es auch nicht auf Individualvertrauen bzw. ein Vertrauen der Öffentlichkeit an. Die Funktionsfähigkeit des Kreditwesens selbst liefere die Begründung für die Reglementierung der Kreditinstitute nach dem KWG.[39] Andere (insbesondere Teile der Lit.) sehen auch den Anlegerschutz als durch die Strafvorschriften des KWG intendiert an, was sich aus Äußerungen des Gesetzgebers in diesem Zusammenhang ergebe.[40]

2. Bedeutung der Norm und Konkurrenzen
a) Bedeutung der Norm

776   § 54 KWG ist die praktisch **bedeutendste Strafnorm des KWG**. Zu dieser Rolle trägt auch die Erweiterung von Ermittlungsbefugnissen der BaFin bei, die in einem automatisierten Abrufverfahren nach § 24c KWG gipfeln. Die BaFin wird dadurch in die Lage versetzt, die Geldwäsche, das illegale Schattenbankenwesen und das unerlaubte Betreiben von Bank- und Finanzdienstleistungsgeschäften durch zentral geführte Recherchearbeiten zu bekämpfen.[41] Die Banken sind dabei grds. zur Mitwirkung bei der Aufklärung des Tatbestands des § 54 KWG verpflichtet.[42]

777   § 60a KWG komplettiert die aufsichtsrechtlichen Instrumentarien. Die Vorschrift normiert umfassende **Unterrichtungspflichten sowie Akteneinsichtsrechte** und schränkt damit die Anwendung der §§ 154 ff. StPO erheblich ein. Daher tritt § 54 KWG seltener hinter Kernstrafrechtstatbestände, wie z.B. §§ 263, 266 StGB zurück, als dies bei anderen Normen des Nebenstrafrechts zuweilen der Fall ist. Als klares Ziel hat der Gesetzgeber in diesem Zusammenhang formuliert, es solle

---

[37] Statt vieler *Bock* in: Graf/Jäger/Wittig, Wirtschafts- und Steuerstrafrecht, 2017, § 54 KWG Rn. 1.

[38] BGH NStZ 2007, 647; *Janssen* in: MüKo-StGB, 2015, § 54 KWG Rn. 11; *Lindemann* in: Boos/Fischer/Schulte-Mattler, KWG, 2016, § 54 KWG Rn. 3, 6; *Schröder* in: Achenbach/Ransiek/Rönnau, Wirtschaftsstrafrecht, 2015, Kap. X 3 Rn. 2; *Schwennicke* in: Schwennicke/Auerbach, KWG, 2016, § 54 Rn. 1; *Wegner* in: Beck/Samm/Kokemoor, KWG, 2016, § 54 KWG Rn. 9; vgl. zudem *Bock* in: Graf/Jäger/Wittig, Wirtschafts- und Steuerstrafrecht, 2017, Vor §§ 54 ff. KWG Rn. 3.

[39] BGHSt 4, 350; *Janssen* in: MüKo-StGB, 2015, § 54 KWG Rn. 11.

[40] So vor allem *Häberle* in: Erbs/Kohlhaas, Strafrechtliche Nebengesetze, 2016, § 54 KWG Rn. 1 unter Rekurs auf BR-Drs. 482/10 S. 110 und S. 93. Zu der damit eng verknüpften Frage des Schutzgesetzcharakters i.S.d. § 823 Abs. 2 BGB siehe nur *Janssen* in: MüKo-StGB, 2015, § 54 KWG Rn. 14 ff.

[41] BT-Drs. 14/8017, S. 122 (zu Nr. 23).

[42] *Janssen* in: MüKo-StGB, 2015, § 54 KWG Rn. 22. Umfassend zu den verfahrensrechtlichen Besonderheiten im KWG siehe *Kleinheisterkamp* Kreditwesengesetz und Strafverfahren, 2010, S. 47 ff.; *Szesny* Finanzmarktaufsicht und Strafprozess, 2008, S. 33 ff.

sichergestellt werden, dass „die Staatsanwaltschaften dem § 54 in Zukunft die gleiche Aufmerksamkeit schenken werden wie anderen Vermögensdelikten".[43]

b) Konkurrenzen und Abgrenzung

§ 54 KWG wird nicht selten von Vermögensdelikten begleitet. Für die Abgrenzung **778** zu § 263 StGB ist dabei ein Blick auf das geschützte Rechtsgut von besonderem Interesse.

Beispiel 64[44]

A schließt am 21.5. mit der Bürgerbank Bayreuth e.G. (B) eine Lastschriftvereinbarung, obwohl sie tatsächlich nicht fällige Forderungen einziehen, sondern sich kurzfristigen Kredit von Lastschriftgebern für eine Anschubfinanzierung im Immobilienbereich beschaffen will. Nach der Zulassung zum Lastschriftverfahren zieht die A im Online-Banking innerhalb eines Monats 535.000 Euro von acht verschiedenen Geldgebern ein. Wie mit diesen Gewährsleuten vereinbart, widersprechen diese den Belastungen innerhalb von sechs Wochen, nachdem die A nach dem (zu erwartenden) Scheitern des Immobiliengeschäfts die Beträge nicht zurückzahlen kann. B, die die Lastschriften von den Banken der Geldgeber zurücknehmen muss, fällt mit Forderungen in Höhe von über 300.000 Euro gegen A aus. Das Konto der A weist kein Guthaben mehr auf, weil sie die gutgeschriebenen Beträge sofort in bar abgehoben bzw. an andere Vermittler überwiesen hatte.

Lastschriftgeschäfte, bei denen aufgrund des betrügerischen Zusammenwirkens der Beteiligten am Lastschriftverfahren die Bank des aus der Lastschrift Begünstigten geschädigt wird, sind schon aufgrund ihrer äußeren Merkmale keine Einlagengeschäfte i.S.d. § 1 Abs. 1 Nr. 1 KWG. Die ratio legis stützt diese Sichtweise. Das KWG sichert nämlich die Funktionsfähigkeit des Finanzmarkts und schützt das Publikum vor nicht ausreichend seriösen Unternehmen. Es will gewährleisten, dass im Kreditgewerbe Verhältnisse herrschen, die das Vertrauen der Bevölkerung verdienen. Dieser Schutzbereich ist hier nicht berührt, weil die Bank selbst durch das Verhalten einzelner Privater geschädigt wurde. Davor schützt jedoch nicht das KWG, sondern allein der hier einschlägige Betrugstatbestand, § 263 StGB. A ist daher strafbar gem. § 263 Abs. 1 StGB und eben nicht gem. §§ 54 Abs. 1 Nr. 2, 32 Abs. 1 S. 1 KWG.[45]

Neben dem Betrugstatbestand spielen auch § 261 StGB[46] (Rn. 848 ff.) und §§ 49, **779** 26 BörsG (Rn. 706 ff.) eine Rolle, die in Tateinheit mit § 54 KWG stehen können. Darüber hinaus sind Konkurrenzen denkbar mit § 4 UWG und – bei betrügerischen

---

[43] BT-Drs. 17/3023, S. 114. Siehe allg. zur Bedeutung der Straftaten nach dem KWG *Eggers* in: Szesny/Kuthe Kapitalmarkt Compliance, 2014, Kap. 29 Rn. 1 ff.

[44] BGH NStZ 2007, 647.

[45] So auch BGH 2007, 647; a.A. AG Gera NStZ-RR 2005, 213.

[46] So etwa bei AG Neunkirchen vom 13.3.2007 – 11 Ds 33 Js 1148/06 (27/07).

Wertpapieremissionen – § 264a StGB (Rn. 449 ff.).[47] § 54 KWG wird dabei aufgrund seiner besonderen Schutzrichtung und der hohen Relevanz für ein funktionsfähiges Finanzwesen im Grundsatz nicht verdrängt, sondern steht auch dazu in Tateinheit.

Beispiel 65

T betreibt eine Vermögensanlagegesellschaft, ohne im Besitz einer Erlaubnis nach § 32 Abs. 1 KWG zu sein. Aufgrund horrender Pferdewettschulden veruntreut er zugleich Kundengelder.

Hier besteht § 266 StGB in Tateinheit mit § 54 Abs. 1 Nr. 2 Alt. 2 KWG. Der Untreuetatbestand soll Individuen vor Vermögensnachteilen schützen, während § 54 Abs. 1 KWG allein die Funktionsfähigkeit des Finanzmarkts sicherstellen will.

II. Tatbestand

1. Täterschaft und Teilnahme

780   § 54 KWG ist **kein Sonderdelikt**.[48] Die Abgrenzung von Täterschaft und Teilnahme ist daher nach den hergebrachten Grundsätzen der Tatherrschaftslehre zu beantworten.[49] Dies gilt nach str. Auffassung auch für Inhaber oder Geschäftsführer von Kreditinstituten. Faktisch sind taugliche Täter aber nur Personen, die das fragliche Unternehmen leiten und damit die Geschäfte betreiben (vgl. § 14 Abs. 1 StGB).[50] Die sonstigen Unternehmensmitarbeiter können folglich nur Teilnehmer sein.[51]

2. Objektiver Tatbestand
a) Überblick

781   § 54 KWG enthält drei Tatbestände. § 54 Abs. 1 KWG ist eine **Teilblankettnorm** und als solche insofern zweigeteilt, als in einem Fall auf §§ 3, 32 KWG, im anderen Fall auf § 53b KWG Bezug genommen wird. § 54 Abs. 1a KWG bildet unter Bezugnahme auf die EU-Verordnung über OTC-Derivate u.a.[52] den dritten Tatbestand.

---

[47] Vgl. *Janssen* in: Park, Kapitalmarktstrafrecht, 2013, § 54 KWG Rn. 45.

[48] *Bock* in: Graf/Jäger/Wittig, Wirtschafts- und Steuerstrafrecht, 2017, § 54 KWG Rn. 88; *Eggers* in: Szesny/Kuthe Kapitalmarkt Compliance, 2014, Kap. 29 Rn. 11; *Janssen* in: MüKo-StGB, 2015, § 54 KWG Rn. 58; *Schröder* in: Achenbach/Ransiek/Rönnau, Wirtschaftsstrafrecht, 2015, Kap. X 3 Rn. 90.

[49] So zutreffend *Janssen* in: MüKo-StGB, 2015, § 54 KWG Rn. 58; a.A. aber wenig überzeugend *Häberle* in: Erbs/Kohlhaas, Strafrechtliche Nebengesetze, 2016, § 54 KWG Rn. 2; *Redenius-Hövermann* in: Luz/Neus/Scharpf/Schneider/Weber, KWG, 2015, § 54 KWG Rn. 2.

[50] *Schwennicke* in: Schwennicke/Auerbach, KWG, 2016, § 54 Rn. 14.

[51] *Schwennicke* in: Schwennicke/Auerbach, KWG, 2016, § 54 Rn. 14.

[52] VO (EU) 648/2012 vom 4.7.2012 über OTC-Derivate, zentrale Gegenparteien und Transaktionsregister, ABl. L 201, S. 1 ff.

b) Tathandlung

Alle drei Tatbestände erfordern das **Betreiben** oder das **Erbringen** eines Geschäfts 782
oder einer Dienstleistung. Das liegt prinzipiell schon dann vor, wenn der Täter Aktivitäten entfaltet, die darauf gerichtet sind, entweder die gem. § 3 KWG verbotenen
oder die nicht nach § 32 Abs. 1 KWG erlaubten Bank- oder Finanzdienstleistungs-
geschäfte mit Wiederholungsabsicht auszuführen.[53] Dabei kommt es nicht auf die
Gewinnerzielungsabsicht des einzelnen Beteiligten an, sondern lediglich auf die
Erlaubnispflicht des Betriebs insgesamt.[54]

Allerdings adressiert § 54 KWG etliche **heterogenen Geschäftskreise**, so dass 783
es schwierig erscheint, eine davon völlig abstrakte Aussage über den **Zeitpunkt
des Tatbeginns** zu treffen. Man wird daher einerseits den jeweiligen Kontext der
konkreten Geschäftsart berücksichtigen müssen. Andererseits droht bei einer
zu pauschalen Bestimmung dieses Moments eine Pönalisierung ggf. schon im
Planungsstadium. Daher ist ein gewisser **Vollzug der Geschäftstätigkeit** zu
verlangen.[55] Es genügt jedenfalls nicht, wenn der Täter bloß Angebote zur Leistungserbringung abgibt, da ansonsten die Straflosigkeit des Versuchs unterlaufen
würde.[56]

> **Beispiel 66**
>
> Die nicht zugelassene Cayman-Bank inseriert diverse Anzeigen in der Bay-
> reuther Allgemeinen Zeitung (BAZ), um Anleger und Kreditnehmer anzuwer-
> ben. Diese Werbung reicht richtigerweise noch nicht für den Nachweis einer
> Geschäftstätigkeit. Ein solches Verständnis würde den Begriff des Betreibens zu
> sehr verwässern.

c) Verbotene Bankgeschäfte, § 54 Abs. 1 Nr. 1 KWG

(1) Werksparkassen

Die **ratio** des Verbots in § 3 Abs. 1 Nr. 1 KWG, das mit § 54 Abs. 1 Nr. 1 KWG 784
strafrechtlich untermauert ist, besteht im Schutz der Arbeitnehmer und Einleger
vor doppelten Verlusten.[57] Krisen des Unternehmens sollen sich nicht zugleich auf
deren eingelegtes Vermögen auswirken. § 3 Abs. 1 Nr. 1 KWG verbietet daher die
Bildung sog. Werksparkassen.

---

[53] *Schröder* in: Achenbach/Ransiek/Rönnau, Wirtschaftsstrafrecht, 2015, Kap. X 3 Rn. 5.

[54] BGH wistra 2003, 65.

[55] *Schröder* in: Achenbach/Ransiek/Rönnau, Wirtschaftsstrafrecht, 2015, Kap. X 3 Rn. 5.

[56] *Janssen* in: MüKo-StGB, 2015, § 54 KWG Rn. 37; *Schröder* in: Achenbach/Ransiek/Rönnau,
Wirtschaftsstrafrecht, 2015, Kap. X 3 Rn. 6, der aber auf die mögliche Annahme eines Anfangsver-
dachts hinweist; a.A. *Häberle* in: Erbs/Kohlhaas, Strafrechtliche Nebengesetze, 2016, § 54 KWG
Rn. 3.

[57] Zu dieser ratio legis auch *Bock* in: Graf/Jäger/Wittig, Wirtschafts- und Steuerstrafrecht, 2017,
§ 54 KWG Rn. 17; *Hammen* WM 1998, 744 f.; *Prost* NJW 1977, 228; *Schröder* in: Achenbach/
Ransiek/Rönnau, Wirtschaftsstrafrecht, 2015, Kap. X 3 Rn. 8; *Wegner* in: Beck/Samm/Kokemoor,
KWG, 2016, § 54 KWG Rn. 18.

Beispiel 67

Die Nations-Mobil AG (N) betreibt eine Bank als sog. Werksparkasse. Diese hat
fast ausschließlich Einleger, die auch Betriebsangehörige des Mutterkonzerns
N sind. Ansonsten unternimmt die Werkssparkasse so gut wie keine externen
Bankgeschäfte, die diesen Schwerpunkt ausgleichen könnten. Aufgrund eines
Abgasskandals fällt die N AG in die Insolvenz; auch die Werksparkasse muss
Insolvenz anmelden.

785   Der Begriff des Einlagengeschäfts wird in § 1 Abs. 1 S. 2 Nr. 1 KWG zwar legal-
       definiert; diese Beschreibung erfasst jedoch bei Weitem nicht alle Zweifelsfälle.
       Einlagengeschäfte sind danach unabhängig von einer etwaigen Vergütung der
       Zinsen die Annahme fremder Gelder als Einlagen oder anderer unbedingt rückzahl-
       barer Gelder des Publikums, sofern der Rückzahlungsanspruch nicht in Inhaber-
       oder Orderschuldverschreibungen verbrieft wird. Die Betreiber solcher Geschäfte
       nehmen üblicherweise von mehreren Geldgebern, die keine Kreditinstitute i.S.d.
       § 1 Abs. 1 KWG sind, fremde Gelder aufgrund typisierter Verträge als Darlehen
       oder zur regelmäßigen Verwahrung ohne Bestellung banküblicher Sicherheiten und
       ohne schriftliche Vereinbarung im Einzelfall an.[58] Die Rspr. betont jedoch, dass
       es um die Ausfüllung eines wirtschaftlichen, und nicht eines rechtlichen Begriffs
       geht.[59] Dabei stellt die Gewinnerzielung im Aktivgeschäft zu eigenen Zwecken mit
       dem eingelegten, fremden Kapital die primäre Intention dar.

Beispiel 68[60]

Die Z-Bank sammelt fremdes Kapital ein, um es für die Anleger anderweitig
anzulegen. Eigene Geschäfte nimmt die Z-Bank nicht vor.
    Der BGH verneinte in diesem Fall eine Zwecksetzung im Hinblick auf die
eigene Gewinnerzielung durch die Z-Bank. Die Frage, ob ein Unternehmen fremde
Gelder als Einlagen annimmt und dadurch Bankgeschäfte betreibt, sei auf Grund
einer Wertung aller Umstände des einzelnen Falls unter Berücksichtigung der
bankwirtschaftlichen Verkehrsauffassung zu entscheiden. Ein Einlagengeschäft
als Bankgeschäft scheide daher aus, wenn die fremden Gelder nicht in der Absicht
entgegengenommen werden, sie für die eigenen Zwecke zu nutzen, sondern das
Kapital allein im Interesse des Anlegers möglichst ertragreich an anderer Stelle
angelegt werde bzw. der Vermögensbildung der Kunden dienen soll.

786   Dieses streng an § 1 Abs. 1 S. 2 Nr. 1 KWG orientierte Begriffsverständnis erscheint
       allerdings als zu eng. Vielmehr soll auch die Annahme anderer rückzahlbarer Gelder

---

[58] BGHZ 125, 366, 380; BGHZ 129, 90, 92; *Schröder* in: Achenbach/Ransiek/Rönnau, Wirtschafts-
    strafrecht, 2015, Kap. X 3 Rn. 10.
[59] BGHZ 125, 366, 380 f.
[60] BGH WM 2001, 1204, 1206.

des Publikums dem Tatbestand unterfallen.[61] Vereinfacht gesagt, ist der Anwendungsbereich des Einlagengeschäfts schon dann eröffnet, wenn dem Anleger ein unbedingter Rückzahlungsanspruch zugestanden wird.[62]

(2) Zwecksparunternehmen

In § 3 Abs. 1 Nr. 2 KWG ist das Verbot für Zwecksparunternehmen (ausgenommen **787** sind nach § 3 Abs. 2 S. 2, 2. Hs. KWG Bausparkassen) statuiert, Geldbeträge anzunehmen, wenn der ganz überwiegende Teil der Geldgeber einen Rechtsanspruch darauf hat, dass ihnen aus diesen Geldbeträgen Darlehen gewährt oder Gegenstände auf Kredit verschafft werden.[63] Maßgeblich ist wiederum der **Gesetzeszweck** der Minimierung schwer abschätzbarer Risiken für Kunden durch Unternehmen, die sich allein oder überwiegend aus dem Kreis ihrer eigenen Kunden refinanzieren und kaum kontrollierbar sind.[64] Da diese Vorgehensweise eine große Ähnlichkeit zu den im Kontext von Betrugs- und Untreuetatbestand relevant gewordenen „Schneeballsystemen" aufweist – es müssen zur Finanzierung immer weitere Zwecksparer akquiriert werden um die Auszahlungsansprüche befriedigen zu können – statuiert § 3 Abs. 1 Nr. 2 KWG ein entsprechendes Verbot, das nach § 54 Abs. 1 Nr. 1 KWG einer Strafbewährung unterliegt.

Tathandlung ist dabei die Annahme von Geldern unter dem gleichzeitigen Ver- **788** sprechen, einen die Einlage überschreitenden Kredit auszuzahlen. Bereits diese Annahme der Gelder erfüllt die Tatbestandsvoraussetzungen; es muss also zu keiner direkten Auszahlung des Darlehens kommen oder eine andere Form der Fremdfinanzierung von Gegenständen stattfinden.[65]

(3) Unbares Einlagen- und Kreditgeschäft

§ 3 Abs. 1 Nr. 3 KWG verbietet den Betrieb des Kreditgeschäfts oder des Einla- **789** gengeschäfts, soweit es durch Vereinbarung oder geschäftliche Gepflogenheit ausgeschlossen oder erheblich erschwert ist, über den Kreditbetrag oder die Einlagen durch Barabhebung zu verfügen. Die Vorschrift bezweckt **Konkurrentenschutz im Kreditwesen** sowie den **Schutz der Volkswirtschaft**.[66]

(4) Niederlassung

§ 54 Abs. 1 Nr. 1 KWG erfasst auch verbotene Geschäfte gem. § 3 KWG i.V.m. § 53 **790** Abs. 3 S. 1, 2 KWG. Dementsprechend bedürfen auch ausländische Unternehmen, deren Sitz sich nicht im europäischen Wirtschaftsraum befindet, einer Erlaubnis

---

[61] *Schröder* in: Achenbach/Ransiek/Rönnau, Wirtschaftsstrafrecht, 2015, Kap. X 3 Rn. 12 unter Rekurs auf BT-Drs. 13/7142, S. 62.

[62] *Schröder* in: Achenbach/Ransiek/Rönnau, Wirtschaftsstrafrecht, 2015, Kap. X 3 Rn. 12.

[63] *Bock* in: Graf/Jäger/Wittig, Wirtschafts- und Steuerstrafrecht, 2017, § 54 KWG Rn. 20 f.; *Janssen* in: MüKo-StGB, 2015, § 54 KWG Rn. 44; *Schröder* in: Achenbach/Ransiek/Rönnau, Wirtschaftsstrafrecht, 2015, Kap. X 3 Rn. 12.

[64] BT-Drs. 3/2563.

[65] *Schröder* in: Achenbach/Ransiek/Rönnau, Wirtschaftsstrafrecht, 2015, Kap. X 3 Rn. 16.

[66] *Janssen* in: MüKo-StGB, 2015, § 54 KWG Rn. 47.

der BaFin, sofern sie eine Zweigniederlassung errichten wollen, die verbotene Geschäfte i.S.d. § 3 KWG betreibt. Hintergrund der Regelung war die Idee der Einführung eines „**Europäischen Passes" für Kreditinstitute** mit Sitz innerhalb der EU. Es galt daher zu verhindern, dass wettbewerbstechnische Benachteiligungen durch eine Beschränkung der Erlaubnispflicht auf EU-Staaten auftreten.[67]

791   § 53b Abs. 1 S. 1 KWG normiert im Hinblick auf die grenzüberschreitende Dienstleistung bei Inlandsbankgeschäften eine Ausnahme für das Investmentgeschäft. Allerdings macht das Gesetz davon sogleich eine Art „Rückausnahme" für Institute, die Anlage- und Abschlussvermittlungen ausschließlich für ein Unternehmen gem. § 53b Abs. 1 S. 1 oder Abs. 7 KWG tätigen, ohne andere Finanzdienstleistungen zu erbringen. Diese Regelung zwingt indes zu einer Anzeige der Tätigkeit bei der BaFin, was für ausländische Niederlassungen **weitreichende Anzeigeerfordernisse** nach sich zieht.[68]

792   Nach § 2 Abs. 10 S. 1 KWG gilt ein Unternehmen nicht als Finanzdienstleistungsinstitut, wenn es keine Bankgeschäfte i.S.d. § 1 Abs. 1 S. 2 KWG betreibt und als Finanzdienstleistungen nur die Anlagevermittlung, das Platzierungsgeschäft oder die Anlageberatung anbietet, dies ausschließlich für Rechnung und unter der Haftung eines CRR-Kreditinstituts bzw. eines Wertpapierhandelsunternehmens, das seinen Sitz im Inland hat. Es handelt sich dann um ein Finanzunternehmen, sofern das haftende CRR-Kreditinstitut oder Wertpapierhandelsunternehmen dies der BaFin anzeigt. Ein Unternehmen, das diese Anzeigepflicht nicht erfüllt, ist nach § 32 Abs. 1 KWG erlaubnispflichtig, was zur Strafbarkeit führen kann.

> **Beispiel 69**[69]
>
> Neben der Herstellung von Zuckerwerk vergibt die Kräuterzucker AG schweizerischen Rechts mit Sitz und Hauptverwaltung in St. Gallen Kleinkredite im Umfang von bis zu 3500 Euro zum einen über das Internet, zum anderen über in der Bundesrepublik Deutschland tätige, selbstständige Kreditvermittler. Die BaFin untersagt dieses Kreditgeschäft mit in Deutschland ansässigen Kunden. Es handle sich nämlich um das Betreiben eines erlaubnispflichtigen Bankgeschäfts im Inland. Eine Erlaubnispflicht für das Betreiben von Bankgeschäften nach § 32 Abs. 1 S. 1 KWG bestehe nicht nur bei physischer Präsenz des Kreditinstituts im Inland, sondern auch, wenn ein im Ausland ansässiges Unternehmen sich zielgerichtet an den Markt im Inland wende, um dort ansässigen Unternehmen oder Personen wiederholt und gewerbsmäßig Bankgeschäfte anzubieten.
>
> Das BVerwG stufte die Tätigkeit der Kräuterzucker AG als Bankgeschäft i.S.d. § 32 Abs. 1 S. 1 KWG ein. Dazu genüge es nämlich, wenn nur einem ausländischen Institut zurechenbare Teilakte des Betreibens von Bankgeschäften im Inland stattfinden. Das setze weder einen inländischen Sitz des Instituts noch

---

[67] *Janssen* in: MüKo-StGB, 2015, § 54 KWG Rn. 50.

[68] *Janssen* in: MüKo-StGB, 2015, § 54 KWG Rn. 50.

[69] BVerwG WM 2009, 1553 ff.

dessen sonstige physische Präsenz im Inland voraus. Erforderlich und ausreichend sei, dass wesentliche zum Vertragsschluss hinführende Schritte im Inland vorgenommen werden. Das kann sowohl durch im Inland tätige Dritte als auch mittels Telekommunikationsmedien geschehen. Verstöße haben hier strafrechtliche Konsequenzen § 54 Abs. 1 Nr. 1 KWG.

d) Unerlaubtes Betreiben von Bankgeschäften (§ 54 Abs. 1 Nr. 2 Alt. 1 KWG)
(1) Überblick
§ 54 Abs. 1 Nr. 2 Alt. 1 KWG sanktioniert klassisches „Verwaltungsunrecht". Die **793** Norm pönalisiert das Betreiben von Bankgeschäften ohne die erforderliche Erlaubnis. Zunächst verweist dazu § 54 Abs. 1 Nr. 22 KWG als Blankett auf § 32 Abs. 1 KWG, der wiederum auf § 1 Abs. 1 S. 2 Nrn. 1-12 KWG Bezug nimmt und so die einzelnen Kreditgeschäfte erfasst.

Voraussetzung ist stets, dass es sich um ein **Kreditinstitut** i.S.d. § 1 Abs. 1 S. 1 **794** KWG handelt. Als solche gelten Unternehmen, die Bankgeschäfte gewerbsmäßig oder in einem Umfang betreiben, der einen in kaufmännischer Weise eingerichteten Geschäftsbetrieb erfordert. Gewerbsmäßig werden die Bankgeschäfte betrieben, wenn der Betrieb auf eine gewisse Dauer angelegt ist und mit der Absicht der Gewinnerzielung verfolgt wird – wobei die bekannten gewerberechtliche Grundsätze gelten.[70]

Die einzelnen Bankgeschäfte unterscheiden sich in Praxisrelevanz und Erklä- **795** rungsbedürftigkeit erheblich. Gelistet sind in § 1 Abs. 1 S. 2 KWG u.a.:

* Einlagengeschäfte, d.h. die Annahme fremder Gelder als Einlagen oder anderer unbedingt rückzahlbarer Gelder des Publikums, sofern der Rückzahlungsanspruch nicht in Inhaber- oder Orderschuldverschreibungen verbrieft wird (Nr. 1),
* die Gewährung von Gelddarlehen und Akzeptkrediten, also das „klassische" Kreditgeschäft (Nr. 2),
* Finanzkommissionsgeschäfte, also die Anschaffung und die Veräußerung von Finanzinstrumenten im eigenen Namen für fremde Rechnung (Nr. 4),
* die Verwahrung und die Verwaltung von Wertpapieren für andere, mithin Depotgeschäfte (Nr. 5),
* Garantiegeschäfte, d.h. die Übernahme von Bürgschaften, Garantien und sonstigen Gewährleistungen für andere (Nr. 8).

(2) Ausgewählte Bankgeschäfte[71]
(a) Einlagengeschäfte, § 1 Abs. 1 S. 2 Nr. 1 KWG
Das Einlagengeschäft ist – wie gesagt – die laufende Annahme fremder Gelder von **796** Personen, die keine Kreditinstitute i.S.d. § 1 Abs. 1 S. 1 Nr. 1 KWG sind, aufgrund

---

[70] Siehe nur *Achenbach* NStZ 2003, 525.
[71] Erörterung aller Einzelfragen der Bankgeschäfte bei *Bock* in: Graf/Jäger/Wittig, Wirtschafts- und Steuerstrafrecht, 2017, § 54 KWG Rn. 30 ff. sowie *Schröder* in: Achenbach/Ransiek/Rönnau, Wirtschaftsstrafrecht, 2015, Kap. X 3 Rn. 29 ff.

typisierter Verträge als Darlehen oder zur unregelmäßigen Verwahrung (§ 700 BGB) ohne Bestellung banküblicher Sicherheiten[72] und ohne schriftliche Vereinbarung im Einzelfall.[73] Entscheidend ist also, dass Gelder angenommen werden, die rückzahlbar sind und aus dem Publikum stammen.[74]

Beispiel 70

T veröffentlicht Zeitungsinserate, in denen er damit wirbt, Kundengelder mit deutlich über dem Sparzins liegenden Konditionen zu verwahren. Er leistet seinen Kunden stets pünktlich Zinsen. §§ 263, 266 StGB scheiden daher aus; §§ 54 Abs. 1 Nr. 2 Alt. 1, 32 Abs. 1 S. 2 Nr. 1 KWG kommen dennoch in Betracht.

---

797 Problematischer gestaltet sich die Frage nach der Einlagengeschäftseigenschaft bei **hochspekulativen Anlagen**.

Beispiel 71[75]

N ist Rechtsanwalt und Notar. In dieser Eigenschaft fungiert er als notarieller Treuhänder von Geldern für Investmentprogramme, die sein Geschäftspartner D eingeworben hat. Dabei nutzt D formularmäßige Vertragsentwürfe. Für die eingeworbenen Kapitalanlagen, die jeweils mindestens 20.000 Euro betragen, stellt er eine hohe Rendite bis zum Zehnfachen der Einlage innerhalb von 10-16 Wochen in Aussicht. § 4 des verwendeten Mustervertrags sieht hinsichtlich der „Gewinnverteilung" vor, dass dem „Anleger" die Rendite, D aber der eingezahlte Betrag zustehen soll. Die Treuhandkonten werden dabei dergestalt geführt, dass auf den von D eröffneten Konten dem N – gemeinschaftlich mit D – eine Verfügungsbefugnis eingeräumt wird. N fließt für seine Tätigkeit eine Vergütung von insgesamt etwa 250.000 Euro zu.

Der BGH hatte sich hier vor dem Hintergrund einer Strafbarkeit nach § 54 Abs. 1 Nr. 2 KWG mit der Frage auseinanderzusetzen, ob es sich bei den Geschäften des D um Einlagengeschäfte handelt. Der zuständige Senat verneinte dies jedoch – entgegen der Auffassung der Vorinstanz. Gegen den Einlagencharakter spreche insbesondere die außergewöhnliche Höhe der in Aussicht gestellten Gewinne. Bei derartigen Geschäften hochspekulativen Charakters, an deren Gewinn und Verlust der Anleger beteiligt ist, gehe es i.d.R. um Investitionen, bei denen das volle unternehmerische Risiko einer später möglicherweise entstehenden Zahlungsunfähigkeit des Empfängers besteht. Der BGH sah solche

---

[72] OLG Zweibrücken ZIP 2012, 568; *Bock* in: Graf/Jäger/Wittig, Wirtschafts- und Steuerstrafrecht, 2017, § 54 KWG Rn. 31.

[73] BGH WM 1994, 900.

[74] *Schröder* in: Achenbach/Ransiek/Rönnau, Wirtschaftsstrafrecht, 2015, Kap. X 3 Rn. 35.

[75] BGH NStZ 2011, 410.

Geschäfte daher außerhalb des Schutzzwecks des § 54 Abs. 1 KWG. Das breite Publikum müsse hier nämlich gerade nicht in gleicher Weise vor dem Verlust einer etwaigen Einlage geschützt werden, wie dies bei Kunden ohne spekulative Intention der Fall ist.

(b) Finanzkommissionsgeschäft, § 1 Abs. 1 S. 2 Nr. 4 KWG

Der Begriff des Finanzkommissionsgeschäfts ersetzt den bisherigen Terminus des **797a** Effektengeschäfts. Das Finanzkommissionsgeschäft betrifft die Anschaffung und Veräußerung verschiedener Finanzinstrumente im eignen Namen für fremde Rechnung.[76] Zu weit und im Lichte des Art. 103 Abs. 2 GG zu unbestimmt bleibt dabei der Terminus des Finanzinstruments. § 1 Abs. 11 KWG enthält dazu jedoch eine brauchbare Legaldefinition; die Anforderungen des Bestimmtheitsgrundsatzes sind also noch gewahrt.

Diese gesetzliche Begriffsbestimmung zählt zu den Finanzinstrumenten so gut **798** wie **alle Wertpapiere, Geldmarktinstitute und Devisen.**[77] Dabei sind auch Derivate von der Vorschrift umfasst. § 1 Abs. 11 S. 3 KWG wiederum weitet jenen Derivatbegriff noch erheblich aus. Als Derivate gelten danach Kauf, Tausch oder anderweitig ausgestaltete Festgeschäfte bzw. Optionsgeschäfte, die zeitlich verzögert zu erfüllen sind und deren Wert sich unmittelbar oder mittelbar vom Preis oder Maß eines Basiswerts ableitet (Termingeschäfte). Darüber hinaus rechnet der BGH auch Anlagenmodelle mit Scheingewinnen zu den Finanzkommissionen i.S.d. § 1 Abs. 1 S. 2 Nr. 4 KWG.[78]

(c) Zentraler Kontrahent, § 1 Abs. 1 S. 2 Nr. 11 KWG

Auch die Tätigkeit zentraler Kontrahenten gilt gem. § 1 Abs. 1 S. 2 Nr. 11 KWG als **799** Bankgeschäft. Die zentrale Gegenpartei ist wiederum in § 1 Abs. 31 KWG legaldefiniert. Es handelt sich um ein Unternehmen i.S.d. Art. 2 Nr. 1 der EU-Verordnung über OTC-Derivate, zentrale Gegenparteien und Transaktionsregister.[79] Sie tritt in Handelsgeschäfte an einer Börse ein und wird sowohl für Käufer als auch Verkäufer zur Gegenpartei bei der Erfüllung und Abwicklung des Geschäfts.[80] Die hieraus resultierende Abwicklungssicherheit eines solchen „Clearingmodells" ist ein großer Vorteil und in Deutschland u.a. von der EUREX bekannt.[81]

> Die **EUREX** ist eine große Terminbörse für Finanzderivate mit Sitz in Eschborn. Sie wurde 1998 gegründet und ist heute die Plattform für über zwei Milliarden Kontrakte jährlich.

---

[76] VG Frankfurt ZIP 2004, 1259 ff.; *Janssen* in: MüKo-StGB, 2015, § 54 KWG Rn. 53; *Schröder* in: Achenbach/Ransiek/Rönnau, Wirtschaftsstrafrecht, 2015, Kap. X 3 Rn. 44.

[77] Vgl. *Schröder* in: Achenbach/Ransiek/Rönnau, Wirtschaftsstrafrecht, 2015, Kap. X 3 Rn. 44.

[78] BGH NJW 2012, 2196.

[79] VO (EU) Nr. 648/2012 vom 4.7.2012, ABl. L 201, S. 1.

[80] *Schröder* in: Achenbach/Ransiek/Rönnau, Wirtschaftsstrafrecht, 2015, Kap. X 3 Rn. 57.

[81] *Schröder* in: Achenbach/Ransiek/Rönnau, Wirtschaftsstrafrecht, 2015, Kap. X 3 Rn. 57.

e) Unerlaubtes Erbringen von Finanzdienstleistungen, § 54 Abs. 1 Nr. 2 Alt. 2 KWG

800   § 54 Abs. 1 Nr. 2 Alt. 2 KWG unterstellt auch den nicht-banklichen Bereich, den sog. „**grauen Kapitalmarkt**" der Kontrolle der BaFin.[82] Finanzdienstleistungsinstitute sind nach § 1 Abs. 1a S. 1 KWG Unternehmen, die Finanzdienstleistungen für andere gewerbsmäßig oder in einem Umfang erbringen, der einen in kaufmännischer Weise eingerichteten Geschäftsbetrieb erfordert, und die keine Kreditinstitute sind. Diese bedürfen der Erlaubnis.

801   Die **einzelnen Finanzdienstleistungen** werden in § 1 Abs. 1a S. 1 Nrn. 1-12, S. 3 und 4 KWG gelistet. Dazu gehören u.a.:

- Anlagevermittlung, also die Vermittlung von Geschäften über die Anschaffung und die Veräußerung von Finanzinstrumenten (Nr. 1),
- Anlageberatung, d.h. die Abgabe von persönlichen Empfehlungen an Kunden oder deren Vertreter, die sich auf Geschäfte mit bestimmten Finanzinstrumenten beziehen (Nr. 1a),
- Platzierungsgeschäfte, d.h. das Platzieren von Finanzinstrumenten ohne feste Übernahmeverpflichtung (Nr. 1c),
- Abschlussvermittlung, also die Anschaffung und die Veräußerung von Finanzinstrumenten in fremdem Namen für fremde Rechnung (Nr. 2),
- Finanzportfolioverwaltung (Nr. 3),
- Kaufen oder Verkaufen von Finanzinstrumenten für eigene Rechnung (Nr. 4 lit. d),
- Factoring, d.h. der laufende Ankauf von Forderungen auf der Grundlage von Rahmenverträgen mit oder ohne Rückgriff (Nr. 9),
- Anlageverwaltung (Nr. 11).

f) Verbotene Clearingdienstleistungen, § 54 Abs. 1a KWG

(1) Überblick und Definitionen

802   § 54 Abs. 1a KWG pönalisiert Clearingdienstleistungen, deren Abwicklung nach Art. 14 Abs. 1 der Verordnung über OTC-Derivate, zentrale Gegenparteien und Transaktionsregister[83] zulassungspflichtig ist, sofern der Täter keine wirksame Zulassung besitzt. **Ratio** der Vorschrift ist die **Sicherung des Europäischen Kreditaufsichtswesens** und die **Erhaltung der Funktionsfähigkeit des internationalen Finanzmarkts**.[84] Gleichwohl verbleibt die BaFin nach Art. 17 dieser Verordnung Zulassungsbehörde und ihre Genehmigung gilt in der gesamten Europäischen Union als wirksam.

803   Es handelt sich bei § 54 Abs. 1a KWG um eine **Teilblankettnorm**, die durch die o.g. unionsrechtliche VO ausgefüllt wird. Daher findet sich im deutschen Recht auch keine Definition von „Clearing", sondern lediglich eine Definition in

---

[82] *Schlette* JuS 2001, 1152; *Wegner* in: Schork/Groß, Bankstrafrecht, 2013, Rn. 649.

[83] Siehe Rn. 799, Fn. 79.

[84] *Janssen* in: MüKo-StGB, 2015, § 54 KWG Rn. 64.

der Verordnung selbst. Gem. deren Art. 2 Nr. 3 gilt als **Clearing** ein Prozess der Erstellung von Positionen, darunter die Berechnung von Nettoverbindlichkeiten und die Gewährleistung, dass zur Absicherung des aus diesen Positionen erwachsenen Risikos Finanzinstrumente, Bargeld oder beides zur Verfügung stehen. Auch die Frage der Clearingdienstleistung, also einer zentralen Gegenpartei bei Derivatengeschäften (central counterparty „CCP"),[85] wird dort mittelbar beantwortet. Nach Art. 2 Nr. 1 der Verordnung ist die CCP eine juristische Person, die zwischen die Gegenparteien der auf einem oder mehreren Märkten gehandelten Kontrakte tritt und dann als Käufer für jeden Verkäufer bzw. als Verkäufer für jeden Käufer fungiert.

(2) Tathandlung

Als Tathandlung kommen **sämtliche Ausformungen der Clearingdienstleistungen** in Betracht. Deshalb erfüllt jede singuläre Dienstleistung den Tatbestand. Es handelt sich damit um ein **Dauerdelikt** für den gesamten Zeitraum der fehlenden Zulassung.   **804**

g) Verwaltungsakzessorietät der Genehmigung nach § 32 KWG

Wie in anderen Fällen typischen Verwaltungsunrechts ist auch in den hier betrach-   **805**
teten Konstellationen die verwaltungsrechtliche Akzessorietät von besonderer Bedeutung. Wie schon mehrfach angesprochen, findet mit § 54 Abs. 1 Nr. 2 KWG nämlich die strafrechtliche Sanktionierung von „Verwaltungsungehorsam"[86] statt. Daher ist auch eine **streng formale Betrachtungsweise** hinsichtlich des Vorliegens einer Genehmigung nach § 32 Abs. 1 KWG anzulegen. Irrelevant bleibt dabei, ob das Geschäft in concreto genehmigungsfähig wäre oder die Erlaubnis im Nachhinein erteilt wird. Denn diese wirkt nur ex nunc und beseitigt daher nicht die Tatbestandsmäßigkeit.[87] Es gilt somit der Grundsatz strenger Verwaltungsakzessorietät.[88]

> Oftmals werden Unternehmen mit **Zweifelsfällen** konfrontiert. Hier empfiehlt sich eine Anfrage bei der BaFin, die mit Merkblättern auch häufige Konstellationen abzudecken versucht. Beispielhaft kann hier das Merkblatt der BaFin zur Erlaubnisbedürftigkeit sog. Family Offices genannt werden, die zum Teil erhebliche Vermögenswerte verwalten.[89]

Diese Verwaltungs(rechts)akzessorietät öffnet ein Einfallstor für die Ausstrah-   **806**
lungswirkung öffentlich-rechtlicher Teilentscheidung in das Strafrecht hinein. Ist die Genehmigung bspw. nach § 44 VwVfG **nichtig**, handelt der Täter eben

---

[85] Dazu sowie zur Entstehungsgeschichte *Janssen* in: MüKo-StGB, 2015, § 54 KWG Rn. 65.

[86] *Janssen* in: MüKo-StGB, 2015, § 54 KWG Rn. 75. Vgl. zur Verwaltungsrecht-Akzessorietät auch *Bock* in: Graf/Jäger/Wittig, Wirtschafts- und Steuerstrafrecht, 2017, § 54 KWG Rn. 62.

[87] *Janssen* in: MüKo-StGB, 2015, § 54 KWG Rn. 52; *Lindemann* in: Boos/Fischer/Schulte-Mattler, KWG, 2016, § 54 Rn. 6.

[88] Siehe dazu auch die Übergangsvorschriften der §§ 61 ff. KWG.

[89] Abrufbar auf der Website der BaFin unter https://www.bafin.de/SharedDocs/Veroeffentlichungen/DE/Merkblatt/mb_140514_familyoffices.html.

objektiv-tatbestandsmäßig ohne eine solche – wenngleich nicht selten die subjektive Tatseite fehlen dürfte.[90]

Beispiel 72

S ist Bankmanager. Da er dringend eine Genehmigung benötigt, sein Unternehmen, die Corrupti-Finanz-GmbH, diese aber bei redlichen Angaben nicht erhalten würde, fälscht er diverse Unterlagen und erschleicht sich so den notwendigen Bescheid der BaFin.

Der Inhalt der erteilten Genehmigung spiegelt hier nicht das wider, was Wertung und Zweck des KWG (Schutz der Funktionsfähigkeit des Finanzmarkts und Sicherung des staatlichen Kreditaufsichtswesens vor unlauter agierenden Instituten wie der Corrupti-Finanz-GmbH) entspricht. Gleichwohl entfällt die Strafbarkeit aufgrund der strengen Verwaltungsakzessorietät. Unter normativen Gesichtspunkten erscheint das nur schwer vertretbar. Deswegen soll hier nach zum Teil vertretener Ansicht § 54 Abs. 1 Nr. 2 KWG gleichwohl aus teleologischen Gesichtspunkten heraus eingreifen.[91] Dem steht allerdings entgegen, dass es im KWG eine mit Regelungen wie § 330d Nr. 5 StGB oder §§ 17 Abs. 6, 18 Abs. 9 AWG vergleichbare Vorschrift nicht gibt. Jene Normen stellen das Handeln ohne Genehmigung dem Handeln auf Grund einer durch Drohung, Bestechung oder Kollusion erwirkten bzw. durch unrichtige oder unvollständige Angaben erschlichenen Genehmigung gleich. Hätte der Gesetzgeber für dem KWG unterfallende Sachverhalte eine solche Ausweitung vorsehen wollen, so hätte er im Zuge der ständigen Modifikationen an diesem Regelwerk hierzu bereits hinreichend Gelegenheit gehabt. Die durch das deliktische Verhalten des S erlangte Genehmigung verliert damit grds. nicht ihre Schutzwirkung. Eine Ausdehnung auf Sachverhalte wie den vorliegenden widerspricht dem Analogieverbot.

---

807 Bei der **Rücknahme oder dem Widerruf** der Genehmigung, macht sich derjenige strafbar, der die Tätigkeit dennoch fortsetzt. Voraussetzung ist aber, dass etwaige Klage- oder Widerspruchsmöglichkeiten keinen Suspensiveffekt hatten.

3. Subjektiver Tatbestand und fahrlässige Begehung
a) Subjektiver Tatbestand
808 Für die Verwirklichung von § 54 Abs. 1 KWG und § 54 Abs. 1a KWG ist **bedingter Vorsatz** ausreichend.[92] Der Täter muss es also zumindest für möglich halten, dass

---

[90] *Redenius-Hövermann* in: Luz/Neus/Scharpf/Schneider/Weber, KWG, 2015, § 54 KWG Rn. 5.

[91] Siehe etwa *Wegner* in: Schork/Groß, Bankstrafrecht, 2013, Rn. 652.

[92] *Bock* in: Graf/Jäger/Wittig, Wirtschafts- und Steuerstrafrecht, 2017, § 54 KWG Rn. 81; *Häberle* in: Erbs/Kohlhaas, Strafrechtliche Nebengesetze, 2016, § 54 KWG Rn. 13; *Janssen* in: MüKo-StGB, 2015, § 54 KWG Rn. 79 f.; *Schröder* in: Achenbach/Ransiek/Rönnau, Wirtschaftsstrafrecht, 2015, Kap. X 3 Rn. 89; *Schwennicke* in: Schwennicke/Auerbach, KWG, 2016, § 54 Rn. 16.

Tatumstände vorliegen, die die Tätigkeit zu einem erlaubnispflichtigen Bank- oder Finanzdienstleistungsgeschäft werden lassen.[93]

Die üblichen Probleme bei der Einordnung des Irrtums ergeben sich bei der   **809**
Beantwortung der Frage, welche Auswirkungen das **Fehlen des Vorsatzes hinsichtlich der Erlaubnispflichtigkeit** hat.

Beispiel 73[94]

D betreibt eine erlaubnispflichtige Bank, ohne über die erforderliche Genehmigung der BaFin zu verfügen. Er ist der Meinung, keine Erlaubnis zu benötigen. Der „Normendschungel" des KWG lasse sich nicht mehr durchblicken und er habe keine Vorschrift gefunden, die sein Unternehmen erfasst. Zudem sei auch C, ein befreundeter Fachanwalt für Kapitalmarktrecht, von der Genehmigungsfreiheit ausgegangen.

Meint D, keine Genehmigung zu benötigen, weil er – obwohl er den Sachverhalt zutreffend erkennt – die einschlägige Verbotsnorm nicht richtig versteht bzw. sich über ihre Reichweite irrt, so handelt es sich um einen Verbotsirrtum, § 17 StGB. Lässt D jedoch sein Geschäftsmodell von einem Experten prüfen, der ebenfalls von der Zulässigkeit ausgeht, so kann der Irrtum ggf. unvermeidbar i.S.d. § 17 S. 1 StGB gewesen sein.

Für den Fall, dass der Täter jedoch bereits den **Sachverhalt falsch einordnet**   **810**
und auf Grund dessen die Genehmigungspflichtigkeit verkennt, gelangt diesbzgl. § 16 StGB zur Anwendung.[95] Da es sich beim Fehlen der erforderlichen Genehmigung um ein objektives Tatbestandsmerkmal handelt, erscheint dies konsequent. § 17 StGB kommt also nur zum Tragen, wenn der Täter in Kenntnis der objektiven Umstände einer wertungsmäßigen bzw. **rechtlichen Fehleinschätzung** unterliegt und daher über die Erlaubnispflichtigkeit des konkreten Geschäfts irrt.[96]

Nimmt der Täter irrig die **tatsächlichen Voraussetzungen eines Ausschlusstat-   811
bestands** für die Genehmigungspflichtigkeit an, so täuscht er sich über das nach § 32 KWG erlaubnispflichtige Betreiben von Geschäften als Tatsache.[97] Zu einem Erlaubnistatbestandsirrtum kann schließlich die Konstellation führen, dass der Täter irrigerweise vom Vorliegen der Erlaubnis ausgeht. Hier bleibt i.E. jedenfalls der Vorsatz analog § 16 S. 1 StGB ausgeschlossen.[98]

---

[93] BGH NJW-RR 2011, 349; *Schwennicke* in: Schwennicke/Auerbach, KWG, 2016, § 54 Rn. 16.
[94] Vgl. BGH wistra 2000, 257.
[95] So auch *Szesny* in: Böttger, Wirtschaftsstrafrecht in der Praxis, 2015, Kap. 6 Rn. 281. Vgl. zu dieser Abgrenzung zudem BGH NJW 1953, 1681. Zurückhaltender *Schröder* in: Achenbach/Ransiek/Rönnau, Wirtschaftsstrafrecht, 2015, Kap. X 3 Rn. 89, der eher zur Anwendung des § 17 StGB tendiert. Anders auch BGH NJW 2012, 3177, 3180. Siehe zum Problemkreis ferner *Bock* in: Graf/Jäger/Wittig, Wirtschafts- und Steuerstrafrecht, 2017, § 54 KWG Rn. 82 ff.
[96] *Schwennicke* in: Schwennicke/Auerbach, KWG, 2016, § 54 Rn. 17.
[97] *Janssen* in: MüKo-StGB, 2015, § 54 KWG Rn. 83.
[98] *Schwennicke* in: Schwennicke/Auerbach, KWG, 2016, § 54 Rn. 20.

C. Fehlerhaftes Risikomanagement, § 54a KWG

I. Entstehung der Norm und ihr Zweck

1. Entstehungsgeschichte der Regelung

812 Die Regulierung von Banken steht seit Jahren im Fokus nationaler, wie internationaler Politik. Diese Entwicklung erfasste auch das deutsche Strafrecht, das in der Bewältigung der sog. **Bankenkrise** in den Jahren 2007 bis 2009 nach Auffassung der bundesdeutschen Öffentlichkeit und Politik eine zu geringe Rolle gespielt hatte.[99] So beklagte die Bundesregierung, dass unzureichende Möglichkeiten bestehen, Leiter von Kreditinstituten, Finanzdienstleistungsinstituten und Versicherungsunternehmen strafrechtlich zur Verantwortung zu ziehen, falls das Institut bzw. das Versicherungsunternehmen durch Missmanagement in eine wirtschaftliche Schieflage geraten ist.[100] Aus diesem Grund entschied sich der deutsche Gesetzgeber für den Erlass des Gesetzes zur Abschirmung von Risiken und zur Planung der Sanierung und Abwicklung von Kreditinstituten und Finanzgruppen (sog. **Trennbankengesetz**).[101]

813 Den zentralen Baustein des Trennbankengesetzes bilden aus strafrechtlicher Perspektive die Einführung von § 54a KWG und – inhaltlich im Wesentlichen identisch für das Versicherungsaufsichtswesen – § 142 VAG. An diesen Vorschriften wurde von fast allen Seiten zum Teil massive, oft auch rechtspolitische Kritik geübt.[102] Es heißt, bei § 54a KWG handle es sich um einen „mit heißer Nadel gestrickte(n)"[103] Straftatbestand, um „symbolische Strafgesetzgebung"[104] und einen „legislativen Totalschaden".[105]

814 Wichtig für das Verständnis der Norm ist dabei, dass mit § 54a KWG letztlich Handlungspflichten durch das Strafrecht flankiert werden, die zuvor bereits den durch die BaFin statuierten Mindestanforderungen an das Risikomanagement

---

[99] So auch *Brand* ZVglRWiss 2014, 143; *Goeckenjan* wistra 2014, 201; *Hamm/Richter* WM 2013, 2013, 870; *Kasiske* ZRP 2011, 137 ff. Zu den Grenzen von Strafrecht in diesem Zusammenhang auch *Kubiciel* ZIS 2013, 54 ff., der insb. auch zur Übertragung angelsächsischer Lösungsansätze Stellung nimmt.

[100] BT-Drs. 17/12601, S. 2.

[101] BGBl. 2014/I, S. 3090 ff.; vgl. auch BT-Drs. 17/12601. Der Begriff „Trennbankengesetz" steht mit dem Straftatbestand in keinen Zusammenhang, sondern beruht auf der ebenfalls enthaltenen Regelung, dass das klassische Einlagengeschäft zum Schutz der Einleger vom Investmentbanking abgetrennt bleiben soll. Siehe dazu *Janssen* in: MüKo-StGB, 2015, § 54a KWG Rn. 1.

[102] Überblick über die zentralen Kritikpunkte bei *Schwennicke* in: Schwennicke/Auerbach, KWG, 2016, § 54 Rn. 2 ff.

[103] *Goeckenjan* wistra 2014, 206.

[104] *Hamm/Richter* WM 2013, 869.

[105] *Kasiske* ZIS 2013, 264 (grammatikalisch angepasst durch die Verf.). Krit. auch *Ahlbrecht* BKR 2014, 100 ff.; *Janssen* in: MüKo-StGB, 2015, § 54a KWG Rn. 4; *Schröder* WM 2014, 101.

(sog. **MaRisk**) entsprachen und nun in §§ 25c Abs. 4a, Abs. 4b S. 2 KWG geregelt sind.[106] Der Gesetzgeber hat damit gewissermaßen Binnenrecht der Verwaltung in den Gesetzesrang gehoben[107] und zugleich einen Verstoß dagegen strafbewehrt.

2. Normzweck und Deliktsnatur

Die aufgewühlte und kurze Entstehungsgeschichte schlägt sich unmittelbar in dem   **815** Streit um geschütztes Rechtsgut und konkreten Normzweck nieder. Der Gesetzentwurf der Bundesregierung spricht vom Schutz der Stabilität des Finanzsystems als Ganzem, der Sicherung der anvertrauten Vermögenswerte sowie der ordnungsgemäßen Geschäftsführung.[108] Der Wortlaut der Begründung lässt darauf schließen, dass jedenfalls die **Stabilität des Finanzsystems als Ganzes** geschützt werden soll. Ob der Schutzzweck auch die anderen beiden Aspekte erfasst, ist unklar und im Einzelnen umstr.[109] Der Gesetzgeber sieht in § 54a KWG jedenfalls ein **abstraktes Gefährdungsdelikt**.[110] Da der Tatbestand der Vorschrift eine Bestandsgefährdung, jedoch keine darauf beruhende Systemgefährdung verlangt, könnte diese Einschätzung zutreffen.[111] Allerdings stellt schon die Bestandsgefährdung – die nachweisbar eintreten muss – einen **konkreten Gefahrerfolg** dar,[112] so dass es sich diesbzgl. um ein konkretes Gefährdungsdelikt sowie insgesamt um ein Erfolgsdelikt handelt. Bei Einführung des Tatbestands erfolgte dabei gerade keine Beschränkung auf „systemrelevante" Institute, sondern auch kleinere Banken und Sparkassen wurden einbezogen.[113]

§ 54a Abs. 1 KWG und § 54a Abs. 2 KWG stellen richtigerweise **echte Unter-**   **816** **lassungsdelikte** dar. Die jeweils erforderlichen Maßnahmen zur Vermeidung einer Bestandsgefährdung müssen also unterlassen werden, um den Tatbestand zu erfüllen.[114]

---

[106] Siehe BT-Drs. 17/12601, S. 31; näher *Brand* ZVglRWiss 2014, 147.

[107] *Goeckenjan* wistra 2014, 202.

[108] BT-Drs. 17/12601, S. 44.

[109] Siehe dazu *Häberle* in: Erbs/Kohlhaas, Strafrechtliche Nebengesetze, 2016, § 54a KWG Rn. 1; *Janssen* in: MüKo-StGB, 2015, § 54a KWG Rn. 5; ohne Differenzierung *Goeckenjan* wistra 2014, 204.

[110] BT-Drs. 17/12601, S. 44.

[111] So auch *Goeckenjan* wistra 2014, 204; *Wastl* WM 2013, 1403; *Janssen* in: MüKo-StGB, 2015, § 54a KWG Rn. 5.

[112] Zutreffend *Goeckenjan* wistra 2014, 204; a.A. *Hamm/Richter* WM 2013, 868, die hier eine Kombination aus konkretem und abstraktem Gefährdungsdelikt sehen.

[113] Krit. dazu *Hamm/Richter* WM 2013, 868; *Janssen* in: MüKo-StGB, 2015, § 54a KWG Rn. 6; *Wegner* in: Schork/Groß, Bankstrafrecht, 2013, Rn. 669.

[114] *Goeckenjan* wistra 2014, 204; *Schwennicke* in: Schwennicke/Auerbach, KWG, 2016, § 54 Rn. 5; *Szesny* in: Böttger, Wirtschaftsstrafrecht in der Praxis, 2015, Kap. 6 Rn. 296; a.A. *Cichy/Cziupka/Wiersch* NZG 2013, 847; *Schork/Reichling* CCZ 2013, 270.

II. Tatbestand

1. Objektiver Tatbestand
a) Tauglicher Täter

817   Täter kann nur derjenige sein, der Geschäftsleiter eines Instituts i.S.d. § 1 Abs. 1b,
Abs. 2 KWG ist.[115] § 54a KWG verweist auf §§ 25c Abs. 4a, Abs. 4b KWG; der
Wortlaut „wer" ist insofern also nicht ganz unmissverständlich. Es handelt sich bei
§ 54a KWG um ein **Sonderdelikt**.[116]

818   Problematisch erscheint indes, ob sämtliche Geschäftsleiter eines Instituts für
die Pflichtverletzung auch dann einstehen müssen, wenn es interne Zuständigkeits-
verteilungen für die Geschäftsleitung gibt. Hier kommen die bekannten **Ressortgrundsätze** zum Tragen.[117]

Beispiel 74

J ist Finanzvorstand der D-Bank AG, F ist Vorstand für Recht und Personal.
F obliegt dabei die Einhaltung der Pflichten im Zuständigkeitsbereich der
Geschäftsleitung. F ignoriert bedingt vorsätzlich diverse Risikomanagement-
anforderungen. Staatsanwalt S eröffnet sowohl gegen F als auch J ein Ermittlungsverfahren wegen § 54a KWG. J verweist auf die interne Regelung, wonach
einem bestimmten Ressort – nämlich dem des F – diese Aufgabe zugewiesen
wurde.

Zum Teil wird vertreten, diese interne Verteilung erlange hier keine Bedeutung. Sämtliche Geschäftsleiter sollen daher für die Einrichtung des Risikoma-
nagement-Systems einzustehen haben.[118] Diese Ansicht stützt sich vornehmlich
auf AT 3 der MaRisk i.d.F. des BaFin-Rundschreibens 10/2012. Da es sich dabei
aber bloß um Verwaltungsvorschriften der BaFin handelt, erscheint eine unreflektierte Übernahme in die Interpretation des § 54a KWG nicht ganz unproblematisch.[119] Im Gesetz findet sich für die Sichtweise der BaFin nämlich keine Stütze.
Richtigerweise gilt daher der allgemeine Grundsatz, dass zwar öffentlich-rechtliche Vorgaben zunächst das Organ im Ganzen – hier: Vorstand der AG – treffen,
die persönliche (strafrechtliche) Verantwortung jedoch durch die Begründung
von Ressorts begrenzt werden kann.[120] J müsste also nur für das Versagen des
F einstehen, wenn ihn entsprechende Überwachungs- und Kontrollpflichten

---

[115] *Redenius-Hövermann* in: Luz/Neus/Scharpf/Schneider/Weber, KWG, 2015, § 54a KWG Rn. 2.

[116] *Bock* in: Graf/Jäger/Wittig, Wirtschafts- und Steuerstrafrecht, 2017, § 54a KWG Rn. 23; *Goe-
ckenjan* wistra 2014, 202; *Hamm/Richter* WM 2013, 868; *Janssen* in: MüKo-StGB, 2015, § 54a
KWG Rn. 10; *Schork/Reichling* CCZ 2013, 269; *Wegner* in: Schork/Groß, Bankstrafrecht, 2013,
Rn. 680.

[117] Rn. 80 ff.

[118] So etwa *Kasiske* ZIS 2013, 258.

[119] *Janssen* in: MüKo-StGB, 2015, § 54a KWG Rn. 12; *Schröder* WM 2014, 102.

[120] Zutreffend *Ahlbrecht* BKR 2014, 101; *Brand* ZVglRWiss 2014, 150; *Schröder*, WM 2014, 103;
i.E. wohl zustimmend auch *Janssen* in: MüKo-StGB, 2015, § 54a KWG Rn. 13.

hinsichtlich der Aufgabenerfüllung durch F getroffen hätten. Dabei ist eben auch der Vertrauensgrundsatz zu berücksichtigen.[121] Waren im vorliegenden Fall keine Anzeichen für die Entstehung solcher Überwachungs- und Kontrollpflichten vorhanden, so scheidet – da § 54a KWG auch keinen Fahrlässigkeitstatbestand enthält – eine Strafbarkeit nach dieser Vorschrift aus.[122]

b) Tathandlung

(1) Sorge tragen

Der Geschäftsleiter muss dafür **Sorge tragen**, dass ein Institut bzw. eine Gruppe   **819** i.S.d. § 25c Abs. 4a, Abs. 4b KWG über dort genannte **Strategien, Prozesse, Verfahren, Funktionen oder Konzepte** verfügt. Als Umschreibung der Tathandlung ist die Wendung „Sorge tragen" sicherlich völlig ungeeignet. Der Begriff entstand im Gesetzgebungsverfahren, wo man stattdessen ursprünglich ein „Sicherstellen" vorsah.[123] Gemeint ist letztlich nichts anderes als ein **Unterlassen der Ausfüllung dieser Pflichten**.[124]

(2) Bestandsgefährdung

Über jene Pflichtverletzung hinaus muss es zu einer **Bestandsgefährdung des Instituts**   **820** kommen. Der Begriff der Bestandsgefährdung wird in § 63 Abs. 1 SAG bzw. § 64 Abs. 1 S. 1 SAG legaldefiniert.[125] Keinesfalls herangezogen werden dürfen aufgrund der Unschuldsvermutung dabei jedoch die Vermutungsregelungen in § 63 Abs. 2 SAG.[126]

Notwendig ist außerdem ein **kausaler Zusammenhang** zwischen Sorgfalts-   **821** pflichtverletzung und Bestandsgefährdung („hierdurch").[127] Da es sich um ein Unterlassungsdelikt handelt, ist hier eine Quasi-Kausalität zu prüfen. Es bleibt also zu ermitteln, wie sich die wirtschaftlichen Verhältnisse des Instituts bei pflichtgemäßem Risikomanagement mit an Sicherheit grenzender Wahrscheinlichkeit entwickelt hätten.[128] Die Gewissheit, dass allein die Risikovorkehrungen die Bestandsgefährdung verhindert hätten, dürfte auf den hochkomplexen und mit vielfältigen Interdependenzen versehenen Finanzmärkten aber wohl allenfalls

---

[121] Siehe Rn. 81.

[122] Vgl. auch *Schröder* WM 2014, 103 zur Bedeutung dieses Problem gerade in Ansehung der fehlenden Fahrlässigkeitsstrafbarkeit.

[123] Siehe dazu BT-Drs. 17/13523, S. 37. Eingehende Analyse der Bedeutung dieser Änderung für die strafrechtliche Auslegung bei *Brand* ZVglRWiss 2014, 148 ff.

[124] So auch *Janssen* in: MüKo-StGB, 2015, § 54a KWG Rn. 15. Siehe aber *Bock* in: Graf/Jäger/ Wittig, Wirtschafts- und Steuerstrafrecht, 2017, § 54a KWG Rn. 11 („Begehungsdelikt").

[125] Insoweit überholt ist der Verweis auf § 48b Abs. 1 KWG; so aber noch bei *Redenius-Hövermann* in: Luz/Neus/Scharpf/Schneider/Weber, KWG, 2015, § 54a KWG Rn. 5 als auch *Janssen* in: MüKo-StGB, 2015, § 54a KWG Rn. 16.

[126] Satt aller *Schwennicke* in: Schwennicke/Auerbach, KWG, 2016, § 54a Rn. 15.

[127] *Ahlbrecht* BKR 2014, 103; *Cichy/Cziupka/Wiersch* NZG 2013, 851; *Redenius-Hövermann* in: Luz/Neus/Scharpf/Schneider/Weber, KWG, 2015, § 54a KWG Rn. 5.

[128] *Goeckenjan* wistra 2014, 204; *Kasiske* ZIS 2013, 262; *Schröder* WM 2014, 105.

theoretischer Natur bleiben.[129] Dieser Umstand gilt als einer der Gründe, aus denen § 54a KWG aller Voraussicht nach in der Praxis wohl allenfalls eine untergeordnete Rolle spielen dürfte.

c) § 54a Abs. 3 KWG

822 § 54a Abs. 3 KWG stellt die Strafbarkeit unter die Voraussetzung, dass im Einzelfall eine bestimmte **vollziehbare Anordnung** durch die BaFin getroffen worden sein muss. Durch die vom Täter begangene Zuwiderhandlung gegen diese Anordnung wird dann die Bestandsgefährdung herbeigeführt.

823 Welche dogmatische Rolle § 54a Abs. 3 KWG spielt, der – wiederum – recht spät im Gesetzgebungsverfahren eingefügt wurde, ist umstr. Der Gesetzgeber stuft § 54a Abs. 3 KWG als „Strafaufhebungsgrund" ein.[130] Diese Lesart mag in der Formulierung angedeutet sein, dass „die Tat" nur unter den Voraussetzungen des § 54a Abs. 3 KWG strafbar ist. Andere sprechen – in unterschiedlicher Deutlichkeit – von einem **Tatbestandmerkmal**[131] oder einer objektiven Bedingung der Strafbarkeit.[132] Die Einordnung als Strafausschließungsgrund ist insofern zweifelhaft, als hierdurch eine bereits begründete Strafbarkeit unter bestimmten Voraussetzungen wieder entfallen würde, was aber bei § 54a Abs. 3 KWG gerade nicht der Fall ist. Vielmehr ist die Anordnung der BaFin erst strafbarkeitskonstituierend. Bei näherer Betrachtung werden eher Ähnlichkeiten bspw. mit § 327 StGB erkennbar.[133] Insbesondere verlangt es die ratio legis, den Vorsatz auf die vollziehbare Anordnung der BaFin zu erstrecken. Die Funktion der einschränkenden Regelung in § 54a Abs. 3 KWG besteht nämlich gerade darin, für den Adressaten die Bestimmbarkeit des Normappells herbeizuführen.[134] Daher ist richtigerweise zu fordern, dass der Vorsatz des Geschäftsleiters auch die vollziehbare Anordnung der BaFin und den Verstoß gegen diese umfasst.[135] Es handelt sich dementsprechend um ein objektives Tatbestandsmerkmal.

2. Subjektiver Tatbestand

824 § 54a Abs. 1 KWG erfordert zumindest **bedingten Vorsatz** i.S.d. § 15 StGB.[136] Dieser muss sich nach hier vertretener Auffassung auf die Pflichtverletzung

---

[129] *Goeckenjan* wistra 2014, 204; *Kasiske* ZIS 2013, 262; *Schröder* WM 2014, 105.

[130] BT-Drs. 17/13539, S. 14.; zustimmend *Wastl* WM 2013, 1403; zu Recht krit. *Eggers* in: Szesny/Kuthe, Kapitalmarkt Compliance, 2014, Kap. 29 Rn. 55 ff.

[131] So etwa *Goeckenjan* wistra 2014, 205. Von einer „echten Voraussetzung der Strafbarkeit" spricht *Schröder* WM 2014, 104. *Häberle* in: Erbs/Kohlhaas, Strafrechtliche Nebengesetze, 2016, § 54a KWG Rn. 4 erkennt darin ein „strafbegründendes, ergänzendes Erfordernis".

[132] So etwa *Brand* ZVglRWiss 2014, 157; *Schork/Reichling* CCZ 2013, 270; *Szesny* in: Böttger, Wirtschaftsstrafrecht in der Praxis, 2015, Kap. 6, Rn. 303. Ähnlich *Cichy/Cziupka/Wiersch* NZG 2013, 848.

[133] *Goeckenjan* wistra 2014, 205.

[134] *Häberle* in: Erbs/Kohlhaas, Strafrechtliche Nebengesetze, 2016, § 54a KWG Rn. 4.

[135] *Ahlbrecht* BKR 2014, 99; *Goeckenjan* wistra 2014, 205; *Häberle* in: Erbs/Kohlhaas, Strafrechtliche Nebengesetze, 2016, § 54a KWG Rn. 4; wohl auch *Schröder* WM 2014, 104.

[136] Statt vieler *Janssen* in: MüKo-StGB, 2015, § 54a KWG Rn. 25.

(inklusive der in Bezug genommenen Voraussetzungen in §§ 25c Abs. 4a, Abs. 4b
S. 2 KWG), das Zuwiderhandeln gegen die von der BaFin erlassene vollziehbare
Anordnung sowie die hierdurch herbeigeführte Bestandsgefährdung beziehen.
§ 54a Abs. 2 KWG sieht eine **Vorsatz-Fahrlässigkeits-Kombination** (§ 11 Abs. 2
StGB) vor, sofern der Täter in Bezug auf die Gefahrenherbeiführung fahrlässig, im
übrigen jedoch mit Vorsatz handelt.[137]

3. Tatvollendung

Die Tat ist mit dem Eintritt des tatbestandlichen Erfolgs, d.h. der Bestandsgefähr-   **825**
dung, vollendet. Eine Versuchsstrafbarkeit sieht das Gesetz nicht vor. Für den Täter
kommt der Frage dieses Erfolgseintritts also ganz entscheidende Bedeutung zu.
Vollendung liegt demnach vor, wenn der Eintritt der Bestandsgefährdung eines Instituts, eines übergeordneten Unternehmens oder eines gruppenangehörigen Instituts
feststeht.[138]

> Feststellungen der BaFin zu dieser Bestandsgefährdung sind für Tatgerichte indes nicht
> verbindlich. Das Tatbestandsmerkmal der Bestandsgefährdung ist nämlich gerade kein
> verwaltungsakzessorisches. Das Gericht darf also nicht nur von den Feststellungen der
> BaFin abweichen, es muss sogar abweichen, wenn dies der richterlichen Überzeugung
> entspricht.[139]

III. Verhältnis zu § 266 StGB und § 283 StGB

Mit **§ 266 StGB** – der erheblich praxisrelevanter sein dürfte – kann aufgrund der   **826**
unterschiedlichen Schutzgüter Tateinheit bestehen. Die Untreue schützt das (Bank-)
Vermögen, § 54a KWG schützt gerade nicht das konkrete Institut.[140] Das Unterlassen der durch Anordnung verlangten Handlungen kann aber durchaus in einer
Verletzung der Vermögensbetreuungspflicht bestehen.[141] Bei der Prüfung von § 266
StGB ist dabei dann immer der „bankenrechtliche Normzusammenhang" zu berücksichtigen, d.h. es sind insbesondere die MaRisk heranzuziehen.[142] Die Möglichkeit
tateinheitlicher Verwirklichung von § 54a KWG und § 266 StGB hängt auch nicht
von der Systemrelevanz des Instituts ab; es gibt also keinen Vorrang der Untreue bei
nicht systemrelevanten Kreditinstituten.[143]

---

[137] Vgl. dazu BT-Drs. 17/12601, S. 44; siehe auch *Janssen* in: MüKo-StGB, 2015, § 54a KWG
Rn. 26.

[138] *Janssen* in: MüKo-StGB, 2015, § 54a KWG Rn. 28.

[139] *Janssen* in: MüKo-StGB, 2015, § 54a KWG Rn. 28.

[140] Vgl. oben Rn. 267 und 815. Wie hier auch *Goeckenjan* wistra 2014, 205.

[141] *Janssen* in: MüKo-StGB, 2015, § 54a KWG Rn. 37.

[142] Siehe Rn. 150 ff. Wie hier auch *Schröder* WM 2014, 106.

[143] So *Goeckenjan* wistra 2014, 205; *Häberle* in: Erbs/Kohlhaas, Strafrechtliche Nebengesetze,
2016, § 54a KWG Rn. 7; *Janssen* in: MüKo-StGB, 2015, § 54a KWG Rn. 37; a.A. *Wastl* WM
2013, 1405.

827   Auch § 283 StGB kann in bestimmten Situationen zu § 54a KWG in Tateinheit
       stehen. Bei bedingt vorsätzlichen Verstößen gegen die Risikomanagementpflichten
       insbesondere in kleineren, also nicht systemrelevanten Instituten, mag es bspw.
       nicht nur zu einer Bestandsgefährdung kommen, sondern ggf. zu einer Insolvenz.

D. Verletzung der Pflicht zur Anzeige der Zahlungsunfähigkeit oder der Überschuldung, § 55 KWG

I. Normzweck und Bedeutung der Norm

828   § 55 KWG sanktioniert Geschäftsleiterverhalten im Vorfeld eines Insolvenzantrags-
       verfahrens eines Instituts. Droht die Zahlungsunfähigkeit eines Instituts oder tritt
       Überschuldung ein, so sind die Geschäftsleiter gem. § 46b Abs. 1 S. 1 KWG unver-
       züglich zur Anzeige bei der BaFin gehalten. Die Geschäftsleiter sind – anders etwa
       als im Aktienrecht, §§ 92 Abs. 2, 401 Abs. 1 Nr. 2 AktG – nicht selbst zur Stellung
       des Antrags verpflichtet, sondern werden allein wegen des Anzeigepflichtverstoßes
       strafrechtlich sanktioniert. Hierin wird der Zweck der Norm ersichtlich: Sie dient
       der **Sicherstellung des Prüfungsverfahrens** für die Stellung eines Insolvenzan-
       trags durch die BaFin.[144] Es soll das Verwaltungsverfahren gesichert werden, was
       wiederum einen Individualschutz ausschließt.[145] § 55 KWG verdrängt damit die
       allgemeine Norm des § 15a InsO. Der Straftatbestand ist praktisch allerdings von
       eher geringer Bedeutung.

II. Tatbestand

1. Überblick und Täterschaft

829   § 55 KWG ist eine **Teilblankettnorm**, wobei auf § 46b S. 1 KWG und § 54b Abs. 3
       S. 1 KWG Bezug genommen wird. Dogmatisch stellt § 55 KWG mit der Anzeige-
       pflicht ein **echtes Unterlassungsdelikt** dar.[146]

830   Die Anzeigepflicht obliegt dem Inhaber bzw. Geschäftsleiter, den § 1 Abs. 2 S. 1
       KWG näher beschreibt. Täter können demnach nur Geschäftsleiter (bzw. die einzel-
       kaufmännischen Firmeninhaber) sein; es handelt sich also um ein **echtes Sonder-
       delikt**.[147] Damit scheiden etwa Aufsichtsratsmitglieder oder Beschäftigte als Täter
       aus. Für sie bleibt lediglich eine Teilnahme nach §§ 26, 27 StGB möglich.

---

[144] *Häberle* in: Erbs/Kohlhaas, Strafrechtliche Nebengesetze, 2016, § 55 KWG Rn. 1; *Janssen* in:
MüKo-StGB, 2015, § 55 KWG Rn. 4; *Lindemann* in: Boos/Fischer/Schulte-Mattler, KWG, 2016,
§ 55 Rn. 2 („Effektivität des auf ein mögliches Insolvenzverfahren hinwirkenden Verwaltungsverfahrens"); a.A. *Szagunn/Haug/Ergenzinger* KWG, 1997, § 55 Rn. 2.

[145] *Janssen* in: MüKo-StGB, 2015, § 55 KWG Rn. 6; *Lindemann* in: Boos/Fischer/Schulte-Mattler,
KWG, 2016, § 55 Rn. 2.

[146] *Bock* in: Graf/Jäger/Wittig, Wirtschafts- und Steuerstrafrecht, 2017, § 55 KWG Rn. 1; *Schröder*
in: Achenbach/Ransiek/Rönnau, Wirtschaftsstrafrecht, 2015, Kap. X 3 Rn. 108.

[147] *Lindemann* in: Boos/Fischer/Schulte-Mattler, KWG, 2016, § 55 Rn. 2.

2. Objektiver Tatbestand

a) Tathandlung

Die Tathandlung besteht in der **Nichtanzeige trotz Handlungspflicht**. § 46b S. 1 **831**
KWG spezifiziert diese Pflicht dann näher. Die Anzeige muss demnach unverzüglich erfolgen, nicht aber in einer bestimmten Form oder mit einem spezifischen Mindestinhalt abgegeben werden.

Beispiel 75

G ist durch eine glückliche Fügung in die Position des Geschäftsleiters eines kleineren Instituts gelangt, hat vom Investmentbanking aber eigentlich keine Ahnung. Durch einige Vorfälle in dem Unternehmen leicht verunsichert, jedoch ohne die Liquiditätslage im Detail zu überblicken, schreibt er der BaFin eine eMail, in der er die Anstalt bittet, diese möge prüfen, ob man nicht besser das Insolvenzverfahren über seine Bank eröffnen sollte. Die Anfrage des G soll nach zum Teil vertretener Auffassung zur Wahrung der statuierten Anzeigepflichten ausreichen.[148] Andere bestreiten dies mit Blick auf die Ausgestaltung der Tathandlung.[149]

b) Zahlungsunfähigkeit oder Überschuldung

Die objektiven Tatbestandsmerkmale der Zahlungsunfähigkeit oder Überschuldung **832**
könnten mit den **Legaldefinitionen der Insolvenzordnung** (Zahlungsunfähigkeit: § 17 Abs. 2 InsO, Überschuldung: § 19 Abs. 2 InsO) ausgefüllt werden. Die Frage der Akzessorietät ist hierbei allerdings umstr.[150] Richtigerweise bleibt aufgrund der anderenfalls drohenden Unstimmigkeiten – etwa im Hinblick auf die Beweislastregel in § 17 Abs. 2 InsO, die so natürlich nicht in das Strafrecht übertragbar wäre – eine (lediglich) „**funktionale Akzessorietät**" möglich.[151] Es erfolgt also nicht eine unbesehene Übertragung der Definitionen, sondern es ist den Spezifika des Kreditwesenrechts Rechnung zu tragen.

3. Subjektiver Tatbestand und fahrlässige Begehung

§ 55 KWG kann vorsätzlich oder fahrlässig (vgl. § 55 Abs. 2 KWG) verwirklicht **833**
werden. Für die vorsätzliche Begehung ist dabei **bedingter Vorsatz** ausreichend.[152] Es genügt also, wenn der Täter erkennt, dass die Anzeigepflichtvoraussetzungen möglicherweise gegeben sind, und er deren Verletzung billigend in Kauf nimmt.

---

[148] *Wegner* HRRS 2012, 72; *Janssen* in: MüKo-StGB, 2015, § 55 KWG Rn. 13.

[149] So *Häberle* in: Erbs/Kohlhaas, Strafrechtliche Nebengesetze, 2016, § 55 KWG Rn. 8.

[150] Siehe zum Streitstand *Janssen* in: MüKo-StGB, 2015, § 55 KWG Rn. 12.

[151] So zutreffend auch *Janssen* in: MüKo-StGB, 2015, § 55 KWG Rn. 12; ähnlich *Bock* in: Graf/ Jäger/Wittig, Wirtschafts- und Steuerstrafrecht, 2017, § 55 KWG Rn. 14 ff.

[152] *Janssen* in: MüKo-StGB, 2015, § 55 KWG Rn. 15; *Redenius-Hövermann* in: Luz/Neus/Scharpf/ Schneider/Weber, KWG, 2015, § 55 Rn. 3; *Schröder* in: Achenbach/Ransiek/Rönnau, Wirtschaftsstrafrecht, 2015, Kap. X 3 Rn. 112.

Dabei sind insbesondere die Grundsätze über die Aufteilung der Verantwortungs-
bereiche in der Geschäftsleitung zu berücksichtigen.[153]

E. Unbefugte Verwertung von Angaben über Millionenkredite, § 55a KWG

I. Normzweck und Bedeutung der Norm

834   § 55a KWG schützt **das Interesse der (voraussichtlichen) Kreditnehmer vor
der Ausnutzung von Geschäftsgeheimnissen**, die gem. § 14 KWG bei Millionen-
krediten zwischen den Banken über die Vermittlung der Deutschen Bundesbank
ausgetauscht werden.[154] Derlei Interessen sichert einerseits das Bankgeheimnis ab
(Rn. 23 ff.); andererseits statuiert § 14 Abs. 2 S. 10 KWG diesbzgl. ein explizites
Verbot. So dürfen bei einem anzeigepflichtigen Unternehmen beschäftigte Personen
Angaben, die dem Unternehmen nach § 14 Abs. 2 KWG mitgeteilt werden, weder
Dritten offenbaren noch diese selbst verwerten.

> Für **Mitarbeiter der Bundesbank** ist in derartigen Fällen immer auch an § 203 Abs. 2
> StGB sowie § 353b StGB zu denken.

835   Die Inhalte dieser Vorschrift sind einer breiteren juristischen Öffentlichkeit vor
allem durch den sog. **Kirch-Prozess** bekannt geworden. Der Fall illustriert die enge
Verzahnung von Strafrecht und Zivilrecht im Bankbereich und führt die ratio legis
der §§ 55a, 55b KWG vor Augen.[155]

> In Zusammenhang mit Kirch gab der ehemalige Vorstandsvorsitzende der Deutschen Bank
> AG, Rolf Breuer, dem Finanzsender Bloomberg ein Interview, in dem u.a. ein Zeitungsbe-
> richt aus der Financial Times zur Sprache kam. In diesem Bericht hieß es, Breuer habe mit
> dem Bundeskanzler über Kirch gesprochen. Breuer verweigerte zunächst Äußerungen zu
> diesem Umstand und verwies seinen Gesprächspartner mit der Frage an den Bundeskanzler.
> Im Hinblick auf den in Rede stehenden Kredit zeigte sich Breuer gelassen, da dieser lediglich
> im mittleren Bereich liege und zudem durch das Pfandrecht an Kirchs Aktien abgesichert sei.
> Interesse an einer weiteren Stützung Kirchs hätten seiner Auffassung nach allerdings ledig-
> lich Dritte. Am 8.4.2002 stellte die KirchMedia GmbH & Co. KGaA Insolvenzantrag und
> es folgte ein jahrelanger (in erster Linie zivilrechtlicher) Rechtsstreit, der auch den BGH
> beschäftigte, und an dessen Ende eine Zahlung an Kirchs Erben in Höhe von ca. 900 Millio-
> nen Euro ausstand. Der BGH[156] verneinte jedoch einen Schadensersatzanspruch nach § 823
> Abs. 2 BGB i.V.m. § 55a KWG auf Grund des Interviews. Eine unbefugte Verwertung von
> Angaben über Millionenkredite gem. § 55a KWG liege nur dann vor, wenn die von der Deut-
> schen Bundesbank übermittelten Informationen in einer durch § 14 KWG nicht gedeckten
> Weise für eigene oder für fremde wirtschaftliche Zwecke nutzbar gemacht werden. Dies
> setzt voraus, dass der Täter ein gewinnorientiertes Ziel verfolgt, was hier nicht der Fall war.

---

[153] Siehe dazu schon oben Rn. 80 ff.

[154] *Janssen* in: MüKo-StGB, 2015, § 55a KWG Rn. 4.

[155] Siehe dazu auch *Tiedemann* FS Kohlmann, 2003, S. 314 ff.

[156] Nach BGHZ 166, 84 ff.

II. Tatbestand

1. Verwertung von Angaben

Das Verwerten der Angaben gem. § 14 Abs. 2 S. 10 KWG hat Fälle im Blick, in   **836**
denen ein Kreditinstitut die Information, die es durch die Deutsche Bundesbank
über Millionenkredite eines bestimmten Kreditnehmers einer anderen Bank zur
Kenntnis erhält, nicht ausschließlich zu bankinternen Zwecken der Kreditgewährung oder der Verweigerung nutzt.[157] Diese tatbestandsmäßige Verwertung liegt
nur dann vor, wenn das Kreditinstitut eigennützig den **informativen Gehalt** der
Angaben außerhalb der bankinternen Kreditentscheidung **wirtschaftlich nutzbar**
macht.[158] Eine über den wirtschaftlichen Nutzen hinausgehende Entgeltlichkeit
oder ein unmittelbarer Vorteil sind dabei nicht erforderlich.[159]

2. Beschäftigte Personen

Als Täter kommen ausschließlich Personen in Betracht, die bei einem am Kredit-   **837**
meldeverfahren beteiligten Institut beschäftigt sind. Hierbei sind die tatsächlichen
Verhältnisse maßgeblich, so dass etwaige Fehler im Anstellungsvertrag irrelevant
bleiben. Umgekehrt spielen aber auch interne Geschäftsverteilungspläne und Res-
sortfragen keine Rolle, so dass i.E. selbst solche Personen Täter sein können, die
mit dem Meldeverfahren faktisch nicht befasst waren.

3. Innere Tatseite und Strafantrag

Für den subjektiven Tatbestand genügt **dolus eventualis**.[160] Aufgrund der ratio legis   **838**
konsequent erscheint schließlich das Strafantragserfordernis in § 55a Abs. 2 KWG.
Antragsberechtigt ist dasjenige Unternehmen durch seine Organe, dessen Daten an
die Deutsche Bundesbank weitergeleitet wurden.

F. Unbefugte Offenbarung von Angaben über Millionenkredite, § 55b KWG

§ 55b KWG steht in enger Verbindung mit § 55a KWG.[161] Die Strafbarkeit der   **839**
Offenbarung in § 55b KWG wurde regelungstechnisch von der Strafbarkeit der
Verwertung in § 55a KWG separiert. Dies widerspricht der sonst üblichen Syste-
matik der Normen zum Schutz von Geheimhaltungsinteressen, wie bspw. § 404

---

[157] *Janssen* in: MüKo-StGB, 2015, § 55a KWG Rn. 6.

[158] *Janssen* in: MüKo-StGB, 2015, § 55a KWG Rn. 8.

[159] *Redenius-Hövermann* in: Luz/Neus/Scharpf/Schneider/Weber, KWG, 2015, § 55a KWG Rn. 5;
zum Vorteil *Achenbach/Schröder* ZBB, 2005, 140.

[160] *Bock* in: Graf/Jäger/Wittig, Wirtschafts- und Steuerstrafrecht, 2017, § 55a KWG Rn. 22;
Häberle in: Erbs/Kohlhaas, Strafrechtliche Nebengesetze, 2016, § 55a KWG Rn. 5; *Janssen* in:
MüKo-StGB, 2015, § 55a KWG Rn. 10; *Redenius-Hövermann* in: Luz/Neus/Scharpf/Schneider/
Weber, KWG, 2015, § 55a KWG Rn. 6.

[161] Zu Konkurrenzfragen siehe *Redenius-Hövermann* in: Luz/Neus/Scharpf/Schneider/Weber,
KWG, 2015, § 55a KWG Rn. 9.

AktG.[162] Das im Tatbestand vorausgesetzte unbefugte Offenbaren von Angaben über Millionenkredite liegt vor, sobald eine in einem anzeigepflichtigen Unternehmen beschäftigte Person solche Angaben einem anderen in der Weise zugänglich macht, dass er die Möglichkeit hat, von ihnen Kenntnis zu nehmen.[163]

> Auch § 55b KWG spielte im oben dargestellten **Kirch-Fall** eine Rolle. Der BGH verneinte dessen Einschlägigkeit jedoch ebenfalls. Eine unbefugte Offenbarung gem. § 55b Abs. 1 KWG liegt nämlich – wie bereits gesagt – nur vor, wenn eine in einem anzeigepflichtigen Unternehmen beschäftigte Person solche Angaben einem anderen so zugänglich macht, dass dieser die Möglichkeit der Kenntnisnahme hat.[164] Rolf Breuer hatte sich in dem Interview aber weder zur Gesamtverschuldung der Kirch-Gruppe oder einer ihr angehörenden Gesellschaft noch zur Anzahl der kreditgewährenden Unternehmen geäußert. Der Gesamtbetrag der gewährten Kredite und die Anzahl der beteiligten Unternehmen ließen sich aus seinen Interviewäußerungen auch nicht mittelbar entnehmen oder erschließen. Die Aussage, der fragliche Kredit bewege sich relativ im mittleren Bereich, erlaubte nach Auffassung des BGH auch im Zusammenhang mit anderen Interviewäußerungen keinen Schluss auf die konkrete Gesamthöhe der der Kirch-Gruppe oder einer ihr angehörenden Gesellschaft gewährten Kredite bzw. gar auf die Anzahl der kreditgewährenden Unternehmen.[165]

840 Es genügen dementsprechend nicht beliebige Angaben über Millionenkredite, sondern es muss sich zumindest um **spezifizierte Angaben** über solche Kredite handeln.[166] Der BGH schränkt mit diesem engen Verständnis den Offenbarungsbegriff deutlich ein – was überrascht, weil bspw. die Parallelvorschrift des § 17 UWG nach wohl h.M. jede beliebige Bekanntgabeform umfasst, die die Ausnutzung des Geheimnisses in irgendeiner Form ermöglicht.

841 In subjektiver Hinsicht ist wiederum **dolus eventualis** ausreichend.[167]

G. Bußgeldvorschriften

I. § 56 KWG

1. Überblick über die Normstruktur

842 § 56 KWG normiert Sanktionen bei **Verwaltungsunrecht** und ist in der Praxis von ungleich größerer Bedeutung als die Straftatbestände des KWG.[168] Die Vorschrift ist

---

[162] So zutreffend auch *Janssen* in: MüKo-StGB, 2015, § 55b KWG Rn. 1.

[163] BGH NJW 2006, 838; *Lindemann* in: Boos/Fischer/Schulte-Mattler, KWG, 2016, § 55b Rn. 3; *Achenbach/Schröder* ZBB 2005, 140.

[164] BGH NJW 2006, 838; *Lindemann* in: Boos/Fischer/Schulte-Mattler, KWG, 2016, § 55b Rn. 3; *Achenbach/Schröder* ZBB 2005, 140.

[165] BGH NJW 2006, 838.

[166] *Janssen* in: MüKo-StGB, 2015, § 55b KWG Rn. 3 ff.

[167] *Janssen* in: MüKo-StGB, 2015, § 55b KWG Rn. 6; *Schröder* in: Achenbach/Ransiek/Rönnau, Wirtschaftsstrafrecht, 2015, Kap. X 3 Rn. 128.

[168] *Wegner* in: Schork/Groß, Bankstrafrecht, Rn. 712.

mit der dort aufgelisteten Fülle von Ordnungswidrigkeiten zudem bestes Beispiel dafür, wie detailliert das Bankaufsichtsrecht reguliert ist.[169] Aufgrund von Vielzahl und Diversität der in § 56 KWG geregelten Tatbestände erscheint es sinnvoll, sich mit einigen wenigen Besonderheiten vertraut zu machen, die für sämtliche Tatvarianten Geltung beanspruchen. Dabei ist im Grundsatz stets zwischen vorsätzlichen, leichtfertigen und (einfach) fahrlässigen Fehlverhaltensweisen in den einzelnen Absätzen zu differenzieren.

§ 56 KWG arbeitet dabei zum einen mit sog. **Binnenverweisungen**, d.h. die 843 Sanktionsnorm benennt das mit Geldbuße bedrohte Verhalten nicht explizit, sondern verweist auf andere Ge- oder Verbotstatbestände des KWG. Es wird aber auch auf nationale Normen außerhalb des KWG sowie **europäische Rechtsakte** (insbesondere in § 56 Abs. 4 und Abs. 5 KWG) verwiesen.[170]

Zu den einzelnen Ordnungswidrigkeitstatbeständen findet sich eine synoptische Darstellung im Anhang.

2. Beteiligung

Grundsätzlich kommt – wie bei Straftatbeständen auch – als Täter **jedermann** in 844 Frage, solange es sich nicht um ein Sonderdelikt handelt. Typisch im KWG ist dabei, dass Adressaten der Be- und Verbote die Kreditinstitute sind, d.h. es bedarf einer sog. **Merkmalsüberwälzung** gem. § 9 OWiG. Das Ordnungswidrigkeitenrecht ist indes durch den Einheitstäterbegriff gekennzeichnet, § 14 Abs. 1 S. 1 OWiG. Täter einer Pflichtverletzung kann daher jeder sein, der an der Erfüllung der Pflicht im normalen Geschäftsgang des Instituts hätte mitwirken können.[171]

3. Bußgeldrahmen

§ 56 KWG enthält die Möglichkeit der Verhängung von Geldbußen in ganz erheb- 845 licher Höhe. Der Bußgeldrahmen ist nach § 56 Abs. 4 KWG gestaffelt und sieht als höchstmöglichen Betrag **5 Millionen Euro**, als niedrigsten Betrag **100.000 Euro** vor. Gem. § 56 Abs. 7 KWG statuiert dazu, dass die Geldbuße den aus der Tat stammenden wirtschaftlichen Vorteil übersteigen soll und § 17 Abs. 4 OWiG dabei unberührt bleibt. Diese Vorschrift bildet wiederum das Gegenstück zum Verfall nach § 73 StGB.[172] Die wahre Schärfe dieser Sanktion wird deutlich, wenn man berücksichtigt, dass nach § 56 Abs. 7 S. 2 Nr. 1 KWG eine derartige Abschöpfung bis zu einem Betrag i.H.v. **10 Prozent des Jahresnettoumsatzes** – nicht des Gewinns! – möglich ist.

---

[169] Darstellungen bei *Wegner* in: Schork/Groß, Bankstrafrecht, 2013, Rn. 717 ff. und *Redenius-Hövermann* in: Luz/Neus/Scharpf/Schneider/Weber, KWG, 2015, § 56 KWG Rn. 5 ff.

[170] Kritisch dazu *Wegner* in: Beck/Samm/Kokemoor, KWG, 2016, § 56 KWG Rn. 34 ff.

[171] *Bock* in: Graf/Jäger/Wittig, Wirtschafts- und Steuerstrafrecht, 2017, § 56 KWG Rn. 9; *Knierim* in: Wabnitz/Janovsky, Handbuch des Wirtschafts- und Steuerstrafrechts, 2014, Kap. 10 Rn. 290; a.A. *Wegner* in: Schork/Groß, Bankstrafrecht, 2013, Rn. 713.

[172] *Schröder* in: Achenbach/Ransiek/Rönnau, Wirtschaftsstrafrecht, 2015, Kap. X 3 Rn. 137.

II. Geldbußen gegen Unternehmen, § 59 KWG

846   § 59 KWG erweitert den Anwendungsbereich von § 30 OWiG bei **Auslandsbe-**
zug auf Unternehmen aus Staaten des europäischen Wirtschaftsraums, die über eine
Zweigniederlassung oder im Wege des grenzüberschreitenden Dienstleistungsver-
kehrs im Inland tätig sind. § 30 OWiG knüpft hierbei an das Fehlverhalten einer
Leitungsperson i.S.d. § 30 Abs. 1 OWiG an.

847   Ansonsten gelten die **allgemeinen Grundsätze** zu § 30 OWiG.[173] Hiernach kann
gegen eine juristische Person oder eine Personenvereinigung eine Geldbuße festgesetzt werden, wenn jemand als vertretungsberechtigtes Organ (vgl. § 30 Abs. 1
OWiG) eines Unternehmens gehandelt und eine Straftat oder eine Ordnungswidrigkeit begangen hat, durch die Pflichten, die das Unternehmen treffen, verletzt worden
sind oder das Unternehmen bereichert worden ist bzw. bereichert werden sollte.[174]

Literatur

Achenbach, Hans: Aus der 2002/ 2003 veröffentlichen Rechtsprechung zum Wirtschaftsstrafrecht,
     NStZ 2003, S. 520-525.
Achenbach, Hans/Ransiek, Andreas/Rönnau, Thomas: Handbuch Wirtschaftsstrafrecht, 4. Aufl.,
     Heidelberg 2015.
Ahlbrecht, Heiko: Banken im strafrechtlichen Regulierungsfokus – Trennbankengesetz und
     Steuerhinterziehungsinstitute, BKR 2014, S. 98-105.
Auerbach, Dirk: Banken- und Wertpapieraufsicht, München 2015.
Bärlein, Michael/Pananis Panos/Rehmsmeier, Jörg: Spannungsverhältnis zwischen der Aussage-
     freiheit im Strafverfahren und den Mitwirkungspflichten im Verwaltungsverfahren, NJW 2002,
     S. 1825-1830.
Beck, Heinz/Samm, Carl-Theodor/Kokemoor, Axel: Kreditwesengesetz mit CRR, München 2016.
Boos, Karl-Heinz/Fischer, Reinfried/Schulte-Mattler, Hermann: Kreditwesengesetz, Kommentar
     zu KWG und Ausführungsvorschriften, 5. Aufl., München 2016.
Böttger, Marcus: Wirtschaftsstrafrecht in der Praxis, Münster 2011.
Brand, Christian: Konfliktherde des § 54a KWG, ZVglRWiss 2014, S. 142-165.
Cichy, Patrick/Cziupka, Johannes/Wiersch, René: Voraussetzungen der Strafbarkeit der Geschäfts-
     leiter von Kreditinstituten nach § 54a KWG n.F., NZG 2013, S. 846-852.
Derleder, Peter/Knops, Kai-Oliver/Bamberger, Heinz Georg: Handbuch zum deutschen und euro-
     päischen Bankrecht, 2. Auflage, Berlin 2009.
Erbs, Georg/Kohlhaas, Max: Strafrechtliche Nebengesetze, 208. Ergänzungslieferung München
     2016.
Graf, Jürgen Peter/Jäger, Markus/Wittig, Petra: Wirtschafts- und Steuerstrafrecht, 2. Aufl.
     München 2017.
Goeckenjan, Ingke: Die neuen Strafvorschriften nach dem sog. Trennbankengesetz (§ 54 KWG
     und § 142 VAG), wistra 2014, S. 201-206.
Hamm, Rainer/Richter, Thomas: Symbolisches und hypertrophes Strafrecht im Entwurf eines
     „Trennbankengesetzes", WM 2013, S. 865-870.

---

[173] Eingehend dazu Rn. 69 ff. Dazu auch *Tiedemann* Wirtschaftsstrafrecht AT, 2014, Rn. 368 ff.

[174] Vgl. dazu auch *Wegner* in: Schork/Groß, Bankstrafrecht, 2013, Rn. 1441 ff.

Hammen, Horst: KWG-rechtliche und EG-rechtliche Aspekte des Kreditgeschäfts in § 1 Abs 1 Satz 2 Nr 2 KWG, WM 1998, S. 741-748.

Hienzsch, André: Das Scheitern der Staatsanwaltschaften bei der Verfolgung von Börsenkriminalität – eine empirische Problemanalyse mit Lösungsvorschlägen am Beispiel des Insiderhandelsverbotes, HRRS 2006, S. 144-151.

Joecks, Wolfgang/Miebach, Klaus: Münchener Kommentar zum Strafgesetzbuch: StGB, Band 7: Nebenstrafrecht II, 2. Aufl., München 2015.

Kasiske, Peter: Bestandsgefährdung systemrelevanter Kreditinstitute als eigener Straftatbestand?, ZRP 2011, S. 137-140.

Kasiske, Peter: Das Kapitalmarktstrafrecht im Treibsand prinzipienorientierter Regulierung, ZIS 2013, S. 257-265.

Kempf, Eberhard/Lüderssen, Klaus/Volk, Klaus: Unternehmenskultur und Wirtschaftsstrafrecht, Berlin 2015.

Kleine-Cosack, Michael: Anmerkung zum Urteil des BVerwG vom 13.12.2011, Az. 8 C 24/10 – Zur Einschränkung der anwaltlichen Verschwiegenheitspflicht durch § 44c Abs. 1 S. 1 KWG, EWiR 2012, S. 325-326.

Kleinheisterkamp, Daniela: Kreditwesengesetz und Strafverfahren, Tübingen 2010.

Kräft, David: BVerwG: Einschränkung der anwaltlichen Verschwiegenheit durch § 44c I KWG, GWR 2012, S. 133.

Kubiciel, Michael: Die Finanzmarktkrise zwischen Wirtschaftsstrafrecht und politischem Strafrecht, ZIS 2013, S. 53-60.

Luz, Günther/Neus, Werner/Schaber, Matthias/Schneider, Peter/Wagner, Claus-Peter/Weber, Max: KWG und CRR, 3. Auflage, Stuttgart 2015.

Park, Tido: Kapitalmarktstrafrecht, 3. Aufl., Baden-Baden 2013.

Prost, Gerhard: Verbotene Geschäfte und strafbare Handlungen nach dem Kreditwesengesetz, NJW 1977, S. 227-230.

Schlette, Volker: Grundlinien des Kreditwirtschaftsrechts nach der 6 KWG-Novelle, JuS 2001, S. 1151-1155.

Schork, Alexander/Groß, Bernd: Bankstrafrecht, München 2013.

Schork, Alexander/Reichling, Tilman: Der strafrechtliche Schutz des Risikomanagements durch das sog. Trennbankengesetz, CCZ 2013, S. 269-271.

Schröder, Christian: Keine Strafbarkeitsrisiken für verantwortungsvoll handelne Geschäftsleiter nach § 54a KWG, WM 2014, S. 100-106.

Schwennicke, Andreas/Auerbach, Dirk: Kreditwesensgesetz, 3. Aufl., München 2016.

Schwintowski, Hans-Peter: Bankrecht, 4. Aufl., Köln 2014.

Szagun, Volkhard/Haug, Ulrich/Ergenzinger, Wilhelm: Gesetz über das Kreditwesen, Kommentar, 6. Aufl., Stuttgart 1997.

Szesny, André M.: Finanzmarktaufsicht und Strafprozess, Hamburg 2008.

Szesny, André/Kuthe, Thorsten: Kapitalmarkt Compliance, Heidelberg 2014.

Tiedemann, Klaus: Wirtschaftsstrafrecht, Einführung und allgemeiner Teil, 4. Aufl., München 2014.

Tiedemann, Klaus: Wirtschaftsstrafrecht, Besonderer Teil, 3. Aufl., München 2011.

Wastl, Ulrich: Trennbankengesetz, Strafrecht, verschärfte Sanktionen … oder einfach nur ein gesetzgeberisches Paradoxon?, WM 2013, S. 1401-1407.

Wegner, Carsten: Insolvenzstrafrechtliche Besonderheiten für Akteure auf dem Finanz- und Kapitalmarkt, HRRS 2012, S. 68-73.

Wabnitz, Heinz-Bernd/Janovsky, Thomas: Handbuch des Wirtschafts- und Steuerstrafrecht, 4. Aufl., München 2014.

Wessing, Jürgen/Hiéramente, Mayeul: Mitwirkungspflichten von Bankmitarbeitern nach §§ 44, 44c KWG und die Rolle des rechtlichen Beistands, ZWH 2014, S. 409-416.

Windthorst, Jan Erik/Bussian, Wolf: Europäische Bankenaufsicht und Legal Privilege, WM 2015, S. 2265-2271.

Kapitel 5: Geldwäsche, § 261 StGB

A. Grundlagen

I. Zusammenhang von Geldwäsche und Bankentätigkeit

1. Rechtstatsächlicher Kontext

Als Geldwäsche bezeichnet man im Allgemeinen ein Verhalten, das dazu dient **848** Gelder oder Vermögenswerte (insbesondere größere Bargeldbeträge), die aus bestimmten (Katalog-)Straftaten stammen, durch bewusstes Vertuschen ihrer Herkunft in den legalen Wirtschaftskreislauf einzuschleusen.[1] In das Gewand eines Straftatbestands kleidet dieses Verhalten in Deutschland § 261 StGB. Nach dieser Vorschrift macht sich u.a. strafbar, wer einen Gegenstand, der aus einer in der Norm genauer bezeichneten Tat herrührt, verbirgt, seine Herkunft verschleiert oder die Ermittlung seiner Herkunft, das Auffinden, den Verfall, die Einziehung oder die Sicherstellung eines solchen Gegenstands vereitelt oder gefährdet.

Die Geldwäsche ist damit ein sog. **Anschlussdelikt**,[2] welches als objektive Tat- **849** bestandsvoraussetzung verlangt, dass zuvor mindestens eine andere Straftat stattgefunden hat, auf der – rein tatsächlich betrachtet – das Geldwaschen (bzw. das Waschen der Vermögenswerte) aufbauen kann. Im Zentrum der relevanten Sachverhalte stehen letztendlich also immer zwei Delikte: die Vortat sowie die Geldwäsche selbst. In der Praxis gelingt das Vertuschen der Herkunft bemakelter Gegenstände am idealsten, wenn Vortat und Geldwäsche nicht offensichtlich zusammenhängen, also in möglichst großer räumlicher und gegebenenfalls auch zeitlicher Distanz zueinander stattfinden. Deswegen spielen sich beide Delikte oftmals nicht im selben Staat ab.

---

[1] Ähnlich auch *Wahl* in: Müller-Gugenberger, Wirtschaftsstrafrecht, 2015, § 51 Rn. 1.

[2] *Jahn/Ebner* Die Anschlussdelikte – Geldwäsche (§§ 261-262 StGB), JuS 2009, 597.

© Springer-Verlag GmbH Deutschland 2017
N. Nestler, *Bank- und Kapitalmarktstrafrecht*, Springer-Lehrbuch,
DOI 10.1007/978-3-662-53959-0_5

850 Geldwäsche verläuft häufig in **drei Phasen**:

- Zunächt geht es i.d.R. darum, vorhandenes illegal erlangtes Bargeld in Buchgeld umzuwandeln (**Placement Stage**).[3] Um nicht mit größeren Beträgen Aufsehen zu erregen, teilen die Täter die Bargeldmenge häufig in mehrere kleinere Beträge auf und zahlen diese einzeln ein. Dabei ist es üblich, das kontaminierte und aus der Vortat stammende Bargeld zusammen mit legal erwirtschafteten Geldern einzuzahlen. Nicht selten werden die Einzahlungen auch im Ausland vorgenommen.

  Eine übliche Strategie bildet dabei das sog. Hawala-Banking, bei dem über Platzierungsstationen in verschiedenen Staaten oder sogar unter Einschaltung von „Parabanken" das Entdeckungsrisiko minimiert werden soll.[4] Eine ähnliche Vorgehensweise stellt die Abwicklung der Einzahlung von kontaminiertem Bargeld bei Banken in Offshore-Finanzplätzen dar.[5]

- Im nächsten Schritt wird mit dem eingebrachten Geld eine Vielzahl von Transaktionen vorgenommen (**Layering Stage**). Dies soll die Rückverfolgung der sog. Papierspur erschweren. Die Überweisungen werden über Ländergrenzen hinweg und mit den unterschiedlichsten vermeintlichen Geschäftszwecken durchgeführt.[6]
- Schließlich werden die Gelder dem offiziellen Buchgeldkonto wieder zugeführt, wobei durch den zuvor erfolgten vielfachen Umschlag die illegale Herkunft nicht mehr bzw. nur noch unter größten Mühen zurückverfolgt werden kann (**Integration Stage**).[7] Die Gelder erscheinen damit als legal – sie sind „gewaschen".

851 Der **Zusammenhang zwischen Bankentätigkeit und Geldwäsche** liegt damit auf der Hand: Finanzinstitute stellen die Türschwelle zwischen Bargeld und Buchgeld bereit. Kontaminiertes Bargeld wird sich damit kaum ohne die Zwischenschaltung mindestens einer Bank in den legalen Wirtschaftskreislauf integrieren lassen.

852 **Geldwäschebekämpfung** verläuft in rechtlicher Hinsicht **zweigleisig**. Einerseits existiert der Straftatbestand des § 261 StGB, der mit seinem umfassenden Vortatenkatalog und den weit formulierten Tathandlungen die große Vielzahl der Sachverhalte erfasst. Andererseits normiert das Geldwäschegesetz (GwG) als Begleitgesetz umfassende Prüfungs-, Dokumentations- und Anzeigepflichten, die insbesondere auch Kreditinstitute und Finanzdienstleistungsinstitute treffen.

853 Seit dem Jahr 1994 steigt die **Zahl der Ermittlungsverfahren** wegen Geldwäsche kontinuierlich an. So stehen den 198 Ermittlungsverfahren aus dem Jahr 1994 im Jahr 2015 schon 9641 Verfahren gegenüber. Auch die **Zahl der Verurteilungen** bzw. aufgeklärten Fälle ist von 188 (1994) auf 8975 (2015) angestiegen.[8] Worauf

---

[3] *Wahl* in: Müller-Gugenberger, Wirtschaftsstrafrecht, 2015, § 51 Rn. 5.

[4] *Wahl* in: Müller-Gugenberger, Wirtschaftsstrafrecht, 2015, § 51 Rn. 6.

[5] *Ackermann* Geldwäscherei – Money Laundering, 1992, S. 17 ff., 57 ff.; *Carl/Klos* Regelungen zur Bekämpfung der Geldwäsche und ihre Anwendung in der Praxis, 2001, S. 41 ff., 45 f.; *Harnischmacher* Kriminalistik 2002, 655.

[6] *Wahl* in: Müller-Gugenberger, Wirtschaftsstrafrecht, 2015, § 51 Rn. 8.

[7] *Wahl* in: Müller-Gugenberger, Wirtschaftsstrafrecht, 2015, § 51 Rn. 9.

[8] Vgl. PKS 2015, Strft. Schl. 633 000, S. 97.

dieser Anstieg zurückzuführen ist steht damit natürlich noch nicht fest. Dies muss nicht notwendigerweise an den Modifikationen liegen, die der Gesetzgeber im Lauf der Zeit an dem Tatbestand des § 261 StGB vorgenommen hat. Es kann ebenso auf eine erhöhte Sensibilisierung für die Problematik oder – was die Zahl der Ermittlungsverfahren angeht mehr als wahrscheinlich – auf die Verstärkung der Meldepflichten nach dem GwG insbesondere für Banken zurückzuführen sein.

2. Internationale Rahmenbedingungen und Vorgaben für die Geldwäschebekämpfung

§ 261 StGB ebenso wie das GwG blicken auf eine bewegte Vergangenheit. Sie fußen dabei in ihren heutigen Fassungen ganz wesentlich auf internationalen Vorgaben für die Geldwäschebekämpfung.   **854**

Erster Anlass zur Schaffung eines Geldwäschetatbestands ergab sich aus dem Übereinkommen der Vereinten Nationen vom 20.12.1988 gegen den unerlaubten Verkehr mit Suchtstoffen und psychotropen Stoffen (Wiener Übereinkommen).[9] In dessen Art. 3 Abs. 1 lit. b und c [i] fand sich erstmalig eine Umschreibung derjenigen Sachverhalte, in denen eine Geldwäsche vorliegen sollte. Ähnliche Beschreibungen enhielten das Übereinkommen des Europarats über das Waschen, das Aufspüren, die Beschlagnahme und Einziehung der Erträge aus Straftaten (Europaratsübereinkommen) vom 8.11.1990[10] sowie die Richtlinie 91/308/EWG des Rates der Europäischen Gemeinschaft vom 10.6.1991 zur Verhinderung der Nutzung des Finanzsystems zum Zwecke der Geldwäsche (Erste Geldwäscherichtlinie).[11]   **855**

Während zunächst vor allem zwischen Betäubungsmitteldelikten und Geldwäsche ein enger Zusammenhang gesehen wurde, gab schon die zweite Geldwäscherichtlinie aus dem Jahr 2001[12] diese Beschränkung auf und erweiterte den Vortatenkatalog um zusätzliche Delikte. Der deutsche Gesetzgeber hatte diese Entwicklung bei der Formulierung des § 261 StGB indes bereits vorweggenommen und schon in die Erstfassung der Norm weitere mögliche Vortaten aufgenommen. Eine besondere Umsetzung der zweiten Geldwäscherichtlinie in Deutschland wurde daher nicht erforderlich. Der zweiten folgte eine dritte Geldwäscherichtlinie im Jahr 2005.[13] Im Zuge ihrer Umsetzung erfolgte in der Bundesrepublik Deutschland vor allem eine Neufassung des GwG.   **856**

Ziel der Bestrebung auf unionaler und völkerrechtlicher Ebene war eine **Angleichung des Schutzniveaus** im Hinblick auf die materiellrechtlichen Voraussetzungen der Strafbarkeit wegen Geldwäsche.[14] Während aber bspw. in Deutschland die Aktivitäten des Gesetzgebers nicht auf die internationalen Mindestvorgaben   **857**

---

[9] Ratifiziert durch Gesetz vom 22.7.1993, BGBl. 1993/II, S. 1136.

[10] Ratifiziert durch Gesetz vom 8.4.1998, BGBl. 1998/II, S. 519.

[11] RiL 91/308/EWG vom 10.6.1991, ABl. EG Nr. L 166, S. 77.

[12] RiL 2001/97/EG vom 28.12.2001, ABl. EG Nr. L 344, S. 76.

[13] RiL 2005/60/EG vom 26.10.2005, ABl. EU Nr. L 309, S. 15.

[14] *Neuheuser* in: MüKo-StGB, 2012, § 261 Rn. 26; *Hecker* FS Kreuzer, 2008, S. 220 ff.; *Gentzik* Die Europäisierung des deutschen und englischen Geldwäschestrafrechts, 2002, S. 254 ff.; *Stree/ Hecker* in: Schönke/Schröder, StGB, 2014, § 261 Rn. 1.

beschränkt blieben, entwickelten andere Staaten deutlich weniger Eifer bei der Umsetzung insbesondere der EU-Geldwäscherichtlinien. Einen einheitlichen Geldwäschetatbestand gibt es also auch innerhalb des Kreises der Mitgliedstaaten der Europäischen Union nicht.

3. Vorgaben für Geldwäschebekämpfung durch Kreditinstitute
a) Geldwäschegesetz: Allgemeine Grundlagen

858 Das Geldwäschegesetz bildet das wichtigste Begleitgesetz für die Geldwäschebekämpfung. Es nimmt einzelne Unternehmen, darunter u.a. auch Banken, in die Pflicht, **im Verdachtsfall Meldung** über bestimmte Geschäftsvorgänge zu machen. Dadurch wird das Erkennen strafrechtlich relevanter Geschehnisse in diesem Bereich sog. Kontrollkriminalität[15] für die Strafverfolgungsbehörden erleichtert. Dabei lassen sich grds. drei Kategorien von Pflichten unterscheiden: Identifizierungs- und Dokumentationspflichten (§§ 3 bis 8 GwG), Anzeigepflichten im Verdachtsfall (§§ 11, 14 GwG) und Organisationspflichten (§ 9 GwG).

b) Adressaten des Gesetzes

859 § 2 Abs. 1 GWG enthält einen Katalog mit Verpflichteten. Darunter finden sich Kreditinstitute (Nr. 1), Finanzdienstleistungsinstitute (Nr. 2) sowie Finanzunternehmen (Nr. 3). Gerade Banken sind ihrem primären Tätigkeitsfeld nach prädestiniert, von Dritten für die Zwecke der Geldwäsche benutzt zu werden.[16] Sie stehen daher bei den Verpflichteten an erster Stelle. Daneben nennt § 2 Abs. 1 GwG u.a. auch die im vorliegenden Kontext relevanten Kapitalverwaltungsgesellschaften (Nr. 6) sowie Dienstleister für Gesellschaften und Treuhandvermögen oder Treuhänder (Nr. 9).

c) Pflichten nach dem GwG
(1) Identifizierungs- und Dokumentationspflichten

860 Zu den Identifizierungs- und Dokumentationspflichten finden sich Regelungen in §§ 3 bis 8 GwG. Zweck dieser Vorschriften ist es sicherzustellen, dass Unterlagen existieren, aus denen sich die sog. **Papierspur** durch die Ermittlungsbehörden zurückverfolgen lässt.[17] § 15 Abs. 1, Abs. 2 GwG normiert daher auch eine Zweckbindung der so erstellten Unterlagen, die lediglich für Ermittlungen in Bezug auf die Geldwäsche oder ihre Vortaten gebraucht werden dürfen.

Ebenfalls erfasst sind allerdings steuerliche Ziele, was dem Gesetzeszweck widerspricht.

861 § 3 GwG verpflichtet die in § 2 Abs. 1 GwG genannten Unternehmen und Personen zunächst zur Einhaltung bestimmter **Sorgfaltsstandards**. Hierzu gehört, dass die nach dem Geldwäschegesetz Verpflichteten die Identität bestimmter Personen

---

[15] Die Initiative zur Verfahrenseinleitung geht hier nicht von den Geschädigten aus, vgl. *Schwind* Kriminologie, 2016, § 2 Rn. 18.

[16] *Wahl* in: Müller-Gugenberger, Wirtschaftsstrafrecht, 2015, § 51 Rn. 5.

[17] Vgl. zu dem Begriff *Schwind* Kriminologie, 2016, § 2 Rn. 18.

feststellen (§ 3 Abs. 1 Nr. 1 GwG). Zu diesem Zweck sind insbesondere Kopien der Ausweisdokumente anzufertigen, vgl. § 4 GwG. Zugleich muss sichergestellt werden, dass der Handelnde auf eigene Rechnung tätig wird. Agiert er für eine fremde Person, so ist deren Identität ebenfalls festzustellen. Diese Pflichten bestehen für alle Adressaten des Geldwäschegesetzes in den Fällen des § 3 Abs. 2 GwG, d.h. insbesondere sofern sie einen Betrag von mehr als 15.000 Euro entgegennehmen oder eine Transaktion in dieser Höhe durchführen (§ 3 Abs. 2 S. 1 Nr. 2 GwG). Nehmen Einzelpersonen mehrere Transaktionen in kürzeren Abständen vor, sind die Werte zusammenzurechnen. Übersteigt die Summe 15.000 Euro greift die Identifikationspflicht ebenfalls ein.

(2) Anzeigepflichten

Für die nach § 2 Abs. 1 GwG verpflichteten Institute bzw. die dort beschäftigten **862** Personen besteht gem. § 11 Abs. 1 S. 1 GwG die Pflicht, im Fall eines Geldwäscheverdachts anlässlich eines Transaktionsanliegens oder allgemein im Rahmen der Geschäftsbeziehung zu dem betreffenden Kunden, **Meldung an das BKA** sowie an die zuständige Strafverfolgungsbehörde zu machen. Die Vorschrift setzt ihrem Wortlaut nach voraus, dass Tatsachen darauf hindeuten, es handle sich bei den Vermögenswerten, die mit einer Transaktion oder Geschäftsbeziehung im Zusammenhang stehen, um den Gegenstand einer Geldwäsche gem. § 261 StGB. Für den vorliegenden Kontext bedeutsam ist dabei das herrschende Verständnis, Dauer bzw. Art der Geschäftsbeziehung i.S.d. § 11 Abs. 1 S. 1 GwG zu dem betreffenden Kunden bleibe für die Frage der Meldepflicht gänzlich unerheblich, sodass nahezu jeder Bankkunde betroffen sein kann.[18]

Im Hinblick auf den erforderlichen **Verdachtsgrad** wurde früher zum Teil[19]   **863** die Gleichsetzung mit dem strafprozessualen Anfangsverdacht gem. § 152 Abs. 2 StPO gefordert, während heute die ganz h.M.,[20] gestützt auf die Neufassung der Vorschrift,[21] bereits einen geringeren Verdachtsgrad genügen lässt. Durch die Ersetzung des Wortes Anzeige durch Meldung in der Überschrift sowie die Einführung des Terminus hindeuten gegenüber dem bisherigen Begriff feststellen sei geklärt, dass ein **strafprozessualer Anfangsverdachts gerade nicht erforderlich**

[18] *Häberle* in: Erbs/Kohlhaas, Strafrechtliche Nebengesetze, 2016, § 11 GwG Rn. 3; *Herzog/Achtelik* in: Herzog/Achtelik, GwG, 2014, § 11 Rn. 15; *Nestler* wistra 2015, 329; *Schnabl* in: Wabnitz/Janovsky, Wirtschafts- und Steuerstrafrecht, 2014, Kap. 6 Vorbem. Rn. 41.

[19] So noch *Fülbier* in: Fülbier/Aepfelbach/Langweg, GwG, 2006, § 11 Rn. 53; *Herzog/Christmann* WM 2003, 12; *Herzog* in: Herzog, GwG, 2010, § 11 Rn. 18; *Klugmann* NJW 2012, 643 f.

[20] *Teichmann/Achsnich* in: Herzog/Mülhausen, Geldwäschebekämpfung und Gewinnabschöpfung, 2006, § 31 Rn. 52 ff.; *Wahl* in: Müller-Gugenberger, Wirtschaftsstrafrecht, 2015, § 51 Rn. 62; *Richter* Anfangsverdacht für Geldwäsche, 2009, S. 203; *Henninger* in: Rönnau/Samson, Wirtschaftsstrafrecht, 2003, Fall 11 D. I.; *Werner* Bekämpfung der Geldwäsche in der Kreditwirtschaft, 1996, S. 141.

[21] Gesetz zur Optimierung der Geldwäscheprävention vom 22.12.2011, BGBl. 2011/I, S. 2959; dazu auch *Bentele/Schirmer* ZBB 2012, 310.

ist.[22] Der Gesetzgeber habe damit der sprachlich möglichen „Fehlinterpretation"[23] begegnen wollen, es handle sich bei den entsprechenden Mitteilungen um Strafanzeigen, was zu einer zu engen Auslegung der Verdachtsschwelle führte.[24] Der Meldepflichtige solle vielmehr einen Sachverhalt **nach allgemeinen Erfahrungen und dem vorhandenen beruflichen Erfahrungswissen** unter dem Blickwinkel seiner Ungewöhnlichkeit und Auffälligkeit im jeweiligen geschäftlichen Kontext[25] würdigen; falls eine Geldwäsche aufgrund dessen naheliegt, besteht eine Meldepflicht (auch unterhalb der Schwelle des Anfangsverdachts).[26] Meldungen „ins Blaue hinein" seien dabei jedoch nicht intendiert.[27]

864 Welche Tatsachen in concreto eine Verdachtsmeldung veranlassen können, verschließt sich einer generalisierenden Betrachtung. § 11 Abs. 1 S. 1 GwG fordert nicht, dass eine Strafbarkeit des Kunden gem. § 261 StGB bereits feststeht; es reichen vielmehr geringere Anforderungen bzw. wie soeben dargelegt der Verdachtsgrad einer niedrigeren Schwelle, um die Meldepflicht zu begründen. Der Verpflichtete (Mitarbeiter des Kredit- oder Finanzinstituts, § 2 Abs. 1 GwG) hat also gerade **keine rechtlich korrekte und umfassende Subsumtion** des Sachverhalts vorzunehmen.[28]

865 Als Umstände, die eine Verdachtsmeldung veranlassen können, kommen demnach bspw. schon etwaig vorhandene Informationen im Hinblick auf Besonderheiten in der Person des Kunden, dessen finanzielle und geschäftliche Verhältnisse oder die Herkunft seiner Vermögenswerte in Betracht.[29] Weitere Umstände, die eine Meldung auslösen, mögen vorliegen, wenn ein potentieller Kunde einem Verpflichteten zunächst die Durchführung einer Transaktion oder die Aufnahme einer Geschäftsbeziehung anträgt, dann aber ohne plausiblen oder erkennbaren Grund bzw. im Rahmen der Durchführung der Sorgfaltspflichten wieder davon Abstand nimmt[30]; es kann aber auch schon das Anfordern von

---

[22] BT-Drs. 17/6804, S. 35 f.; *Höche/Rößler* WM 2012, 1509; *Schnabl* in: Wabnitz/Janovsky, Wirtschafts- und Steuerstrafrecht, 2014, Kap. 6 Vorbem. Rn. 41; *Zentes/Glaab* BB 2011, 1479.

[23] *Häberle* in: Erbs/Kohlhaas, Strafrechtliche Nebengesetze, 2016, § 11 GwG Rn. 3; *Herzog/Achtelik* in: Herzog/Achtelik, GwG, 2014, § 11 Rn. 16.

[24] BR-Drs. 317/11, 48 („nunmehr unzweifelhaft keine Strafanzeige"); so auch *Häberle* in: Erbs/Kohlhaas, Strafrechtliche Nebengesetze, 2016, § 11 GwG Rn. 3.

[25] So BR-Drs. 317/11, 49.

[26] BT-Drs. 17/6804, S. 35 f.; *Häberle* in: Erbs/Kohlhaas, Strafrechtliche Nebengesetze, 2016, § 11 GwG Rn. 3; *Herzog/Achtelik* in: Herzog/Achtelik, GwG, 2014, § 11 Rn. 16; *Schnabl* in: Wabnitz/Janovsky, Wirtschafts- und Steuerstrafrecht, 2014, Kap. 6 Vorbem. Rn. 41; so auch das BaFin Rundschreiben 1/2014, Abschn. II.

[27] Nach BT-Drs. 17/6804, S. 36 sowie u.a. *Schnabl* in: Wabnitz/Janovsky, Wirtschafts- und Steuerstrafrecht, 2014, Kap. 6 Vorbem. Rn. 41 sogar „unzulässig".

[28] Vgl. BT-Drs. 17/6804, 35; *Herzog/Achtelik* in: Herzog/Achtelik, GwG, 2014, § 11 Rn. 19; Insbesondere braucht der Verpflichtete nicht zu subsumieren, ob es sich hierbei um eine gewerbs- oder bandenmäßig begangene Tat handelt. Nach allgemeiner Einschätzung soll dies einem Bankmitarbeiter ohnehin beinahe unmöglich sein; so auch *Fülbier* in: Fülbier/Aepfelbach/Langweg, GwG, 2006, § 11 Rn. 59.

[29] *Herzog/Achtelik* in: Herzog/Achtelik, GwG, 2014, § 11 Rn. 19.

[30] *Herzog/Achtelik* in: Herzog/Achtelik, GwG, 2014, § 11 Rn. 15.

Ertragsbescheinigungen (Erträgnisbescheinigungen[31]) über Konten und Depots vergangener Jahre[32] oder das Einholen entsprechender sonstiger Auskünfte ausreichen,[33] sofern dies nach allgemeinem Kenntnisstand und dem bei dem Verpflichteten vorhandenen beruflichen Erfahrungswissen unter dem Blickwinkel seiner Ungewöhnlichkeit und Auffälligkeit im jeweiligen geschäftlichen Kontext (nicht ausschließlich z.B. eine Steuerhinterziehung, sondern darüber hinaus) eine Geldwäsche nahelegt.[34]

(3) Organisationspflichten

§ 9 GwG normiert schließlich bestimmte Organisationspflichten bzw. verlangt in seinem Abs. 2 interne Sicherungsmaßnahmen zur Verhinderung von Geldwäsche. So muss gem. § 9 Abs. 2 Nr. 1 GwG ein der Geschäftsleitung unmittelbar nachgeordneter **Geldwäschebeauftragter** bestellt werden; er ist dann der Ansprechpartner für die Strafverfolgungsbehörden.   **866**

Die Verpflichteten müssen zudem nach § 9 Abs. 2 Nr. 2 GwG ein angemessenes **geschäfts- und kundenbezogenes Sicherungssystem** sowie entsprechende Kontrollen in die Betriebsabläufe implementieren, die der Verhinderung von Geldwäsche und Terrorismusfinanzierung dienen. Auch die Zuverlässigkeit der Beschäftigten muss durch geeignete und – dem Wortlaut des Gesetzes nach – risikoorientierte Maßnahmen geprüft werden, § 9 Abs. 2 Nr. 4 GwG.   **867**

B. § 261 StGB als zentraler Tatbestand

I. Allgemeines

1. Ziele der Vorschrift und geschütztes Rechtsgut

Unmittelbar intendiert § 261 StGB, den **legalen Finanz- und Wirtschaftskreislauf von kontaminierten Vermögenswerten freizuhalten** und illegal erwirtschaftete Gewinne – insbesondere solche der organisierten Kriminalität – aus diesem Kreislauf auszuschließen.[35] Geldwäschebekämpfung geht damit in mehrfacher Hinsicht Hand in Hand mit der **Bekämpfung organisierter Kriminalität**.[36]   **868**

---

[31] *Löwe-Krahl* PStR 2014, 238; *Rolletschke/Jope* StB 2014, 355.

[32] *Rolletschke/Jope* StB 2014, 355 („Mehrjahreszeitraum").

[33] Siehe die Fallkonstellationen bei *Löwe-Krahl* PStR 2014, 238.

[34] Vgl. *Häberle* in: Erbs/Kohlhaas, Strafrechtliche Nebengesetze, 2016, § 11 GwG Rn. 3; *Herzog/Achtelik* in: Herzog/Achtelik, GwG, 2014, § 11 Rn. 19; krit. zum Verständnis dieser Anforderungen in der Praxis der BaFin *Nestler* wistra 2015, 330.

[35] *Neuheuser* in: MüKo-StGB, 2012, § 261 Rn. 2; *Schmidt/Krause* in: LK-StGB, 2012, § 261 Rn. 2; *Stree/Hecker* in: Schönke/Schröder, StGB, 2014, § 261 Rn. 2.

[36] Vgl. *Neuheuser* in: MüKo-StGB, 2012, § 261 Rn. 2 mit Verweis auf Überblicke über die Erscheinungsformen bei *Krey/Dierlamm* JR 1992, 353 f. (zweistufiges Erklärungsmodell); *Vogt* in: Herzog/Mülhausen, Geldwäschebekämpfung und Gewinnabschöpfung, 2006, § 2 Rn. 1 ff.; *Wahl* in: Müller-Gugenberger, Wirtschaftsstrafrecht, 2015, § 51 Rn. 1 ff.; vgl. auch *Hetzer* wistra 1999, 126, 134; *Schmidt/Krause* in: LK-StGB, 2010, § 261 Rn. 2.

869   Damit verbunden sind auch Zielsetzungen, die die organisierte Kriminalität und ihre Auswirkungen (im Übrigen) betreffen. Bspw. soll mit § 261 StGB mittelbar – aber auch nur mittelbar – zugleich die Infiltration des legalen Wirtschaftskreislaufs durch Strukturen organisierter Kriminalität verhindert und deren Sogwirkung unterbunden werden.[37]

870   Das durch § 261 StGB **geschützte Rechtsgut** ist nicht leicht zu bestimmen. Die Rspr. hat sich zu den Schutzgütern bisher nicht eindeutig positioniert; selbst das BVerfG hat die Frage offen gelassen.[38] Nicht ganz klar ist auch, ob § 261 Abs. 1 und Abs. 2 StGB demselben Schutzziel dienen bzw. dasselbe Rechtsgut schützen. Denn § 261 StGB beinhaltet in seinen Abs. 1 und Abs. 2 unterschiedliche Tatbestände, die differierende Schutzgüter aufweisen (könnten).

871   Während der sog. **Verschleierungstatbestand** in § 261 Abs. 1 Var. 1 und 2 StGB manipulative, klandestine Verhaltensweisen und damit die typischen und zentralen Geldwäschehandlungen verhindern will, betreffen die **Vereitelungs- und Gefährdungstatbestände** in Abs. 1 Var. 3 ff. der Vorschrift Handlungen, die die Strafverfolgung beeinträchtigen, indem sie die Zurückverfolgung der „Papierspur" entweder vereiteln oder (konkret) gefährden.[39] In Abs. 2 Nrn. 1 und 2 der Norm findet sich schließlich ein **Isolierungstatbestand**, der Verschaffen, Verwahren oder Verwenden bemakelter Gegenstände erfasst, also Verhaltensweisen, die indirekt die Strafverfolgung tangieren (können). Alle Tatbestandsvarianten des § 261 StGB haben die **Tätigkeit der Strafverfolgungsbehörden** im Blick.[40] Es geht dabei in erster Linie um die Erhaltung der „Papierspur", d.h. der Möglichkeit, die Herkunft der bemakelten, kontaminierten Vermögenswerte zurückzuverfolgen und damit auf die Vortäter Zugriff zu nehmen.[41] Man könnte daher sagen, § 261 StGB schützt jedenfalls die **inländische Strafrechtspflege**.[42]

> Teilweise wird auch vertreten, § 261 StGB wolle verhindern, dass Verbrechensgewinne in den legalen Wirtschafts- und Finanzverkehr zurückgeführt werden.[43] Schutzgut sei demnach die **Volkswirtschaft** als solche, die vor einer „Korrumpierung der Finanzinstitute als Folge organisierter Waschvorgänge" geschützt werde.[44] Gegen diese Deutung wenden andere[45] jedoch ein, dass der Gesetzgeber den legalen Wirtschafts- und Finanzverkehr gerade nicht im Kontext der Schutzgutbestimmung nennt, sondern ihn nur zur Erklärung des (tatsächlichen) Ablaufs von Geldwäschevorgängen gebraucht.[46]

---

[37] *Stree/Hecker* in: Schönke/Schröder, StGB, 2014, § 261 Rn. 2.

[38] BVerfGE 110, 226, 251.

[39] *Neuheuser* in: MüKo-StGB, 2012, § 261 Rn. 6.

[40] *Neuheuser* in: MüKo-StGB, 2012, § 261 Rn. 7; ähnlich bereits *Barton* StV 1993, 159; *Bottke* wistra 1995, 123.

[41] Vgl. auch *Altenhain* in: NK-StGB, 2013, § 261 Rn. 8.

[42] Siehe *Jäger* Strafrecht BT, 2015, Rn. 415.

[43] *Lampe* JZ 1994, 125; ebenso *Findeisen* wistra 1997, 121; ähnlich *Bottke* wistra 1995, 124.

[44] So zitiert bei *Neuheuser* in: MüKo-StGB, 2012, § 261 Rn. 9 über *Lampe* JZ 1994, 125.

[45] *Neuheuser* in: MüKo-StGB, 2012, § 261 Rn. 9.

[46] BT-Drs. 12/989, S. 26 („Geldwäsche") sowie S. 27 („Herrühren"); BR-Drs. 219/91, S. 83 („Geldwäsche") sowie S. 87 („Herrühren").

Als weitere (selbstständige oder das Ermittlungsinteresse konkretisierende) Schutz- **872** richtungen werden im Schrifttum der Wirtschafts- und Finanzkreislauf,[47] der Schutz der Papierspur,[48] die Sicherung der Gewinnabschöpfung oder die staatlichen Verfall- und Einziehungsansprüche[49] genannt. Zumindest § 261 Abs. 2 StGB soll nach verbreiteter Ansicht zudem gleichzeitig genau dasjenige Interesse schützen, das durch die Vortat jeweils verletzt wurde.[50] Diese Zielsetzung ergibt sich aus den ursprünglichen Gesetzesmaterialien, in denen es zu Abs. 2 der Vorschrift heißt, es werde „davon auszugehen sein, daß Rechtsgut sowohl das durch die Vortat verletzte als auch die Rechtspflege" ist.[51]

2. Deliktsnatur

Der Geldwäschetatbestand ist insgesamt als **Allgemeindelikt** formuliert, der von **873** jedermann begangen werden kann. Die Deliktsnatur an sich muss indes für jede Tatvariante separat bestimmt werden.

> In diesem Zusammenhang heißt es oftmals pauschal, der Verschleierungstatbestand beinhalte ebenso wie der Isolierungstatbestand ein Tätigkeitsdelikt.[52] Demgegenüber stelle das Vereiteln ein Erfolgsdelikt dar, das Gefährden ein konkretes Gefährdungsdelikt.[53] Diese pauschale Aussage vermischt allerdings verschiedene Kategorien von Deliktstypen. Das wird deutlich, wenn man sich vor Augen hält, dass die Unterscheidung zwischen Erfolgs- und schlichten Tätigkeitsdelikten die naturalistisch verstandene[54] Beziehung zwischen Handlung und Handlungsobjekt betrifft,[55] während sich die Typologie von Verletzungs- und Gefährdungsdelikten an der Beziehung der Handlung zum Inhaber des geschützten Interesses orientiert.[56] Die abstrakte Gefahr bildet demnach nur das gesetzgeberische Motiv, jedoch kein notwendiges Tatbestandsmerkmal.[57]

---

[47] *Lampe* JZ 1994, 125; so auch *Findeisen* wistra 1997, 121; siehe ferner *Vogel* ZStW 1997, 351; ähnlich für § 261 Abs. 2 StGB *Bottke* wistra 1995, 124; krit. *C. Nestler* in: Herzog/Achtelik, GwG, 2014, § 261 StGB Rn. 25 („vage" und „konturlos").

[48] *Altenhain* in: NK-StGB, 2013, § 261 Rn. 8; *Stree/Hecker* in: Schönke/Schröder, StGB, 2014, § 261 Rn. 2; insb. für § 261 Abs. 2 StGB *Neuheuser* in: MüKo-StGB, 2012, § 261 Rn. 12.

[49] *Arzt* JZ 1993, 914; a.A. *Neuheuser* in: MüKo-StGB, 2012, § 261 Rn. 10 („rechtsgutsunabhängiger Schutzreflex").

[50] OLG Hamburg NJW 2000, 674; *C. Nestler* in: Herzog/Achtelik, GwG, 2014, § 261 StGB Rn. 27; *Hetzer* wistra 2000, 283; *Joecks* StGB, 2014, § 261 Rn. 1; *Krey/Dierlamm* JR 1992, 359; *Kühl/ Heger* StGB, 2014, § 261 Rn. 1; *Möhrenschlager* wistra 1992, 287; *Neuheuser* in: MüKo-StGB, 2012, § 261 Rn. 12; *Rengier* Strafrecht BT I, 2016, § 23 Rn. 4; *Stree/Hecker* in: Schönke/Schröder, StGB, 2014, § 261 Rn. 2; *Wessels/Hillenkamp* Strafrecht BT II, 2015, Rn. 894; a.A. *Otto* Strafrecht BT, 2005, § 96 Rn. 27; krit. *Altenhain* in: NK-StGB, 2013, § 261 Rn. 14 („Abs. 2 hat insoweit kein Schutzobjekt, sondern zielt auf eine Verstärkung der abschreckenden Wirkung der Vortatstraftatbestände.

[51] BT-Drs. 12/3533, S. 13.

[52] *Neuheuser* in: MüKo-StGB, 2012, § 261 Rn. 14.

[53] *Neuheuser* in: MüKo-StGB, 2012, § 261 Rn. 14.

[54] *Kuhlen* ZStW 1993, 713.

[55] *Jescheck/Weigend* Strafrecht AT, 1996, § 24 I. 2.

[56] *Hefendehl* Kollektive Rechtsgüter im Strafrecht, 2002, S. 152; *Kuhlen* ZStW 1993, 713; vgl. auch *Joecks* in: Joecks/Jäger/Randt, Steuerstrafrecht, 2015, § 370 AO Rn. 27.

[57] *Weber* in: Arzt/Weber/Heinrich/Hilgendorf, Strafrecht BT, 2015, S. 926.

874 In § 261 Abs. 1 S. 1 StGB bilden die Tatvarianten des Verbergens und des Verschleierns (Verschleierungstatbestand) nach h.M. Tätigkeitsdelikte, die keinen „Verschleierungserfolg" voraussetzen. Sie sind zudem abstrakte Gefährdungsdelikte, die bereits dann eingreifen, wenn es noch zu keiner echten Verletzung staatlicher Strafverfolgungstätigkeit oder auch nur zu ihrer konkreten Gefährdung gekommen ist. Die Tatvariante des Vereitelns beinhaltet ein Erfolgsdelikt, das einen „Vereitelungserfolg" verlangt, und zugleich ein Verletzungsdelikt, da es hier zu einer tatsächlichen Beeinträchtigung der Strafverfolgung kommt. Das Gefährden in § 261 Abs. 1 S. 1 StGB stellt ein Erfolgsdelikt und ein konkretes Gefährdungsdelikt dar.

> Diese Einschätzung in Bezug auf die Tatvariante des Gefährdens beruht auf der Erkenntnis, dass auch eine konkrete Gefährdung einen Taterfolg im technischen Sinne darstellen kann. Zwischen der Tathandlung des Täters und der konkreten Gefährdung der Ermittlung der Herkunft, des Auffindens usw. muss hierbei auch ein **kausaler Zusammenhang** bestehen.

875 § 261 Abs. 2 StGB normiert die Tatvarianten des Sichverschaffens, des Verwahrens sowie des Verwendens. Hierbei soll es sich in allen drei Varianten um bloße Tätigkeitsdelikte[58] und damit um abstrakte Gefährdungsdelikte in Bezug auf die geschützten Rechtsgüter (s.o.) handeln.

> Das zu belegen, erweist sich bspw. für das Sichverschaffen (§ 261 Abs. 2 Nr. 1 StGB) als mit der Begriffsbestimmung kaum vereinbar. Sichverschaffen wird definiert als die bewusste und gewollte Übernahme der Verfügungsgewalt über den Vermögenswert durch den Täter zu eigenen Zwecken im Wege des abgeleiteten Erwerbs und des einverständlichen Zusammenwirkens mit dem Vortäter.[59] Idealtypisch setzt sich die Tathandlung dabei in Anlehnung an die im Rahmen des Hehlereitatbestands (§ 259 Abs. 1 StGB) geltende Definition aus zwei Komponenten zusammen: Der Vorbesitzer überträgt dem Täter erstens die Verfügungsmöglichkeit über den Gegenstand und räumt ihm zweitens eine endgültige, selbstständige wirtschaftliche Verfügungsbefugnis und/oder -möglichkeit darüber ein.[60] Beispiele dafür bilden die Annahme bemakelten Geldes und dessen weitere Investition, die Vornahme einer Bareinzahlung von kontaminiertem Fremdgeld auf ein eigenes Konto oder sogar die schlichte Entgegennahme bemakelten Geldes als Honorar.[61]
>
> Sichverschaffen stellt somit eine Art Zueignungsakt dar – der aber eine Änderung der Gewahrsamsverhältnisse am Tatgegenstand bedeutet, worin man sehr wohl einen Außenwelterfolg sehen könnte.[62] Allerdings ist für die Abgrenzung der Tätigkeits- von den Erfolgsdelikten nicht allein das äußere Erscheinungsbild des Verhaltens maßgeblich; vielmehr kommt es darauf an, worin das Schwergewicht des Unwertvorwurfs gesehen werden muss.[63] Nur wenn der Vorwurf überwiegend auf dem Ergebnis liegt, handelt es sich um

---

[58] *Neuheuser* in: MüKo-StGB, 2012, § 261 Rn. 14.

[59] *Fischer* StGB, 2016, § 261 Rn. 24; *Stree/Hecker* in: Schönke/Schröder, StGB, 2014, § 261 Rn. 18.

[60] *Neuheuser* in: MüKo-StGB, 2012, § 261 Rn. 68 mit Verweis auf die Kommentierung von *Maier* in: MüKo-StGB, 2012, § 259 Rn. 76 ff.

[61] *Neuheuser* in: MüKo-StGB, 2012, § 261 Rn. 68.

[62] So werden z.B. auch Diebstahl und Unterschlagung relativ unstreitig als Erfolgsdelikte eingeordnet; vgl. *Kindhäuser* in: NK-StGB, 2013, § 242 Rn. 5; *Hohmann* in: MüKo-StGB, 2012, § 246 Rn. 3.

[63] *Rönnau* JuS 2010, 962.

ein Erfolgsdelikt.[64] Vorgeworfen wird beim Sichverschaffen aber gerade nicht die veränderte Gewahrsamslage oder die neu geschaffene Verfügungsmöglichkeit, sondern schon die dahin führenden Aktivitäten der Mitwirkenden.[65] Dies folgt u.a. daraus, dass das Sichverschaffen einen abgeleiteten Erwerb verlangt,[66] maßgeblich also der einvernehmliche Übertragungsvorgang ist, womit im Vordergrund des Verbots das Verhalten selbst steht. Demgegenüber erschöpft sich ein etwaiger sog. Erfolgsunwert in der Nichtbeseitigung der schon durch die Vortat eingetretenen Rechtsverletzung.[67] Diese Gewichtung legt dann tatsächlich die Einordnung als Tätigkeitsdelikt nahe.

II. Voraussetzungen des Tatbestands

1. Objektiver Tatbestand
a) Tatobjekt
Tatobjekt des § 261 StGB kann jeder Gegenstand sein, der aus einer in § 261 Abs. 1 S. 2 StGB bezeichneten Vortat herrührt.   **876**

(1) Gegenstand
Der Begriff des Gegenstands umfasst dabei nicht nur Geld als Zahlungsmittel, **877** sondern gleichermaßen jeden anderen denkbaren Vermögenswert. Hierzu gehören grds. sämtliche **unbeweglichen oder beweglichen Sachen oder Rechte**, wobei § 90 BGB zumindest ansatzweise Orientierung bietet.[68]

Im vorliegenden Kontext des Bank- und Kapitalmarktstrafrechts wird es gleich- **878** wohl in allererster Linie um **Geld als Zahlungsmittel** gehen. Hierbei kommt es für § 261 StGB nicht drauf an, ob es sich um **Bargeld oder Buchgeld** handelt.[69] Erfasst werden Gelder bzw. Geldwerte aller Art in inländischer oder ausländischer

---

[64] So ausdrücklich auch *Rönnau* JuS 2010, 962; ähnlich *von Heintschel-Heinegg* in: Lexikon des Strafrechts, 2016, Deliktstypen und ihre spezifischen Eigenheiten, Rn. 21.1.

[65] Bspw. sind strafbar bereits die Annahme fremder Gelder als Einlagen für Kreditinstitute, die Entgegennahme von bemakeltem Geld zur Investition oder die Einzahlung bemakelter Fremdgelder auf Anderkonten; vgl. BT-Drs. 12/3533, S. 13.

[66] *Neuheuser* in: MüKo-StGB, 2012, § 261 Rn. 68 mit Verweis auf die Kommentierung von *Maier* in: MüKo-StGB, 2012, § 259 Rn. 76.

[67] Die Einordnung als Tätigkeitsdelikt greift ungeachtet der im Rahmen des Hehlereitatbestands von der h.M. (*Altenhain* in: NK-StGB, 2013, § 259 Rn. 3; *Berz* Jura 1980, 57; *Eisele* Strafrecht BT II, 2015, Rn. 1135; *Fischer* StGB, 2016, § 259 Rn. 2; *Wessels/Hillenkamp* Strafrecht BT II, 2015, Rn. 823; *Jahn* in: SSW, 2014, § 259 Rn. 1; *Kühl/Heger* StGB, 2014, § 259 Rn. 1; *Rengier* Strafrecht BT I, 2016, § 22 Rn. 1; *Stree/Hecker* in: Schönke/Schröder, StGB, 2014, § 259 Rn. 1) vertretenen Perpetuierungstheorie. Danach erfolgt die Vermögensbeeinträchtigung durch die Aufrechterhaltung des durch die Vortat geschaffenen rechtswidrigen Vermögenszustandes durch einverständliches Zusammenwirken mit dem Vortäter. Demgegenüber stehen bei der Geldwäsche Interessen der Allgemeinheit im Vordergrund, was für die Hehlerei nur nach einer m.M. (*Maier* in: MüKo-StGB, 2012, § 259 Rn. 3) gelten soll.

[68] *Altenhain* in: NK-StGB, 2013, § 261 Rn. 26; *Neuheuser* in: MüKo-StGB, 2012, § 261 Rn. 29; *Ruhmannseder* in: BeckOK-StGB, 2016, § 261 Rn. 8.

[69] *Stree/Hecker* in: Schönke/Schröder, StGB, 2014, § 261 Rn. 4 (Bargeld oder Kontoguthaben); ähnlich *Kühl/Heger* StGB, 2014, § 261 Rn. 3.

Währung, gleichermaßen Wertpapiere, Forderungen, Edelmetalle, Edelsteine sowie Geldstücke oder Münzen etc.

(2) Vortat

879 § 261 Abs. 1 S. 2 StGB normiert einen umfassenden Vortatenkatalog. Besondere Relevanz im Kontext des Bank- und Kapitalmarktstrafrechts bzw. zumindest spezifischen Bezug zu dieser Materie besitzen dabei die in § 261 Abs. 1 S. 2 Nr. 4 lit. a StGB genannten Vergehen der § 152a StGB (Fälschung von Zahlungskartenschecks und Wechseln), § 263 StGB (Betrug), § 266 StGB (Untreue) sowie ggf. die Steuerhinterziehung, die in § 261 Abs. 1 S. 2 Nr. 4 lit. b StGB genannt wird. Da der Bezug der Geldwäsche zur Bankentätigkeit jedoch im Regelfall schon aus tatsächlichen Gründen stets gegeben sein wird, kommen in einzelnen der hier beleuchteten Konstellationen auch sämtliche anderen in § 261 Abs. 1 S. 2 StGB genannten Vortaten in Betracht.

880 § 261 Abs. 1, Abs. 2 StGB setzt in sämtlichen Varianten voraus, dass eine **tatbestandsmäßige und rechtswidrige Vortat** begangen worden ist. Ein schuldhaftes Verhalten des Vortäters ist hingegen nicht notwendig.[70] Auch muss die Vortat weder vollendet noch beendet gewesen sein; ein Versuch genügt.[71]

881 Dem Gesetzeswortlaut nach kommt es indes nicht darauf an, ob die Vortat durch einen Dritten oder gar **vom Täter der Geldwäsche selbst** begangen worden ist. Durch diese offene Formulierung stellt der Gesetzgeber sicher, dass eine Verurteilung wegen Geldwäsche auch dann erfolgen kann, wenn eine vollständige Aufklärung der Vortat und insbesondere die Ermittlung ihres Täters nicht möglich sind.[72] Die Regelung des § 261 Abs. 9 S. 2 StGB gewährleistet dabei, dass es zu keiner doppelten Bestrafung des Vortäters bzw. Geldwäschers kommt. Nach dieser Vorschrift wird wegen der Geldwäsche nicht bestraft, wer sich bereits wegen der Beteiligung an ihrer Vortat strafbar gemacht hat. Hat der Geldwäscher also zugleich als Täter oder Teilnehmer strafbar an der Vortat mitgewirkt, so unterbleibt eine Verurteilung nach § 261 StGB. Bei der Regelung des § 261 Abs. 9 S. 2 StGB handelt es sich um einen **Strafausschließungsgrund**[73], der weder die Tatbestandsmäßigkeit noch die Rechtswidrigkeit der Geldwäsche entfallen lässt, so dass eine Teilnahme an der Geldwäsche durch Dritte gleichwohl möglich bleibt.

(3) Herrühren
(a) Allgemeine Grundsätze

882 Der kontaminierte Gegenstand muss aus der Vortat herrühren. Dieser Begriff umschreibt die Beziehung zwischen Gegenstand und Katalogvortat, die eben nicht

---

[70] *Ruhmannseder* in: BeckOK-StGB, 2016, § 261 Rn. 9; *Stree/Hecker* in: Schönke/Schröder, StGB, 2014, § 261 Rn. 5.

[71] *Neuheuser* in: MüKo-StGB, 2012, § 261 Rn. 32.

[72] *Altenhain* in: NK-StGB, 2013, § 261 Rn. 33; *Ruhmannseder* in: BeckOK-StGB, 2016, § 261 Rn. 11; einschr. *Neuheuser* in: MüKo-StGB, 2012, § 261 Rn. 44, der zumindest konkrete Feststellungen zur Vortat fordert.

[73] *Kühl/Heger* StGB, 2014, § 261 Rn. 10.

unmittelbar zu sein braucht, sondern sich auch erst aus einer Kette von Verwertungshandlungen ergeben kann.[74]

Anders als bei der Hehlerei bleiben durch die weite Formulierung auch **Surro- 883 gate**, d.h. Ersatzgegenstände in den Anwendungsbereich des Straftatbestands einbezogen.[75] Nach einem weiten Begriffsverständnis sollen Gegenstände als bemakelt anzusehen sein, wenn sie sich bei wirtschaftlicher Betrachtungsweise i.S.e. Kausalzusammenhangs auf die Vortat zurückführen lassen.[76] Dies erscheint gerade mit Blick auf die Tätigkeit der Banken als äußerst relevant anzusehen. Ist nämlich das unmittelbar aus der Vortat stammende und von der Bank angenommene Bargeld als Ursprungsgegenstand kontaminiert, so setzt sich die Kontamination auch an dem anschließend transferierten Buchgeld weiter fort.

Geldwäschetauglich sind lediglich die sog. **producta sceleris**, also diejenigen 884 Gegenstände, die durch die Tat hervorgebracht wurden, sowie Gegenstände, die entweder für die Vortat oder aus der Vortat erlangt wurden (sog. **scelere quaesita**). Gegenstände, die lediglich zur Begehung der Vortat gebraucht wurden (instrumenta sceleris), unterfallen dem Tatbestand des § 261 StGB demgegenüber nicht.[77]

Problematisch im vorliegenden Kontext ist die Lesart der h.M., wonach auch 885 lediglich **mittelbar** aus der Vortat stammende Gegenstände in den Anwendungsbereich des § 261 StGB fallen. Dies betrifft etwa gezogene Nutzungen, darunter bspw. Zinsen oder Dividenden aus den aus der Vortat stammenden Vermögenswerten. Maßgeblich sei hierbei eine **wirtschaftliche Betrachtungsweise**.[78] Geldwäschetauglich bleibt dementsprechend alles, was unabhängig von etwaigen Wertveränderungen selbst infolge mehrerer Austausch- und Umwandlungsvorgänge wirtschaftlich an die Stelle des ursprünglichen Gegenstands getreten ist.[79]

(b) Vermischung von bemakelten und unbemakelten Vermögenswerten

Schwierigkeiten ergeben sich, wenn bemakelte Vermögenswerte mit unbemakel- 886 ten vermischt werden. Im vorliegenden Kontext erlangt das besondere Relevanz. Werden nämlich kontaminierte Beträge auf an sich makelfreie Konten eingezahlt, so stellt sich die Frage, ob durch diese Vermengung von Giralgeld auch die bislang „sauberen" Beträge kontaminiert werden.

Andere vertreten die Ansicht, es solle bei einer sog. **Teilkontamination** bleiben, 887 d.h. bemakelt ist lediglich ein prozentualer Anteil des Gesamtbetrags, der dem aus

---

[74] *Ruhmannseder* in: BeckOK-StGB, 2016, § 261 Rn. 15.

[75] *Altenhain* in: NK-StGB, 2013, § 261 Rn. 54 f.; *Ruhmannseder* in: BeckOK-StGB, 2016, § 261 Rn. 15.

[76] Vgl. BGHSt 53, 209; BGH NStZ-RR 2010, 111.

[77] *Altenhain* in: NK-StGB, 2013, § 261 Rn. 63; *Fahl* JZ 2009, 747 f.; *Jahn* in: SSW, StGB, 2014, § 261 Rn. 29; *Ruhmannseder* in: BeckOK-StGB, 2016, § 261 Rn. 16; *Schmidt/Krause* in: LK-StGB, 2012, § 261 Rn. 11; in diese Richtung auch *Leipold/Beukelmann* NJW-Spezial 2009, 281 f.; Rettenmeier NJW 2009, 1619; a.A. BGH NStZ 2009, 328; *Hoyer* in: SK-StGB, 2015, § 261 Rn. 11.

[78] *Altenhain* in: NK-StGB, 2013, § 261 Rn. 67.

[79] *C. Nestler* in: Herzog/Mülhausen, Geldwäschebekämpfung und Gewinnabschöpfung, 2006, § 17 Rn. 25; a.A. *Kühl/Heger* StGB, 2014, § 261 Rn. 5.

der Vortat stammenden Wert entspricht.[80] Wieder andere folgen der „Lehre von der Totalkontamination", dergemäß das Herrühren aus der Vortat nach der Vermischung bemakelter und makelfreier Vermögenswerte für den gesamten Vermögensgegenstand angenommen werden muss.[81] Dem entsprechend gilt bspw. der gesamte Saldo eines Kontos als kontaminiert, sobald darauf ein bemakelter Teilbetrag eingezahlt wird. Selbst an Surrogaten setzt sich die Kontamination fort. Welche Mindestquote für die Totalkontamination erreicht sein muss, ist umstritten. Die vorgeschlagenen Quoten liegen dabei zwischen 5 Prozent[82] und 50 Prozent[83].

(c) Ende der Bemakelung

888 An Surrogaten tritt **keine Dauerkontamination** ein. Die Bemakelung endet vielmehr, sobald es durch eine weitere Surrogation seinerseits durch ein neues Surrogat ersetzt wird.[84]

Beispiel 76[85]

M hat im Zusammenhang mit dem sog. Flow-Tex-Skandal mehrere Betrugsstraftaten banden- und gewerbsmäßig begangen. Über die in das Betrugskonzept eingebundene G-GmbH werden die durch diese Straftaten erlangten Beträge an F, die Ehefrau des M, überwiesen und dieser durch die B-Bank auf ihrem Girokonto gutgeschrieben. Die einfältige F hat keine Kenntnis von der Herkunft des Geldes; sie geht davon aus, es handle sich eben um das „Haushaltsgeld", das ihr als schwer schuftende Hausfrau von ihrem Mann zur Verfügung gestellt wird. F kauft sich von dem Geld ein Motorboot und eine Finca an der Costa del Sol in Spanien. Einen Teil des Geldes transferiert sie auf ihr Sparkonto. Einige Monate später wird M verhaftet. F dämmert allmählich, woher die Geldmittel stammen. Daher verkauft sie schnellstmöglich Haus und Motorboot an ihren nichtsahnenden Liebhaber L, um sie dem staatlichen Zugriff zu entziehen.

Das OLG Karlsruhe sah in dem Verhalten der F eine Geldwäsche, strafbar gem. § 261 Abs. 1 S. 2, Abs. 2 Nr. 2 StGB. Unter Verweis auf das Ziel der Vorschrift, inkriminierten Vermögenswerten ihre Verkehrsfähigkeit zu entziehen, führt der Senat in der Entscheidung aus, der Gesetzgeber habe sich bewusst dafür entschieden, auch solche Vermögensgegenstände in den Kreis geldwäschetauglicher Gegenstände einzubeziehen, die erst durch eine Verwertung des vom

---

[80] Vgl. *Ambos* JZ 2002, 71; *Hoyer* in: SK-StGB, 2015, § 261 Rn. 14; *Jahn/Ebner* JuS 2009, 599 f.

[81] BGH NJW 2015, 3254 f.; *Altenhain* in: NK-StGB, 2013, § 261 Rn. 76; vgl. zur Kritik *Krug* NZWiSt 2016, 159.

[82] *Barton* NStZ 1993, 163.

[83] *Salditt* StraFo 1992, 124.

[84] *Altenhain* in: NK-StGB, 2013, § 261 Rn. 79 ff.; *Gentzik* Die Europäisierung des deutschen und englischen Geldwäschestrafrechts, 2002, S. 116; *Leip/Hardtke* wistra 1997, 284; *Petropoulos* wistra 2007, 244; *Ruhmannseder* in: BeckOK-StGB, 2016, § 261 Rn. 20.

[85] OLG Karlsruhe NJW 2005, 767.

Vortäter ursprünglich Erlangten erworben werden und daher nur mittelbar aus der Vortat stammen. Dies werde erreicht über das Merkmal des Herrührens, das Ersatzgegenstände tatbestandlich erfasst, die bei wirtschaftlicher Betrachtungsweise als Ergebnis auch mehrfacher Austausch- und Umwandlungsprozesse an die Stelle des Ursprungsgegenstands getreten sind. Da feststehe, dass sowohl das Motorboot als auch das Hausgrundstück im Wesentlichen mit den bemakelten Geldern erworben wurden, handle es sich bei den betreffenden Vermögensgegenständen um taugliche Tatgegenstände i.S.d. § 261 StGB. Der zivilrechtlich wirksame Eigentums- oder Rechtserwerb hebe den Bemakelungszusammenhang nicht auf. Hätte nämlich ein wirksamer Erwerb den Wegfall der Bemakelung zur Folge, würden nur diejenigen Fälle von der Strafbarkeitseinschränkung in § 261 Abs. 6 StGB erfasst, in denen trotz Gutgläubigkeit des Erwerbers kein wirksamer Rechtserwerb erfolgt. Auch lasse sich nur durch ein solches Verständnis der Zweck des § 261 StGB erreichen, die Papierspur zu erhalten. Für die Geldwäschetauglichkeit eines Vermögensgegenstands sei es zudem unerheblich, ob sich der bemakelte Vermögensgegenstand noch in den Händen des Vortäters befindet oder diesem wirtschaftlich zusteht.

Ursprungsgegenstände und Surrogate seien dabei jeweils gleich zu behandeln, so dass auch einem (Zweit-)Surrogat für das (Erst-)Surrogat die Bemakelung anhaftet. Zwar wird zum Teil vertreten, die Tattauglichkeit von Surrogaten sei (anders als beim Ursprungsgegenstand) von der Zuordnung des Ersatzgegenstands zum Vermögen des Vortäters abhängig. Für diese Differenzierung sah das OLG Karlsruhe allerdings keinen Grund. Nach Auffassung des Senats gehören zu den tauglichen Tatgegenständen des § 261 StGB vielmehr auch Ersatzgegenstände, die aus Umwandlungsvorgängen hervorgegangen sind – selbst wenn in jene Vorgänge nur zum Teil inkriminierte Vermögenswerte Eingang gefunden haben. Voraussetzung sei indes, dass der bemakelte Anteil aus wirtschaftlicher Sicht nicht völlig unerheblich war. Wird also ein anteilig aus Vortaten herrührender Ersatzgegenstand aufgeteilt oder teilweise in ein neues Surrogat umgewandelt, rühren nach Auffassung der Rspr. sämtliche Teile oder Teilsurrogate ebenfalls mit demselben Anteil aus den Vortaten her. Sie sind damit ihrerseits geldwäschetauglich. Dieses Auslegungsergebnis entspreche dem Zweck des § 261 StGB, weil es die Gewinnabschöpfung sicherstelle und die Papierspur erhalte.

War die **Vortat ein Steuerdelikt**, so ist die in ihrer Reichweite hoch umstr.[86] **Son-** **889** **derregelung** des § 261 Abs. 1 S. 3 StGB zu beachten. Nach dieser Vorschrift bilden im Fall einer gewerbsmäßigen oder bandenmäßigen Steuerhinterziehung die durch diese Vortat ersparten Aufwendungen aus der Vortat herrührende und damit bemakelte Gegenstände.

---

[86] Vgl. *Altenhain* in: NK-StGB, 2013, § 261 Rn. 83; *Bittmann* wistra 2003, 161 (168); *Voß* Die Tatobjekte der Geldwäsche, 2006, S. 118 f.

b) Tathandlungen

(1) Verschleierungstatbestand, § 261 Abs. 1 S. 1 Var. 1 und 2 StGB

890 Als Tathandlungen des § 261 Abs. 1 S. 1 StGB nennt die Vorschrift das Verbergen bemakelter Gegenstände, das Verschleiern ihrer Herkunft sowie die Vereitelung der Ermittlung ihrer Herkunft oder ihres Auffindens. Charakteristisch für diese Verhaltensweisen ist ihre im Hinblick auf die Tätigkeit der Strafverfolgungsorgane manipulative Ausrichtung.

891 Als **Verbergen** gilt jede Tätigkeit, die mittels einer nicht üblichen örtlichen Unterbringung oder einer den Gegenstand verdeckenden Handlung den Zugang zu einem Tatobjekt erschwert.[87] Unter den Begriff des **Verschleiern**s lassen sich alle irreführenden Aktivitäten fassen, die darauf abzielen, einem Tatobjekt den Anschein einer anderen (legalen) Herkunft zu verleihen oder zumindest die wahre Herkunft zu verdecken.[88] Ein Verbergens- oder Verschleierungserfolg soll nicht erforderlich sein,[89] es handle sich also in beiden Fällen um Tätigkeitsdelikte.

892 Zu den Tathandlungen des Verschleierungstatbestands gehören auch Verhaltensweisen, die eng mit der Bankentätigkeit verbunden sind. So bildet die Vornahme von Geldüberweisungen in ausländische Staaten ein häufiges Beispiel für das Verbergen des bemakelten Gegenstands.[90] Falschbuchungen lassen sich demgegenüber unter das Verschleiern i.S.d. § 261 Abs. 1 S. 1 Var. 2 StGB subsumieren. Weitere Fallbeispiele sind eine Kontoführung unter falschem Namen[91] oder das Zur-Verfügung-Stellen eines Kontos für den Empfang inkriminierter Gelder[92].

Beispiel 77[93]

A hat von unbekannten Personen „Lösegeld" aus einem mit einer Personenentführung verbundenen Erpressungsdelikt in Höhe von 2.000.000 Euro in bar erhalten. Dabei lässt sich nicht feststellen, ob A seinerseits an jener Tat als Täter oder Teilnehmer mitgewirkt hat. Dieses Bargeld tauscht er bei seiner Hausbank H in 500 Euro-Scheine um. Das Instanzgericht sah es jedoch als erwiesen an, dass A erst nach Begehung der Ausgangstat durch einen ihm vertrauten Mittäter

---

[87] Vgl. *Dietmeier* in: Matt/Renzikowski, StGB, 2013, § 261 Rn. 15; *Jahn* in: SSW, StGB, 2014, § 261 Rn. 35; *Jahn/Ebner* JuS 2009, 597, 600; *Neuheuser* in: MüKo-StGB, 2012, § 261 Rn. 63; *Otto* wistra 1995, 323, 326; *Stree/Hecker* in: Schönke/Schröder, StGB, 2014, § 261 Rn. 14.

[88] *Ruhmannseder* in: BeckOK-StGB, 2016, § 261 Rn. 24.

[89] *Neuheuser* in: MüKo-StGB, 2012, § 261 Rn. 64; a.A. und zutreffend für die Variante des Verbergens *Altenhain* in: NK-StGB, 2013, § 261 Rn. 100; *Hoyer* in: SK-StGB, 2015, § 261 Rn. 16; *Jahn* in: SSW, StGB, 2014, § 261 Rn. 36.

[90] *Neuheuser* in: MüKo-StGB, 2012, § 261 Rn. 63; *Ruhmannseder* in: BeckOK-StGB, 2016, § 261 Rn. 24.1.

[91] *Jahn/Ebner* JuS 2009, 600.

[92] AG Essen wistra 1995, 31; *Neuheuser* in: MüKo-StGB, 2012, § 261 Rn. 64.

[93] BGH NStZ 1995, 500.

über die Entführung und die erfolgreiche Lösegelderpressung informiert wurde und sich daraufhin bereit erklärte, den Geldwechsel durchzuführen.

Das Verhalten des A erfüllt nach Auffassung des BGH den Tatbestand des § 261 Abs. 1 S. 1 StGB. Dies scheitere auch nicht daran, dass A möglicherweise als Täter oder Teilnehmer an den Erpressungsvorgängen beteiligt war. Maßgeblich sei allein, dass durch den Geldwechsel die inkriminierten Vermögenswerte in den legalen Wirtschaftskreislauf eingeschleust werden sollten.

(2) Vereitelungs- und Gefährdungstatbestand, § 261 Abs. 1 S. 1 Var. 3 ff. StGB

Kennzeichen des Vereitelungs- bzw. Gefährdungstatbestands ist, dass es zu einer **893** reellen **Beeinträchtigung der Strafverfolgungstätigkeit** kommt. Während der Schwerpunkt des Unwertvorwurfs im Fall des Verschleierungstatbestands auf dem manipulativen Charakter des Verhaltens als solchem liegt, knüpft § 261 Abs. 1 S. 1 Var. 3 ff. StGB den Vorwurf an die Auswirkungen des Verhaltens. Es handelt sich dementsprechend um Erfolgsdelikte – im Fall des Vereitelns in Gestalt eines Verletzungsdelikts, im Fall des Gefährdens in Gestalt eines konkreten Gefährdungsdelikts.

Als **Vereitelung**shandlung gilt jedes Verhalten, das eine Besserstellung des **894** Vortäters gegenüber den Strafverfolgungsbehörden bewirkt.[94] Der Erfolg liegt somit in der Beeinträchtigung der Strafverfolgung. Umstritten ist dabei allerdings, wie intensiv diese Beeinträchtigung ausfallen muss. Teilweise wird vertreten, es genüge bereits eine nicht ganz unerhebliche Verzögerung der Tataufdeckung.[95] Richtigerweise ist eine Ausdehnung der Vereitelungsvariante auf diese Fälle nicht erforderlich; die Gefährdungsvariante ist hier als spezieller einschlägig.

Beispiel 78[96]

Z transferiert von Deutschland aus Gelder von einem spanischen Konto auf ein Konto bei einer Bank auf den Fiji-Inseln. Damit will er verhindern, dass diese Gelder von den deutschen Strafverfolgungsbehörden sichergestellt werden.

Das OLG Bamberg sah den Tatbestand des § 261 Abs. 1 S. 1 StGB als erfüllt an. Zwar werde in der Lit. teilweise vertreten, es müsse eine unmittelbare Zugriffsmöglichkeit gerade der inländischen Strafverfolgungsbehörden gegeben sein. Dies sei gerade nicht der Fall, wenn sich Vermögen im Ausland befinde, weil es dort erst noch der Einschaltung der Rechtshilfe bedürfe. Diese Argumentation sei jedoch unter keinem Gesichtspunkt haltbar, sondern laufe dem Zwek des § 261 StGB diametral zuwider. Die Sicherstellung zum Zweck

---

[94] *Ruhmannseder* in: BeckOK-StGB, 2016, § 261 Rn. 26.
[95] *C. Nestler* in: Herzog/Mülhausen, Geldwäschebekämpfung und Gewinnabschöpfung, 2006, § 17 Rn. 36; *Müther* Jura 2001, 324; a.A. (zumindest teilweise Verhinderung der Ermittlungen erforderlich): *Altenhain* in: NK-StGB, 2013, § 261 Rn. 110; *Kühl/Heger* StGB, 2014, § 261 Rn. 7; *Neuheuser* in: MüKo-StGB, 2012, § 261 Rn. 66; *Schmidt/Krause* in: LK-StGB, 2012, § 261 Rn. 19.
[96] OLG Bamberg NStZ 2015, 235.

der Rückgewinnungshilfe sei zweifellos vom Schutzzweck der Strafvorschrift erfasst. Ihre Beeinträchtigung sei daher auch dann anzunehmen, wenn zur Durchführung der Rückgewinnungshilfe die Inanspruchnahme ausländischer Stellen im Wege der Rechtshilfe erforderlich wird. Dass nämlich auf ausländischen Bankkonten lagernde inkriminierte Vermögen beiseitegeschafft werden, stellt geradezu einen typischen Regelfall der Geldwäsche dar. Die der Strafverfolgungsbehörde (im Rechtshilfeweg) eröffnete Zugriffsmöglichkeit macht der Täter der Geldwäsche dadurch von vornherein zunichte, weshalb die Vereitelungsvariante verwirklicht ist.

895 Für das **Gefährden** genügt es, dass der Täter eine konkrete Gefahr für die Verhinderung der Herkunftsermittlung, des Auffindens, des Verfalls usw. des Gegenstands geschaffen hat.[97] Eine Gefahr ist dabei konkret, wenn ein Zustand eintritt, bei dem eine endgültige Beeinträchtigung der Strafrechtspflege, d.h. das endgültige Verlieren der Papierspur nur noch vom Zufall abhängt.

Die vom Gesetzgeber in der Entwurfsbegründung gelieferte Definition des Gefährdens geht indes zu weit. Demnach soll eine konkrete Gefahr schon bei einem Zustand vorliegen, bei dem die nicht fernliegende Möglichkeit einer Beeinträchtigung der staatlichen Rechtspflege besteht.[98] Eine solche Ausweitung des Begriffs der konkreten Gefahr ist indes unsystematisch und widerspricht der gängigen Deutung, die dieser Terminus im Strafrecht im Übrigen erfährt.

Beispiel 79[99]

Z hat in den 1970er Jahren 21.000.000 DM erpresst. Fast 30 Jahre später hat er noch 12.500.000 DM dieses Geldes, bestehend aus 1000 DM-Scheinen zur Verfügung. Angesichts der bevorstehenden Währungsumstellung von Deutscher Mark auf Euro beabsichtigt Z, diese Geldscheine umzutauschen. Er stellt dazu Kontakt zu dem angeblichen Interessenten „Kyle" in London her, der das Geld „zu einer Umtauschrate von 73%" abnehmen soll. In Wahrheit ist „Kyle" ein sog. Scheinaufkäufer der englischen Polizei. Z heuert den N an, der das Geld nach London transportieren soll. Dabei spiegelt Z dem N vor, es gehe um eine Tauschaktion von Telefonkarten-Katalogen. N rechnet zwar damit, dass es sich um das erpresste Lösegeld handelt, wirkt jedoch gleichwohl an dem Vorhaben mit. Sodann erwirbt Z 150 Telefonbücher, höhlt diese aus, deponiert die Geldscheine in den Hohlräumen und schweißt die Telefonbücher in Folie ein. Anschließend mietet er ein Fahrzeug für N, das dieser für den Transport verwenden soll.

Der BGH hielt das Verhalten sowohl des Z als auch des N lediglich für eine versuchte Geldwäsche. Die hier in Frage stehende Gefährdungsvariante setzt eine solche Gefährdung voraus, die den tatsächlichen Zugriff auf den Gegenstand

---

[97] *Ruhmannseder* in: BeckOK-StGB, 2016, § 261 Rn. 27.

[98] BT-Drs 12/3533, 11.

[99] BGH NStZ 1999, 83; dazu von *Jahn* JA 1999, 186.

konkret erschwert. Wird also das aus der Vortat stammende Geld ins Ausland verbracht, während sich die hiesigen Strafverfolgungsbehörden intensiv um dessen Auffindung bemühen, so ist der Tatbestand verwirklicht, weil sich dadurch die Zugriffsmöglichkeiten der Berechtigten auf das Geld faktisch verschlechtern. Voraussetzung ist aber stets, dass das Verhalten des Täters zur Beeinträchtigung der Strafverfolgung auch (konkret) geeignet ist. Entscheidend ist also, ob im Einzelfall durch das Bemühen des Geldwäschers eine konkrete Gefährdung auch tatsächlich eintritt – nicht, ob sie theoretisch (abstrakt) eintreten könnte. Es genügte daher nach Auffassung des BGH nicht, dass Z und N nur Anstrengungen unternahmen, um den Transport durchzuführen. Die eigentliche Gefährdung wäre letztlich erst mit Durchführung des Transports eingetreten.

(3) Isolierungstatbestand, § 261 Abs. 2 StGB

§ 261 Abs. 2 StGB bezweckt, den Vortäter gegenüber dem übrigen Wirtschaftsverkehr zu isolieren und den kontaminierten Gegenstand möglichst verkehrsunfähig zu machen.[100] Der Tatbestand knüpft daher an den **Umgang mit dem inkriminierten Gegenstand** an und erfasst das Sichverschaffen, das Verwahren und das Verwenden.   **896**

Der gesamte Isolierungstatbestand soll dabei als **abstraktes Gefährdungsdelikt** ausgestaltet sein[101]; die Strafbarkeit erfordert also keine tatsächliche Beeinträchtung der Strafrechtspflege als geschütztes Rechtsgut. Alle drei Varianten des Abs. 2 sollen dabei bloße **Tätigkeitsdelikte** beschreiben.[102] Es handelt sich bei § 261 Abs. 2 StGB um eine Art Auffangtatbestand, der eingreift, wenn im Hinblick auf die anderen Tatbestandsvarianten des § 261 Abs. 1 StGB Beweisschwierigkeiten einer Verurteilung entgegenstehen.   **897**

Einen Gegenstand **verschafft sich** i.S.d. § 261 Abs. 2 Nr. 1 StGB, wer die tatsächliche Verfügungsgewalt darüber im Wege des abgeleiteten Erwerbs, d.h. mit dem Einverständnis des Vortäters erlangt.[103] In den vorliegend relevanten Konstellationen des Bankstrafrechts dürfte ein abgeleiteter Erwerb der absolute Regelfall sein. Ein Verwahren liegt vor, wenn der Täter einen Gegenstand in Gewahrsam nimmt bzw. hält, um ihn für einen Dritten oder für die eigene spätere Verwendung zu erhalten.[104] Als Verwenden gilt jeder bestimmungsgemäße Gebrauch eines geldwäschetauglichen Gegenstands im Einverständnis mit dem Inhaber der Verfügungsgewalt.[105]   **898**

---

[100] *Ruhmannseder* in: BeckOK-StGB, 2016, § 261 Rn. 30 mit Verweis auf *Bottke* wistra 1995, 122.

[101] BGH NStZ-RR 2013, 253; *Fischer* StGB, 2016, § 261 Rn. 23; *Jahn* in: SSW, StGB, 2014, § 261 Rn. 39; *Kargl* NJ 2001, 59.

[102] *Neuheuser* in: MüKo-StGB, 2012, § 261 Rn. 14.

[103] *Jahn/Ebner* JuS 2009, 600; *Neuheuser* in: MüKo-StGB, 2012, § 261 Rn. 68; *Wessels/Hillenkamp* Strafrecht BT II, 2015, Rn. 898; a.A. *Altenhain* in: NK-StGB, 2013, § 261 Rn. 114; *Kühl/Heger* StGB, 2014, § 261 Rn. 8; *Otto* Strafrecht BT, 2005, § 96 Rn. 34. Siehe ferner *Jahn* JuS 2010, 652; *Putzke* StV 2011, 179; *Rübenstahl/Stapelberg* NJW 2010, 3693 f.; *Stree/Hecker* in: Schönke/Schröder, StGB, 2014, § 261 Rn. 16.

[104] Vgl. OLG Frankfurt NJW 2005, 1733; *Kühl/Heger* StGB, 2014, § 261 Rn. 8.

[105] *Ruhmannseder* in: BeckOK-StGB, 2016, § 261 Rn. 33.

c) Einschränkung des Tatbestands, § 261 Abs. 6 StGB

899   Es existiert für § 261 StGB eine ganze Reihe von Tatbestandseinschränkungen. Die im vorliegenden Kontext relevanteste normiert § 261 Abs. 6 StGB. Die Vorschrift enthält in diesem Absatz 6 einen **Tatbestandsausschluss**,[106] jedoch keinen Strafausschließungsgrund[107]. Danach wird die Kontaminationskette durchbrochen, wenn ein Zwischenerwerber den Gegenstand erlangt, ohne hierdurch eine Straftat zu begehen.

900   Die Regelung dient dem **Schutz des allgemeinen Rechtsverkehrs** sowie potentieller gutgläubiger Erwerber vor unangemessen langen Kontaminationsketten. Daher ist auch nicht entscheidend, ob der Erwerbsvorgang zivilrechtlich als wirksam angesehen werden kann.[108] Mit Blick auf den Schutzzweck beschränkt der Wortlaut des § 261 Abs. 6 StGB seinen Anwendungsbereich auch ausschließlich auf die Tathandlungen des in § 261 Abs. 2 StGB normierten Isolierungstatbestands und lässt etwaige Strafbarkeiten nach Abs. 1 der Vorschrift jedoch unberührt.[109]

Beispiel 80[110]

R vertritt den B, gegen den die Staatsanwaltschaft wegen mehrerer mit Hilfe eines sog. Schneeballsystems verwirklichter Betrugsdelikte im Zusammenhang mit der Vermittlung von Kapitalanlagen ermittelt. Durch die von ihm begangenen Straftaten hat B insgesamt knapp 500.000 Euro ergaunert. Im Rahmen seiner Tätigkeit als Strafverdeitiger nimmt R Bargeld in Höhe von 200.000 Euro als Honorarvorschuss entgegen. Dabei weiß R, dass es sich um Geld aus den Schneeball-Geschäften des B handelt. Das Bargeld hinterlegt R im eigenen Namen für eine andere Mandantin M als Kaution bei Gericht, nachdem er sich von M den Anspruch auf Rückzahlung des hinterlegten Betrags „zur Sicherung (seiner) Honoraransprüche" hat abtreten lassen. Ein Jahr später erhält R die 200.000 Euro wieder ausbezahlt.

Die erstmalige Annahme des bemakelten Geldes durch R erfüllt den Tatbestand des § 261 StGB. Der BGH diskutierte hierbei ausführlich mögliche Beschränkungen des Tatbestands zugunsten von Strafverteidigern, die im Rahmen ihrer beruflichen Tätigkeit bemakeltes Geld in Empfang nehmen. Da vorliegend allerdings der R sichere Kenntnis von der Herkunft der Gelder hatte, kam eine solche Reduktion des Tatbestands für ihn nicht in Betracht (siehe sogleich Rn. 904).

Fraglich ist in diesem Fall zudem, ob durch die Rückzahlung des hinterlegten Kautionsbetrags eine (weitere) Geldwäsche verwirklich ist. § 261 Abs. 6 StGB

---

[106] *Ruhmannseder* in: BeckOK-StGB, 2016, § 261 Rn. 35 mit Verweis auf *Altenhain* in: NK-StGB, 2013, § 261 Rn. 85; *Otto* Strafrecht BT, 2005, § 96 Rn. 36; *Rengier* Strafrecht BT I, 2016, § 23 Rn. 16.

[107] So aber *Hombrecher* JA 2006, 69.

[108] *Kühl/Heger* StGB, 2014, § 261 Rn. 6; *Möhrenschlager* wistra 1992, 287.

[109] *Jahn/Ebner* JuS 2009, 601; *Schmidt/Krause* in: LK-StGB, 2012, § 261 Rn. 24.

[110] Nach BGH NStZ 2001, 538.

begrenzt nämlich die Kette der erfassten Verwertungshandlungen zum Schutz des Rechtsverkehrs und führt zur Straflosigkeit weiterer Verschaffungshandlungen i.S.d. § 261 Abs. 2 StGB, wenn zuvor ein Dritter den aus einer Katalogtat herrührenden Gegenstand erlangt hat, ohne hierdurch eine Straftat zu begehen. Eine solche Unterbrechung der Kontaminationskette war hier aufgrund des zwischenzeitlichen Erwerbs durch die Hinterlegungsstelle (§ 7 HinterlO) eingetreten. Eine nach § 261 Abs. 2 StGB strafbare Geldwäsche kam durch den Rückerwerb also nicht mehr in Betracht. Erfüllt waren jedoch die Voraussetzungen des § 261 Abs. 1 StGB, für den der Tatbestandsausschluss des § 261 Abs. 6 StGB nicht eingreift.

Der Wortlaut ließe sich also umformulieren: Die Tat ist nicht nach Absatz 2 strafbar, **901** wenn zuvor ein Dritter den Gegenstand erlangt hat, ohne hierdurch eine Geldwäsche zu begehen.

2. Subjektiver Tatbestand

In subjektiver Hinsicht ist in allen Tatvarianten vorsätzliches Handeln erforderlich, **902** wobei **Dolus eventualis** grds. genügt.[111] Der Vorsatz hat sich dabei auf die Herkunft des kontaminierten Gegenstands ebenso zu erstrecken, wie auf Tathandlung und (ggf.) Taterfolg.[112] Der Täter muss also zumindest billigend in Kauf nehmen, dass der Gegenstand aus irgendeiner Katalogtat herrührt.[113]

Wie weit der Vorsatz reichen muss hängt von der jeweiligen Tatvariante ab. Setzt **903** diese einen Taterfolg voraus, so hat sich der Vorsatz des Geldwäschers eben auch darauf zu erstrecken. Insbesondere für die Gefährdungsvariante gilt es also zu beachten, dass der Täter die **konkreten Auswirkungen auf die Tätigkeit** der Strafverfolgungsbehörden in seinen Vorsatz aufgenommen haben muss.

Als problematisch gilt die Konstellation, dass der Geldwäscher irrig von einer anderen, nicht verwirklichten Katalogtat ausgeht. Nach h.M. soll Vorsatz in einem solchen Fall jedoch gleichwohl gegeben sein.[114] Es handle sich hierbei insbesondere nicht um einen Tatbestandsirrtum, da der Täter letztlich nicht von einem Sachverhalt ausgeht, der keine Katalogtat beinhaltet.

§ 261 Abs. 5 StGB lässt hinsichtlich der Herkunft des bemakelten Gegenstands **904** **Leichtfertigkeit** genügen.[115] Bezüglich der übrigen Tatbestandsmerkmale bleibt es

---

[111] OLG Hamm wistra 2004, 74; *Hoyer* in: SK-StGB, 2015, § 261 Rn. 26; *Stree/Hecker* in: Schönke/Schröder, StGB, 2014, § 261 Rn. 21; z.T. a.A. *Ambos* JZ 2002, 72; *Bottke* wistra 1995, 121; *Müther* Jura 2001, 318, 323 f.

[112] *Ruhmannseder* in: BeckOK-StGB, 2016, § 261 Rn. 54.

[113] C. *Nestler* in: Herzog/Mülhausen, Geldwäschebekämpfung und Gewinnabschöpfung, 2006, § 17 Rn. 60; *Stree/Hecker* in: Schönke/Schröder, StGB, 2014, § 261 Rn. 21.

[114] *Altenhain* in: NK-StGB, 2013, § 261 Rn. 132.

[115] In Ausnahme dazu muss jedoch ein Strafverteidiger bei der Annahme seines Honorars im Rahmen des § 261 Abs. 2 StGB sichere Kenntnis von dessen bemakelter Herkunft haben, so BVerfG NStZ 2004, 259, 260 (dort Rn. 45).

indes beim Vorsatzerfordernis. Leichtfertigkeit meint dabei eine besonders gravierende Form bewusster oder unbewusster Fahrlässigkeit, die weitgehend der „groben Fahrlässigkeit" im Zivilrecht entspricht.[116] Es geht demnach um Sachverhalte, in denen sich dem Täter – unter Berücksichtigung seiner individuellen Fähigkeiten und Kenntnisse – die Herkunft des Gegenstands aus einer Katalogtat nach der Sachlage geradezu aufdrängen musste.

> Für **Strafverteidiger** stellt § 261 Abs. 5 StGB grds. ein gravierendes Problem dar. Unter Verweis auf Art. 12 GG hielt das BVerfG[117] § 261 (Abs. 2 Nr. 1) StGB daher nur insoweit für mit dem Grundgesetz vereinbar, wie Strafverteidiger nur dann mit Strafe bedroht werden, wenn sie im Zeitpunkt der Annahme ihres Honorars sichere Kenntnis von dessen Herkunft aus einer Katalogtat hatten. Soweit Strafverteidiger im Rahmen ihrer beruflichen Tätigkeit Gelder als Honorar annehmen, hat § 261 Abs. 5 StGB also ebenso außer Acht zu bleiben, wie ein möglicher Dolus eventualis im Hinblick auf die Herkunft der Gelder. In Bezug auf das Herrühren bedarf es somit mindestens eines Dolus directus 2. Grades.

III. Anwendbarkeit des deutschen Strafrechts

905 Besondere Friktionen offenbart eine Betrachtung des international-strafrechtlichen Geltungsbereichs des Geldwäschetatbestands. Zu unterscheiden sind dabei zwei Konstellationen: In der ersten Fallgruppe findet die Vortat irgendwo im Ausland statt, die anschließende Geldwäsche aber im Inland, d.h. in Deutschland. In der zweiten Konstellation handelt es sich bei der Vortat um eine Inlandstat, während die spätere Geldwäsche dann im Ausland stattfindet. Deutsches Strafrecht findet in beiden Fällen grds. nur auf Taten Anwendung, die im Inland begangen sind. Ausnahmen davon regelt das Strafanwendungsrecht der §§ 3 ff. StGB.

1. Vortat im Ausland, Geldwäsche im Inland

906 Sachverhalte, in denen die Vortat im Ausland, die anschließende Geldwäsche jedoch im Inland begangen wird, erscheinen aus strafanwendungsrechtlicher Sicht zumindest im Hinblick auf die Verfolgbarkeit der Tat nach § 261 StGB prima facie als weniger problematisch. Dieser Schein trügt jedoch, berücksichtigt man, dass die im Ausland begangene **Vortat** letztlich eine **Tatbestandsvoraussetzung** der Geldwäsche bildet.

907 § 261 Abs. 8 StGB lässt für die Provenienz des Tatgegenstands im Ausland begangene Vortaten „der in Absatz 1 bezeichneten Art" ausreichen, sofern diese Taten auch am Tatort mit Strafe bedroht sind. Auch eine Auslandstat, d.h. eine solche Tat, die keinen inländischen Tatort gem. § 3, 9 StGB aufweist, genügt, falls sie den Anforderungen des § 261 Abs. 1 S. 2 StGB genügt. Zu prüfen ist daher, ob die Vortat **hypothetisch**, d.h. für den Fall, dass sie in der Bundesrepublik Deutschland begangen wäre, unter § 261 Abs. 1 S. 2 StGB fiele. Die rechtliche Einordnung durch

---

[116] *Neuheuser* in: MüKo-StGB, 2012, § 261 Rn. 55.
[117] BVerfG NStZ 2004, 259 ff.

den ausländischen Gesetzgeber als Verbrechen, Vergehen oder Qualifikation bleibt dabei ebenso unbeachtlich, wie die Höhe der angedrohten Strafe. Selbst die am Tatort bereits eingetretene Verjährung soll irrelevant sein. Dieser Ausgangspunkt erschließt für den Geldwäschetatbestand einen international-strafrechtlichen Geltungsbereich von beachtlicher Weite.

In der Lit. werden teilweise Versuche unternommen, den **Anwendungsbereich** **908** des § 261 StGB wieder **einzuschränken**. So ist bspw. umstritten, ob dies im Wege des § 261 Abs. 9 S. 2 StGB möglich sein kann. Zu einer wesentlichen Einschränkung des internationalen Geltungsbereichs des Geldwäschetatbestands kommt es nämlich, falls diese Konkurrenzregel so zu verstehen ist, dass die deutsche Strafgewalt nicht eingreifen soll, wenn wegen der Vortat vorrangig eine andere, ausländische Strafgewalt zuständig ist und der dortigen Strafverfolgung keine unüberwindbaren Hindernisse entgegenstehen.[118] Der BGH allerdings bringt diese Klausel lediglich mit dem Doppelbestrafungsverbot aus Art. 103 Abs. 3 GG in Verbindung und stellt für die Beurteilung nur auf das nationale Recht ab.[119] Im Ergebnis geht die Rspr. also davon aus, dass § 261 Abs. 9 S. 2 StGB nicht per se jede doppelte Bestrafung wegen im Ausland begangener Vortat und im Inland begangener Geldwäsche ausschließt. Dies sei nur dann der Fall, wenn für die konkrete Konstellation ein Doppelbestrafungsverbot eingreife, bspw. aufgrund von Art. 50 GR-Charta, Art. 54 SDÜ.[120]

Im Ergebnis genügt die Auslandsvortat damit zwar unter den o.g. Konditionen **909** als objektive Tatbestandsvoraussetzung der im Inland begangenen Geldwäsche. Sie reicht aber nicht aus, um die einschränkende Wirkung der Klausel aus § 261 Abs. 9 S. 2 StGB zu aktivieren.

Beispiel 81[121]

A betreibt ein in der Bundesrepublik Deutschland ansässiges Speditionsunternehmen. Von seinem Bruder B, einem Amtsträger im georgischen Transportministerium, erhält er in regelmäßigen Abständen größere Geldbeträge. Es handelt sich dabei – was A weiß – um Bestechungsgelder, die B als Gegenleistung dafür erhalten hat, dass er georgischen Unternehmern Genehmigungen zum Straßentransport erteilt. Die Genehmigungsempfänger müssen dabei stets das Speditionsunternehmen des A beauftragen; diese Aufträge werden von A i.d.R. in Georgien, in einzelnen Fällen auch im sonstigen außereuropäischen Ausland ausgeführt. Das Bestechungsgeld sammelt A auf seinen Firmenkonten und transferiert es von dort aus weiter auf ein der Ehefrau des B gehörendes Konto auf den Bahamas.

B verwirklichte durch die Annahme der Bestechungsgelder den Tatbestand des Art. 338 of Criminal Code of Georgia („Accepting Bribes"). A war dabei als Komplize, Art. 24 Nr. 3, 25 Criminal Code of Georgia („Accomplice"), an

---

[118] So angedacht von *Mansdörfer* HRRS 2009, 254.
[119] BGHSt 53, 205 ff.
[120] Krit. dazu auch *Mansdörfer* HRRS 2009, 254 f.
[121] Nach BGHSt 53, 205 ff.

dieser Vortat i.S.d. § 261 Abs. 9 S. 2 StGB beteiligt. Nach Auffassung des BGH hinderte die Konkurrenzregel des § 261 Abs. 9 S. 2 StGB gleichwohl nicht daran, das Verhalten des B als taugliche Vortat einer durch A in Deutschland begangenen Geldwäsche einzuordnen. Der persönliche Strafausschluss greife zwar ein, wenn der Geldwäscher bereits an der Vortat beteiligt war, also täterschaftlich gehandelt oder an ihr teilgenommen hat. Dies setze jedoch eine tatsächliche Strafbarkeit wegen Beteiligung an der Vortat voraus, was sich wiederum anhand einer konkreten Betrachtungsweise – nach deutschem Recht – beurteile. Ziel der Regelung des § 261 Abs. 9 S. 2 StGB sei nämlich die Vermeidung von Doppelbestrafungen in denjenigen Fällen, in denen der Vortäter Geldwäschehandlungen vornimmt. Das Verbot der Doppelbestrafung nach Art. 103 Abs. 3 GG bleibe jedoch auf das deutsche Recht beschränkt; soweit keine bi- oder multilateralen Übereinkommen (Art. 50 GR-Charta, Art. 54 SDÜ waren hier nicht einschlägig) bestehen, greife § 261 Abs. 9 S. 2 StGB also nicht ein.

2. Vortat im Inland, Geldwäsche im Ausland

910   Die Anwendbarkeit des deutschen Strafrechts kann – wie stets – über §§ 3 ff. StGB begründet werden, zuvorderst dann, wenn es sich bei der Geldwäsche um eine Inlandstat handelt, §§ 3, 9 Abs. 1 StGB. Hat jedoch der eigentliche Geldwäscheakt im Ausland stattgefunden, so erweist sich dies als in vielerlei Hinsicht diffizil.

Beispiel 82[122]

Ein Unbekannter späht Onlinebanking-Zugangsdaten eines deutschen Opfers aus, bucht unter deren missbräuchlicher Verwendung vom Konto des Opfers einen höheren Geldbetrag ab und überweist ihn auf ein Konto bei einer spanischen Bank. Der spanische Mittelsmann M überweist das Geld von dort aus weiter an eine ihm „völlig unbekannte Person" irgendwo im Ausland – so behauptet er bei seiner Vernehmung. Er lässt sich zu diesem Vorgang außerdem dahingehend ein, über das Internet einen Arbeitsvertrag als „Versicherungsvertreter" abgeschlossen zu haben, in dessen Ausführung er zur Weiterleitung von auf seinem Konto eingehenden Geldbeträgen bestimmt worden sei. Den vom Konto des Opfers abgebuchten Geldbetrag habe er daher nur als Zahlungseingang auf seinem Konto vorgefunden und von dort weitergeleitet. Mit dem als Vortat vorausgegangenen Phishing von Kontodaten zum Nachteil des deutschen Opfers (§ 263a Abs. 1 Var. 3 StGB) konnte M nicht unmittelbar in Verbindung gebracht werden, so dass es maßgeblich darauf ankam, ihn zumindest wegen Geldwäsche gem. § 263 Abs. 2 Nr. 1 StGB strafrechtlich haftbar zu machen.

Der BGH hatte sich in diesem Fall zunächst mit dem Begriff „zum Tatbestand gehörender Erfolg" i.S.d. § 9 Abs. 1 Var. 3 StGB auseinanderzusetzen. Die Geldwäschehandlung, i.e. das Weiterleiten des auf dem Konto des Täters eingegangenen Geldbetrags an eine ihm unbekannte Person („einem Dritten verschaffen", § 261 Abs. 2 Nr. 1 StGB), hatte in Spanien stattgefunden, so dass dort

---

[122] Vgl. den Sachverhalt bei BGH NStZ-RR 2013, S. 253.

der Handlungsort i.S.d. § 9 Abs. 1 Var. 1 StGB lag. Von einer Inlandstat hätte man daher nur ausgehen können, falls in Deutschland ein Erfolgsort entstanden wäre, § 9 Abs. 1 Var. 3 StGB. Den dafür nötigen „Erfolg" konnte der BGH in diesem Fall jedoch nicht erkennen, da er den Isolierungstatbestand insgesamt als schlichtes abstraktes Gefährdungsdelikt (besser: Tätigkeitsdelikt) einordnete.

Einen solchen tatbestandlichen Erfolg weisen in erster Linie Erfolgsdelikte auf,[123] so dass sich die Frage stellt, ob die Geldwäsche ein solches Erfolgsdelikt ist. Dies zu entscheiden erscheint indes nicht einfach, denn § 261 Abs. 1, Abs. 2 StGB beinhaltet, bezogen auf das Verhalten des Täters, insgesamt sieben verschiedene mögliche Tatvarianten: in § 261 Abs. 1 StGB das Verbergen oder das Verschleiern der Vermögenswerte und das Vereiteln oder das Gefährden der Ermittlungen sowie in § 261 Abs. 2 StGB das Sichverschaffen, das Verwahren und das Verwenden der bemakelten Vermögenswerte.

Die eingetretene abstrakte Gefahr ließ sich nach Auffassung des BGH nicht als zum Tatbestand gehörender Erfolg einordnen. Zwar kann man darüber streiten, welchen Erfolgsort § 9 Abs. 1 Var. 3 im Blick hat. Neben dem Ort des technischen Erfolgs kommt nach verbreiteter Ansicht noch derjenige Ort in Betracht, an dem sich eine Verletzung oder Gefährdung des geschützten Rechtsguts[124] realisiert oder realisieren kann[125] – diese Frage betrifft die Unterscheidung zwischen Verletzungs- und Gefährdungsdelikten. Dazu nahm der BGH im o.g. Fall jedoch nur recht knapp mit der Anmerkung Stellung, § 261 Abs. 2 Nr. 1 StGB weise „als abstraktes Gefährdungsdelikt [...] keinen inländischen Erfolgsort" i.S.d. § 9 Abs. 1 Var. 3 StGB auf.[126]

Als Begründung erscheint das etwas dürftig, jedoch liegt der BGH mit dieser Einordnung auf einer Linie mit der h.Lit.[127] Soweit demgegenüber teilweise vertreten wird, ein Erfolgsort liege überall dort, wo die abstrakte Gefahr in eine Verletzung des geschützten Rechtsguts umschlagen kann,[128] führen die Vertreter dieser Auffassung als Hauptargument

---

[123] Bzw. sind mit „Erfolg" nur diejenigen Tatfolgen gemeint, die für die Verwirklichung des Tatbestands erheblich sind; *Fischer* StGB, 2016, § 9 Rn. 4; *von Heintschel-Heinegg* in: BeckOK-StGB, 2016, § 9 Rn. 10. Siehe zur a.A., die auch den Ort der möglichen Gefahrrealisierung als Erfolgsort ansehen will *Hilgendorf/Valerius* Strafrecht AT, 2015, § 2 Rn. 10.

[124] Siehe dazu Rn. 870 ff.

[125] In etwas anderem Kontext ist diese Problemstellung bereits aus dem Fall „Töben" (BGHSt 46, 212, 221) bekannt. Diese Diskussion soll hier jedoch nur insoweit aufgegriffen werden, als sie für die vorliegende Problematik relevant erscheint. Eingehend zum Streitstand sowie den differierenden Auffassungen *Ambos* in: MüKo-StGB, 2012, § 9 Rn. 27 ff.

[126] NStZ-RR 2013, 253.

[127] Statt Vieler: *Ambos* in: MüKo-StGB, 2012, § 9 Rn. 27 f., 31; *Clauß* MMR 2001, 232; *Eser* in: Schönke/Schröder, StGB, 2014, § 9 Rn. 6 f.; *von Heintschel-Heinegg* in: BeckOK-StGB, 2016, § 9 Rn. 10; *Hörnle* NStZ 2001, 309; *Koch* JuS 2002, 123; *Kudlich* StV 2001, 397; *Kühl/Heger* StGB, 2014, § 9 Rn. 2. Diese Ansicht betrifft „reine" abstrakte Gefährdungsdelikte, also nicht jene Tatbestände, für die als „abstrakt-konkrete" Gefährdungsdelikte hinsichtlich dieser Frage wiederum weitere Differenzierungen im Meinungsspektrum Literatur und Rechtsprechung zu beachten sind; vgl. zum Streitstand *Ambos* in: MüKo-StGB, 2012, § 9 Rn. 27 ff.

[128] *Hecker* ZStW 2003, 885 ff; vgl. Darstellung in *Satzger* Internationales Strafrecht, 2013, § 5 Rn. 47.

an, ratio abstrakter Gefährdungsdelikte sei schließlich, im Wege einer Vorverlagerung der Strafbarkeit und durch Verzicht auf eine konkrete Gefahr oder eine Verletzung, einen effektiveren strafrechtlichen Schutz zu gewährleisten.[129] Auf eine mögliche generelle Gefahr für das Schutzgut abzustellen erscheint jedoch nicht ganz unproblematisch, da diese abstrakte Gefahr die Unterscheidung zwischen Verletzungs- und Gefährdungsdelikten betrifft und sich damit nur an der Beziehung der Tathandlung zum Inhaber des geschützten Interesses orientiert.[130] Die Gefährdung bildet grundsätzlich also nur das Motiv des Gesetzgebers, jedoch kein notwendiges Tatbestandsmerkmal[131] – insofern ein Widerspruch zum Wortlaut des § 9 Abs. 1 Var. 3 StGB, der auf einen „zum Tatbestand gehörende[n] Erfolg" abhebt. Dementsprechend kann es für das im Ausland vorgenommene Sichverschaffen im Hinblick auf die abstrakte Gefahr keinen Erfolgsort im Inland geben.[132]

911	Ob über §§ 3 und 9 StGB für den im Ausland handelnden Geldwäscher ein Erfolgsort in Deutschland begründet werden kann, hängt also immer von der **jeweiligen Tatvariante des § 261 StGB** ab. Bemerkenswert daran erscheint, dass über die Weite und Abstraktheit des Merkmals Sichverschaffen einerseits eine ungeheure Vielzahl von Verhaltensweisen inhaltlich in den Anwendungsbereich der Norm einbezogen werden kann. Andererseits führt aber gerade diese Weite im Kontext des § 9 Abs. 1 Var. 3 StGB gleichzeitig dazu, dass sich der räumliche Anwendungsbereich der Vorschrift verkleinert.

912	Wenn sich die Tat nicht als Inlandstat einordnen lässt, ist die Anwendbarkeit des deutschen Strafrechts gem. § 7 StGB zu prüfen. Nahe liegt – wenn die Vortat im Inland stattgefunden hat – das **passive Personalitätsprinzip**, § 7 Abs. 1 StGB.[133] Voraussetzung ist, dass es sich bei der Geldwäsche um eine Auslandstat handelt, die gegen einen Deutschen begangen wurde und am Tatort mit Strafe bedroht ist bzw. der Tatort keiner Strafgewalt unterliegt. Eine Auslandstat ist bei der Geldwäsche gegeben, wenn über §§ 3, 9 StGB kein inländischer Tatort begründet werden konnte (siehe oben).

---

[129] Ähnlich auch *Hartmann* in: Dölling/Duttge/Rössner, 2013, § 9 Rn. 4; *Heinrich* GA 1999, 81; *Werle/Jeßberger* in: LK-StGB, 2006, § 9 Rn. 33; *Zöller* in: AnwKomm-StGB, 2015, § 9 Rn. 22.

[130] *Hefendehl* Kollektive Rechtsgüter im Strafrecht, 2002, S. 152; *Kuhlen* ZStW 1993, 713.

[131] *Weber* in: Arzt/Weber/Heinrich/Hilgendorf, Strafrecht BT, 2015, S. 926.

[132] Darüber hinaus soll der Terminus „Erfolg" nicht auf die Begrifflichkeiten der allgemeinen Tatbestandslehre begrenzt bleiben, sondern auch an denjenigen Wirkungen auszurichten sein, die nach der Zielsetzung der in den jeweiligen Tatbeständen geschützten Belange zu verhindern sind (bspw. *Eser* in: Schönke/Schröder, StGB, 2014, § 9 Rn. 6a; *Satzger* NStZ 1998, 114; *Werle/Jeßberger* in: LK-StGB, 2006, § 9 Rn. 38). Dementsprechend gelte zumindest bei konkreten Gefährdungsdelikten – insofern vorliegend nicht relevant – auch der Ort, an dem eine tatbestandsmäßige Gefährdung eintritt, als Erfolgsort (insoweit wohl h. M., statt Vieler: *Eser* in: Schönke/Schröder, StGB, 2014, § 9 Rn. 6a; *Heinrich* GA 1999, S. 73; *Satzger* NStZ 1998, 114; krit. *Ambos* in: MüKo-StGB, 2012, § 9 Rn. 19). Gleichwohl wird für abstrakte Gefährdungsdelikte nach dieser Auffassung neben dem Ort der Handlung nicht auch noch jener Ort zum Tatort, an dem die abstrakte Gefahr in eine (tatbestandlich nicht mehr relevante) konkrete Gefahr umschlägt (dazu ausführlich *Werle/Jeßberger* in: LK-StGB, 2006, § 9 Rn. 32 f.; *Heinrich* GA 1999, 77 ff.; vgl. auch *Walter* JuS 2006, 872 f.).

[133] BT-Drs. V/4095, S. 7; *Fischer* StGB, 2016, § 7 Rn. 1; *von Heintschel-Heinegg* in: BeckOK-StGB, 2016, § 7 Rn. 3.

§ 7 Abs. 1[134] StGB verlangt, dass ein bestimmter oder zumindest bestimmbarer **913** Deutscher durch die Tat verletzt ist.[135] Erfasst werden demnach nur Straftaten gegen Individualrechtsgüter deutscher Personen, hingegen nicht Delikte gegen Rechtsgüter der Allgemeinheit.[136] Dabei erachtet es die ganz h.M.[137] jedoch für ausreichend, wenn in dem jeweiligen Tatbestand ein Individualrechtsgut zumindest (nebenbei) mitgeschützt wird. § 7 Abs. 1 StGB scheidet letztlich nur aus, soweit eine Strafnorm ausschließlich Universalgüter schützt. Es bleibt also die Schutzrichtung des Geldwäschetatbestands zu klären, der eine Ausrichtung auf die durch die Vortat betroffenen Individualgüter aufweisen müsste. Dies soll jedenfalls bei § 261 Abs. 2 StGB der Fall sein, vgl. Rn. 870 ff. Für die Geldwäsche kommt eine Anwendbarkeit des deutschen Strafrechts gem. § 7 Abs. 1 StGB nach dieser Lesart somit zumindest in Fällen des § 261 Abs. 2 StGB grds. in Betracht.

§ 7 Abs. 1 StGB setzt weiter voraus, dass die Auslandstat am Tatort mit Strafe **914** bedroht ist bzw. der Tatort keiner Strafgewalt unterliegt. Das betreffende Verhalten soll i.d.S. „mit Strafe bedroht" sein, wenn es eine Kriminalstrafe oder eine vergleichbare Sanktion (§§ 38 ff. StGB) und nicht bloß irgendeine – auch außerstrafrechtliche – Sühnemaßnahme zur Folge hat.[138] Maßgeblich sei dabei der Gedanke der anerkannten Unterscheidung zwischen Straftat bzw. Kriminalstrafe einerseits und Verwaltungsunrecht respektive Ordnungswidrigkeit andererseits.[139] Die Beschränkung auf echte Straftaten ergibt sich sodann aus dem Sinn und Zweck des Erfordernisses der identischen Tatortnorm, die Ausdehnung der deutschen Strafgewalt zu begrenzen, und zwar auf diejenigen Fälle, die auch am Tatort mit einer solchen Strafe i.e.S. sanktioniert würden. Denn im Fall des § 7 Abs. 1 StGB sieht die ganz h.M.[140] den Grund für die Ausdehnung des deutschen Strafrechts ausschließlich in staatlichen Eigeninteressen am extraterritorialen Schutz der eigenen Staatsbürger. Die Überprüfung, ob eine bestimmte Tat im Ausland strafbar ist, erfordert folglich eine Prüfung des ausländischen Strafrechts und stellt damit eine **mittelbare Fremdrechtsanwendung** durch deutsche Strafverfolgungsinstanzen dar.[141]

---

[134] Ist nicht das Opfer, sondern der Täter Deutscher, so stellt sich das hier erörterte Problem nicht.

[135] *Fischer* StGB, 2016, § 7 *Rn.* 6; *von Heintschel-Heinegg* in: BeckOK-StGB, 2016, § 7 Rn. 3; *Werle/Jeßberger* in: LK-StGB, 2006, § 7 Rn. 69, 72.

[136] *Ambos* in: MüKo-StGB, 2012, § 7 Rn. 25; *Böse* in: NK-StGB, 2013, § 7 Rn. 5; *Eser* in: Schönke/ Schröder, StGB, 2014, § 7 Rn. 6; *Fischer* StGB, 2016, § 7 *Rn.* 4; *Hartmann* in: Dölling/Duttge/ Rössner, 2013, § 7 Rn. 3; *von Heintschel-Heinegg* in: BeckOK-StGB, 2016, § 7 Rn. 3; *Hoyer* in: SK-StGB, 2015, § 7 Rn. 8; *Werle/Jeßberger* in: LK-StGB, 2006, § 7 Rn. 70 f.

[137] *Böse* in: NK-StGB, 2013, § 7 Rn. 5; *Eser* in: Schönke/Schröder, StGB, 2014, § 7 Rn. 6; *Zöller* in: AnwKomm-StGB, 2015, § 7 Rn. 5.

[138] *Böse* in: NK-StGB, 2013, § 7 Rn. 7; *von Heintschel-Heinegg* in: BeckOK-StGB, 2016, § 7 Rn. 2; *Werle/Jeßberger* in: LK-StGB, 2006, § 7 Rn. 27 f.

[139] *Satzger* in: SSW, StGB, 2014, § 7 Rn. 17.

[140] *Ambos* in: MüKo-StGB, 2012, § 7 Rn. 5 mit Verweis auf *Scholten* Das Erfordernis der Tatortstrafbarkeit in § 7 StGB, 1995, S. 108.

[141] *Ambos* in: MüKo-StGB, 2012, § 7 Rn. 8; *Mosiek* StV 2008, 98.

Nun blickt der deutsche Geldwäschetatbestand auf eine Entstehungsgeschichte mit einem umfangreichen internationalen Hintergrund zurück.[142] § 261 StGB basiert unter anderem auf EG- bzw. EU-Richtlinien,[143] von denen schon die erste aus dem Jahr 1991 in ihrem Art. 1 3. Spiegelstr. Handlungen umschrieb, die europaweit als Geldwäsche zu untersagen waren. Die Richtlinien markieren dabei Mindestpflichten, deren Überschreitung aber durchaus zulässig ist.[144] Zumindest innerhalb der EU scheidet eine Anwendung des deutschen Strafrechts nach § 7 Abs. 1 StGB also nur aus, soweit es im Einzelfall gerade um solche Verhaltensweisen in einem derart weitergehend sanktionierten Bereich geht – und dies obendrein allein dann, wenn nicht der Gesetzgeber am Tatortstaat ebenfalls eine weiterreichende Strafbarkeit normiert hat.[145]

An dieser Stelle erklärt sich nun, warum es für das Tätigkeitsdelikt und abstrakte Gefährdungsdelikt des § 261 Abs. 2 StGB aus völkerrechtlicher bzw. international-strafrechtlicher Sicht keinen Erfolgsort im Inland geben kann. Stellt man auf das Individualschutzgut des § 261 Abs. 2 StGB ab, dann erscheint es praktisch kaum vorstellbar, dass sich durch das Sichverschaffen, Verwahren oder Verwenden des bemakelten Gegenstands unmittelbar für das Opfer der Vortat ein Nachteil realisiert, der über den – bereits eingetretenen und endgültigen – Verlust des Vermögenswerts (durch die Vortat) hinausgeht. Jeder aus dem Sichverschaffen, Verwahren oder Verwenden für das Opfer der Vortat resultierende Nachteil ist ein bloß mittelbarer, der lediglich einen Reflex der Beeinträchtigung der staatlichen Rechtspflege in Bezug auf die Aufklärung der Vortat (und nicht etwa der Geldwäsche selbst!) darstellt. Umgekehrt soll genau dieser Reflex dann für § 7 Abs. 1 StGB ausreichen (also als „Straftat gegen einen Deutschen") – ein dogmatischer Kunstgriff, der für Delikte dieser Art typisch ist. Soweit es demgegenüber um die Rechtspflege geht, enthält § 261 Abs. 1 StGB aber gerade diejenigen Tatvarianten, die eine konkrete Gefahr und einen tatbestandlichen Erfolg voraussetzen[146] und damit wiederum einen Tatort über §§ 3, 9 StGB begründen (können).

Die Unterscheidung erscheint nach dem Zweck der Vorschrift also durchaus sinnvoll: In der Hierarchie der möglichen Anknüpfungspunkte für die Anwendbarkeit des deutschen Strafrechts geht nach ganz h.M.[147] das Territorialitätsprinzip dem Personalitätsprinzip vor. Kommt es zwischen demjenigen Staat, in dem der Tatort der Geldwäsche liegt, und demjenigen Staat, aus dem Täter und/oder – wie hier – Opfer stammen, zu einem positiven Kompetenzkonflikt,

---

[142] Siehe dazu eingehend *Altenhain* in: NK-StGB, 2013, § 261 Rn. 1 ff.; *C. Nestler* in: Herzog/Achtelik, GwG, 2014, § 261 StGB Rn. 1 ff.

[143] RiL 91/308/EWG vom 10.6.1991, Abl. EG Nr. L 166, S. 77 ff.; RiL 2001/97/EG vom 4.12.2001, Abl. EG Nr. L 344, S. 76; RiL 2005/60/EG vom 26.10.2005, Abl. EU L Nr. 309, S. 15 ff.

[144] Dies ergibt sich aus Art. 15 der ersten Geldwäsche-RiL sogar ausdrücklich, denn dort ist normiert, dass die Mitgliedstaaten strengere Vorschriften vorsehen können.

[145] In dem vom BGH entschiedenen o.g. Fall (BGH NStZ-RR 2013, 253) bspw. erschien genau dies fraglich: Es war zu prüfen, ob das spanische Recht eine Strafbarkeit für Fälle leichtfertiger Unkenntnis in Bezug auf die Herkunft des bemakelten Gegenstands vorsieht. Entsprechende Feststellungen ließen sich allein auf der Grundlage eines gesonderten Gutachtens zu dieser Frage treffen. Grundlage bildete das Gutachten des MPI für ausländisches und internationales Strafrecht vom 15.3.2012.

[146] Die Vereitelungsvariante soll ein Erfolgsdelikt sein (*Altenhain* in: NK-StGB, 2013, § 261 Rn. 100; *C. Nestler* in: Herzog/Achtelik, GwG, 2014, § 261 StGB Rn. 87); die Gefährdungsvariante verlangt eine konkrete Gefährdung (*Kühl/Heger* StGB, 2014, § 261 Rn. 7; *Neuheuser* in: MüKo-StGB, 2012, § 261 Rn. 67; *Stree/Hecker* in: Schönke/Schröder, StGB, 2014, § 261 Rn. 14 f.) und ist damit ebenfalls ein Erfolgsdelikt i.d.S. Siehe zum Erfolgsort bei konkreten Gefährdungsdelikten auch Fn. 134.

[147] *Eser* in: Schönke/Schröder, 2014, § 3 Rn. 1; *Fischer* StGB, 2016, Vor §§ 3-7 Rn. 3; *von Heintschel-Heinegg* in: BeckOK-StGB, 2016, § 3 Rn. 2; *Safferling* Internationales Strafrecht, 2011, § 3 Rn. 15; *Satzger* Internationales Strafrecht, 2013, § 4 Rn. 5.

so wäre dieser wohl i.d.R. zugunsten des erstgenannten Staates zu entscheiden. Sofern sich – hypothetisch und völkerrechtskonform[148] – über die abstrakte Gefahr aber ein Erfolgsort in Deutschland begründen ließe, so wäre ein etwaiger Kompetenzkonflikt wegen der annähernden Gleichwertigkeit der Anknüpfungspunkte (jeweils territorialer Natur) kaum eindeutig zu entscheiden. Selbst der Auswirkungsgrundsatz („effects principle") könnte dabei nicht weiterhelfen, da er nach gängigem Verständnis Effekte tatsächlicher Art verlangt,[149] an denen es bei einer bloß abstrakten Gefahr im Inland jedoch fehlt – aus völkerrechtlicher Sicht und im Hinblick auf den Nichteinmischungsgrundsatz[150] ein wahrhaft fragwürdiges Ergebnis.

Im Übrigen[151] bleibt zu prüfen, ob sich mit Hilfe von § 6 Nr. 9 StGB die Anwendbarkeit des deutschen Strafrechts begründen lässt. Dazu müsste es sich bei der Geldwäsche um eine Tat handeln, die auf Grund eines für die Bundesrepublik Deutschland verbindlichen zwischenstaatlichen Abkommens auch dann zu verfolgen ist, wenn sie im Ausland begangen wurde. Als zwischenstaatliche Abkommen i.d.S. gelten grds. alle völkerrechtlichen Verträge, welche die Bundesrepublik Deutschland mit einem (oder mehreren) anderen Staat(en) geschlossen hat.[152] § 6 Nr. 9 StGB ist daher nach h.M. auch auf regional begrenzte Abkommen anwendbar, insbesondere diejenigen des Europarats.[153] Verbindlichkeit setzt die Verabschiedung eines parlamentarischen Zustimmungsgesetzes (Art. 59 Abs. 2 GG) und die Bekanntmachung im Bundesgesetzblatt voraus.[154]

915

IV. Übersicht

---

[148] Mit der (vordergründigen) Einordnung einer abstrakten Gefahr als Erfolg i.S.d. deutschen § 9 Abs. 1 Var. 3 StGB stünde bei weitem nicht fest, ob dieser „Erfolg" nach völkerrechtlichen Standards den Anforderungen des Territorialitätsprinzips genügt; den Ort der abstrakten Gefahr als Erfolgsort i.S.d. § 9 Abs. 1 Var. 3 StGB zu begreifen wäre nämlich nur in diesem Fall nicht völkerrechtswidrig. Richtigerweise handelt es sich hierbei also um eine völkerrechtliche Fragestellung.

[149] Nach *Ambos* Internationales Strafrecht, 2014, § 3 Rn. 6 verlangt der Auswirkungsgrundsatz, dass ein „zur Deliktsvollendung erforderliches Tatbestandsmerkmal im Inland verwirklicht" wird.

[150] Siehe dazu bereits die Lotus Entscheidung des IGH, S.S. Lotus (Fr. v. Turk.), 1927 P.C.I.J. (ser. A) No. 10 (Sept.7).

[151] Für BGH NStZ-RR 2013, 253 stellte sich diese Frage nicht.

[152] *Böse* in: NK-StGB, 2013, § 6 Rn. 19; vgl. auch *Eser* in: Schönke/Schröder, StGB, 2014, § 6 Rn. 11.

[153] *Ambos* in: MüKo-StGB, 2012, § 6 Rn. 19.

[154] *Werle/Jeßberger* in: LK-StGB, 2006, § 6 Rn. 120. f.

b) Verbergen und Verschleiern,
   § 261 Abs. 1 S. 1 Var. 1 und 2 StGB (Rn. 890 ff.)
   – Entgegennahme von Überweisungen aus dem Ausland (Rn. 892)
c) Tathandlungen: Gefährden und Vereiteln,
   § 261 Abs. 1 S. 1 Var. 3 ff. StGB (Rn. 893 ff.)
   – Beeinträchtigen von Zugriffsmöglichkeiten der Strafverfolgungsbehör-
     den im Ausland (Rn. 895)
d) Tathandlungen nach § 261 Abs. 2 StGB, Isolierungstatbestand
e) Tatbestandsausschluss gem. § 261 Abs. 6 StGB
2. Subjektiver Tatbestand: Vorsatz, Dolus eventualis ausreichend (Rn. 902)
   – Leichtfertigkeit bzgl. Herkunft des Tatgegenstands (Rn. 904)
II. Rechtswidrigkeit
III. Schuld
IV. Besonders schwere Fälle, § 261 Abs. 4 StGB
V. Persönliche Strafaufhebungsgründe, § 261 Abs. 9 StGB

Literatur

Achenbach, Hans/Ransiek, Andreas/Rönnau, Thomas: Handbuch Wirtschaftsstrafrecht, 4. Aufl.,
   Heidelberg 2015.
Ackermann, Jürg-Beat: Geldwäscherei, Zürich 1992.
Ambos, Kai: Annahme bemakelten Verteidigerhonorars als Geldwäsche?, JZ 2002, S. 70-82.
Ambos, Kai: Internationales Strafrecht, 4. Aufl., München 2014.
Arzt, Gunther: Geldwäsche und rechtsstaatlicher Verfall, JZ 1993, S. 913-917.
Arzt, Gunther/Weber, Ulrich/Heinrich, Bernd/Hilgendorf, Eric: Strafrecht Besonderer Teil,
   3. Aufl., Bielefeld 2015.
Auerbach, Dirk: Banken- und Wertpapieraufsicht, München 2015.
Barton, Stephan: Das Tatobjekt der Geldwäsche – Wann rührt ein Gegenstand aus einer der im
   Katalog des § 261 I Nr 1-3 StGB bezeichneten Straftaten her?, NStZ 1993, S. 159-165.
Barton, Stephan: Sozial übliche Geschäftstätigkeit und Geldwäsche (§ 261 StGB), StV 1993,
   S. 156-163.
Bentele, Florian/Schirmer, Matthias: Im Geldwäscherecht viel Neues – Das Gesetz zur Optimie-
   rung der Geldwäscheprävention, ZBB 2012, S. 303-313.
Berz, Ulrich: Grundfragen der Hehlerei, Jura 1980, S. 57-67.
Bottke, Wilfried: Teleologie und Effektivität der Normen gegen Geldwäsche, wistra 1995,
   S. 121-130.
Carl, Dieter/Hoyer, Petra/Klos, Joachim: Regelungen zur Bekämpfung der Geldwäsche und ihre
   Anwendung in der Praxis, Bielefeld 2001.
Clauß, Felix: Zur Bestimmung des Erfolgsorts und zur Strafverfolgungskompetenz bei Äuße-
   rungsdelikten im Internet, MMR 2001, S. 232-233.
Dölling, Dieter/Duttke, Gunnar/Rössner, Dieter: Gesamtes Strafrecht, 3. Aufl., Baden-Baden
   2013.
Eisele, Jörg: Strafrecht - Besonderer Teil II, 3. Aufl., Stuttgart 2015.
Erbs, Georg/Kohlhaas, Max: Strafrechtliche Nebengesetze, 208. Ergänzungslieferung, München
   2016.
Fahl, Christian: Zur Strafbarkeit wegen Geldwäsche, JZ 2009, S. 747-748.
Findeisen, Michael: Der Präventionsgedanke im Geldwäschegesetz, wistra 1997, S. 121-128.

Fischer, Thomas: Strafgesetzbuch mit Nebengesetzen, 63. Aufl., Baden-Baden 2016.

Fülbier, Andreas/Aepfelbach, Rolf/Langweg, Peter: Geldwäschegesetz, 5. Aufl., Köln 2006.

Gentzik, Daniel: Die Europäisierung des deutschen und englischen Geldwäschestrafrechts, Berlin 2002.

Harnischmacher, Robert F. J.: Internationale Geldwäsche, Kriminalistik 2002, S. 655-660.

Hecker, Bernd: Die gemeinschaftsrechtlichen Strukturen der Geldwäschestrafbarkeit in: Interdisziplinäre Kriminologie, Festschrift für Arthur Kreuzer zum 70. Geburtstag, Frankfurt 2008, S. 216-230.

Hecker, Bernd: Die Strafbarkeit grenzüberschreitender Luftverunreinigungen im deutschen und europäischen Umweltstrafrecht, ZStW 2003, S. 880-905.

Hefendehl, Roland: Kollektive Rechtsgüter im Strafrecht, Köln 2002.

Heinrich, Bernd: Der Erfolgsort beim abstrakten Gefährdungsdelikt, GA 1999, S. 72-84.

von Heintschel-Heinegg, Bernd: Beck'scher Online Kommentar zum StGB, 31. Ed., München 2016.

Herzog, Felix/Achtelik, Olaf Christoph: Geldwäschegesetz, 2. Aufl., München 2014.

Herzog, Felix/Christmann, Rainer M.: Geldwäsche und „Bekämpfungsgesetzgebung" - Ein Plädoyer für rechtsstaatliche Sensibilität –, WM 2003, S. 6-14.

Herzog, Felix/Mülhausen, Dieter: Geldwäschebekämpfung und Gewinnabschöpfung, München 2006.

Hetzer, Wolfgang: Wirtschaftsform Organisierte Kriminalität, wistra 1999, S. 126-138.

Hilgendorf, Eric/Valerius, Brian: Strafrecht Allgemeiner Teil, 2. Aufl., München 2015.

Höche, Thorsten/Rößler, Gernot: Das Gesetz zur Optimierung der Geldwäscheprävention und die Kreditwirtschaft, WM 2012, S. 1505-1512.

Hombrecher, Lars: Der Tatbestand der Geldwäsche (§ 261 StGB) – Inhalt, Aufbau, Problemstellungen, JA 2005, S. 67-71.

Hörnle, Tatjana: Verbreitung der Auschwitzlüge im Internet, NStZ 2001, S. 309-311.

Jäger, Christian: Examens-Repetitorium, Strafrecht Besonderer Teil, 6. Aufl. 2015.

Jahn, Matthias: Rechtsprechung Strafrecht, JA 1999, S. 186-189.

Jahn, Matthias: Strafrecht BT: Geldwäsche bei deliktischem Sich-Verschaffen, JuS 2010, S. 650-652.

Jahn, Matthias/Ebner, Markus: Die Anschlussdelikte - Geldwäsche (§§ 261-262 StGB), JuS 2009, S. 597-603.

Jescheck, Hans-Heinrich/Weigend, Thomas: Lehrbuch des Strafrechts: Allgemeiner Teil, Berlin 1996.

Joecks, Wolfgang: Strafgesetzbuch, 11. Aufl., München 2014.

Joecks, Wolfgang/Jäger, Markus/Randt, Karsten: Steuerstrafrecht, 8. Aufl., München 2015.

Joecks, Wolfgang/Miebach, Klaus: Münchener Kommentar zum Strafgesetzbuch: StGB, Band 1: §§ 1-37 StGB, 2. Aufl., München 2011.

Joecks, Wolfgang/Miebach, Klaus: Münchener Kommentar zum Strafgesetzbuch: StGB, Band 4: §§ 185-262 StGB, 2. Aufl., München 2012.

Kargl, Walter: Probleme des Tatbestands der Geldwäsche (§ 261 StGB), NJ 2001, S. 57-63.

Kindhäuser, Urs/Neumann, Ulfrid/Paeffgen, Hans-Ulrich: Strafgesetzbuch (StGB), Band 1 (§§ 1-79b), 4. Aufl., Baden-Baden 2013.

Kindhäuser, Urs/Neumann, Ulfrid/Paeffgen, Hans-Ulrich: Strafgesetzbuch (StGB), Band 3 (§§ 232-358), 4. Aufl., Baden-Baden 2013.

Klugmann, Marcel: Das Gesetz zur Optimierung der Geldwäscheprävention und seine Auswirkungen auf die anwaltliche Praxis, NJW 2012, S. 641-645.

Koch, Arnd: Zur Strafbarkeit der Auschwitzlüge im Internet - BGHSt 46, 212, JuS 2002, S. 123-127.

Krey, Volker/Dierlamm, Alfred: Gewinnabschöpfung und Geldwäsche, JR 1992, S. 353-360.

Krug, Björn: Anmerkung zu einer Entscheidung des BGH vom 20.05.2015, 1 StR 33/15 – Zur Totalkontamination bei Geldwäsche von Giralgeld, NZWiSt 2016, S. 159-160.

Kudlich, Hans: Anwendung deutschen Strafrechts bei Volksverhetzung im Internet, StV 2001, S. 397-399.

Kühl, Kristian/Heger, Martin: Strafgesetzbuch Kommentar, 28. Aufl., München 2014.

Kuhlen, Lothar: Umweltstrafrecht-auf der Suche nach einer neuen Dogmatik, ZStW 1993, S. 697-726.

Lampe, Ernst-Joachim: Der neue Tatbestand der Geldwäsche (§ 261 StGB), JZ 1994, S. 123-132.

Laufhütte, Wilhelm/Rissing-van Saan, Ruth/Tiedemann, Klaus: Leipziger Kommentar Strafgesetzbuch: StGB, Band 1: Einleitung; §§ 1-31, 12. Aufl., Berlin 2007.

Laufhütte, Wilhelm/Rissing-van Saan, Ruth/Tiedemann, Klaus: Leipziger Kommentar Strafgesetzbuch: StGB, Band 8: §§ 242 bis 262, 12. Aufl., Berlin 2010.

Leip, Carsten/Hardtke, Frank: Der Zusammenhang von Vortat und Gegenstand der Geldwäsche unter besonderer Berücksichtigung der Vermengung von Giralgeld, wistra 1997, S. 281-285.

Leipold, Klaus/Tsambikakis, Michael/Zöller, Mark A.: Anwaltkommentar StGB, 2. Aufl., München 2015.

Matt, Holger/Renzikowski, Joachim: Strafgesetzbuch, München 2013.

Möhrenschlager, Manfred: Das OrgKG – eine Übersicht nach amtlichen Materialien, wistra 1992, S. 281-289.

Mosiek, Marcus: Fremdrechtsanwendung -quo vadis?, StV 2008, S. 94-100.

Müller-Gugenberger, Christian: Wirtschaftsstrafrecht, Handbuch des Wirtschaftsstraf- und -ordnungswidrigkeitenrechts, 6. Aufl., Köln 2015.

Müther, Detlef: Verteidigerhonorar und Geldwäsche, Jura 2001, S. 318-325.

Otto, Harro: Das strafrechtliche Risiko der gesetzlichen Vertreter und Geldwäschebeauftragten der Kreditinstitute nach dem Geldwäschegesetz, wistra 1995, S. 323-328.

Otto, Harro: Grundkurs Strafrecht: Die einzelnen Delikte, 8. Aufl., Berlin 2015.

Petropoulos, Vasileios: Der Zusammenhang von Vortat und Gegenstand in § 261 StGB, wistra 2007, S. 241-247.

Putzke, Holm: Rechtsprechungsänderung zu § 261 StGB und Neues zum Nachteilsbegriff bei § 266 StGB – oder: Lässt sich Wertloses noch wertloser machen und ist die Erfüllung zivilrechtlicher Pflichten strafbar?, StV 2011, S. 176-180.

Rengier, Rudolf: Strafrecht Besonderer Teil I, Vermögensdelikte, 18. Aufl., München 2016.

Rettenmaier, Felix: Anmerkung zur Entscheidung des Bundesgerichtshofes vom 18.02.2009, 1 St 4/09, NJW 2009, 1617-1618, NJW 2009, S. 1619.

Richter, Christian: Anfangsverdacht für Geldwäsche, Göttingen 2009.

Rolletschke, Stefan/Jope, Daniela: Strafbefreiende Selbstanzeige: Wo soll die Reise enden?, Stbg 2014, S. 355-357.

Rönnau, Thomas: Grundwissen – Strafrecht: Erfolgs- und Tätigkeitsdelikte, JuS 2010, S. 961-963.

Rönnau, Thomas/Samson, Erich: Wirtschaftsstrafrecht, Köln 2003.

Rübenstahl, Markus/Stapelberg, Franziska: Anwaltliche Forderungsbeitreibung in bemakeltes Vermögen – grundsätzlich keine Geldwäsche, NJW 2010, S. 3692-3695.

Safferling, Christoph: Internationales Strafrecht, Heidelberg 2011.

Salditt, Franz: Der Tatbestand der Geldwäsche, StraFo 1992, S. 121-136.

Satzger, Helmut: Die Anwendung des deutschen Strafrechts auf grenzüberschreitende Gefährdungsdelikte, NStZ 1998, S. 112-117.

Satzger, Helmut: Internationales und Europäisches Strafrecht, 7. Aufl., Baden-Baden 2016.

Satzger, Helmut/Schluckebier, Wilhelm/Widmaier, Gunter: StGB Kommentar zum Strafgesetzbuch, 2. Aufl., Köln 2014.

Scholten, Hans-Joseph: Das Erfordernis der Tatortstrafbarkeit in § 7 StGB, Freiburg im Breisgau 1995.

Schönke, Adolf/Schröder, Horst: Strafgesetzbuch, 29. Aufl., München 2014.

Vogel, Joachim: Geldwäsche – ein europaweit harmonisierter Tatbestand?, ZStW 1997, S. 335-356.

Voß, Marko: Die Tatobjekte der Geldwäsche, Köln 2006.

Wabnitz, Heinz-Bernd/Janovsky, Thomas: Handbuch des Wirtschafts- und Steuerstrafrecht, 4. Aufl., München 2014.

Walter, Tonio: Einführung in das internationale Strafrecht, JuS 2006, S. 870-873.

Werner, Gerhard: Bekämpfung der Geldwäsche in der Kreditwirtschaft, Freiburg im Breisgau 1996.

Wessels, Johannes/Hillenkamp, Thomas: Strafrecht Besonderer Teil 2, 38. Aufl, Heidelberg 2015.

Wolter, Jürgen: Systematischer Kommentar zum Strafgesetzbuch, Köln 2014.

Zentes, Uta/Glaab, Sebastian: Novellierung des Geldwäschegesetzes (GwG): Ausblick auf das Gesetz zur Optimierung der Geldwäscheprävention, BB 2011, S. 1475-1480.

Kapitel 6: Finanzsanktionen nach dem AWG

A. Bankentätigkeit und Außenwirtschafts(straf)recht: Rechtliche und tatsächliche Zusammenhänge

Auch wenn es auf den ersten Blick nicht so scheint: Die Tätigkeit der Banken ist eng verknüpft mit Außenwirtschaftsrecht und Außenwirtschaftsstrafrecht. Das liegt vor allem daran, dass zum Kanon der nach dem Außenwirtschaftsgesetz (AWG) möglichen Wirtschaftssanktionen auch das sog. **Einfrieren von Geldern und Konten** gehört.

917

> Aktuelles Beispiel dafür sind u.a. die Äußerungen des US-Außenministers wegen der Truppen-Verschiebungen auf der Halbinsel Krim, man werde „Russland wirtschaftlich isolieren" und ziehe in Betracht, „russische Guthaben einzufrieren".[1] Solche Pressemeldungen betreffen etwa Ägypten,[2] Iran,[3] Libyen,[4] Syrien[5] – die Liste ist lang; Berichte über Finanzsanktionen gegen (Personen in) Staaten mit fragwürdigen politischen Kursen oder gegen Gruppierungen aus dem terrorverdächtigen Milieu sind en vogue.

---

[1] http://www.deutsche-mittelstands-nachrichten.de/2014/03/60073/; siehe auch http://www.n-tv.de/ticker/Paris-droht-Moskau-mit-neuen-Sanktionen-article12435331.html; ähnlich die EU-Außenminister: http://www.sz-online.de/nachrichten/montag-eu-aussenminister-wollen-sanktionen-gegen-russland-beschliessen-2797036.html; siehe mittlerweile auch Art. 2 Abs. 1 VO (EU) Nr. 269/2014 vom 17.3.2014 über restriktive Maßnahmen von Handlungen, die die territoriale Unversehrtheit, Souveränität und Unabhängigkeit der Ukraine untergraben oder bedrohen

[2] http://www.faz.net/aktuell/politik/ausland/naher-osten/aegypten-bittet-eu-um-einfrieren-von-konten-militaerrat-benennt-verfassungskomitee-1591170.html; siehe auch http://www.faz.net/aktuell/politik/aegypten-eu-soll-offenbar-mubaraks-konten-einfrieren-1603601.html?ressort=2.1651

[3] http://www.spiegel.de/politik/ausland/streit-um-eu-sanktionen-iran-loest-konten-in-europa-auf-a-714322.html

[4] http://www.stuttgarter-zeitung.de/inhalt.konten-eingefroren-eu-verschaerft-sanktionen-gegen-libyen.bcf6ea3d-cf5b-4729-81ae-fb529baa8670.html

[5] http://www.zeit.de/politik/ausland/2011-05/Syrien-Assad-Sanktionen

© Springer-Verlag GmbH Deutschland 2017
N. Nestler, *Bank- und Kapitalmarktstrafrecht*, Springer-Lehrbuch,
DOI 10.1007/978-3-662-53959-0_6

918 Das Einfrieren von Geldern und Konten ist eine **embargoähnliche Finanzsank-tion,**[6] die in (außen-)politischen Auseinandersetzungen als Droh- oder Druckmit-tel eingesetzt werden kann, um die Gegenseite zu einem bestimmten Verhalten zu veranlassen.[7] Solche Finanzsanktionen auf der Grundlage unmittelbar geltender Verbotsnormen tangieren insbesondere **Kreditinstitute und andere Finanzdienst-leister,** indem sie diese **rechtlich verpflichten, die bei ihnen befindlichen Einla-gen und andere Vermögenswerte einzufrieren.**[8] Transaktionsanliegen sind dann entsprechend zu prüfen und ggf. zu verweigern. Verstöße gegen derartige Verbots-normen unterliegen im deutschen Recht einer Straf- und/oder Bußgeldbewehrung nach dem AWG.[9] Darin sind Verstöße gegen Verfügungsverbote über eingefrorene Gelder explizit genannt und unter Strafe gestellt.

919 Das Spektrum der durch solche Maßnahmen im Einzelfall erfassten Beschrän-kungen ist breit und betrifft nahezu **sämtliche Verhaltensweisen mit Bezug zu den betreffenden Geldern.** Wegen ihrer Intensität, der gravierenden Auswirkungen auf ihre direkten Adressaten und Dritte sowie ihrer enormen Reichweite wird die Sanktion teilweise sogar mit einer **entschädigungslosen Vermögensentziehung** gleichgestellt.[10]

B. Grundlagen und rechtliche Fundierung

I. Definitionen

1. Embargo und Sanktion

920 Eine genaue Definition und eine trennscharfe Unterscheidung zwischen den Begrif-fen „Embargo" und „Sanktion" existieren weder in der Staatenpraxis noch in Rspr. oder Lit.[11] Auch das AWG enhält für die Ausdrücke keine Legaldefinitionen.[12]

---

[6] *Nestler* NZWiSt 2015, 81.

[7] *Plümper* Lexikon der internationalen Wirtschaftsbeziehungen, 1996, S. 137 (Handelsembargo); *Ress* Das Handelsembargo, 2000, S. 7; *Schneider* Wirtschaftssanktionen, 1999, S. 33.

[8] *Ohler* EuR 2006, 848 f.

[9] Zuletzt grundlegend reformiert durch Art. 1 des Gesetzes zur Modernisierung des Außenwirt-schaftsrechts vom 6.6.2013, BGBl. I/2013, S. 1482; inkraftgetreten gem. Art. 3 Abs. 1 des Geset-zes am 1.9.2013.

[10] *Ohler* EuR 2006, 849; ähnlich *Diggelmann* Schweizerische Zeitschrift für internationales und europäisches Recht 2009, 303.

[11] *Niestedt* in: Krenzler/Herrmann/Niestedt, EU-Außenwirtschafts- und Zollrecht, 2016, § 50 Rn. 1.

[12] Wenig hilfreich bleibt nach *Niestedt* in: Krenzler/Herrmann/Niestedt, EU-Außenwirtschafts- und Zollrecht, 2016, § 50 Rn. 2 (insb. Fn. 10) dabei ein zum Teil vertretener Ansatz, wonach ein wesentlicher Unterschied zwischen Sanktion und Embargo darin liegen soll, dass die Sanktion lediglich repressive Maßnahmen umfasst, während das Embargo auch präventiv eingesetzt wird (*Daoudi/Dajani* Economic Sanctions, 1983, S. 8). Durch seine präventive Ausrichtung unterschei-det sich das Embargo auch von dem in jüngerer Zeit zunehmend verwendeten Begriff der *Gegen-maßnahmen (countermeasures), v*gl. ILC Commission, Draft Articles on Responsibility of States for Internationally Wrongful Acts, in: Report of the International Law Commission on the Work of Its Fifty-third Session, UN-Dok. A/56/10 (2001), S. 326: "Countermeasures involve conduct taken in derogation from a subsisting treaty obligation but justified as a necessary and proportionate

Als Embargo[13] bezeichnete man früher die Beschlagnahme fremder Schiffe in **921** eigenen Hoheitsgewässern.[14] Mit einem solchen Schiffsembargo sollte politischer Druck auf den Heimatstaat der Schiffe ausgeübt werden, um diesen zu einem bestimmten (völkerrechtskonformen) Verhalten zu veranlassen.[15] Der Kern der Definition ist bis heute erhalten geblieben: Nach wohl überwiegender Ansicht gilt als **Embargo** eine **hoheitliche Maßnahme auf dem Gebiet des Außenhandels**, durch die mindestens ein Staat den Handel mit einem anderen Staat teilweise oder vollständig unterbricht, um diesen mittels des hierdurch erzeugten Drucks zu einem bestimmten (i.d.R. außenpolitisch relevanten) Verhalten zu veranlassen.[16]

Der Terminus der **Sanktion** im außenwirtschaftsrechtlichen Sinn ist weiter[17] und **922** umfasst **alle Arten von Retorsionen, Repressalien und sonstigen Zwangsmaß-nahmen** eines oder mehrerer Völkerrechtssubjekte, die gegen unfriedliche Akte anderer Völkerrechtssubjekte zur Rechtsdurchsetzung ergriffen werden.[18] Anders als ein Embargo, kann sich die Sanktion aber nicht nur gegen einen oder mehrere Staaten (d.h. gegen Völkerrechtssubjekte), sondern sich auch als „smart sanction" gezielt gegen juristische oder natürliche Personen bzw. Organisationen richten.[19] Teilweise wird der Begriff der Sanktion dabei auf solche Maßnahmen beschränkt, die von einer internationalen Organisation erlassen oder autorisiert werden.[20]

Gemeinsam ist Embargo und Sanktion, dass sie typischerweise das Ziel ver- **923** folgen, ein **völkerrechtskonformes Verhalten** des Betroffenen (Staates) herbei-zuführen oder das Unterlassen bestimmter Handlungen zu bewirken.[21] Embargo-maßnahmen erfassen nach beinahe jedem Begriffsverständnis aber einen engeren

---

response to an internationally wrongful act of the State against which they are taken"). Weil der Begriff der Sanktion gerade auch im Rahmen der auf Prävention ausgerichteten Terrorismusbe-kämpfung gebraucht wird, ist mit dieser Differenzierung wenig gewonnen.

[13] Abgeleitet vom spanischen „*embargar*" (anhalten, beschlagnahmen, pfänden), so *Altmann* Außenwirtschaft für Unternehmen, 1993, S. 474; *Ohling* Handbuch Export, Import, Spedition, 1986, S. 375 („Embargo"); *Schroth* Außenhandelslexikon, 2001, S. 222.

[14] *Tilch/Arloth* Rechtslexikon, Bd. 1, 2001, S. 1312; ausführlich *Lindemeyer* Schiffsembargo und Handelsembargo, 1975, S. 29 ff.

[15] *Lindemeyer* Schiffsembargo und Handelsembargo, 1975, S. 41 f., 48 f., 53.

[16] *Altmann* Außenwirtschaft für Unternehmen, 1993, S. 474; *Lindemeyer* Schiffsembargo und Han-delsembargo, 1975, S. 183; *Ress* Das Handelsembargo, 2000, S. 7; *Schroth* Außenhandelslexikon, 2001, S. 222.

[17] *Dahme* Terrorismusbekämpfung durch Wirtschaftssanktionen, 2007, S. 141; *Schneider* Wirt-schaftssanktionen, 1999, S. 35.

[18] *Delbrück* AVR 1992, 88 f.; *Klein* in: Strupp/Schlochauer, Wörterbuch des Völkerrechts, Bd. 2, 1969, S. 158, 160 („Sanktionen"); *Nestler* NZWiSt 2015, 82; *Ress* Das Handelsembargo, 2000, S. 10 f.

[19] *Niestedt* in: Krenzler/Herrmann/Niestedt, EU-Außenwirtschafts- und Zollrecht, 2016, § 50 Rn. 8.

[20] *Crawford* The International Law Commission's Articles on State Responsibility, 2002, S. 168; a.A. *Hakenberg* Die Iran-Sanktionen der USA während der Teheraner Geiselaffäre aus völker-rechtlicher Sicht, 1988, S. 42 ff.; *Schneider* Wirtschaftssanktionen, 1999, S. 29 f.

[21] *Bittner* RIW 1994, 458; *Lindemeyer* Schiffsembargo und Handelsembargo, 1975, S. 183 ff. Die Zielsetzung unterscheidet diese Maßnahmen von anderen Handelsbeschränkungen, die – wie z.B. Zölle – vor allem wirtschaftliche Zwecke verfolgen; so *Bast* in: Hocke/Berwald/Maurer/Friedrich Außenwirtschaftsrecht, 2006, Embargomaßnahmen, S. 8; *Meng* ZaöRV 1982, 789. Abzugrenzen sind Embargos und Sanktionen von Restriktionen, die zwar nichtwirtschaftliche Ziele verfolgen,

Maßnahmenkatalog, namentlich Beschränkungen des Güter- und Dienstleistungs-
verkehrs; nur teilweise betroffen sein kann demgegenüber der Kapitalverkehr,
sofern dieser den Gegenstand einer Ein- oder Ausfuhrtätigkeit bildet.[22] Somit
überschneiden sich die Begriffe Embargo und Sanktion im außenwirtschaftsrechtlichen Sinn partiell, bzw. bildet der Terminus der Sanktion insoweit den
Oberbegriff.[23]

> Die EU gebraucht bei der Verhängung von Embargos bzw. (Wirtschafts- oder Finanz-)
> Sanktionen bevorzugt den Begriff der restriktiven Maßnahme. Dieser Terminus wird in
> Art. 215 Abs. 2 AEUV im Zusammenhang mit Maßnahmen gegen natürliche oder juristi-
> sche Personen sowie Gruppierungen bzw. nicht-staatliche Einheiten verwendet. Im AWG
> findet sich demgegenüber der Ausdruck **„wirtschaftliche Sanktionsmaßnahme"**, §§ 4
> Abs. 2, 17-19 AWG, während die AWV wie die EU-Verordnungen von restriktiven Maß-
> nahmen spricht, etwa in § 74 Abs. 2 AWV oder § 82 AWV.[24]

2. Einfrieren von Geldern oder Konten

924   Welche Maßnahmen in concreto als Einfrieren von Geldern oder Konten gelten
können, ist nicht ganz klar. Legaldefinitionen des Terminus finden sich in einigen
der als Bezugsnormen fungierenden EU-Verordnungen.[25] Diese Begriffsbestimmungen umschreiben als Einfrieren von Geldern i.d.R. die **Verhinderung jeglicher Form der Bewegung, des Transfers, der Veränderung und der Verwendung von Geldern** sowie des Zugangs zu ihnen oder ihres Einsatzes, wodurch das
Volumen, die Höhe, die Belegenheit, das Eigentum, der Besitz, die Eigenschaften
oder die Zweckbestimmung der Gelder verändert oder sonstige Modifikationen
bewirkt werden, die eine Nutzung der Gelder einschließlich der Vermögensverwaltung ermöglichen.[26] Im Ergebnis ist damit **schlechterdings jeder Umgang
mit dem maßnahmegegenständlichen Kapital** betroffen, inklusive seiner
Vermehrung.

---

dabei aber nicht sicherheitspolitisch, sondern z.B. gesundheitspolitisch motiviert sind *Bast* in:
Hocke/Berwald/Maurer/Friedrich, Außenwirtschaftsrecht, 2006, Embargomaßnahmen, S. 8.

[22] *Ress* Das Handelsembargo, 2000, S. 11.

[23] Teilweise werden vor allem im anglo-amerikanischen und im französischen Sprachraum die
Begriffe synonym verwendet; so *Niestedt* in: Krenzler/Herrmann/Niestedt, EU-Außenwirtschafts-
und Zollrecht, 2016, § 50 Rn. 2.

[24] Im vorliegenden Beitrag wird der Begriff des Embargos im (engen) Sinn einer Beschränkung der
Ein- oder Ausfuhr von Waren, Dienstleistungen oder Kapital gegenüber einem Staat oder mehreren
Staaten verwendet. Sanktion soll i.w.S. verstanden werden und Embargos sowie sonstige (restrik-
tive) Maßnahmen erfassen.

[25] So u.a. in Art. 1 lit. b der Tunesien-Embargo-Verordnung, VO (EU) Nr. 101/2011 vom 4.2.2011;
siehe bereits Fn. 7.

[26] Ähnlich z.B. Art. 1 lit. f VO (EU) Nr. 269/2014 vom 17.3.2014 über restriktive Maßnahmen
angesichts von Handlungen, die die territoriale Unversehrtheit, Souveränität und Unabhängigkeit
der Ukraine untergraben oder bedrohen; Art. 1 lit. g VO (EU) Nr. 224/2014 vom 10.3.2014 über
restriktive Maßnahmen angesichts der Lage in der Zentralafrikanischen Republik; Art. 1 lit. f VO
(EU) Nr. 208/2014 vom 5.3.2014 über restriktive Maßnahmen gegen bestimmte Personen, Organisationen und Einrichtungen angesichts der Lage in der Ukraine.

Legt man diese Definition zu Grunde, so stellt das Einfrieren eine wirtschaftliche Sanktion im o.g. Sinn dar. Zugleich zählt das Einfrieren von Konten zum Katalog der restriktiven Maßnahmen der EU.[27]

II. Grundlagen der Finanzsanktionen

1. Rechtsgrundlagen

Maßnahmen wie das Einfrieren von Konten können das Resultat rechtsschöpferischer Tätigkeit der **Vereinten Nationen**, der **Europäischen Union** oder der **Nationalstaaten** sein. Sanktionsmaßnahmen der UN werden durch Resolutionen ihres Sicherheitsrats verhängt. Adressaten dieser Resolutionen sind lediglich die Mitgliedstaaten, jedoch keine Einzelpersonen; daher bedürfen sie einer Umsetzung in deren jeweiligen Rechtsordnungen.[28]

925

Ein prominentes Beispiel bildet die geplante aber durch das russische Veto (vorerst) verhinderte sog. Krim-Resolution.[29] Insgesamt sahen von den 47 Resolutionen des Sicherheitsrats aus dem Jahr 2013 immerhin 16[30] generell restriktive Maßnahmen (Waffen- oder sonstige warenbezogene Embargos, Finanzsanktionen usw.) vor; mindestens 7[31] davon beinhalteten Finanzsanktionen gegen die betroffenen Staaten oder einzelne Personen. Die UN gelten daher als einer der wichtigsten Impulsgeber für den Erlass solcher Sanktionen auf staatlicher Ebene bzw. auf Ebene der EU.[32]

Aufgrund der EU-Kompetenz zum Erlass von den Kapital- und Zahlungsverkehr beschränkenden Maßnahmen fußt eine Majorität derartiger Regelungen heute auf **EU-Recht**. Mit Beschluss des Rates werden einerseits die Resolutionen des Sicherheitsrats der UN in einen Standpunkt der EU umgesetzt, Art. 29 EUV.[33] Sanktionsmaßnahmen der EU sind jedoch andererseits auch ohne zugrunde liegende Maßnahmen der UN möglich,[34] wobei es hierzu ebenfalls eines Ratsbeschlusses nach Art. 29 EUV bedarf.[35]

926

---

[27] *Nestler* NZWiSt 2015, 83.

[28] *Herdegen* Völkerrecht, 2016, § 7 Rn. 1, § 20 Rn. 3.

[29] http://www.faz.net/aktuell/politik/ausland/un-sicherheitsrat-russland-legt-veto-gegen-krim-resolution-ein-12848341.html

[30] Nrn. 2026, 2093, 2094, 2095, 2098, 2100, 2101, 2102, 2106, 2111, 2112, 2117, 2118, 2124, 2127, 2128.

[31] Nrn. 2086, 2093, 2094, 2095, 2101, 2111, 2127. Zudem enthielten Nrn. 2098 und 2125 eine entsprechende Androhung bzw. sahen einen Prüfauftrag vor.

[32] *Kaufmann-Bühler* in: Grabitz/Hilf/Nettesheim, Das Recht der Europäischen Union, 2014, Art. 29 EUV Rn. 2.

[33] *Kaufmann-Bühler* in: Grabitz/Hilf/Nettesheim, Das Recht der Europäischen Union, 2014, Art. 29 EUV Rn. 2, 11.

[34] So z.B., wenn ein oder mehrere Mitglieder der Vereinten Nationen entsprechende Resolutionen durch ihr Veto blockieren: http://www.sueddeutsche.de/politik/un-sicherheitsrat-keine-sanktionen-gegen-simbabwe-1.199145.

[35] *Kaufmann-Bühler* in: Grabitz/Hilf/Nettesheim, Das Recht der Europäischen Union, 2014, Art. 29 EUV Rn. 2, 11. Die Umsetzung der Ratsbeschlüsse erfolgt i.d.R. durch Erlass von unmittelbar in den Mitgliedstaaten geltenden Verordnungen, Art. 288 Abs. 1 S. 1 AEUV.

927   Die **Nationalstaaten** selbst können Sanktionsmaßnahmen in Ausnahmefällen (vgl.
Art. 3 Abs. 1 lit. 3, 215 AEUV) bei Vorliegen schwerwiegender politischer Umstände
aus Gründen der Dringlichkeit auch einseitig auf dem Gebiet des Kapital- und Zahlungsverkehrs erlassen, solange der (Minister-)Rat keine Maßnahmen getroffen hat.[36]
Denkbar sind ferner einzelstaatliche Maßnahmen z.B. durch das Finanzministerium
der USA (OFAC) oder das Staatssekretariat für Wirtschaft der Schweiz.[37]

> Gegen etliche Staaten bestanden und bestehen in Deutschland gültige Sanktionen im
> Kapital- und Zahlungsverkehr, in deren Zusammenhang die Gelder und Konten dort befind-
> licher Personen oder Gruppierungen eingefroren wurden. Darunter finden sich Ägypten,[38]
> Afghanistan,[39] Bundesrepublik Jugoslawien,[40] Demokratische Volksrepublik Korea,[41] Elfen-
> beinküste,[42] Eritrea,[43] Irak,[44] Iran,[45] Libyen,[46] Republik Guinea,[47] Simbabwe,[48] Syrien,[49]
> Tunesien,[50] Ukraine[51] oder Weißrussland.[52]

---

[36] Vgl. Art. 346 Abs. 1 lit. b, 347 AEUV.

[37] Siehe *Niestedt* in: Krenzler/Herrmann/Niestedt, EU-Außenwirtschafts- und Zollrecht, 2016, § 50
Rn. 10 f. zum Gewalt- und Interventionsverbot bei einzelstaatlichen Embargos.

[38] Art. 2 Abs. 1 VO (EU) Nr. 270/2011 vom 21.3.2011 über restriktive Maßnahmen gegen bestimmte
Personen, Organisationen und Einrichtungen angesichts der Lage in Ägypten.

[39] Art. 3 Abs. 1 VO (EU) Nr. 753/2011 vom 1.8.2011 über restriktive Maßnahmen gegen bestimmte
Personen, Gruppen, Unternehmen und Einrichtungen angesichts der Lage in Afghanistan.

[40] Art. 1 Abs. 1 VO (EG) Nr. 2488/2000 vom 10.11.2000 über die Aufrechterhaltung des Einfrierens von Geldern betreffend Herrn Milosevic und Personen seines Umfelds.

[41] Art. 6 Abs. 1 VO (EG) Nr. 329/2007 vom 27.3.2007 über restriktive Maßnahmen gegen die
Demokratische Volksrepublik Korea.

[42] Art. 2 Abs. 1 VO (EG) Nr. 560/2005 vom 12.4.2005 über die Anwendung spezifischer restriktiver
Maßnahmen gegen bestimmte Personen und Organisationen angesichts der Lage in der Republik
Côte d'Ivoire.

[43] Art. 4 Abs. 1 VO (EU) Nr. 667/2010 vom 26.7.2010 über bestimmte restriktive Maßnahmen
gegen Eritrea.

[44] Bspw. Art. 4 Abs. 1 VO (EG) Nr. 1210/2003 vom 7.7.2003 über bestimmte spezifische Beschränkungen in den wirtschaftlichen und finanziellen Beziehungen zu Irak.

[45] Bspw. Art. 23 ff. VO (EU) Nr. 267/2012 vom 23.3.2012 über restriktive Maßnahmen gegen Iran.

[46] Art. 5 Abs. 1 VO (EU) Nr. 204/2011 vom 2.3.2011 über restriktive Maßnahmen angesichts der
Lage in Libyen.

[47] Art. 6 Abs. 1 VO (EU) Nr. 1284/2009 vom 22.12.2009 zur Einführung bestimmter restriktiver
Maßnahmen gegenüber der Republik Guinea.

[48] Art. 6 Abs. 1 VO (EG) Nr. 314/2004 vom 19.2.2004 über bestimmte restriktive Maßnahmen
gegenüber Simbabwe.

[49] Bspw. Art. 14 Abs. 1 VO (EU) Nr. 509/2012 vom 15.6.2012 über restriktive Maßnahmen angesichts der Lage in Syrien.

[50] Art. 2 Abs. 1 VO (EU) Nr. 101/2011 vom 4.2.2011 über restriktive Maßnahmen gegen bestimmte
Personen, Organisationen und Einrichtungen angesichts der Lage in Tunesien.

[51] Art. 2 Abs. 1 VO (EU) Nr. 269/2014 vom 17.3.2014 über restriktive Maßnahmen von Handlungen, die die territoriale Unversehrtheit, Souveränität und Unabhängigkeit der Ukraine untergraben
oder bedrohen.

[52] Art. 2 Abs. 1 VO (EG) Nr. 765/2006 vom 18.5.2006 über restriktive Maßnahmen gegen Präsident
Lukaschenko und verschiedene belarussische Amtsträger.

2. Wirkung und Ziel strafbewehrter Finanzsanktionen

Embargo und Finanzsanktion sind Beschränkungen des Außenwirtschafts-　**928**
verkehrs, die **aus außen- oder sicherheitspolitischen Gründen angeordnet**
werden.[53] Finanzsanktionen verfolgen zum Teil dieselben Ziele wie das klassische Embargo. Dessen direktes Ziel in seiner ursprünglichen Form war und
ist die Schwächung eines potentiellen oder tatsächlichen Kriegsgegners, insbesondere durch ein Waffenembargo.[54] Heute dienen Embargos zumeist vorrangig dem indirekten Zweck, auf das politische Verhalten eines Staates einzuwirken.[55] Konkrete Anlässe können z.B. ein militärischer Angriff gegen einen
dritten Staat, ein schwerer Verstoß gegen die Menschenrechte oder auch nur
ein unwillkommener Regierungswechsel sein.[56] Neben diesen militärischen
bzw. außenpolitischen Aspekten kommt besondere Bedeutung aber den Aufgaben zu, **Finanzströme zu unterbinden**, mit deren Hilfe Einzelpersonen oder
ganze Organisationen den **Terrorismus finanzieren,**[57] und der **Proliferation
von Massenvernichtungswaffen** sowie vor allem deren Finanzierung entgegen-
zutreten.[58] Im Zentrum der zu diesem Zweck eingesetzten Sanktionen steht das
Einfrieren von Vermögenswerten derjenigen Personen, die in Verdacht stehen,
als Terroristen (oder Störer sonstiger Art) tätig zu sein oder terroristische respektive kriegerische Handlungen zu unterstützen.[59] Die Sanktion weist damit
eine präventive Ausrichtung dahingehend auf, ebenjene terroristischen oder
kriegerischen Handlungen zu verhindern bzw. sogar bereits im Vorfeld deren
Vorbereitung zu unterbinden. Dabei treten neben die ursprünglichen Zwecke
wirtschaftlicher Sanktionsmaßnahmen (**äußere Sicherheit**) solche der **inneren
Sicherheit** eines Staates.[60]

Diese Sanktionen richten sich – wie schon gesagt – häufig nicht mehr gegen　**929**
ganze Staaten als solche,[61] sondern adressieren **personenbezogen** lediglich **einzelne**

---

[53] *Niestedt* in: Krenzler/Herrmann/Niestedt, EU-Außenwirtschafts- und Zollrecht, 2016, § 50 Rn. 1.

[54] *Plümper* Lexikon der Internationalen Beziehungen, 1996, S. 136.

[55] *Achtelik* in: Herzog/Achtelik, GWG, 2014, § 6a KWG Rn. 9; *Plümper* Lexikon der Internationalen Wirtschaftsbeziehungen, 1996, S. 137.

[56] *Plümper* Lexikon der Internationalen Beziehungen, 1996, S. 137.

[57] *Meyer* ZEuS 2007, 3; *Oehler* EuR 2006, 848; siehe auch *Roeder/Buhr* BB 2011, 1333.

[58] *Achtelik* in: Herzog/Achtelik, GWG, 2014, § 6a KWG Rn. 9; unter Berufung auf den vollständigen Titel der neu gefassten FATF Empfehlungen vom Februar 2012: „International Standards
on Combating Money Laundering and the Financing of Terrorism & Proliferation – the FATF
Recommendations".

[59] *Oehler* EuR 2006, 848 unter Verweis auf *van Aaken* in: Bungenberg/Meessen, Internationales
Wirtschaftsrecht im Schatten des 11. September 2001, 2004, Verschärfte Kontrolle transnationaler
Finanzmärkte, S. 133 ff.; *Albin* ZRP 2004, 71 ff.; *Bartelt/Zeitler* EuZW 2003, 712 ff.; *Biehler* AVR
2003, 169 ff.; *Schmalenbach* JZ 2006, 349 ff.

[60] Vgl. *Hirsch* ZRP 2008, 24; *Hörmann* EuR 2007, 123; *Nestler* NZWiSt 2015, 84.

[61] *Bieneck* in: Müller-Gugenberger, Wirtschaftsstrafrecht, 2015, § 62 Rn. 83, wobei *Bieneck* als
Bspe. für Maßnahmen gegen ganze Staaten die Sanktionen gegen den Irak und die Bundesrepublik
Jugoslawien anführt.

Individuen, juristische Personen, Gruppierungen oder Organisationen.[62] Partiell wird dieses Vorgehen von der Motivation geleitet, die humanitär kaum tragbaren Folgen von Totalsanktionen für die Zivilbevölkerung zu vermeiden.[63] Zugleich verbirgt sich dahinter jedoch die Vermutung, dass die Gefahren, denen durch Sanktionsmaßnahmen begegnet werden sollen, nicht von den Staaten oder deren politischer Spitze selbst ausgehen, sondern von nichtstaatlichen Gruppierungen, deren Netzwerke sich zumeist über mehrere Staaten erstrecken. Das Bestreben, nur die für die Gefahr oder Bedrohung Verantwortlichen zu treffen, unbeteiligte Dritte aber zu verschonen, brachte Maßnahmen hervor, die verbreitet als „**smart sanctions**"[64] oder „**targeted sanctions**"[65] umschrieben werden. Sie richten sich unabhängig von Staatsangehörigkeit oder Aufenthaltsort gezielt gegen diejenigen Personen und Organisationen, die als Verursacher der Störung identifiziert worden sind.[66]

930   Mit der Schaffung derartiger Sanktionen verbunden war ein außenwirtschaftsrechtlicher und auch außenpolitischer **Paradigmenwechsel**. Anders als bei einem herkömmlichen Embargo beschränkt sich der Adressatenkreis nämlich nicht mehr auf Völkerrechtssubjekte. Eingefroren werden i.d.R. also nicht die Gelder und Konten eines ganzen Staates, sondern lediglich die bestimmter Personen oder Gruppierungen, nicht selten aber auch der politischen Führung; deren Namen und Personalien werden in der Anlage zu der entsprechenden Verordnung aufgelistet (sog. **Sanktionslisten**).[67]

> Mit der Implementierung solcher Verbotsnormen in strafrechtliche Blankett-Tatbestände entsteht allerdings eine Art **personenbezogenes Strafrecht**, das u.a. eine bestimmte Geschäftstätigkeit der oder mit den gelisteten Personen unter Strafe stellt. In individualisierten Strafnormen, die tatbestandlich von der Mitwirkung einzelner „Störer" abhängig sind, realisiert sich zumindest teilweise die Tendenz, Kriminalsanktionen nicht an ein gefährliches oder gar Rechtsgüter verletzendes Verhalten zu knüpfen, sondern die Strafe an die Gefährlichkeit einer bestimmten Person zu binden.[68]

---

[62] *Achtelik* in: Herzog/Achtelik, § 6a KWG Rn. 9; *Meyer*, ZEuS 2007, 3.

[63] *Diggelmann* Schweizerische Zeitschrift für internationales und europäisches Recht 2009, 303; *Meyer* ZEuS 2007, 3 f.; ferner zur Kritik *Bartelt/Zeitler* EuZW 2003, 712 ff.; siehe auch *Braunmühl/Kulessa* The Impact of UN Sanctions on Humanitarian Assistance Activities, 1995, S. 30.

[64] *Meyer*, ZEuS 2007, 3; *Ohler* EuR 2006, 848; zur Entwicklung des Begriffs *Kaleck* KJ 2011, 64; *Niestedt* in: Krenzler/Herrmann/Niestedt, EU-Außenwirtschafts- und Zollrecht, 2016, § 50 Rn. 8; ferner *Ganguli Smarte Finanzsanktionen der EU*, 2013, S. 12; *Meyer* ZEuS 2007, 4; *Schmalenbach* JZ 2006, 350.

[65] *Schlarmann/Spiegel* NJW 2007, 870.

[66] *Ohler* EuR 2006, 850; ferner *Frentz* in: Achtelik/Amtage/El-Samalouti et al., Risikoorientierte Geldwäschebekämpfung, 2011, Rn. 822 f. Inzwischen wird sogar davon ausgegangen, dass sämtliche Sanktionen der UN *smart* bzw. *targeted sanctions* sind; eingehend dazu *Schöppner* Wirtschaftssanktionen und Bereitstellungsverbote, 2013, S. 50 (dort Fn. 109).

[67] *Ohler* EuR 2006, 851 f.; zur damit verbundenen Verpflichtung zum sog. Terrorlistenscreening vor Vertragsschluss bzw. Lieferung/Leistung *Roeder/Buhr* BB 2011, 1333 ff.

[68] *Nestler* NZWiSt 2015, 88. Krit. zu Tendenzen eines täterbezogenen Strafrechts *Hassemer/Neumann* in: NK-StGB, 2013, vor § 1 Rn. 47 f.; ferner (statt Vieler) *Greco* GA 2006, 96 ff.; *Saliger* JZ 2006, 756; *Schünemann* GA 2001, 210 ff.

Obendrein treten einige der mit Sanktionsmaßnahmen verbundenen Nachteile und Risiken unabhängig von der Ausgestaltung als staatenbezogene oder smarte Sanktion auf. Hohe Kosten bei der Bewältigung, der mit der Maßnahme verbundenen Einschränkungen können zu einer Verhärtung der politischen Haltung führen[69] und damit in diametraler Richtung wirken. Da zudem Staaten zur Durchsetzung eines Embargos nicht partikular, sondern nur als Kollektiv in der Lage sind,[70] bedarf es eines internationalen sowie nationalen Konsenses, um einem Handelsembargo Geltung zu verschaffen. Ein Handelsembargo taugt damit nur bedingt, politischen Druck aufzubauen.[71] Effektiver und nachhaltiger für diese Zwecke sind deshalb oftmals **Finanzsanktionen**, die ein sehr viel **kleineres Spektrum an Umgehungs- und Ausweichmöglichkeiten** offenlassen und den betroffenen Staat (bzw. die gelisteten natürlichen und juristischen Personen) dadurch in schwerwiegender Weise einschränken können. Bspw. führt die Beschlagnahme von Auslandsvermögen zu einer weitgehenden Lähmung der wirtschaftlichen Betätigung in dem/den die Maßnahme verhängenden Staat/en.[72]

3. Adressatenkreis der (strafbewehrten) Finanzsanktion

Von den direkten Adressaten der Sanktion (Staat, Einzelperson, Organisation) zu unterscheiden sind die „indirekten" Adressaten der Verbote, die sich prinzipiell an alle Rechtsunterworfenen richten. Die Einschränkungen – d.h. die Verfügungsverbote über Gelder – treffen damit insbesondere **Investoren, Geschäftspartner** der betroffenen Personen und/oder Organisationen, **Finanzdienstleister** usw. – mithin jeden, der mit den finanziellen Ressourcen der Betroffenen auf irgendeine Weise in Verbindung steht, indem er diese mehrt oder aus ihnen Zahlungen erhält.[73]

931

Solche Risiken gelten in der Außenwirtschaft als konventionell und sind allerseits geläufig.[74] Wirtschaftssanktionen stören die Abwicklung bspw. von Exportgeschäften unabhängig von ihrer Ausgestaltung als Finanz- oder Embargomaßnahme.[75] Zwar wird versucht, diese Wirkungen durch den personengezielten Einsatz der Sanktionen (smart bzw. targeted sanction) abzumildern. Dass die Maßnahmen aber Dritte negativ affektieren, lässt sich dadurch nicht völlig vermeiden. Finanzsanktionen im Speziellen bedeuten damit einen erheblichen Eingriff in den grundsätzlich freien[76] Außenwirtschaftsverkehr und erlegen

---

[69] *Plümper* Lexikon der Internationalen Wirtschaftsbeziehungen, 1996, S. 138; ähnlich *Diggelmann* Schweizerische Zeitschrift für internationales und europäisches Recht 2009, 302.

[70] Sog. Kollektivembargo: *Altmann* Außenwirtschaft für Unternehmen, 1993, S. 474; *Schroth* Außenhandelslexikon, 2001, S. 222.

[71] *Plümper* Lexikon der Internationalen Wirtschaftsbeziehungen, 1996, S. 138 („vergleichsweise geringe volkswirtschaftliche Schäden"); krit. insoweit *Diggelmann* Schweizerische Zeitschrift für internationales und europäisches Recht 2009, 302: „Die Wirkung von Wirtschaftsembargos etwa erschöpft sich zuweilen darin, die Armut im betreffenden Land zu steigern … ".

[72] *Plümper* Lexikon der Internationalen Wirtschaftsbeziehungen, 1996, S. 138.

[73] Insg. krit. *Roeder/Buhr* BB 2011, 1333.

[74] So sieht bspw. auch *Büter* Außenhandel, 2013, S. 395 eines der generellen politischen Risiken beim Außenhandel in der möglichen Verhängung eines Zahlungsverbots bzw. Moratoriums. Durch ein Zahlungsverbot werden sämtliche Zahlungen an das Ausland untersagt; beim Moratorium handelt es sich um einen staatlich verordneten Zahlungsaufschub.

[75] Vgl. *Büter* Außenhandel, 2013, S. 395.

[76] *Epping* Außenwirtschaftsfreiheit, 1998, S. 1 f.

einer Vielzahl von Personen, in erster Linie **Finanzdienstleistern immense Prüfungs- und Sorgfaltspflichten**[77] auf.

C. Strafbarkeit gem. § 18 Abs. 1 Nr. 1 lit. b AWG

932 Von der Sanktion selbst zu unterscheiden ist die rechtliche Fundierung der Strafbewehrung von Verstößen gegen die Restriktionen, die sich für die Bundesrepublik Deutschland in § 18 AWG findet. Daneben treten Ordnungswidrigkeitentatbestände, u.a. nach § 19 AWG.

Finanzsanktionen (als smarte Sanktionen) sind spätestens seit Ende der 90er Jahre des 20. Jahrhunderts zu einem festen Bestandteil von Außenpolitik und Außenwirtschaft geworden. Dennoch fanden Verstöße gegen Verfügungsverbote über eingefrorene Gelder und Konten in den Strafvorschriften des AWG bislang kaum explizite Erwähnung; weder § 34 AWG a.F. noch die Bußgeldvorschrift des § 33 AWG a.F. enthielten im Wortlaut entsprechende Hinweise.[78] Bußgeldbewehrt und im Einzelfall sogar strafbar waren Verstöße gegen Finanzsanktionen gleichwohl. So drohte bspw. für Verfügungen über eingefrorene Vermögenswerte gem. § 33 Abs. 1, Abs. 4 AWG a.F. i.V.m. § 70 Abs. 1 (bspw. Abs. 5 g, Abs. 5i) AWV a.F. ein Bußgeld; strafbar war das Verhalten nur, falls die Tat darüber hinaus geeignet war, die äußere Sicherheit der BRD, das friedliche Zusammenleben der Völker oder die auswärtigen Beziehungen der BRD erheblich zu gefährden, § 34 Abs. 2 AWG a.F. Soweit Finanzsanktion einen Teil einer vom Sicherheitsrat der UN nach Kapitel VII der UN-Charta oder einer vom Rat der EU im Bereich der Gemeinsamen Außen- und Sicherheitspolitik beschlossenen wirtschaftlichen Sanktionsmaßnahme bilde(te)n und als solche in einer Rechtsverordnung i.S.v. § 34 Abs. 4 Nr. 1 AWG a.F. umgesetzt wurden, standen Verstöße nach dieser Vorschrift ebenfalls unter Strafe. Dies traf bspw. auf das Irak-Embargo,[79] die Libyen-Embargos[80] sowie das Jugoslawien-Embargo[81] zu, die eine „große Palette möglicher Tathandlungen"[82] umfassten und sich auch auf den Kapital- und Zahlungsverkehr einschränkend auswirken sollten.

933 § 18 Abs. 1 Nr. 1 lit. b AWG normiert ein **abstraktes Gefährdungsdelikt**, das als **Vergehen** ausgestaltet ist.[83] Die Vorschrift enthält ein **Blankett**, das seine

---

[77] Vgl. nur *Roeder/Buhr* BB 2011, 1333 ff. zum erforderlichen „Terror-Listenscreening".

[78] *Zöller* Terrorismusstrafrecht, 2009, S. 623 sieht einen solchen Bezug bereits in § 34 Abs. 4 Nr. 2 AWG a.F. – dies allerdings nicht im Wortlaut, sondern lediglich dem Sinn und Zweck der Norm nach.

[79] Bspw. VO (EG) Nr. 1210/2003 vom 7.7.2003 über bestimmte spezifische Beschränkungen in den wirtschaftlichen und finanziellen Beziehungen zu Irak.

[80] VO (EU) Nr. 204/2011 vom 2.3.2011 über restriktive Maßnahmen angesichts der Lage in Libyen sowie VO (EU) Nr. 572/2011 vom 16.6.2011 zur Änderung der Verordnung (EU) Nr. 204/2011 über restriktive Maßnahmen angesichts der Lage in Libyen.

[81] VO (EG) Nr. 2488/2000 vom 10.11.2000 über die Aufrechterhaltung des Einfrierens von Geldern betreffend Herrn Milosevic und Personen seines Umfelds.

[82] *Bieneck* wistra 1994, 175.

[83] *Nestler* in: Esser et al., Kommentar zum Wirtschaftsstrafrecht, 2017, § 18 AWG Rn. 1; *Nestler* NZWiSt 2015, 88 f. Krit. und zweifelnd an der stärkeren Präventionswirkung der Differenzierung *Walter* RIW 2013, 208.

Ausfüllungsnormen insbesondere unmittelbar in Rechtsakten der EU findet. Täter kann jeder sein, der die umschriebenen Tathandlungen verwirklicht (und daher der Genehmigungspflicht unterfällt); die Tat ist grds. **kein Sonderdelikt**, wobei maßgeblich letztlich der unmittelbar in Bezug genommene Rechtsakt ist.[84]

I. Objektiver Tatbestand: Verstoß gegen Verfügungsverbot über eingefrorene Gelder, Abs. 1 Nr. 1 lit. b

1. Unmittelbar geltender Rechtsakt der EU

Nach § 18 Abs. 1 AWG macht sich strafbar, wer in unmittelbar geltenden Rechts-   **934** akten der EU geregelten Verboten oder Beschränkungen im Außenwirtschaftsverkehr zuwiderhandelt, die der Durchführung einer vom Rat der EU im Bereich der Gemeinsamen Außen- und Sicherheitspolitik beschlossenen wirtschaftlichen Sanktionsmaßnahme dienen. Während § 18 Abs. 1 Nr. 1 AWG die Zuwiderhandlung an sich unter Strafe stellt, betrifft dessen Abs. 1 Nr. 2 den Verstoß gegen diesbzgl. Genehmigungspflichten.[85]

§ 18 Abs. 1 Nr. 1 AWG erfordert, dass das betreffende Verbot in einem unions-   **935** rechtlichen Rechtsakt geregelt ist, der in der Bundesrepublik Deutschland unmittelbar gilt, und der im Amtsblatt der EG bzw. der EU veröffentlicht ist. Das Erfordernis unmittelbarer Geltung beschränkt den Kreis der Ausfüllungsnormen auf **Rechtsverordnungen** i.S.d. Art. 288 Abs. 2 S. 1 AEUV. Diese müssen der Durchführung einer vom Rat der EU im Bereich der Gemeinsamen Außen- und Sicherheitspolitik beschlossenen wirtschaftlichen Sanktionsmaßnahme dienen. Als Ausfüllungsnormen kommen demnach Rechtsverordnungen insbesondere zur Umsetzung von Resolutionen der **Vereinten Nationen** nach Kapitel VII UN-Charta in Betracht, die wiederum einen Beschluss des Rates erfordern, Art. 29 EUV.[86] Zwar können die **Nationalstaaten** in Ausnahmefällen selbst Sanktionsmaßnahmen erlassen, vgl. Art. 3 Abs. 1 lit. e, 215 AEUV sowie Art. 346 Abs. 1 lit. b, 347 AEUV. Diese genügen grds. jedoch nicht als Ausfüllungsnormen im Rahmen des Abs. 1.

2. Verfügungsverbot über eingefrorene Gelder

Der betreffende Rechtsakt muss ein Verfügungsverbot über eingefrorene Gelder   **936** und/oder wirtschaftliche Ressourcen enthalten, § 18 Abs. 1 Nr. 1 lit. b, Nr. 2 lit. b AWG. Welche Maßnahmen in concreto als Einfrieren von Geldern oder Konten gelten können, ist – wie schon gesagt – nicht ganz klar. Die Vorschrift erfasst als Einfrieren von Geldern die Verhinderung jeglicher Form der Bewegung, des Transfers, der Veränderung und der Verwendung von Geldern sowie des Zugangs zu ihnen oder ihres Einsatzes, wodurch das Volumen, die Höhe, die Belegenheit, das Eigentum, der Besitz, die Eigenschaften oder die Zweckbestimmung der Gelder verändert

---

[84] *Nestler* in: Esser et al., Kommentar zum Wirtschaftsstrafrecht, 2017, § 18 AWG Rn. 3. Eingehend dazu *Nestler/Lehner* Jura 2017, 403 ff.

[85] *Nestler* in: Esser et al., Kommentar zum Wirtschaftsstrafrecht, 2017, § 18 AWG Rn. 5.

[86] *Kaufmann-Bühler* in: Grabitz/Hilf/Nettesheim, Art. 29 EUV Rn. 2, 11.

oder sonstige Veränderungen bewirkt werden, die eine Nutzung der Gelder einschließlich der Vermögensverwaltung ermöglichen.[87] Im Ergebnis ist damit nahezu
jeder Umgang mit dem maßnahmegegenständlichen Kapital betroffen, inklusive seiner Vermehrung.

937   Diese Sanktionen richten sich – siehe oben – häufig nicht mehr gegen ganze
Staaten als solche, sondern adressieren **personenbezogen** lediglich **einzelne Individuen**, juristische Personen, Gruppierungen oder Organisationen[88]. Partiell wird
dieses Vorgehen von der Motivation geleitet, die humanitär kaum tragbaren Folgen
von Totalsanktionen für die Zivilbevölkerung zu vermeiden.[89] Gleichwohl: Mit der
Implementierung solcher Verbotsnormen in strafrechtliche Blankette entstehen personenbezogene Straftatbestände, die etwa eine bestimmte Geschäftstätigkeit der
oder mit den gelisteten Personen unter Strafe stellen und diese wirtschaftlich Hand-
lungsunfähig machen.

Beispiel 83[90]

Die deutsche Niederlassung der iranischen پول-Bank beabsichtigt, die für das
abgelaufene Quartal angefallenen Gewinne an den iranischen Hauptsitz der
Bank zu transferieren. Sämtliche von der پول-Bank geführten Konten wurden
allerdings auf der Grundlage von Resolutionen des Sicherheitsrats der Vereinten
Nationen durch eine unionsrechtliche Verordnung über restriktive Maßnahmen
gegen Iran im Unionsgebiet eingefroren. Um trotzdem die Gewinne überweisen
zu können, transferiert der zuständige Filialleiter F diese auf ein separates Konto
bei der (deutschen) B-Bank.

Bereits diese Überweisung ist aufgrund der Verordnung über restriktive Maßnahmen gegen Iran unzulässig. Durch das Einfrieren von Geldern werden nicht
nur Überweisungen mit Auslandsbezug, sondern auch rein innerstaatliche Transaktionen verboten. I.d.R. definieren die einschlägigen EU-Verordnungen (und so
auch hier die Verordnung der EU Nr. 267/2012) „Einfrieren von Geldern" als die
Verhinderung jeglicher Form der Bewegung, des Transfers, der Veränderung und
der Verwendung von Geldern sowie des Zugangs zu ihnen oder ihres Einsatzes,
wodurch das Volumen, die Höhe, die Belegenheit, das Eigentum, der Besitz, die
Eigenschaften oder die Zweckbestimmung der Gelder verändert oder sonstige

---

[87] Siehe oben Rn. 924. Ähnlich z.B. Art. 1 lit. f VO (EU) Nr. 269/2014 vom 17.3.2014 über restrik-
tive Maßnahmen angesichts von Handlungen, die die territoriale Unversehrtheit, Souveränität und
Unabhängigkeit der Ukraine untergraben oder bedrohen; Art. 1 lit. g VO (EU) Nr. 224/2014 vom
10.3.2014 über restriktive Maßnahmen angesichts der Lage in der Zentralafrikanischen Republik;
Art. 1 lit. f VO (EU) Nr. 208/2014 vom 5.3.2014 über restriktive Maßnahmen gegen bestimmte
Personen, Organisationen und Einrichtungen angesichts der Lage in der Ukraine.

[88] *Achtelik* in: Herzog/Achtelik, § 6a KWG Rn. 9; *Meyer* ZEuS 2007, 3.

[89] *Diggelmann* Schweizerische Zeitschrift für internationales und europäisches Recht 2009, 303;
Meyer ZEuS 2007, 3 f.; ferner zur Kritik *Bartelt/Zeitler* EuZW 2003, 712 ff.; siehe auch *Braun-
mühl/Kulessa* The Impact of UN Sanctions on Humanitarian Assistance Activities, 1995, S. 30.

[90] Angelehnt an BayVGH NVwZ 2010, 463 ff.

Veränderungen bewirkt werden, die eine Nutzung der Gelder einschließlich der Vermögensverwaltung ermöglichen. Die Formulierung „jegliche" unterstreiche die umfassende Bedeutung des Begriffs „Einfrieren".[91] Das Einfrieren müsse sich schon deshalb auch auf rein innerstaatliche Transaktionen beziehen, weil diese unter Berücksichtigung insbesondere der Freizügigkeit und des freien Kapitalverkehrs sowie der Intransparenz der internationalen Finanzkreisläufe gleichermaßen geeignet sind, zu einer Finanzierung der abzuwehrenden Politik des Drittlands beizutragen.

Aufgrund jener gravierenden Auswirkungen auf die gelisteten Personen und Orga-   **938** nisationen wird in der Lit. zum Teil erwogen, derartige Vorschriften seien verfassungskonform einschränkend auszulegen. Eine Zuwiderhandlung sei daher nur dann mit Strafe bedroht, wenn der Empfänger der Gelder, finanziellen Vermögenswerte oder wirtschaftlichen Ressourcen „zu Recht" auf der Liste geführt werde.[92] Dabei bleibt allerdings höchst zweifelhaft, nach welchen Maßstäben diese Frage beantwortet werden soll und welche Kriterien die Listung überhaupt als „zu Recht" gelten lassen könnten.

Letztlich werten Strafvorschriften, die sich auf solche smarten Sanktionen beziehen, eigentliche Beihilfehandlungen (bspw. die Bereitstellung von Kapital oder das Leisten finanzieller Unterstützung) zu selbstständigen Straftatbeständen auf. Auch bei der Beihilfe verlangt das Gesetz mit § 27 Abs. 1 StGB aber eine Haupttat und nicht einen bestimmten Haupttäter. Dies gilt im Grundsatz auch für andere Formen der verselbstständigten Teilnahme wie z.B. im Rahmen der Absatzhilfe nach § 259 Abs. 1 Var. 4 StGB, der eine gegen fremdes Vermögen gerichtete rechtswidrige Vortat fordert. Die Bezugnahme auf smarte Sanktionen beinhaltet also einen Bruch mit diesem strafrechtsdogmatischen Grundprinzip. Individualisierte Strafnormen, die tatbestandlich an die Mitwirkung einzelner „Störer" anknüpfen, sind deswegen ebenso mit Vorsicht zu genießen, wie „unmittelbare" täterstrafrechtliche Spielarten des Rechts. In ihnen realisiert sich zumindest teilweise die Tendenz, Kriminalsanktionen nicht mehr an ein gefährliches oder gar Rechtsgüter verletzendes Verhalten zu knüpfen, sondern die Strafe an die Gefährlichkeit einer bestimmten Person zu binden.[93]

3. Zuwiderhandlung gegen das Verfügungsverbot

Als Verstoß gegen das in dem EU-Rechtsakt normierte Verfügungsverbot genügt   **939** jedes Verhalten, das die dortige Anordnung außer Acht lässt. Im Fall der eingefrorenen Konten besteht das tatbestandsmäßige Verhalten also bereits in der Verursachung jeglicher Kontobewegung.

Das Verfügungsverbot flankieren dabei i.d.R. **weitere Verbote**, z.B. dasjenige,   **940** den gelisteten Personen, Organisationen und Einrichtungen unmittelbar oder mittelbar Gelder oder wirtschaftliche Ressourcen zur Verfügung zu stellen, vgl. § 18

---

[91] So der BayVGH NVwZ 2010, 464.

[92] *Zöller* Terrorismusstrafrecht, 2009, S. 635.

[93] Krit. zu Tendenzen eines täterbezogenen Strafrechts *Hassemer/Neumann* in: NK-StGB, 2013, vor § 1 Rn. 47 f.; ferner (statt Vieler) *Greco* GA 2006, 96 ff.; *Saliger* JZ 2006, 756; *Schünemann* GA 2001, 210 ff.

Abs. 1 Nr. 1 lit. a AWG („**Bereitstellungsverbot**"). Auf diese Weise lässt sich
der Anwendungsbereich der einschlägigen Normen über die innerhalb der Europäischen Union belegenen Konten der betreffenden Personen, Organisationen
und Einrichtungen hinaus auch auf deren außereuropäische Konten erstrecken
und Transaktionen dorthin werden unterbunden bzw. mit einer Strafbewehrung
versehen.

Beispiel 84[94]

Die US-amerikanische Bank Western-Trust mit Hauptsitz im US-Bundesstaat
Texas unterhält eine Niederlassung in Deutschland. Von seinem bei dieser in
Deutschland ansässigen Filiale unterhaltenen Girokonto überweist Y einen fünf-
stelligen Geldbetrag auf das bei der نقود-Bank in Libyen belegene Konto des Z.
Zwar sind sämtliche innerhalb des Unionsgebiets befindlichen Konten des Z im
Rahmen einer von der Europäischen Union verhängten Wirtschaftssanktion (VO
Nr. 961/2010) eingefroren. Gleichwohl führt der zuständige Mitarbeiter M der
deutschen Niederlassung der Western-Trust die Überweisung aus. Er ist der
Meinung, Unionsrecht gelte erstens nicht für seine US-amerikanische Bank.
Zweitens befinde sich das fragliche Konto ja bei der نقود-Bank in Libyen, weshalb
auch insoweit das Verbot nicht eingreifen könne. Art. 16 Abs. 1 S. 1 der EU-Verordnung lautet: „Sämtliche Gelder und wirtschaftlichen Ressourcen, die Eigentum oder Besitz der in Anhang VII aufgeführten Personen, Organisationen und
Einrichtungen sind oder von diesen gehalten oder kontrolliert werden, werden
eingefroren." Art. 16 Abs. 3 der Verordnung lautet: „Den in den Anhang VII …
aufgeführten natürlichen und juristischen Personen, Organisationen und Einrichtungen dürfen weder unmittelbar noch mittelbar Gelder oder wirtschaftliche
Ressourcen zur Verfügung gestellt werden oder zugute kommen"

Die Überweisung unterliegt in diesem Fall ebenso dem deutschen Strafrecht,
wie das Verhalten von Y und M. Zunächst erfasst die Wirtschaftssanktion der
Europäischen Union grds. sämtliche Sachverhalte, die sich innerhalb des Territo-
riums ihrer Mitgliedstaaten ereignen. Darüber hinaus unterfällt der in Deutschland handelnde M auch dem deutschen Strafrecht, §§ 3, 9 Abs. 1 Var. 1 StGB.
Auf eine etwaige Straflosigkeit seines Verhaltens nach US-amerikanischem
Recht kommt es daher nicht an. Die Überweisung auf das Konto bei der نقود-Bank
unterfällt dabei einem Bereitsstellungsverbot i.S.d. § 18 Abs. 1 Nr. 1 lit. a AWG.
Die Strafbarkeit resultiert in diesem Fall also zwar nicht aus § 18 Abs. 1 Nr. 1
lit. b AWG i.V.m. Art. 16 Abs. 1 S. 1 der EU-Verordnung. Sie folgt jedoch –
Vorsatz unterstellt – aus § 18 Abs. 1 Nr. 1 lit. a AWG i.V.m. Art. 16 Abs. 3 der
EU-Verordnung wegen des Verstoßes gegen das Bereitstellungsverbot.

---

[94] Angelehnt an OLG Frankfurt a.M. ZIP 2011, 1354 ff. Vgl. diese Entscheidung a.a.O. auch zu
der problematischen Konstellation einer parallel zum Unionsrecht bestehenden Exekutivorder des
US-Präsidenten.

II. Subjektiver Tatbestand

In subjektiver Hinsicht muss der Täter zumindest mit **dolus eventualis** im Hin- **941**
blick auf das Verbot sowie die Zuwiderhandlung gehandelt haben. Dass es sich bei
§ 18 Abs. 1 Nr. 1 lit. b AWG um eine Blankettvorschrift handelt, wirkt sich dabei
besonders verheerend aus. Weiß nämlich der Täter, an wen er einen Geldbetrag
transferiert und ahnt dabei lediglich nicht, dass derjenige gelistet ist, so handelt
es sich um einen solchen Irrtum der auf Rechtsunkenntnis – und nicht auf Sach-
verhaltsunkenntnis – beruht. Es liegt daher ein Verbotsirrtum vor, der lediglich bei
Unvermeidbarkeit die Schuld entfallen lässt. Unvermeidbar wird ein solcher Irrtum
vor dem Hintergrund der hohen Anforderungen, die die Rspr. an Fachkreise stellt,
allerdings nur in den seltensten Fällen sein.

Literatur

Achenbach, Hans/Ransiek, Andreas/Rönnau, Thomas: Handbuch Wirtschaftsstrafrecht, 4. Aufl.,
Heidelberg 2015.
Achtelik, Christoph/Amtage, Tassilo/El – Samalouti, Peter/et al.: Risikoorientierte Geldwäsche-
bekämpfung, 2. Aufl., Heidelberg 2011.
Albin, Silke: Rechtsschutzlücken bei der Terrorbekämpfung im Völkerrecht, ZRP 2004, S. 71-73.
Alexander, Thorsten/Winkelbauer, Wolfgang: Die AWG-Novelle 2013 aus straf-und ordnungswid-
rigkeitenrechtlicher Sicht, ZWH 2013, S. 341-348.
Altmann, Jörn: Außenwirtschaft für Unternehmen, 2. Aufl., Stuttgart 1993.
Auerbach, Dirk: Banken- und Wertpapieraufsicht, München 2015.
Bartelt, Sandra/Zeitler, Helge Elisabeth: Intelligente Sanktionen zur Terrorismusbekämpfung in
der EU, EuZW 2003, S. 712-717.
Biehler, Gernot: Individuelle Sanktionen der Vereinten Nationen und Grundrechte, AVR 2003,
S. 169-181.
Bieneck, Klaus: Die Außenwirtschaftsstrafrechts-Novelle, NStZ 2006, S. 608-614.
Bieneck, Klaus: Gegenwärtige Lage und aktuelle Rechtsprobleme im Außenwirtschaftsstrafrecht,
wistra 2000, S. 441-448.
Bieneck, Klaus: Neue Straftatbestände des Außenwirtschaftsrechts, wistra 1995, S. 256-259.
Bieneck, Klaus: System des Außenwirtschaftsstrafrechts, wistra 1994, S. 173-175.
Bieneck, Klaus/Schaefer, Christoph: Der Schutz der auswärtigen Beziehungen Deutschlands
durch das Außenwirtschaftsstrafrecht, wistra 2011, S. 89-96.
Bittner, Claudia: Die Auswirkungen des Irak-Embargos für Warenlieferverträge - Zivilrechtliche
Folgen von Handelsbeschränkungen, RIW 1994, S. 458-465.
von Braunmühl, Claudia/Kulessa, Manfres: The Impact of UN Sanctions on Humanitarian Assis-
tance Activities, Berlin 1995.
Bungenberg, Marc/Meessen, Karl M.: Internationales Wirtschaftsrecht im Schatten des 11. Sep-
tember 2001, Stuttgart 2004.
Büter, Clemens: Außenhandel, 3. Aufl., Berlin 2013.
Callies, Christian/Ruffert, Matthias: EUV/AEUV, 5. Aufl., München 2016.
Crawford, James: The International Law Commission's Articles on State Responsibility, Cam-
bridge 2005.
Dahme, Gudrun: Terrorismusbekämpfung durch Wirtschaftssanktionen, Witten 2007.
Daoudi/Dajani: Economic Sanctions: Ideals and Experience, London 1983.
Delbrück, Jost: International Economic Sanctions an Third States, AVR 1992, S. 86-100.
Diggelmann, Oliver: Targeted sanctions und Menschenrechte, Schweizerische Zeitschrift für inter-
nationales und europäisches Recht 2009, S. 301-335.

Ehlers, Dirk/Wolffgang, Hans M.: Rechtsfragen der Exportkontrolle, Münster 1999.

Epping, Volker: Die Außenwirtschaftsfreiheit, Tübingen 1998.

Erbs, Georg/Kohlhaas, Max: Strafrechtliche Nebengesetze, 208. Ergänzungslieferung, Januar 2015, München.

Esser, Robert/Rübenstahl, Markus/Saliger, Frank/Tsambikakis, Michael: Praxiskommentar Wirtschaftsstrafrecht, Köln 2017.

Ganguli, Indranil: Smarte Finanzsanktionen der EU, Baden-Baden 2013.

Grabitz, Eberhard/Hilf, Meinhard/Nettesheim, Martin: Das Recht der europäischen Union, EUV/ AEUV, 58. Ergänzungslieferung, München 2016.

Greco, Luis: Über das so genannte Feindstrafrecht, GA 2006, S. 96-113.

Hakenberg, Michael: Die Iran-Sanktionen der USA während der Teheraner Geiselaffäre aus völkerrechtlicher Sicht, Frankfurt a. M. 1988.

von Heintschel-Heinegg, Bernd: Beck'scher Online Kommentar zum StGB, 31. Ed., München 2016.

Herdegen, Matthias: Völkerrecht, 15. Aufl., München 2016.

Herzog, Felix/Achtelik, Olaf: Geldwäschegesetz (GWG), 2. Aufl., München2014.

Hirsch, Burkhard: Aktuelle Sicherheitspolitik im Lichte des Verfassungsrechts - Eine notwendige Entgegnung, ZRP 2008, S. 24-25.

Hörmann, Saskia: Die Befugnis der EG zur Umsetzung von Resolutionen des UN-Sicherheitsrates zur Bekämpfung des internationalen Terrorismus, EuR 2007, S. 120-133.

Joecks, Wolfgang/Miebach, Klaus: Münchener Kommentar zum Strafgesetzbuch: StGB Band 1: §§ 1-37 StGB, 2. Aufl., München 2011.

Joecks, Wolfgang/Miebach, Klaus: Münchener Kommentar zum Strafgesetzbuch: StGB Band 3: §§ 80-184g StGB, 2. Aufl., München 2011.

Joecks, Wolfgang/Miebach, Klaus: Münchener Kommentar zum Strafgesetzbuch: StGB, Band 7: Nebenstrafrecht II, 2. Aufl., München 2015.

Kaleck, Wolfgang: Terrorismuslisten: Definitionsmacht und politische Gewalt der Exekutiv, KJ 2011, S. 63-70.

Kindhäuser, Urs/Neumann, Ulfrid/Paeffgen, Hans-Ulrich: Strafgesetzbuch (StGB), Band 1 (§§ 1-79b), 4. Aufl., Baden-Baden 2013.

Krenzler, Horst Günther/Herrmann, Christoph/Niestedt, Marian: EU-Außenwirtschafts- und Zollrecht, München 2016.

Lindemeyer, Bernd: Schiffsembargo und Handelsembargo, Baden-Baden 1975.

Meng, Werner: Die Kompetenz der EWG zur Verhängug von Wirtschaftssanktionen gegen Drittländer, ZaöRV 1982, S. 780-803.

Meyer, Frank: Lost in Complexity - Gedanken zum Rechtsschutz gegen Smart Sanctions in der EU, ZEuS 2007, S. 1-69.

Müller-Gugenberger, Christian: Wirtschaftsstrafrecht, Handbuch des Wirtschaftsstraf- und -ordnungswidrigkeitenrechts, 6. Aufl., Köln 2015.

Nestler, Nina: Der Schutz der äußeren Sicherheit Deutschlands durch das Strafrecht, ZStW 2013, S. 259-298.

Nestler, Nina: Widerrechtliche Einschränkung der strafbefreienden Selbstanzeige gem. § 371 AO durch die BaFin?, wistra 2015, S. 329-337.

Nestler, Nina/Lehner, Stefan: Was ist so besonders an Sonderdelikten?, Jura 2017, S. 403-412.

Niestedt, Marian/Trennt, Matthias: Das neue Außenwirtschaftsrecht, BB 2013, S. 2115-2120.

Oehmichen, Anna: Die Modernisierung des Außenwirtschaftsstrafrechts, NZWiSt 2013, S. 339-345.

Ohler, Christoph: Die Verhängung von smart sanctions durch den UN-Sicherheitsrat – eine Herausforderung für das Gemeinschaftsrecht, EuR 2006, S. 848-865.

Ohling, Jochen: Handbuch Export, Import, Spedition, 10. Aufl., Wiesbaden 1986.

Plümper, Thomas: Lexikon der internationalen Wirtschaftsbeziehungen, München 1996.

Ress, Hans-Konrad: Das Handelsembargo, Berlin 2000.

Roeder, Jan-Jacob/Buhr, Martina S.: Die unterschätzte Pflicht zum Terrorlistenscreening von Mitarbeitern, BB 2011, S. 1333-1339.

Saliger, Frank: Feindstrafrecht: Kritisches oder totalitäres Strafrechtskonzept?, JZ 2006, S. 756-762.

Schimansky, Herbert/Bunte, Hermann-Josef/Lwowski, Hans-Jürgen: Bankrechts-Handbuch Band 1, 4. Aufl., München 2011.

Schimansky, Herbert/Bunte, Hermann-Josef/Lwowski, Hans-Jürgen: Bankrechts-Handbuch Band 2, 4. Aufl., München 2011.

Schlarmann, Hans/Spiegel, Jan-Peter: Terror und kein Ende - Konsequenzen der EG-Verordnungen zur Bekämpfung des internationalen Terrorismus für in Deutschland tätige Unternehmen, NJW 2007, S. 870-875.

Schmahl, Stefanie: Effektiver Rechtsschutz gegen targeted sanctions des UN-Sicherheitsrats?, EuR 2006, S. 566-576.

Schmalenbach, Kirsten: Normentheorie vs. Terrorismus: Der Vorrang des UN-Rechts vor EU-Recht, JZ 2006, S. 349-353.

Schmidt, Wilhelm/Wolff, Philipp: Geheimdienstliche Agententätigkeit bei illegalem Technologietransfer, NStZ 2006, S. 161-165.

Schneider, Henning C.: Wirtschaftssanktionen, Berlin 1999.

Schöppner, Tobias: Wirtschaftssanktionen und Bereitstellungsverbote, Witten 2013.

Schroth, Klaus-Dieter: Außenhandelslexikon, 2. Aufl., Düsseldorf 2001.

Schünemann, Bernd: Die deutsche Strafrechtswissenschaft nach der Jahrtausendwende, GA 2001, S. 205-225.

Sieber, Ulrich: Legitimation und Grenzen von Gefährdungsdelikten im Vorfeld von terroristischer Gewalt, NStZ 2009, S. 353-364.

Stratenwerth, Günther/Kuhlen, Lothar: Strafrecht Allgemeiner Teil, 11. Aufl., München 2011.

Strupp, Karl/Schlochauer, Hans-Jürgen: Wörterbuch des Völkerrechts Band 2: Ibero-Amerikanismus bis Quirin-Fall, 2. Aufl., Berlin 1961.

Tilch, Horst/Arloth, Frank: Rechtslexikon Band 1: A-F, 3. Aufl., München 2001.

Trouet, Klaus: Strafandrohung als Mittel zur Durchsetzung außenwirtschaftlicher Zielsetzung in: Recht und Kriminalität, Festschrift für Friedrich-Wilhelm Krause, Köln 1990, S. 407-425.

Walter, Konrad: Das neue Außenwirtschaftsgesetz 2013, RIW 2013, S. 205-210.

Zöller, Mark Alexander: Terorrismusstrafrecht, Heidelberg 2009.

Sachverzeichnis

© Springer-Verlag GmbH Deutschland 2017
N. Nestler, *Bank- und Kapitalmarktstrafrecht*, Springer-Lehrbuch,
DOI 10.1007/978-3-662-53959-0

The manufacturer's authorised representative in the EU is Springer
Nature Customer Service Centre GmbH, Europaplatz 3, 69115 Heidelberg,
Germany. If you have any concerns regarding our products, please
contact ProductSafety@springernature.com

Printed and bound by CPI Group (UK) Ltd, Croydon, CR0 4YY
23/04/2026
02095641-0005